公路建设百问丛书

Questions & Answers for Bridge Design
桥梁设计百问

（第三版）

邵旭东　等　编　著
程翔云　主　审

人民交通出版社股份有限公司
China Communications Press Co.,Ltd.

内 容 提 要

本书依据 2006~2016 年间颁布的各种桥涵设计规范以及桥梁发展的新技术、新理念,在第二版的基础上进行了大范围的更新和补充,内容包括桥梁总体规划与布置、桥梁上的作用、梁式桥、刚构桥、拱桥、斜拉桥、悬索桥、混凝土结构设计计算、钢结构与组合结构桥梁、超高性能混凝土及轻型组合桥梁结构、桥梁下部结构、桥梁支座与附属构造、混凝土桥梁加固改造共 13 章内容。

本书可供桥梁设计、施工、管理等工程技术人员及大专院校师生使用。

图书在版编目(CIP)数据

桥梁设计百问/邵旭东等编著. — 3 版. — 北京:
人民交通出版社股份有限公司,2017.1
(公路建设百问丛书)
ISBN 978-7-114-13646-7

Ⅰ.①桥… Ⅱ.①邵… Ⅲ.①桥梁设计—问题解答
Ⅳ.①U442.5-44

中国版本图书馆 CIP 数据核字(2017)第 007858 号

公路建设百问丛书
书　　名:桥梁设计百问(第三版)
著 作 者:邵旭东　等
责任编辑:卢俊丽
出版发行:人民交通出版社股份有限公司
地　　址:(100011)北京市朝阳区安定门外外馆斜街 3 号
网　　址:http://www.ccpress.com.cn
销售电话:(010)59757973
总 经 销:人民交通出版社股份有限公司发行部
经　　销:各地新华书店
印　　刷:北京市密东印刷有限公司
开　　本:720×960　1/16
印　　张:42
字　　数:847 千
版　　次:2003 年 2 月　第 1 版
　　　　　2005 年 9 月　第 2 版
　　　　　2017 年 1 月　第 3 版
印　　次:2018 年 5 月　第 2 次印刷　总第 7 次印刷
书　　号:ISBN 978-7-114-13646-7
定　　价:88.00 元

(有印刷、装订质量问题的图书由本公司负责调换)

第三版前言

自从2005年《桥梁设计百问》第二版出版之后,最近十多年来我国桥梁事业的发展取得了巨大的成就,本次第三版更新为尽可能体现桥梁领域的新技术,对第二版做了大幅度的修订和增补,具体如下:

1. 依据2005年后颁布的《公路桥涵设计通用规范》(JTG D60—2015)、《公路钢结构桥梁设计规范》(JTG D64—2015)、《公路斜拉桥设计细则》(JTG/T D65-01—2007)、《公路桥梁抗震设计细则》(JTG/T B02-01—2008)等,对涉及的相关内容作了更新。

2. 吸收了近年来桥梁科学和技术发展的最新成果,更新了书中大部分内容。

3. 为适应大力发展钢结构桥梁的需要,将"钢结构与组合结构桥梁"独立成第9章,并充实和完善了相关内容。

4. 超高性能混凝土(UHPC)作为极具潜力的新材料,在桥梁工程领域将具有广阔的应用前景,为此新增了"第10章 超高性能混凝土及轻型组合桥梁结构"。

5. 增加了下部结构抗震和防撞的内容。

参加本书的修订工作的主要成员有邵旭东、樊伟、刘志文、晏班夫、刘艳芝、曹君辉、潘仁胜、邱明红、王衍、鲁邦泽、熊满华、李芳园、邓富颢。詹健、褚公升、刘也萍、陈艳良、胡伟业、孔小璇、赵旭东、王立国、李萌校核了书稿。

因作者水平有限,书稿虽经多次校核,错漏可能仍难避免,敬请读者批评指正。

邵旭东
2016年10月

目 录

第1章 桥梁总体规划与布置 ············· 1

1. 桥梁设计之前应调查和收集哪些基本资料? ············· 1
2. 一座桥梁由哪几部分组成? ············· 1
3. 桥梁结构的基本体系有哪些? ············· 2
4. 目前世界上各种桥型的最大跨径有多大? ············· 3
5. "预可"阶段的任务是什么? ············· 7
6. "工可"阶段的任务是什么? ············· 7
7. 初步设计阶段的任务是什么? ············· 7
8. 技术设计的内容是什么? ············· 7
9. 施工图设计的内容是什么? ············· 8
10. 公路桥梁设计的基本原则是什么? ············· 8
11. 桥梁规划时,如何考虑综合利用? ············· 9
12. 选择桥位应注意哪些问题? ············· 9
13. 当桥轴线的法线方向与水流主方向不一致时怎么办? ············· 10
14. 与桥梁设计有关的河流水位有哪些?为什么桥梁设计中必须掌握这些资料? ············· 10
15. 桥梁全长和各种跨径名称是如何定义的? ············· 11
16. 怎样划分特大、大、中、小桥及涵洞? ············· 11
17. 什么叫桥面净空? ············· 12
18. 什么叫桥下净空? ············· 12
19. 桥梁高度、桥下净空高度和建筑高度是如何定义的? ············· 12
20. 桥梁总跨径应如何拟定? ············· 12
21. 对较长的桥梁进行分孔时一般要考虑哪些主要因素? ············· 13
22. 确定桥面高程时应考虑哪些因素? ············· 14
23. 基础底面高程的确定应考虑哪些因素? ············· 17
24. 拟定桥面纵坡时应考虑哪些因素? ············· 18
25. 桥梁横断面设计应考虑哪些因素? ············· 18
26. 为什么大、中桥梁的两端要设置桥头引道? ············· 22
27. 桥梁建筑艺术设计应考虑哪些因素? ············· 22
28. 什么叫估算、概算、预算和决算,编制的范围和依据是什么? ····· 22

29. 什么叫洪水频率和设计洪水频率？ ……………………………… 23
30. 桥梁墩台冲刷是一种什么现象？ ……………………………… 23
31. 桥前壅水是一种什么现象？ …………………………………… 23
32. 在什么情况下设置导流堤？ …………………………………… 23

第2章 桥梁上的作用 …………………………………………… 25

1. 公路桥梁设计采用的作用主要分几大类？ …………………… 25
2. 永久作用包括哪些内容？ ……………………………………… 26
3. 可变作用包括哪些内容？ ……………………………………… 26
4. 偶然作用主要指哪几种？ ……………………………………… 26
5. 什么叫施工荷载？ ……………………………………………… 26
6. 作用代表值的概念是什么？ …………………………………… 26
7. 土侧压力分为哪几种形式？ …………………………………… 27
8. 什么叫混凝土徐变系数？ ……………………………………… 27
9. 公路桥梁规范中汽车荷载怎样取用？ ………………………… 27
10. 汽车荷载如何加载？ …………………………………………… 29
11. 什么叫作荷载折减系数？ ……………………………………… 29
12. 什么叫作汽车荷载冲击系数？怎样计算？ …………………… 30
13. 城市桥梁规范所采用的汽车荷载有哪些内容？如何选用
    设计汽车荷载等级？ …………………………………………… 31
14. 什么叫作荷载横向分布系数？ ………………………………… 34
15. 什么叫作活荷载内力增大系数？ ……………………………… 34
16. 公路桥梁规范中汽车离心力如何计算？ ……………………… 35
17. 公路桥梁规范中汽车引起的土侧压力如何计算？ …………… 35
18. 公路桥梁规范中汽车荷载制动力如何计算？ ………………… 36
19. 公路桥梁规范中疲劳荷载如何选用？ ………………………… 37
20. 公路桥梁规范中人群荷载标准值怎样取用？ ………………… 38
21. 城市桥梁所采用的人群荷载有哪些内容？ …………………… 38
22. 什么叫均匀温差？什么叫梯度温差？ ………………………… 40
23. 我国公路桥规如何考虑温度作用取值？ ……………………… 41
24. 桥梁的设计风荷载由哪几部分组成？它们带给结构的反应
    有哪些？ ………………………………………………………… 43
25. 什么叫基本风速？ ……………………………………………… 44
26. 什么叫设计基准风速？ ………………………………………… 44
27. 施工阶段设计基准风速如何确定？ …………………………… 45
28. 什么叫静阵风系数？ …………………………………………… 46

29. 什么叫空气静力系数？……………………………………………… 46
30. 作用于桥梁上的静阵风荷载如何计算？…………………………… 47
31. 什么叫颤振？…………………………………………………………… 49
32. 什么叫驰振？…………………………………………………………… 49
33. 什么叫涡激共振？……………………………………………………… 51
34. 什么叫抖振？…………………………………………………………… 51
35. 什么叫风雨振？………………………………………………………… 51
36. 什么叫尾流驰振？……………………………………………………… 51
37. 什么叫风攻角？………………………………………………………… 51
38. 什么叫风偏角？………………………………………………………… 52
39. 什么叫紊流强度？……………………………………………………… 52
40. 什么叫紊流积分尺度？………………………………………………… 52
41. 什么叫雷诺数？………………………………………………………… 53
42. 什么叫弗劳德数？……………………………………………………… 53
43. 什么叫斯脱罗哈数？…………………………………………………… 54
44. 什么叫弹性悬挂节段模型风洞试验？………………………………… 54
45. 什么叫全桥气弹模型风洞试验？……………………………………… 55
46. 什么叫地震震级？什么叫地震烈度？………………………………… 56
47. 什么叫水平地震系数？………………………………………………… 58
48. 何为抗震分析的时程分析法和反应谱分析法？……………………… 58
49. 桥梁结构的抗震性能目标是什么？…………………………………… 60
50. 如何确定桥梁抗震的设防类别和设防目标？………………………… 62
51. 如何确定 E1 和 E2 地震加速度峰值？……………………………… 63
52. 桥梁结构地震反应分析的常用方法有哪几种？……………………… 63
53. 何谓抗震分析中的反应谱？…………………………………………… 65
54. 如何确定桥梁结构的地震作用？……………………………………… 66
55. 采用工程场地地震安全性评价确定地震作用时有哪些
 要求？………………………………………………………………… 66
56. 桥梁结构施加地震作用时应考虑哪些基本原则？…………………… 66
57. 如何确定桥台的地震主动土压力？…………………………………… 67
58. 如何确定桥墩的地震动水压力？……………………………………… 68
59. 公路桥梁抗震设计中如何考虑荷载组合？…………………………… 68
60. 船舶对墩台的撞击作用应如何确定？………………………………… 69
61. 漂浮物对墩台的撞击作用应如何确定？……………………………… 70
62. 汽车撞击作用应如何计算？…………………………………………… 71

63. 公路桥梁规范中水的浮力如何考虑？ ……………………… 71
64. 公路桥梁规范中流水压力、冰压力、波浪力如何计算？ …… 72
65. 公路桥梁规范中支座摩阻力如何计算？ …………………… 73
66. 何谓极限状态设计方法？ …………………………………… 74
67. 桥涵结构设计有几种设计状况？ …………………………… 75
68. 设计安全等级怎样区分？ …………………………………… 75
69. 承载能力极限状态下作用效应如何组合？ ………………… 75
70. 正常使用极限状态下作用效应如何组合？ ………………… 79
71. 当进行结构弹性阶段截面应力计算时作用效应如何组合？ … 79

第3章 梁式桥 …………………………………………………… 80

1. 按静力体系划分，梁式桥主要包括哪几种？ ………………… 80
2. 按承重结构的截面划分，梁式桥又分为哪几种？ …………… 80
3. 混凝土梁式桥的施工方法主要包括哪些？有何特点和适用范围？ ……………………………………………………………… 81
4. 永久性梁桥主要由哪几种材料筑成？ ………………………… 87
5. 按平面布置，梁式桥又有哪几种？ …………………………… 88
6. 什么叫桥面简易连续和结构连续梁式桥？ …………………… 88
7. 肋梁桥之间的横隔板起什么作用？ …………………………… 89
8. 箱形截面梁内的横隔板起什么作用？ ………………………… 90
9. 装配式板桥和T梁桥中，板与板之间、梁肋与梁肋之间的联结形式有哪几种？ ……………………………………………… 90
10. 什么叫先张法预应力混凝土板桥？ ………………………… 92
11. 什么叫后张法预应力混凝土梁桥？ ………………………… 93
12. 预应力混凝土肋梁桥中，除了预应力筋束之外，还需布置哪些普通构造钢筋？ ……………………………………… 93
13. 钢垫板下的间接钢筋有哪几种形式？它们的作用是什么？ … 94
14. 斜梁桥的斜度和斜交角在定义上有什么不同？ …………… 95
15. 斜板桥受力有哪些特点？ …………………………………… 95
16. 为什么斜板桥在端部预留锚栓孔？ ………………………… 96
17. 斜板桥的配筋有哪些要点？ ………………………………… 97
18. 什么叫扇形弯梁桥？什么叫斜弯梁桥？ …………………… 98
19. 弯梁桥的受力特点有哪些？ ………………………………… 98
20. 平面弯梁桥两端支座反力按怎样的规律变化？有哪些有效措施可防止支座脱空？ ……………………………………… 99
21. 弯梁桥的横坡应怎样设置？ ………………………………… 99

22. 弯梁桥预应力布置应遵循哪些原则？ …………………………… 100
23. 悬臂体系梁式桥有哪几种常用的布置形式？ ………………… 102
24. 悬臂梁桥的布孔要注意些什么？ ……………………………… 103
25. 悬臂梁桥中的牛腿起什么作用？设计牛腿时要注意些什么？ … 103
26. 为什么大跨径连续梁桥沿纵向一般设计成变高度的形式？ …… 104
27. 箱形横截面布置应考虑哪些因素？ …………………………… 105
28. 变截面连续体系梁桥箱梁的梁高应如何拟定？ ……………… 105
29. 变截面连续体系梁桥箱梁腹板厚度应如何确定？ …………… 106
30. 变截面连续体系箱梁顶板、底板厚度应如何拟定？ ………… 107
31. 大跨径预应力混凝土箱梁桥跨中下挠的原因及预防对策
    是什么？ ………………………………………………………… 108
32. 大跨度预应力混凝土箱梁桥梁体开裂的原因及预防对策
    是什么？ ………………………………………………………… 109
33. 大跨径连续体系梁桥混凝土徐变将产生什么后果？如何控制
    徐变？ …………………………………………………………… 113
34. 什么叫三向预应力结构？ ……………………………………… 113
35. 后张法预应力混凝土梁梁端设计应注意哪些问题？ ………… 114
36. 混凝土连续梁桥悬臂施工如何实现墩梁固结？ ……………… 114
37. 混凝土梁式桥纵向整体计算要点有哪些？ …………………… 115
38. 混凝土连续梁桥横截面框架计算要点有哪些？ ……………… 117
39. 连续梁桥的电算建模要点有哪些？ …………………………… 118
40. 等截面连续梁桥、变截面连续梁桥、连续刚构桥的适用范围？ … 120
41. 混凝土连续体系梁式桥的预应力筋如何布置？ ……………… 120
42. 板的荷载有效分布宽度是什么含义？ ………………………… 123
43. 什么叫荷载横向分布的刚性横梁法？ ………………………… 124
44. 什么叫荷载横向分布的修正偏心压力法？ …………………… 126
45. 什么叫荷载横向分布的铰接板(梁)法？ ……………………… 127
46. 刚接梁法与铰接板梁法的差别在哪里？ ……………………… 128
47. 什么叫作荷载横向分布的杠杆原理法？ ……………………… 129
48. 什么叫作荷载横向分布的比拟正交异性板法？ ……………… 130
49. 能否应用一般平面杆系有限元程序来分析铰接板桥
    荷载横向分布系数 m？ ……………………………………… 131
50. 怎样应用平面杆系有限元法程序计算刚接 T 形简支梁
    桥的荷载横向分布系数 m？ ……………………………… 134
51. 怎样应用平面杆系有限元程序计算简支斜梁桥的荷载

横向分布系数 m？ ……………………………………… 136
52. 应用一般平面杆系有限元法程序能否计算刚接曲线
梁桥荷载横向分布系数 m？ …………………………… 137
53. 悬臂施工时主梁内力如何计算？ ……………………………… 141
54. 悬臂施工时如何计算主梁的挠度和预拱度？ ………………… 143
55. 顶推施工时主梁内力如何计算？ ……………………………… 147
56. 怎样应用"等代简支梁法"来分析非简支的其他
梁式体系桥的荷载横向分布？ ………………………………… 154
57. 什么叫作桥梁结构计算中的荷载增大系数 ζ？ ……………… 155
58. 怎样应用"等代简支梁"法来计算变截面连续箱梁桥的
荷载横向分布系数 m_{max}？ …………………………………… 156
59. 在超静定预应力混凝土梁桥中，有哪些因素会使结构产生
二次内力？ ……………………………………………………… 160
60. 用等效荷载法求解预应力总预矩的要点有哪些？ …………… 160
61. 用换算弹性模量法求解混凝土徐变次内力的要点是什么？ … 163
62. 混凝土的徐变对静定结构产生次内力吗？ …………………… 164
63. 在静定梁式结构中，呈非线性变化的温度梯度是否会引起
结构的次内力？ ………………………………………………… 164
64. 温度沿截面高度呈均匀变化时，对于无水平约束的连续梁是否
会导致次内力？ ………………………………………………… 164
65. 为什么日照温差会使箱梁产生横桥向次内力？ ……………… 164
66. 弯梁桥中，由于温度和混凝土收缩引起在平面内的位移
方向，同由于预加力和混凝土徐变影响引起的位移方向
有什么差别？ …………………………………………………… 164
67. 偏心荷载作用下，箱形梁的变形状态如何以及各自有何
受力特点？ ……………………………………………………… 165
68. 什么叫剪力滞？在实际的桥梁结构内力分析中，
应如何来计入箱形截面梁剪力滞效应的影响？ ……………… 166
69. 在什么情况下箱形梁翼缘会出现负剪滞效应？ ……………… 171
70. 桁架桥由哪些部分组成？ ……………………………………… 171
71. 桁架的类型有哪些？ …………………………………………… 172
72. 桁梁桥的主要特点是什么？ …………………………………… 173
73. 桁架杆件的截面组成形式有哪些？ …………………………… 173
74. 桁架的节点联结形式有哪些？ ………………………………… 173
75. 桁架的二次应力是怎么回事？ ………………………………… 175

76. 桁架桥的分析方法是怎样的？ ……………………………………… 175
77. 独柱墩箱梁倾覆破坏模式有哪些？ …………………………… 176
78. 独柱墩箱梁抗倾覆应如何计算？ ……………………………… 176

第4章 刚构桥 …………………………………………………… 179

1. 刚构桥在结构构造上的主要特点是什么？ …………………… 179
2. 单跨刚构桥中有哪两种主要形式？ …………………………… 179
3. 单孔门式刚构桥的立柱与柱基之间有时做成铰接形式，为什么？ ……………………………………………………… 180
4. 多跨刚构桥可做成哪几种形式？ ……………………………… 181
5. 带挂梁的T形刚构桥具有哪些优缺点？ ……………………… 182
6. 带剪力铰的T形刚构桥与带挂梁的T形刚构桥在受力上有哪些差别？ ………………………………………………… 182
7. 三跨连续刚构桥比单跨门式刚构桥从受力上讲有什么优点？ … 182
8. 为什么连续刚构桥一般采用柔性墩？ ………………………… 183
9. 连续刚构桥墩柱的立面常采用哪几种形式？ ………………… 183
10. 为什么在连续刚构桥中，桥墩的防撞问题比连续梁桥的显得更重要些？ …………………………………………… 183
11. 为什么预应力混凝土连续刚构桥的跨越能力较连续梁大？ … 184
12. 连续刚构桥梁中，边跨与中跨的比例在什么范围内较合适？ … 184
13. 如何拟定预应力混凝土连续刚构桥的各种尺寸？ …………… 184
14. 刚构-连续组合梁桥是一种什么样的桥型？ ………………… 185
15. 在确定连续刚构桥的电算计算模型时，应遵循哪些原则？ … 186
16. 在对连续刚构桥的电算模型中进行基础的模拟时，常见的处理方法有哪些？ ……………………………………… 187
17. 如何对连续刚构桥的电算模型中的V形墩进行模拟？ ……… 188
18. 如何进行连续刚构桥的电算模型中跨合龙前预顶力的模拟？ … 189
19. 大跨径连续刚构桥桥墩的设计要点有哪些？ ………………… 189

第5章 拱桥 …………………………………………………… 192

1. 按照静力图式拱桥分为哪几种类型？ ………………………… 192
2. 按照桥面所处空间位置，拱桥又分哪几类？ ………………… 192
3. 混凝土主拱圈的截面形式有哪几种？ ………………………… 193
4. 拱桥一般由哪些材料建成？ …………………………………… 194
5. 上承式拱桥的拱上建筑主要有哪几种构造方式？ …………… 194
6. 空腹式拱上建筑梁式腹孔可采用哪几种形式？ ……………… 194
7. 空腹式拱上建筑的拱式腹孔拱圈可采用哪几种形式？ ……… 196

7

8. 实腹式拱上建筑的拱背填料做法有哪两种方式？…………… 196
9. 空腹式拱上建筑的腹孔墩主要有哪两种形式？…………… 196
10. 上承式拱桥一般在哪些部位设置伸缩缝或变形缝？………… 197
11. 拱桥中常用的铰的形式有哪些？……………………………… 197
12. 石拱桥拱圈与墩、台以及腹孔墩相连接处为什么
    要设置五角石？……………………………………………… 198
13. 拱桥中设置铰的情况有哪几种？……………………………… 199
14. 设计拱桥时，对设计具有直接影响的高程是哪几个？……… 200
15. 当设计的多孔连续拱桥必须采用不等跨径时，可以
    采用哪些措施来平衡推力？………………………………… 200
16. 拱桥设计中常用的拱轴线是哪些？…………………………… 201
17. 为什么工程设计中很少采用三铰拱？………………………… 201
18. 双曲拱桥是一种什么样的桥型？它的主拱圈由哪几部分
    构成？………………………………………………………… 202
19. 箱形截面拱的组成方式有哪几种？…………………………… 202
20. 箱形拱桥有哪些特点？………………………………………… 203
21. 拱桥合龙时，为何要强调低温合龙？………………………… 203
22. 怎样近似计算拱桥中混凝土的收缩效应？…………………… 204
23. 桁架拱桥是由哪几个主要部分组成的？……………………… 204
24. 刚架拱桥是在什么桥型基础上演变而来的？………………… 204
25. 常用的桁架拱桥，为什么设置斜腹杆比不设斜腹杆的要好？…… 205
26. 斜腹杆桁架拱又分哪几种形式？……………………………… 205
27. 刚架拱桥上部构造的支座按其所在部位分哪几种？具体
    构造上有什么要求？………………………………………… 206
28. 中承式或下承式拱桥，有时为了争取净空高度或者美观等
    原因，在两拱片之间不设置横向风撑，这是靠什么来
    维持拱片的横向稳定？……………………………………… 207
29. 中承式和下承式拱桥的短吊杆设计应特别注意哪些问题？… 207
30. 采用中承式或下承式拱桥，一个重要的安全措施是什么？… 208
31. 采用钢管混凝土拱肋作承重结构具有哪些优缺点？………… 208
32. 劲性骨架混凝土拱桥有哪些特点？…………………………… 208
33. 劲性骨架混凝土拱桥的设计计算中应注意哪些问题？……… 209
34. 梁拱组合体系桥梁有哪些基本形式？………………………… 211
35. 如何考虑梁拱组合体系桥梁的总体布置？…………………… 213
36. 简支梁拱组合式桥梁有哪些基本力学特征？………………… 213

37. 连续梁拱组合式桥梁有哪些基本力学特征？ ………………… 214
38. 在连续梁拱组合体系的桥梁中，哪些部位易产生裂缝
    或断裂，如何控制？ …………………………………………… 216
39. 悬链线拱拱轴系数的物理定义是什么？它对拱桥设计
    有什么价值？ …………………………………………………… 217
40. 悬链线拱桥设计中的"五点重合法"的含义是什么？ ………… 218
41. 为什么混凝土拱桥的承载潜力比梁桥要大？ ………………… 218
42. 调整主拱圈应力的方法有哪几种？ …………………………… 218
43. 什么称拱圈应力调整的假载法？ ……………………………… 219
44. 拱桥计算中，什么情况下可以近似地不计荷载横向分布的
    影响，什么情况下就必须考虑？ ……………………………… 220
45. 什么称拱上建筑联合作用，为什么设计中一般不考虑它？ … 220
46. 计算拱桥荷载横向分布系数的近似方法——弹性支承
    连续梁法作了哪些简化假定？ ………………………………… 221
47. 连拱作用的基本概念是什么？ ………………………………… 222
48. 连拱简化分析的方法有哪几种？ ……………………………… 222
49. 中、下承式拱桥拱肋的稳定性如何计算？ …………………… 224
50. 对于具有刚性吊杆而无横风撑联结的肋拱横向稳定应如何
    验算？ …………………………………………………………… 226
51. 中、下承式拱桥的吊杆如何计算？ …………………………… 228
52. 中、下承式拱桥的横梁和纵梁应如何计算？ ………………… 228
53. 桁架拱桥在受力上有哪些特点，在具体分析时可作哪些
    简化？ …………………………………………………………… 229
54. 刚架拱桥在受力上有哪些特点，在计算图式上应注意些
    什么？ …………………………………………………………… 230
55. 钢管混凝土拱桥的设计计算中应注意哪些？ ………………… 230
56. 钢管混凝土拱肋横截面形式分类？ …………………………… 232
57. 如何拟定钢管混凝土拱桥的主要结构尺寸？ ………………… 233
58. 钢管混凝土拱桥中梁板式桥道系的布置形式可以分为
    哪三类？ ………………………………………………………… 234
59. 钢管混凝土拱桥中立柱与拱肋如何连接？ …………………… 234
60. 钢管混凝土拱桥中吊杆与拱肋如何连接？ …………………… 235
61. 钢管混凝土拱桥中拱脚临时铰构造有何特点？ ……………… 238
62. 钢管混凝土拱桥中拱脚固结构造有何特点？ ………………… 239
63. 钢管混凝土拱桥中一般拱肋安装接头构造有何特点？ ……… 240

64. 钢管混凝土拱桥中合龙段构造有何特点? ………………… 242
65. 钢管混凝土拱桥中横撑安装接头构造有何特点? ………… 244
66. 什么是钢管混凝土的脱空? ………………………………… 245
67. 钢管混凝土中发生脱空问题的解决措施有哪些? ………… 246
68. 按拱肋截面形式,钢拱桥有哪些类型? …………………… 247
69. 钢拱桥的设计要点? ………………………………………… 249
70. 特大跨径钢桁拱桥拱脚支承方式应如何考虑? …………… 251
71. 如何选取柔性系杆刚性拱肋的拱桥在成桥以后的
    简化计算图式? …………………………………………… 251
72. 对于刚性系杆柔性拱肋的拱桥,怎样选取它在成桥
    以后的简化计算图式? …………………………………… 252
73. 对于刚性系杆刚性拱肋的拱桥,怎样选取它在成桥
    以后的简化计算图式? …………………………………… 252
74. 混凝土拱桥的常见施工方法有哪些?有何特点? ………… 253
75. 拱桥电算的建模主要包括哪些要点? ……………………… 257
76. 拱桥电算主要分析内容有哪些? …………………………… 261

第6章 斜拉桥 …………………………………………………… 262

1. 斜拉桥由哪几个主要部分组成? …………………………… 262
2. 斜拉桥的总体构思应考虑哪些因素? ……………………… 262
3. 按塔、梁、墩结合方式划分,斜拉桥分为哪几种体系? …… 262
4. 斜拉桥的边跨和主跨之比在什么范围内较合适? ………… 264
5. 拉索的间距在哪个范围内较合适? ………………………… 265
6. 按拉索平面数量和布置形式,斜拉索可分为哪几种? …… 265
7. 在同一索平面内,拉索有哪几种布置形式? ……………… 266
8. 从立面上看,索塔有哪些形式? …………………………… 266
9. 从顺桥向看,索塔有哪些形式? …………………………… 267
10. 索塔高度和拉索倾角的确定应考虑哪些因素? ………… 267
11. 主梁刚度的确定应考虑哪些因素? ……………………… 269
12. 混凝土主梁有哪些特点和截面形式? …………………… 269
13. 钢-混凝土结合主梁有哪些特点和截面形式? ………… 270
14. 钢主梁有哪些特点和截面形式? ………………………… 271
15. 对于不同跨径和不同桥宽,如何考虑选择不同材料的
    主梁结构? ………………………………………………… 273
16. 斜拉桥的拉索有哪几种类型,各有什么特点? ………… 274
17. 拉索的应力控制需考虑哪些因素? ……………………… 277

18. 斜拉桥中设置辅助墩起什么作用？ 277
19. 斜拉桥在梁体上常采用哪些抗风措施？ 278
20. 斜拉桥在拉索上可以采用哪些抗风减振措施？ 279
21. 斜拉桥的拉索在梁上的锚固方式有哪些？ 280
22. 斜拉桥的拉索在塔上的锚固方式有哪些？ 282
23. 斜拉桥的钢索塔有哪些截面形式？ 283
24. 斜拉桥的混凝土索塔有哪些截面形式？ 284
25. 为什么三塔及以上多塔多跨式斜拉桥的刚度较低？ 286
26. 如何提高多塔斜拉桥的体系刚度？ 286
27. 什么叫矮塔部分斜拉桥，它有什么特点？ 289
28. 斜拉桥的调索计算有哪几种基本方法？ 289
29. 无背索斜塔斜拉桥有哪些设计要点？ 290
30. 超千米级斜拉桥新体系方案有哪些？ 292

第7章 悬索桥 296

1. 悬索桥由哪几个主要部分组成？ 296
2. 悬索桥的总体构思应考虑哪些因素？ 297
3. 悬索桥的设计程序是怎样的？ 297
4. 悬索桥的边中跨比应在何范围内？ 297
5. 悬索桥的垂跨比是指什么？ 298
6. 加劲梁的宽跨比有何限制？ 299
7. 加劲梁的高跨比应在何范围内？ 299
8. 按照吊杆的布置方式，悬索桥分哪几种类型？ 300
9. 按照静力体系悬索桥又分为哪几类？ 301
10. 多塔悬索桥的设计要点？可采用哪些形式？ 302
11. 为什么悬索桥的加劲梁多采用钢结构而少采用混凝土结构？ 304
12. 悬索桥的锚碇有哪几种形式？各由哪几部分组成？ 305
13. 主缆与锚碇是如何联结的？ 305
14. 自锚式悬索桥的发展状况如何，它有何特点？ 306
15. 自锚式悬索桥主缆与加劲梁是如何联结的？ 306
16. 悬索桥的加劲梁常采用哪几种形式？ 310
17. 桁梁与箱形加劲梁的差别有哪些？ 311
18. 如何保证悬索桥的抗风稳定性？ 312
19. 悬索桥主缆的形成主要有哪两种方法？各有什么特点？ 313
20. 悬索桥主鞍座的设计应注意哪些问题？ 314
21. 什么叫塔顶鞍座预偏移？如何设置预偏量？ 315

22. 悬索桥上的靴跟和散索鞍在设计时应注意哪些问题？ …………… 315
23. 吊桥的索夹有哪几种形式？设计中应注意些什么？ …………… 317
24. 吊杆由什么材料组成，它与索夹及加劲梁如何联结？ ………… 317
25. 跨中位置主缆与加劲梁的联结方式有哪些？ …………………… 318
26. 施工猫道的作用是什么？设计时应注意哪些问题？ …………… 318
27. 悬索桥主缆的防腐有哪些方式？ ………………………………… 320
28. 悬索—斜拉协作体系桥梁中一个尚未得到圆满解决的问题是什么？ ……………………………………………………………… 321
29. 常用的悬索桥桥塔采用哪几种形式？ …………………………… 322
30. 钢塔柱节间是如何联结的？ ……………………………………… 323
31. 悬索桥主缆的验算应满足什么要求？ …………………………… 323
32. 悬索桥的锚碇验算应满足什么要求？ …………………………… 325
33. 悬索桥桥塔的验算应满足什么要求？ …………………………… 325
34. 悬索桥的加劲梁除了按常规的方法进行结构分析和截面强度验算外，还应在设计中考虑哪些问题？ ……………………… 326
35. 对悬索桥的刚度有何要求？ ……………………………………… 327
36. 悬索桥吊索中的附加索力是由哪些因素引起的？ ……………… 327
37. 悬索桥计算中所采用的挠度理论作了些什么简化假定？ ……… 328
38. 悬索桥计算中的"代换梁法"是一种什么样的计算方法？ …… 328
39. 悬索桥计算中"重力刚度"的原理是什么？ …………………… 329
40. 什么叫物理非线性理论？ ………………………………………… 330
41. 什么叫几何非线性理论？ ………………………………………… 330
42. 桥梁结构的非线性包括哪些因素？ ……………………………… 331
43. 什么叫 T.L 和 U.L 列式法，适用范围如何？ ………………… 331
44. 对于悬索桥的主缆和吊杆在计算静风荷载时，《公路桥梁抗风设计规范》(JTG/T D60-01—2004)有什么规定？ ………… 332
45. 悬索桥对于静风作用要做哪些稳定性验算？ …………………… 332
46. 在验算斜拉桥或悬索桥的动力稳定性时用到的"检验风速"和"临界风速"这两个名词，它们的含义是什么？ ……………… 332
47. 如何估算悬索桥和斜拉桥的基频？ ……………………………… 333
48. 桥梁阻尼如何取用？ ……………………………………………… 335
49. 颤振检验风速如何计算？ ………………………………………… 335
50. 桥梁颤振稳定性是如何分级的？ ………………………………… 336
51. 颤振临界风速如何计算？ ………………………………………… 336

第8章 混凝土结构设计计算 338

1. 什么叫混凝土强度等级？ 338
2. 什么叫混凝土立方体强度和棱柱体强度？它们之间大致有什么样的关系式？ 338
3. 什么叫混凝土标号？它与混凝土强度等级有什么对应关系？ 339
4. 混凝土的强度设计值是怎样得到的？ 340
5. 什么叫高强混凝土？什么叫高性能混凝土？ 340
6. 什么叫钢纤维混凝土？ 342
7. 钢筋的级别和品种有哪些？ 342
8. 钢筋的接头方式有哪些？ 343
9. 钢筋的抗拉强度如何确定 343
10. 混凝土中钢筋腐蚀主要与哪些因素有关？如何控制？ 344
11. 钢筋保护层的作用是什么？ 344
12. 什么叫混凝土结构的耐久性？影响因素有哪些？常见的耐久性问题有哪些？ 345
13. 不同环境下的混凝土结构耐久性设计应考虑哪些因素？ 347
14. 混凝土结构极限状态设计法具体包括内容？ 349
15. 钢筋混凝土受弯构件的受力分哪三个工作阶段？ 350
16. 截面设计中的容许应力法是一种什么方法？ 351
17. 受弯构件的钢筋骨架通常由哪几种钢筋结合而成？它们各自起什么作用？ 352
18. 钢筋混凝土受弯构件进行正截面承载能力验算时采用了哪些基本假定？ 352
19. 钢筋混凝土及预应力混凝土受弯构件在正常使用阶段的计算作了哪些基本假定？ 354
20. 为什么对受弯构件有一个受压区高度界限系数的限制？ 354
21. 为什么对纵向受拉钢筋有最小配筋率的规定？ 355
22. 什么叫适筋梁破坏？ 356
23. 什么叫超筋梁破坏？ 356
24. 什么叫少筋梁破坏？ 357
25. 钢筋混凝土受弯构件在哪些情况下才采用双筋截面？ 357
26. 为什么对受弯T形梁和箱梁作翼缘有效宽度的规定？ 357
27. 受弯构件中剪跨比是什么样的参数？ 358
28. 什么叫简支梁斜截面的斜拉破坏、剪压破坏和斜压破坏？ 359

29. 影响受弯构件斜截面抗剪能力的主要因素有哪些？ ……………… 359
30. 为什么在受弯构件靠近支点的局部区段配置斜钢筋和加密箍筋？ …………………………………………………………… 363
31. 为什么简支梁斜截面按抗剪强度的公式通过了，还要验算它的截面最小尺寸限值？ …………………………………… 363
32. 为什么对混凝土内的钢筋锚固长度、搭接长度和同一截面的接头数量都作了限制？ …………………………………… 364
33. 什么叫大偏心受压构件？ ………………………………………… 365
34. 什么叫小偏心受压构件？ ………………………………………… 365
35. 为什么偏心受压长柱还要考虑偏心距增大系数？ ……………… 365
36. 钢筋混凝土轴心受压构件的配筋方式有哪两种？ ……………… 367
37. 什么叫纵向弯曲系数？ …………………………………………… 367
38. 螺旋式间接钢筋为何能提高截面承载能力？ …………………… 368
39. 什么叫局部承压？有何受力特点？ ……………………………… 369
40. 局部承压有哪三种破坏形态？ …………………………………… 370
41. 目前关于混凝土局部承压的工作机理主要有哪两种理论？ …… 371
42. 局部承压所使用的间接钢筋有哪两种形式？ …………………… 372
43. 什么叫换算截面和换算惯性矩？ ………………………………… 373
44. 在什么前提下，才可以应用材料力学或结构力学中的公式来计算受弯构件的变形？ …………………………………… 374
45. 为什么在计算汽车荷载引起梁的变形时不考虑冲击力的影响？ …………………………………………………………… 375
46. 关于钢筋混凝土裂缝宽度的计算目前有哪三种理论？我国的《公路钢筋混凝土及预应力混凝土桥涵设计规范》（JTG D62—2004）是基于哪一种？ …………………………… 375
47. 什么叫预应力混凝土？ …………………………………………… 377
48. 预应力混凝土结构有什么优缺点？ ……………………………… 377
49. 什么叫预应力度？按照预应力度划分钢筋混凝土结构可分为哪三大类？ ……………………………………………… 378
50. 对混凝土施加预应力的方法有几种？ …………………………… 378
51. 何为体外预应力？它有什么优缺点？ …………………………… 378
52. 钢筋预应力损失包括哪些内容？ ………………………………… 379
53. 先张法构件与后张法构件在计算弹性压缩所引起的损失方面有什么不同？ ………………………………………… 379
54. 什么叫钢筋的有效预应力？ ……………………………………… 380

55. 什么叫预应力钢束布置的束界？ ……………………………… 380
56. 预应力钢束弯起的曲线形状有哪几种？ ………………………… 381
57. 什么叫先张法构件预应力钢筋的传递长度？ …………………… 381
58. 预应力混凝土受弯构件在作用短期效应下的总挠度包括
哪些内容？ ………………………………………………………… 382
59. 预应力混凝土受弯构件在施工阶段的挠度怎样计算？ ………… 382
60. 什么是荷载长期效应？预应力混凝土受弯构件在长期
荷载作用下的挠度如何计算？ …………………………………… 382
61. 钢筋混凝土及预应力混凝土受弯构件的预拱度应怎样设置？ … 383
62. 部分预应力混凝土结构具有什么样的受力特性？ ……………… 383
63. 按预应力度法进行截面配筋设计的要点有哪些？ ……………… 384
64. 按名义拉应力法进行截面配筋设计的要点有哪些？ …………… 385
65. 无黏结预应力混凝土受弯构件具有什么样的受力性能？ ……… 385
66. 双预应力混凝土梁是一种什么样的受力构件？ ………………… 386
67. 钢筋混凝土深梁是如何定义的？ ………………………………… 388
68. 简支深梁有哪三种破坏形态？ …………………………………… 388
69. 对深梁纵向受拉钢筋的锚固有哪些要求？ ……………………… 389
70. 深梁下部纵向受拉钢筋宜布置在梁高的哪个范围以内？ ……… 390
71. 简支深梁的主要钢筋包括哪些内容？ …………………………… 390

第9章 钢结构与组合结构桥梁 ………………………………… 391

1. 与混凝土桥相比，钢桥有什么优缺点？ ………………………… 391
2. 桥梁用钢材应具备哪些基本性能？ ……………………………… 391
3. 钢结构中所用的钢材按材质区分主要有哪些品种？按成品的
钢材区分又有哪几类？ …………………………………………… 394
4. 桥梁用钢的发展？ ………………………………………………… 396
5. 钢结构桥梁的计算应遵循哪几项基本原则？ …………………… 399
6. 钢结构的连接有哪几种方法？ …………………………………… 400
7. 钢结构焊接连接形式及焊缝形式有哪些？ ……………………… 403
8. 焊缝要做哪些验算？ ……………………………………………… 406
9. 钢结构桥梁中的螺栓连接有哪几种形式？普通螺栓
连接要做哪些验算？ ……………………………………………… 407
10. 铆钉连接的计算与普通螺栓连接计算有哪些差别？ …………… 409
11. 高强度螺栓摩擦型连接的承载能力计算有何特点？ …………… 410
12. 什么叫钢板梁，按照连接方式可分为哪两大类？ ……………… 410
13. 钢板梁的总体验算内容有哪些？ ………………………………… 411
14. 焊接钢板梁的局部稳定性验算包括哪些内容？ ………………… 413

15. 受压加劲板局部稳定性计算需要考虑哪些问题? ………… 416
16. 什么是正交异性钢桥面板? 它有何特点? ………… 420
17. 正交异性钢桥面系有哪些典型的病害问题? 如何解决? ………… 421
18. 钢结构的防护有哪几种方法? 各有什么特点? ………… 423
19. 钢材表面喷砂的目的是什么, 喷砂如何分级? ………… 424
20. 钢桥结构隔离层的作用是什么? 有哪几种类型? ………… 424
21. 钢材面漆有哪几种类型, 各有何特点? ………… 427
22. 什么叫作钢-混凝土组合梁? ………… 428
23. 常见的钢-混凝土组合桥梁有哪些, 它们各有哪些特点? ………… 428
24. 钢-混组合梁的剪力连接件应如何选用, 如何验算? ………… 431
25. 混合梁中的钢-混凝土接头应如何设计? ………… 433
26. 预防钢-混凝土组合梁负弯矩开裂主要有哪些措施? ………… 435

第10章 超高性能混凝土及轻型组合桥梁结构 ………… 436

1. 何为"超高性能混凝土 UHPC"? 有什么特点? ………… 436
2. 国际上有哪些国家颁布了有关 UHPC 的技术规程? ………… 436
3. 为何高温蒸汽养护能提高 UHPC 的性能? ………… 438
4. UHPC 的抗压性能如何? ………… 439
5. UHPC 的抗拉性能? ………… 439
6. UHPC 的弹性模量和泊松比? ………… 441
7. UHPC 的收缩性能? ………… 441
8. UHPC 的徐变性能? ………… 442
9. UHPC 的热膨胀系数? ………… 443
10. UHPC 的疲劳性能? ………… 443
11. UHPC 的抗冲击性能? ………… 444
12. UHPC 材料的耐久性? ………… 444
13. 配筋 UHPC 的保护层厚度? ………… 448
14. 配筋 UHPC 的裂缝宽度限值? ………… 451
15. 钢筋在 UHPC 中的锚固长度? ………… 453
16. UHPC 材料的耐火性? ………… 453
17. 目前 UHPC 材料在桥梁工程中的应用情况如何? ………… 454
18. 何为钢-UHPC 轻型组合桥梁结构? ………… 462
19. 与国内外现有技术比较, 钢-UHPC 轻型组合桥面结构
    有什么技术特点? ………… 463
20. 钢-UHPC 轻型组合桥面结构的主要设计参数如何选取? ………… 466
21. 钢-UHPC 轻型组合桥面结构有哪些应力控制区域? ………… 467

22. 如何进行钢-UHPC 轻型组合桥面结构的抗裂验算？ ……………… 468
23. 如何做钢-UHPC 轻型组合桥面结构的疲劳验算？ ……………… 469
24. 如何用有限元法准确计算桥面结构的疲劳应力？ ……………… 475
25. 如何考虑钢-UHPC 轻型组合桥面结构的温度梯度效应？ ……… 476
26. 钢-UHPC 轻型组合桥面结构中短栓钉设计有何要点？ ………… 477
27. 钢-UHPC 轻型组合桥面结构中焊接钢筋网抗剪连接件
　　设计有何要点？ ………………………………………………… 478
28. 钢-UHPC 轻型组合桥面结构中应如何设计分次浇筑
　　UHPC 板的接缝？ ……………………………………………… 481
29. 一旦钢-UHPC 轻型组合桥面结构出现破损，如何修复？ ……… 483
30. 钢-UHPC 轻型组合梁有何特点？ ……………………………… 486
31. UHPC 华夫桥面板的设计要点？ ……………………………… 487
32. 何为单向预应力 UHPC 连续箱梁桥？有何特点？ …………… 487
33. 单向预应力 UHPC 连续箱梁桥的适用跨径？ ………………… 488

第 11 章　桥梁下部结构 …………………………………………… 490
1. 梁式桥桥墩由哪几部分组成？ ………………………………… 490
2. 常用的梁式桥桥墩有哪几种类型？ …………………………… 490
3. 梁式桥桥台由哪几部分组成？ ………………………………… 492
4. 常用梁式桥桥台有哪几种类型？ ……………………………… 492
5. 拱式桥的墩台与梁式桥的最大差别有哪些？ ………………… 496
6. 拱桥中常用的单向推力墩有哪几种形式？ …………………… 498
7. 梁桥墩帽尺寸的拟定应满足哪些要求？ ……………………… 498
8. 梁桥桥台尺寸的拟定应满足哪些要求？ ……………………… 501
9. 什么叫破冰棱？ ………………………………………………… 503
10. 梁桥重力式桥墩要验算哪些内容？ …………………………… 503
11. 梁桥桩柱式桥墩的柱身计算有什么特点？ …………………… 505
12. 梁桥重力式桥台要考虑哪几种荷载组合？ …………………… 505
13. 拱桥重力式桥台要考虑哪几种荷载组合？ …………………… 506
14. 拱桥轻型桥台的计算中一般做了哪些基本假定？ …………… 507
15. 有底支撑梁的梁桥轻型桥台可按什么样的结构体系计算？
　　其计算包括哪些内容？ ………………………………………… 507
16. 天然地基上浅基础有哪几种主要类型？ ……………………… 508
17. 刚性扩大基础验算的内容是哪些？ …………………………… 509
18. 桩基础由哪两部分组成？ ……………………………………… 510
19. 按受力条件划分，桩基分哪几类？ …………………………… 511

20. 按施工方法分,桩基分哪几类? ……………………………………… 511
21. 什么叫高桩承台? 什么叫低桩承台? …………………………… 512
22. 承台设计应注意什么? …………………………………………… 512
23. 计算桩基础的"m"法、"C"法和"K"法是些什么方法? ………… 513
24. 什么叫刚性桩和弹性桩,它们在计算上的差别在哪里? ………… 514
25. 采用"m"法计算时,桩的计算宽度如何确定? …………………… 514
26. 由多根桩构成的桩基础在什么条件下才考虑群桩作用? ………… 516
27. 沉井基础由哪几个主要部分组成? ……………………………… 517
28. 按下沉方式,沉井有哪几类? …………………………………… 517
29. 气压沉箱与普通沉井的主要差别是什么? ……………………… 517
30. 嵌岩沉井与非嵌岩沉井在计算上的差别在哪里? ………………… 518
31. 沉井在施工下沉过程中要做哪些部分的结构强度验算? ………… 519
32. 浮运沉井稳定性的必要条件是什么? …………………………… 520
33. 什么叫地基加固处理的换土法? ………………………………… 522
34. 用深层挤密法加固地基的具体方法有哪几种? ………………… 522
35. 用排水固结法加固地基的具体方法有哪几种? ………………… 522
36. 用浆液灌注法加固地基的具体方法有哪几种? ………………… 523
37. 软土地基桥台设计应注意哪些问题? …………………………… 523
38. 如何将群桩基础进行简化的模拟? ……………………………… 524
39. 怎样将群桩基础模拟为单桩结构的计算图式? ………………… 527
40. 怎样计算等截面悬臂高墩的几何非线性效应? ………………… 529
41. 怎样应用迭代法计算桩柱式高墩在计入几何非线性
    效应后所产生的墩顶位移? …………………………………… 531
42. 当高墩墩顶与主梁支点之间设置有板式橡胶支座时,
    如何考虑其几何非线性效应的影响? ………………………… 533
43. 对于支承在柔性排架墩和板式橡胶支座上的桥面
    连续的桥梁,应如何将汽车制动力分配到每座桥墩上? ……… 535
44. 对于与图 11-55 中同样的结构,如何计算温度下降
    (或上升)对桥墩产生的影响力? ……………………………… 537
45. 对于如图 11-55 所示的结构,当同时考虑垂直支反力 N、
    初力矩 M_0、墩身自重 $q_{自}$、制动力 $H_{制}$ 和温度影响力的 $H_{温}$
    以及计处高墩几何非线性效应影响时,如何计算每座桥墩
    墩顶所承受的总水平力 $H_{总}$? ………………………………… 538
46. 什么是延性抗震桥梁体系? ……………………………………… 541
47. 延性抗震桥梁体系中墩柱箍筋作用是什么,其配置要求

    有哪些？ ……………………………………………………………… 542
  48. 延性抗震桥梁体系中墩柱纵向钢筋作用是什么,配置要求
    有哪些？ ……………………………………………………………… 543
  49. 震区桥梁墩台支撑宽度应满足哪些要求？ …………………… 544
  50. 什么叫抗震分析中的规则桥梁？ ……………………………… 546
  51. 重力式桥台的水平地震力如何计算？ ………………………… 547
  52. 规则梁桥柱式墩水平地震力如何计算？ ……………………… 547
  53. 规则梁桥重力式桥墩水平地震力如何计算？ ………………… 551
  54. E1 和 E2 地震作用下桥墩(台)抗震验算内容分别有哪些？ …… 553
  55. 桥墩防船撞设计时有哪几种基本防护策略？ ………………… 554
  56. 抗撞型桥墩的设计要点有哪些？ ……………………………… 555
  57. 考虑到通航船舶及桥梁的安全性,选择桥墩位置及桥轴线
    需满足哪些基本要求？ …………………………………………… 557
  58. 常用的桥梁防船撞装置有哪几种？各自的特点及适用
    范围如何？ ………………………………………………………… 558
  59. 设计桥梁防撞装置的基本方法(思路)有哪几种？ ………… 562

第 12 章 桥梁支座与附属构造 ……………………………………… 564
  1. 除了桥梁支座外,桥梁附属构造和设施包括哪些内容？ …… 564
  2. 支座的作用是什么？ …………………………………………… 564
  3. 梁式桥支座有哪些基本类型？各自的适用范围如何？ ……… 565
  4. 大跨度钢桥所采用的摇轴支座由哪几个主要部分组成？ …… 568
  5. 大跨度钢桥所采用的辊轴支座由哪几个主要部分组成？ …… 568
  6. 什么叫拉力支座？ ……………………………………………… 569
  7. 支座垫石的作用是什么？ ……………………………………… 569
  8. 盆式球型支座一般用在什么桥梁上？ ………………………… 570
  9. 为什么在大跨径的斜拉桥或悬索桥上,在桥塔处需设置
    水平限位支座？ …………………………………………………… 571
  10. 板式橡胶支座的活动机理是什么？ …………………………… 571
  11. 固定支座和活动支座的布置应遵循哪些原则？ ……………… 572
  12. 在连续梁桥设置固定支座的桥墩(台)上,是否全部
    采用固定支座？在设置活动支座的桥墩(台)上是否全部
    采用双向活动支座或单向活动支座？ …………………………… 572
  13. 对于具有坡度的桥梁,设支座处的梁底面应作何处理？ …… 573
  14. 为什么在连续曲梁桥的中间独柱墩上,有时将活动支座
    沿径向按一定的预偏心布置？ …………………………………… 573

19

15. 板式橡胶支座的设计验算包括哪些内容？ …………………… 574

16. 盆式橡胶支座的设计验算包括哪些内容？ …………………… 575

17. 对于不同的桥面结构,应选择什么样的桥面铺装？ ………… 576

18. 如何进行桥面排水设计？ …………………………………… 577

19. 桥梁伸缩缝有哪些形式？各有什么特点？ ………………… 578

20. 桥梁上的人行道主要有哪些类型？ ………………………… 581

21. 桥梁安全带有哪些形式？ …………………………………… 583

22. 桥梁护栏主要有哪些类型？ ………………………………… 583

23. 桥梁上照明设计应满足哪些基本要求？ …………………… 584

24. 桥梁照明有哪几种布置方式？ ……………………………… 585

25. 桥头跳车产生的原因有哪些？ ……………………………… 586

26. 防止桥头跳车可以采取哪些措施？ ………………………… 586

27. 减隔震技术的工作原理是什么？ …………………………… 587

28. 什么是桥梁减隔震装置？ …………………………………… 587

29. 什么情况下适合采用减隔震技术来提高桥梁结构的
抗震能力？ …………………………………………………… 589

30. B 类、C 类抗震桥梁的支座验算要求有哪些？ …………… 590

31. 桥梁标志的作用是什么？ …………………………………… 590

32. 交通标志有哪些类型？ ……………………………………… 591

第13章 混凝土桥梁加固改造 …………………………………… 592

1. 旧桥承载能力不足主要可归结为哪些因素？ ………………… 592

2. 目前国内混凝土桥梁典型病害集中在哪些方面？ …………… 592

3. 桥梁加固流程及基本原则有哪些？ …………………………… 593

4. 混凝土桥梁维修加固工程有哪些常用加固方法？ …………… 594

5. 桥梁加固工程中裂缝如何处理？ ……………………………… 594

6. 外包混凝土加固适用于哪些场合？ …………………………… 595

7. 外包混凝土加固应注意哪些设计要点？ ……………………… 595

8. 外包混凝土应满足哪些构造规定？ …………………………… 595

9. 喷锚混凝土有哪些基本性能？ ………………………………… 596

10. 喷锚混凝土可用于哪些场合？ ……………………………… 596

11. 喷锚混凝土加固旧桥应遵循哪些设计原则？ ……………… 597

12. 锚固植筋胶有哪些种类和特点？ …………………………… 597

13. 植筋锚固的工艺流程是怎样的？ …………………………… 598

14. 植筋锚固力与锚固深度有何关系？ ………………………… 599

15. 粘贴钢板法适用于哪些场合？ ……………………………… 600

16. 粘贴钢板加固应如何设计? ……………………………………… 600
17. 粘贴钢板加固对结构胶的性能有何要求? ……………………… 601
18. 什么是纤维增强塑料? ……………………………………………… 602
19. 纤维增强塑料(FRP)有哪些类型和特点? ……………………… 602
20. 碳纤维补强加固有哪些优点? …………………………………… 603
21. 碳纤维加固可用于哪些场合? …………………………………… 604
22. 如何进行碳纤维粘贴加固? ……………………………………… 605
23. 体外预应力加固常用于哪些场合,有哪些类型和特点? ……… 607
24. 体系转换加固法的原理是什么? ………………………………… 607
25. 中小跨径桥梁加固改造时如何进行无缝化设计? ……………… 608
26. 一般空心板铰缝、T梁湿接缝及铺装如何进行翻新加固? …… 608
27. 桥梁拓宽工程中新旧桥梁连接类型及主要优缺点是什么? …… 609
28. 中小跨径桥梁如何进行支座更换? ……………………………… 610
29. 如何对桥梁伸缩缝进行快速维修? ……………………………… 611
30. 混凝土拱桥一般采用什么方法进行加固? ……………………… 612
31. 双曲拱桥加固有哪些方法? ……………………………………… 612
32. 悬吊式拱桥如何加强纵向刚度? ………………………………… 613
33. 如何对拱桥吊杆、系杆及斜拉桥拉索进行更换? ……………… 613
34. 桥梁下部结构有哪些常规病害及加固方式? …………………… 614
35. 桥梁过渡墩易产生哪些病害,如何加固? ……………………… 615
36. 独柱墩结构安全风险及加固方式有哪些? ……………………… 615

参考文献 ……………………………………………………………… 617
索引 …………………………………………………………………… 626

第1章 桥梁总体规划与布置

1. 桥梁设计之前应调查和收集哪些基本资料?

答:一座桥梁在进行设计之前,首先应调查和收集以下资料:
(1)调查研究桥梁的具体任务,桥上交通种类及其要求(车辆的荷载等级、实际交通量和增长率、需要的车道数目及人行道要求等);
(2)选择可供比较的2~3个桥位;
(3)测量桥位附近的地形并绘制地形图;
(4)对桥位处进行地质钻探,并绘制地质剖面图;
(5)调查并测量河流的水文情况(河床断面,河水流量、流速,洪水位出现的历史资料等);
(6)与航运部门协商和确定航道等级、设计通航水位和通航净空要求;
(7)调查和收集有关气象资料,包括气温、雨量及风速等情况;
(8)向地震部门了解桥位处属于我国哪一类基本烈度区和历史上曾出现过地震的记录;
(9)调查当地的施工条件(包括建筑材料供应,运输条件,桥位处的农田和已有的建筑物、构筑物以及水电供应等)。

2. 一座桥梁由哪几部分组成?

答:一座桥梁由以下四个主要部分组成:
(1)桥跨结构,又称上部结构,它是跨越河流、山谷或其他线路等障碍的结构物;
(2)桥墩、桥台和基础,又称下部结构,它们是支承桥跨结构的建筑物,同时需承受地震、水流和船舶撞击等荷载,桥台还要起到衔接路堤、防止路堤垮塌的作用。由于基础往往深埋于水下,在桥梁施工中是难度较大的一个部分,故它也是确保桥梁安全使用的关键;
(3)支座,是设置在墩(台)顶,用来支承上部结构的传力装置,它不仅需要传递上部结构的荷载,而且要保证上部结构按设计要求能产生一定的变位。

(4)附属设施,包括桥面系、伸缩缝、桥台搭板、锥形护坡等,以及交通与机电工程设施(包括标志标牌、景观系统、通信和监控系统、收费系统等)。附属设施对于保证桥梁正常使用也是必不可少的。

3. 桥梁结构的基本体系有哪些?

答:按照结构的受力特点,桥梁大体上可以分为梁式桥(beam bridge)、拱式桥(arch bridge)、悬索桥(suspension bridge)和斜拉桥(cable stayed bridge)共四种基本体系。其中梁桥以受弯为主,拱桥以受压为主,悬索桥则以受拉为主,斜拉桥则属拉压并存的组合体系。

除了上述按受力特点分成不同的结构体系外,人们还习惯地按桥梁的用途、大小规模和建桥材料等其他方面将桥梁进行分类:

(1)按用途来划分,有公路桥(highway bridge)、铁路桥(railway bridge)、公铁两用桥(highway and rail transit bridge)、农桥(rural bridge,或机耕道桥)、人行桥(foot bridge)、水运桥(aqueduct bridge,或渡槽)、管线桥(pipeline bridge)等。

(2)按桥梁全长和跨径的不同,分为特殊大桥(super major bridge)、大桥(major bridge)、中桥(medium bridge)、小桥(small bridge)和涵洞(culvert)。

(3)按主要承重结构所用的材料划分,有圬工桥(masonry bridge)、钢筋混凝土桥(reinforced concrete bridge)、预应力混凝土桥(prestressed concrete bridge)、钢桥(steel bridge)、钢-混凝土组合桥(steel-concrete composite bridge)和木桥(timber bridge)等。木材易腐,且资源有限,一般不用于永久性桥梁。

(4)按跨越障碍的性质,可分为跨河桥(river bridge)、跨海桥(sea-crossing bridge)、跨线桥(overpass bridge)、立交桥(interchange)和高架桥(viaduct)等。

(5)按桥跨结构的平面布置,可分为正交桥(right bridge)、斜交桥(skew bridge)和弯桥(curved bridge)。

(6)按上部结构的行车道位置,分为上承式桥(deck bridge)、中承式桥(half-through bridge)和下承式桥(through bridge)。

(7)按照桥梁的可移动性,可分为固定桥(fixed bridge)和活动桥(movable bridge),活动桥包括开启桥(bascule bridge)、升降桥(lift bridge)、旋转桥(swing bridge)和浮桥(floating bridge)等。

4. 目前世界上各种桥型的最大跨径有多大？

答：目前世界上已建和在建的大跨度桥梁统计情况（截至2016年5月）如表1-1所示。

悬索桥（跨度1 000m以上） 表1-1a)

序号	桥　　名	主跨(m)	主梁形式	桥址	年份(年)
1	明石海峡大桥(Akashi-Kaikyo)	1 991	钢桁梁	日本	1998
2	舟山西堠门大桥	1 650	分离双箱梁	中国浙江	2009
3	大贝尔特东桥(Great Belt East)	1 624	钢箱梁	丹麦	1998
4	Osman Gazi Bridge	1 550	钢箱梁	土耳其	2016
5	李舜臣大桥	1 545	钢箱梁	韩国	2012
6	润扬长江公路大桥南汊桥	1 490	钢箱梁	中国江苏	2005
7	南京长江四桥	1 418	钢箱梁	中国江苏	2012
8	恒比尔桥(Humber)	1 410	钢箱梁	英国	1981
9	江阴长江公路大桥	1 385	钢箱梁	中国江苏	1999
10	青马大桥(Tsing ma)	1 377	翼形钢桁梁	中国香港	1997
11	哈当厄大桥	1 310	钢箱梁	挪威	2013
12	维拉扎诺桥(Verrazana-Narrows)	1 298	钢桁梁	美国	1964
13	金门大桥(Golden Gate)	1 280	钢桁梁	美国	1937
14	武汉阳逻长江大桥	1 280	钢箱梁	中国湖北	2007
15	霍加大桥(Hoga Kusten)	1 210	钢箱梁	瑞典	1997
16	龙江大桥	1 196	钢箱梁	中国云南	2016
17	矮寨大桥	1 176	钢桁梁	中国湖南	2012
18	麦金内克桥(Mackinac)	1 158	钢桁梁	美国	1957
19	蔚山大桥	1 150	钢箱梁	韩国	2015
20	清水河大桥	1 130	钢桁梁	中国贵州	2016
21	广州黄埔桥	1 108	钢箱梁	中国广东	2008
22	南备赞桥(Minami Bisan-seto)	1 100	钢桁梁	日本	1988
23	博斯普鲁斯二桥(Fatih Sultan Mehmet)	1 090	钢箱梁	土耳其	1988
24	坝陵河大桥	1 088	钢桁梁	中国贵州	2009
25	泰州长江大桥	1 080	钢箱梁	中国江苏	2012
26	马鞍山长江大桥	1 080	钢箱梁	中国安徽	2013
27	博斯普鲁斯一桥(Bosporus)	1 074	钢箱梁	土耳其	1973
28	乔治·华盛顿桥(George Washington)	1 067	钢桁梁	美国	1931

续上表

序号	桥　名	主跨(m)	主梁形式	桥址	年份(年)
29	来岛三桥(Kurushima-3)	1 030	钢箱梁	日本	1999
30	来岛二桥(Kurushima-2)	1 020	钢箱梁	日本	1999
31	4月25日桥(Ponte 25 de Abril)	1 013	钢桁梁	葡萄牙	1966
32	福斯公路桥(Forth Road)	1 006	钢桁梁	英国	1964

斜拉桥(跨度600m以上)　　　　表1-1b)

序号	桥　名	主跨(m)	主梁形式	桥址	年份(年)
1	俄罗斯岛大桥	1 104	钢箱梁	俄罗斯	2012
2	苏通大桥	1 088	钢箱梁	中国江苏	2008
3	昂船洲大桥(Stonecutters)	1 018	混合梁	中国香港	2009
4	鄂东长江大桥	926	混合梁	中国湖北	2010
5	多多罗桥(Tatara)	890	混合梁	日本	1999
6	诺曼底桥(Normandy)	856	混合梁	法国	1995
7	江西九江二桥	818	混合梁	中国江西	2013
8	荆岳长沙大桥	816	钢箱梁	中国湖北	2010
9	仁川大桥	800	钢箱梁	韩国	2009
10	厦漳大桥北汊桥	780	钢箱梁	中国福建	2013
11	金角湾大桥	737	钢箱梁	俄罗斯	2012
12	上海长江大桥	730	组合梁	中国上海	2009
13	闵浦大桥	708	钢桁梁	中国上海	2010
14	江顺大桥	700	钢箱梁	中国广东	2015
15	象山港大桥	688	钢箱梁	中国浙江	2012
16	琅岐闽江大桥	680	钢箱梁	中国福建	2014
17	南京长江三桥	648	钢箱梁	中国江苏	2005
18	铜陵长江公铁大桥	630	钢桁梁	中国安徽	2015
19	南京长江二桥南汊桥	628	钢箱梁	中国江苏	2001
20	舟山金塘大桥	620	钢箱梁	中国浙江	2009
21	武汉白沙洲大桥	618	混合梁	中国湖北	2000
22	二七长江大桥	616	组合梁	中国湖北	2011
23	永川长江大桥	608	钢箱梁	中国重庆	2014
24	青州闽江大桥	605	组合梁	中国福建	2001
25	杨浦大桥	602	组合梁	中国上海	1993

钢拱桥(前十名)　　　　表 1-1c)

序号	桥　名	主跨(m)	主拱圈形式	桥址	年份(年)
1	朝天门长江大桥	552	钢桁架	中国	2009
2	卢浦大桥	550	钢箱	中国	2003
3	傍花大桥(Banghwa Bridge)	540	钢桁架	韩国	2000
4	香溪长江公路大桥	531	钢桁架	中国	在建
5	新河峡桥(New River Gorge)	518	钢桁架	美国	1977
6	贝永桥(Bayonne)	510	钢桁架	美国	1931
7	悉尼港湾桥(Sydney Harbour)	503	钢桁架	澳大利亚	1932
8	明州大桥	450	钢箱	中国	2011
9	南广铁路肇庆西江大桥	450	钢箱	中国	2014
10	新光大桥	428	钢箱	中国	2008

混凝土拱桥(前十名)　　　　表 1-1d)

序号	桥　名	主跨(m)	拱　肋	桥址	年份(年)
1	沪昆铁路北盘江大桥	445	劲性骨架混凝土拱	中国贵州	2016
2	成贵铁路鸭池河大桥	436	劲性骨架混凝土拱	中国贵州	在建
3	万县长江大桥	420	劲性骨架混凝土拱	中国重庆	1997
4	云贵铁路南盘江大桥	416	劲性骨架混凝土拱	中国云南	2016
5	克尔克 1 号桥(KRK-1)	390	混凝土箱形拱	南斯拉夫	1980
6	渝黔铁路夜郎河大桥	370	劲性骨架混凝土拱	中国贵州	2016
7	昭化嘉陵江大桥	364	混凝土箱形拱	中国四川	2012
8	大瑞铁路澜沧江大桥	342	劲性骨架混凝土拱	中国云南	在建
9	郑万铁路梅溪河大桥	320	劲性骨架混凝土拱	中国重庆	在建
10	邕宁邕江大桥	312	劲性骨架混凝土拱	中国广西	1996

钢管混凝土拱桥(前十名)　　　　表 1-1e)

序号	桥　名	主跨(m)	拱肋	桥址	年份(年)
1	波司登长江大桥	530	钢管混凝土	中国四川	2013
2	合江长江桥	507	钢管混凝土	中国四川	在建
3	巫山长江大桥	460	钢管混凝土	中国重庆	2005
4	支井河大桥	430	钢管混凝土	中国湖北	2009
5	雅鲁藏布江桥	430	钢管混凝土	中国西藏	在建
6	莲城大桥	400	钢管混凝土	中国湖南	2007
7	益阳茅草街大桥	368	钢管混凝土	中国湖南	2007
8	广州丫髻沙珠江大桥	360	钢管混凝土	中国广东	2000
9	总溪河大桥	360	钢管混凝土	中国贵州	2015
10	永和大桥	338	钢管混凝土	中国广西	2004

钢桁梁桥(前十名)　　　　　　　　　　表 1-1f

序号	桥　　名	主跨(m)	桥址	年份(年)
1	魁北克桥(Pont de Quebec)	549	加拿大	1917
2	福斯湾桥(Firth of Forth)	521	英国	1890
3	港大桥(Minato)	510	日本	1974
4	科莫多湾桥(Commodore Barry)	501	美国	1974
5	新奥尔良二桥(Greater New Orleans-2)	486	美国	1988
6	新奥尔良一桥(Greater New Orleans-1)	480	美国	1958
7	豪拉桥(Howrah)	457	印度	1943
8	韦特伦桥(Veterans Memorial)	445	美国	1995
9	东京门大桥(Tokyo Gate Bridge)	440	日本	2012
10	奥特兰湾桥(Transbay)	427	美国	1936

钢箱(板)梁桥(前十名)　　　　　　　　表 1-1g

序号	桥　　名	主跨(m)	桥址	年份(年)
1	康斯坦席瓦桥(Ponte Costa e Silva)	300	巴西	1974
2	维宁根桥(Winningen)	282.2	德国	1972
3	内卡尔河谷桥(Neckartalbrücke-Weitingen)	263	德国	1977
4	萨瓦一桥(Sava-1)	261	南斯拉夫	1956
5	维多利亚港三桥(Ponte de Vitoria-3)	260	巴西	1989
6	动物园桥(Zoobrücke)	259	德国	1966
7	萨瓦二桥(Sava-2)	250	南斯拉夫	1970
8	凯塔桥(Kaita)	250	日本	1991
9	郎早桥(Namihaya)	250	日本	1994
10	奥克兰港桥(Auckland Harbour)	244	新西兰	1969

预应力混凝土梁桥(前十名)　　　　　　表 1-1h

序号	桥　　名	主跨(m)	结构形式	桥址	年份(年)
1	石板坡长江大桥	330	连续刚构[①]	中国重庆	2006
2	斯托尔马桥(Stolma)	301	连续刚构	挪威	1998
3	拉脱圣德桥(Raftsundet)	298	连续刚构	挪威	1998
4	星期日桥(Sunday Bridge)	298	连续刚构	挪威	2003
5	亚松森桥(Asuncion)	270	3跨T构	巴拉圭	1979
6	虎门大桥辅航道桥	270	连续刚构	中国广东	1997
7	Ujina Bridge	270	连续刚构	日本	1999
8	苏通大桥辅航道桥	268	连续刚构	中国江苏	2008
9	红河大桥	265	连续刚构	中国云南	2003
10	门道桥(Gateway)	260	连续刚构	澳大利亚	1985
	伐罗德2号桥(Varodd-2)	260	连续梁	挪威	1994
	宁德下白石大桥	260	连续刚构	中国福建	2008

注:主跨中间段108m为钢箱梁。

5. "预可"阶段的任务是什么？

答："预可"阶段着重研究建桥的必要性以及宏观经济上的合理性。

在"预可"阶段研究形成的《预工程可行性研究报告书》（简称《预可报告》）中，应从经济、政治、国防等方面，详细阐明建桥理由和工程建设的必要性和重要性，同时初步探讨技术上的可行性。应以建桥地点（渡口等）的车流量调查（计及国民经济逐年增长）为立论依据。

"预可"阶段的主要工作目标是解决建设项目的上报立项问题，因而，在"预可报告"中，应编制几个可能的桥型方案，并对工程造价、资金来源、投资回报等问题也应有初步估算和设想。

设计方将《预可报告》交业主后，由业主据此编制《项目建议书》报上级主管部门审批。

6. "工可"阶段的任务是什么？

答：在《项目建议书》被审批确认后，才着手"工可"阶段的工作。在这一阶段，着重研究和制定桥梁的技术标准，包括设计荷载标准、桥面宽度、通航标准、设计车速、桥面纵坡、桥面平、纵曲线半径等；同时，还应与河道、航运、规划等部门共同研究和共同协商来确定相关的技术标准，并作环境和地震评价。

在"工可"阶段，应提出多个桥型方案，并按交通运输部《公路基本建设工程投资估算编制办法》估算造价，对资金来源和投资回报等问题应基本落实。

7. 初步设计阶段的任务是什么？

答：初步设计应根据批复的可行性研究报告，测设合同和初测、初勘或定测、详勘资料编制。

初步设计的目的是，通过对多个桥型方案的比选确定和推荐最优设计方案，报上级审批。在编制各个桥型方案时，应提供平、纵、横断面构造图，标明主要尺寸，计算结果（内力、应力）和预应力布置图，并估算工程数量和主要材料数量，拟定施工方案，编制设计概算，提供文字说明和图表资料，初步设计经批复后，则成为施工准备、编制施工图设计文件和控制建设项目投资等的依据。

8. 技术设计的内容是什么？

答：对于技术上复杂的特大桥、互通式立交或新型桥梁结构，必要时需进行技术设计。

技术设计应根据初步设计批复意见、测设合同的要求,对重大、复杂的技术问题通过科学试验、专题研究、加深勘探调查及分析比较,进一步完善批复的桥型方案的总体和细部各种技术问题以及施工方案,并修正工程概算。

9. 施工图设计的内容是什么?

答:两阶段(或三阶段)施工图设计应根据初步设计(或技术设计)批复意见、测设合同,进一步对所审定的修建原则、设计方案、技术决定加以具体和深化,在此阶段中,必须对桥梁各种构件进行详细的结构计算,并且确保强度、稳定、刚度、裂缝、构造等各种技术指标满足规范要求,绘制出供施工用的结构设计详图,提出文字说明及施工组织计划,并编制施工图预算。

国内一般的(常规的)桥梁采用两阶段设计,即初步设计和施工图设计,对于技术简单、方案明确的小桥,也可采用一阶段设计,即施工图设计。

10. 公路桥梁设计的基本原则是什么?

答:桥梁工程的设计应符合技术先进、安全可靠、适用耐久、经济合理的要求,同时应满足美观、环境保护和可持续发展的要求,现分述如下:

(1)技术先进

在因地制宜的前提下,运用国内外先进技术,尽可能采用成熟的新结构、新设备、新材料和新工艺,淘汰和摒弃原来落后和不合理的技术。

(2)安全可靠

①所设计的桥梁结构在强度和稳定方面应有足够的安全储备;

②防撞栏杆应具有足够的高度和强度,人与车流之间应做好防护栏,防止车辆撞入人行道或撞坏栏杆而落到桥下;

③对于交通繁忙的桥梁,应设计好照明设施并有明确的交通标志,两端引桥坡度不宜太陡,以避免发生车辆碰撞等引起的车祸;

④对于修建在地震区的桥梁,应按抗震要求采取防震措施;对于河床易变迁的河道,应设计好导流设施,防止桥梁基础底部被过度冲刷;对于通行大吨位船舶的河道,除按规定加大桥孔跨径外,必要时设置防撞构筑物等。

(3)适用耐久

①应保证桥梁在100年的设计基准期内正常使用;

②桥面宽度能满足当前以及今后规划年限内的交通流量(包括行人通行);

③桥梁结构在通过设计荷载时不出现过大的变形和过宽的裂缝;

④应考虑不同的环境类别对桥梁耐久性的影响,在选择材料、保护层厚度、阻锈等方面满足耐久性的要求。

⑤桥跨结构下面有利于泄洪、通航(跨河桥)或车辆和行人的通行(旱桥);

⑥桥梁的两端方便于车辆的进入和疏散,不致产生交通堵塞现象等;

⑦考虑综合利用,方便各种管线(水、电、气、通信等)的搭载。

(4)经济合理

①桥梁设计应遵循因地制宜、就地取材和方便施工的原则;

②经济的桥型应该是造价和使用年限内养护费用综合最省的桥型,设计中应充分考虑维修的方便和维修费用少,维修时尽可能不中断交通,或中断交通的时间最短;

③所选择的桥位应是地质、水文条件好,桥梁长度也较短;

④桥位选择应考虑能缩短河道两岸的运距,促进该地区的经济发展,产生最大的效益,对于过桥收费的桥梁应能吸引更多的车辆通过,达到尽可能快回收投资的目的。

(5)美观

一座桥梁应具有优美的外形,而且这种外形从任何角度看都应该是优美的,结构布置应精练,并在空间有和谐的比例。桥型应与周围环境相协调,城市桥梁和游览地区的桥梁,可较多地考虑建筑艺术上的要求。合理的结构布局和轮廓是美观的主要因素,另外,施工质量对桥梁美观也有重大影响。

(6)环境保护和可持续发展

桥梁设计应考虑环境保护和可持续发展的要求,包括生态、水、空气、噪声等方面。应从桥位选择、桥跨布置、基础方案、墩身外形、上部结构施工方法、施工组织设计等多方面全面考虑环境要求,对于施工过程中的植被破坏、水土流失、排渣污染等,应采取切实可行的工程控制措施,并建立环境监测保护体系,将不利影响减至最小。

11. 桥梁规划时,如何考虑综合利用?

答:桥梁建设除了满足交通建设的基本要求之外,同时应适当考虑当地的需要予以综合利用,如搭载、布设水、电、气、通信、管线等,设计中不仅应考虑桥梁和搭载管线的安全,还应考虑方便今后检查、维修和更换。

12. 选择桥位应注意哪些问题?

答:各级公路上的小桥及其与公路的衔接,一般应符合路线布设的要求。各级公路上的特大、大、中桥的桥位，原则上应服从路线上的总方向，路桥综合考虑。在确定具体位置时应注意：

（1）尽量选在河势稳定、河道顺直、水流稳定、河面较窄、地质良好、冲刷较少的河段上，不宜选择在河汊、沙洲、古河道、急弯、汇合口、港口作业区及易形成流冰、流木阻塞的河段；

（2）桥梁建成以后，必须保证桥下能安全宣泄设计洪水量；

（3）在整体布局上，宜与铁路、水利、航运、城建等方面的规划相互配合；

（4）注意保护历史文物，保护环境和军事设施等；

（5）应适当照顾群众利益，少占良田，少拆迁有价值的建筑物。

13. 当桥轴线的法线方向与水流主方向不一致时怎么办？

答：桥梁设计中若遇这种情况时，可采用以下几种处理方案：

（1）斜交桥方案。

这是最常用的方案，即桥墩墩身长边方向（包括同一墩顶支座的连线）与水流主方向平行，这样做，对水的阻力面小，但主体结构受力将复杂些。

（2）圆形截面独柱墩方案。

上部结构可按普通正桥设计，墩柱截面的直径要适当放大，但这样做，结构上不太经济，墩身受力也不尽合理，直径加大也会增加阻水面积。

（3）并列双幅式桥梁方案。

如果桥面较宽时，可将桥面从中轴线断开，变为并列而分离的两座桥梁，同一编号的桥墩及基础可根据水流主方向前后错开布置，必要时，可将水下部分的墩身连成整体，并将端部做成圆端形。这样，上部结构仍按正桥受力，但下部结构受力要复杂一些。

（4）若采用斜桥正做的方案，当桥梁轴线的法线与水流（洪水期）方向夹角大于5°时，应相应加大孔径，以确保与水流正交孔径满足要求。

14. 与桥梁设计有关的河流水位有哪些？为什么桥梁设计中必须掌握这些资料？

答：与桥梁设计有关的河流水位有：

（1）低水位——枯水季节的最低水位；

（2）施工水位——桥址处按一定频率（10年或20年一遇）推算，在一年中可供施工月份的水位；

（3）高水位——洪峰季节河流中的最高水位；

（4）设计水位——按规定的设计洪水频率计算所得的高水位（很多情

况下是推算水位);

(5)流冰水位——冰冻河流在融冰季节计入冰凌高度的水位;

(6)通航水位——在各种航道中,能保持船舶(队)正常运行时的水位;

(7)计算水位——设计水位加壅水和浪高。

上述的低水位常用作确定桥梁基础顶面高程的依据,并在施工阶段作为可否采用浮运吊装方案的依据,施工水位是确定基础承台高程的重要依据,也是编制概预算时确定投资的分界水位。其余水位均作为确定桥梁结构底面高度的依据,以保证船舶能安全从桥下通行和洪水季节桥梁结构不会遭到水流及其漂浮物的撞击毁坏。

15. 桥梁全长和各种跨径名称是如何定义的?

答:桥梁全长简称桥长,它是划分特大、大、中、小桥梁的重要指标之一。对于有桥台的桥梁,桥长为两岸桥台翼墙尾端间的距离;对于无桥台的桥梁则为桥面系行车道的全长,用 L 表示。

桥梁净跨径(clear span)一般用 l_0 表示。对于设支座的桥梁为在设计洪水位线上相邻两墩、台身顶内缘之间的水平净距;对于不设支座的桥梁(如拱桥、刚构桥等)为上、下部结构相交处内缘间的水平净距。

总跨径(total span)是指多孔桥梁中各孔净跨径的总和($\sum l_0$),它反映了桥下宣泄洪水的能力。

计算跨径(computed span)一般用 l 表示,它是桥梁结构受力分析时的重要参数。对于设支座的桥梁,为相邻支座中心间的水平距离,对于不设支座的桥梁则为上、下部结构的相交面之中心间的水平距离。

标准跨径(standard span)用 L_k 表示。对于梁式桥和板式桥,它是以两桥墩之间桥中心线长度或桥墩中线与桥台台背前缘线之间桥中心线长度为准,对于拱式桥和涵洞则以净跨径为准。

标准化跨径,是《公路工程技术标准》(JTG B01—2014)针对跨径 50m 以下的桥涵推荐采用的标准跨径,具体跨径数值为:0.75m、1.0m、1.25m、1.5m、2.0m、2.5m、3.0m、4.0m、5.0m、6.0m、8.0m、10m、13m、16m、20m、25m、30m、35m、40m、45m、50m。

16. 怎样划分特大、大、中、小桥及涵洞?

答:按照现行《公路桥涵设计通用规范》(JTG D60—2015)的规定,关于特大、大、中、小桥及涵洞的划分采用两个指标:一个是多孔跨径的总长 L,另一个是单孔标准跨径 L_k,具体划分如表 1-2 所示。

桥梁涵洞按跨径分类　　　　　　　　　　　　表1-2

桥涵分类	多孔跨径总长 L(m)	单孔标准跨径 L_k(m)
特大桥	$L > 1\,000$	$L_k > 150$
大桥	$100 \leqslant L \leqslant 1\,000$	$40 \leqslant L_k \leqslant 150$
中桥	$30 < L < 100$	$20 \leqslant L_k < 40$
小桥	$8 \leqslant L \leqslant 30$	$5 \leqslant L_k < 20$
涵洞	—	$L_k < 5$

注：1. 单孔跨径系指标准跨径。
　　2. 梁式桥、板式桥的多孔跨径总长为多孔标准跨径的总长；拱式桥为两端桥台内起拱线间的距离；其他形式桥梁为桥面系行车道长度。

17. 什么叫桥面净空？

答：桥面净空是指桥梁行车道、人行道的上方应保持的空间界限，《公路工程技术标准》(JTG B01—2014)中又称它为公路建筑限界。

18. 什么叫桥下净空？

答：桥下净空是指为满足桥下通航(或行车、行人)的需要和保证桥梁安全而对上部结构底缘以下规定的空间界限。

19. 桥梁高度、桥下净空高度和建筑高度是如何定义的？

答：桥梁高度简称桥高，是指桥面与低水位之间的高差，或为桥面与桥下线路路面的距离；桥下净空高度是指设计水位或计算通航水位至桥跨结构最下缘之间的距离；建筑高度是桥上行车路面(或轨顶)高程至桥跨结构最下缘之间的距离。

20. 桥梁总跨径应如何拟定？

答：桥梁总跨径的拟定主要根据泄洪的要求。其基本原则是：应使桥梁在整个使用年限内，保证设计洪水能顺利宣泄；河流中可能出现的流冰和船只排筏等能顺利通过；避免因过分压缩河床而引起河道和河岸的不利变迁；避免因桥前壅水而淹没农田、房屋、村镇和其他公共设施等。对于桥梁结构本身来说，不能因总跨径缩短而引起河床过度冲刷，从而对浅埋基础带来不利的影响。

《公路桥涵设计通用规范》(JTG D60—2015)中规定了不同等级公路的设计洪水频率，见表1-3。

桥梁的设计洪水频率 表1-3

公 路 等 级	设计洪水频率		
	特大桥	大桥、中桥	小桥
高速公路、一级公路	1/300	1/100	1/100
二级公路	1/100	1/100	1/50
三级公路、四级公路	1/100	1/50	1/25

设计时,需在桥位附近的水文站调查相应这些设计频率的流量和水位,然后在已知桥位的河床断面上求出桥下顺利宣泄设计洪水所需的最小过水面积,从而确定桥台的台口位置。如果条件容许,也可将桥台位置朝河心方向适当推移,以缩短桥长,节省造价。但应特别注意,不能因总跨径的缩短而导致前述的不利因素。

21. 对较长的桥梁进行分孔时一般要考虑哪些主要因素?

答: 对于较长的跨河桥梁,分孔的主要依据是通航要求、地形和地质条件、水文状况、技术经济条件和美观的要求。总的要求是:

(1)对于通航河流,首先应满足通航要求。将通航孔布置在主航道位置,其余的桥孔跨径则选用经济跨径。对于变迁性河流,考虑航道可能发生变化,需多设几个通航孔。

(2)对于平原区宽阔河流上的桥梁,通常在主河槽部分按需要布置较大的通航孔,而在两侧浅滩部分按经济跨径进行分孔。

(3)对于在山区深谷、水深流急的江河上的桥梁,或修建在水库上的桥梁,为了减少中间桥墩,应加大跨径。如果条件允许的话,甚至可以采用特大跨径的单孔跨越。

(4)对于采用连续体系的多孔桥梁,应从结构的受力特性考虑,使边孔与中孔的跨中弯矩接近相等,合理地确定相邻跨之间的比例。

(5)对于河流中存在的不利地质段,例如岩石破碎带、裂隙、溶洞等,在布孔时,为了使桥基避开这些区段可以适当加大跨径。

(6)跨径的选择还与施工能力有关,有时选用较大的跨径虽然在技术和经济上是合理的,但由于缺乏足够的施工技术能力和机械设备,也不得不放弃而改用较小跨径。

(7)位于城市中的桥梁,还应从与城区周围环境及已建桥梁相协调的角度出发进行合理的布孔。

这里还要提醒的是,桥梁的分孔和造价有很大的关系。跨径和孔数不同时,上部结构和墩台的总造价是不同的,跨径越大,孔数越少,上部结构的造价就越大,而墩台的造价就越小;反之,墩台的造价提高,而上部结构的造价减少。另外,当遇到水深较深或河床地质不良等的河流时,其基础的设计和施工均较复杂,造价就高,跨径宜选得大一些;反之,对于宽浅河床,水深不大(如北方的季节性河流),而且河床地质较均匀的河流,桥墩和基础的造价就低,跨径就可以选得小一些。因此,一般认为最经济的造价就是要使上部结构和下部结构的总造价最低。

桥梁分孔是个非常复杂的问题,各种各样的条件和要求往往互相发生矛盾。例如:跨径100m以下的公路桥,为了尽可能符合标准化跨径,不得不放弃采用按经济要求确定的孔径;从备战要求出发,等跨布置是最佳选择,以便抢修和互换;但有时因工期很紧,为减少水下工程,需要减少桥墩加大跨径。

22. 确定桥面高程时应考虑哪些因素?

答: 中小跨径公路桥梁的桥面高程一般在路线纵断面设计中确定。对于大跨径桥梁,一般应根据设计洪水位和桥下净空要求,分以下几种情况来确定。

对于非通航河流,梁底一般应高出设计洪水位(包括壅水和浪高)不小于 0.5m(图 1-1),高出最高流冰水位 0.75m;支座底面高出设计洪水位不小于 0.25m,高出最高流冰水位 0.5m。对于无铰拱桥,拱脚允许被设计洪水位淹没,但一般不超过拱圈矢高的 2/3,如图 1-2 所示,拱顶底面至设计洪水位的净高不小于 1.0m。对于有漂流物和流冰阻塞以及易淤积的河床,桥下净空应分别适当加高。

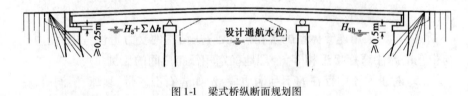

图 1-1　梁式桥纵断面规划图

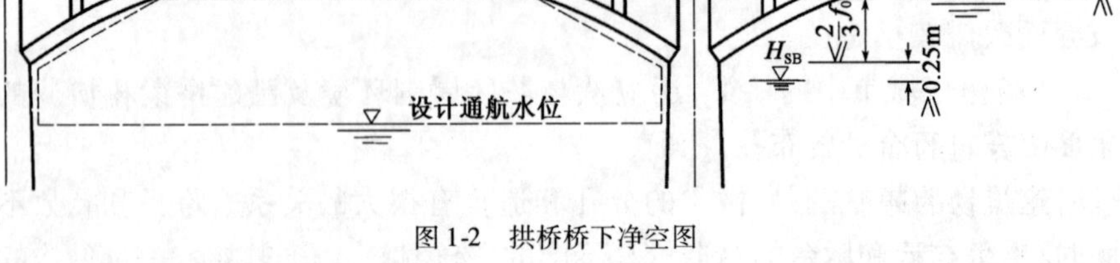

图 1-2　拱桥桥下净空图

在通航及通行木筏的河流上,桥跨结构之下,自设计通航水位算起,应能满足通航净空的要求。

当允许建筑高度富余时,尽可能考虑上承式桥型;如建筑高度限制很严,可考虑采用中承式和下承式桥型。

具体来讲,有以下几个方面应注意:

(1) 流水净空要求

① 按设计水位计算桥面最低高程时,应按下式计算:

$$H_{\min} = H_S + \sum \Delta h + \Delta h_j + \Delta h_0 \tag{1-1}$$

式中:$H_{\min}$——桥面最低高程(m);

　　　H_S——设计水位(m);

　　$\sum \Delta h$——考虑壅水、浪高、波浪壅高、河弯超高、水拱、局部股流壅高(水拱与局部股流壅高只取其大者)、床面淤高、漂浮物高度等诸因素的总和(m);

　　　Δh_j——桥下净空安全值(m),应符合表1-4的规定;

　　　Δh_0——桥梁上部构造建筑高度(m),应包括桥面铺装高度。

河流桥下净空安全值 Δh_j 表1-4

桥梁的部位		高出计算水位(m)	高出最高流冰面(m)
梁底	洪水期无大漂浮物	0.50	0.75
	洪水期有大漂浮物	1.50	—
	有泥石流	1.00	—
支座垫石顶面		0.25	0.50
拱脚		0.25	0.25

注:1. 无铰拱的拱脚,可被洪水淹没,淹没高度不宜超过拱圈高的2/3;拱顶底面至设计水位的净高不应小于1m。

　　2. 山区河流水位变化大,桥下净空安全值可适当加大。

② 按设计最高流冰水位计算桥面最低高程时,应按下式计算:

$$H_{\min} = H_{SB} + \Delta h_j + \Delta h_0 \tag{1-2}$$

式中:H_{SB}——设计最高流冰水位(m),应考虑床面淤高;

　　其余符号意义同前。

③ 桥面设计高程不应低于上述两式的计算值。

(2) 通航净空要求

为了保证桥下安全通航,通航孔桥跨结构下缘的高程应高出自设计通航水位算起的净空高度。《内河通航标准》(GB 50139—2014)规定了水上过河建筑物的通航净空尺寸,表1-5列出了天然和渠化河流的通航净空尺寸,通航净空示意见图1-3,对于限制性航道、黑龙江水系和珠江三角洲至港澳内河航道的通航净空另有相关规定。此外还颁布了《通航海轮桥梁通航标准》(JTJ 311—97)，适用于沿海及海湾区域内通航海轮航道的桥梁。

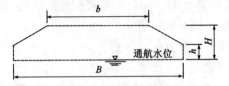

图 1-3　通航净空示意图

天然和渠化河流水上过河建筑物通航净空尺寸(m)　　表 1-5

航道等级	净高 H	单向通航孔			双向通航孔		
		净宽 B	上底宽 b	侧高 h	净宽 B	上底宽 b	侧高 h
Ⅰ-(1)	24.0	200	150	7.0	400	350	7.0
Ⅰ-(2)	18.0	160	120	7.0	320	280	7.0
Ⅰ-(3)		110	82	8.0	220	192	8.0
Ⅱ-(1)	18.0	145	108	6.0	290	253	6.0
Ⅱ-(2)		105	78	8.0	210	183	8.0
Ⅱ-(3)	10.0	75	56	6.0	150	131	6.0
Ⅲ-(1)	18.0☆ 10.0	100	75	6.0	200	175	6.0
Ⅲ-(2)	10.0	75	56	6.0	150	131	6.0
Ⅲ-(3)		55	41	6.0	110	96	6.0
Ⅳ-(1)		75	61	4.0	150	136	4.0
Ⅳ-(2)	8.0	60	49	4.0	120	109	4.0
Ⅳ-(3)		45	36	5.0	90	81	5.0
Ⅳ-(4)							
Ⅴ-(1)	8.0	55	44	4.5	110	99	4.5
Ⅴ-(2)	8.0 或 5.0▲	40	32	5.5 或 3.5▲	80	72	5.5 或 3.5▲
Ⅴ-(3)							
Ⅵ-(1)	4.5	25	18	3.4	40	33	3.4
Ⅵ-(2)	6.0			4.0			4.0
Ⅶ-(1)	3.5	20	15	2.8	32	27	2.8
Ⅶ-(2)	4.5						

注：1. 角注☆的尺寸仅适用于长江；角注▲的尺寸仅适用于通航拖带船队的河流。
　　2. 当水上过河建筑物的法线方向与水流方向的交角大于5°，且横向流速大于0.3m/s时，通航净宽需适当加大；当横向流速大于0.8m/s时，应一跨过河或在通航水域中不设墩柱。
　　3. 当水上过河建筑物的墩柱附近可能出现碍航紊流时，通航净宽值应适当加大。

(3) 跨线桥桥下的交通要求

在设计跨线路(铁道或公路)的立体交叉时,桥跨结构底缘的高程应高出规定的车辆净空高度。对于公路所需的净空限界,见桥梁横断面设计部分(本章第25问),铁路的净空限界可查阅相关铁路桥涵设计规范。

综上所述,全桥位于河中各跨的桥道高程均应首先满足流水净空的要求;对于通航或桥下通车的桥孔还应满足通航净空或建筑净空限界的要求;另外,还应考虑桥的两端能够与公路或城市道路顺利衔接等。因此,全桥各跨的桥道高程是不相同的,必须综合考虑和规划,一般将桥梁的纵断面设计成具有单向或双向坡度的桥梁,既利于交通,美观效果好,又便于桥面排水(对于不太长的小桥,可以做成平坡桥)。

23. 基础底面高程的确定应考虑哪些因素？

答:基础底面高程主要取决于地基的地质条件和河流的冲刷深度。

(1) 地基的地质条件

①岩石地基。当覆盖土层较薄(包括风化层)时,通常将基础直接修建在清除风化层后的岩面上;当风化层很厚时,埋深应按风化层的风化程度、冲刷程度及相应的允许承载力来确定;当岩层表面倾斜时,应避免将同一基础的一部分置于岩层,另一部分置于非岩层上,以防止结构物由于不均匀沉降而倾斜或破裂。对于大桥的基础,当冲刷较严重时,除应清除风化层外,尚应视基岩强度将基础嵌入一定深度或采用其他锚固措施,使基础与基岩连成整体。

②非岩石地基。对均质土层,基础埋深可按荷载大小和地基土的承载力来确定,当多层土交错时,为避免不均匀沉降,各基础应放在相同的持力层上。

(2) 河流冲刷深度

①小桥涵基础。无冲刷时,基础埋深应在地面或河床线以下(岩石地基除外)至少1m;有冲刷时埋深应在局部冲刷线以下不少于1.0m;如河床上有铺砌层时,埋深宜在铺砌层顶面以下至少1.0m。

②大、中桥基础。有冲刷时,其埋深应按《公路桥涵地基与基础设计规范》(JTG D63—2007)中表4.1.1-6选用。

(3) 冻结深度

桥涵墩台明挖基础和沉井基础的基底埋深应符合以下规定:

①冻胀土。上部结构为超静定时,均应将基底埋入冻结线以下不小于0.25m。

②季节性冻胀土。基底的最小埋深可按下式确定:

$$d_{min} = z_d - h_{max} \qquad (1-3)$$

式中各符号的意义及取值方法可查阅《公路桥涵地基与基础设计规范》(JTG D63—2007)第四章。对于桩基础,其桩尖高程则应根据设计桩长和所选持力层而定。

24. 拟定桥面纵坡时应考虑哪些因素?

答:桥面设置纵坡首先要有利于排水,同时,在平原地区,还可以在满足桥下通航净空要求的前提下降低墩台高程,减少桥头引道土方量,从而节省工程费用。桥面的纵坡,一般都做成双向纵坡,在桥中心设置竖曲线,纵坡一般不超过3%为宜。当受到两岸地形限制时,允许修建坡桥,但大、中桥和城市桥梁桥面纵坡不宜大于4%,位于市镇混合交通繁忙处桥面纵坡不得大于3%。对易结冰、积雪的桥梁,桥上纵坡不宜大于3%。

25. 桥梁横断面设计应考虑哪些因素?

答:桥梁横断面的设计,主要取决于桥面的宽度和不同桥跨结构横截面的形式。桥面宽度决定于行车和行人的交通需要,为保证桥梁的服务水平,桥面净宽应当与所在路线的路基宽度保持一致。《公路工程技术标准》(JTG B01—2014)中,规定了各级公路的净空限界,如图1-4所示,路面各组成部分的宽度依据设计速度这一路线基准要素来确定,在建筑限界内,不得有任何部件侵入。各级公路设计速度的规定见表1-6。路面各部分宽度可以分别从表1-7~表1-10中选取。

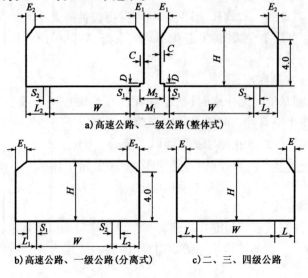

图1-4 建筑限界(尺寸单位:m)

注:1. 当桥梁设置的人行道宽度大于侧向宽度时,建筑限界应包括所增加的宽度。
　　2. 人行道、自行车道与行车道分开设置时,其净高一般为2.5m。

图中:W——行车道总宽度,为设计车道数与单个车道宽度(表1-7)的乘积,并计入所设置的加(减)速车道、紧急停车道、爬坡车道、慢车道或错车道的宽度;

C——当设计速度大于100km/h时为0.5m,等于或小于100km/h时为0.25m;

D——路缘石高度,小于或等于0.25m,一般情况下,高速公路可不设路缘石;

S_1——行车道左侧路缘带宽度,一般规定见表1-8;

S_2——行车道右侧路缘带宽度,应为0.5m;

M_1——中间带宽度;

M_2——中央分隔带宽度;

E——建筑限界顶角宽度,$L \leqslant 1m$ 时,$E=L$;$L>1m$ 时,$E=1m$;

E_1——建筑限界顶角宽度,当 $L_1<1m$,$E_1=L_1$,或 $S_1+C<1m$,$E_1=S_1+C$;当 $L_1 \geqslant 1m$ 或 $S_1+C \geqslant 1m$ 时,$E_1=1m$;

E_2——建筑限界顶角宽度,$E_2=1m$;

H——净空高度,高速公路和一级、二级公路为5.0m,三级、四级公路为4.5m;

L_2——右侧硬路肩宽度,一般规定见表1-9;

L_1——左侧路肩宽度,一般规定见表1-10;

L——侧向宽度、高速公路、一级公路的侧向宽度为硬路肩宽度(L_1 或 L_2),其他各级公路的侧向宽度为路肩宽度减去0.25m。设置护栏时,应根据护栏需要的宽度加宽路基。

各级公路设计速度　　　　　表1-6

公路等级	高速公路			一级公路			二级公路		三级公路		四级公路
设计速度 (km/h)	120	100	80	100	80	60	80	60	40	30	30	20

车 道 宽 度　　　　　表1-7

设计速度 (km/h)	120	100	80	60	40	30	20
车道宽度 (m)	3.75	3.75	3.75	3.50	3.50	3.25	3.00

左侧路缘带宽度　　　　　表1-8

设计速度(km/h)	120	100	80	60
左侧路缘带宽度(m)	0.75	0.75	0.50	0.50

右 路 肩 宽 度   表1-9

公路等级(功能)		高速公路			一级公路(干线功能)	
行车速度(km/h)		120	100	80	100	80
右侧硬路肩宽度(m)	一般值	3.00 (2.50)	3.00 (2.50)	3.00 (2.50)	3.00 (2.50)	3.00 (2.50)
	最小值	1.50	1.50	1.50	1.50	1.50
土路肩宽度(m)	一般值	0.75	0.75	0.75	0.75	0.75
	最小值	0.75	0.75	0.75	0.75	0.75
公路等级(功能)		一级公路(集散功能)和二级公路		三级公路、四级公路		
行车速度(km/h)		120	100	40	30	20
右侧硬路肩宽度(m)	一般值	1.50	0.75	—		
	最小值	0.75	0.25			
土路肩宽度(m)	一般值	0.75	0.75	0.75	0.50	0.25(双车道) 0.50(单车道)
	最小值	0.50	0.50			

注：1. 正常情况下，应采用"一般值"；在设爬坡车道、变速车道及超车道路段，受地形、地物等条件限制路段及多车道公路特大桥，可论证采用"最小值"。
2. 高速公路和作为干线的一级公路以通行小客车为主，右侧硬路肩宽度采用括号内值。

分离式断面高速公路、一级公路左侧路肩宽度   表1-10

行车速度(km/h)	120	100	80	60
左侧硬路肩宽度(m)	1.25	1.00	0.75	0.75
左侧土路肩宽度(m)	0.75	0.75	0.75	0.50

桥梁横截面形式则应根据道路的等级、桥面的宽度、行车要求等条件确定，主要有以下几种：

(1) 双向车道布置，即行车道的上下行交通布置在同一桥面上，它们之间用画线分隔。由于在桥梁上同时存在上下行机动车和非机动车，车辆只能中速或低速行驶，对交通量较大的道路，桥梁往往会造成交通滞流状态。

(2) 分车道布置，即桥面上设置分隔带[图1-5a)]或分离式主梁布置[图1-5b)]，使上下行交通分隔，甚至机动车道与非机动车道分隔、行车道与人行道分隔设置。这种布置方式可提高行车速度，便于交通管理。

(3) 双层桥面布置，即桥梁结构在空间上提供两个不在同一平面上的桥面构造，如图1-6所示。双层桥面布置可以使不同的交通严格分道行驶，提高了车辆和行人的通行能力,便于交通管理。同时,在满足同样交通要求时,可以充分利用桥梁净空,减小桥梁宽度,缩短引桥长度,达到较好的经济效益。

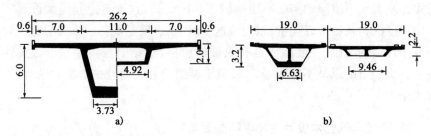

图 1-5 分车道的桥面布置(尺寸单位:m)

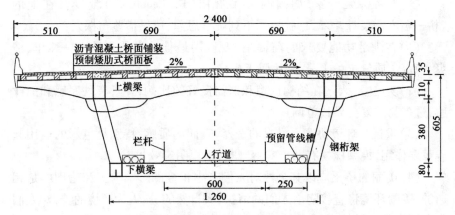

图 1-6 双层桥面布置(尺寸单位:cm)

桥面部分通常包括桥面铺装、防水和排水设施、伸缩装置、人行道(或安全带)、缘石、栏杆和灯柱等构造(图 1-7)。桥面部分是车辆行人通过桥梁时直接接触的部分,对桥梁功能的正常发挥和车辆行人的安全十分重要,同时它还起到保护桥梁主要构件的作用。

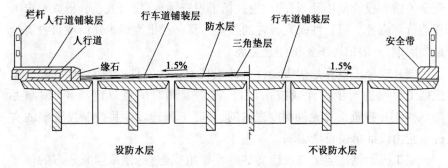

图 1-7 桥面布置示意图

26. 为什么大、中桥梁的两端要设置桥头引道？

答：为了满足通航或泄洪要求，大、中桥梁的桥面高度一般比两岸的接线道路或者城市道路的路面高出得较多。因此，在这两者之间需加设具有一定坡度的构筑物加以连接，以完成这个过渡，这就是所称的桥头引道。对于其中较高的区段，一般做成具有纵坡的引桥，较矮的区段便直接做成路堤。桥头引道的纵坡不应大于5%，位于城镇混合交通繁忙地段的纵坡，不宜大于3%。

27. 桥梁建筑艺术设计应考虑哪些因素？

答：著名桥梁专家，德国的莱昂哈特（F. Leonhardt）教授曾在他的《桥—美学和设计》专著中提出了下列美学思想，可供借鉴与探索：

(1) 在满足功能要求的前提下，要选用最佳的结构形式——纯正、清爽、稳定。质量统一于美，美从属于质量。

(2) 美，主要表现在结构选型和谐与良好的比例，并具有秩序感和韵律感，过多的重复会导致单调。

(3) 重视与环境协调。材料的选择、表面的质感，特别是色彩的运用起着重要作用，模型检视有助于实感判断，审视阴影效果。

(4) 美丽的桥梁应以其个性对人们产生积极的影响。美和伦理本是相通的，美的环境将直接陶冶人们的情操，大自然的美、人为环境的美，对人们身心健康是必需的。

28. 什么叫估算、概算、预算和决算，编制的范围和依据是什么？

答：对于公路基本建设新建、改建工程，投资估算是在建设项目前期编制项目建议书、可行性研究报告的重要组成部分，主要包括项目投资总额、资金筹措和投资使用计划，同时也包括了投资预测、投资效益分析以确定工程造价等内容。可行性研究报告的投资估算一经批准即为建设项目投资的最高限额，一般情况下不得任意突破。

概算或修正概算是初步设计文件或技术设计文件的重要组成部分，是根据工程项目初步设计或技术设计、按国家颁布的概算定额和《编制办法》、控制在投资估算允许幅度以内的、计算工程建设项目控制投资额的文件。它由设计单位负责编制。

施工图预算是施工图设计文件的重要组成部分，是按国家颁布的预算定额和《编制办法》、控制在概算或修正概算范围以内的、计算工程建设项目全部建设费用的文件。它由设计单位负责编制。

决算是工程竣工后,根据实际发生的工程量和大量的施工统计原始资料,以工程承包合同价为依据,经过大量的统计分析来重新确定工程造价。其编制以建设单位为主,在监理工程师和施工单位的配合下共同完成。

29. 什么叫洪水频率和设计洪水频率?

答:洪水频率是表示河流某一洪水发生可能性大小或出现频繁的程度。它以分数表示,其倒数为重现期,叫几年一遇;设计洪水频率是由有关技术标准规定作为桥梁设计依据的洪水频率,根据桥梁等级的不同而不同。

30. 桥梁墩台冲刷是一种什么现象?

答:当水流急剧流入桥孔,在桥台前缘、桥墩两侧形成绕流,使水流与建筑物壁面出现边界层分离,不断地形成旋涡,并向下游传播和发展,卷走河床面层泥沙,在桥台前缘、桥墩上游端及两侧形成冲刷坑,这种剥蚀现象,称为桥梁墩台冲刷。

由于目前我国尚未掌握有关墩台冲刷的整体水利计算方法,故我国《公路工程水文勘测设计规范》(JTG C30—2015)将桥梁墩台冲刷分解为河床自然演变冲刷、一般冲刷和局部冲刷三部分,并且规定:在确定基础埋深时,除应根据桥位河段具体情况,取河床自然演变冲刷、一般冲刷和局部冲刷的不利组合确定外,尚应符合现行《公路桥涵地基与基础设计规范》(JTG D63)的相关规定。

31. 桥前壅水是一种什么现象?

答:水流因修建的桥梁墩台而受到压缩,导致上游水位抬高和流速增大的现象称为桥前壅水,这种现象将对确定桥面高度有影响,必须加以考虑。

32. 在什么情况下设置导流堤?

答:导流堤是桥位调治构筑物的类型之一,其主要作用在于调节水流,使水流均匀畅顺地通过桥孔,防止桥位附近的河床和河岸发生不利的变形,以保证桥梁墩台和桥头引道的正常使用。图1-8 是它的平面布置形式之一。是否设置导流堤,应根据河滩流量占总流量的比例来确定。当单侧河滩的河道,桥梁引道阻断的流量占设计总流量15%,或双侧河滩,以中泓线将设计总流量分为两部分,桥梁一侧引道阻断的流量占该侧流量的15%时,宜设置导流堤。

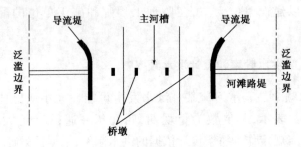

图1-8 导流堤平面布置示意图

第2章 桥梁上的作用

1. 公路桥梁设计采用的作用主要分几大类？

答："作用"是引起桥涵结构反应的各种原因的统称，它比以往称的"荷载"更具有广泛性。按其性质可归纳为两大类：一类是直接施加于结构上的外力，例如车辆、人群、结构自重等，它们是直接施加于结构上的，可用"荷载"这一术语来概括；另一类是以间接的形式作用于结构上，例如地震、基础变位、温变效应、混凝土收缩徐变等，它们产生的效应与结构本身的特性、结构所处环境等有关。它们是间接作用于结构的，如果也称为"荷载"，容易引起人们的误解，因此，将所有引起结构反应的原因统称为"作用"，而"荷载"仅限于表达施加于结构上的直接作用。

施加在桥涵上的各种作用按照随时间的变化情况，可以归纳为永久作用、可变作用、偶然作用以及地震作用四类。永久作用是指在结构使用期间，其量值不随时间而变化，或其变化值与平均值相比可以忽略不计的作用，习惯上又称为恒载。可变作用是指在结构使用期间，其量值随时间变化，且其变化值与平均值相比不可忽略的作用。对于在结构使用期间出现的概率很小，一旦出现，其值很大且持续时间很短的作用则称为偶然作用。地震作用主要是指地震时强烈的地面运动所引起的结构惯性力，它是随机变化的动力荷载，其值的大小决定于地震强烈程度和结构的动力特性（频率与阻尼等）以及结构或构件的质量。

按照结构的反应情况，作用还可以分为静态作用和动态作用两类，静态作用是指在结构上不产生加速度或产生的加速度可以忽略不计的作用，比如结构自重等；动态作用是使结构上产生一个不可忽略的加速度的作用，包括汽车作用、地震作用等。对动态作用效应的分析一般比较复杂，通常在容许的情况下将它们转变成静态作用来计算。

2. 永久作用包括哪些内容?

答：永久作用的内容包括结构重力、预加力、土的重力、土侧压力、混凝土收缩及徐变作用、水的浮力和基础变位作用，共七种。

结构物自身重力及桥面铺装、附属设施等外加重力均属于结构重力，它们可按照结构物的实际体积或设计拟定的体积乘以材料的重度计算。

预加力在结构正常使用极限状态设计和使用阶段构件应力计算时，应作为永久荷载来计算其主、次效应，并计入相应阶段的预应力损失；在结构承载能力极限状态设计时，预加力不作为荷载，而将预应力钢筋作为结构抗力的一部分，但在连续梁等超静定结构中，仍需考虑预加力引起的次效应。

对于超静定的混凝土结构、钢-混凝土组合结构等均应考虑混凝土的收缩和徐变作用的影响，预应力构件还涉及预应力损失问题。

3. 可变作用包括哪些内容?

答：可变作用包括汽车荷载、汽车冲击力、汽车离心力、汽车引起的土侧压力、汽车制动力、人群荷载、疲劳荷载、风荷载、流水压力、冰压力、波浪力、温度(均匀温度和梯度温度)作用和支座摩阻力，共十三种。

4. 偶然作用主要指哪几种?

答：偶然作用包括船舶或漂流物撞击力和汽车撞击作用。

5. 什么叫施工荷载?

答：施工阶段为验算桥梁结构或构件安全所考虑的临时荷载称为施工荷载，具体内容包括结构重力、施工设备、人群、风力、拱桥中的单向推力等。

6. 作用代表值的概念是什么?

答：作用代表值是指结构或构件设计时，针对不同设计目的所采用的各种作用规定值，包括作用标准值、准永久值和频遇值等。作用标准值是结构设计的主要参数，是各种作用的基本代表值，其量值取设计规定期限内可能出现的最不利值，一般按照设计基准期最大概率分布的某一分位值确定。作用频遇值为可变作用采用的一种代表值，由作用标准值乘以小于1的频遇值系数得到。准永久值是可变作用通常情况下出现的作用取值，它比频遇值小，由作用标准值乘以小于1的准永久值系数得到。

7. 土侧压力分为哪几种形式？

答：土侧压力分为主动土压力、静止土压力和被动土压力三种形式。

桥台背后的填土土体在达到极限平衡时，只要桥台发生一个极微小的向前位移，台后填土将会出现一个三角形楔体，沿着斜向的滑动面朝台背方向移动，相应于此时的土压力称为主动土压力。主动土压力采用库仑公式计算。当桥台背后虽有填土，但桥台不发生任何微小的位移或转动，此时土压力称静止土压力。对于轻型的拱桥桥台，当受到拱圈的水平推力后，会使墙体产生向土体方向位移的趋势，如果推力不断增加，土体将会朝路堤方向崩裂滑动，达到另一种极限平衡状态，此时桥台墙体上所受到的土压力称为被动土压力。被动土压力采用朗金公式计算。

相同条件下计算得到的被动土压力最大，主动土压力最小，并且相差较大，因而在设计计算时需要谨慎判断土侧压力的形式。

8. 什么叫混凝土徐变系数？

答：混凝土受荷载以后，除了产生瞬时的弹性应变 ε_e 以外，还将在荷载不变的条件下产生随时间增长而增加的徐变应变 ε_c，但这种应变增加的速度是随时间而递减的。在结构分析中，通常用徐变系数 $\phi(t,t_0)$ 将这两种应变联系起来，即

$$\varepsilon_c = \phi(t,t_0)\varepsilon_e \tag{2-1}$$

于是结构混凝土的总应变 ε_b 为：

$$\varepsilon_b = \varepsilon_e + \varepsilon_c = \varepsilon_e[1 + \phi(t,t_0)] \tag{2-2}$$

由上式可见，徐变系数是混凝土徐变应变与弹性应变之间随时变化的比值，徐变系数中包含两个参数，其中 t_0 表示加载龄期，t 是指观察的时刻。

9. 公路桥梁规范中汽车荷载怎样取用？

答：汽车荷载是公路桥涵上最主要的一种可变荷载。设计中采用的汽车荷载分为公路—Ⅰ级和公路—Ⅱ级两个等级，高速公路、一级公路、二级公路采用公路—Ⅰ级，三级公路、四级公路采用公路—Ⅱ级。二级公路作为集散公路且交通量小、重型车辆少时，其桥涵的设计可采用公路—Ⅱ级汽车荷载。对交通组成中重载交通比重较大的公路，宜采用与该公路交通组成相适应的汽车荷载模式进行结构整体和局部验算。

汽车荷载由车道荷载和车辆荷载组成。车道荷载由均布荷载和集中荷

载组成,如图 2-1 所示。公路—Ⅰ级车道荷载的均布荷载标准值 q_k 为 10.5kN/m。集中荷载标准值随计算跨径而变,当计算跨径小于或等于 5m 时,P_k 为 270kN;计算跨径等于或大于 50m 时,P_k 为 360kN;计算跨径在 5~50m 时,P_k 值采用直线内插求得。对于多跨连续结构,P_k 按照最大跨径为基准取值。当计算剪力效应时,集中荷载标准值 P_k 应乘以 1.2 的系数,其主要用于验算下部结构或上部结构的腹板。

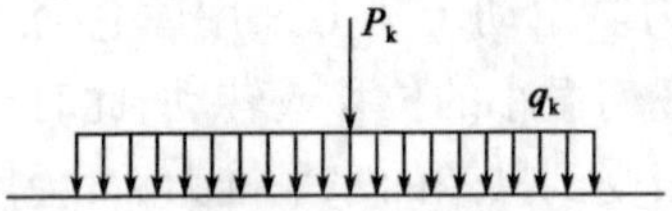

公路—Ⅱ级车道荷载的均布荷载标准值 q_k 和集中荷载标准值 P_k 按公路—Ⅰ级车道荷载的 0.75 倍采用。

图 2-1 车道荷载

车辆荷载为一辆总重 550kN 的标准车,其立面布置、平面尺寸见图 2-2,主要技术指标列于表 2-1。公路—Ⅰ级和公路—Ⅱ级汽车荷载采用相同的车辆荷载标准值。

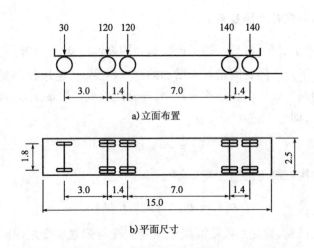

a) 立面布置

b) 平面尺寸

图 2-2 车辆荷载的立面、平面尺寸(轴重单位:kN;尺寸单位:m)

车辆荷载主要技术指标　　表 2-1

项　目	单位	技术指标	项　目	单位	技术指标
车辆重力标准值	kN	550	轮距	m	1.8
前轴重力标准值	kN	30	前轮着地宽度及长度	m	0.3×0.2
中轴重力标准值	kN	2×120	中、后轮着地宽度及长度	m	0.6×0.2
后轴重力标准值	kN	2×140	车辆外形尺寸(长×宽)	m	15×2.5
轴距	m	3+1.4+7+1.4	—	—	—

10. 汽车荷载如何加载?

答:车道荷载用于桥梁结构的整体计算,车辆荷载用于桥梁结构的局部加载(比如桥面板计算)、涵洞、桥台和挡土墙土压力等的计算。在各计算项目中,车辆荷载和车道荷载的作用效应不得叠加。车道荷载的均布荷载标准值应满布于使结构产生最不利效应的同号影响线上;集中荷载标准值只作用于相应影响线中一个最大影响线峰值处。

横向分布计算中,车道荷载或车辆荷载需偏心加载时均按照设计车道数和如图2-3所示的布置方式来进行计算,其横向布置的最大车辆数目不应超过设计车道数。依据《公路工程技术标准》(JTG B01—2014)的规定,一个行车道宽度为3.00~3.75m,表2-2列出了行车道宽度与设计车道数的关系。

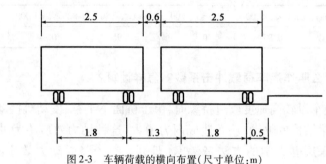

图2-3 车辆荷载的横向布置(尺寸单位:m)

桥涵设计车道数　　表2-2

行车道宽度 W(m)		桥涵设计车道数 N
车辆单向行驶	车辆双向行驶	
$W<7.0$	—	1
$7.0 \leqslant W<10.5$	$7.0 \leqslant W<14.0$	2
$10.5 \leqslant W<14.0$	—	3
$14.0 \leqslant W<17.5$	$14.0 \leqslant W<21.0$	4
$17.5 \leqslant W<21.0$	—	5
$21.0 \leqslant W<24.5$	$21.0 \leqslant W<28.0$	6
$24.5 \leqslant W<28.0$	—	7
$28.0 \leqslant W<31.5$	$28.0 \leqslant W<35.0$	8

11. 什么叫作荷载折减系数?

答:桥涵设计的汽车荷载规定了两个荷载折减系数。其一称为横向车道布载系数(横向折减系数),当桥梁设计车道数大于2时,由汽车产生的效应就应按表2-3的规定予以折减。车道数越多,其折减系数便越小,但折减后的效应不得小于用两行车队布载的计算结果。当布置一条车道汽车荷载时,应考虑汽车荷载的提高。其二称为纵向折减系数,当桥梁计算跨径大于150m(即归入特大桥梁的单孔标准跨径的标准)时,汽车荷载效应按表2-4的规定予以折减。在多跨连续桥梁结构中,按最大计算跨径计算纵向折减系数。之所以采用两荷载折减系数,是由于考虑在实际运营中,若干个车队不可能在同一时间内按纵、横向满载布置。

横向车道布载系数　　　　　　　　　　　表2-3

横向布置车道数(条)	1	2	3	4	5	6	7	8
横向车道布载系数	1.20	1.00	0.78	0.67	0.60	0.55	0.52	0.50

纵　向　折　减　系　数　　　　　　　　　表2-4

计算跨径$l(m)$	$150 < l < 400$	$400 \leq l < 600$	$600 \leq l < 800$	$800 \leq l < 1\,000$	$l \geq 1\,000$
纵向折减系数	0.97	0.96	0.95	0.94	0.93

12. 什么叫作汽车荷载冲击系数?怎样计算?

答:汽车以较高速度驶过桥梁时,由于桥面不平整、发动机振动等原因,会引起桥梁结构的振动,从而造成内力增大,这种动力效应称为冲击作用。在计算中采用静力学的方法来考虑,即引入一个竖向动力效应的增大系数——冲击系数μ,来计及汽车荷载的冲击作用,汽车荷载的冲击力即为汽车荷载标准值乘以冲击系数μ。

冲击系数的计算采用以结构基频为指标的方法。结构的基频反映了结构的尺寸、类型、建造材料等动力特征内容,它直接体现了冲击效应和桥梁结构之间的关系。按结构不同的基频,汽车引起的冲击系数在0.05~0.45之间变化,其计算方法为:

当$f < 1.5\,\text{Hz}$时,
$$\mu = 0.05$$

当$1.5\,\text{Hz} \leq f \leq 14\,\text{Hz}$时,
$$\mu = 0.1767\ln f - 0.0157 \tag{2-3}$$

当$f > 14\,\text{Hz}$时,
$$\mu = 0.45$$

式中:f——结构基频(Hz)。

结构基频的计算宜采用有限元法,对于常规结构,可采用《公路桥涵设计通用规范》(JTG D60—2015)条文说明中给出的公式估算。方案设计和

初步设计时可近似采用$100/l$来进行初步计算(l为计算跨径)。

钢桥、钢筋混凝土及预应力混凝土桥、圬工拱桥等上部结构和钢支座、板式橡胶支座、盆式橡胶支座及钢筋混凝土柱式墩台,应计入汽车的冲击作用。填料厚度(包括路面厚度)等于或大于0.5m的拱桥、涵洞以及重力式墩台不计冲击力。支座的冲击力,按相应的桥梁取用。当汽车荷载局部加载及加载在T梁、箱梁悬臂板上时,$\mu=0.3$。

将简支梁桥简化成等截面、均布质量的弹性系统,可由动力弹性平衡方程得到其基频f:

$$f = \frac{\pi}{2l^2}\sqrt{\frac{EI_c}{m_c}} \tag{2-4}$$

式中:l——结构的计算跨径(m);

E——结构材料的弹性模量(N/m^2);

I_c——结构跨中截面的截面惯矩(m^4);

m_c——结构跨中处的单位长度质量(kg/m)。

图2-4示出了标准化跨径的简支梁桥的冲击系数,所用的计算参数依据桥涵标准设计图纸——预应力空心板(JT/GQB002—1993)、钢筋混凝土T梁(JT/GQS025—1984)、预应力混凝土T梁(JT/GQS024—1983)和预应力I形组合梁(JT/GQB005—1993、JT/GQB006—1993和JT/GQB007—1993)。从图中可以看出,按公式(2-3)计算得到的冲击系数比《公路钢筋混凝土及预应力混凝土桥涵设计规范》(JTJ 023—1985)的计算结果要大很多。

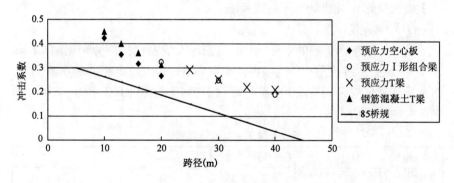

图2-4 简支结构冲击系数

13. 城市桥梁规范所采用的汽车荷载有哪些内容?如何选用设计汽车荷载等级?

答:(1)城市桥梁的汽车荷载由车道荷载和车辆荷载组成,荷载等级划分为城—A级和城—B级两个等级。桥梁的主梁、主拱和主桁架等的计算

(整体计算)应采用车道荷载,桥梁的横隔板、行车道板、桥台或挡土墙后土压力的计算(局部计算)应采用车辆荷载。当进行桥梁结构计算时不得将车辆荷载和车道荷载的作用叠加。当桥面车行道内有轻轨车辆混合运行时,尚应按有关轻轨荷载规定进行验算,并取其最不利者进行设计。

①车道荷载。

《城市桥梁设计规范》(CJJ 11—2011)中对车道荷载的计算有如下规定:

a. 城—A级车道荷载的均布荷载标准值(q_k)应为10.5kN/m。集中荷载标准值(P_k)的选取:当桥梁计算跨径小于或等于5m时,$P_k = 180$kN;当桥梁计算跨径等于或大于50m时,$P_k = 360$kN;当桥梁计算跨径在5~50m时,P_k值应采用直线内插求得。当计算剪力效应时,集中荷载标准值(P_k)应乘以1.2的系数。

b. 城—B级车道荷载的均布荷载标准值(q_k)和集中荷载标准值(P_k)应按城—A级车道荷载的75%采用。

《城市桥梁设计规范》(CJJ 11—2011)与《公路桥涵设计通用规范》(JTG D60—2004)中关于车道荷载的取值相同,但《公路桥涵设计通用规范》(JTG D60—2015)提高了跨径在5m以下桥梁的车道荷载集中载标准值,对50m跨径以内的桥梁设计汽车荷载效应有所增加,建议以现行《公路桥涵设计通用规范》(JTG D60—2015)为准,即城—A级车道荷载和城—B级车道荷载分别采用《公路桥涵设计通用规范》(JTG D60—2015)中公路—Ⅰ级和公路—Ⅱ级的车道荷载标准值。

②车辆荷载。

城—A级车辆荷载的立面、平面、横断面布置及标准值分别见图2-5和表2-5。城—A级汽车荷载的横桥向布置和城—B级汽车荷载的立面、平面布置及标准值应采用现行《公路桥涵设计通用规范》(JTG D60—2015)车辆荷载的规定值。

城—A级车辆荷载计算取值表　　　　表2-5

车轴编号	单位	1	2	3	4	5
轴重	kN	60	140	140	200	160
轮重	kN	30	70	70	100	80
纵向轴距	m		3.6	1.2	6	7.2
每组车辆的横向中距	m	1.8	1.8	1.8	1.8	1.8
车辆着地的宽度×长度	m	0.25×0.25	0.60×0.25	0.60×0.25	0.60×0.25	0.60×0.25

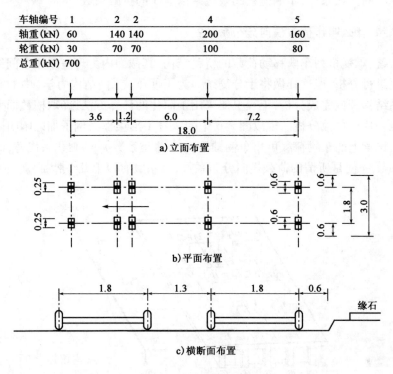

图 2-5 城—A 级标准车辆立、平面布置(总重 700kN)(尺寸单位:m)

车道荷载横向分布系数,多车道的横向折减系数,大跨径桥梁的纵向折减系数,汽车荷载的冲击力、离心力、制动力及车辆荷载在桥台或挡土墙后填土的破坏棱体上引起的土侧压力等均应按现行行业标准《公路桥涵设计通用规范》(JTG D60—2015)的规定计算。

(2)设计汽车荷载等级应根据道路的功能、等级和发展要求等具体情况选用设计荷载。桥梁的设计汽车荷载应根据表 2-6 选用,并应符合下列规定:

桥梁设计汽车荷载等级　　　　　　　　　表 2-6

城市道路等级	快速路	主干路	次干路	支路
设计汽车荷载等级	城—A 级或城—B 级	城—A 级	城—A 级或城—B 级	城—B 级

①快速路、次干路上如重型车辆行驶频繁时,设计汽车荷载应选用城—A 级汽车荷载。

②小城市中的支路上如重型车辆较少时,设计汽车荷载采用城—B 级车道荷载的效应乘以 0.8 的折减系数,车辆荷载的效应乘以 0.7 的折减系数。

③小型车专用道路,设计汽车荷载可采用城—B 级车道荷载的效应乘

以 0.6 的折减系数,车辆荷载的效应乘以 0.5 的折减系数。

14. 什么叫作荷载横向分布系数?

答: 承受多列车队移动荷载的桥跨结构,其截面内力理应采用空间结构理论进行分析,但这样做将十分复杂。为了便于应用《结构力学》中的平面杆系结构理论完成分析,工程上便采用了简化的计算方法,即取横截面中的任意一片梁单独分析。现以图 2-6 中的 2 号 T 形梁作为例子加以阐明。分配给该梁上的车辆荷载可用车辆轴重 p_i 与修正系数 m 的乘积来代替,此修正系数 m 便是所谓的荷载横向分布系数,该系数有以下几个特征:

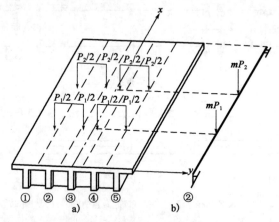

图 2-6 车轮荷载在桥上的横向分布

①它是按空间理论分析,经过简化后,偏安全选取的数值。

②不同类型桥面结构的 m 值应按不同的荷载横向分布理论计算。

③每片梁的荷载横向分布系数 m 是不同的,但对称于中轴线的两片梁是相同的,工程上常按其中最大的 m 值对每片梁进行截面设计。

④m 值可以大于 1 或小于 1,这要视桥宽及车道数的多少,通过计算确定。

15. 什么叫作活荷载内力增大系数?

答: 活荷载内力增大系数用在闭口截面的单箱单室或单箱多室桥梁内力计算中,其实质与荷载横向分布系数是相同的。后者是从桥跨结构中取出一根梁作为对象单独计算,而闭口截面梁由于本身是一个整体,具有强大的抗扭力学性能,若将它分解为若干片单独的梁来分析就不合理了。因此,就把它整个截面作为一个单元体,用荷载对称于桥面中线的轴重和内力增大系数 ξ 两者的乘积来计入桥面多列车队偏心布置的影响,然后便可以应用平面杆系结构的理论进行分析,从而大大简化计算工作量。目前,内力增大系数采用两种方法确定:其一,经验估值法,它是从已往类似桥梁的设计计算中统计出来的近似值;其二,修正偏心压力法,通过对实际截面进行计算确定,即把每个腹板近似看作单个 T 形梁,并计入横向抗扭刚度影响,用修正偏心压力法计算出边腹板的荷载横向分布系数 $m_{边}$,然后偏安全地认为每个腹板都有同样的 $m_{边}$ 值,如果全截面有 n 个腹板,则内力增大系数便为 $\xi = nm_{边}$。

16. 公路桥梁规范中汽车离心力如何计算?

答:汽车离心力是车辆在弯道行驶时所伴随产生的惯性力,它以水平力的形式作用于结构上,是弯桥横向受力与抗扭设计计算所要考虑的主要因素。曲线梁桥应计算汽车荷载引起的离心力。离心力标准值为车辆荷载(不计冲击力)标准值乘以离心力系数 C。离心力系数按下式计算:

$$C = \frac{v^2}{127R} \tag{2-5}$$

式中:v——设计速度(km/h),应按桥梁所在路线设计速度采用;
$\quad\ R$——曲线半径(m)。

计算多车道桥梁的汽车荷载离心力时,车辆荷载标准值应乘以表 2-3 规定的横向车道布载系数。离心力的着力点在桥面以上 1.2m 处,为计算简便也可移至桥面上,不计由此引起的作用效应。

17. 公路桥梁规范中汽车引起的土侧压力如何计算?

答:汽车引起的土压力采用车辆荷载加载,并可按下列规定计算:
(1)汽车荷载在桥台或挡土墙后填土的破坏棱体上引起的土侧压力,可按下式换算成等代均布土层厚度 h(m)计算:

$$h = \frac{\sum G}{Bl_0\gamma} \tag{2-6}$$

式中:γ——土的重度(kN/m³);
$\quad\ \sum G$——布置在 Bl_0 面积内的车轮的总重力(kN);
$\quad\ l_0$——桥台或挡土墙后填土的破坏棱体长度(m);
$\quad\ B$——桥台横向全宽或挡土墙的计算长度(m)。

挡土墙的计算长度 B(m)可按下列公式计算,但不应超过挡土墙分段长度：

$$B = 13 + H\tan30° \tag{2-7}$$

式中：H——挡土墙高度(m)，对墙顶以上有填土的挡土墙，为2倍墙顶填土厚度加墙高。

当挡土墙分段长度小于13m时，B取分段长度，并应在该长度内按不利情况布置轮重。

(2)计算涵洞顶上汽车荷载引起的竖向土压力时，车轮按其着地面积的边缘向下作30°角分布。当几个车轮的压力扩散线重叠时，扩散面积以最外边的扩散线为准。

18. 公路桥梁规范中汽车荷载制动力如何计算？

答：汽车制动力是指车辆在减速或制动时，为克服车辆的惯性力而在路面与车辆之间产生的滑动摩擦力。《公路桥涵设计通用规范》(JTG D60—2015)中规定，汽车荷载制动力应按下列规定计算和分配：

(1)汽车荷载制动力按同向行驶的汽车荷载(不计冲击力)计算，并应按表2-4的规定，以使桥梁墩台产生最不利纵向力的加载长度进行纵向折减。

①一个设计车道上由汽车荷载产生的制动力标准值按车道荷载标准值在加载长度上计算的总重力的10%计算，但公路—Ⅰ级汽车荷载的制动力标准值不得小于165kN，公路—Ⅱ级汽车荷载的制动力标准值不得小于90kN；

②同向行驶双车道的汽车荷载制动力标准值应为一个设计车道制动力标准值的2倍，同向行驶三车道应为一个设计车道的2.34倍，同向行驶四车道应为一个设计车道的2.68倍。

(2)制动力的着力点在桥面以上1.2m处，计算墩台时，可移至支座铰中心或支座底座面上。计算刚构桥、拱桥时，制动力的着力点可移至桥面上，但不应计因此而产生的竖向力和力矩。

(3)设有板式橡胶支座的简支梁、连续桥面简支梁或连续梁排架式柔性墩台，应根据支座与墩台的抗推刚度的刚度集成情况分配和传递制动力。设有板式橡胶支座的简支梁刚性墩台，应按单跨两端的板式橡胶支座的抗推刚度分配制动力。

(4)设有固定支座、活动支座(滚动或摆动支座、聚四氟乙烯板支座)的刚性墩台传递的制动力，按表2-7的规定采用。每个活动支座传递的制动力，其值不应大于其摩阻力；当大于摩阻力时，按摩阻力计算。

刚性墩台各种支座传递的制动力 表 2-7

桥梁墩台及支座类型		应计的制动力	符号说明
简支梁桥台	固定支座	T_1	T_1-加载长度为计算跨径时的制动力; T_2-加载长度为相邻两跨计算跨径之和时的制动力; T_3-加载长度为一联长度的制动力
	聚四氟乙烯板支座	$0.30T_1$	
	滚动(或摆动)支座	$0.25T_1$	
简支梁桥墩	两个固定支座	T_2	
	一个固定支座、一个活动支座	按表下注计算	
	两个四氟乙烯板支座	$0.30T_2$	
	两个滚动(或摆动)支座	$0.25T_2$	
连续梁桥墩	固定支座	T_3	
	聚四氟乙烯板支座	$0.30T_3$	
	滚动(或摆动)支座	$0.25T_3$	

注:固定支座按 T_4 计算,活动支座按 $0.30T_5$(聚四氟乙烯板支座)或 $0.25T_5$(滚动或摆动支座)计算,T_4 和 T_5 分别为与固定支座或活动支座相应的单跨跨径的制动力,桥墩承受的制动力为上述固定支座与活动支座传递的制动力之和。

19. 公路桥梁规范中疲劳荷载如何选用?

答:《公路桥涵设计通用规范》(JTG D60—2015)中规定,疲劳荷载的计算模型应符合以下规定:

(1)疲劳荷载计算模型Ⅰ采用等效车道荷载,集中荷载为 $0.7P_k$,均布荷载为 $0.3q_k$,P_k 和 q_k 按本章第 9 题取值;应考虑多车道的影响,横向车道布载系数应按表 2-3 进行计算。

(2)疲劳荷载计算模型Ⅱ采用双车模型,两辆模型车轴距与轴重相同,其单车的轴重与轴距布置如图 2-7 所示。计算加载时,两模型车的中心距不得小于 40m。

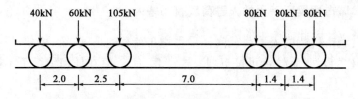

图 2-7 疲劳荷载计算模型Ⅱ(尺寸单位:m)

(3)疲劳荷载计算模型Ⅲ采用单车模型,模型车轴载及分布规定如图 2-8 所示。

(4)当构件和连接不满足疲劳荷载计算模型Ⅰ验算要求时,应按模型

Ⅱ验算。

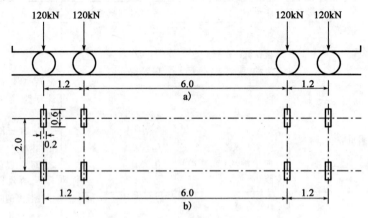

图 2-8 疲劳荷载计算模型Ⅲ(尺寸单位:m)

(5)桥面系构件的疲劳验算应采用疲劳荷载计算模型Ⅲ。

20. 公路桥梁规范中人群荷载标准值怎样取用?

答:当桥梁计算跨径小于或等于50m时,人群荷载标准值为 3.0kN/m^2;当桥梁计算跨径等于或大于150m时,人群荷载标准值为 2.5kN/m^2;当桥梁计算跨径为 50~150m 时,可由线性内插得到人群荷载标准值。对跨径不等的连续结构,以最大计算跨径为准。非机动车道、行人密集的公路桥梁,人群荷载标准值取上述规定值的 1.15 倍。专用人行桥梁,人群荷载标准值为 3.5kN/m^2。

人群荷载在横向应布置在人行道的净宽度内,在纵向施加于使结构产生最不利荷载效应的区段内。人行道板(局部构件)可以一块板为单元,按标准值 4.0kN/m^2 的均布荷载计算。计算人行道栏杆时,作用在栏杆立柱顶上的水平推力标准值取 0.75kN/m;作用在栏杆扶手上的竖向力标准值取 1.0kN/m。

21. 城市桥梁所采用的人群荷载有哪些内容?

答:城市桥梁的人群荷载同样采用均布荷载的形式,梁、桁架、拱及其他大跨结构的人群荷载 w 可按下列公式计算,且 w 值在任何情况下不得小于 2.4kN/m^2。

当加载长度 $l < 20\text{m}$ 时:
城市桥梁的人群荷载

$$w = 4.5 \times \frac{20 - w_\text{p}}{20} \tag{2-8a}$$

专用人行桥的人群荷载

$$w = 5 \times \frac{20 - w_p}{20} \tag{2-8b}$$

当加载长度 $l \geqslant 20\mathrm{m}$ 时：

城市桥梁的人群荷载

$$w = \left(4.5 - 2 \times \frac{l - 20}{80}\right)\frac{20 - w_p}{20} \tag{2-8c}$$

专用人行桥的人群荷载

$$w = \left(5 - 2 \times \frac{l - 20}{80}\right)\frac{20 - w_p}{20} \tag{2-8d}$$

式中：w——单位面积上的人群荷载($\mathrm{kN/m^2}$)；

l——加载长度(m)；

w_p——当计算城市桥梁的人群荷载时，为单边人行道宽度(m)；在专用非机动车桥上时宜取 1/2 桥宽，当 1/2 桥宽大于 4m 时应按 4m 计；当计算专用人行桥的人群荷载时，为半桥宽(m)，当大于 4m 时应按 4m 计。

人行道板(局部构件)的人群荷载应按 $5\mathrm{kN/m^2}$ 的均布荷载或 1.5kN 的竖向集中力分别计算，并作用在一块构件上，取其中最不利者。检修道上的设计人群荷载应按 $2\mathrm{kN/m^2}$ 的竖向分布荷载或 1.2kN 的竖向集中荷载，作用在短跨小构件上，可分别计算，取其不利者。计算与检修道相连构件，当计入车辆荷载或人群荷载时，可不计检修道上的人群荷载。作用在桥上人行道栏杆扶手上竖向荷载应为 1.2kN/m；水平向外荷载应为 2.5kN/m，两者应分别计算。防撞护栏的防撞等级可按表 2-8 选用。与防撞等级相应的作用于桥梁防护栏上的碰撞荷载大小可按《公路交通安全设施设计规范》(JTG D81—2006)的规定确定。

护 栏 防 撞 等 级　　　　表 2-8

道路等级	设计车速 (km/h)	车辆驶出桥外有可能造成的交通事故等级	
		重大事故或特大事故	二次重大事故或二次特大事故
快速路	100、80、60	SB、SBm	SS
主干路	60		SA、SAm
	50、40	A、Am	SB、SBm
次干路	50、40、30	A	SB
支路	40、30、20	B	A

注：1. A、Am、B、SA、SB、SAm、SBm、SS 等均为防撞等级代号。

2. 因桥梁线形、运行速度、桥梁高度、交通量、车辆构成和桥下环境等因素造成更严重碰撞后果的区段，应在表 2-8 基础上提高护栏的防撞等级。

22. 什么叫均匀温差？什么叫梯度温差？

答：桥梁结构因自然条件变化引起的温度效应可分为两大类：均匀温差（年温差）效应和梯度温差（局部温差）效应。均匀温差是指常年缓慢变化的年气温，它对结构的影响主要导致桥梁各截面的均匀温升或温降、伸长或缩短，当结构的上述位移受到约束时，会导致结构内产生温度次内力。梯度温差多由日照辐射或骤然温降所引起，它的传热方式在结构各截面上分布是不均匀的，而且分布也是非线性的[图 2-9b)、c)、d)]，由于截面非线性温度胀缩与平截面变形间的差异，导致任何类型的桥梁截面上都将产生自应力。对于超静定结构除了截面自应力效应外，还将引起结构的超静定次内力。

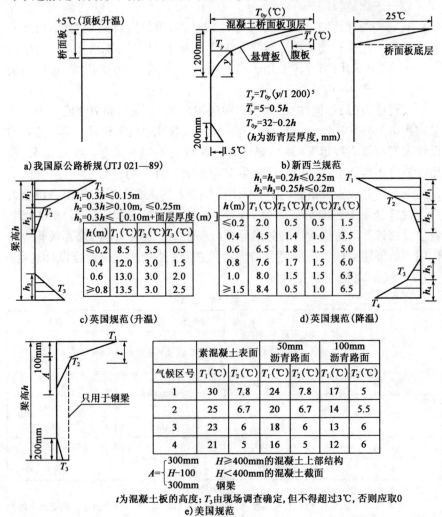

图 2-9

f) 我国铁路桥规

图 2-9 不同的温度梯度形式

23. 我国公路桥规如何考虑温度作用取值？

答：桥梁结构考虑温度作用时，应根据当地具体情况、结构物所使用的材料和施工条件等因素计算由温度引起的结构效应。温度效应包括均匀温差和梯度温差。

（1）计算桥梁结构因均匀温差引起的外加变形或约束变形时，应从受到约束时（架梁或结构合龙）的结构温度开始，考虑最高和最低有效温度的作用效应。当缺乏实际调查资料时，公路混凝土结构和钢结构的最高和最低有效温度标准值可按表 2-9 取值。

公路桥梁结构的有效温度标准值（℃）　　表 2-9

气候分区	钢桥面板钢桥		混凝土桥面板钢桥		混凝土、石桥	
	最高	最低	最高	最低	最高	最低
严寒地区	46	-43	39	-32	34	-23
寒冷地区	46	-21	39	-15	34	-10
温热地区	46	-9(-3)	39	-6(-1)	34	-3(0)

注：1. 全国气候分区见《公路桥涵设计通用规范》（JTG D60—2015）附录 A。
　　2. 表中括弧内数值适用于昆明、南宁、广州、福州地区。

（2）我国现行公路桥规（JTG D60—2015）取用如图 2-10 所示的梯度温差模式，其相关温度基数列于表 2-10。混凝土结构和带混凝土桥面板的钢结构的竖向反温差为正温差的 -0.5 倍。对于钢桥面板的钢结构，可以不考虑其梯度温差效应。

正温差梯度温度基数　　表 2-10

结构类型	T_1（℃）	T_2（℃）
混凝土铺装	25	6.7
50mm 沥青混凝土铺装	20	6.7
100mm 沥青混凝土铺装	14	5.5

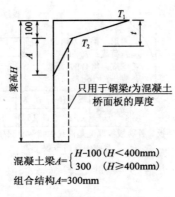

$$混凝土梁 A = \begin{cases} H-100 & (H<400\mathrm{mm}) \\ 300 & (H\geq 400\mathrm{mm}) \end{cases}$$

组合结构 $A=300\mathrm{mm}$

图 2-10　梯度温度(尺寸单位:mm)

对于无悬臂的宽幅箱梁,宜考虑横向温度梯度引起的效应。横向温度梯度作用一般根据桥梁的地理位置、环境条件等因素经调查研究确定；无实测温度数据时,可采用图 2-11 所示的横向梯度温度曲线。横向梯度温度取值见表 2-11。

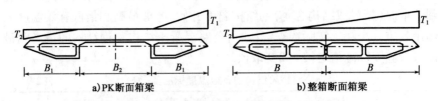

图 2-11　横向梯度温度计算模式

横向温度梯度取值　　　　　　　　　　表 2-11

结构类型	T_1(℃)	T_2(℃)
混凝土箱梁	4.0	-2.75
钢箱梁	3.0	-1.5

近年来,高等级公路桥面铺装已广泛采用沥青混凝土铺装,沥青混凝土摊铺时要求高温操作,施工时摊铺温度可达150℃左右,对黏结层、防水层影响较大,在主梁内引起较大的温差分布,甚至可能导致箱梁顶板、腹板和原有裂缝的扩展及新裂缝的产生,影响桥梁结构的耐久性,因此采用沥青混凝土铺装的混凝土桥面板桥梁必要时应考虑施工阶段沥青摊铺引起的温度影响,建议设计时:

(1)采用如图 2-12 所示温度梯度模式对结构的横向力应进行计算,合理配置普通钢筋和预应力束。

(2)加大箱梁顶板截面变化位置下缘以及箱梁顶板中部下缘的普通钢

筋配置,控制裂缝宽度。

（3）采用多次、分层摊铺沥青混凝土,尽量减少第一次摊铺的沥青层厚度,以降低截面上的竖向温差。

（4）在计算沥青高温摊铺引起的最不利温度梯度效应时,应将仅考虑日照温升作用和仅考虑沥青高温摊铺作用的最不利作用叠加,但由于沥青摊铺为一次性作用,其效应可作一定的折减。

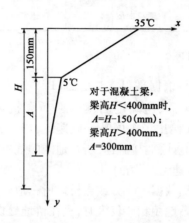

图 2-12　沥青混凝土摊铺引起的最大温度梯度

24. 桥梁的设计风荷载由哪几部分组成？它们带给结构的反应有哪些？

答：对于桥梁结构来说,风荷载一般由三部分组成:一是平均风作用;二是脉动风背景作用;三是脉动风诱发结构抖振而产生的惯性力作用。当风荷载参与汽车荷载组合时,桥面高度处风速取 25m/s。

在平均风作用下,忽略气流绕过桥梁构件所产生的特征紊流和漩涡脱落等非定常（随时间变化）效应,只考虑定常空气作用力,称为风的静力作用。桥梁实际作为一个振动体系,在风力作用下动力响应可以分为两大类。一类是由于结构振动对风力作用的反馈作用,产生自激振动;另一类是在脉动风作用下产生的一种有限振幅随机强迫振动。表 2-12 列出了风对桥梁的各类作用。

风对桥梁作用的分类　　　　　　　　表 2-12

分类	现　　象	作　用　机　制
静力作用	静风荷载引起的内力和变形	静风压产生的阻力、升力和扭转力矩作用
	静力失稳　扭转发散	静扭转力矩作用
	横向屈曲	静阻力作用

续上表

分类	现象			作用机制
动力作用	抖振		限幅振动	紊流风作用
	自激振动	涡振		漩涡脱落引起的涡激力作用
		驰振	单自由度 发散振动	自激力的气动负阻尼效应——阻尼振动
		扭转颤振		
		古典耦合振动	二自由度	弯扭耦合

25. 什么叫基本风速?

答:基本风速 V_{10} 是根据平坦空旷地面(B 类地表),离地 10m 高,百年一遇的 10min 平均最大风速确定的,《公路桥涵抗风设计规范》(JTG/T D60-01—2004)附录 A 给出了全国基本风速图,当桥梁所在地缺乏风速观测资料时风荷载可据此计算。当桥梁所在地区的气象台站有足够的风速观测数据时,则以实际风速记录为准。

当桥址处风速观测数据不充分或当桥址所在地区气象台站与桥址相距较远且与附近气象台站地貌相差较大时,宜在桥址处设立风速观测站,并可利用桥址处与附近气象台站风速观测数据的相关性推算桥址处设计风速。桥址处风速观测站一般设在较开阔的位置,风观测塔高度应根据桥型方案来综合确定,观测期至少一年。

26. 什么叫设计基准风速?

答:基本风速是平坦空旷地面、10m 高处、百年一遇的 10min 平均最大风速,由于各桥梁桥面所处的高度不同,同时桥位局部地表粗糙度也不同,因而应在基本风速的基础上作地表粗糙度和高度的修正,所得结果便是桥梁设计基准风速。

地表粗糙度按以下标准分为四类:

A 类:海面、海岸、开阔水面。
B 类:田野、乡村、丛林及低层建筑物稀少地区。
C 类:树木及低层建筑物等密集地区;中、高层建筑物稀少地区;平缓的丘陵地。
D 类:中、高层建筑物密集地区;起伏较大的丘陵地。

依据风速沿竖直高度服从指数律分布的规律,那么地面以上高度 Z 处的风速 V_Z 即为:

$$V_Z = \left(\frac{Z}{10}\right)^\alpha V_{10} \tag{2-9}$$

式中:α——地表粗糙度系数,对于 A~D 类地表状况分别为 0.12、0.16、0.22 和 0.30。

由于 V_{10} 系指 B 类地表情况下的基本风速,不同地表其 10m 高处基准风速需要修正,可得桥梁构件基准高度处设计基本风速 V_d 为:

$$V_d = \lambda \left(\frac{Z}{10}\right)^\alpha V_{10} = K_1 V_{10} \quad (2\text{-}10)$$

式中:λ——地表影响系数,对于 A~D 类地表其值分别为 1.174、1.0、0.785 和 0.564;

K_1——考虑不同高度和地表粗糙度的无量纲修正系数,按表 2-13 的规定取用。

风速高度变化修正系数 K_1 表 2-13

高度(m) \ 地表粗糙类别	A	B	C	D
5	1.08	1.00	0.86	0.79
10	1.17	1.00	0.86	0.79
15	1.23	1.07	0.86	0.79
20	1.28	1.12	0.92	0.79
30	1.34	1.19	1.00	0.85
40	1.39	1.25	1.06	0.85
50	1.42	1.29	1.12	0.91
60	1.46	1.33	1.16	0.96
70	1.48	1.36	1.20	1.01
80	1.51	1.40	1.24	1.05
90	1.53	1.42	1.27	1.09
100	1.55	1.45	1.30	1.13
150	1.62	1.54	1.42	1.27
200	1.73	1.62	1.52	1.39
250	1.75	1.67	1.59	1.48
300	1.77	1.72	1.66	1.57
350	1.77	1.77	1.71	1.64
400	1.77	1.77	1.77	1.71
≥450	1.77	1.77	1.77	1.77

27. 施工阶段设计基准风速如何确定?

答:施工阶段设计基准风速与桥梁设计基准风速相比,因为考虑了施工周期的影响,是对桥梁设计基准风速的一个折减,可按下式计算:

$$V_{sd} = \eta V_d \quad (2\text{-}11)$$

式中：V_{sd}——施工阶段不同重现期下的设计风速（m/s）；

η——风速重现期系数，可按表 2-14 选取。

风速重现期系数   表 2-14

重现期（年）	5	10	20	30	50	100
η	0.78	0.84	0.88	0.92	0.95	1

28. 什么叫静阵风系数？

答：《公路桥梁抗风设计规范》（JTG/T D60-01—2004）采用静阵风荷载来考虑平均风荷载和脉动风背景作用。静阵风风速是在 10min 平均风速的基础上乘以一个静阵风系数 G_V 得到的，使静阵风荷载中包括了平均风载和脉动风的背景响应二部分的综合效应，静阵风系数在计算中考虑了风的空间相关性、不同地表粗糙度及不同桥梁基准高度的影响。静阵风风速可按下式计算：

$$V_g = G_V V_d \tag{2-12}$$

式中：V_g——静阵风风速（m/s）；

G_V——静阵风系数，可按表 2-15 取用；

V_d——设计基准风速（m/s）。

静阵风系数 G_V 取值   表 2-15

地表类别	水平加载长度（m）										
	<20	60	100	200	300	400	500	650	800	1 000	1 200	>1 500
A	1.29	1.28	1.26	1.24	1.23	1.22	1.21	1.20	1.19	1.18	1.17	1.16
B	1.35	1.33	1.31	1.29	1.27	1.26	1.25	1.24	1.23	1.22	1.21	1.20
C	1.49	1.48	1.45	1.41	1.39	1.37	1.36	1.34	1.33	1.31	1.30	1.29
D	1.56	1.54	1.51	1.47	1.44	1.42	1.41	1.39	1.37	1.35	1.34	1.32

29. 什么叫空气静力系数？

答：空气静力系数是表征在静力气动力作用下，各类结构断面受力大小的无量纲系数。在平均风作用下，桥梁断面将受到不随时间变化的静力风荷载的作用。静风荷载可按体轴的坐标体系分解成横向力、竖向力和绕剪切中心的扭转力矩。不同结构断面形状三分力系数可以通过刚性节段模型静力三分力试验或计算流体动力学方法（CFD）获得。桥梁主梁断面三分力系数定义如下：

$$C_D = \frac{F_D}{\frac{1}{5}\rho V^2 HL}, C_L = \frac{F_L}{\frac{1}{2}\rho V^2 BL}, C_M = \frac{M}{\frac{1}{2}\rho V^2 B^2 L} \tag{2-13}$$

式中：F_D、F_L 和 M——作用在主梁节段模型上的阻力、升力和升力矩；

C_D、C_L 和 C_M——主梁断面阻力系数、升力系数和升力矩系数；

H——主梁模型高度(m)；

B——主梁模型宽度(m)；

L——主梁模型长度(m)；

V——来流风速(m/s)，空气密度 $\rho = 1.225 \text{kg/m}^3$。

30. 作用于桥梁上的静阵风荷载如何计算？

答： 将平均风和脉动风对桥梁结构的作用叠加，即得到等效静阵风荷载，下面介绍具体计算方法。

（1）主梁上的静阵风荷载

在横桥向风作用下主梁单位长度上的横向静阵风荷载可按下列公式计算：

$$F_H = \frac{1}{2}\rho V_g C_H H \tag{2-14}$$

式中：F_H——作用在主梁单位长度上的静阵风荷载(N/m)；

ρ——空气密度(kg/m³)，一般取 $\rho = 1.225$；

C_H——主梁的阻力系数，简单形状断面可参照抗风规范选取，对于复杂形状的断面可通过风洞试验或计算流体动力学(CFD)来确定；

H——主梁投影高度(m)，宜计入栏杆或防撞护栏以及其他桥梁附属物的实体高度。

跨径小于200m的桥梁的主梁上顺桥向单位长度的风荷载可按以下两种情况选取：

①对实体桥梁截面，取其横桥向风荷载的0.25倍。

②对桁架桥梁截面，取其横桥向风荷载的0.50倍。

跨径等于或大于200m的桥梁，当主梁为非桁架断面时，其顺桥向单位长度上的风荷载可按风和主梁上下表面之间产生的摩擦力计算：

$$F_{fr} = \frac{1}{2}\rho V_g c_f s \tag{2-15}$$

式中：F_{fr}——摩擦力(N/m)；

c_f——摩擦系数，按表2-16选用；

s——主梁周长(m)。

摩 擦 系 数 c_f　　　　　　　　　　表2-16

桥梁主梁上下表面情况	摩擦系数 c_f	桥梁主梁上下表面情况	摩擦系数 c_f
光滑表面(光滑混凝土、钢)	0.0	非常粗糙表面(加肋)	0.04
粗糙表面(混凝土表面)	0.02		

(2) 墩、塔、吊杆、斜拉索和主缆上的静风荷载

桥墩、桥塔、吊杆上的风荷载、横桥向风作用下的斜拉桥拉索和悬索桥主缆上的静阵风荷载可按下式计算：

$$F_H = \frac{1}{2}\rho V_g C_H A_n \qquad (2-16)$$

式中：C_H——桥梁各构件的阻力系数，桥墩和桥塔的阻力系数可参照表2-17选取，断面形状复杂的桥墩、桥塔可通过风洞试验测定或数值模拟方法计算其阻力系数；

A_n——桥梁各构件顺风向投影面积（m^2），对吊杆、斜拉索和悬索桥的主缆取为其直径乘以其投影高度。

桥墩或桥塔阻力系数 C_H　　　　表2-17

截面形状	$\frac{t}{D}$	桥墩或桥塔高宽比						
		1	2	4	6	10	20	40
风向→ ▯D	$\leq \frac{1}{4}$	1.3	1.4	1.5	1.6	1.7	1.9	2.1
→ ▯	$\frac{1}{3}$ $\frac{1}{2}$	1.3	1.4	1.5	1.6	1.8	2.0	2.2
→ ▭	$\frac{2}{3}$	1.3	1.4	1.5	1.6	1.8	2.0	2.2
→ ▭	1	1.2	1.3	1.4	1.5	1.6	1.8	2.0
→ ▭	$1\frac{1}{2}$	1.0	1.1	1.2	1.3	1.4	1.5	1.7
→ ▭	2	0.8	0.9	1.0	1.1	1.2	1.3	1.4
→ ▭	3	0.8	0.8	0.8	0.9	0.9	1.0	1.2
→ ▭ (t,D标注)	≥ 4	0.8	0.8	0.8	0.8	0.8	0.9	1.1
→◇方形或八角形→⬡		1.0	1.1	1.1	1.2	1.2	1.3	1.4
十二边形		0.7	0.8	0.9	0.9	1.0	1.1	1.3
光滑表面的圆 $tV_c \geq 6m^2/s$		0.5	0.5	0.5	0.5	0.5	0.6	0.6
光滑表面的圆 $tV_c < 6m^2/s$及粗糙表面或凸形表面的圆		0.7	0.7	0.8	0.8	0.9	1.0	1.2

注：1. 上部结构架设后，应根据高宽比为40计算C_H。
2. 对于带圆弧角的矩形桥墩，其C_H值应由上表查出后再乘以$(1-1.5r/b)$或0.5，取二者中的较大值，r为圆弧角的半径。
3. 对于带三角尖端的桥墩，其C_H值应按能包括该桥墩外边缘的矩形截面计算。
4. 对随高度有锥度变化的桥墩，其C_H值应按桥墩高度分段计算。在推算t/b时，每段的t和b应按其平均值计，高宽比值应以桥墩总高度对每段的平均宽度计。

作用于桥墩或桥塔上的风荷载可按地面或水面以上 0.65 倍墩高或塔高处的风速值确定。斜拉索的阻力系数在考虑与活载组合时,可取为 1.0;在设计基准风速下可取 0.8。

在顺桥向风荷载作用下的斜拉索上单位长度的风荷载按下式计算：

$$F_H = \frac{1}{2}\rho V_g C_H D \sin^2\alpha \qquad (2\text{-}17)$$

式中：C_H——斜拉索的阻力系数；
α——斜拉索的倾角(°)；
D——斜拉索的直径(m)。

31. 什么叫颤振?

答：颤振是一种发散性振动,包括经典颤振、失速颤振和单自由度扭转颤振。经典颤振是指桥梁主梁断面在气流作用下由弯曲、扭转振动相互耦合而出现的一种不稳定振动现象,一般流线型主梁断面易发生经典颤振;失速颤振是由于升力的非线性特性或在升力丧失的条件下发生的单自由度扭转振动现象;单自由度扭转颤振主要是由于气流流经主梁断面而产生明显的分离引起的,对于钝体、非流线型断面易发生单自由度扭转颤振。

32. 什么叫驰振?

答：驰振是一种发散性振动,具有特殊断面形状(如"D"字形断面、结冰电线等)的结构在风速超过某一临界值时发生的垂直于来流方向的大幅振动现象,振幅可达 $1.0D \sim 10D$,甚至更大(D 为构件断面高度)。结构发生驰振的必要条件(即邓·哈托准则)为:

$$\left(\frac{dC_L}{d\alpha} + C_D\right)_{\alpha=0} < 0 \qquad (2\text{-}18)$$

式中：C_L——升力系数；
C_D——阻力系数；
$\frac{dC_L}{d\alpha} + C_D$——驰振力系数。

圆形断面是不会发生驰振的。

当驰振力系数 $C'_L + C_D < 0$ 时,应进行驰振稳定性检验。驰振临界风速可用下式估算：

$$V_{cg} = -\frac{4m\omega_1\zeta_s}{\rho H} \cdot \frac{1}{C'_L + C_D} \qquad (2\text{-}19)$$

式中：ω_1——结构一阶弯曲圆频率(rad/s)，$\omega_1 = 2\pi f_b$；

ζ_s——结构阻尼比；

D——构件断面迎风宽度(m)。

结构断面的驰振力系数 $C'_L + C_D$ 一般由风洞试验或 CFD 计算得到。典型断面的驰振力系数见表 2-18。

典型断面的驰振力系数　　　　表 2-18

断面形状	驰振力系数	断面形状	驰振力系数
圆形断面（索上有冰）$t=0.06b$	-1	六边形	-1.0
		U形（1/3－1－1/3）	-4.0
矩形 $\frac{d}{b}=2.0$	-2.0	斜置 $\frac{d}{b}=2.0$	-0.7
矩形 $\frac{d}{b}=1.5$	-1.7	斜置 $\frac{d}{b}=2.7$	-5.0
矩形 $\frac{d}{b}=1.0$	-1.2	斜置 $\frac{d}{b}=5.0$	-7.0
竖矩形 $\frac{d}{b}=\frac{2}{3}$	-1.0	T形 $\frac{d}{b}=3.0$	-7.5
竖矩形 $\frac{d}{b}=\frac{1}{2}$	-0.7	T形 $\frac{d}{b}=3/4$	-3.2
竖矩形 $\frac{d}{b}=\frac{1}{3}$	-0.4	T形 $\frac{d}{b}=2.0$	-1.0

结构驰振临界风速应满足下述规定：

$$V_{cg} > 1.2 V_d \tag{2-20}$$

式中：V_d——结构构件设计基准风速(m/s)。

33. 什么叫涡激共振？

答：气流经过钝体断面时产生旋涡脱落，当旋涡脱落频率与结构自振频率接近或相等时，即会产生涡激共振现象，涡激共振具有自激、限幅的特点。大跨桥梁结构自振频率较低、阻尼比较小，在风作用下易发生涡激共振现象。涡激共振会导致结构疲劳，并影响行车舒适性，工程实践中一般通过采取气动措施或安装调谐质量阻尼器（TMD）等来控制涡激共振振幅或消除涡激共振现象。

34. 什么叫抖振？

答：抖振是风的紊流成分所激发的结构随机振动，也称为紊流风响应。

35. 什么叫风雨振？

答：下雨时雨水沿斜拉索下流时，在风雨的共同作用下，在斜拉索表面就会形成上下两条水线，改变了拉索原来断面的气动特性，从而引起的振动。风雨振有以下一些特征：

(1) 风雨振常发生在具有像 PE 管那样光滑表面的斜拉索上。
(2) 它是在风速为 6~8m/s 的范围内发生的一种振动。
(3) 发生风雨振时斜拉索的振动频率约在 3Hz 的范围内。
(4) 易受紊流影响，紊流强度达到 15% 时有可能不发生风雨振。
(5) 结构阻尼增加后振幅减小，如附加有对数衰减率为 $\delta = 0.02 \sim 0.03$ 的结构阻尼后即可制振。

工程实践中一般采用螺旋线、表面凹坑及肋条等气动措施来控制斜拉索的风雨振，增加阻尼比也是控制斜拉索风雨振的一种有效措施。

36. 什么叫尾流驰振？

答：两根串列或多根串并列布置的拉索或吊杆，因迎风一侧拉索或吊杆的尾流而导致背风侧拉索或吊杆发生的大幅振动称为尾流驰振。尾流驰振与串并列拉索或吊杆的索距、阻尼比等有关。

37. 什么叫风攻角？

答：风攻角也称为风迎角（α），由于地形的影响，近地风的方向可能对水平面产生一定的倾斜度，可能是向上的倾斜，也可能是向下的倾斜，该倾斜角度即为风攻角。具有攻角的风可能对桥梁的风致振动（如颤振、涡振）

产生不利的影响。一般认为开阔地形桥位高风速时的平均攻角约为±3°，而复杂山区地形桥位风攻角则应通过实测或试验、CFD等方法进行确定。

38. 什么叫风偏角？

答：风偏角也称为偏航角(β)，近地风的方向可能从不同的角度作用到结构上，风的主流方向与桥梁结构的跨中对称垂直平面之间的夹角即为风偏角。由风偏角引起的结构对风的响应也称为斜风效应。

39. 什么叫紊流强度？

答：紊流强度即是脉动分量平均变化幅度与平均风速之比，顺风向、横风向及竖向紊流度分别用 I_u, I_v, I_w 来表示，即

$$I_u = \frac{\sigma_u}{U}, I_v = \frac{\sigma_v}{U}, I_w = \frac{\sigma_w}{U} \tag{2-21}$$

式中：σ_u——顺风向脉动风速均方差(m/s)；

σ_v——横风向水平方向脉动风速均方差(m/s)；

σ_w——横风向竖向脉动风速均方差(m/s)；

U——顺风向平均风速(m/s)。

桥梁抗风规范建议，无实测资料时，可取 $I_v = 0.88 I_u, I_w = 0.50 I_u$。

40. 什么叫紊流积分尺度？

答：空间某点风速脉动的原因可以认为是平均风输送一系列理想的旋涡，每一个旋涡都在那一点引起了周围脉动，脉动频率为 n。定义旋涡的波长 $\lambda = U/n$ 来描述旋涡的大小。紊流尺度就是气流中紊流旋涡平均尺寸的度量，对应于顺风向、横向水平和横向竖直的脉动速度分量 $u、v、w$ 的旋涡，每个旋涡又有3个方向的尺度，因此一共有9个紊流积分尺度。脉动速度 $i(i = u, v, w)$ 在 j 方向($j = u, v, w$)的紊流积分尺度定义为：

$$L_j^i = \int_0^\infty R_i(r_j) \mathrm{d}r_j \tag{2-22}$$

式中：$R_i(r_j)$——j 及 $j + r_j$ 处脉动风速 i 的空间相关函数；

L_j^i——紊流积分尺度。

风洞试验中进行紊流积分尺度模拟时可参考表2-19所给数值。

紊流积分尺度基准值 表2-19

高度(m) \ 紊流尺度(m)	L_x^u	L_y^u
$Z \leqslant 10$	50	20
$10 < Z \leqslant 20$	70	30
$20 < Z \leqslant 30$	90	40
$30 < Z \leqslant 40$	100	50
$40 < Z \leqslant 50$	110	50
$50 < Z \leqslant 70$	120	60
$70 < Z \leqslant 100$	140	70
$100 < Z \leqslant 150$	160	80
$150 < Z \leqslant 200$	180	90

41. 什么叫雷诺数？

答：雷诺数 R_e 为流体惯性力与黏性力之比，即

$$R_e = \frac{\rho V^2/D}{\mu V/D^2} = \frac{\rho V D}{\mu} = \frac{VD}{\nu} \tag{2-23}$$

式中：ρ——空气密度，$\rho = 1.225 \text{kg/m}^3$；

V——风速(m/s)；

D——结构断面特征尺寸(m)；

μ——空气的动力黏性系数；

ν——空气运动黏性系数，20℃时空气的运动黏性系数为 $1.5 \times 10^{-5} \text{m}^2/\text{s}$。

风洞中的空气一般与实际桥梁周边的空气(密度、运动黏性系数)相同，故要满足雷诺数 R_e 相似，则必须使速度相似比为结构几何缩尺比的倒数，由于风洞试验一般采用缩尺比例模型(1/n)，则必须要求试验风速要达到结构设计基准风速的 n 倍，这对普通风洞试验是很难满足的。由此而引起的气动参数的变化称为结构气动参数的雷诺数效应。国内外的研究表明，近流线型闭口扁平箱形断面的风洞试验结果受到雷诺数效应的影响。

42. 什么叫弗劳德数？

答：弗劳德数 F_r 为流体惯性力与重力之比的平方根，即

$$F_r^2 = \frac{\rho V^2/D}{\rho g} = \frac{V^2}{gD} \tag{2-24}$$

$$F_r = \frac{V}{\sqrt{gD}} \tag{2-25}$$

式中：g——重力加速度（m/s²）；
　　　V——风速（m/s）；
　　　D——断面特征尺寸（m）。

弗劳德数 F_r 是表征重力对流动影响的相似准则，弗劳德数相似即为重力作用相似。对于风洞中常见的静态测力试验、测压试验节段模型测振试验可不考虑弗劳德数，全桥模型试验则要考虑弗劳德数 F_r 的相似。

43. 什么叫斯脱罗哈数？

答：斯脱罗哈数 S_t 是描述非定常运动的一个无量纲参数，即

$$S_t = \frac{fD}{V} \tag{2-26}$$

式中：f——旋涡脱落频率（Hz）；
　　　V——风速（m/s）；
　　　D——断面特征尺寸（m）。

斯脱罗哈数 S_t 是表征流动非定常性的相似准则，是非定常空气动力实验中要模拟的相似准则。

44. 什么叫弹性悬挂节段模型风洞试验？

答：弹性节段模型风洞试验主要用来测定桥梁结构的非定常气动力特性（气动导数、气动导纳）以及在非定常气动力作用下的稳定性和振动响应（颤振和涡激共振）。测定桥梁结构主梁断面在非定常气动力作用下的表面压力分布状态，分析不同时刻的主梁断面压力分布变化情况。

弹簧悬挂二元刚体节段模型风洞试验除了要求模型与实桥之间满足几何外形相似外，原则上还应满足以下三组无量纲参数的一致性条件：

弹性参数：

$$\frac{U}{\omega_b B}, \frac{U}{\omega_t B} \text{ 或 } \frac{\omega_t}{\omega_b}（频率比）$$

惯性参数：

$$\frac{m}{\rho b^2}, \frac{J_m}{\rho b^4} \text{ 或 } \frac{r}{b}（惯性半径比）$$

阻尼参数：

$$\zeta_b, \zeta_t（阻尼比）$$

式中：U——平均风速；

ω_b、ω_t——弯曲和扭转振动固有圆频率;

B——桥宽;

b——半桥宽;

m、J_m——单位桥长的质量和质量惯性矩;

ρ——空气密度;

r——惯性半径;

ζ_b、ζ_t——竖向弯曲、扭转振动的阻尼比。

表 2-20 给出了按以上相似条件得到的模型系统缩尺比。

节段模型参数缩尺比 表 2-20

参数名称	符号	单位	表达式	缩尺比
梁长	L	mm	L_p	$1/n$
梁宽	B	mm	B_p	$1/n$
梁高	H	mm	H_p	$1/n$
单位长度质量	m	kg/m	M_p	$1/n^2$
单位长度质量惯矩	J_m	kg·m²/m	I_p	$1/n^4$
结构阻尼比	ξ	—	ξ	1
时间	T	s	t_p	m/n
风速	V	m/s	V_p	$1/m$
频率	f	Hz	f_p	n/m

注:表中的 m 值可根据风洞风速范围任意选取。

试验的攻角范围一般为±3°,特殊情况(如桥位处存在±5°风的情况)时可取为±5°,攻角变化步长为1°。根据试验目的的不同,可分别在均匀流场和紊流风中进行。试验风速范围应至少达到换算到实桥时的颤振检验风速或主梁设计基准风速。试验结果以攻角为参数的气动阻尼—折算风速、气动导数—折算风速、振动响应—风速等关系曲线表示。

45. 什么叫全桥气弹模型风洞试验?

答:在风洞中检验桥梁的气动稳定性、测定风致振动响应。在全桥气弹模型设计中,除须满足几何外形的相似外,还应满足下列无量纲参数的一致性条件,其定义见表 2-21。表 2-22 给出了相应的相似比要求。

(1)雷诺数(Reynolds Number)。

(2)弗洛德数(Froude Number)。

(3)密度比(Density Ratio)。

(4)柯西数(Cauchy Number)。

(5)阻尼比(Damping Ratio)。

全桥气动弹性模型模拟的一致性条件　　　　表 2-21

无量纲参数	表达式	力学意义
弹性参数 （Cauchy 数）	$\dfrac{E}{\rho U^2}$	$\dfrac{结构物弹性力\ EB^2}{气动惯性力\ \rho U^2 B^2}$
惯性参数 （密度比）	$\dfrac{\rho_s}{\rho}$	$\dfrac{结构物惯性力\ \rho_s B^2 U^2}{气体惯性力\ \rho B^2 U^2}$
重力参数 （Froude 数）	$\dfrac{gB}{U^2}$	$\dfrac{气体重力\ \rho g B^3}{气体惯性力\ \rho B^2 U^2}$
黏性参数 （Reynolds 数）	$\dfrac{\rho UB}{\mu}$	$\dfrac{气体惯性力\ \rho B^2 U^2}{空气黏性力\ \mu BU}$
阻尼参数 （对数衰减率）	δ	$\dfrac{一个周期的耗散能量}{振动总能量}$

全桥模型与实桥的相似关系　　　　表 2-22

相似参数	相似参数	相似关系	相似参数	相似参数	相似关系
长度	C_L	$1/n$	弯曲刚度	C_{EJ}	$1/n^5$
面积	C_F	$1/n^2$	自由扭转刚度	C_{GJ_d}	$1/n^5$
密度	C_ρ	1	风速	C_V	$1/\sqrt{n}$
单位长度质量	C_M	$1/n^2$	频率	C_f	$\sqrt{n}$
单位长度质量惯矩	C_{I_m}	$1/n^4$	时间	C_t	$1/\sqrt{n}$
拉伸刚度	C_{EF}	$1/n^3$	对数衰减率	C_δ	1

试验一般在模拟自然风特性的紊流场中进行，但气动稳定性检验可偏安全地在较低紊流度或均匀流风场中进行，试验攻角一般为 0°，也有考虑 -3°～+3°，试验结果以测定点的风速—振幅（最大值或根方差值）曲线，以及测定点的振动响应功率谱表示。

46. 什么叫地震震级？什么叫地震烈度？

答：表示地震强度的方法有两种：一种是地震的震级，另一种是地震的烈度。

地震的震级通常按里氏分级，以符号 M 表示，它是衡量一次地震大小的指标，由地震释放出的能量多少来确定。通常，震级是根据仪器记录到地震波判断所释放的能量来确定。由于地震释放出的能量中有很大一部分消耗于地层摩擦和错动所产生的热能及势能，人们所能测到的仅仅是地震波传到地面的能量，所以一般所说的震级是根据这后部分能量来确定的。地震通常按震级大小进行分类,见表2-23。

地震按震级的分类　　　　　　　　表2-23

类别	震级(M)	类别	震级(M)
大地震	$M \geq 7$	微小地震	$3 > M \geq 1$
中地震	$7 > M \geq 5$	极微小地震	$1 > M$
小地震	$5 > M \geq 3$		

抗震设计更关心的是地震地面运动对结构产生的破坏程度,如前所述,结构物距震中距离不同,所受到的振动也不同,因而震级的大小不能直接与地震导致结构破坏程度的影响因素联系起来。

地震的烈度是表示地震对地表及结构物影响的强弱程度。一个地区烈度的大小,不仅与这次地震释放能量(即震级)、震源深度、距震中的距离有关,而且还与地震波传播途径中的工程地质条件及建筑物的特性等因素有关。显然,震源愈深,距震中愈远,受地震影响愈小,烈度就愈低;反之就愈高。震中的烈度称震中烈度(震中基本烈度)。

目前世界上较通用的麦氏烈度表(MM)将地震烈度分为12度,我国1957年制定的中国地震烈度表也分为12度。1~5度是无感(只能仪器记录)至有感地震,6度有轻微损坏,7度以上为破坏性地震,9度以上房屋严重破坏以至倒塌,并有地表自然环境的破坏,11度以上为毁灭性地震。显而易见,地震烈度从其定义来看是描述性的。从工程抗震角度,还要有表征地面运动的物理量供抗震设计应用。不少国家的工程结构抗震规范规定了与地震烈度相应的地震加速度,但各国取值不一,我国的取值如表2-24所示。

烈度与地震动峰值加速度系数的对应关系　　　　表2-24

烈度	6	6	7	7	8	8	9
峰值加速度(g)	≤0.05	0.05	0.1	0.15	0.2	0.3	≥0.4

一个地区在今后一定时期内,一般场地条件下可能发生的最大地震烈度称为该地区地震的基本烈度,亦称地震地区烈度。桥梁抗震时实际采用的地震烈度称为设计烈度,一般情况,设计烈度采用桥梁所在地区的基本烈度,对重大桥梁工程,其设计烈度可考虑比基本烈度有所提高(通常提高一度)。

地震震级的原始定义是于1935年由里特(Richter)给出:

$$M = \lg A \tag{2-27}$$

式中:A——标准地震仪(指周期为0.8秒,阻尼系数为0.8,放大倍数为

2 800倍的地震仪)在距震中100km处记录的以$\mu m(10^{-4}cm)$为单位的最大水平地动位移(单幅度),例如,当测得的单振幅为10mm(即10 000μm)时,取其对数为4,据此可定义该震级为4级。近代虽然测定仪器日新月异,距震中的距离也不止100km,但仍根据具体仪器的特性按原定义通过换算求得。

震级M与震中烈度I的对应关系式为:

$$M = 0.58I + 1.5 \tag{2-28}$$

两者的对应关系见表2-25。

震中烈度与震级的对应关系表　　表2-25

震级(M)	2	3	4	5	6	7	8	8以上
震中烈度(I)	1~2	3	4~5	6~7	7~8	9~10	11	12

47. 什么叫水平地震系数?

答:水平地震系数是地震最大加速度的水平分量与重力g之比,它是与地震影响强烈程度有关的物理量,地面运动愈强烈,此系数也愈大。

48. 何为抗震分析的时程分析法和反应谱分析法?

答:地震是一种随机现象,因而结构地震反应也是随机的。对于一个确定的桥梁振动系统,输入一个确定的地震加速度时程,通过数值积分法便可以算出桥梁上各质点的反应时程(位移、速度和加速度),称为时程分析法。但对结构抗震设计具有实际意义的乃是结构反应的最大值,而结构反应的最大值又主要取决于场地条件、结构的自振周期和阻尼系数。

反应谱的概念是1943年由M. A. Biot提出的。反应谱就是对于一个确定的地震加速度时程,在确定的场地条件和阻尼条件下,用不同的自振周期作参数(横坐标),取相应的最大反应值(纵坐标)点绘出来的曲线图。《公路桥梁抗震设计细则》(JTG/T B02-01—2008)和《公路工程抗震规范》(JTG B02—2013)给出的设计加速度反应谱为:阻尼比为0.05的水平设计加速度反应谱中,任意时点的水平设计加速度反应谱值S(图2-13)可由式(2-29)确定:

$$S = \begin{cases} S_{max}(5.5T + 0.45) & (T < 0.1s) \\ S_{max} & (0.1s \leq T \leq T_g) \\ S_{max}(T_g/T) & (T > T_g) \end{cases} \tag{2-29}$$

式中:T_g——特征周期(s),按桥梁所在位置,根据现行《中国地震动参数区

划图》(GB 18306)中特征周期和相应的场地类别,按表2-26取值;

T——结构自振周期(s);

S_{max}——水平设计加速度反应谱最大值。

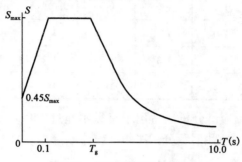

图2-13 水平设计加速度反应谱

水平设计加速度反应谱最大值S_{max}由式(2-30)确定:

$$S_{max} = 2.25 C_i C_s C_d A_h \qquad (2-30)$$

式中:C_i——桥梁抗震重要性修正系数,根据表2-27取值;

C_s——场地系数,根据表2-28取值;

C_d——阻尼调整系数,结构的阻尼比ξ为0.05时,阻尼调整系数C_d取1.0;当结构阻尼比不等于0.05时,阻尼调整系数取$C_d = 1 + (0.05 - \xi)/(0.06 + 1.7\xi) \geq 0.55$;

A_h——水平向设计基本地震动峰值加速度,按表2-24取值。

设计加速度反应谱特征周期调整表　　　　　　表2-26

区划图上的特征周期(s)	场 地 类 别			
	Ⅰ	Ⅱ	Ⅲ	Ⅳ
0.35	0.25	0.35	0.45	0.65
0.40	0.30	0.40	0.55	0.75
0.45	0.35	0.45	0.65	0.90

各类桥梁的抗震重要性修正系数C_i　　　　　　表2-27

桥梁抗震设防类别	E1地震作用	E2地震作用
A类	1.0	1.7
B类	0.43(0.5)	1.3(1.7)
C类	0.34	1.0
D类	0.23	—

注:高速公路和一级公路上的大桥、特大桥,其抗震重要性修正系数取B类括号内的值。

场 地 系 数 C_s　　　　　　　表 2-28

抗震设防烈度 场地类型	6 0.05g	7 0.1g	7 0.15g	8 0.2g	8 0.3g	9 0.4g
I	1.2	1.0	0.9	0.9	0.9	0.9
II	1.0	1.0	1.0	1.0	1.0	1.0
III	1.1	1.3	1.2	1.2	1.0	1.0
IV	1.2	1.4	1.3	1.3	1.0	0.9

规范给出的反应谱分析法适用于跨径不超过 150m 的情形,对于跨径超过 150m 的桥梁,宜用时程分析法作抗震计算。

49. 桥梁结构的抗震性能目标是什么？

答: 桥梁结构的抗震性能目标是指在桥位特定场地地震地面运动(100年设计基准期内超越概率63%、10%和2%~3%的小、中和大地震)下桥梁结构的预期性能水准,包括结构、非结构和附属设施的性能水准的各种组合。

我国目前规范《公路桥梁抗震设计细则》(JTG B02/01—2008)和《公路工程抗震规范》(JTG B02—2013)规定抗震设计采用的是"两水平设防、两阶段设计"的设计方法。第一阶段的抗震设计,采用弹性抗震设计,第二阶段的抗震设计,采用延性抗震设计方法,并引入能力保护设计原则。通过第一阶段的抗震设计,即对应 E1 地震作用的抗震设计,可达到原规范基本相当的抗震设防水平。通过第二阶段的抗震设计,即对应 E2 地震作用的抗震设计,来保证结构由足够的延性能力,通过验算,确保结构的延性能力大于延性需求。通过引入能力保护设计原则,确保塑性铰只在选定的位置出现,并且不出现剪切破坏等破坏模式。通过抗震构造措施设计,确保结构具有足够的位移能力。

我国《公路桥梁抗震设计细则》(JTG/T B02-01—2008)对桥梁结构抗震设防目标制定了明确的要求(表 2-29)。

桥梁结构的抗震设防目标　　　　　　表 2-29

桥梁抗震设防级别	设防目标	
	E1 地震作用	E2 地震作用
A 类	一般不受损坏或不需修复可继续使用	可发生局部轻微损伤,不需修复或经简单修复可继续使用

续上表

桥梁抗震设防级别	设防目标	
	E1 地震作用	E2 地震作用
B 类	一般不受损坏或不需修复可继续使用	应保证不致倒塌或产生严重结构损伤,经临时加固后可供维持应急交通使用
C 类	一般不受损坏或不需修复可继续使用	应保证不致倒塌或产生严重结构损伤,经临时加固后可供维持应急交通使用
D 类	一般不受损坏或不需修复可继续使用	

注:E1、E2,A~D 符号定义见《公路桥梁抗震设计细则》。

地震中桥梁结构的损伤形态可以分为如下的几类,因而抗震性能也是与这几类损伤形态相对应而确定的:

(1)上部结构坠毁:上部结构自身因直接的地震力效应而毁坏的现象极为少见,但因支承连接件失效或下部结构失效等引起的落梁现象在早期的破坏性地震中常有发生。从梁体下落形式来看,有顺桥向的,也有横桥向的和扭转滑移的,但统计数字表明,顺桥向的落梁占绝大多数。同时,梁在顺桥方向发生坠落时,梁端撞击桥墩侧壁,给下部结构带来大的破坏。

(2)支承连接件破坏:桥梁支座、伸缩缝和剪力键等支承连接件历来被认为是桥梁结构体系中抗震性能比较薄弱的一个环节,在早期历次破坏性地震中,支承连接件的震害现象都较普遍。

(3)墩台破坏:严重的破坏现象包括墩台的倒塌、断裂和严重倾斜;对钢筋混凝土桥台和桥墩,破坏现象还包括桥墩轻微开裂、保护层混凝土剥落和纵向钢筋屈服等。

(4)基础破坏:扩大基础自身的震害现象极少发现,然而有时因不良地质条件也会出现沉降、滑移等;桩基础的承台由于体积、强度和刚度都很大,因此也极少发生破坏,但桩基破坏的现象则时有发生,尤其对深桩基础。限于早期的认识水平,桩基的破坏可能出现在桩身任意位置,而且往往位于地下或水中,不利于震后迅速发现,修复难度也相当大。

自 20 世纪 90 年代以来,美国已经开始着手基于性能的抗震设计理论和方法的研究,并成为一种发展趋势和方向;该法与常规方法相比,能使三水准设防要求有具体量化的性能目标、水准,设计中更强调实施性能水准的判别准则、性能目标的选用和深入仔细的分析、论证。目前,美国、日本和欧洲已经制定出了新的规范或准则。

50. 如何确定桥梁抗震的设防类别和设防目标?

答:桥梁抗震设防水平是衡量结构抗震要求高低的尺度,主要根据地震动参数及结构性能目标确定,即包括两方面的内容:

(1)根据桥梁结构的重要性程度选择桥址场地地震作用水平。

(2)确定结构相应的性能目标要求。

通常,地震作用水平由场地超越概率或地震重现期来描述(例如,50年10%超越概率水平地震动)。性能目标则主要是指结构在设计地震作用下要求结构应达到的性能,如要求结构不损伤,可发生局部可修复损伤但不影响紧急救援车辆通行等。

我国《公路桥梁抗震设计细则》(JTG/T B02-01—2008)根据路线等级及桥梁的重要性和修复(抢修)的难易程度,将公路桥梁分为 A、B、C、D 四个抗震设防类别,具体定义见表2-30。对于抗震救灾以及在经济、国防上具有重要意义的桥梁或破坏后修复(抢修)困难的桥梁,可按国家批准权限,报请批准后,提高设防类别。

桥梁抗震设防类别表 表2-30

桥梁抗震设防类别	适用范围
A 类	单跨超过150m的特大桥
B 类	单跨跨径不超过150m的高速公路、一级公路上的桥梁,单跨跨径不超过150m的二级公路上的特大桥、大桥
C 类	二级公路上的中桥、小桥,单跨跨径不超过150m的三、四级公路上的特大桥、大桥
D 类	三、四级公路上的中桥、小桥

由表2-29可知,A类、B类和C类桥梁必须进行E1地震作用和E2地震作用下的抗震设计。D类桥梁只需进行E1地震作用下的抗震设计。此外,抗震设防烈度为6度地区的B类、C类、D类桥梁,可只进行抗震措施设计。同时,抗震构造措施,是在总结国内外桥梁震害经验的基础上建立的设计原则,因此当前规范要求A类、B类桥梁,抗震措施均按提高一度或更高的要求设计,具体见表2-31。

各类公路桥梁抗震设防措施等级表 表2-31

桥梁分类 \ 抗震设防烈度	6		7		8		9
	0.05g	0.1g	0.15g	0.2g	0.3g	0.4g
A 类	7	8	9	9	更高,专门研究	
B 类	7	8	8	9	9	≥9
C 类	6	7	7	8	8	9
D 类	6	7	7	8	8	9

注:g 为重力加速度。

51. 如何确定 E1 和 E2 地震加速度峰值？

答：对于各类公路桥梁，在进行抗震设计时，E1 和 E2 地震加速度峰值由所在地区抗震设防烈度相应的设计基本地震加速度 A（表2-32）乘以表2-27的抗震重要性系数 C_i 来得到。

抗震设防烈度和水平向设计基本地震加速度 A　　　表2-32

抗震设防烈度	6	7	8	9
A	$0.05g$	$0.10(0.15)g$	$0.20(0.30)g$	$0.40g$

52. 桥梁结构地震反应分析的常用方法有哪几种？

答：由于地震动本身具有随机过程的性质，地震反应分析中所采用的地震动参数具有不确定性，因此当前发展了两种不同的分析思路：一种是以地震运动为确定过程的确定性分析；另一种是以地震运动为随机过程的概率性分析。目前，概率性地震响应分析尚在研究中，广泛运用于工程实际中仍需进一步的广泛研究。国内外桥梁抗震设计规范中目前普遍采用的是确定性的地震分析方法，其主要包括：静力法、反应谱法和动态时程分析方法。

（1）静力法

静力法假定结构物与地震动具有相同的振动，把结构物在地面运动加速度 $\ddot{u}_g$ 作用下产生的惯性力视为静力作用于结构物上进行抗震计算。由于静力法忽略了结构动力特性这一重要因素，具有很大的局限性，只适用于刚度很大的结构，如重力式桥台等。

（2）反应谱法

自1943年 M. Biot 提出反应谱的概念以及1948年 G. W. Housner 提出基于反应谱理论的抗震分析法以来，反应谱法在结构抗震领域得到不断完善和发展，并在工程实践中得到广泛的运用。目前，反应谱法仍然是各国桥梁抗震规范推荐采用的主要方法。

对于自由度为 N 的线弹性体系，在地面运动一致激励下，其运动方程可写为：

$$M\ddot{u}(t) + C\dot{u}(t) + Ku(t) = -MI\ddot{u}_g(t) \qquad (2-31)$$

式中： M、C 和 K——结构 $N \times N$ 维质量、阻尼和刚度矩阵；
$\ddot{u}(t)$、$\dot{u}(t)$ 和 $u(t)$——结构相对地面的加速度、速度和位移列向量；
I——影响向量，表示基础发生单位位移时各节点的位移。

为了便于反应谱分析，必须用振型分解法对上式解耦，将式(2-31)变换为 N 个独立方程。$u(t)$ 可依据振型分解为：

$$u(t) = \sum_{i=1}^{N} \phi_i q_i(t) \tag{2-32}$$

式中：ϕ_i、$q_i(t)$——结构的第 i 阶振型及正则坐标。

将式(2-32)代入式(2-31)，并利用振型的正交条件可得：

$$\ddot{q}_i(t) + 2\xi_i \omega_i \dot{q}_i(t) + \omega_i^2 q_i(t) = -\gamma_i \ddot{u}_g(t) \tag{2-33}$$

式中：ω_i、ξ_i——表示结构第 i 阶振型的自振圆频率和阻尼比；

γ_i——结构第 i 阶振型的振型参与系数，可表达为：

$$\gamma_i = \frac{\phi_i^T M I}{\phi_i^T M \phi_i} \tag{2-34}$$

由式(2-33)可以得到作用在结构第 i 阶振型第 j 质点的水平地震力 F_{ij}：

$$F_{ij} = S_i \gamma_i \phi_{ij} m_j \tag{2-35}$$

式中：S_i——第 i 阶振型的动力放大系数，可根据第 i 阶振型自振周期，按规范反应谱取值（如《公路桥梁抗震设计细则》(JTG/T B02-01—2008)第5.2.1确定）；

ϕ_{ij}——结构第 i 阶振型第 j 质点的相对变形；

m_j——第 j 质点的质量。

利用式(2-35)求出各阶振型的地震响应后，一般情况下可按 SRSS 组合方法得到地震作用效应 F（如内力、位移），即

$$F = \sqrt{\sum F_i^2} \tag{2-36}$$

式中：F_i——结构第 i 阶振型地震作用效应，所考虑的振型阶数应在计算方向获得90%以上的有效质量。

当结构相邻两阶振型的自振周期 T_i 和 T_j ($T_j \leq T_i$) 接近时，即 T_i 和 T_j 之比 ρ_T 满足式(2-37)，需考虑周期接近时的振型相关性，应采用 CQC 方法按式(2-38)计算地震作用效应。

$$\rho_T = \frac{T_j}{T_i} \geq \frac{0.1}{0.1 + \xi} \tag{2-37}$$

$$F = \sqrt{\sum \sum F_i r_{ij} F_j} \tag{2-38}$$

式中：r_{ij}——相关系数，按下式确定。

$$r_{ij} = \frac{8\xi^2 (1 + \rho_T) \rho_T^{3/2}}{(1 + \rho_T^2)^2 + 4\xi^2 \rho_T (1 + \rho_T)^2} \tag{2-39}$$

(3) 时程分析方法

动态时程分析方法是随着强震记录的增多和计算机技术的广泛应用而发展起来的，是公认的精细分析方法。动态时程分析方法一般从选定合理的地震动输入（地震动加速度时程）出发，采用多自由度结构有限元动力计

算模型建立地震振动方程,然后通过逐步积分法对方程进行求解,计算地震过程中每一时刻结构的位移、速度和加速度反应,从而分析出结构在地震作用下弹性和非弹性阶段的内力变化以及构件逐步开裂、损坏直至倒塌的全过程。

动态时程分析法可以考虑地基和结构的相互作用,地震动时程相位差及非一致输入,结构的各种非线性因素(包括材料、几何、边界连接条件非线性)以及分块阻尼等问题。此外,动态时程分析法可以使桥梁的抗震设计从单一强度保证转入强度、变形(延性)的双重保证。同时,采用时程分析法进行地震响应分析,也可以使我们更清楚结构地震动力破坏的机理和提高桥梁抗震能力的途径。目前,大多数国家规范建议除对常用的中小跨径桥梁采用反应谱方法计算外,对重要、复杂、大跨的桥梁抗震计算需采用动态时程分析方法。

53. 何谓抗震分析中的反应谱?

答: 反应谱是指对于一个确定的地震加速度时程,给定的场地条件和阻尼参数下,以不同单自由度体系的自振周期作为横坐标,取相应的最大反应为纵坐标绘制出来的谱线图,如图 2-14 所示。

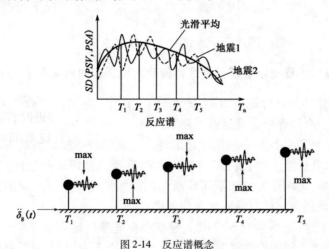

图 2-14 反应谱概念

由于地震动与多种因素相关(如场地条件、震中距、震源深度、震级、震源机制和传播路径等),表现出高度的随机性,使得由不同地震动记录得到的加速度反应谱具有很大的离散性。只有在大量地震动输入后绘制得到众多反应谱曲线的基础上,再经过平均与光滑化之后,才能得到供设计用的规范反应谱曲线。我国《公路桥梁抗震设计细则》(JTG/T B02-01—2008)采用的反应谱是通过对 823 条水平强震记录统计分析得到的。

54. 如何确定桥梁结构的地震作用？

答：目前，各国桥梁抗震规范的地震作用主要是采用设计加速度反应谱（图 2-13）或加速度时程来代表。

《公路桥涵设计通用规范》（JTG D60—2015）将地震作用视为一种特殊的偶然作用，并将地震作用单列为一种类型，并要求按照《公路工程抗震规范》（JTG B02—2013）和《公路桥梁抗震设计细则》（JTG/T B02-01—2006）来确定。我国《公路桥梁抗震设计细则》（JTG/T B02-01—2006）规定：A 类桥梁、桥址抗震设防烈度为 9 度及 9 度以上的 B 类桥梁，应根据专门的工程场地地震安全性评价确定地震作用；桥址抗震设防烈度为 8 度的 B 类桥梁，宜根据专门的工程场地地震安全性评价确定地震作用；其他桥梁的地震作用，可按规范给定的设计加速度反应谱（图 2-13）、与设计加速度反应谱兼容的人工合成的设计加速度时程或是选用与设定地震震级、距离大体相近的实际地震动加速度记录。为了考虑地震动的随机性，设计加速度时程不得少于 3 组，且应保证任意两组间同方向时程由式（2-40）定义的相关系数绝对值小于 0.1。

$$|\rho| = \left| \frac{\sum_j a_{1j} \cdot a_{2j}}{\sqrt{\sum_j a_{1j}^2} \cdot \sqrt{\sum_j a_{2j}^2}} \right| \quad (2\text{-}40)$$

式中：a_{1j}、a_{2j}——两条加速度记录的第 j 个数据点。

55. 采用工程场地地震安全性评价确定地震作用时有哪些要求？

答：我国《公路桥梁抗震设计细则》（JTG/T B02-01—2006）规定：工程场地地震安全性评价应满足以下要求：

（1）桥址存在地质不连续或地形特征可能造成各桥墩的地震动参数显著不同，以及桥梁一联总长超过 600m 时，宜考虑地震动的空间变化，包括波传播效应、失相干效应和不同塔墩基础的场地差异。对反应谱法或功率谱法应取场地包络反应谱或包络功率谱。

（2）桥址距有发生 6.5 级以上地震潜在危险的地震活断层 30km 以内时，A 类桥梁工程场地地震安全性评价应符合以下规定：考虑近断裂效应要包括上盘效应、破裂的方向性效应；注意设计加速度反应谱长周期段的可靠性；给出顺断层方向和垂直断层方向的地震动 2 个水平分量。B 类桥梁工程场地地震安全性评价中，要选定适当的设定地震，考虑近断裂效应。

56. 桥梁结构施加地震作用时应考虑哪些基本原则？

答：地震具有很强的随机性。地震发生时，不仅其大小是随机的，其方向也是随机的。在地震反应分析过程中,需选择最不利的方向来施加地震作用,包括水平向和竖向。我国《公路桥梁抗震设计细则》(JTG/T B02-01—2008)规定,各类桥梁结构施加地震作用时需考虑以下原则:

(1)一般情况下,公路桥梁可只考虑水平向地震作用,直线桥可分别考虑顺桥向 X 和横桥向 Y 的地震作用,并分别进行验算,不考虑正交地震力的组合。

(2)抗震设防烈度为 8 度和 9 度的拱式结构、长悬臂桥梁结构和大跨径结构,以及竖向作用引起的地震效应很重要时,应同时考虑顺桥向 X、横桥向 Y 和竖向 Z 的地震作用。其中,拱桥对于竖向地震动非常敏感,一般都应考虑两种方式,即纵桥向+竖向、横桥向+竖向。

(3)采用反应谱法或功率谱法同时考虑三个正交方向(水平向 X、Y 和竖向 Z)的地震作用时,可分别单独计算 X 向地震作用产生的最大效应 E_X,Y 向地震作用产生的最大效应 E_Y 与 Z 向地震作用产生的最大效应 E_Z。总的设计最大地震作用效应 E 按下式求取:

$$E = \sqrt{E_X^2 + E_Y^2 + E_Z^2} \tag{2-41}$$

(4)采用时程分析方法时,应同时输入三个方向分量的一组地震动时程计算地震作用效应。

57. 如何确定桥台的地震主动土压力?

答:一般情况下,E1 地震作用抗震设计阶段,应考虑地震时主动土压力的影响,在 E2 地震作用抗震设计阶段,一般不需考虑。

桥台后填土无黏性时,地震时作用于桥台台背的主动土压力可按下列简化公式计算:

$$E_{ea} = \frac{1}{2}\gamma H^2 K_A \left(1 + \frac{3C_i A}{g}\tan\varphi\right) \tag{2-42}$$

式中:E_{ea}——地震时作用台背每延米长度上的主动土压力(kN/m),其作用点位于距台底 $0.4H$ 处;

γ——土的重度(kN/m³);

H——台背高度(m);

K_A——非地震条件下作用于台背的主动土压力系数,按下式计算:

$$K_A = \frac{\cos^2\varphi}{(1 + \sin\varphi)^2} \tag{2-43}$$

φ——台背土的内摩擦角(°);

A——水平向设计基本地震动加速度峰值,可按表 2-24 取值;

C_i——抗震重要性系数,按表 2-27 取值。

当判定桥台地表以下10m内有液化土层或软土层时,桥台基础应穿过液化层或软土层;当液化土层或软土层超过10m时,桥台基础应埋深至地表以下10m处。其作用于桥台台背的主动土压力应按下式计算:

$$E_{ea} = \frac{1}{2}\gamma H^2 \left(K_A + \frac{2C_i A}{g}\right) \quad (2-44)$$

式中符号含义同式(2-42)。

58. 如何确定桥墩的地震动水压力?

答:根据《公路桥梁抗震设计细则》(JTG/T B02-01—2006),地震时作用于桥墩上的地震动水压力应分别按下列各式进行计算:

(1) $b/h \leq 2.0$ 时

$$E_w = 0.15\left(1 - \frac{b}{4h}\right)\frac{C_i A \xi_h \gamma_w b^2 h}{g} \quad (2-45a)$$

(2) $2.0 < b/h \leq 3.1$ 时

$$E_w = \frac{0.075 C_i A \xi_h \gamma_w b^2 h}{g} \quad (2-45b)$$

(3) $b/h > 3.1$ 时

$$E_w = \frac{0.24 C_i A \gamma_w b^2 h}{g} \quad (2-45c)$$

式中:E_w——地震时在 $h/2$ 处作用于桥墩的总动水压力(kN);

ξ_h——断面形状系数,矩形墩取 $\xi_h = 1$;圆形墩取 $\xi_h = 0.8$;圆端形墩顺桥向取 $\xi_h = 0.9 \sim 1.0$,横桥向取 $\xi_h = 0.8$;

γ_w——水的重度(kN/m³);

h——从一般冲刷线算起的水深(m);

b——桥墩宽度(m),可取 $h/2$ 处的截面宽度,矩形墩取长边边长;圆形墩取直径。

59. 公路桥梁抗震设计中如何考虑荷载组合?

答:公路桥梁抗震设计应考虑以下作用:
(1) 永久作用,包括结构重力(恒载)、预应力、土压力及水压力;
(2) 地震作用,包括地震动的作用和地震土压力、水压力等。

作用效应组合应包括永久作用效应+地震作用效应,组合方式应包括各种效应的最不利组合。

在地震作用下,除了结构内力反应以外,支座以及梁端等位移反应需特别关注,为了防止发生支座脱落或落梁震害,我国《城市桥梁抗震设计规范》(CJJ 166—2011)规定在进行支座位移验算时,还应考虑50%均匀温度作用效应。

60. 船舶对墩台的撞击作用应如何确定?

答:《公路桥涵设计通用规范》(JTG D60—2015)规定:通航水域中的桥梁墩台,设计时应考虑船舶的撞击作用,其撞击作用设计值宜按专题研究确定;对于四至七级内河航道当缺乏实际调查资料时,船舶撞击作用的设计值可按表 2-33 计算;当缺乏实际调查资料时,海轮撞击作用的设计值可按表 2-34 计算;当设有与墩台分开的防护结构时,桥墩可不计船舶的撞击作用;内河船舶的撞击作用点,假定为计算通航水位线以上 2m 的桥墩宽度或长度的中点,海轮船舶撞击作用点需视实际情况而定。

内河船舶撞击作用设计值表　　　　表 2-33

内河航道等级	船舶吨级 DWT (t)	横桥向撞击作用(kN)	顺桥向撞击作用(kN)
四	500	550	450
五	300	400	350
六	100	250	200
七	50	150	125

海轮撞击作用设计值表　　　　表 2-34

船舶吨级 DWT (t)	3 000	5 000	7 500	10 000	20 000	30 000	40 000	50 000
横桥向撞击作用(kN)	19 600	25 400	31 000	35 800	50 700	62 100	71 700	80 200
顺桥向撞击作用(kN)	9 800	12 700	15 500	17 900	25 350	31 050	35 850	40 100

在《铁路桥涵设计基本规范》(TB 10002.1—2005)中,假定船舶作用于墩台的有效动能全部转化为碰撞力所做的静力功,得到如下等效静力公式:

$$F = \gamma V \sin\alpha \sqrt{\frac{W}{C_1 + C_2}} \qquad (2\text{-}46)$$

式中:F——船舶撞击力(MN);

V——船舶撞击墩台的速度(m/s);

W——船舶的重量(MN);

C_1、C_2——船舶的弹性变形系数和墩台圬工的弹性变形系数(m/MN),即单位力作用下产生的变形,当无实测资料时,可取 $C_1 + C_2 = 0.5$ m/MN;

α——船只驶近方向与墩台撞击点处切线所成的夹角,应根据具体情况确定,如有困难可采用 α = 20°;

γ——动能折减系数($s/m^{1/2}$),当船只斜向撞击承台(指船只驶近方向与撞击点处墩台面法线方向不一致)时取 0.2,正向撞击(指船只驶近方向与撞击点处墩台面法线方向一致)时可采用 0.3。

与我国规范类似,目前美国 AASHTO 和欧洲规范也主要采用等效静力荷载来考虑船撞作用。但是,采用这些等效静力荷载来确定船撞作用,虽有简单、方便的优点,但却不能反映船-桥相互作用的动力本质,没有考虑惯性力及动力特性等方面的影响。Consolazio 等在足尺船-桥碰撞试验中发现:若不考虑动力效应,即便是采用船撞力峰值作为等效静力荷载(而 AASHTO 中货轮仅采用统计的 70% 分位值作为等效船撞荷载),桥梁结构的船撞响应也将可能被严重低估,使船撞下结构的安全性得不到保证。樊伟等也得到了类似的结果,由图 2-15 可知:尽管规范确定的船撞力与动力结果相差较小[图 2-15a)],但由于静力分析忽略结构的动力特性(尤其是上部结构的惯性效应),使得静力分析得到的桥墩变形模式与动力时的变形模式有着显著的差异,进而导致了静力分析得到的需求(墩底弯矩)远远小于动力结果[图 2-15b)]。

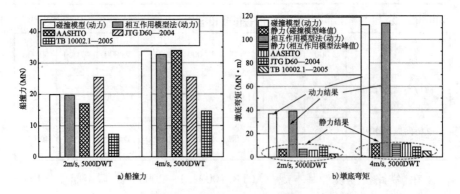

图 2-15 船撞力及结构响应比较

综述所述,在确定通航水域桥梁船撞作用时,应按《公路桥涵设计通用规范》(JTG D60—2015)建议,开展必要的桥梁船撞专题研究,且应采用动力方法来计算桥梁结构的船撞响应。

61. 漂浮物对墩台的撞击作用应如何确定?

答: 可能遭受漂浮物撞击的桥梁墩台,设计时应考虑漂浮物的撞击作用,其横桥向撞击力设计值可按式(2-47)计算,漂浮物的撞击作用点假定在计算通航水位线上桥墩宽度的中点：

$$F = \frac{Wv}{gT} \quad (2-47)$$

式中：W——漂浮物重力（kN），应根据河流中漂浮物情况，按实际调查确定；

　　　v——水流速度（m/s）；

　　　T——撞击时间（s），应根据实际资料估计，在无实际资料时，可用1s；

　　　g——重力加速度，$g = 9.81 \text{m/s}^2$。

62. 汽车撞击作用应如何计算？

答：汽车撞击力标准值在行驶方向取1 000kN，与之垂直方向取为500kN，两个方向的不同时考虑；其作用于行车道上1.2m处，直接分布于撞击涉及的构件上。对于设有防撞设施的结构构件，可视设施的防撞能力予以折减，但折减后不应低于上述取值的1/6。

汽车撞击问题在我国逐渐突出，已影响到公路桥梁结构和道路行车的安全。为防止或减少因撞击产生的破坏，对易受到汽车撞击的构件的部位应采取相应的构造措施，并增设钢筋或钢筋网。对于跨线桥，不应在没有中间带的公路中央设立桥墩。

63. 公路桥梁规范中水的浮力如何考虑？

答：水浮力为作用于建筑物基底面的由下向上的水压力，等于建筑物排开同体积的水重力。地表水或地下水通过土体孔隙的自由水沟通并传递水压力。水是否能渗入基底是产生水浮力的前提条件，因此，水浮力与地基土的透水性、地基与基础的接触状态以及水压大小和漫水时间等因素有关。《公路桥涵设计通用规范》（JTG D60—2015）中规定，水的浮力可按下列规定采用：

基础底面位于透水性地基上的桥梁墩台，当验算稳定性时，应考虑设计水位的浮力；当验算地基承载力时，可仅考虑低水位的浮力，或不考虑水的浮力。

基础嵌入不透水性地基的桥梁墩台可不考虑水的浮力。

作用在桩基承台底面的浮力，应考虑全部底面积。对桩嵌入不透水地基并灌注混凝土封闭者，不应考虑桩的浮力，在计算承台底面浮力时应扣除桩的截面面积。

当不能确定地基是否透水时，应以透水或不透水两种情况与其他作用组合，取其最不利者。

水的浮力标准值可按下式计算：
$$F = \gamma V_w \tag{2-48}$$

式中：F——水的浮力标准值(kN)；

γ——水的重度(kN/m³)；

V_w——结构排开水的体积(m³)。

64. 公路桥梁规范中流水压力、冰压力、波浪力如何计算？

答：(1)作用在桥墩上的流水压力标准值可按下式计算：
$$F_w = KA\frac{\gamma v^2}{2g} \tag{2-49}$$

式中：F_w——流水压力标准值(kN)；

γ——水的重度(kN/m³)；

v——设计流速(m/s)；

A——桥墩阻水面积(m²)，计算至一般冲刷线处；

g——重力加速度，$g = 9.81 \text{m/s}^2$；

K——桥墩形状系数，见表2-35。

流水压力合力的着力点，假定在设计水位线以下0.3倍水深处。

桥墩形状系数 K　　　　　表2-35

桥墩形状	K	桥墩形状	K
方形桥墩	1.5	尖端形桥墩	0.7
矩形桥墩(长边与水流平行)	1.3	圆端形桥墩	0.6
圆形桥墩	0.8	—	—

(2)对具有竖向前棱的桥墩，冰压力可按下列规定取用：

①冰对桩或墩产生的冰压力标准值可按下式计算：
$$F_i = mC_1 bt R_{ik} \tag{2-50}$$

式中：F_i——冰压力标准值(kN)；

m——桩或墩迎冰面形状系数，可按表2-36取用；

C_1——冰温系数，可按表2-37取用；

b——桩或墩迎冰面投影宽度(m)；

t——计算冰厚(m)，可按实际调查的最大冰厚或开河期堆积冰厚；

R_{ik}——冰的抗压强度标准值(kN/m²)，可取当地冰温0℃时的冰抗压强度；当缺乏实测资料时，对海冰可取 $R_{ik} = 750\text{kN/m}^2$；对河冰，流冰开始时 $R_{ik} = 750\text{kN/m}^2$，最高流冰水位时可取 $R_{ik} = 450\text{kN/m}^2$。

桩或墩迎冰面形状系数 m 表 2-36

迎冰面形状	平面	圆弧形	尖角形的迎冰面角度				
			45°	60°	75°	90°	120°
m	1.00	0.90	0.54	0.59	0.64	0.69	0.77

冰温系数 C_1 表 2-37

冰温(℃)	0	−10 及以下
C_1	1.0	2.0

注：1. 表列冰温系数可直线内插。
   2. 对海冰，冰温取结冰期最低冰温；对河冰，取解冻期最低冰温。

a. 当冰块流向桥轴线的角度 $\varphi \leqslant 80°$ 时，桥墩竖向边缘的冰荷载应乘以 $\sin\varphi$ 予以折减。

b. 冰压力合力应作用在计算结冰水位以下 0.3 倍冰厚处。

② 当流冰范围内桥墩有倾斜表面时，冰压力应分解为水平分力和竖向分力。

水平分力

$$F_{xi} = m_0 C_1 R_{bk} t^2 \tan\beta \tag{2-51}$$

竖向分力

$$F_{zi} = \frac{F_{xi}}{\tan\beta} \tag{2-52}$$

式中：F_{xi}——冰压力的水平分力(kN)；
F_{zi}——冰压力的垂直分力(kN)；
β——桥墩倾斜的棱边与水平线的夹角(°)；
R_{bk}——冰的抗弯强度标准值(kN/m²)，取 $R_{bk} = 0.7 r_{ik}$；
m_0——系数，$m_0 = 0.2 b/t$，但不小于1.0。

（3）位于外海、海湾、海峡的桥梁结构，下部结构设计必要时应考虑波浪力的作用影响，宜开展专题研究确定波浪力的大小。

65. 公路桥梁规范中支座摩阻力如何计算？

答：上部结构因温度变化引起的伸长或缩短以及受其他纵向力的作用，活动支座将产生一个方向相反的力，即支座摩阻力。摩阻力的大小取决于上部结构传递给支座的反力、支座的类型以及材料。活动支座承受的纵向力（一般包括制动力、温度和收缩作用），不容许差超过支座与混凝土或其他结构材料之间的摩阻力。支座摩阻力的标准值可按下式计算：

$$F = \mu W \tag{2-53}$$

式中：W——作用于活动支座上由上部结构重力产生的效应；

μ——支座的摩擦系数，宜采用实测数据，无实测数据时可按表 2-38 取用。

支座摩擦系数　　　　　　表 2-38

支座种类		支座摩擦系数 μ
滚动支座或摆动支座		0.05
板式橡胶支座	支座与混凝土面接触	0.30
	支座与钢板接触	0.20
	聚四氟乙烯板与不锈钢板接触	0.06（加 5201 硅脂润滑后；温度低于 -25℃时为 0.078）
		0.12（不加 5201 硅脂润滑时；温度低于 -25℃时为 0.156）
盆式支座		加 5201 硅脂润滑后，常温型活动支座摩擦系数不大于 0.03（支座适用温度为 -25 ~ +60℃）
		加 5201 硅脂润滑后，耐寒型活动支座摩擦系数不大于 0.06（支座适用温度为 -40 ~ +60℃）
球型支座		加 5201 硅脂润滑后，活动支座摩擦系数不大于 0.03（支座适用温度为 -25 ~ +60℃时）
		加 5201 硅脂润滑后，活动支座摩擦系数不大于 0.05（支座适用温度为 -40 ~ +60℃时）

66. 何谓极限状态设计方法？

答：所谓极限状态，是指整体结构或构件的某一特定状态，超过这一状态界限结构或构件就不再能满足设计规定的某一功能要求。结构物典型的极限状态，包括由稳定转为丧失稳定、应力达到材料破坏强度、振动由收敛转为发散、基础达到最大承载力等，这一瞬间结构物的状态是工程师最为关心的，设计时就是要确保结构物的状态在设计基准年限内一直处于安全的区域内。

公路桥涵结构采用以可靠度理论为基础的概率极限状态设计法设计。该设计体系规定了桥涵结构的两种极限状态：承载能力极限状态和正常使用极限状态。承载能力极限状态设计着重体现桥涵结构的安全性，正常使用极限状态设计则体现适用性和耐久性，它们共同反映出设计的基本原则。只有每项设计都符合相关规范的两类极限状态的要求，才能使所设计的桥涵达到其全部预定功能。

承载能力极限状态设计是以塑性理论为基础，其设计原则即作用效应的组合设计值小于或等于构件承载力设计值。正常使用极限状态设计是以弹性理论或弹塑性理论为基础,涉及构件的抗裂、裂缝宽度及挠度三个方面的验算。

67. 桥涵结构设计有几种设计状况?

答:根据桥涵在施工和使用过程中面临的不同情况,桥涵结构设计分为持久状况、短暂状况、偶然状况及地震状况四种设计状况。持久状况系指桥涵建成后承受自重、汽车荷载等持续时间很长的状况;短暂状况为桥涵施工过程中承受临时性作用的状况;偶然状况是在桥涵使用过程中可能偶然出现的状况。其中,持久状况必须进行承载能力和正常使用两种极限状态设计;短暂状况一般只作承载能力极限状态设计,必要时才作正常使用极限状态设计;偶然状况要求作承载能力极限状态设计,不考虑正常使用极限状态设计。

68. 设计安全等级怎样区分?

答:公路桥涵进行持久状况和短暂状况承载能力极限状态设计时,根据结构破坏可能产生的后果的严重程度划分分为三个设计安全等级,并用结构重要性系数来体现不同情况的桥涵的可靠度差异。表2-39列出了不同安全等级对应的桥涵类型。

桥涵结构的设计安全等级　　　　表 2-39

设计安全等级	破坏后果	适 用 对 象
一级	很严重	(1)各等级公路上的特大桥、大桥、中桥; (2)高速公路、一级公路、二级公路、国防公路及城市附近交通繁忙公路上的小桥
二级	严重	(1)三、四级公路上的小桥; (2)高速公路、一级公路、二级公路、国防公路及城市附近交通繁忙公路上的涵洞
三级	不严重	三、四级公路上的涵洞

注:本表所指特大、大、中桥等系按表1-2 中的单孔跨径确定,对多跨不等跨桥梁,以其中最大跨径为准。

69. 承载能力极限状态下作用效应如何组合?

答:承载能力极限状态下有三种作用效应组合:基本组合、偶然组合及地震组合。

(1)基本组合为永久作用的设计值效应与可变作用设计值效应相组

合,其组合表达式为:

$$S_{ud} = \gamma_0 S(\sum_{i=1}^{m}\gamma_{Gi}G_{ik}, \gamma_{Q1}\gamma_L Q_{1k}, \psi_c\sum_{j=2}^{n}\gamma_{Lj}\gamma_{Qj}Q_{jk}) \quad (2\text{-}54a)$$

或

$$S_{ud} = \gamma_0 S(\sum_{i=1}^{m}G_{id}, Q_{1d}, \sum_{j=2}^{n}Q_{jd}) \quad (2\text{-}54b)$$

式中:S_{ud}——承载能力极限状态下作用基本组合的效应设计值;

$S(\ )$——作用组合的效应函数;

γ_0——结构重要性系数,对应于设计安全等级一级、二级和三级分别取 1.1、1.0 和 0.9,桥涵地震设计不考虑结构的重要性系数;

γ_{Gi}——第 i 个永久作用的分项系数,其值按表 2-40 取用;

G_{ik}、G_{id}——第 i 个永久作用的标准值和设计值;

γ_{Q1}——汽车荷载效应(含汽车冲击力、离心力)的分项系数。采用车道荷载计算时取 $\gamma_{Q1} = 1.4$,采用车辆荷载计算时,其分项系数取 $\gamma_{Q1} = 1.8$。当某个可变作用在组合中其效应值超过汽车荷载效应时,则该作用取代汽车荷载,其分项系数取 $\gamma_{Q1} = 1.4$;对专为承受某种作用而设置的结构或装置,设计时该作用的分项系数取与 $\gamma_{Q1} = 1.4$;计算人行道板和人行道栏杆的局部荷载,其分项系数也取 $\gamma_{Q1} = 1.4$;

Q_{1k}、Q_{1d}——汽车荷载(含汽车冲击力、离心力)的标准值和设计值;

γ_{Qj}——在作用组合中除汽车荷载(含汽车冲击力、离心力)、风荷载外的其他第 j 个可变作用的分项系数取 1.4,但风荷载的分项系数取 1.1;

Q_{jk}、Q_{jd}——在作用组合中除汽车荷载(含汽车冲击力、离心力)外的其他第 j 个可变作用的标准值和设计值;

ψ_c——在作用效应组合中除汽车荷载(含汽车冲击力、离心力)外的其他可变作用的组合值系数,$\psi_c = 0.75$;

$\psi_c Q_{jk}$——在作用组合中除汽车荷载(含汽车冲击力、离心力)外的第 j 个可变作用的组合值;

γ_{Lj}——第 j 个可变作用的结构设计使用年限荷载调整系数。公路桥涵的设计使用年限按现行《公路工程技术标准》(JTG B01)取值时,可变作用的设计使用年限荷载调整系数取 $\gamma_{Lj} = 1.0$;否则,γ_{Lj} 取值应按专题研究确定。

设计弯桥时,当离心力与制动力同时参与组合时,考虑到车辆行驶速度较直线桥上小一些,因而制动力标准值或设计值按70%取用。

永久作用效应分项系数 表2-40

编号	作用类别		永久作用效应分项系数	
			对结构承载能力不利时	对结构承载能力有利时
1	混凝土和圬工结构重力(包括结构附加重力)		1.2	1.0
	钢结构重力(包括结构附加重力)		1.1 或 1.2	1.0
2	预加力		1.2	1.0
3	土的重力		1.2	1.0
4	土侧压力		1.4	1.0
5	混凝土收缩及徐变作用		1.0	1.0
6	水的浮力		1.0	1.0
7	基础变位作用	混凝土和圬工结构	0.5	0.5
		钢结构	1.0	1.0

注:对于钢结构重力,当采用钢桥面板时永久作用效应分项系数取1.1,当采用混凝土桥面板时,取1.2。

基本组合用于结构的常规设计,所有桥涵结构都需考虑。基本组合中各类作用效应可以归结为三个部分。第一部分为永久作用效应;第二部分为主导的可变作用效应,在通常情况下其为汽车荷载效应(含汽车冲击力、离心力),在某些特殊情况下某种其他可变荷载可能取代汽车效应成为控制设计的主导因素,则其归入第二部分;第三部分为可变作用效应的补充部分,故而以组合系数 ψ_c 予以折减。结构重要性系数 γ_0 含有修正不同安全等级桥梁的可靠度指标的意义,S_{ud} 针对安全等级二级的结构给出,安全等级一级或三级的结构的目标可靠度指标在安全等级二级的基础上有所增加或减少,相应利用 γ_0 来加以调整。

假如某桥永久作用中计入结构重力,可变作用中计入汽车荷载、人群荷载、风荷载、温度作用和汽车制动力,其作用效应基本组合如下:

①1.2×结构重力效应 +1.4×汽车荷载效应。

②1.2×结构重力效应 +1.4×汽车荷载效应 +0.75×1.4×人群荷载效应。

③1.2×结构重力效应 +1.4×汽车荷载效应 +0.75×(1.4×人群荷载效应 +1.1×风荷载效应)。

④1.2×结构重力效应+1.4×汽车荷载效应+0.75×(1.4×人群荷载效应+1.1×风荷载效应+1.4×温度作用效应)。

⑤1.2×结构重力效应+1.4×汽车荷载效应+0.75×(1.4×人群荷载效应+1.1×风荷载效应+1.4×温度作用效应+1.4汽车制动力效应)。

若结构重力效应对结构承载能力有利时其分项系数取为1.0。以上组合还有若干变化形式,除汽车荷载外的可变作用参与组合时可任意组合,比如对于组合②还可选择用风荷载、温度作用或汽车制动力的效应替换人群作用效应;又比如,对于组合③可选择人群荷载、风荷载、温度作用和汽车制动力的效应中的两个相组合。桥规规定的组合方式较为灵活,设计者需要仔细对比各种组合方式下的最不利组合,同时对于构件的不同位置截面的最不利组合可能不相同。

当作用与作用效应可按线性关系考虑时,作用基本组合的效应设计值S_{ud}可通过作用效应代数相加计算。

(2) 偶然组合为永久作用标准值与可变作用某种代表值、一种偶然作用设计值相组合;与偶然作用同时出现的可变作用,可根据观测资料和工程经验取用频遇值或准永久值。作用偶然组合的效应设计值可按下式计算:

$$S_{ad} = S(\sum_{i=1}^{m} G_{ik}, A_d, (\psi_{f1} 或 \psi_{q1})Q_{1k}, \sum_{j=2}^{n} \psi_{qj}Q_{jk}) \quad (2-55)$$

式中:　S_{ad}——承载能力极限状态下作用偶然组合的效应设计值;

A_d——偶然作用的设计值;

ψ_{f1}——汽车荷载(含汽车冲击力、离心力)的频遇值系数,取 $\psi_{f1}=0.7$;当某个可变作用在组合中其效应值超过汽车荷载效应时,则该作用取代汽车荷载,人群荷载$\psi_f=1.0$,风荷载$\psi_f=0.75$,温度梯度作用$\psi_f=0.8$,其他作用$\psi_f=1.0$;

$\psi_{f1}Q_{1k}$——汽车荷载的频遇值;

ψ_{q1}、ψ_{qj}——第1个和第j个可变作用的准永久值系数,汽车荷载(含汽车冲击力、离心力)$\psi_q=0.4$,人群荷载$\psi_q=0.4$,风荷载$\psi_q=0.75$,温度梯度作用$\psi_q=0.8$,其他作用$\psi_q=1.0$;

$\psi_{q1}Q_{1k}$、$\psi_{qj}Q_{jk}$——第1个和第j个可变作用的准永久值。

当作用与作用效应可按线性关系考虑时,作用准永久组合的效应设计值S_{ad}可通过作用效应代数相加计算。

(3) 地震组合的效应设计值应按现行《公路工程抗震规范》(JTG B02)的有关规定计算。

作用偶然组合和地震组合用于结构在特殊情况下的设计,所以不是全部公路桥涵结构都要采用的,一些结构也可以采取构造或其他预防措施来解决。

70. 正常使用极限状态下作用效应如何组合?

答:正常使用极限状态设计的作用效应组合有两种:频遇组合和准永久组合。

(1)频遇组合为永久作用标准值与汽车荷载频遇值、其他可变作用准永久值相组合,其组合表达式为:

$$S_{fd} = S(\sum_{i=1}^{m} G_{ik}, \psi_{f1} Q_{1k}, \sum_{j=2}^{n} \psi_{qj} Q_{jk}) \qquad (2\text{-}56)$$

式中:S_{fd}——作用频遇组合的效应设计值;

ψ_{f1}——汽车荷载(不计汽车冲击力)频遇值系数,取 0.7。

当作用与作用效应可按线性关系考虑时,作用频遇组合的效应设计值 S_{fd} 可通过作用效应代数相加计算。

(2)准永久组合为永久作用标准值与可变作用准永久值相组合,其表达式为:

$$S_{qd} = S(\sum_{i=1}^{m} G_{ik}, \sum_{j=1}^{n} \psi_{qj} Q_{jk}) \qquad (2\text{-}57)$$

式中:S_{qd}——作用准永久组合的效应设计值;

ψ_{qj}——汽车荷载(不计汽车冲击力)准永久值系数,取 0.4。

当作用与作用效应可按线性关系考虑时,作用准永久组合的效应设计值 S_{qd} 可通过作用效应代数相加计算。

71. 当进行结构弹性阶段截面应力计算时作用效应如何组合?

答:结构构件当需进行弹性阶段截面应力计算时,除特别指明外,各作用的分项系数及组合系数均可取为 1.0,各项应力限值则根据各类设计规范采用。

第3章 梁式桥

1. 按静力体系划分,梁式桥主要包括哪几种?

答:按结构静力体系划分,梁式桥主要有五种类型,即简支梁桥[图3-1a)]、悬臂梁桥[图3-1b)、c)]、连续梁桥[图3-1d)]、T形刚构桥[图3-1e)、f)]和连续刚构桥[图3-1g)、h)]等。

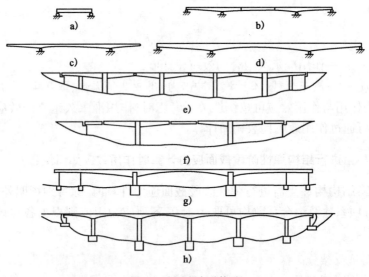

图3-1 梁式桥各种体系

2. 按承重结构的截面划分,梁式桥又分为哪几种?

答:按承重结构的截面划分,梁式桥又可分为:
(1)板式截面(图3-2)
板式截面包括实心板、空心板、梁肋式板及各种异形板等。
(2)肋形截面(图3-3)

80

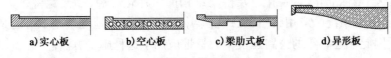

图3-2 板式截面

肋形截面包括T形梁、I字形梁、Ⅱ形梁及由开口槽形梁与盖板组合而成的箱形梁等。

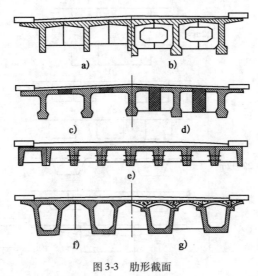

图3-3 肋形截面

(3) 箱形截面(图3-4)

箱形截面包括单箱单室、单箱双室、双箱单室、单箱多室及双箱多室等。

3. 混凝土梁式桥的施工方法主要包括哪些？有何特点和适用范围？

答：1) 逐孔施工法

逐孔施工法又可分为落地支架施工和移动模架施工两种。

(1) 落地支架施工法

落地支架施工法是在桥跨位置处采用一联几跨同时搭设支架,在支架上拼装钢梁或浇筑混凝土主梁的施工方法,其浇筑次序和施工缝设置如图3-5所示。

①施工特点

当桥墩不太高时,落地支架施工比较常用,其主要特点是施工灵活,施工简单可靠,对机具和起重能力要求较低,桥梁整体性好。但这种施工方法需要大量施工脚手架,施工工期较长。支架虽然是临时结构,但它要承受桥梁上部结构大部分恒载,因此必须有足够的强度、刚度和稳定性,支架基础应安全可靠,保证就地浇筑的顺利进行。近年来,随着钢脚手架的应用和支架构件趋于标准化、常备化以及桥梁结构的多样化发展,如变宽桥、弯桥和强大预应力系统的应用,在长大跨桥梁中,采用支架就地浇筑施工可能是经济的,因此在近些年的公路建设中大量地应用了这种施工方法。

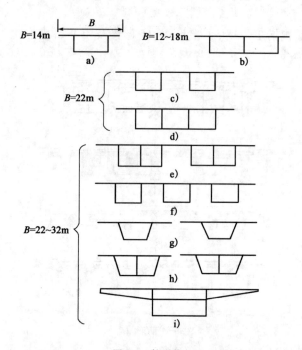

图 3-4　箱形截面

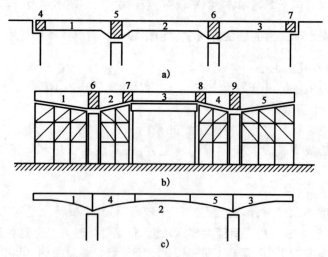

图 3-5　落地支架法浇筑次序和工作缝设置
（图中序号表示浇筑顺序）

②适用范围

落地支架施工法多用于靠岸边水不太深且无通航要求的中、小跨径桥梁以及岸桥墩不太高的引桥、城市高架桥、曲线桥、变宽桥等。

(2) 移动模架施工法

移动模架施工法是使用移动式的脚手架和装配式的模板,在桥上逐孔浇筑施工。它像一座设在桥孔上的活动预制场,随着施工进程不断移动和连续现浇施工。如图3-6所示是上承式移动模架构造图的一种。

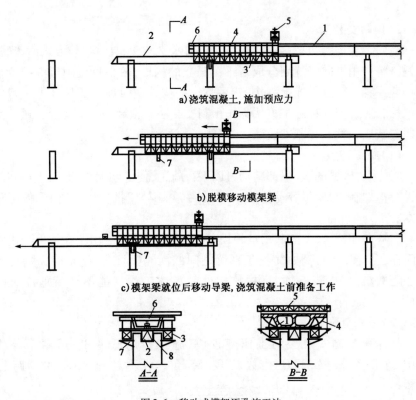

图3-6 移动式模架逐孔施工法

1-已完成的梁;2-导梁;3-承重梁;4-模架;5-后端横梁和悬吊台车;6-前端横梁和支承台车;7-桥墩支承托架;8-墩台留槽

①施工特点

该方法不需设置地面支架,施工不受河流、道路、地基等条件的影响;机械化程度高,劳动力少,质量好,施工速度快;只要下部结构稍提前施工,之后上下部结构可同时平行施工,可缩短工期。但整套施工设备一次性投资较大,故所建桥梁孔数愈多、桥愈长,模架周转次数愈多,则经济效益就愈佳。当采用移动模架施工时,连续梁分段时的接头部位宜放在弯矩较小的部位,一般取离桥墩 1/5 处。

②适用范围

移动模架法适用于中小跨径(30~70m)、等高度、多跨连续梁桥施工,平均每孔需要 10~15d 完成;该方法亦可用于曲率不大($R \geqslant 500$m)的弯桥,水平曲线和竖曲线等几何形状的变化亦可调整;对于桥下空间不能利用的施工场地,例如在高山深谷和宽深流急的河道上的桥,跨越既有公路的桥梁,亦可采用移动模架法。对于双幅桥梁,可同时采用两套移动模架错开施工。

2)预制安装法

当同类桥梁跨数较多、桥墩又较高、河水又较深,且有通航要求时,通常将桥跨结构用纵向竖缝划分成若干个独立的构件,放在桥位附近专门的预制场地或者工厂进行成批制作,然后将这些构件适时地运到桥孔处进行安装就位。通常把这种施工方法称作预制安装法。预制安装法又分为单片梁预制安装法和整孔预制安装法。

(1)施工特点

①优点:桥梁的上、下部结构可以平行施工,使工期大大缩短;无需在高空进行构件制作,质量容易控制,可以集中在一处成批生产,从而降低工程成本。

②缺点:需要大型的起吊运输设备,此项费用较高。由于在构件与构件之间存在拼接纵缝,例如简支 T 形梁之间的横隔板接头,施工时需搭设吊架才能操作,故比较麻烦,且拼接构件的整体工作性能不如就地浇筑的构件。

(2)适用范围

单片梁预制安装法施工速度较快,施工费用低,一般适用于等截面中、小跨径桥梁,用于孔数较多、跨径一般不超过 40m 的等跨径梁桥。

整孔预制安装法吊装重量大,需要专用的大型吊装运输设备,避免了同一孔内梁体需要横向连接的缺点,一般适用于中等跨径、规模较大的桥梁,具有工厂化生产、质量可靠、施工快速等优点。

采用预制安装法时,工程规模越大,模板、起吊运输设备周转率越高,经济效益越好。

3)顶推施工法

该方法是在桥的一岸或两岸开辟预制场地,分节段的预制梁身,并用纵向预应力筋将各节段连成整体,然后应用水平液压千斤顶施力,将梁段向对岸推动。若依顶推施力的方法又可分为单点顶推和多点顶推两类,其施工示意图如图 3-7 所示。

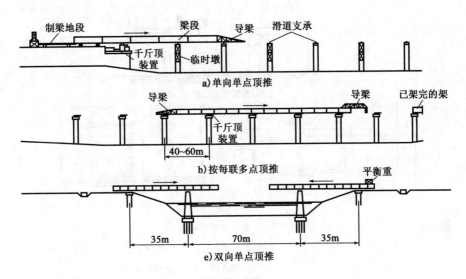

图 3-7　连续梁顶推法施工示意图

(1)施工特点

①优点:由于顶推力远比梁体自重小,所以顶推设备轻型简便,不需大型吊运机具;不影响桥下通航或行车,在紧急施工、寒冷区施工、架设场地受限制等特殊条件下,其优点更为明显;混凝土的浇筑和顶进工作面始终不变,且仅需一套模板周转,节省材料,适用于工厂化生产,易于质量管理,节约劳力,减轻劳动强度,改善工作条件。

②缺点:由于顶推过程中各截面正负弯矩交替变化,致使施工临时预应力筋增多,且装拆与张拉繁杂,往往是施工状态控制结构设计,梁体截面高度比其他施工方法大;通常全桥只能有两个工作面,不能多孔同时施工;对于多孔长桥,因工作面(最多两岸对顶)所限,顶推过长,施工工期相对较长。

(2)适用范围

①由于顶推悬臂弯矩不能太大,且桥孔较少不经济,因此本法适用于跨径不大于 50m 的中等跨径、等截面、多跨连续梁桥施工。

②适用于施工场地狭小,桥下空间不能利用的施工场地,例如在高山深谷和宽深流急河道上的桥。

4)节段施工法

该方法是将每一跨结构划分成若干个节段,采用悬臂浇筑或者悬臂拼装(预制节段)两种方法逐段接长,然后进行体系转换。悬臂浇筑法施工与悬臂拼装法施工分别如图 3-8、图 3-9 所示。

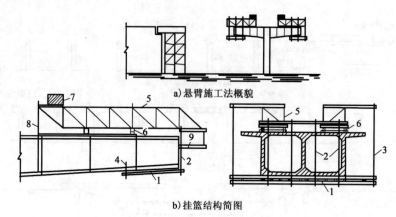

图 3-8 悬臂浇筑法施工
1-底模架;2~4-悬吊系统;5-承重结构;6-行走系统;7-平衡重;8-锚固系统;9-工作平台

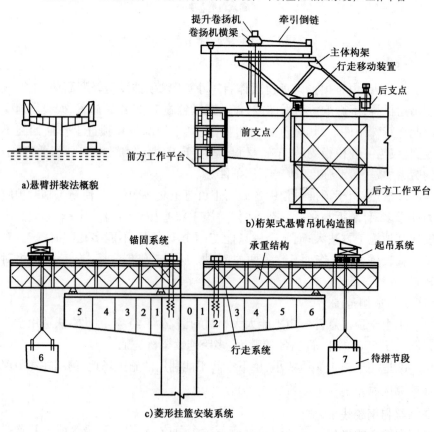

图 3-9 悬臂拼装法施工

(1)施工特点

①施工支架和施工设备较少,在深水、大跨、通航、峡谷、高墩的条件下建桥是最优的施工方案。

②工序较简单,多孔桥可平行作业,施工速度快,节省施工费用。

③悬臂施工使跨中正弯矩转移至支点负弯矩,大大提高了桥梁的跨越能力,尤其适用于大跨径桥梁。

④施工时桥下可正常通航、通车,施工不受季节、河道水位的影响。

⑤在连续刚构桥悬臂施工时,结构的受力体系为T形刚构悬臂梁,待施工合龙后形成连续刚构。在桥梁设计中要考虑施工过程中的受力状态,要考虑由于体系转换及其他因素引起的附加内力。为使施工受力与运营状态结构受力吻合,通常选取变截面梁。

(2)适用范围

悬臂施工法早期应用于T形刚构桥,并得到了推广应用,大大加快了桥梁向大跨、高难度发展的步伐。目前,该方法不仅用于悬臂体系桥梁的施工,而且还广泛应用于大跨径预应力混凝土连续梁桥、预应力混凝土连续刚构桥、斜拉桥以及拱桥的施工,是大跨径桥梁的主要施工方法。

4. 永久性梁桥主要由哪几种材料筑成?

答:梁桥属于受弯结构,永久性梁桥所用的主要材料有两种:

(1)由钢材做成的梁桥称为钢梁桥(图3-10)。

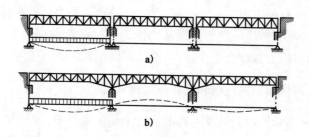

图3-10 钢梁桥

(2)由混凝土与钢筋结合而成的统称为混凝土梁桥(图3-11),其中用普通钢筋承受拉力的又称钢筋混凝土梁桥,它只能用在较小的跨径上;利用高强钢丝和钢绞线来对混凝土梁施加预压应力的称为预应力混凝土梁桥,它可用在较大跨径的桥梁上;另外,由钢及混凝土组合而成的称为钢—混凝土组合梁桥(图3-12)。

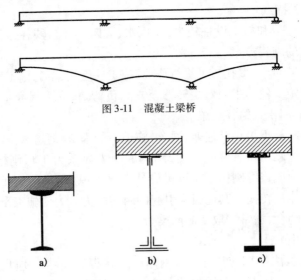

图 3-11 混凝土梁桥

图 3-12 钢—混凝土组合梁桥

5. 按平面布置,梁式桥又有哪几种?

答:按平面布置,梁式桥分直梁桥、弯梁桥及斜梁桥三种。设计中一般将桥梁设计成直桥,因为这样设计,其受力最明确简单,且跨越河道的桥梁长度最短。其他两种布置的桥梁,不但受力均比较复杂,而且在经济上和施工上都较相同跨径的直桥差,因此,设计上尽可能避免采用。弯梁桥多用在大桥两端的引道匝道上和城市的高架桥上。斜交桥一般在受到线路线形的要求和城市原有街道限制时才采用。另外,随着公路等级的提高,要求道路平面布置顺畅,而桥位一般均需服从路线走向。在这种局面下,可以预见,今后弯桥和斜桥的数量会越来越多,但其斜度不宜大于 45°。

6. 什么叫桥面简易连续和结构连续梁式桥?

答:桥面简易连续就是在多跨的混凝土简支梁桥中,为了改善车辆行驶的平稳舒适性,减少伸缩缝的设置和经常性的维护工作,常将其桥面做成连续的,形成竖向荷载作用下为简支体系,水平力作用下具有一定连续功能的结构,适用跨径宜在 50m 以下的桥梁。结构连续就是对多跨混凝土简支梁桥的两梁端作完全固结处理,这样做避免了简易连续桥面易开裂的问题,并使结构更呈现出连续梁桥的特性,适合于地基良好的场合。由于梁端固结点不承受一期恒载的作用,使得简支结构连续梁式桥的中支点负弯矩较普通连续梁桥小得多,因而可通过在负弯矩区段多配置普通钢筋的简便方法

解决连续问题,给施工带来方便。连续构造的做法较多,但主要有两种,现分别举例说明:

(1)行车道板相连的构造

此构造又可分为用普通钢筋相连和用预应力钢筋相连两种。图 3-13a)是用普通钢筋连接的最简单构造之一,它是先将预制构件中的水平伸出钢筋焊接完毕以后,再设置钢筋网和浇筑整体混凝土。图 3-13b)是在后浇的整体混凝土完成以后,将预应力钢筋穿入事先准备好的管道内进行张拉和封固。

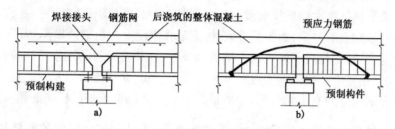

图 3-13 行车道板相连的连续构造

(2)刚性桥面铺装层相连的构造

此构造是将两梁端用 $\phi 22$ 钢筋搭焊,其上铺设薄钢板,借以承托现浇的桥面混凝土,在支点区还加设桥面钢筋网,并在其顶面设一条假缝,内嵌木条。如图 3-14 所示。

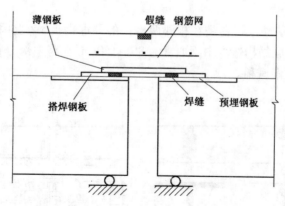

图 3-14 刚性桥面铺装层相连的连续构造

7. 肋梁桥之间的横隔板起什么作用?

答:肋梁桥在装配式 T 形梁桥中起着保证各根主梁相互连成整体的作用。它的刚度愈大,桥梁的整体性愈好,在荷载作用下各条肋就能更好地共同工作。然而,横隔梁的焊接接头需要在专门的工作架上进行,给施工带来一定的麻烦。曾经在某些桥上采用过不设置横隔梁的构造方案,实践证明,这不但使行车不平稳,产生左右、上下晃动,而且在两T形梁之间的桥面板上易产生纵向裂纹,因此,在后来的简支梁桥中,多采用少横隔梁的构造方案,即在跨中、四分点、支点处各设一道横隔梁就能满足要求。

8. 箱形截面梁内的横隔板起什么作用?

答:箱形截面梁中横隔板的基本作用是增加截面的横向刚度,限制畸变变形。在支承截面处的横隔板还担负着承受和分布较大支承反力的作用。由于箱梁具有很大的抗扭刚度,其中间横隔板可比肋梁桥上的少一些,以减轻桥跨结构上的自重,通常只在跨中及支承处设置。箱梁内横隔板的受力十分复杂,特别是对于开有过人洞的横隔板,隔板上开裂的现象是比较普遍的,设计计算中应模拟施工过程和实际受力状态,对横隔板以及附近局部梁段做仔细的空间有限元分析,一般情况下应对横隔板施加横桥向的预应力。

9. 装配式板桥和T梁桥中,板与板之间、梁肋与梁肋之间的联结形式有哪几种?

答:(1)装配式板桥的块件之间常采用下列两种联结构造:
①企口混凝土铰联结。
企口式混凝土铰的联结形式有圆形、棱形及漏斗形三种[图3-15a)~d)]。
②钢板联结。
如图3-15e)所示,它是在相邻两构件的预埋钢板N2上用一块钢盖板N1加以焊接,联结构造的中距通常为80~150cm,在跨中部分布置较密,向两端支点处逐渐减稀。

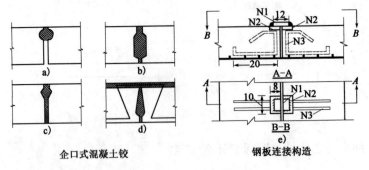

企口式混凝土铰　　　　　　钢板连接构造

图3-15　装配式板桥的块件之间的联结构造(尺寸单位:cm)

(2)装配式T形梁之间的横向联结常采用四种构造形式:

①焊接钢板式接头[图3-16a)]。

上缘接头设在T梁翼板上,下缘接头钢板设在横隔板接缝间的两侧,横隔板之间的缝隙用砂浆填满,外露钢板必须用砂浆封盖,以防止锈蚀。

②螺栓接头[图3-16b)]。

其联结方法与焊接钢板接头相同,差别仅在于用螺栓与预埋钢板联结。

③扣环式接头[图3-16c)]。

这种接头的做法是:横隔板在预制时预埋伸出的钢筋扣环A,安装时在相邻构件的扣环两侧再安装上腰圆形的接头扣环B,在形成的圆环内插入短分布筋后用现浇混凝土封闭接缝。

④桥面板的企口铰联结[图3-16d)]。

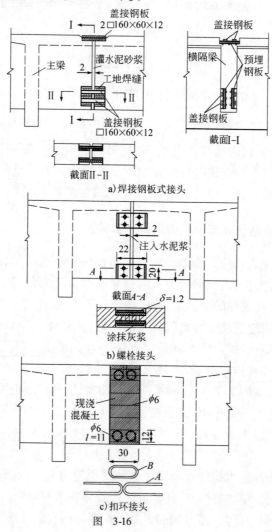

图 3-16

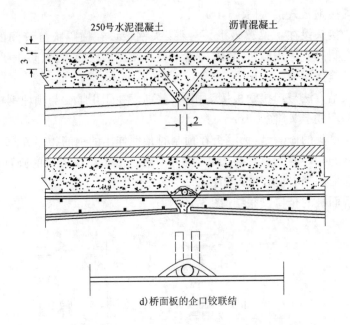

d) 桥面板的企口铰联结

图 3-16 装配式 T 形梁之间的横向联结构造(尺寸单位:cm)

在主梁翼板内预埋连接钢筋,交叉弯制后在接缝处再安放局部的 $\phi 6$ 钢筋网,并将它们浇筑在桥面混凝土铺装层内。或者是将翼板的顶层钢筋伸出,并弯转套在一根长的钢筋上,以形成纵向铰。

10. 什么叫先张法预应力混凝土板桥?

答: 装配式预应力混凝土简支板桥的跨径一般不大,截面高度也较小,主要以受弯为主,其抗剪能力可由普通箍筋承担,故预应力筋可沿梁底部按直线布置。在这样的前提下,为了加快施工进度,避开复杂的有支架施工方法,故常在工地现场或者专门的预制厂内,先修建张拉台座,将预应力筋事先临时锚固在张拉台座上,然后在同一条生产线上,同时支立几块预制板的模板,架设普通构造钢筋,再浇筑混凝土,待混凝土达到规定强度时(不得低于设计强度的 75%),逐渐将预应力筋放松,利用预应力筋的弹性回缩及其与混凝土的黏结作用,使混凝土获得预压应力,如图 3-17 所示。由于预应力筋的张拉先于混凝土构件成型之前,故称它为先张法预应力混凝土板桥。

先张法预应力构件宜采用带螺纹的预应力筋,以保证钢筋和混凝土之间有可靠的黏结力,预应力筋的间距应符合规范的规定。另外,对预应力粗钢筋,因回缩力很大,需对端部混凝土设钢筋网或螺纹筋予以加强。

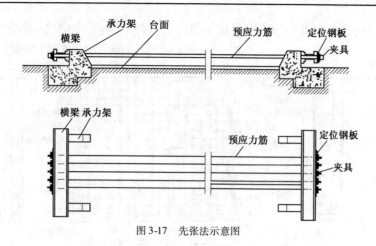

图 3-17 先张法示意图

11. 什么叫后张法预应力混凝土梁桥？

答：在梁体成型之后再施加预应力的结构，称之为后张法预应力混凝土梁桥。后张法预应力混凝土简支梁桥的主梁一般为 T 形或 I 字形截面，其跨径和梁高均较板桥要大，靠近支点附近区段的抗剪要求也比板桥要高。为此，不能只在梁的底部布置直线预应力筋来解决，而必须将其中一部分预应力筋弯向梁端的上部，以增加斜截面的抗剪强度；另一方面，如果全部为直线预应力筋，将在梁的每个截面产生同样大的预应力负弯矩，它在跨中部分，可由恒载正弯矩抵消一部分，但靠近支座区段，其恒载正弯矩较小，往往在张拉过程中会引起梁顶开裂。由于这些原因，必须布置一部分曲线预应力筋。这样，就不能像板桥一样采用台座式的先张法预应力筋的成批生产方法，而只能改用在模板内事先预埋供预应力穿入的孔道，待混凝土达到规定强度后，再向孔道内穿入预应力筋进行张拉并锚固，最后进行孔道灌浆，并浇筑梁端封端混凝土。

12. 预应力混凝土肋梁桥中，除了预应力筋束之外，还需布置哪些普通构造钢筋？

答：预应力混凝土肋梁桥构件中的普通钢筋有（图 3-18）：
（1）箍筋
箍筋与弯起的预应力筋以及混凝土共同承受荷载剪力。
（2）水平纵向辅助钢筋
水平纵向辅助钢筋又称为防裂钢筋，位于腹板内，由于肋梁的下缘"马蹄"内已有密布的纵向钢筋，出现的收缩裂纹比较细而密，如果不在腹板内设置一定数量的水平辅助钢筋进行过渡，势必在腹板内产生较大的收缩差，导致裂缝宽度较大和裂缝间距较稀的后果,这对结构防止锈蚀不利。

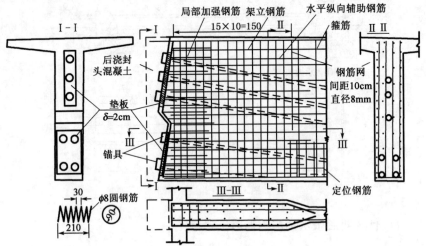

图 3-18 预应力混凝土肋梁桥构件中普通钢筋示意图(尺寸单位:mm)

(3) 局部加强钢筋

在预应力锚固端部应设置螺旋筋,或 3~5 层钢筋网,对于后张法预应力混凝土还应设置钢垫板,用来抵抗对混凝土过大的局部应力。在梁底的支承处,也按同样的方法设置钢垫板和若干层钢筋网。

(4) 架立钢筋和定位钢筋

架立钢筋是用来支撑箍筋的,其直径一般为 12~20mm 圆钢筋。定位钢筋是用于固定预留孔道制孔器位置的钢筋,常做成网格式。

13. 钢垫板下的间接钢筋有哪几种形式?它们的作用是什么?

答:试验研究表明,混凝土在局部承压遇到开裂荷载时,其横向产生较大的拉力,逐步形成剪切破坏的楔形体,如图 3-19a)所示。故在钢垫板下应设置具有套箍作用的螺旋筋[图 3-19b)],或者钢筋网以及交叉形钢筋网[图 3-19c)]。

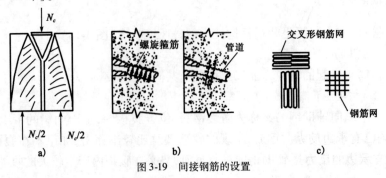

图 3-19 间接钢筋的设置

14. 斜梁桥的斜度和斜交角在定义上有什么不同？

答：斜交角指支承边（或支座连线）与桥轴线法线之间小于90°的夹角，以 φ 表示（图3-20）；斜度指支承边与桥轴线的夹角（小于90°），它与斜交角互余。两者均可表征斜梁桥的倾斜程度。

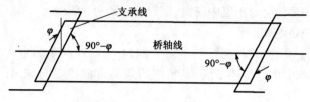

图3-20 斜度的概念

15. 斜板桥受力有哪些特点？

答：相关学者对简支斜板桥进行过三种荷载工况的模型试验，这三种工况分别是：满布均布荷载；集中荷载作用于斜板中心点 E；集中荷载作用于斜板边缘的中点 F，如图3-21所示。根据试验结果，可以把斜板的受力性能简单地用一个三跨连续梁相比拟，如图3-21a）、b）所示。具体归纳为如下几点：

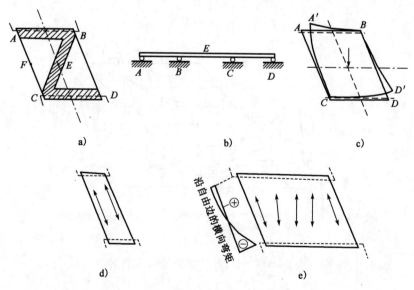

图3-21 斜板桥的受力状态

（1）支承边反力

支承边的反力是呈不均匀分布的，以钝角 B、C 处的反力最大，以锐角

A、D 处的最小，甚至可能出现负反力，使锐角向上翘[图 3-21c)]。

(2) 跨中主弯矩

对于宽跨比较大的斜板，其中心处的主弯矩方向接近与支承边正交。但在斜板的两侧，则无论斜板宽跨比的大小，其主弯矩方向接近平行自由边[图 3-21d)、e)]；并且，弯矩值沿板宽分布也是不均匀的，对于均布荷载，中部弯矩值大于两侧，对于集中荷载，则以荷载点处的最大。

(3) 钝角负弯矩

如同连续梁的中支点截面一样，在钝角 B、C 处产生负主弯矩，有时它的绝对值比跨中主弯矩还要大，其负主弯矩的方向接近与钝角的二等分线相正交。

(4) 横向弯矩

斜板的最大纵向弯矩虽比同等跨径的直桥要小，但横向弯矩却比同等跨径的直桥要大得多，并且沿自由边的横向弯矩还出现反号，靠近锐角处为正，靠近钝角处为负[图 3-21e)]。

(5) 扭矩

如图 3-21c)所示的 A、D 点，有起翘的趋势，如果固定 A、D 两点，那么将使斜板在两个方向产生扭矩，这也是斜板的一个重要特点，但它的分布十分复杂。如图 3-22 所示是满布荷载下的扭矩分布示意图。

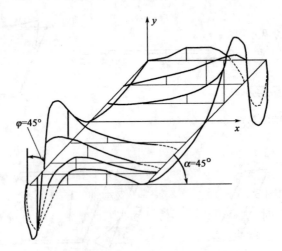

图 3-22　斜交角为 45°的简支斜板在满布均布荷载下的扭矩图

16. 为什么斜板桥在端部预留锚栓孔？

答：在装配式的铰接斜板的支承处，常在其中心位置预留锚栓孔(图 3-23)，待安装完毕后，再用栓钉固定，这是为了防止行车时因板的锐角端起翘和导致在平面上的旋转位移。

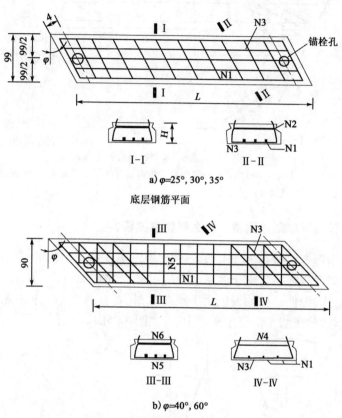

图 3-23 锚栓孔的设置(尺寸单位:cm)

17. 斜板桥的配筋有哪些要点?

答:斜板桥的受力与正交板桥相比,有其特别之处。斜板在荷载作用下,在钝角处会产生较大的负弯矩,而且还对该部分产生扭矩。整体式斜板桥钢筋布置如图 3-24 所示。当斜交角(支承轴线的垂直线与桥纵轴线的夹角)不大于 15°时,主筋可平行于桥纵轴线方向布置。当斜交角大于 15°时,主筋宜垂直于支承轴线方向布置,此时,在板的自由边应设一条平行于自由边的钢筋带,其数量不少于两行主筋;在钝角部分靠近板顶的上层,应布置垂直于钝角平分线的加强钢筋,其直径不小于 12mm,间距 10~15cm。斜板的分布钢筋宜垂直于主钢筋方向设置,其直径和间距的要求与正交板相同。在斜板的支座附近宜增设平行于支承轴线的分布钢筋,或将分布钢筋向支座方向呈扇形分布,过渡到平行于支承轴线。

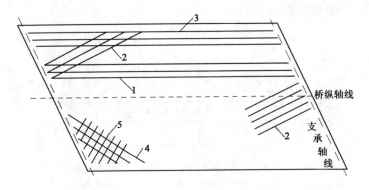

图 3-24 整体式斜板桥钢筋布置

1-顺桥纵轴线钢筋；2-与支承轴线正交钢筋；3-自由边钢筋带；4-垂直于钝角平分线的钝角钢筋；5-平行于钝角平分线的钝角钢筋

18. 什么叫扇形弯梁桥？什么叫斜弯梁桥？

答：扇形弯梁桥在平面上形若一把扇子，其两端支承边的延线汇交于一点，对于圆曲线弯桥将交于曲率半径的中心，如图 3-25a) 所示；而斜弯梁桥却不是这样，即使其桥轴线也属于圆曲线，且具有曲率半径和曲率中心，但两端支承边的延线不汇交于曲率中心，如图 3-25b)、c) 所示。

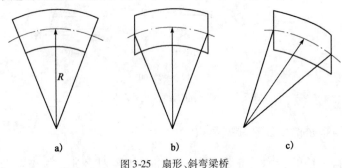

图 3-25 扇形、斜弯梁桥

19. 弯梁桥的受力特点有哪些？

答：平面弯曲的曲线梁桥又称弯梁桥，它的受力特点主要有以下三点：

(1) 在外荷载作用下，梁截面内产生弯矩的同时，必然伴随产生"耦合扭矩"，即所称的"弯—扭"耦合作用。

(2) 在结构自重作用下，除支点截面以外，弯梁桥外边缘的挠度一般大于内边缘的挠度，而且曲线半径越小，这种差异越严重。

(3) 对于两端均有抗扭支座的弯梁桥，其外弧侧的支座反力一般大于内弧侧，曲率半径 R 较小时，内弧侧还可能出现负反力。

20. 平面弯梁桥两端支座反力按怎样的规律变化？有哪些有效措施可防止支座脱空？

答：首先就荷载而言，弯梁桥在平面上呈扇形，在桥轴线上取单位弧长，与曲率中心连线所构成的两个扇形面积，是不对称于桥轴线的，其外弧侧的面积要大于内弧侧的面积；其次，由于行车的要求，按照工程技术标准，在结构横断面上要求桥面外弧侧超高，做成向内弧侧倾斜的横坡。仅就恒载而言，上述这两个因素便构成了体积重心偏于桥轴线的外弧侧，亦即产生了向外翻转的均布扭矩；另外，车辆在弯道上行驶时具有向外弧侧的离心力；再就静力平衡而言，不论是恒载还是活载，它们均与弯梁桥上相邻两支点的连线不处在同一个平面内，而是绕该连线发生扭转。基于这些因素，对于每个墩台设多个支座的弯梁桥，显然是外弧侧的支座反力比内弧侧的支座反力要大；对于中墩为独柱支承，而每座桥台上只有两个支座的箱形截面连续弯梁桥，往往会出现桥台上内弧侧支座有脱空的危险。在这种情况下，可以采取一些构造措施加以改善，例如：将中间独柱墩上的支座按计算值向外弧侧预偏心地布置，如图 3-26 所示；将桥台上内弧侧的支座设计为拉压支座；将中间独柱墩每间隔若干跨设计成固结墩或双柱墩等。

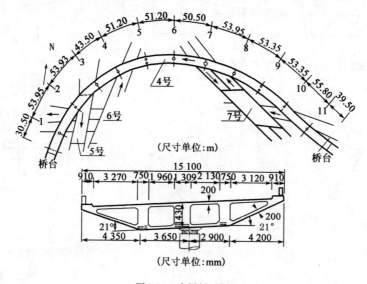

图 3-26 弯梁桥示例

21. 弯梁桥的横坡应怎样设置？

答：弯梁桥的横坡有两种设置方法：
（1）将横断面上的每根梁肋（开口截面）或每片腹板（箱形截面）的高

度做成不等高的。

（2）将梁横断面虽做成等高，但向内弧侧倾斜，这时，应将多柱式墩的盖梁也做成倾斜的，对于独柱式墩可做成墩梁固结或在梁底设置楔形垫块，以便在其下方安置支座（图3-26）。

22. 弯梁桥预应力布置应遵循哪些原则？

答：弯梁桥预应力布置应遵循的原则有：

（1）预应力筋的力学特性

为了掌握连续曲线梁预应力索的配置原则，首先考察图3-27中预应力索对简支超静定梁（两端具有抗扭支承的梁）的受力特点。该索在几何上是具有双曲率的空间索。当自索两端施加预加力 N_y 后，它将对结构产生一个垂直向上和一个水平径向的等效分布力 q_v 和 q_u [图3-27b)、c)]，q_v 作用于左腹板平面内，q_u 将按索位的高度不同连续分布在左腹板的正交方向[图3-27d)、f)]。由这些力的分解不难推断出以下的一些特点：

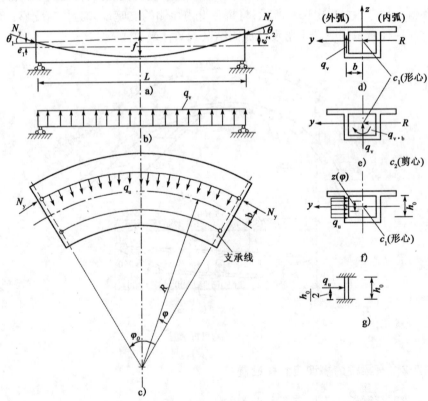

图3-27　预应力等效荷载

①q_v 又可以分解为作用于中轴线上均布力 q_v 和均布扭矩$q_v b$[图3-27e)]，q_u 除作为水平径向均布荷载 q_v 作用在"平拱结构"上外，还对扭转中心（扭心）产生非均匀分布的扭矩 $q_u \cdot Z(\varphi)$ [$Z(\varphi)$是索位至截面扭心的距离]，并且所有这些垂直力和扭矩都将对结构产生次内力。

②由于预应力索具有双曲率，故它的摩阻损失比直线梁中的要大，至于其余的预应力损失则与直梁桥的计算相同。

③由于连续曲线梁桥存在弯-扭耦合作用，相邻两支座之间的次弯矩图不再呈线性变化，因此，就不能再应用连续直梁桥中通过调整中支座处索的竖向位置后，梁内各截面的总预矩仍保持不变，而达到吻合力索的效果。

(2) 简化假定

为了简化分析，工程设计中可作以下的近似假定：

①图3-27a)中，两端张拉力的倾角 θ_1、θ_2 甚小，可忽略不计其影响，这样，等效垂直分布力 q_v 可以表示为：

$$q_v = \frac{8f}{L^2} N_y \qquad (3-1)$$

等效水平径向分布力 q_u 可表示为：

$$q_u = \frac{N_y}{R} \qquad (3-2)$$

式中：N_y——预应力筋的张拉力；

f——索曲线的垂度（图3-27）；

L——曲线梁中轴线的展直弧长；

R——曲线梁的曲率半径。

②径向水平分布力 q_u 对曲线梁桥的效应可分为三个部分考虑：

a. 非均匀分布扭矩 $q_u Z(\varphi)$ 与扭矩 $q_v b$[图3-27a)]合并后来计入它对曲线梁产生的次内力影响。

b. 当 q_u 作为平置拱上径向分布荷载作用时，应着重考虑它对边孔端支座在水平面内的受力和变形影响。

c. 近似地认为 q_u 作用于腹板净高 h_0 的中点[图3-27g)]，并将腹板视作嵌固于顶、底板之间的单向板，为了简化分析，也可取简支板跨中弯矩的 0.8 倍，即 $M_{max} = 0.8 M_{max}^0$，来验算腹板的侧向承载能力，以避免腹板发生侧向崩裂。

(3) 预应力筋的布置原则

基于上述，工程设计中常从实际出发，按照以下几项原则来解决连续曲线梁桥的预应力索的配置问题。

①预配索。由于连续曲线梁桥的跨径大多在 $L = 20 \sim 60 m$ 的范围内，

其恒载内力一般超过总内力的 50%,故可先根据恒载内力和部分活载内力图,参照连续直梁桥的方法配置预应力索。

②局部补充索,对于各跨内预应力不足的部分区段采用增设"局部预应力索"来解决。

③配置非预应力钢筋,对于残余内力采用非预应力的普通钢筋来解决。

④尽量在顶、底板中不要配置呈蛇行状的水平弯曲索来抵抗扭矩,以免造成布索困难。

⑤根据实际情况,内外弧侧的预应力筋张拉力可以取不等值,即 $N_{y(外)} \neq N_{y(内)}$,以适应内外腹板中的内力差。

⑥按图 3-27g)图式验算腹板局部抗弯强度,为了防止腹板发生侧崩,应将预应力索尽可能布置在腹板中朝外弧的一侧,使内侧混凝土具有足够的抵抗厚度,如图 3-28a)所示。对于个别靠内弧侧的预应力索,则应沿跨径方向设置防崩钢筋,扣住预应力索,并与钢筋骨架扎牢,如图 3-28b)所示。

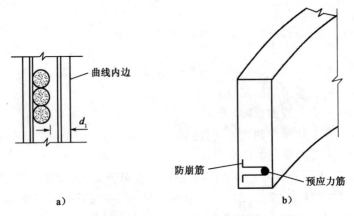

图 3-28　腹板内的力筋与防崩筋构造

23. 悬臂体系梁式桥有哪几种常用的布置形式?

答: 悬臂体系梁式桥属于静定结构,它的布置方式主要有两大类:

(1) 不带挂梁的单孔双悬臂梁桥[图 3-29a)]

这类悬臂梁桥在桥头两端不设置桥台,而仅设置搭板与路堤相衔接,由于行车时,搭板容易损坏,故多用在跨干线的人行桥梁上。

(2) 带挂梁的多孔悬臂梁桥

仅在跨中设置挂梁的称单悬臂梁桥[图 3-29b)],一般做成三跨,其边孔称锚孔;如需设计成多孔悬臂梁桥时,就可采用双悬臂梁桥,即从简支梁的两端向外对称各伸出一个悬臂,挂梁每间隔一孔设置,如图 3-29c)所示。

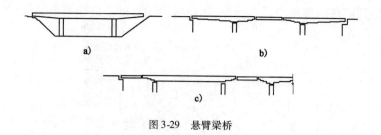

图 3-29　悬臂梁桥

24. 悬臂梁桥的布孔要注意些什么？

答：用于跨线桥上的单孔双悬臂梁桥，其中孔跨径由桥下的行车净空要求确定。当主梁为 T 形截面时，由于中支点处 T 形梁下缘的受压面积小，故其悬臂长度不宜过长，一般取等于中跨长度的 0.3～0.4 倍。当采用箱形截面时，为了中跨跨中最大正弯矩和支点最大负弯矩的绝对值大致相等，以充分发挥跨中底板的受压作用，悬臂长度可适当加大，但最大不能超过中跨长度的 0.5 倍，尤其是当它用作行车的桥梁时，过长会使活载挠度增大，跳车现象加剧，使桥与路堤的连接构造易遭破坏。

跨河的单孔悬臂梁桥及多孔悬臂梁桥的主孔通常由通航净空确定，或与边孔一起由河床泄洪、地形和地质等条件综合考虑来选定。当不受上述这些条件限制时，就可按照梁的弯矩包络图面积为最小的原则来确定边孔与中孔跨径的划分，以达到节省材料的目的。根据已建桥梁的资料分析，边孔跨长 l_s，挂梁长度 l_g 与中孔跨长 l_m 之间的比例关系，大致在表 3-1 所列的范围内。

钢筋混凝土悬臂梁各种跨长的比例关系　　　　表 3-1

桥　型	结构类型	l_s/l_m	l_g/l_m
单悬臂梁桥 ［图 3-29b）］	钢筋混凝土	0.6～0.8	0.4～0.6
	预应力混凝土	0.6～0.8	0.2～0.4
多孔悬臂梁桥 ［图 3-29c）］	钢筋混凝土	0.75～0.8	0.5～0.6
	预应力混凝土	0.75～0.8	0.5～0.7

25. 悬臂梁桥中的牛腿起什么作用？设计牛腿时要注意些什么？

答：悬臂梁桥中的悬臂端与挂梁端的局部构造称为"牛腿"，它是用来衔接悬臂梁与挂梁，并传递来自挂梁的荷载。由于牛腿处的梁高突然变小（图 3-30），截面的凹折转角多，而传递的集中力值又较大，所以牛腿处的局部应力状态比较复杂，设计中应对牛腿处的构造予以足够的注意。

（1）悬臂梁与挂梁的腹板宜一一对应，使受力明确，缩短传力路线，且接近牛腿部位的腹板应适当加厚,加厚区段的长度不应小于梁高。

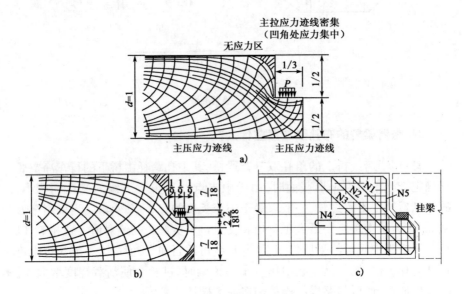

图3-30 牛腿的应力迹线

(2)端横梁的宽度应将牛腿包含在内,形成整体。端横梁的长度最好比主梁的总宽度(如箱梁底宽)大一些,这不但便于架梁,而且便于设置抗震挡块,同时还可以避免在横梁中横向预应力钢束的锚头对边梁支座下受压部位混凝土截面的削弱。

(3)牛腿的凹角线形应该和缓,避免尖锐转角,以减缓主拉应力的过分集中。

(4)牛腿处的支座高度应尽量减小(如采用橡胶支座),宜采用摩阻力较小的支座(如滑板支座),以改善牛腿的受力状态。

(5)牛腿的构造还应能承受更换支座时的顶升荷载。

(6)牛腿中的普通钢筋或预应力筋布置应与其主拉应力的方向协调一致,以防止混凝土开裂。

26. 为什么大跨径连续梁桥沿纵向一般设计成变高度的形式?

答:目前在预应力混凝土的连续梁中,当主跨跨径接近或大于70m时,多采用变高度的形式,但也有比这更小跨径的连续梁桥采用变高度的。其原因有以下几个方面:

(1)大跨径连续梁恒载内力占的比重较大,选用变高度梁可以大大减小跨中区段因恒载产生的内力。

(2) 变高度梁符合梁的内力分布规律。

(3) 采用悬臂法施工时,变高度梁又与施工的内力状态相吻合。

(4) 从美学观点出发,变高度梁比较有韵律感,特别是位于城市中的桥梁。

27. 箱形横截面布置应考虑哪些因素?

答:箱形截面的布置形式首先与桥面宽度有关,其次还与墩台构造形式及施工要求等有关,现分别举例说明:

(1) 单箱单室[图3-31a)]适用桥宽约为14m(最宽已达22m),若增大桥宽,则顶板的横向内力无论在中部或悬臂根部均较大,均需采取构造措施来加强抗弯刚度。

(2) 单箱双室[图3-31b)]适用桥宽约为18m;单箱三室[图3-31c)]适用桥宽约为22m,它们均可改善箱梁的横向受力。由于腹板总厚度增加,增加了布置纵向预应力束的空间,也可降低截面的主拉应力值;但增加了结构自重,而且在采用悬臂浇筑法施工时,宽度及自重均较大,给施工挂篮的设计也带来了困难。

(3) 双箱双室[图3-31d)]或三箱单室[图3-31e)]适用桥宽为22~32m,这种布置给施工带来方便,可以先分开进行悬臂施工,最后用纵缝连接,并且每个箱分别支承在独立的桥墩上;但由于在运营中,各箱的变形上、下不一致,相邻两箱间的桥面板承受着反复内力,易于因疲劳而产生局部纵向开裂。

(4) 分离式双箱[图3-31f)、g)],它使全桥形成相毗邻而分离的两个独立的桥梁,各自支承在独立的桥墩上。由于这种形式受力明确且行车安全,高速公路上的桥梁一般均要求做成上下行分离的两座桥;再由于每侧桥均为单行线,荷载横向分布系数较小,施工上较方便,也无须在悬臂施工完毕后,进行两箱之间的纵向接缝联结,故工程上较多采用这种形式。

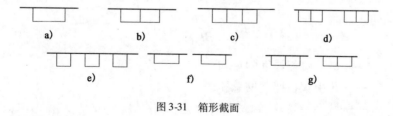

图 3-31 箱形截面

28. 变截面连续体系梁桥箱梁的梁高应如何拟定?

答:在不受总体设计中建筑高度限制的前提下,连续箱梁的梁高宜采用变高度的,其底曲线可采用二次抛物线、折线和介于折线与二次抛物线之间的 1.5~1.8 次抛物线变化形式,具体的选用形式应按照各截面上下缘受力均匀、容易布束确定。根据已建成桥梁的资料分析,支点截面的梁高 $H_支$ 为 $1/18l \sim 1/16l$(l 为中间跨跨长),一般不小于 $l/20$,跨中梁高 $H_中$ 为 $1/2.5 H_支 \sim 1/1.5H_支$。在具体设计中,还要根据边跨与中跨比例、荷载等级等因素通过几个方案的分析比较确定。

29. 变截面连续体系梁桥箱梁腹板厚度应如何确定?

答: 箱梁腹板的主要功能是承受结构的弯曲剪应力和扭转剪应力所引起的主拉应力,墩顶区域剪力大,因而腹板较厚,跨中区域的腹板较薄,但腹板的最小厚度应考虑钢束管道布置、钢筋布置和混凝土浇筑的要求。

英国水泥和混凝土协会提出如下两个关于预应力混凝土连续梁最佳腹板厚度参数的公式,其指标可供参考(图 3-32)。

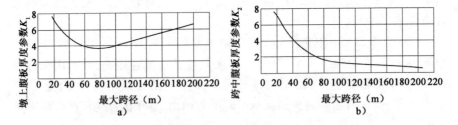

图 3-32 最大跨径连续箱梁最佳横截面几何参数曲线

墩上腹板厚度参数:

$$K_1 = \frac{t_{wp}h_p}{BL_{max}} \times 10^3 \qquad (3-3)$$

跨中腹板厚度参数:

$$K_2 = \frac{t_{wm}h_m}{BL_{max}} \times 10^3 \qquad (3-4)$$

式中: t_{wp} ——墩上腹板厚度的总和;
t_{wm} ——跨中腹板厚度的总和;
h_p ——墩上梁高;
h_m ——跨中梁高;
B ——桥面总宽;
L_{max} ——桥梁最大跨径。

腹板的最小厚度应考虑预应力束的布置和混凝土浇筑的要求,一般的设计经验为:

(1)腹板内无预应力束筋管道布置时,其最小厚度可采用 $t_{min}=20cm$。

(2)腹板内有预应力束筋管道布置时,可采用 $t_{min}=25\sim30cm$。

(3)腹板内有预应力束筋锚固头时,则采用 $t_{min}=35cm$。

30. 变截面连续体系箱梁顶板、底板厚度应如何拟定?

答:(1)顶板

确定箱梁截面顶板厚度一般需考虑两个因素:满足桥面板横向弯矩的要求(恒载、活载、日照温差等);满足布置纵、横向预应力钢束的要求,参照《日本本洲四国联络桥设计标准》,车行道部分的箱梁顶板或其他呈现连续板受力特性的桥面板以及悬臂板厚度拟定,可参考表 3-2。

车行道部分桥面板的厚度(cm) 表 3-2

位置	桥面板跨径方向	
	垂直于行车道方向	平行于行车道方向
顶板或连续板	3L+11(纵肋之间)	5L+13(横隔之间)
悬臂板	L<0.25 时,28L+16	24L+13
	L>0.25 时,8L+21	

注:两个方向厚度计算后取小值,L 为桥面板的跨径(m)。

顶板两侧悬臂板的长度对活载弯矩数值影响不大,但恒载及人群荷载弯矩随悬臂长度几乎成平方关系增加,故悬臂长度一般不大于5m,当长度超过 3m 后,宜布置横向预应力束筋。单箱单室截面(图3-33)$b:a$ 为 $1:(2.5\sim3.0)$ 时横向受力状态较好。悬臂端部厚度不小于 10 cm,如设置防撞墙或需锚固横向预应力束筋,则端部厚度不小于 20cm 。

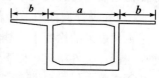

图 3-33 单箱单室箱形截面形式

(2)底板

纵向负弯矩区受压底板的厚度对改善全桥受力状态、减小徐变下挠十分重要,因而大跨径连续体系梁桥中,应确保承受负弯矩的内支点区域的箱梁底板有足够的厚度。箱梁底板厚度随箱梁负弯矩的增大而逐渐加厚至墩顶,以适应箱梁下缘受压的要求,墩顶区域底板不宜过薄,否则压应力过高,由此产生的徐变将使跨中区域梁体下挠度较多。墩顶底板厚宜为 $1/170L\sim1/140L$(L 为跨径),跨中底板宜为 $22\sim28cm$。

31. 大跨径预应力混凝土箱梁桥跨中下挠的原因及预防对策是什么？

答：根据对国内外已建大跨径梁式桥的调查，跨中下挠是较为普遍的现象，主要由混凝土徐变引起。跨中下挠往往伴随跨中段出现横向裂缝或大量斜裂缝，造成严重病害。防止过大下挠的主要对策如下：

（1）控制负弯矩区域截面的应力梯度

考察如图3-34a）所示的最大负弯矩区域，如果此区域内主梁上、下缘的应力差（梯度）过大［图3-34b）］，按照徐变理论，构件的徐变应变与其承担的应力呈线性关系，则下缘徐变压应变将显著大于上缘，主梁将产生大的弯曲徐变下挠变形。

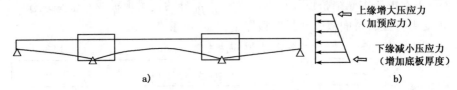

图3-34 连续体系梁桥最大负弯矩区的应力梯度

因此，对于大跨径梁式桥，控制徐变下挠的措施之一是减小主梁截面的应力梯度，建议在主梁根部区段，可使悬臂节段的自重完全由预应力抵消（零弯矩）。内支点上方底板厚度不宜小于跨径的1/140。

（2）提高主梁的正截面和斜截面强度

鉴于跨中下挠往往与横向裂缝、斜裂缝一起发生，相互促进恶化，因此保证主梁有足够的正截面强度和斜截面强度是首要的。计算中要充分考虑徐变将导致内力转移的不利影响。

（3）在设计文件中做出若干规定

主梁过大的徐变下挠往往与施工不当密切相关，为了尽可能避免风险，建议在设计文件中提出以下几点规定：

①混凝土加载龄期至少应在7d以上，强度和弹性模量至少在90%以上。

②宜采用真空压浆，减小管道摩阻、防止漏浆。

③严格控制预应力施工质量及混凝土超方量。

（4）特大跨径梁桥中的跨中区段轻型化

对于特大跨径梁式桥，自重往往占总设计荷载的90%以上，特别是跨中区段的恒载重力，对主梁的影响很大，因此若在跨中区段采用高强轻质主梁，对于控制主梁徐变下挠是十分有利的。不同部位主梁自重对其应力的影响如图3-35所示。

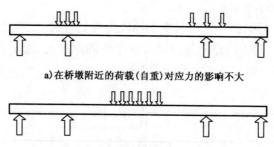

a)在桥墩附近的荷载(自重)对应力的影响不大

b)在跨中间的荷载(自重)对应力的影响最大

图 3-35　不同部位主梁自重对其应力的影响

(5)徐变计算适当考虑活载影响

徐变计算不应仅针对恒载,而应适当考虑大交通量活载的影响。苏通长江大桥辅航道桥设计考虑了两个车道的汽车荷载参与徐变计算,值得借鉴。

32. 大跨度预应力混凝土箱梁桥梁体开裂的原因及预防对策是什么?

答:(1)腹板斜裂缝

①腹板计算应考虑空间效应

已建箱梁桥的腹板斜裂缝一般与梁轴线成 25°～50°的角。斜裂缝的另一个特征是箱内腹板斜裂缝要比箱外腹板斜裂缝严重,出现这一现象的原因之一是以往设计中仅考虑腹板面内受力的计算,未充分考虑面外受力的影响。面外受力的主要因素如下:

a. 温度影响。

如图 3-36 所示为日照温差作用下自由板和箱梁顶板的受力—变形状况的示意图,图中左侧的无约束自由板,在日照温差作用下的情形,此时板的上拱变形而基本无内力。右侧箱梁顶板同样为在日照温差作用下的情形,此时板的上拱受到两侧腹板的约束,所产生的弯矩 M 使得腹板内侧受拉,根据计算,日照作用下腹板内侧的拉应力可达 2MPa。

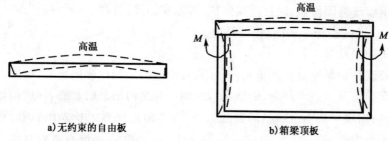

a)无约束的自由板　　　　b)箱梁顶板

图 3-36　日照温差作用下自由板和箱梁顶板的受力—变形状况

b. 后期索影响。

如图3-37所示,跨中张拉后期索导致腹板受弯拉、底板受弯,仅靠面内分析只能得到后期索的径向分力对腹板产生的轴拉力,而不能得到弯曲引起的应力,这在计算中是必须充分考虑的。

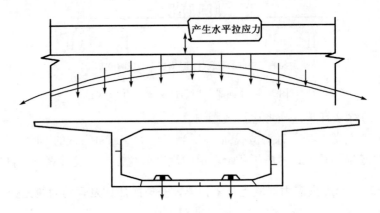

图3-37 跨中张拉后期索导致腹板受弯拉、底板受弯

②应设置高效竖向预应力

腹板竖向预应力以往通常采用精轧螺纹钢锚固体系,《公路钢筋混凝土及预应力混凝土桥涵设计规范》(JTG D62—2004)中亦指出竖向预应力不足是箱梁腹板出现斜裂缝的主要原因之一。

精轧螺纹钢锚固体体系存在以下不足:应力等级低,伸长量小;刚性索,施工稍有偏差,螺母就拧不到位;为提高力筋效率,张拉时往往将控制应力设定在破断应力的90%,易出现断筋现象,断筋后难以更换;施工质量无法检验。

从基本原理上看,钢绞线具有柔性好、强度高和延伸量大的优势,只要解决了回缩量大的问题,在短索上应用时,其效率和可靠性将强于精轧螺纹钢筋,故腹板竖向预应力推荐采用如图3-38所示的新型二次张拉低回缩预应力钢绞线锚固体系,通过两次张拉,可基本消除钢绞线的回缩损失。

(2)纵向裂缝——顶、底板裂缝

①限制超载

超载特别是超重车轴荷载的作用,对横向的影响比纵向更大,这是由于纵向弯矩自重占绝大部分;而横向弯矩则主要是由活载引起的,轴重超过规范时,易出现顶板下缘的纵向裂缝。因此,为防止顶板出现纵向裂缝,限制超载十分重要。

②纵向应力的泊松效应

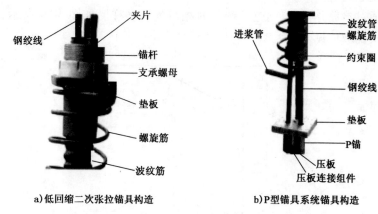

图 3-38 新型二次张拉低回缩预应力钢绞线锚固体系

混凝土的计算泊松比为 0.2，由泊松效应可知，若混凝土顶、底板承受的纵向压应力为 10MPa，则相应的横向拉应力可达 2MPa，计算中必须考虑泊松效应的不利影响。

③顶板厚度

顶板内需布置纵、横向预应力束和普通钢筋，若顶板偏薄，横向预应力筋的位置就难以准确定位，一旦偏差较大，预应力就不能发挥应有作用，顶板下缘就会出现纵向裂缝。

另外，顶板薄将导致活载作用下混凝土应力变幅过大，容易出现混凝土疲劳裂缝。因此，建议顶板厚度在满足表 3-2 的同时，不宜小于 30cm。

④变截面箱梁跨中区域常见病害

变截面箱梁跨中区域底板常见病害有三种，基本由底板后期束直接引起，即底板混凝土局部区域崩裂；底板上、下层钢筋网分层；底板下缘的纵向裂缝。

预防前两种病害，可在底板上下层钢筋之间，布置可靠的防崩钢筋。

施加后期预应力产生的径向力对这种裂缝有重要影响，如图 3-37 所示，当底板横向配筋不足，就会在底板横向跨中下缘及横向两侧底板加腋开始的上缘，出现纵向裂缝。

⑤沥青高温摊铺的作用

桥面常采用沥青混凝土铺装，而沥青混凝土摊铺时要求高温操作，摊铺温度往往高达 150℃。导致结构温度急速升高，形成非常大的温度梯度。

根据有限元热分析可以得到：对于沥青铺装层，温度在最初的一段时间内下降得非常快，30min 之内，温度下降了将近 50℃；顶板不同深度处不同时间达到的温度差异很大；约 40min 时顶板达到应力峰值；一般 4h 之后梁体温度趋向均匀。

通过参数分析,得到应力峰值时相应的温度梯度如图 3-39 所示,最大温差 T 的取值见表 3-3。

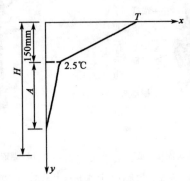

图 3-39 沥青混凝土摊铺引起的最大温度梯度

最大温差 T 的取值　　　　　　　　　　　表 3-3

梁体初始温度(℃)	10	20	30
最大温差 T(℃)	35	32	30

建议按施工荷载考虑上述沥青高温对桥面的影响。

(3) 横向裂缝

大跨度桥梁通常采用全预应力设计。对于全预应力或部分预应力 A 类构件,都不应该出现横向裂缝。若出现了横向裂缝,反映正截面强度的不足,主要原因与对策有:

①有效预应力不足

a. 过早加载,预应力徐变损失大。

b. 沿管道预应力损失偏大。

c. 预应力筋因管道压浆不饱满和浆体离析而锈蚀。

②对剪力滞影响考虑不够

靠近腹板区域的上下翼缘纵向拉应力大于平均应力,因此纵向预应力筋的布置应符合纵向应力分布规律。

③梁体下挠,内力转移过大

徐变导致内力重分布,使得内支点区域负弯矩减小,跨中正弯矩增大。因此在跨中区域应配置足够的后期约束,防止正弯矩增大引起的底板开裂,如图 3-40 所示。

④摩擦桩不均匀沉降导致开裂

连续体系桥梁属高次超静定结构,墩柱的不均匀沉降将导致主梁产生次内力,继而造成开裂,对于采用摩擦桩基础的桥梁,应慎用连续结构。

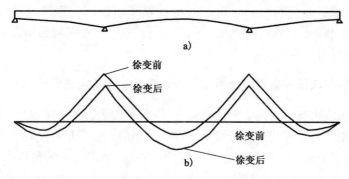

图 3-40 徐变导致主梁内力重分布

33. 大跨径连续体系梁桥混凝土徐变将产生什么后果？如何控制徐变？

答：大跨径连续体系梁桥混凝土徐变导致的直接后果就是主梁下挠,中支点储备的负弯矩值降低,而支点恒载负弯矩减少多少,跨中恒载正弯矩就增加多少,过大的徐变效应往往导致跨中区域底板因正弯矩而开裂。

我们知道,徐变就是持荷混凝土应变随时间增长的效应,控制徐变必须从两方面着手：

(1) 控制混凝土的加载龄期

加载龄期越长,则徐变就越小,在大跨度预应力混凝土梁桥的施工中(特别是悬臂浇筑法施工),为了加快施工进度,往往在混凝土中加早强剂后进行低龄期张拉(3~4d),但是,大量实践证明,早强剂虽然可以提高混凝土的早期强度,但早期混凝土的弹性模量仍偏低,此时张拉预应力将导致徐变引起的预应力损失过大。

(2) 控制截面上的应力梯度

预应力混凝土梁桥在预应力和竖向荷载的共同作用下,可视为一种偏心受压结构,因而结构的徐变可分解为轴向徐变和弯曲徐变,若结构各截面沿梁高方向的应力梯度均为0,则结构中只有轴向应力和轴向徐变,而轴向徐变的不利影响很小(预应力损失除外)。弯曲徐变是由沿截面高度的应力梯度引起的,而控制应力梯度应通过增加顶板负弯矩预应力筋和增加中支点区域底板厚度的方法来解决。

34. 什么叫三向预应力结构？

答：箱形截面连续梁的受力比较复杂,除了承受顺桥向平面内的弯曲和剪力外,还要承担偏载时产生的扭转剪应力,此外,车辆荷载以及局部温差将会对箱梁产生横向弯曲内力。因此,除了沿纵桥向布置预应力钢筋外,还要沿垂直腹板的全长每隔一定的间距设置竖向预应力钢筋,在箱梁顶板(包括悬臂板)内设置横向预应力钢筋,由于在三个方向均施加预应力,故称三向预应力结构。

35. 后张法预应力混凝土梁梁端设计应注意哪些问题?

答: 预应力筋沿梁高方向的布置,应注意预应力合力点不得超出束界范围,以避免梁的上缘或下缘开裂;沿桥横向,预应力筋应尽可能均匀布置,同时将梁的腹板加宽。这样做的原因有两个:一是梁端锚下的预压力在传递给主梁全断面上之前,中间有一段应力扩散区域,如图 3-41 所示,在此区域之外预压力不起作用,称为应力盲区,为提高预应力效率,此盲区自然越小越好。二是若预应力集中布置在梁端,易在梁端部产生垂直于梁长方向的拉应力,使构件端部产生纵向裂缝,为避免出现纵向裂缝,除了需将预应力尽可能均匀布置外,沿跨径一倍梁高范围内,腹板内的箍筋和两侧纵向钢筋应加密,并在梁端增设钢筋网。

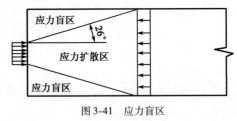

图 3-41 应力盲区

36. 混凝土连续梁桥悬臂施工如何实现墩梁固结?

答: 混凝土连续梁桥悬臂施工主要采用梁墩临时固结体系,该体系的构造措施主要包括墩顶加临时锚固和墩柱旁边加临时支架。

(1) 墩顶临时锚固

当平衡弯矩不大时,可采用预应力双排或多排锚杆将梁墩临时固结,如图 3-42 所示。通常锚杆下端预埋在墩柱中,锚杆穿过梁体混凝土并锚固在箱梁内或箱梁顶。锚固数量及张拉力由施工最大不平衡弯矩计算确定。为便于体系转换和拆除临时支承,临时支承可用硫磺水泥砂浆块、砂筒或者混凝土块等卸落设备。这种方法构造简单,制作、拆卸方便,特别适用于墩柱较高的连续梁桥。

(2) 墩柱旁边加临时支架

当不平衡弯矩太大,采用墩顶临时锚固不足以承受时,可在桥墩一侧或两侧设置临时支架,与墩顶临时锚固共同承受施工不平衡弯矩。当临时支架可能出现拉力时,应设置抗拉设施(或辅以预应力筋)。该固结方式特别适用于跨径大或墩身不高的连续梁桥,如图3-43所示。

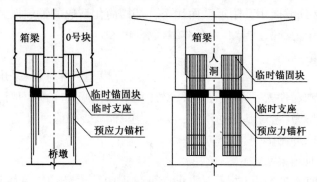

a) 在箱梁内加临时锚固

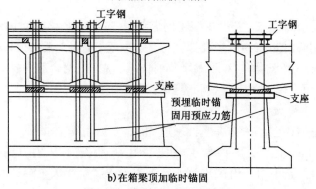

b) 在箱梁顶加临时锚固

图3-42 墩顶加临时锚固示意图

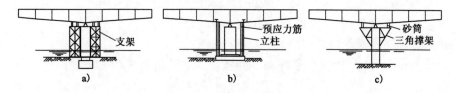

图3-43 墩柱旁边加临时支架

37. 混凝土梁式桥纵向整体计算要点有哪些?

答: 混凝土梁式桥的纵向整体计算,宜采用平面杆系或空间杆系分析程序,对结构进行离散,并根据施工过程形成各阶段的计算图示,详细分析结果各阶段应力和位移变化情况,并考虑各阶段的风险状况。下面从计算模型、计算荷载、验算内容及其他等方面介绍混凝土梁式桥的纵向计算要点。

(1) 计算模型

① 整体模型简化

梁桥整体计算时,横隔板、锚固齿板等构造细节一般可忽略,不计入受力截面,该处截面用其附近截面代替。结构简化造成的恒载误差,采用永久作用的集中力荷载或局部均布荷载代替。

②梁墩固结

一般应将主梁固结的桥墩带入箱梁计算模型一并计算;采用扩大基础、重力式基础和埋入式承台的桥墩,墩柱在端部按固结在承台顶计算;采用高桩承台的桥墩,考虑基础的刚度,将桥墩基础固结在地面以下一定深度处,并计入河床冲刷影响。

③临时约束

a.临时水平约束:主要为防止计算过程中阶段结构体系属于几何可变体系而设。

b.临时竖直约束:主梁在施工时常采用支架或墩梁临时固结措施,计算时常采用临时竖直约束来模拟这种受力状态;对于支架约束,常采用单向受压的竖直约束来模拟;对于梁墩临时固结,常采用两个双向受力的竖直约束来模拟,而去掉永久支座处的竖直约束。

(2)计算荷载

结构重力(包括徐变、收缩、预应力)、汽车荷载、人群荷载、温度作用(均匀温度和梯度温度)、制动力、支座摩阻力、船撞力、风力、地震力等荷载及荷载组合的选取可按有关规范或参考本书第2章相关内容选取。

①不均匀沉降位移

纵向计算的不均匀沉降一般根据设计规范的有关规定选取。初步设计阶段若无准确数据,一般可按 $L/100(cm)$ 估计。

②施工临时荷载

若没有具体数据时,悬臂施工的挂篮、模板、机具等荷载可按最重悬臂施工阶段自重的0.5倍左右估算,取值一般在40~100t。桥面堆载仅在施工稳定性检算时考虑,一般按2.5kN/m考虑。

③风荷载

施工阶段平衡性检算时,需要考虑风荷载;高墩连续刚构、V形墩刚构除横向计算考虑风荷载作用外,纵向计算也需考虑作用在桥墩上的顺桥向风荷载。

(3)验算内容

①持久状况承载能力极限状态计算

预应力混凝土主梁进行正截面抗弯承载能力和正截面抗剪承载力验算;墩身为偏心受压构件,应按现行规范的要求计入偏心距增大系数 η。当墩身为薄壁空心墩且墩身较高时,尚应验算箱板的局部失稳问题。

②持久状况正常使用极限状态计算

对结构使用阶段正截面和斜截面抗裂验算;对 B 类预应力混凝土主梁进行裂缝宽度验算;对主梁进行挠度验算,确定主梁预拱度。

③持久状况主梁应力计算

计算结构使用阶段正截面混凝土的法向压应力;计算受拉区预应力筋的拉应力;计算斜截面混凝土主压应力。

④短暂状况主梁应力计算

根据主梁施工过程验算各施工阶段由自重、施工荷载等引起的正截面和斜截面的应力,尤其对主要控制阶段(最大双悬臂、边跨合龙、中跨合龙等)进行深入分析。

(4)其他

箱梁桥计算宜考虑箱梁剪力滞效应对于结构正应力的影响,控制结构的最大正应力在规范容许值之内。

38. 混凝土连续梁桥横截面框架计算要点有哪些?

答:作用在箱梁顶板上的荷载在箱梁横向产生弯矩效应,并且在横向存在横向分布。在实际工程分析中,箱梁横截面内力分析,常采用平面框架模型法计算分析。

(1)计算模型

对于箱梁,一般取控制截面(常选择中跨跨中截面)附近单位宽度的横向框架进行横向平面杆系计算。在箱梁每条腹板中心线下端的箱底位置设置一个竖向支承约束,另设置一个水平支承约束,以保证结构为几何不变体系。其中竖向支承约束可按弹簧刚度(取纵桥向相应部位的变形倒数)考虑。

(2)计算荷载

永久作用包括自重、二期恒载(桥面铺装、防撞护栏)、横向预应力、底板纵向预应力筋径向力等。活载主要为桥面汽车轮载和温度作用。其中:

①底板预应力筋径向力:

$$F = \frac{N\alpha}{b}$$

式中:F——作用于横向框架上曲线底板纵向单位长度上每束预应力筋产生的径向力(kN/m);

　　N——考虑预应力损失后每根底板预应力束的有效预应力(kN);

　　α——梁段之间的相对转角(rad);

　　b——径向力沿桥纵向的平均分布宽度(m)。

②汽车轮载:采用车辆荷载加载,考虑冲击系数(取 0.3)影响,并根据

《公路钢筋混凝土及预应力混凝土桥涵设计规范》(JTG D62—2004)4.1.3~4.1.5条考虑板的有效分布宽度。

③温度作用:考虑箱内外温差±5℃。

(3)验算

可按A类预应力构件或钢筋混凝土构件进行验算。

39. 连续梁桥的电算建模要点有哪些?

答:1)一般原则

(1)等截面连续梁桥

①梁体单元划分长度一般为2~4m,但在任何跨径下,每跨结构至少需划分8个单元,以求得结构所有关键位置的内力和位移。

②支点区域截面因抗剪、布束的要求,箱梁各板件的尺寸会适当加厚,从跨中截面过渡到支点截面一般会有一个变化段,计算模型中应充分反映。

(2)变截面连续梁桥

①计算模型的桥轴线必须为截面中和轴的连线。采用悬浇施工时,单元长度和节点的划分应根据主梁施工节段长度来确定,一般取每一悬浇梁段为1个或多个单元。

②预应力束应按设计坐标输入。

③墩顶0号块因考虑永久支座和临时固结措施,需要设置3个节点。

④对于悬浇结构,存在体系转换的过程,对体系转换应作精细模拟。

2)局部模拟

(1)悬臂施工连续梁桥0号块的模拟

悬臂施工的连续梁桥,合龙之前0号块为梁墩固结,一般在边跨合龙之后才拆除墩顶临时固结。因此在模拟施工阶段时,墩顶和主梁在桥墩中心线上不共用同一个节点,而是在这两个节点之间建立刚臂,如图3-44所示。

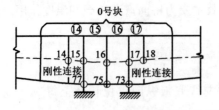

图3-44 墩顶临时固结模拟

(2)边跨现浇段的模拟

悬浇施工的连续梁桥,边跨现浇段一般都在支架上施工,其边界条件的模拟相对较复杂,具体的模型过程如图3-45所示。

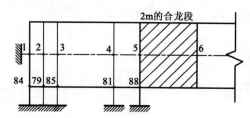

图3-45 边跨现浇段满堂支架模拟

(3) 悬浇施工边跨合龙后体系转换的模拟

悬浇施工边跨合龙后,由于结构已经形成,此时墩顶临时锚固可以解除,即释放合龙之前临时锚固处的节点刚性约束,如图3-46所示。

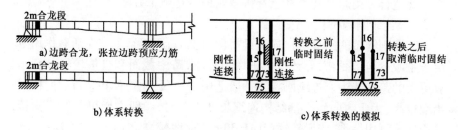

图3-46 悬浇施工体系转换的模拟

(4) 先简支后连续结构的模拟

先简支后连续的结构模拟过程如图3-47所示。先分别建立简支梁,然后在墩顶处现浇各跨箱梁间的湿接头,张拉预应力筋后完成体系转换。

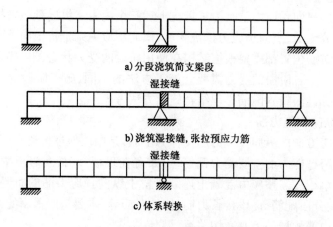

图3-47 先简支后连续的过程模拟

40. 等截面连续梁桥、变截面连续梁桥、连续刚构桥的适用范围?

答: 其适用范围为:

(1) 等截面连续梁桥

①一般适用于中等跨径桥梁,以 30~60m 为宜,以便使主梁构造简单、施工快捷。

②立面布置以等跨径为宜,也可以采用不等跨径布置(应根据桥下地形、地质、通车和通航等具体情况确定)。

③适用于有支架施工、移动模架施工及顶推法施工。

(2) 变截面连续梁桥

①适用于连续梁的主跨跨径在 70~260m,且采用不等跨布置。

②适合采用悬臂浇筑和悬臂拼装两种悬臂施工方法。

(3) 连续刚构桥

连续刚构桥的跨径可比连续梁桥做得更大,原因是主跨在活载作用下,由于主墩参与了受弯,导致跨中正弯矩较小,跨中截面和自重较轻,因而具有更大的跨越能力。连续刚构桥一般适用于长联、大跨径和高桥墩的桥梁。当墩较高(大于 30m)、上部结构连续长度不长时,一般主墩可与箱梁固接,采用连续刚构桥型;当墩较矮(小于 30m),或墩较高,但上部结构连续长度较长(大于 1 000m)时,则应根据计算分析的需要,在矮墩墩顶设置支座,采用连续—刚构组合梁桥型,甚至全部解开梁墩固接约束而采用连续梁桥。

41. 混凝土连续体系梁式桥的预应力筋如何布置?

答: 连续梁主梁的内力主要有三个,即纵向受弯、受剪以及横向受弯。通常所说的三向预应力就是为了抵抗上述三个内力。纵向预应力抵抗纵向受弯和部分受剪,竖向预应力抵抗受剪,横向预应力则抵抗横向受弯。预应力数量和布筋位置都需要根据结构在使用阶段的受力状态予以确定,同时,也要满足施工各阶段的受力需要。施工方法的不同,施工阶段的受力状态差别很大,因此,结构配筋必须结合施工方法考虑。

(1) 纵向预应力筋

沿桥跨方向的纵向预应力筋又称为主筋,是用以保证桥梁在恒、活载作用下纵向跨越能力的主要受力钢筋,可布置在顶板、底板和腹板中,且宜采用大吨位钢绞线。预应力混凝土连续梁桥中纵向预应力筋的布置方式有:连续配筋、分段配筋、逐段接长力筋、体外布筋等,主要与所采用的施工方法以及预应力筋的种类等有密切关系。

图 3-48a) 表示采用顶推法施工的直线形预应力筋布置方式。上、下的

钢筋通束使截面接近轴心受压，以抵抗顶推过程中各截面承受的正负弯矩的交替变化。待顶推完成后，再在跨中的底部和支点的顶部增加局部预应力筋，用来满足运营荷载下相应的内力要求。有时按照设计，还在跨中的顶部和支点附近的底部设置局部的施工临时钢筋束，待顶推完成后即予卸除。

图 3-48b)表示采用先简支后连续施工方法的预应力钢筋布置方式。待墩上接缝混凝土达到规定强度后，用设置在接缝顶部的局部预应力钢筋来建立结构的连续性。

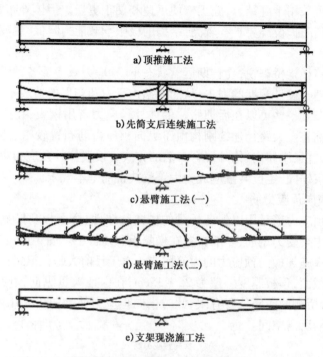

图 3-48 预应力混凝土连续梁配筋方式

如图 3-48c)、d)所示为采用悬臂施工方法的预应力筋布置方式。梁中除了正弯矩区和负弯矩区各需布置顶部和底部预应力筋外，在有正、负弯矩的区段内，顶、底板中均需设置预应力筋。如图 3-48c)所示为直线布束方式，即顶板预应力筋沿水平布置并锚固在梗肋处，此种布束方式可减少预应力筋的摩阻损失，并且穿束方便，也改善了腹板的混凝土浇筑条件；水平预应力筋的设计和构造仅由弯曲应力决定，而抗剪强度则由竖向预应力筋来提供。如图 3-48d)所示为顶板预应力筋在腹板内弯曲并下弯锚固在腹板上，以减小外荷载所产生的剪力。此时腹板应具有足够的厚度以承受集中的锚固力。

如图 3-48e)所示为整根曲线形钢筋束锚固于梁端的布置方式,一般用于整联现浇的情形。在此情况下,若预应力筋既长且弯曲次数又多,就显著加大了预应力筋的摩阻损失,因而联长或力筋不宜过长。预应力筋的布置要考虑张拉操作的方便。当需要在梁内、梁顶或梁底锚固预应力筋时,应根据预应力筋锚固区的受力特点给予局部加强,以防开裂破坏。

(2)体外布筋(体外束)

体外布筋是将力筋设置在主梁截面以外的箱内,利用横隔梁、转向块等结构物对梁施加预应力。体外布筋不削弱主梁截面,不需预留孔道,预制节段的拼装可采用干缝结合,施工方便迅速和便于更换。但体外布筋对力筋、结构及管道防护设施要求都较高,结构的极限承载能力降低,耐疲劳及耐腐蚀性较差。

对大跨径梁桥来说,在长期运营状态下,预应力效应受各种因素影响可能会产生超过设计预期的损失,从而对结构受力和变形的造成不利影响,因此主梁宜布置一些可以在后期张拉的体外预应力备用钢束,在这种情况出现时进行弥补。大跨径连续刚构由于纵向预应力筋布置较密、孔道对截面削弱较大,宜采用体内、体外混合布筋的方式。设置体外预应力束或预留体外预应力束锚固、定位装置应成为大跨梁式桥的基本要求。

(3)横向预应力筋

横向预应力筋是用以保证桥梁的横向整体性、桥面板及横隔板横向抗弯能力的主要受力钢筋,一般布置在横隔板和顶板中。图 3-49 表示对箱梁截面的顶板施加横向预应力的力筋构造。由于目前大跨径梁式桥主梁大都采用箱形截面,顶板厚度一般为 25~35cm,在保证大量纵向预应力筋穿过的前提下,所剩的空间位置有限,此时横向预应力筋趋向于采用扁锚体系,以减少布筋所需空间。

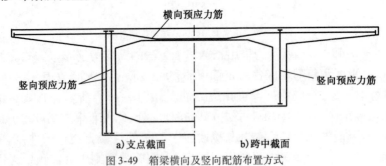

图 3-49 箱梁横向及竖向配筋布置方式

(4)竖向预应力筋

竖向预应力筋布置在腹板中,主要作用是提高截面的抗剪能力。图 3-49 还表示对箱梁截面的腹板施加竖向预应力的力筋构造。竖向预应力筋在梁体腹板内沿纵向的布置间距可根据竖向剪力的分布而进行调整,靠支点截面位置较密,靠跨中位置较疏。竖向预应力筋比较短,故常采用高强粗钢筋以减少力筋张拉锚固时的回缩损失。但由于粗钢筋强度较低(小于1 000MPa),长度较短,因而张拉延伸量小,在使用中容易造成预应力损失过大或失效,为克服这一问题,对施工提出二次张拉的要求是十分必要的,这样做可消除大部分混凝土弹塑性压缩引起的预应力损失。如图3-50所示。施工时进行二次张拉:第一次张拉使锚杯内的夹片夹紧预应力筋,第二次张拉锚杯,直至设计张拉力后,拧紧锚杯外螺母固定。这种预应力筋张拉的回缩损失相当小,可利用二次张拉和钢绞线的大延伸量,使其在使用中不易失效。

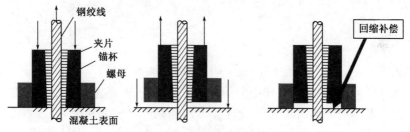

图3-50　二次张拉预应力锚具

42. 板的荷载有效分布宽度是什么含义?

答:薄板结构在竖直荷载作用下的受力性能与梁的弯曲不同之处在于:
(1)板除了在跨长方向发生弯曲外,在垂直于跨长方向也发生弯曲。
(2)板的截面内除了弯曲、剪力之外,还伴随有扭矩。
(3)在板的同一横截面内,各种内力沿板宽方向都是呈不均匀分布的,离荷载作用位置越远,板中内力越小。

板的这些内力一般需要用《弹性力学》的理论公式或者空间有限元法的分析,并借助电子计算机程序来完成,这样对于工程设计显然是十分不便的。为了应用熟知的初等梁理论公式也能求得这些内力的近似值,便在精确分析的基础上,提出了板的折算宽度,即板的荷载有效分布宽度的概念。下面将用两种类型的板来说明。图3-51a)是一块跨径为l、宽度较大的单向板,在中央作用有小块分布荷载,其分布面积为$a_1 b_1$;图3-51b)是分布荷载作用在宽悬臂板的自由边边缘上,其分布面积也是$a_1 b_1$。从这两个图可以看到,在单向板跨中截面和悬臂板根部截面上,x方向的弯矩m_x沿着y轴均呈不均匀分布,并且在有荷载的x轴处具有最大值$m_{x,\max}$,而工程设计上最感兴趣的就是这个峰值,于是便提出了荷载有效分布宽度的计算方法,即认为在这个宽度a内,小块分布荷载在全截面上产生的总弯矩M将由该宽度a平均分担,即

$$M = a \cdot m_{x,\max}$$

$$a = \frac{M}{m_{x,\max}} \qquad (3\text{-}5)$$

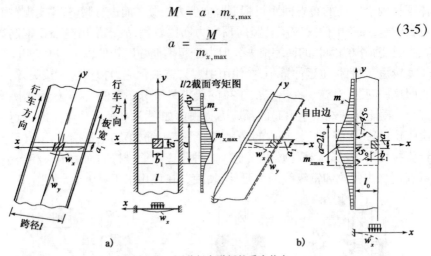

图 3-51 两种行车道板的受力状态

式中的 M 可按初等梁理论的简单公式求得。基于这个原理,《公路钢筋混凝土及预应力混凝土桥涵设计规范》(JTG D62—2004)中对这两种板分别给出了计算荷载有效分布宽度的最简单公式,供工程设计上应用。

43. 什么叫荷载横向分布的刚性横梁法?

答:刚性横梁法是用来求算简支 T 形(或工字形)梁桥中单根梁荷载横向分布系数 m(系数 m 的概念见第 2 章第 14 问)的近似方法。它的适用条件是:一是桥的宽跨比 B/l 小于或接近于 0.5,即窄桥;二是除桥的两端设置横隔梁外,在跨径中央,甚至还在跨径四分点处设置中间横梁。现以图 3-52 五梁式简支梁桥为例来阐明刚性横梁法的基本原理。

该法有两个基本规定:一是跨内所有横梁的刚度 $EI_{横} \approx \infty$,在荷载作用下,横梁不发生任何弯曲,即整个截面只发生刚体位移;二是不计截面扭转影响,即抗扭刚度为零。现在来研究荷载 $P=1$ 偏离桥中线为 e 时[图 3-52a)]给每根 T 梁分配力值的大小,并设各主梁的截面相同,抗弯惯性矩 $I_1 = I_2 = \cdots = I$,为此,可以将此 P 等效到桥中心轴处,它将分解为集中力 $P=1$ 和偏心力矩 $M = 1 \cdot e$[图 3-52b)]。根据横梁是无限刚性的假定,当 $P=1$ 单独作用时,则该截面将均匀下沉,如果 n 根梁的截面尺寸均相同时,则每根梁所分配到的力为 $R'_i = 1/n$[图 3-52c)]。当该桥在 $M = 1 \cdot e$ 单独作用时,根据第二条基本假定,横梁只发生具有扭角 φ 的直线变形[图 3-52d)],按照几何的比例关系,各梁所分配的值是不相同的,挠度大者受力大,挠度小者受力小。挠度向下者为正,即压力;向上者为负,即拉力。它的一般式为 $R''_i = \pm ea_i/\sum a_i^2$,式中的角标 i 指第 i 号 T 形梁,a_i 系指 i 号梁至桥中线的距离。将

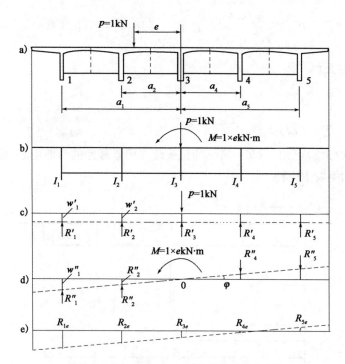

图 3-52 偏心荷载 $P=1$ 对各主梁的荷载分布图

P 与 M 两种荷载工况的结果相叠加后,便有:

$$R_{ie} = R'_i + R''_i = \frac{1}{n} \pm \frac{ea_i}{\sum a_i^2} \qquad (3\text{-}6)$$

式中的荷载偏心 e 沿横向是变化的,故上式 R_{ie} 就是第 i 号梁的荷载横向分布影响线公式。如果需求某号梁的荷载横向分布系数,那么首先应按式(3-6)绘出该梁的荷载横向分布影响线,再按横向最不利的荷载位置布载后便可算出。由于这种计算方法的基本假定是把横梁当作无限刚性的,故称之为刚性横梁法;又由于它类似于求偏心受压短柱应力的方法,故又称为偏心压力法。

若图 3-52 中各主梁的截面虽不同,但对称于中主梁时,按照同样的原理,可以得到计算荷载横向影响线的计算公式:

$$R_{ie} = \frac{I_i}{\sum_{i=1}^{n} I_i} \pm \frac{ea_i I_i}{\sum_{i=1}^{n} a_i^2 I_i} \qquad (3\text{-}7)$$

对于如图 3-53 所示各主梁刚度 EI 不同,又不对称于中主梁的情况(例如在改造旧桥时,仅在旧桥一侧加固或拓宽),当单位荷载 $P=1$ 作用于距1号梁为 b 的位置时,按照同样的原理进行分析,可以得到各梁所分担到的荷载 R_{ib} 为:

$$R_{ib} = \frac{c_2 - bc_1}{c_0 \cdot c_2 - c_1^2}(EI)_i - \frac{c_1 - bc_0}{c_0 \cdot c_2 - c_1^2} \cdot a_i(EI)_i \qquad (3\text{-}8)$$

式中：$c_0 = \sum_{i=1}^{n}(EI)_i$；

$c_1 = \sum_{i=1}^{n} a_i(EI)_i$；

$c_2 = \sum_{i=1}^{n} a_i^2(EI)_i$。

从式(3-8)可知，当 $b = c_1/c_0$ 时，荷载作用于截面的弯曲中心，此时主梁只下挠而不发生扭转。

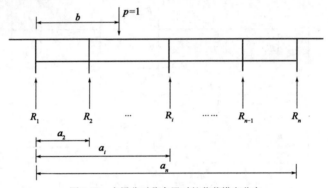

图 3-53　主梁非对称布置时的荷载横向分布

44. 什么叫荷载横向分布的修正偏心压力法？

答：刚性横梁法的第二条假定，即不计主梁截面抗扭刚度 GI_T（G-材料的剪切模量，I_T-梁的抗扭惯性矩）的影响，这显然是不符合实际的。如果考虑了这个影响的话，那么图 3-52d)中横梁的扭角 φ 就会小一些，也就是说，算得的荷载横向分布系数 m 也会小一些，按照这个系数进行设计也要经济一些。为此，就应在图 3-52d)中的每根主梁截面上各增加一个抵抗扭矩 M_{Ti}，如图 3-54 所示，其余推导过程与刚性横梁法完全相同，若各主梁截面尺寸相同时，使具有与式(3-6)相类似的公式：

$$R_{ie} = R'_i + R''_i = \frac{1}{n} \pm \beta \frac{ea_i}{\sum a_i^2} \qquad (3\text{-}9)$$

其中：

$$\beta = \frac{1}{1 + \frac{nl^2 GI_T}{12EI \sum a_i^2}} < 1 \qquad (3\text{-}10)$$

式中：E——材料的弹性模量；

　　　I——主梁截面抗弯惯性矩；

l——主梁跨长;

β——修正系数;

其余符号定义同前。

由于在刚性横梁法式(3-6)等号右边的第二项计入了主梁抗扭刚度影响的修正系数 β 值,故将该法称之为修正偏心压力法。

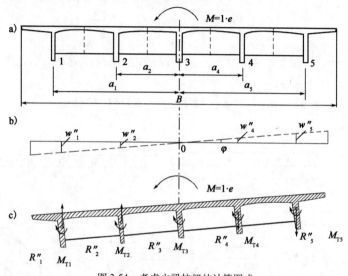

图 3-54　考虑主梁抗扭的计算图式

45. 什么叫荷载横向分布的铰接板(梁)法?

答:铰接板、梁法是分别用来求算两种简支梁桥荷载横向分布系数 m 的方法,当结构是用现浇混凝土纵向企口缝连接的装配式板梁时,便应用铰接板法;当结构为无中横梁而仅在翼板间用焊接钢板或伸出交叉钢筋连接的装配式 T 式梁桥时,便应用铰接梁法。两种方法的基本原理是完全相同的,故下面仅以铰接板法为例简单介绍这种方法的基本原理。

图 3-55a)是铰接板的跨中截面,板与板之间是用混凝土铰缝连接。为了求算荷载 $P=1$ 时,分配给各块板的力值,便作了三点假定:

(1)在铰缝处的内力只考虑它的主部即垂直剪切力 g,而其余的分量(纵向剪切力 T、水平轴力 N、扭矩 M_T 和横向弯矩 M)均忽略不计[图 3-55c)]。

(2)每块预制板在偏心荷载下只产生垂直位移 w 和扭角 φ,而不发生横向弯曲[图 3-55d)]。

(3)为了使外力与内力的分布规律统一和便于分析求解,将它们均按三角正弦级数展开,取其中第一项,如图 3-55c)所示,而图 3-55a)、b)中的

$p=1$ 和 g_i 是这些三角函数的幅值。

显然,图 3-55b)中的 g_i 是待定的四个赘余力的幅值,应用结构力学中的力法可以列出它的矩阵方程:

$$\begin{bmatrix} \delta_{11} & \delta_{12} & \delta_{13} & \delta_{14} \\ \delta_{21} & \delta_{22} & \delta_{23} & \delta_{24} \\ \delta_{31} & \delta_{32} & \delta_{33} & \delta_{34} \\ \delta_{41} & \delta_{42} & \delta_{43} & \delta_{44} \end{bmatrix} \begin{Bmatrix} g_1 \\ g_2 \\ g_3 \\ g_4 \end{Bmatrix} = - \begin{Bmatrix} \Delta_{1p} \\ \Delta_{2p} \\ \Delta_{3p} \\ \Delta_{4p} \end{Bmatrix} \qquad (3\text{-}11)$$

式中:δ_{ik}——铰接缝 k 内作用单位正弦铰接力,在铰接缝 i 处引起的竖向相对位移;

Δ_{ip}——外荷载 $p=1$ 对铰接缝 i 处产生的竖向位移。

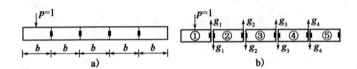

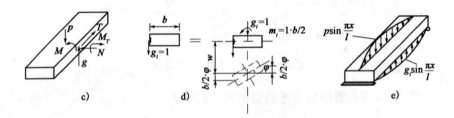

图 3-55 铰接板桥的计算图式

δ_{ik} 和 Δ_{ip} 均可用材料力学中的公式求得,代入式(3-11)便解出 g_1、g_2、g_3 和 g_4,由此便得到每块板所分配到的荷载,即

$$\left.\begin{matrix} 1\text{号板} & p_{11} = 1 - g_1 \\ 2\text{号板} & p_{21} = g_1 - g_2 \\ \cdots & \cdots \\ 5\text{号板} & p_{51} = g_4 \end{matrix}\right\} \qquad (3\text{-}12)$$

同理,可求得 $p=1$ 作用于其他板上时力的分布,从而可得到各块板的荷载横向分布影响线,进而求算它们各自的荷载横向分布系数。

铰接梁法与铰接板法在原理上完全相同,仅在考虑铰接缝的相对位移 δ_{ik} 和 Δ_{ip} 时,要计入 T 形梁翼板悬臂端的弹性挠度 f,如图 3-56 所示。

46. 刚接梁法与铰接板梁法的差别在哪里?

答:刚接梁法适用于计算横向刚性连接的各种板、梁桥的荷载横向分布系数,是用于电算编程的主要方法。其原理与上一问中的铰接板梁法完全相同,只是在每个接缝处各增加一个赘余弯矩 m_i,这样,待定值便增加一倍,并且在考虑接缝处的相对位移 δ_{ik} 和 Δ_{ip} 时还要计入由 m_i 产生的竖直位移和转角增量,如图 3-57 所示。当求出各个赘余力 g_i 和 m_i 以后,仍然按上一问中的式(3-12)计算各梁的横向分布影响线。

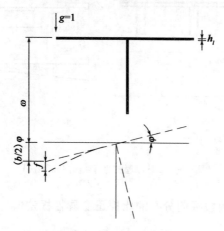

图 3-56　铰缝处变位示意图

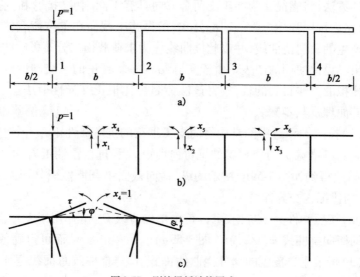

图 3-57　刚接梁桥计算图式

47. 什么叫作荷载横向分布的杠杆原理法?

答: 杠杆原理法的基本假定是忽略主梁之间横向结构的联系作用,并假定桥面板在主梁梁肋上断开,按照沿横向支承在梁肋上的简支梁或悬臂梁来考虑,如图3-58a)所示。当荷载作用于靠近梁端区域内时,由于墩台对主梁的支承刚度远大于主梁间的联系刚度,因而可偏安全地用杠杆法来计算当荷载靠近主梁支点区段内的荷载横向分布系数。另外,这种方法最适合于计算双主梁桥的荷载横向分布系数,如图3-58b)所示。

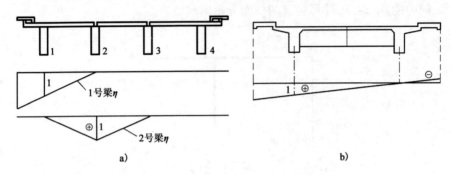

图3-58　杠杆原理法的荷载横向分布图式

48. 什么叫作荷载横向分布的比拟正交异性板法?

答: 比拟正交异性板法是对一座具有中横梁的简支T形梁桥通过刚度等效的方法,将它简化为在正交两个方向具有不同刚度(抗弯和抗扭)的异性板,然后按照弹性力学的理论公式,求得跨中截面在单位荷载作用下,该截面产生的横向挠曲线,并以此挠曲线作为求荷载横向分布影响线的依据,编制出供设计使用的图表。由于实际结构并非真正的正交异性板,而是用等效比拟的方法得到的板,故将该法命名为比拟正交异性板法。下面简单介绍其原理及其步骤。

(1)按图3-59a)中的结构将简支T形梁的抗弯惯性矩 I_x 和抗扭惯性矩 I_{Tx} 分别除以梁宽 b,再将横梁的抗弯惯性矩 I_y 和抗扭惯性矩 I_{Ty} 分别除以横梁宽 a,便得到如图3-59b)所示的纵、横向截面单宽惯性矩分别为 J_x、J_{Tx} 和 J_y、J_{Ty} 的比拟正交异性板。

(2)按照弹性力学理论,求得跨中单位荷载 $P=1$ 作用于 k 号梁时跨中截面的横向挠曲线 $w(l/2,y)$ [图3-59d)]。

(3)每根主梁覆盖的部分挠曲线面积 A_i 与挠曲线总面积 $\sum A_i$ 之比便是该梁所分配到的荷载,它由下式表示:

$$\eta_{ik} = \frac{A_i}{\sum A_i} \approx \frac{w_i b}{w 2B} = \eta_{ki}$$

若令

$$K_{ki} = \frac{w_i}{w}, \frac{2B}{b} = n(主梁数)$$

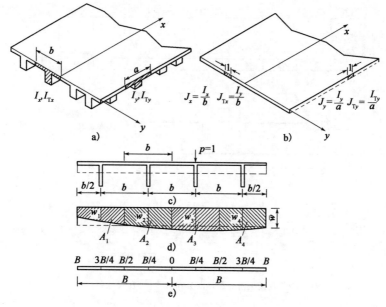

图 3-59 比拟正交异性板法的计算图式

便得到 k 号梁(本例为 3 号梁)的荷载横向分布影响线公式：

$$\eta_{ki} = \frac{K_{ki}}{n} \qquad (3-13)$$

(4)编制实用图表,由于每座桥梁的主梁根数、跨长及截面尺寸千差万异,各不相同,而挠曲线又与另外两个参数 α 和 θ 有关：

$$\alpha = \frac{G(T_{Tx} + J_{Ty})}{2E\sqrt{J_x \cdot J_y}}, \qquad \theta = \frac{B}{l}\sqrt[4]{\frac{J_x}{J_y}} \qquad (3-14)$$

为了通用起见,便将桥的全宽 $2B$ 固定分为八等分和九个点,而取桥中间点坐标为 0[图 3-59e)],并按照 $\alpha=0$ 和 $\alpha=1$ 两种桥梁的截面特性编制了两套关于 K_{ki}-θ 的实用图表。应用时,便根据实际结构的截面特性 ($0 < \alpha \leq 1$) 和主梁轴线的实际位置,分别通过查表和内插法求出 K_{ki} 值。

1946 年法国的居易翁(Guyon)和 1950 年法国麦桑纳特(Massonnet)分别完成了 $\alpha=0$ 和 $\alpha=1$ 情况下正交异性板的计算问题,故习惯上又把这种求荷载横向分布系数的方法合称为 G-M 法。

49. 能否应用一般平面杆系有限元程序来分析铰接板桥荷载横向分布系数 m？

答: 能。现用如图 3-60 所示的算例来阐明其计算步骤和具体方法,图 3-60a)是一座铰接板桥的横断面示意图。

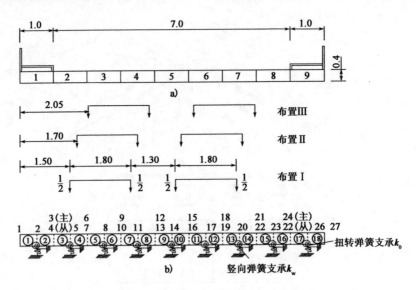

图3-60 铰接板桥荷载横向分布计算模型(尺寸单位:m)

该桥计算跨长 $l = 7.69\text{m}$,横向由 9 块宽×高 = 1.0m × 0.4m 的预制钢筋混凝土板构成,混凝土弹性模量 $E = 2.85 \times 10^7 \text{kN/m}^2$,剪切模量 $G = 0.425E$,板的抗弯惯性矩 $I = 5.28 \times 10^{-3} \text{m}^4$,抗扭惯性矩 $I_T = 1.565 \times 10^{-2} \text{m}^4$。计算步骤如下:

(1)离散图[图3-60b)]

在桥跨中央沿桥纵向截取单位长 1m 作为单元宽度,并将每块板等分为 2 个单元,共计 18 个单元。每块板的中点下面各布置一个竖向弹簧支承和一个扭转弹簧支承,其弹簧刚度分别用 k_w 和 k_θ 表示。其次,对于相邻两块板之间的铰构造,则用 2 个节点编号和竖直向的主从关系来模拟,这样,整个模型共计有 27 个节点。

(2)弹簧刚度计算

竖向弹簧支承刚度 k_w 按下式计算:

$$k_w = \frac{\pi^4 E I}{l^4} = \frac{\pi^4 \times 2.85 \times 10^7 \times 5.28 \times 10^{-3}}{7.69^4} = 4\,191.5\,(\text{kN/m}^2) \quad (3\text{-}15)$$

扭转弹簧支承刚度 k_θ 为:

$$k_\theta = \frac{\pi^2 G I_T}{l^2} = \frac{\pi^2 \times 0.425 \times 2.85 \times 10^7 \times 1.565 \times 10^{-2}}{7.69^2}$$

$$= 31\,637\,[\text{kN} \cdot \text{m}/(\text{rad} \cdot \text{m})] \quad (3\text{-}16)$$

(3)荷载横向分布影响线 η_{ij}

将单位荷载 $P=1$ 分别布置在节点 2 号、5 号、8 号、11 号、14 号上,便得 1 号~5 号板下的竖向弹簧支反力,亦即荷载横向分布影响线竖标 η_{ij},现列出于表 3-4,并与查表法结果进行对比。

荷载横向分布影响线坐标 表 3-4

板号	载位 计算方法	荷载横向分布影响线坐标 η_{ij}								
		1 号	2 号	3 号	4 号	5 号	6 号	7 号	8 号	9 号
1	有限元法	288	222	154	107	75	54	40	32	28
	查表法	282	219	152	107	76	56	43	34	31
2	有限元法	222	219	176	122	86	61	46	36	32
	查表法	219	215	174	121	86	63	48	39	34
3	有限元法	154	176	187	154	108	76	58	46	40
	查表法	152	174	184	153	109	78	60	48	43
4	有限元法	107	122	154	173	146	104	76	61	54
	查表法	107	121	153	1721	45	105	78	63	56
5	有限元法	75	86	108	146	170	146	108	86	75
	查表法	76	86	109	145	168	145	109	86	76

注:表中数值应乘以 10^{-3}。

(4)荷载横向分布系数 m 计算

当应用计算程序分析时,可以在离散图上按照车道数直接进行横向布载,每个轮重按 $P/2=1/2$ 输入。如计算程序的功能许可时,也可沿横桥向按影响线加载,步距可以取得小一些。图 3-60b)是三种车辆荷载的横向布置图。按这些布置图所得到的各竖向弹簧支承反力,便是相应工况下各板的横向分布系数 m_i。现汇总于表 3-5 中。

各板的荷载横向分布系数 m_i 表 3-5

板号	工况 计算方法	各号板的荷载横向分布系数 m		
		布置 I	布置 II	布置 III
1	有限元法	0.225 5	0.210 1	0.184 1
	查表法	0.227	—	—
2	有限元法	0.239 8	0.229 1	0.209 8
	查表法	0.241	—	—
3	有限元法	0.252 1	0.244 7	0.231 7
	查表法	0.250	—	—

续上表

板号	工况 计算方法	各号板的荷载横向分布系数 m		
		布置 I	布置 II	布置 III
4	有限元法	0.258 4	0.253 2	0.245 8
	查表法	—	0.255	—
5	有限元法	0.251 6	0.254 8	0.257 3
	查表法	—	—	0.252

计算结果表明,两种方法的计算结果十分接近,但有限元法的计算较简便;其次,二者的微小差异是由于在应用查表法时需要经过两次直线内插所致。

50. 怎样应用平面杆系有限元法程序计算刚接 T 形简支梁桥的荷载横向分布系数 m?

答:计算原理与49题中的完全相同。现举例说明,如图 3-61 所示是一座五梁式钢筋混凝土刚接 T 梁桥,计算跨径 $l = 19.5 \mathrm{m}$,全跨共有 5 片横隔梁,中距为 $l_1 = 4.88 \mathrm{m}$。经计算,主梁的抗弯惯性矩 $I = 0.066\ 27 \mathrm{m}^4$,抗扭惯性矩 $I_T = 0.002\ 798\ 7 \mathrm{m}^4$,混凝土的弹性模量 $E = 3.3 \times 10^7 \mathrm{kN/m}^2$,剪切模量 $G = 0.425E$。具体计算步骤如下:

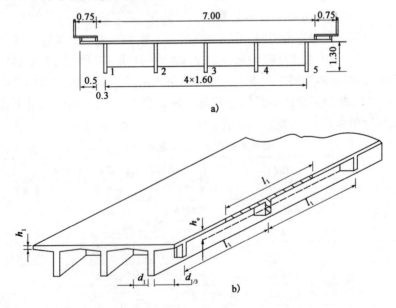

图 3-61 刚接 T 形简支梁桥横截面图(尺寸单位:m)

(1) 解题的关键

首先要将横梁与翼板等效为厚度等于 h_e 的矩形板。为此，截取距主梁肋板 $d_1/3$ 的横梁截面[图 3-61b)]中的阴影部分，算得该截面的抗弯惯性矩 $I_横$，然后按下两式分别计算单宽平均抗弯惯性矩 $\bar{I}_横$ 和等效板厚 h_e：

$$\bar{I}_横 = \frac{I_横}{l_1} \tag{3-17}$$

$$h_e = \sqrt[3]{12\bar{I}_横} \tag{3-18}$$

对于本例，当平均板厚 $h_1 = 0.12\text{m}$ 时，便有 $I_横 = 0.0293\text{m}^4$，$\bar{I}_横 = 0.006\text{m}^4/\text{m}$，$h_e = 0.416\text{m}$。

(2) 离散图

在桥跨中央沿桥纵向截取单位长 1m 作为单元宽度，便可绘出如图 3-62 所示的离散图，它共有 10 个单元和 11 个节点，T 形梁肋板的影响在此忽略不计。

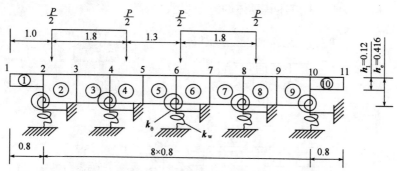

图 3-62 刚接 T 形梁桥荷载横向分布计算模型(尺寸单位:m)

(3) 弹簧支承刚度

将各已知值分别代入式(3-15)和式(3-16)，便得到竖向弹簧支承刚度 $k_w = 1\,473.3\text{kN/m}^2$ 和扭转弹簧支承刚度 $k_\theta = 1\,018.8\text{kN}\cdot\text{m}/(\text{rad}\cdot\text{m})$。

(4) 荷载横向分布影响线坐标

将单位力 $P = 1$ 置于 1 号主梁肋板所对应的 2 号节点处，由程序输出的各竖向弹簧支承反力值，便是 1 号主梁的荷载横向分布影响线坐标 η_{ij}。表 3-6 列出了有限元法的计算结果，并与查表法作了对比，比较吻合。

1 号主梁荷载横向影响线坐标 η_{ij}   表 3-6

梁号	计算方法	η_{ij}				
		1 号	2 号	3 号	4 号	5 号
1	有限元法	0.561 5	0.371 5	0.190 5	0.020 2	-0.143 8
	查表法	0.563	0.374	0.192	0.019	-0.149

(5) 荷载横向分布系数

按图 3-62 中的最不利偏心布载，便可直接得到在该工况下各主梁的荷载横向分布系数 m_i。表 3-7 仅列出 1 号梁和 3 号梁的 m_1 和 m_3，以便与查表法结果进行对比。

图 3-62 工况下各主梁的荷载横向分布系数 m_i　　　表 3-7

计算方法	各主梁的 m_i				
	1 号	2 号	3 号	4 号	5 号
有限元法	0.515 8	0.463 0	0.405 8	0.342 1	0.273 3
查表法	0.519	—	0.407	—	—

51. 怎样应用平面杆系有限元程序计算简支斜梁桥的荷载横向分布系数 m？

答：计算原理和计算方法均与上二例基本相同。现用如图 3-63 所示的简支斜梁桥为例，来简述其具体的解题步骤。

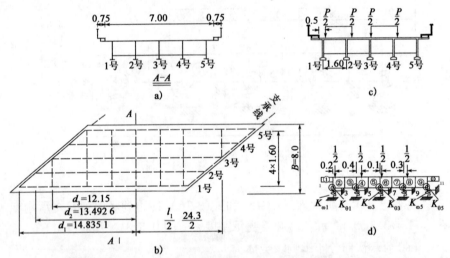

图 3-63　简支斜梁桥平面、剖面示意及荷载横向分布系数计算模型（尺寸单位：m）

(1) 建立以 3 号主梁的中横梁为主体，用抗弯和抗扭两组集中弹簧支承来代替各榀纵主梁作用的计算模型，其中每个单元沿桥纵向的长度均取 1m [图 3-63d]。

(2) 按以下两个公式分别计算各榀主梁对中横梁单元的等代弹簧抗弯刚度 k_{wi} 和抗扭刚度 $k_{\theta i}$：

$$k_{wi} = \frac{\pi^4 EI}{l^4 \cdot \sin\frac{\pi d_i}{l}} \tag{3-19}$$

$$k_{\theta i} = \frac{\pi^2 G I_T}{l^2 \cdot \sin\frac{\pi d_i}{l}} \tag{3-20}$$

式中：I、I_T——主梁的抗弯惯性矩和抗扭惯性矩；

E、G——结构材料的弹性模量和剪切模量；

l——主梁的跨长；

d_i——中横梁与主梁的交点至左端支点间的距离[图3-63b)]。

(3)按照《公路桥涵设计通用规范》(JTG D60—2015)的有关规定,对某号主梁(例如1号边主梁)进行最不利的横向布载[图3-63c)、d)]。

(4)应用平面杆系有限元法程序计算,便可得到各个主梁下面的两个弹簧支承的反力,其中竖向支承的反力便是该梁的荷载横向分布系数 m^P,抗扭弹簧支承的反力力矩便是该梁的扭矩横向分布系数 m^T。

若设图3-63中五梁式简支梁桥的斜计算跨长 $l_j = 24.3\text{m}$,斜交角 $\alpha = 40°$,主梁间距为1.6m,混凝土强度等级取C40号,主梁的抗弯刚度 $EI = 6\,983\,460\text{kN} \cdot \text{m}^2$,$GI_T = 86\,311.46\text{kN} \cdot \text{m}^2$,将诸已知值代入式(3-19)和式(3-20),便得到各主梁下的弹簧支承刚度 k_{wi} 和 $k_{\theta i}$(表3-8)。

弹簧支承刚度 k_{wi}、$k_{\theta i}$ 汇总　　　　　　表3-8

弹簧刚度	单位	主梁编号		
		1号、5号	2号、4号	3号
k_{wi}	kN/m²	2 074.70	1 980.71	1 950.95
$k_{\theta i}$	kN·m/(rad·m)	1 534.14	1 464.64	1 442.63

应用计算程序计算出该桥1、2号主梁的竖向荷载横向分布系数 m^P(竖向弹簧支承的总反力)和扭转荷载横向分布系数 m^T(抗扭弹簧支承的总反力力矩)见表3-9。

1、2号梁荷载横向分布系数　　　　　　表3-9

系数名称	1号梁	2号梁
竖向荷载横向分布系数 m^P	0.533 9	0.451 7
扭矩荷载横向分布系数 m^T	0.028 08	0.026 81

有关本法原理的具体内容及其与查表法结果的对比详见文献[71]。

52. 应用一般平面杆系有限元法程序能否计算刚接曲线梁桥荷载横向分布系数 m?

答:能。解题的关键是在计算模型中对每一榀曲线T形梁附加一个刚臂单元,将曲线梁中的弯扭耦合效应先进行分离,如图3-64所示。其基本原理详见文献[72],现仅将建模要点介绍如下。

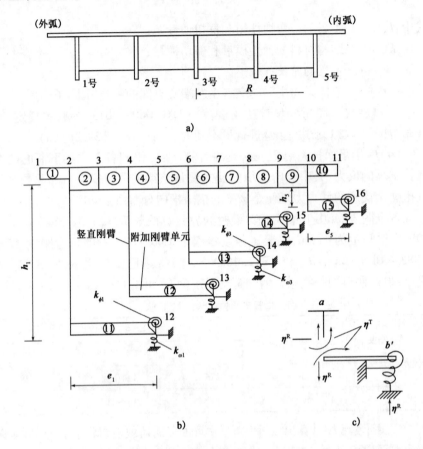

图3-64 曲线梁桥荷载横向分布计算模型

(1)图3-64b)中所有单元的宽度均取1m,忽略每个单元内、外弧长的微小差异,以简化计算。根据实例分析,这种忽略带来的误差甚微。

(2)位于每个单元内、外弧侧的厚度均取曲线T梁翼缘的平均厚度,但在有横隔梁的区段,仍应参照图3-64中的方法,将翼板与横隔梁构成的T形截面按其抗弯惯性矩等效为平均厚度。

(3)每片曲线梁所对应的竖向弹簧刚度 k_{wi}、扭转弹簧刚度 $k_{\varphi i}$ 和附加水平刚臂的长度 e_i 应分别按以下各式计算[35]:

$$k_{wi} = A, k_{\varphi i} = \frac{\Delta}{A}, e_i = \frac{B}{A} \tag{3-21}$$

其中:

$$\left. \begin{aligned} A &= \frac{GI_d}{R_i^4}\left[k\left(\frac{\pi}{\theta_o}\right)^4 + \left(\frac{\pi}{\theta_o}\right)^2\right] \\ B &= \frac{GI_d}{R_i^3}\left[(1+k)\left(\frac{\pi}{\theta_o}\right)^2\right] \\ D &= \frac{GI_d}{R_i^2}\left[k + \left(\frac{\pi}{\theta_o}\right)^2\right] \\ \Delta &= AD - B^2, k = \frac{EI}{GI_d} \end{aligned} \right\} \quad (3-22)$$

式中：E、G——材料的弹性模量和剪切模量；

I、I_d——梁截面的抗弯惯性矩和抗扭惯性矩；

R_i、θ_o——i号曲线梁的半径和圆心角。

式中的符号规定，当外弧线居左、曲率中心居右时，竖向荷载及挠度均以向下为正，扭矩及扭转角均以顺时针方向旋转者为正，反之为负。

（4）为了便于应用平面杆系有限元法程序，所有水平刚臂均当作单元予以编号，但令其刚度 $EI \approx \infty$，在其一端（图中内弧侧）布置一对弹簧支承，另一端通过竖向刚臂直接与 T 形梁梁肋顶点所对应的单元结点连接。

（5）为了避免相邻附加水平刚臂单位产生重叠，所有附加水平刚臂单元与横隔梁单元之间的垂直距离 h_i 可以任意选定，它不影响计算结果。

（6）当单位力 $P = 1$ 置于 k 号梁所对应的节点位置时，各主梁下的竖向弹簧支承反力，便是 k 号梁的荷载横向分布影响线竖标 η_{ki}^R；当按最不利的工况沿桥面横向（即曲线梁的径向）布载时，各个竖向弹簧支承的反力便是所对应曲线梁在该工况下的荷载横向分布系数 m_i^R。

（7）各水平刚臂单元位于梁肋一端的弯矩 M 值，便是所对应曲线梁的扭矩荷载横向分布系数 m_i^T，或者是扭矩荷载横向分布影响线竖标 ξ_{ki}^T（依所布置的荷载而定）。这一点与直线梁的取值截然不同，后者是直接取抗扭弹簧支承的反力扭矩值。关于这一点可以从图 3-64c）中水平刚臂单元的脱离体平衡条件得到解释。

现取文献［35］中第 137 页的曲线梁桥算例为例来阐明。该例是一座 5 片等截面预应力混凝土曲线梁桥，共有 5 根横隔梁，圆心角 $\theta_o = 50°$，如图 3-65 所示。已知 $E = 3.5 \times 10^7 \text{kN/m}^2$，$G = 1.5 \times 10^7 \text{kN/m}^2$，$I = 0.24015\text{m}^4$，$I_T = 0.00432\text{m}^4$，横隔梁按桥中轴线为标准的等效翼板刚度 $I_1 = 0.02\text{m}^4/\text{m}$，具体计算步骤如下：

①本例的梁数及截面形式与图 3-64 中的完全相同，故可直接取图 3-64b）的离散图作为本例的计算模型，仅在单元的截面尺寸上进一步具体化，即：①和⑩单元均近似取宽×高 = $1.0\text{m} \times 0.16\text{m}$；②～⑨单元取

1m×0.62m（按I_1值换算为矩形截面）；⑪~⑮刚臂单元均取 = 1.0m × 1.0m，但$E_刚 = 1 \times 10^{16} kN/m^2$。

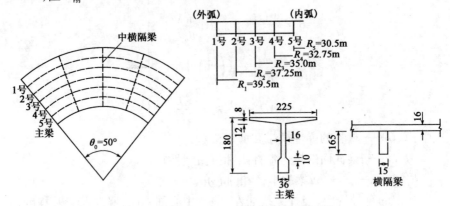

图3-65 曲线梁桥荷载横向分布计算示例(尺寸单位:cm)

②按式(3-22)计算各个参数，过程从略，其结果为：$k = 129.71$，$A = 1\,412\,599\,046/R_i^4$，$B = 109\,771\,848/R_i^3$，$D = 9\,245\,058/R_i^2$，$\Delta = 1.009\,701\,501 \times 10^{15}/R_i^6$。

③列表计算水平刚臂单元⑪~⑮的长度e_i及弹簧支承刚度k_{wi}、$k_{\varphi i}$，见表3-10。

弹簧支承刚度及刚臂长度计算　　　　表3-10

梁号	$k_w(kN/m^2)$	$k_\varphi[kN \cdot m/(rad \cdot m)]$	$e(m)$	$h_i(m)$
1(外弧)	580.27	458.12	3.069 5	1.0
2	733.69	515.14	2.894 7	0.8
3	941.34	583.50	2.719 8	0.6
4	1 227.93	666.43	2.545 0	0.4
5(内弧)	1 632.37	768.38	2.370 1	0.2
说明	按式(3-21)	按式(3-21)	按式(3-21)	任意取值

注：各片梁的曲率半径R_i见图3-65。

④应用平面杆系有限元法程序，计算当$P = 1$分别作用于2号、4号、6号、8号和10号节点上时的竖向弹簧支承反力η_{ki}^R（即荷载横向分布影响线坐标η_{ki}）及其相应的刚臂单元左端的弯矩ξ_{ki}^T（即扭矩横向分布影响线坐标ξ_{ki}），其结果分别汇总于表3-11a)和表3-11b)，并与文献[35]中的手算法进行对比，符合较好。

再次说明，如果按照《公路桥涵设计通用规范》（JTG D60—2015）中的车辆荷载沿跨中的径向（横桥的）进行最不利的布载，便可直接得到各梁的荷载横向分布系数m_i^R和扭矩荷载横向分布系数m_i^T。

竖向荷载横向影响线坐标 η_{ki} 表 3-11a)

梁号 (k)	计算方法	单位力 $P=1$ 的作用位置(i)				
		η_{k1}	η_{k2}	η_{k3}	η_{k4}	η_{k5}
1	有限元法	0.699 2	0.536 8	0.374 0	0.216 0	0.063 2
	刚接梁法	0.707 3	0.542 1	0.379 4	0.220 4	0.066 2
2	有限元法	0.565 8	0.454 5	0.340 5	0.222 6	0.104 8
	刚接梁法	0.539 2	0.433 8	0.328 5	0.220 1	0.111 8
3	有限元法	0.350 3	0.308 1	0.268 2	0.222 1	0.167 8
	刚接梁法	0.307 7	0.275 4	0.274 8	0.215 4	0.172 9
4	有限元法	−0.004 9	0.062 0	0.130 1	0.200 0	0.262 6
	刚接梁法	−0.032 6	0.048 1	0.121 4	0.195 6	0.265 7
5	有限元法	−0.610 4	−0.361 4	−0.112 9	0.139 3	0.401 7
	刚接梁法	−0.521 6	−0.299 5	−0.077 2	0.148 3	0.383 3
$\sum \eta_{ik}$	有限元法	1.000 0	1.000 0	0.999 9	1.000 0	1.000 1
	刚接梁法	1.000 0	0.999 9	0.999 9	0.999 8	0.999 9

注：表中按刚接梁法的计算结果直接摘自文献[35]中的表 7-7 值。

扭矩横向影响线坐标 ξ_{ki} 表 3-11b)

梁号 (k)	计算方法	单位力 $P=1$ 的作用位置(i)				
		ξ_{k1}	ξ_{k2}	ξ_{k3}	ξ_{k4}	ξ_{k5}
1	有限元法	2.044 0	1.577 0	1.106 0	0.646 7	0.201 1
	刚接梁法	2.099 3	1.583 0	1.099 8	0.647 5	0.192 8
2	有限元法	1.527 0	1.238 0	0.939 9	0.626 6	0.311 5
	刚接梁法	1.482 9	1.169 5	0.886 5	0.683 0	0.315 7
3	有限元法	0.834 1	0.753 3	0.678 4	0.584 5	0.466 0
	刚接梁法	0.760 6	0.658 1	0.608 8	0.551 1	0.473 1
4	有限元法	−0.139 6	0.065 4	0.273 3	0.485 8	0.679 4
	刚接梁法	−0.190 5	0.021 3	0.239 7	0.460 5	0.682 3
5	有限元法	−1.588 0	−0.959 6	−0.333 3	0.302 3	0.964 1
	刚接梁法	−1.346 3	−0.797 2	0.235 1	0.328 9	0.918 5

注：同表 3-11a) 中注。

53. 悬臂施工时主梁内力如何计算？

答：为了便于理解，现取一座三孔连续梁例子进行阐明，如图 3-66 所示。该桥上部结构采用挂篮对称平衡悬臂浇筑法施工，从大的方面可归纳为五个主要阶段，现按图分述如下：

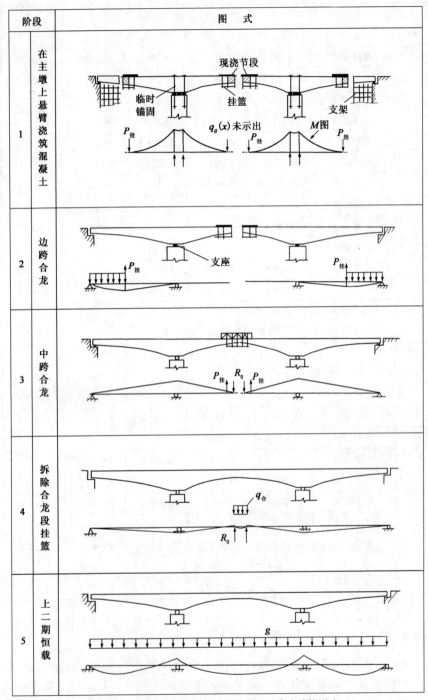

图3-66 悬臂浇筑法施工时连续梁自重内力计算图式

(1) 阶段 1:在主墩上悬臂浇筑混凝土

首先在主墩上浇筑墩顶上面的梁体节段(称零号块件),并用粗钢筋及临时垫块将梁体与墩身作临时锚固,然后采用施工挂篮向桥墩两侧分节段地进行对称平衡悬臂施工。此时桥墩上支座暂不受力,结构的工作性能犹如 T 形刚构。对于边跨不对称的部分梁段则采用有支架施工。

此时结构体系是静定的,外荷载为梁体自重 $q_{自}(x)$ 和挂篮重量 $P_{挂}$,其弯矩图与一般悬臂梁无异。

(2) 阶段 2:边跨合龙

当边跨梁体合龙以后,先拆除中墩临时锚固,然后便可拆除支架和边跨的挂篮。

此时由于结构体系发生了变化,边跨接近于一单悬臂梁,原来由支架承担的边段梁体重量转移到边跨梁体上。由于边跨挂篮的拆除,相当于结构承受一个向上的集中力 $P_{挂}$。

(3) 阶段 3:中跨合龙

当中跨合龙段上的混凝土尚未达到设计强度时,该段混凝土的自重 q 及挂篮重量 $2P_{挂}$ 将以 2 个集中力 R_0 的形式分别作用于两侧悬臂梁端部。由于此阶段的挂篮均向前移了,故原来向下的 $P_{挂}$ 现以方向向上的卸载力 $P_{挂}$ 作用在梁段原来的位置上。

(4) 阶段 4:拆除合龙段的挂篮

此时全桥已经形成整体结构(超静定结构),拆除合龙段挂篮后,原先由挂篮承担的合龙段自重转而作用于整体结构上。

(5) 阶段 5:上二期恒载

在桥面均布二期恒载 g 的作用下,可得到三跨连续梁桥的相应弯矩图。

以上是对每个阶段受力体系的剖析,若需知道是某个阶段的累计内力时,则将该阶段的内力与在它以前几个阶段的内力进行叠加便得。成桥后的总恒载内力,将是这五个阶段内力叠加的结果。

54. 悬臂施工时如何计算主梁的挠度和预拱度?

答:悬臂法施工中的一期恒载主要包括结构自重和预施预应力两大部分,前者的计算比较容易,后者可应用本章第 60 问的等效荷载法进行计算。为了弄清悬臂施工与有支架施工在挠度计算和设置预拱度的差别,这里先简单提一下有支架施工的特点。

(1) 有支架施工的悬臂梁

现取由 4 节段组成的悬臂梁为例,如图 3-67 所示。如果只计结构恒载应设的预拱度,那么,每个结点的预拱度 Δ_i 可用下式表示:

$$\begin{bmatrix} \Delta_{11} & \Delta_{12} & \Delta_{13} & \Delta_{14} \\ \Delta_{21} & \Delta_{22} & \Delta_{23} & \Delta_{24} \\ \Delta_{31} & \Delta_{32} & \Delta_{33} & \Delta_{34} \\ \Delta_{41} & \Delta_{42} & \Delta_{43} & \Delta_{44} \end{bmatrix} \begin{Bmatrix} 1 \\ 1 \\ 1 \\ 1 \end{Bmatrix} = \begin{Bmatrix} \Delta_1 \\ \Delta_2 \\ \Delta_3 \\ \Delta_4 \end{Bmatrix} \quad (3\text{-}23)$$

式中： $\Delta_1 \sim \Delta_4$ ——悬臂梁上4个节点在卸架后由结构恒载引起的总变形；

$\Delta_{ij}(i,j=1,2,3,4)$ ——节段自重 (G_1,G_2,G_3,G_4) 及预应力对 i 节点产生的弹性变形。

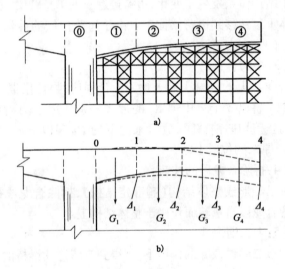

图 3-67 有支架施工的悬臂梁

（2）悬臂拼装结构

如果图3-67中的悬臂梁是由四个预制节段用悬臂拼装法逐段拼装而成的，那么，由于结构恒载而应设置的预拱度 Δ_i 就应该按式(3-24)计算：

$$\begin{bmatrix} \Delta_{11} & \Delta_{12} & \Delta_{13} & \Delta_{14} \\ 0 & \Delta_{22} & \Delta_{23} & \Delta_{24} \\ 0 & 0 & \Delta_{33} & \Delta_{34} \\ 0 & 0 & 0 & \Delta_{44} \end{bmatrix} \begin{Bmatrix} 1 \\ 1 \\ 1 \\ 1 \end{Bmatrix} = \begin{Bmatrix} \Delta_1 \\ \Delta_2 \\ \Delta_3 \\ \Delta_4 \end{Bmatrix} \quad (3\text{-}24)$$

这是因为悬臂结构是逐段拼装而成，后节段的恒载对先拼节段会产生弹性变形，而先拼的节段已完成了本身恒载的变形，不再对后续节段产生影响,这可用图 3-68 的分析加以说明。

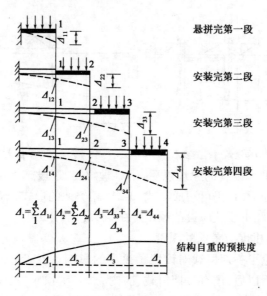

图 3-68 逐段悬拼的悬臂梁

(3) 挂篮施工的悬浇结构

挂篮施工的悬浇结构和悬臂拼装工艺的最大差别在于:第一,挂篮在施工过程中固定在先完成的节段上,它的自重也使结构产生变形,但在挂篮拆除后,又使原来的变形得到恢复;第二,挂篮设备上伸出的悬臂,又因浇筑混凝土时结构重量不断增加而使自身产生挠曲变形,从而导致永久性结构发生同样的变形,值得重视的是,在挂篮拆除后,这部分变形却不能得到恢复。

① 现浇 1 号节段。

一般说来,在现浇 1 号节段混凝土时,挂篮设备的自重全部落在墩顶上的 0 号节段上。但是,在悬浇过程中,混凝土重量不断增加,使挂篮设备上的伸臂发生弹性变形 δ_{1g},它使底模板前端的高程也发生同样变形,如图 3-69 所示。类似的变形将同样地会发生在以后各节段的施工中,即用 δ_{2g}、δ_{3g} 和 δ_{4g} 表示之。因此,在各节点的预拱度值中,均应分别计入这个影响,但也可以通过调整挂篮的吊带来解决。

② 挂篮自重引起的结构变形。

当现浇 2 号以后节段混凝土时,挂篮设备一般将拆成两截,分别固定在(或者部分地落在)已完成的悬臂节段上。由于挂篮具有一定的自重,尤其在大跨径桥梁的悬臂施工中,挂篮设备的重心距悬臂梁根部的力臂较大,造成已完成梁段发生变形,从而使待浇段模板也下垂,如图 3-70 中的 Δ_{2G} 和 $\Delta_{3G}(\approx \Delta_{2G})$。但是正如前面所指出,这种变形将随挂篮的拆除而最后恢复。因此,在设置预拱度时,应该预先从应设置的预拱度中扣除这部分影响。

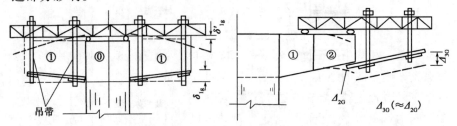

图 3-69 1号节段浇筑时挂篮变形　　　　图 3-70 其余节段浇筑时的变形

弄清上述拱度设置的原理以后,不难理解,当逐段施加预应力时,它对各节点产生的变形值,仍可写成与式(3-24)相类似的形式,不过它的方向一般向上挠曲,因此也要从应设的预拱度中减去这部分影响。

(4) 设置预拱度应考虑的因素

上面仅讨论了一期恒载对设置预拱度的影响。事实上,当悬臂梁合龙转换成连续体系以后,还有二期恒载、次内力(二次预应力、徐变、收缩及温度影响)和1/2汽车活载的影响。为了施工的简化,通常可以将这些影响值的总和作为跨中预拱度的最大值,以两桥墩支点为零,其余各点可以近似地按二次抛物线进行分配。为了有一个全面的了解,现将悬臂梁施工中预拱度的设置和方法汇总于表3-12。表中挂篮伸臂的挠曲,可通过调整吊带长度预先消除。

悬臂施工的连续体系梁桥预拱度设置内容　　表3-12

阶段	影响因素	增(+)减(-)	施工方法		计算方法	预拱度分配
			悬拼	悬浇		
悬臂施工阶段	一期恒载	+	√	√	按悬臂梁逐段计算	按式(3-24)叠加值
	预施预应力	-	√	√		
	挂篮设备自重	-		√		
	挂篮伸臂挠曲	+		√		
	收缩徐变	+	√	√		
合龙后及通车	二期恒载	+	√	√	按连续梁计算跨中最大值	按二次抛物线比例分配
	次应力	+	√	√		
	二次预应力	±	√	√		
	收缩徐变	+	√	√		
	1/2 汽车荷载(不计冲击力)	+	√	√		

注:"+"表示预拱向上;"-"表示预拱向下(或扣除)。

55.顶推施工时主梁内力如何计算?

答:(1)顶推施工时主梁的受力特点

用逐段顶推施工法完成的连续梁桥(简称顶推连续梁),一般将结构设计成等跨径和等高度截面的形式。当全桥顶推就位后,其恒载内力的计算与有支架施工法的连续梁完全相同。顶推连续梁的主要受力特点反映在顶推施工的过程中,随着主梁节段逐段地向对岸推进,将使全桥每个截面的内力不断地从负弯矩→正弯矩→负弯矩…呈反复性的变化,图 3-71 是这种结构在施工过程中的弯矩包络图。

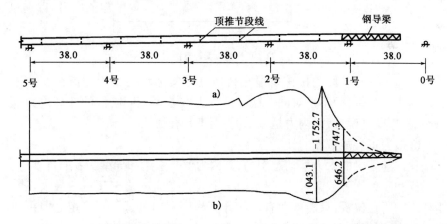

图 3-71 某桥顶推连续梁的布置与恒载弯矩包络图(尺寸单位:m;弯矩单位:kN·m)

为了改善这种施工方法带来的负面影响,一般采用以下措施:

①在顶推梁的最前端设置自重较轻且具有一定刚度的临时钢导梁(又称鼻梁),导梁长度为主梁跨径 L 的 65% 左右,以降低主梁截面的悬臂负弯矩。

②当主梁跨径较大(一般≥60m)时,可在每个桥孔的中央设置临时墩,或者在永久墩沿桥纵向的两侧增设三角形临时钢斜托,以减小顶推跨径。

③对于在成桥以后不需要布置正或负弯矩的钢束区,则根据顶推过程中的受力需要,配置适量的临时预应力钢束。

(2)施工中恒载内力计算

①计算假定。

顶推连续梁通常是在岸边专门搭设的台座上逐段地预制、逐段向对岸推进的,它的形成是先由悬臂梁到简支梁再到连续梁,先由双跨连续梁再到多跨连续梁,直至达到设计要求的跨数。为了简化计算,一般作以下的假定:

a. 放在台座上的部分梁段不参与计算，也就是说，在计算图式中，靠近台座的桥台处可以取为一个完全铰，如图 3-72 所示。

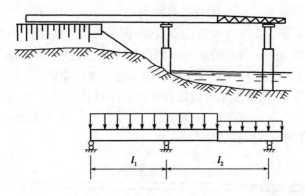

图 3-72　顶推连续梁计算图式

b. 每个顶推阶段均按该阶段全桥所处的实际跨径布置和荷载图式进行整体内力分析，而不是对同一截面的内力按若干不同阶段的计算内力进行叠加，也就是说，截面内力是流动的，而不是叠加的。

②最大正弯矩截面的计算。

顶推连续梁的内力呈动态型的，其内力值与主梁和导梁二者的自重比、跨长比和刚度比等因素有关，很难用某个公式来确定图 3-71b) 中最大正弯矩截面的所在位置，只能借助有限元计算程序和通过试算来确定。但在初步设计中，可以近似地按图 3-73 的三跨连续梁计算图式估算。

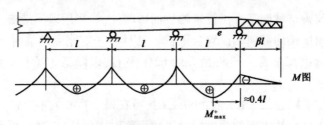

图 3-73　顶推连续梁最大正弯矩截面的计算图式

其次，也可以参照以下近似公式计算：

$$M_{max}^+ = \frac{q_{自}l^2}{12}(0.933 - 2.96\gamma\beta^2) \qquad (3-25)$$

式中：$q_{自}$——主梁单位长自重；

γ——导梁与主梁的单位长自重比；

β——导梁长与跨长 l 的比例系数。

③最大负弯矩截面计算。

这要根据以下两种图式的计算结果对比后确定。

a. 导梁接近前方支点(图 3-74)。

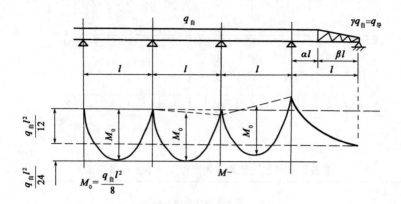

图 3-74 导梁接近前方支点时的自重内力图

此时的悬臂最长,其计算公式为:

$$M_{\min}^{-} \approx \frac{q_{自} l^2}{2} [\alpha^2 + \gamma(1-\alpha^2)] \tag{3-26}$$

式中:α——主梁悬出部分的长度与跨径 l 之比,参见图 3-74,其余符号意义同上。

b. 前支点支承在导梁约一半长度处(图 3-75)。

一般以取带悬臂的两跨连续梁图式计算最为不利,这也是根据支点截面的负弯矩影响线面积和的因素来判断的。该图式为一次超静定结构,虽然其中一跨梁存在刚度的变化,但计算并不困难。真正的最大负弯矩截面还需在靠近其两侧作试算和比较。

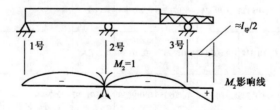

图 3-75 导梁支承在前支点上的计算图式

④一般梁截面的内力计算。

对于导梁完全处在悬臂状态的情况,多跨连续梁可以分解为图 3-76b)、图 3-76c)所示的两种情况,然后应用表 3-13 和表 3-14 的弯矩系数表分别计算后再进行叠加求得。

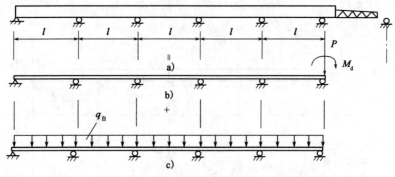

图 3-76 荷载的分解

等截面等跨径连续梁在端弯矩作用下支点弯矩系数　　　表 3-13

跨数 n	各支点截面弯矩系数 η_1										
	M_0	M_1	M_2	M_3	M_4	M_5	M_6	M_7	M_8	M_9	M_{10}
0	−1										
2	0	0.250 000	−1								
3	0	−0.066 667	0.266 667	−1							
4	0	0.017 857	−0.071 429	0.267 857	−1						
5	0	−0.004 785	0.019 139	−0.071 771	0.267 943	−1					
6	0	0.001 282	−0.005 128	0.019 231	−0.071 795	0.267 949	−1				
7	0	−0.000 344	0.001 374	−0.005 153	0.019 237	−0.071 797	0.267 949	−1			
8	0	0.000 092	−0.000 368	0.001 381	−0.005 155	0.019 238	−0.071 797	0.267 949	−1		
9	0	−0.000 025	0.000 097	−0.000 370	0.001 381	−0.005 155	0.019 238	−0.071 797	0.267 949	−1	
10	0	0.000 007	−0.000 026	0.000 099	−0.000 370	0.001 381	−0.005 155	0.019 238	−0.071 797	0.267 949	−1

等截面等跨径连续梁在自重作用下支点弯矩系数　　表 3-14

跨数 n	各支点截面弯矩系数 η_2										
	M_0	M_1	M_2	M_3	M_4	M_5	M_6	M_7	M_8	M_9	M_{10}
1	0	0									
2	0	-0.125 000	0								
3	0	-0.100 000	-0.100 000	0							
4	0	-0.107 143	-0.071 428	-0.107 143	0						
5	0	-0.105 263	-0.078 947	-0.078 947	-0.105 263	0					
6	0	-0.105 769	-0.076 923	-0.086 538	-0.076 923	-0.105 769	0				
7	0	-0.105 634	-0.077 465	-0.084 507	-0.08 4507	-0.077 465	-0.105 634	0			
8	0	-0.105 670	-0.077 320	-0.085 052	-0.082 474	-0.085 052	-0.077 320	-0.105 670	0		
9	0	-0.105 660	-0.077 358	-0.084 906	-0.083 019	-0.083 019	-0.084 906	-0.077 358	-0.105 660	0	
10	0	-0.105 663	-0.077 348	-0.084 945	-0.082 873	-0.083 564	-0.082 873	-0.084 945	-0.077 348	-0.105 663	0

各支点截面在端弯矩 M_d 作用下的弯矩 M_{id} 可按下式计算：

$$M_{id} = \eta_1 M_d \quad (3\text{-}27)$$

各支点截面在主梁自重作用下的弯矩 M_{iq} 可按下式计算：

$$M_{iq} = \eta_2 q_自 l^2 \quad (3\text{-}28)$$

各支点截面的总恒载弯矩 M_i 为：

$$M_i = M_{id} + M_{iq} \quad (3\text{-}29)$$

上式中的 η_1 和 η_2 可从表 3-13 和表 3-14 中查得。当求得各支点的 M_i 之后，便不难按简支梁图式计算各截面的弯矩值。

(3) 算例

为了理解上述计算公式与方法，下面举 5×40m 顶推连续梁为例，如图 3-77a) 所示。设主梁的荷载集度 $q_自 = 10\text{kN/m}$，导梁长度 $l_导 = \beta l = 0.65 \times 40 = 26(\text{m})$，荷载集度 $q_导 = 1\text{kN/m}(r = 0.1)$，导梁与主梁的刚度比 $E_导 I_导/$

$EI=0.15$,试计算该主梁的最大和最小的弯矩值。

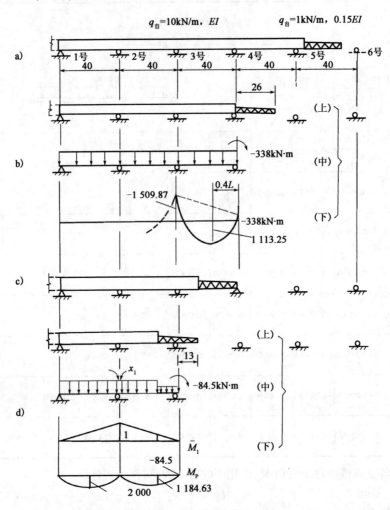

图 3-77 算例的结构布置及计算图式

解:计算步骤如下:

① 求主梁最大正弯矩值

方法 1:按式(3-25)近似公式计算。

$$M_{max}^+ = \frac{q_{自} l^2}{12}(0.933 - 2.96\gamma\beta^2)$$

$$= \frac{10 \times 40^2}{12} \times (0.933 - 2.96 \times 0.1 \times 0.65) = 1\,077.25\,(kN \cdot m)$$

方法 2:按图 3-77b)(上)和应用表 3-13 和表 3-14 中的系数计算。

首先将悬出的钢导梁自重简化为作用于端支点处的集中力和节点弯矩

M_d[图3-77b)(中)],集中力直接传递至桥墩,对梁内力不产生影响,故不予考虑。于是 4 号节点的弯矩 M_d 为:

$$M_4 = M_d = -\frac{q_导(\beta l)^2}{2} = -\frac{1 \times 26^2}{2} = -338(\text{kN}\cdot\text{m})$$

按三跨连续梁查表表 3-13 和表 3-14,得靠近节点弯矩的一跨 3 号中支点弯矩系数分别为:

$$\eta_1 = 0.266667, \eta_2 = -0.1000$$

代入式(3-27)~式(3-29)得 3 号支点总弯矩为:
$M_3 = 0.266667 \times 338 - 0.10 \times 10 \times 40^2 = -1509.87(\text{kN}\cdot\text{m})$

(注:M_d 用正值代入是因为表 3-13 中的系数 η_1 均是按负值端弯矩求得的。)

根据已知端弯矩 M_3、M_4 和均布荷载 $q_自$ 值,参看图 3-77b)(下),不难算出距 4 号节点 $0.4l = 16\text{m}$ 处的弯矩值为:

$$M_{0.4l} \approx M_{\max}^+ = 1113.25\text{kN}\cdot\text{m} \qquad (计算过程略)$$

此值与近似公式的计算值较接近,并且按此方法可以求算全梁各个截面的内力值。

②求主梁最大负弯矩值

a. 按导梁接近前方支点的图式[图 3-77c)]计算,应用式(3-26)可得:

$$M_3 = M_{\min}^- = -\frac{q_自 l^2}{2}[\alpha^2 + \gamma(1 - \alpha^2)]$$

按图中布置,$\alpha = 14/40 = 0.35$,于是得

$$M_{\min}^- = -\frac{10 \times 40^2}{2}[0.35^2 + 0.1 \times (1 - 0.35^2)] = -1682(\text{kN}\cdot\text{m})$$

b. 按导梁中点支在 3 号墩顶的图式[图 3-77d)(上)]计算。

首先取图 3-77d)(中)所示的基本结构,并将悬出部分的钢导梁化为作用于 3 号支点处的集中力和节点弯矩,然后绘单位荷载及外荷载弯矩图[图 3-77d)(下)]。由于有一跨的不同节段存在刚度的差异,故在求算力法中的常变位和载变位时应进行分段积分(或图乘法)再求和,本例的两个变位值分别为:

$$\delta_{11} = 29.26, \Delta_{1p} = -57253.14$$

$$X_1 = -\frac{\Delta_{1p}}{\delta_{11}} = \frac{57253.14}{29.26} = 1956.7(\text{kN}\cdot\text{m})$$

(同假定方向)

此值与有限元法程序的计算值 $-1958\text{kN}\cdot\text{m}$ 十分吻合。经比较,以按此图式算得的负弯矩值最大,该截面距主梁前端的距离约为 27m。

56. 怎样应用"等代简支梁法"来分析非简支的其他梁式体系桥的荷载横向分布?

答:非简支体系的梁式桥大体上有:固端梁桥(门式刚架桥可近似地按固端梁考虑);悬臂梁桥;连续梁桥;连续刚构桥等。现在先用图 3-78b)所求的固端梁例子来阐明"等代简支梁法"的基本原理,其余可照此类推。

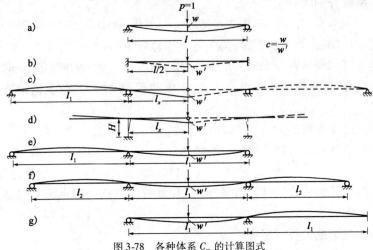

图 3-78　各种体系 C_w 的计算图式

图 3-78a)中简支梁的跨中挠度 w 可由下式求得:

$$w = \frac{pl^3}{48EI}$$

当将简支梁两端改为固支边界条件时,跨中挠度便为:

$$w' = \frac{Pl^3}{192EI} = \frac{Pl^3}{48E(4I)}$$

对比以上两式可以看出,只要将图 3-78a)的简支梁抗弯惯性矩 I 提高 4 倍,其跨中挠度便与固支梁的相等,我们把这座抗弯惯性矩 I 提高了 4 倍的简支梁称作是固端梁的"等代简支梁",为了公式的一般化,还可将上式写成:

$$w' = \frac{Pl^3}{48(C_w I)}$$

从而得到:

$$C_w = \frac{w}{w'} \tag{3-30}$$

定义 C_w 为抗弯惯性矩修正系数,它是同等跨径的简支梁中挠度 w 与非简支体系梁在同一位置的挠度 w' 之比值。当确定出 C_w 后,便可应用偏心压力法或者比拟正交异性板法来计算荷载横向分布系数,此时只需将式(3-7)中的 I 改为 $C_w I$,或者将式(3-14)中的 J_x 改为 $C_w J_x$ 便可。

图 3-78c)~g)是利用同样的原理来确定 C_w 值的示意图。应该补充说明的是,连续刚构桥的梁体与桥墩及其基础相连接,在《手册》中难以直接查到关于 w' 的计算公式,处理的办法是应用电算程序精确求 w' 值,或者参考固端梁近似求算;对于变截面的非简支体系桥梁,除了应用材料力学中的图解解析法、纽玛克法进行手算,或者应用电算程序精确确定 w' 值外,还应对抗扭惯性矩 I_{Tx} 和 J_{Tx} 进行等效。

由于偏心压力法计算公式简单明了,且与跨径无关,对于长宽比较大的中大跨径桥梁,工程上常用偏心压力法计算各种体系桥梁的横向分布系数。因忽略了抗扭刚度的影响,计算结果略微偏大(偏安全),但是考虑到随着跨径的增大,活载所占比例将减小,因而这种误差也是十分有限的。

57. 什么叫作桥梁结构计算中的荷载增大系数 ζ?

答:在一般的简支铰接板桥或简支 T 形梁桥的设计中,通常是取一块预制板或者一片 T 形梁作为独立的计算单元,作用于其上的汽车荷载是取一行车的各个轴重 P_i 与最大荷载横向分布系数 m_{max} 的乘积($= m_{max} P_i$)来考虑对结构的效应。然而,对于超静定连续梁桥的主梁,一般均设计为单箱单室或单箱多室的闭合截面形式,如图 3-79 所示。

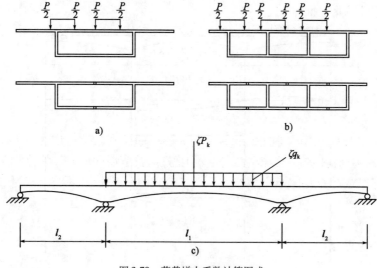

图 3-79 荷载增大系数计算图式

对于它们的受力分析,应把整个截面视作一个整体来考虑。但是,在偏心布载的情况下,箱形截面各个腹板的受力是不等的。为了简化分析,可以近似地把各个箱室视作为在顶、底板中点是断开的,变为由若干片"工字梁"与中横隔梁构成的结构,然后应用合适的方法求算在偏心布载工况下边"工字梁"的荷载横向分布系数 m_{max}。考虑到荷载有可能偏心在桥面的另一侧,为偏安全起见,近似地认为每片"工字梁"均具有相同的荷载横向分布系数 m_{max}。当把箱形截面作为整体考虑时,便可引入一个荷载增大系数 ζ 的概念,它可表示为:

$$\zeta = n \cdot m_{max} \cdot k \tag{3-31}$$

式中:n——腹板数;

k——多车道荷载横向折减系数。

实际上,连续梁桥各跨的荷载增大系数是不相等的。设计中可以按两种办法处理:①取其中最大的荷载增大系数 ζ_{max} 作为全桥统一的增大系数;②也可先按一行车进行纵向布载,将内力求出以后,再分别乘以所在跨的荷载增大系数。此时,荷载增大系数又可称之为内力增大系数。

58. 怎样应用"等代简支梁"法来计算变截面连续箱梁桥的荷载横向分布系数 m_{max}?

答:本章第56问中已经涉及这个问题。由于那里所论及的是等截面连续箱梁桥,故只介绍了关于抗弯惯性矩修正系数 C_w 的基本概念。这里再用如图3-80所示的结构来介绍该桥中跨是如何等效为等截面简支梁的问题,其余跨可照此类推。

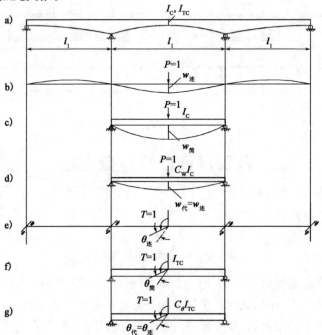

图 3-80　变截面连续梁桥的等代简支梁原理图

(1) 解题的要点

① 等代简支梁的跨长取等于中跨的跨长。

② 取实际中跨梁的跨中截面作为基准截面,并用抗弯惯性矩修正系数 $C_w = w_筒/w_连$ 修正其抗弯惯性矩,即 $I_筒 = C_w I_C$[图 3-80d)],使二者在同等荷载作用下的跨中挠度相等,具体推演参见本章第 56 问,其中 $w_连$ 一般用平面杆系有限元法程序求出。

③ 其次,用抗扭惯性矩修正系数 $C_\theta = \theta_筒/\theta_连$ 修正其抗扭惯性矩,即 $I_{T筒} = C_\theta I_{TC}$[图 3-80g)],使二者在同等扭矩荷载作用下的跨中扭转角相等。

(2) 对称型变截面梁(中跨)的 C_θ 公式[图 3-81a)]

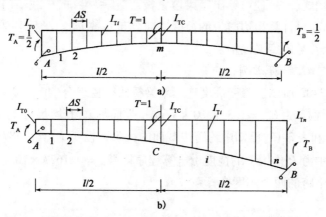

图 3-81 对称型和非对称型变截面梁的节段划分示意图

根据对精度的要求,将图 3-81a)中的左半跨等分为 m 节段和 $m+1$ 个节点截面,然后逐一计算这些节点截面的抗扭惯性矩 $I_{Ti}(i = 0,1,2,\cdots,m)$,每个节段的长度 $\Delta S = \dfrac{l}{2m}$,于是得:

$$C_\theta = \dfrac{2m}{\left[\dfrac{1}{I_{T0}} + \dfrac{1}{I_{TC}} + 2\sum_{i=1}^{m-1}\dfrac{1}{I_{Ti}}\right] \cdot I_{TC}} \tag{3-32}$$

不难看出,当为等截面梁时,I_{Ti} = 常数,则 $C_\theta = 1$。

(3) 非对称型变截面梁(边跨)的 C_θ 公式[图 3-81b)]

将图 3-81b)中全跨等分为偶数的 n 个节段,并分别计算各节点截面的抗扭惯性矩 $I_{Ti}(i = 0,1,2,\cdots,n)$,便有:

$$C_\theta = \dfrac{n}{2I_{TC}} \cdot \dfrac{\left(\dfrac{1}{I_{T0}} + \dfrac{1}{I_{Tn}} + 2\sum_{i=1}^{n-1}\dfrac{1}{I_{Ti}}\right)}{\left(\dfrac{1}{I_{T0}} + \dfrac{1}{I_{TC}} + 2\sum_{i=1}^{\frac{n}{2}-1}\dfrac{1}{I_{Ti}}\right)\left(\dfrac{1}{I_{TC}} + \dfrac{1}{I_{Tn}} + 2\sum_{i=\frac{n}{2}+1}^{n-1}\dfrac{1}{I_{Ti}}\right)} \tag{3-33}$$

同样地,当为等截面梁时,则 $C_\theta = 1$;当边跨梁也为对称型时,且 $n = 2m$,则式(3-33)化简后的结果与式(3-32)完全相同。

(4)修正偏心压力法中的 β 系数公式

当计算出上述的两个刚度换算系数 C_w 和 C_θ 以后,便可将等代简支梁的换算刚度 $C_w I_C$ 和 $C_\theta I_{TC}$ 代入到式(3-10)中,便有:

$$\beta = \cfrac{1}{1 + \cfrac{nl^2}{12} \cdot \cfrac{G}{E} \cdot \cfrac{C_\theta}{C_w} \cdot \cfrac{I_{TC}}{I_C} \cdot \cfrac{1}{\sum a_i^2}} \qquad (3\text{-}34)$$

再应用式(3-9)便可绘出箱梁边腹板或"工字梁"的荷载横向分布影响线竖标,从而可计算出边腹板的荷载横向分布系数 m_{max}。上式中的 n 为腹板数,其余符号的定义同前。

(5) C_w、C_θ 计算举例

如图 3-82 所示三跨变高度连续箱梁桥的跨径组合 $(40 + 60 + 40)$m,混凝土的弹性模量 $E = 3.3 \times 10^7 \text{kN/m}^2$,截面周边平均尺寸的变化示于图 3-82b)和表 3-15,已知中跨跨中截面的抗弯惯性矩 $I_C = 2.3875\text{m}^4$,中跨跨中在集中力 P 作用下的挠度由电算程序得 $W_{连} = 0.1679 \times 10^{-4} \cdot P(\text{m})$,试求该桥中跨的两个刚度换算系数 C_w 和 C_θ。

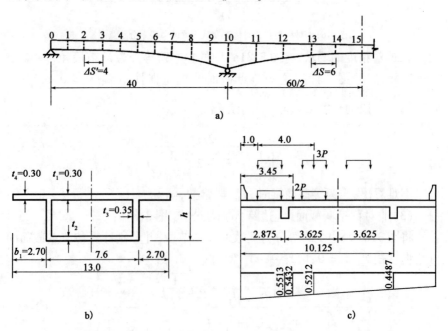

图 3-82 桥梁跨径、截面尺寸及荷载横向分布影响线(尺寸单位:m)

① C_w 计算

$$W_{\text{简}} = \frac{Pl^3}{48EI_C} = \frac{P \times 60^3}{48 \times 3.3 \times 10^7 \times 2.3875} = 5.71157 \times 10^{-5} \cdot P(\text{m})$$

$$C_w = \frac{W_{\text{简}}}{W_{\text{连}}} = \frac{P \times 5.71157 \times 10^{-5}}{P \times 0.1679 \times 10^{-5}} = 3.4018$$

② C_θ 计算

单箱单室截面的抗扭惯性矩计算公式为:

$$I_{Ti} = \frac{4F^2}{\oint \frac{ds}{t}} + 2 \cdot k \cdot b_1 \cdot t_4^3 \tag{3-35}$$

式中:F——箱形截面中心线包围的面积;

t——板厚;

b_1——每侧悬臂板长度;

k——与板的长厚比(b_1/t_4)有关的系数,本例 $b_1/t_4 = 2.70/0.3 = 9$,查得 $k = 0.31$;

ds——周边微段长度。

现以中跨中截面为例进行计算:

$$I_{T15} = \frac{4 \times \left[\left(1.6 - \frac{0.3}{2} - \frac{0.25}{2}\right) \times (7.6 - 0.35)\right]^2}{\left(1.6 - \frac{0.3 + 0.25}{2}\right) \times \frac{2}{0.35} + (7.6 - 0.35) \times \left(\frac{1}{0.3} + \frac{1}{0.25}\right)} +$$

$$2 \times 0.31 \times 2.7 \times 0.3^3$$

$$= 6.12244 (\text{m}^4)$$

其余截面照此计算,并汇总于表3-15中。

中跨各截面尺寸及抗扭惯性矩   表3-15

截面号	$h(\text{m})$	$t_2(\text{m})$	$I_{Ti}(\text{m}^4)$
10	3.00	0.45	26.25381
11	2.50	0.41	17.92404
12	2.11	0.37	12.33403
13	1.82	0.33	8.745476
14	1.66	0.29	6.921904
15	1.60	0.25	6.122441

将表中诸 I_{Ti} 值代入式(3-32),并注意到 $m = n/2 = 5$(段),得:

$$C_\theta = \frac{2m}{\left(\frac{1}{I_{T0}} + \frac{1}{I_{TC}} + 2\sum_{i=1}^{m-1}\frac{1}{I_{Ti}}\right) \cdot I_{TC}}$$

$$= \frac{2 \times 5}{\left[\frac{1}{26.25381} + \frac{1}{6.122441} + 2 \times \left(\frac{1}{17.92404} + \cdots + \frac{1}{6.921904}\right)\right] \times 6.122441}$$

$= 1.645205$

再将 C_w 和 C_θ 代入式(3-34)和式(3-9),便可计算出边"工字梁"的荷载横向分布系数 $m_{\max}$,最后应用式(3-31)便可求出中跨箱形梁的荷载增大系数 ζ。

59. 在超静定预应力混凝土梁桥中,有哪些因素会使结构产生二次内力?

答:超静定预应力混凝土梁桥因受到强迫的挠曲变形或轴向伸缩变形,将在结构多余约束处产生多余的约束力,从而引起结构的附加内力,这一部分附加力统称为结构次内力或称二次内力。引起次内力的外部因素一般为预加力、墩台基础沉降、温度变化等;内部因素一般指混凝土材料的徐变与收缩特性等。

60. 用等效荷载法求解预应力总预矩的要点有哪些?

答:预应力混凝土结构是一种预应力筋和混凝土相互作用、内力自平衡的体系。为了分析它们之间的相互作用,可以把预应力筋和混凝土分别视为独立的脱离体,通过分析预应力筋脱离体的平衡得到张拉预应力对结构的等效荷载。等效荷载法是在下列的基本假定导出的:①预应力索的偏心与构件长度相比是很小的;②力筋贯穿构件的全长,其摩阻损失可忽略不计,认为 N_y 沿全长是常值(当摩阻损失很大时,则应考虑);③索曲线为二次抛物线,且曲率平缓。

用等效荷载法求预应力总预矩的要点可参照图 3-83 所示。

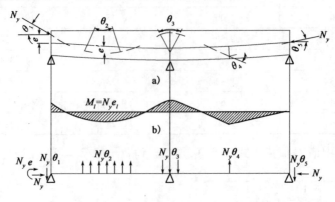

图 3-83 预应力混凝土连续梁的等效荷载

(1)在力筋的端部,由力筋作用于混凝土上的力 N_y,可以分解为三个分力:

①轴向力:$N_y\cos\theta_1 \approx N_y$($\because \cos\theta_1 \approx 1$)作用于锚头的端部。此力一般对连续梁的弯矩没有影响,但在刚架内,由于轴向缩短的影响将产生内力矩。

②竖向力:$N_y\sin\theta_1 \approx N_y\theta_1$ 作用在支座处,而且被直接紧靠支座的竖向力平衡,它在连续梁内也不产生力矩,对刚架的影响也很小。

③力矩:$N_y\cos\theta_1 \cdot e \approx N_y e$ 作用于梁的端部,它沿着连续梁的全长会产生内力矩,计算中必须考虑。

(2)初预矩图沿梁的跨长呈折线形或曲线形,则混凝土上受到的等效竖向荷载分别为:

①当初预矩图为抛物线和圆弧线时,近似地均按均布竖向荷载考虑,沿曲线长度施加在梁上,其荷载总值 W 可由曲线两端斜率的变化求得,在 θ_2 处的总竖向力为:

$$W = N_y\sin\theta_2 \approx N_y\theta_2$$

均布荷载集度 $q = W/l$(l 为曲线长度)。

②当初预矩图呈折线形时,可按竖向集中力考虑,例如在 θ_4 处;

$$N_y\sin\theta_4 \approx N_y\theta_4$$

(3)初预矩图在中间支座上呈折线或曲线形时,其等效荷载分别是:

①若为曲线形,应按竖向均布荷载加以考虑,例如在 θ_3 处,荷载集度 $q_1 = \dfrac{N_y\theta_3}{l_1}$($l_1$ 为该曲线段长度)。

②若为折线形,虽按集中力考虑,其值等于 $N_y\theta_3$,但由于它直接作用在支座上,对梁不产生弯矩影响,故在计算中可不予考虑。

现以如图 3-84 所示的两等跨等截面连续梁为例来阐述其具体应用。该梁的索曲线距梁轴线的偏心距 $e(x)$ 方程为:

$a - d$ 段 $e_1(x) = 0.0079x^2 - 0.0933x$ (a 为坐标原点)

$d - b$ 段 $e_2(x) = 0.18 + 0.12x - 0.03x^2$ (d 为坐标原点)

左、右两跨呈对称布置,端部预加力 $N_y = 1158$ kN,试求该梁中支点 B 截面的总弯矩 $M_{总}$ 和次力矩 $M_{次}$。

解题步骤如下:

(1)由于结构及预加力均对称于中支点 B 截面,故可取其一半结构进行分析,并给出预加力的初预矩图,即 $M_0(x) = N_y e_i(x)$,各个截面的初预矩值 M_0 如图 3-84b)所示。

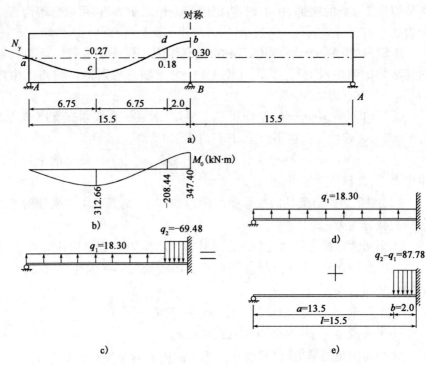

图 3-84 两跨连续梁的等效荷载(尺寸单位:m)

(2)预加力等效荷载计算

索曲线倾角:$\theta_1(x) = \dfrac{\mathrm{d}e_1(x)}{\mathrm{d}x} = e'_1(x) = 2 \times 0.0079x - 0.0933$

$$\theta_2(x) = \dfrac{\mathrm{d}e_2(x)}{\mathrm{d}x} = e'_1(x) = 0.12 - 0.06x$$

a-d 段: $\theta_a = e'_1(0) = 2 \times 0.0079 \times 0 - 0.0933 = -0.0933(\mathrm{rad})$

$\theta_d = e'_1(13.5) = 2 \times 0.0079 \times 13.5 - 0.0933 = 0.12(\mathrm{rad})$

d-b 段: $\theta_d = e'_2(0) = 0.12 - 0.06 \times 0 = 0.12(\mathrm{rad})$

$\theta_b = e'_2(2) = 0.12 - 0.06 \times 2 = 0(\mathrm{rad})$

由此得这两段的等效均布荷载 $q_{效}$ 分别为:

a-d 段: $q_1 = N_y \cdot \dfrac{\theta_d - \theta_a}{l_1} = 1158 \times \dfrac{0.12 - (-0.0933)}{13.5}$

$\approx 18.30(\mathrm{kN/m})$ (向上)

d-b 段: $q_2 = N_y \cdot \dfrac{\theta_b - \theta_d}{l_2} = 1158 \times \dfrac{0 - 0.12}{2} = -69.48(\mathrm{kN/m})$ (向下)

(3)B 支点总预矩 $M_{总}$ 计算

对于如图 3-84c)所示的计算图式可以先分解为图 3-84d)和图 3-84e)

两种简单工况,再应用《手册》中的相应公式和用手算求解,如果结构布置和荷载分布比这更复杂一些的话,则可应用平面杆系有限元法求解。

本例按《手册》公式算得的 B 支点总弯矩为:$M_{总}=395.93\text{kN}\cdot\text{m}$,计算过程略。

(4) B 支点力矩 $M_{次}$ 计算

$$M_{次}=M_{总}-M_0=395.93-347.4=48.53(\text{kN}\cdot\text{m})$$

61. 用换算弹性模量法求解混凝土徐变次内力的要点是什么?

答:用换算弹性模量法求解混凝土徐变次内力的要点有二:

(1) 当计算力法方程中的常变位 $\delta_{ii}^{\oplus}$、$\delta_{ij}^{\oplus}$ 时,其换算弹性模量 E_ρ 的表达式为:

其中
$$\left.\begin{aligned}E_\rho &= \frac{E}{1+\rho(t,\tau)\cdot\varphi(t,\tau)}\\ \rho(t,\tau) &= \frac{1}{1-e^{-\varphi(t,\tau)}}-\frac{1}{\varphi(t,\tau)}\end{aligned}\right\} \quad (3-36)$$

式中:E——混凝土弹性模量;

$\varphi(t,\tau)$——徐变系数(见第二章第 8 问);

$\rho(t,\tau)$——时效系数,由试验确定。

(2) 当计算力法方程中的载变位 $\Delta_{ip}^{\oplus}$ 时,其弹性模量 E_φ 的表达式为:

$$E_\varphi = \frac{E}{\varphi(t,\tau)} \quad (3-37)$$

采用不同换算弹性模量的原因是:徐变赘余力 x_{it} 也是一个随时间变化的力,故用时效系数 $\rho(t,\tau)$ 加以修正,而外荷载值(包括成桥时超静定结构的赘余力 x_{i0} 是一个不变值,就不用修正。现以先简支后连续两等跨连续梁承受均布荷载 q 的例子来说明它们的应用,如图 3-85 所示。

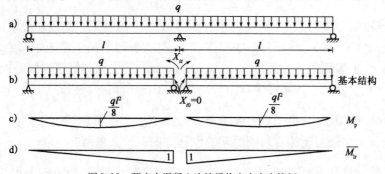

图 3-85 预应力混凝土连续梁徐变次内力算例

力法方程:
$$\delta_{11}^{\oplus}X_{1t}+\Delta_{1p}^{\oplus}=0$$

常变位：

$$\delta_{11}^{\oplus} = 2 \times \frac{1 \times l}{2} \times \frac{2}{3} \times \frac{1}{E_\rho I} = \frac{2l}{3E_\rho I}$$

载变位：

$$\Delta_{1p}^{\oplus} = 2 \times \frac{2}{3} \times \frac{ql^2}{8} \times l \times \frac{1}{2} \times \frac{1}{E_\varphi I} = \frac{ql^3}{12E_\varphi I}$$

$$\therefore X_{1t} = -\frac{\Delta_{1p}^{\oplus}}{\delta_{11}^{\oplus}} = -\frac{ql^2}{8} \cdot \frac{E_\rho}{E_\varphi}(\text{kN} \cdot \text{m})$$

62. 混凝土的徐变对静定结构产生次内力吗？

答：混凝土的徐变对于静定结构（例如简支梁）只会产生徐变变形。由于没有多余支承来约束这个变形，故在结构内不会引起次内力。

63. 在静定梁式结构中，呈非线性变化的温度梯度是否会引起结构的次内力？

答：在静定梁式结构中，呈非线性变化的温度梯度，将使梁截面上的不同纤维层产生不相同的伸缩变形，根据梁在挠曲变形时应服从平截面假定，截面上各纤维将因相互约束而产生约束自应力。由于外部没有多余的约束，故不会引起结构的次内力。

64. 温度沿截面高度呈均匀变化时，对于无水平约束的连续梁是否会导致次内力？

答：不会。

65. 为什么日照温差会使箱梁产生横桥向次内力？

答：箱形梁的每一个单位长节段相当于一个超静定的闭合框架结构，在日照条件下箱梁受太阳照射的顶板表面温度高于箱梁内侧表面温度，导致顶板上、下表面的伸长量不一致，同时这个变形又受到两侧腹板和底板的约束，这样便使箱梁四壁产生横向弯矩及轴力（即所谓的次内力）。

66. 弯梁桥中，由于温度和混凝土收缩引起在平面内的位移方向，同由于预加力和混凝土徐变影响引起的位移方向有什么差别？

答：由温度变化和混凝土收缩所引起在平面内的位移属于弧段膨胀或缩短性质的位移，它会导致弧段半径的变化，即 $r_0 \rightarrow r$，但圆心角不变，即 $\varphi_0 = \varphi$，如图3-86a)所示。由预加力和混凝土徐变影响引起的位移属于切向位移,其曲率半径不变即 $r_0 = r$,但其圆心角要发生改变即 $\varphi_0 \to \varphi$,如图 3-86b)所示。

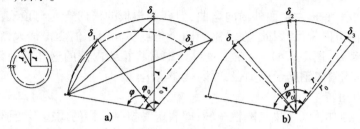

图 3-86 弯梁桥的平面内位移

67. 偏心荷载作用下,箱形梁的变形状态如何以及各自有何受力特点?

答:如图 3-87 所示,箱梁在偏心荷载作用下的变形与位移,可分为四种基本状态:纵向弯曲、横向弯曲、扭转和翘曲(即畸变)。箱梁在偏心荷载作用下,因弯扭作用在横截面上将产生纵向正应力和剪应力,因横向弯曲和扭转将在箱梁各板中产生横向弯曲正应力和剪应力。

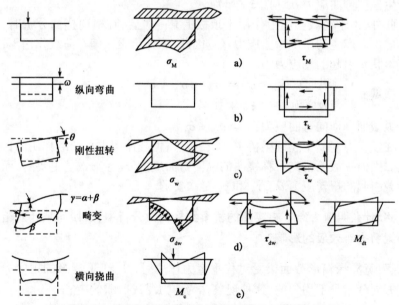

图 3-87 箱形梁在偏心荷载作用下的变形状态及截面应力图

(1)纵向弯曲

纵向弯曲产生竖向变位 w,因而在横截面上引起纵向正应力 σ_M 及剪应力 τ_M,见图 3-87,图中虚线所示应力分布扔按初等梁理论计算所得,这对于腹板间距不大的箱梁是适用的;但对于腹板间距较大的箱形梁,由于翼缘板中剪力滞后的影响,其应力分布将是不均匀的,如图 3-87a)所示,需计入

"剪力滞效应"。

(2)横向挠曲

顶板和底板发生面外横向弯曲,但两侧腹板的横向弯曲与顶底部板的横向弯曲方向相反,因此,在箱梁的四个角点横向弯矩值变得很大,容易产生纵向裂纹[图3-87e)]。在工程设计中常将箱梁内侧的这些部位设计呈倒角,并用斜向钢筋予以加强,原因就在这里。

(3)扭转

箱梁的扭转(这里指刚性扭转,即假定受扭时箱梁的周边不变形)变形主要特征是扭转角θ。箱梁扭转分自由扭转与约束扭转。自由扭转不产生纵向正应力,只产生自由扭转剪应力τ_k[图3-87b)]。约束扭转在截面上产生约束扭转(翘曲)正应力σ_w和约束扭转剪应力τ_w[图3-87c)]。

(4)畸变

畸变(受扭时截面周边变形)的主要变形特征是畸变角γ。薄壁宽箱的矩形截面受扭变形后,无法保持截面的投影仍为矩形,畸变产生翘曲正应力σ_{dw}和畸变剪应力τ_{dw},同时由于畸变而引起箱形截面各板横向弯曲,在板内产生横向弯曲应力σ_{dt}[图3-87d)]。

此外,由于荷载实际上作用于顶板上某一位置,在横向挠曲分析时,还应考虑由此产生的局部弯曲应力σ_c。因此,综合箱梁在偏心荷载作用下,四种基本状态引起的总应力为:

横截面 $\begin{cases} \text{纵向正应力}: \sigma_z = \sigma_M + \sigma_w + \sigma_{dw} \\ \text{剪应力}: \tau = \tau_M + \tau_k + \tau_w + \tau_{dw} \end{cases}$

纵截面 横向弯曲应力:$\sigma_s = \sigma_{dt} + \sigma_c$

在预应力混凝土连续梁桥中,跨径越大,恒载作用占总荷载作用的比重越大。因而一般箱梁内对称挠曲的纵向弯曲应力σ_M和τ_M是主要的,而偏心荷载引起的扭转应力σ_w、τ_w和τ_k是次要的。

68. 什么叫剪力滞？在实际的桥梁结构内力分析中,应如何来计入箱形截面梁剪力滞效应的影响？

答: 宽翼缘箱形截面梁受对称垂直力作用时,其上、下翼缘的正应力沿宽度方向分布是不均匀的,这种现象称为剪力滞或剪滞效应。

在工程设计中,如果按照精确的剪力滞计算公式或空间有限元来分析结构的截面应力是十分不方便的。因此,工程上往往采用偏安全的实用计算方法——翼缘有效宽度法,其基本步骤是:

(1)先按平面杆系结构理论计算箱梁各截面的内力(弯矩)。

(2)对不同位置的箱形截面,用不同的有效宽度折减系数将其翼缘宽度进行折减。

(3)按照折减后的截面尺寸进行配筋设计和应力计算。

有效分布宽度的简单定义是:按初等梁理论公式算得的应力[图3-88b)]与其实际应力峰值[图3-88a)]接近相等的那个翼缘折算宽度,称作有效宽度。例如,对于图中的有效宽度 b_{e1},按下式换算求得:

$$b_{e1} = \frac{t\int_0^c \sigma(x,y)\mathrm{d}y}{t\sigma_{\max}} \tag{3-38}$$

式中:c——腹板至截面中线的净宽;

　　　t——上翼缘厚度;

　　　x——沿跨长方向的坐标;

　　　y——沿横截面宽度方向的坐标;

$\sigma(x,y)$——翼板的正应力分布函数。

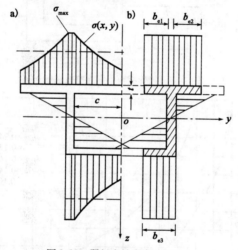

图3-88　翼板有效宽度及正应力

根据这个原理,在我国的桥梁规范里,对这个问题作了相应的规定,并给出了具体的计算公式,供工程设计人员应用。下面将作简单介绍。

(1)《公路钢筋混凝土及预应力混凝土桥涵设计规范》(JTG D62—2004)中的规定

JTG D62—2004 中,对于箱形截面梁在腹板两侧上、下翼缘的有效宽度 b_{mi}(图3-89)的计算方法作了下列的规定:

①简支梁和连续梁各跨中部梁段,悬臂梁中间跨的中部梁段:

$$b_{mi} = \rho_f b_i \tag{3-39}$$

②简支梁支点,连续梁边支点及中间支点,悬臂梁悬臂段:

$$b_{mi} = \rho_s b_i \tag{3-40}$$

式中:b_{mi}——腹板上、下各翼缘的有效宽度($i=1,2,3\cdots$);

b_i——腹板上、下各翼缘的实际宽度($i=1,2,3\cdots$);

ρ_f——有关简支梁、连续梁各跨中部梁段和悬臂梁中间跨的中部梁段翼缘有效宽度的计算系数,参见表 3-16 和图 3-90;

ρ_s——有关简支梁支点、连续梁边支点和中间支点、悬臂梁悬臂段翼缘有效宽度的计算系数,参见表 3-16 和图 3-90。

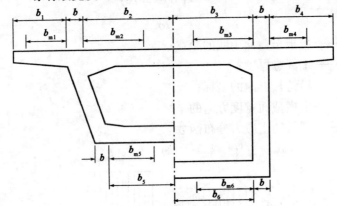

图 3-89 箱形截面梁翼缘有效宽度

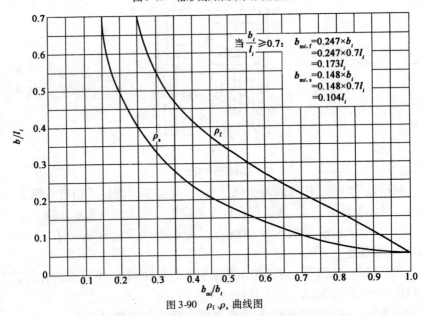

图 3-90 ρ_f、ρ_s 曲线图

注:1. $b_{mi,f}$ 为简支梁和连续梁各跨中部梁段,悬臂梁中间跨的中部梁段,当 $b_i/l_i \geq 0.7$ 时翼缘的有效宽度。

2. $b_{mi,s}$ 为简支梁支点、连续梁边支点和中间支点、悬臂悬臂段,当 $b_i/l_i \geq 0.7$ 时翼缘的有效宽度。

3. l_i 按表 3-16 确定。

③当梁高 $h \geq b_i/0.3$ 时,翼缘有效宽度采用翼缘实际宽度。

④预应力混凝土梁在计算预加力引起的混凝土应力时,由预加力作为轴向力产生的应力可按翼缘全宽计算;由预加力偏心引起的弯矩产生的应力可按翼缘有效宽度计算。

⑤对超静定结构进行内力分析时,箱形截面梁的翼缘宽度可取全宽。

ρ_s、ρ_f 的应用位置和理论跨径 l_i 　　　　　表 3-16

结构体系		理论跨径 l_i
简支梁		$l_i = l$
连续梁	边跨	边支点或跨中部分梁段 $l_i = 0.8l$
	中间跨	跨中部分梁段 $l_i = 0.6l$,中间支点 l_i 取 0.2 倍两相邻跨径之和
悬臂梁		$l_i = 1.5l$

注:1. a 取与所求计算宽度 b_{mi}(图 3-89)相应的翼缘宽度 b_i,但 a 不大于 0.25 l。
　　2. l 为梁的计算跨径。
　　3. $c = 0.1l$。
　　4. 在长度 a 或 c 的梁段内,有效宽度可用直线插入法在 $\rho_s b_i$ 与 $\rho_f b_i$ 之间求取。

(2)举例:四跨等高度箱形截面连续梁。跨径组合及截面尺寸均示于图 3-91,试按公路桥规计算边跨和中跨中部以及中间支点处的翼缘有效宽度。

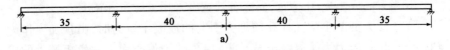

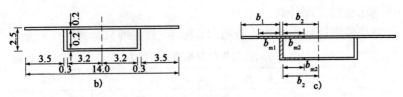

图3-91 结构尺寸示意图(尺寸单位:m)

解:计算步骤如下:

① 按表3-16中规定计算欲求截面位置处的理论跨径 l_i

边跨:$l_1 = 0.8 l_s = 0.8 \times 35 = 28(\text{m})$;

中跨:$l_2 = 0.6 l_s = 0.6 \times 40 = 24(\text{m})$;

中支点:$l_3 = 0.2(l_s + l_m) = 15(\text{m})$。

② 计算翼缘实际宽度与理论跨径之比 b_i/l_i

边跨:$\dfrac{b_1}{l_1} = \dfrac{3.5}{28} = 0.125$ $\dfrac{b_2}{l_1} = \dfrac{3.2}{28} = 0.114$

中跨:$\dfrac{b_1}{l_2} = \dfrac{3.5}{24} = 0.146$ $\dfrac{b_2}{l_2} = \dfrac{3.2}{24} = 0.133$

中支点:$\dfrac{b_1}{l_3} = \dfrac{3.5}{15} = 0.233$ $\dfrac{b_2}{l_3} = \dfrac{3.2}{15} = 0.213$

③ 按算得 b_i/l_i 值和图3-90曲线图查对应的 ρ_f 和 ρ_s 值,再按式(3-39)和式(3-40)计算所求截面的翼缘有效宽度 b_{mi}

边跨:当 $\dfrac{b_1}{l_1} = 0.125$ 时 $\rho_f = 0.875$ $b_{m1} = 0.875 \times 3.5 = 3.06(\text{m})$

当 $\dfrac{b_2}{l_1} = 0.114$ 时 $\rho_f = 0.900$ $b_{m2} = 0.9 \times 3.2 = 2.88(\text{m})$

中跨:当 $\dfrac{b_1}{l_2} = 0.146$ 时 $\rho_f = 0.840$ $b_{m1} = 0.84 \times 3.5 = 2.94(\text{m})$

当 $\dfrac{b_2}{l_2} = 0.133$ 时 $\rho_f = 0.850$ $b_{m2} = 0.85 \times 3.2 = 2.72(\text{m})$

中支点:当 $\dfrac{b_1}{l_3} = 0.233$ 时 $\rho_f = 0.420$ $b_{m1} = 0.42 \times 3.5 = 1.47(\text{m})$

当 $\dfrac{b_2}{l_3} = 0.213$ 时 $\rho_f = 0.450$ $b_{m2} = 0.45 \times 3.2 = 1.44(\text{m})$

上述的 b_i 和 b_{mi} 的几何意义参见图3-91c)。

69. 在什么情况下箱形梁翼缘会出现负剪滞效应?

答: 所谓箱形梁翼缘的负剪力滞,就是位于腹板处的正应力小于其两侧翼板上的正应力。箱梁在下列三种荷载情况下会出现负剪力滞效应:

(1) 悬臂箱形梁的腹板顶面沿全跨长承受对称的均布荷载[图 3-92a)]。

(2) 对称垂直集中荷载作用于悬臂梁腹板上除自由端和固定端以外的任意位置[图 3-92b)]。

(3) 对称集中弯矩作用于悬臂腹板上除自由端和固定端以外的任意位置[图 3-92c)]。

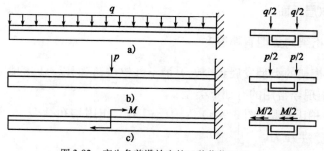

图 3-92 产生负剪滞效应的三种荷载工况

70. 桁架桥由哪些部分组成?

答: 桁架桥一般由主桥架、上下水平纵向联结系、桥门架和中间横撑架以及桥面系组成(图 3-93)。在桁架中,弦杆是组成桁架外围的杆件,包括上弦杆和下弦杆,连接上、下弦杆的杆件叫腹杆,按腹杆方向之不同又区分为斜杆和竖杆。弦杆与腹杆所在的平面就叫主桁平面。大跨径桥架的桥高沿跨径方向变化,形成曲弦桁架;中、小跨径采用不变的桁高,即所谓平弦桁架或直弦桁架。

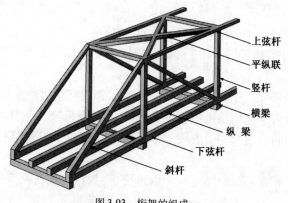

图 3-93 桁架的组成

桁架结构可以形成梁式、拱式桥,也可以作为缆索支撑体系桥梁中的主梁(或加劲梁)。桁架桥梁绝大多数采用钢材修建,亦有采用预应力混凝土修建的例子。我国比较有名的桁架桥梁有:武汉长江大桥(三联 3×128m 连续钢桁梁,1957 年,为"万里长江第一桥"),南京长江大桥(三联 3×160m 连续钢桁梁,1969 年),九江长江大桥[(180+260+160)m 梁拱组合体系,1993 年],芜湖长江大桥[(180+312+180)m 钢桁斜拉桥,1999 年]和香港青马大桥(主跨 1377m 钢桁加劲梁悬索桥,1997 年),2009 年修建完成的重庆朝天门大桥为(190+552+190)m 钢桁拱桥已成为世界最大跨径拱桥。桁架桥为空腹结构,因而对双层桥面有很好的适应性,以上列举的几座桥均布置为双层桥面。

71. 桁架的类型有哪些?

答:桁架的类型发展到今天可谓不胜枚举,它们以不同的腹杆系统来区别。桁架现今常用的有如下类型:

(1)柏氏桁架[图 3-94a)]:柏氏桁架上作用均布荷载时,斜杆产生拉力,竖杆产生压力。

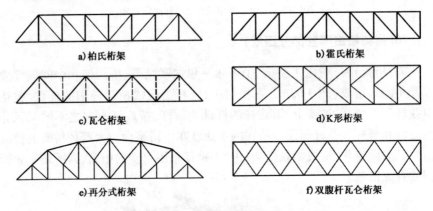

图 3-94 桁架的形式

(2)霍氏桁架[图 3-94b)]:霍氏桁架承受均布荷载时,斜杆受压,竖杆受拉。

(3)瓦仑桁架[图 3-94c)]:瓦仑桁架相邻斜杆交错产生拉力和压力,当节点较宽时,为了把桁梁上的竖向荷载传递到空桁架上弦杆和斜杆相交的节点,常在中间设置竖杆(虚线表示),但是,即便不设置竖杆也是稳定的桁架。

(4)K 式桁架[图 3-94d)]:一般情况下,斜杆倾角在 45°~60°时经济性最为有利,杆件间的连接也较容易。但是,桁高随跨径增大而增大,若斜拉杆倾角仍要保持在这个范围,则节间长度就要增大,纵梁、横梁的材料用量就会激增,同时斜杆的自由屈曲长度也相应变大。在这种情况下,可以把节点置在竖杆的中间,从而使腹杆成为K字形,斜杆角度保持在适宜的范围。

（5）再分式桁架[图3-94e)]:与K式桁架的原理相同,即在竖杆之间增设节点,构成再分式桁架。

（6）其他桁架:包括双腹杆瓦伦桁架[图3-94f)]、菱形桁架及多腹杆桁架等。

就外观而言,柏氏桁架和瓦仑桁架比例协调、简洁,是应用最为广泛的主桁形式,K式桁架则多用于平纵联,以适应宽桥面;瓦仑桁架受力上没有方向性,适宜作较宽桥面的平纵联。

72. 桁梁桥的主要特点是什么?

答:（1）桁梁由杆件构成,并非连续结构,杆件以承受轴向力为主。

（2）桁架桥采用更大的梁高,因而它具有较大的竖向刚度,不过同箱形截面相比,其扭转能力明显处于劣势。

（3）桁梁桥可以通过变化杆件截面尺寸使各杆件的工作应力均达到容许应力值;还可以通过变化杆件的材料,比如钢桁架中不同位置的杆件采用不同强度钢种,来达到物尽其用的目标,可以说桁架是力学效率非常高的结构形式。

73. 桁架杆件的截面组成形式有哪些?

答:大跨径、中等跨径桁架桥的截面组成一般采用如图3-95所示,主桁架杆件应当采用对称截面,一般上、下弦杆采用箱形,其他杆件采用工字形。小跨径桁架的上、下弦杆也可以采用工字形截面,平纵联及横撑还可以采用角钢截面。

74. 桁架的节点联结形式有哪些?

答:桁架的节点联结是桁架桥梁的关键部位,它随着制造和架设工艺的发展,而形成了销接、铆接、栓接、焊接和栓焊结合等形式。

早期,为了使桁架结构符合计算模型中节点铰接的假定,应用眼杆和销轴联结,经过多年使用,销接暴露出很多缺点,它的制造精度很难保证,梁的刚度不足,销接点日久生锈,转动不灵,失去其原有意义。销接早已被淘汰。

栓接实际上先于铆接用于桁架桥梁上,不过普通螺栓在动载作用下容易松动,因此随后在工程中广泛采用铆钉。焊接工艺联结可使杆件光洁平顺,更能节省节点处的材料用量,因而逐步取代铆接的地位。高强螺栓的出现,打破了普通螺栓和铆钉的剪切或支撑杆力的概念,依靠高强螺栓使节点板和杆件接触处产生摩阻力来传力。因为高强螺栓节点比电焊和铆接施工方便,劳动强度低,现代桁架桥都倾向于应用制造时工厂焊接,工地栓接的"栓焊结构"。如图 3-96 所示为芜湖长江大桥的栓焊节点。

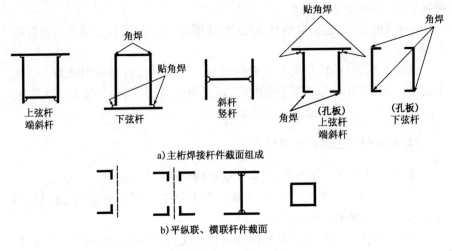

图 3-95 桁架杆件截面组成

铆接和栓接的节点构造一般采用杆件插入节点板的形式,节点构造繁复。栓焊结合和焊接的节点可以省去部分节点板,一般弦杆在节点处直接对接。对于新兴发展起来的钢管桁架,可以采用无节点板的直接交会焊接形式,这样钢用量将更加节省。

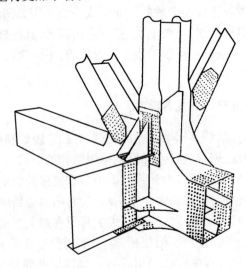

图 3-96 栓焊节点的构造

174

75. 桁架的二次应力是怎么回事？

答：在理想的桁架结构中，节点处为销接，杆件截面内力只有轴向力。但实际桁架桥中，杆件彼此是通过刚性连接的，因此除了轴向力外，不可避免地会产生弯矩。

此外，轴向力对于杆件轴线的偏心作用，杆件自重的影响和横向连接构件变形的影响也都会带来杆件中的弯矩。由这些原因产生的弯矩所引起的正应力称为二次应力，而假定理想销接的模型得到的轴向力所引起的正应力称为一次应力。

由于二次应力多由构造上的原因所引起的，所以根据其形状尺寸、细部构造的不同就存在二次应力比较小可以不予考虑和二次应力比较显著两种情况。在后一种情况下进行设计时，除考虑一次应力外，还必须考虑二次应力。当然，力求使二次应力不致过大是非常必要的。比如，为了使二次应力不致太大，应当使杆件的长细比限定在适当的范围内。我国《公路桥涵钢结构及木结构设计规范》(JTJ 025—1986)即规定，当杆件高度与节点中距之比超过 1/10 时，应计算由于节点刚性所引起的二次应力。

关于二次应力的计算，有近似计算和精确计算两种方法。在近似计算中，首先假定桁架为铰接结构，求算一次应力，然后考虑一次应力而产生的变形来计算节点刚性产生的二次应力。在精确计算中，节点刚度和轴向力的影响包含进刚度矩阵中。研究分析表明，随着荷载的增加，二次应力呈非线性变化，而且在动荷载作用下，二次应力加快了材料的疲劳，并且常常会引起材料的脆性破坏。

在施工设计和架设阶段，应当通过一些方法来调整桁架的二次应力，使其尽可能降低。比如，对满载作用下的杆件伸缩量事先予以调整，而在制造时使杆件的长度有所增加或减少，其最终的效果就是使桁架在无荷载作用时比平常形状多少有些上拱。此外，为了使杆件的交角成为设计中预定的杆件交角，可以在制造装配时施以弯矩，这样一来，也就在杆件中建立了与二次应力方向相反的预加力。不过采取上述方法，并不能改变活载应力的变化幅度，所以对疲劳破坏不能带来特别的效果。

作为降低节点刚性而产生的二次应力的构造措施可以有如下几种：尽可能把节点板做成紧凑的构造；减少构件的宽度；避免采用再分式节间。

76. 桁架桥的分析方法是怎样的？

答：桁架桥均属于空间结构，对于小跨径桁架桥可以按杠杆法处理主桁架之间荷载分配的问题，以将分析转变成纵、横两个平面问题。大跨径桁架桥应采用空间分析进行更合理的设计。分析方法可以分为以下两类：第一类是把桁架作为空间杆系结构，按结构矩阵分析的方法，一般利用通用的有限元程序来获得数值解；第二类是把它转换成薄壁闭口截面梁，按弯曲扭转的结构进行分析，亦即解析法，我国著名桥梁学者李国豪采用这一思路建立了较为完备的桁架扭转理论。

77. 独柱墩箱梁倾覆破坏模式有哪些？

答：独柱墩箱梁的倾覆破坏模式可分为以下四种：

（1）在偏载车辆作用下，上部结构箱梁绕箱梁与支座接触位置的合力作用点（简称"转动轴"）发生有约束的扭转变形。随着偏载的增大，转动轴逐渐向倾覆荷载作用侧两端支座中心线移动。当移动到联端支座的中心连线时，极限抗倾覆力矩达到最大，此时若无法平衡倾覆力矩，上部结构箱梁将发生整体倾覆破坏。

（2）在箱梁整体倾覆破坏发生过程中，如果不同桥墩处箱梁的扭转角相差较大，有可能在箱梁、支座及桥墩三者相互作用过程中，于箱梁转角最大位置处发生支座挤出破坏，然后上部结构直接砸向桥墩。该破坏模式的一个明显特征为桥墩破坏面明显超过倾覆支座区域。

（3）箱梁在荷载作用下发生有约束的扭转变形，当多个桥墩支座摩擦力小于多个箱梁的下滑力时，发生箱梁整体滑移破坏。

（4）在箱梁倾覆破坏过程中，桥墩始终处于偏心受压状态，当桥墩承载力不足时，可能发生桥墩偏心受压破坏。

实际上，箱梁转动到一定的角度将会导致支座挤出或箱梁整体滑移，因此，判断独柱墩梁桥倾覆应该首先考虑箱梁滑动或支座被挤出两种破坏模式。

78. 独柱墩箱梁抗倾覆应如何计算？

答：箱梁桥倾覆过程是在汽车荷载的倾覆作用下，单向受压支座依次脱空，由边界条件失效而失去平衡的过程。因此，独柱墩箱梁抗倾覆计算应考虑以下几个因素：

（1）确定加载条件，如车道数、活载速度及偏载位置等。对于独柱墩桥梁而言，主梁单车道满载、作用于最大偏心位置时为最不利工况。

（2）确定桥梁组成、几何信息及材料信息。对于独柱墩曲线箱梁桥，需考虑横截面情况（横截面形状与尺寸、箱室数量、横隔板及加劲肋布置）与主梁线形（跨径、曲率半径及两者之比）。在所有因素当中，主梁跨径与曲率半径之比是关键参数，对桥梁偏载下的纵向弯矩、支承反力和竖向挠度起控制作用。

(3)确定临界倾覆状态转动轴线的位置。在独柱墩梁桥倾覆过程中,存在两种可能的破坏模式:支座在最终倾覆前被挤出;支座在倾覆过程中未被挤出,箱梁翻转导致桥墩被推倒,而后支座随桥墩倾倒而跌落。对于发生支座挤出和箱梁滑移两种破坏模式时,可偏安全地统一取转动轴线距近支座边缘的距离为转动轴线的极限位置,即 $a = h$(h 为支座高度)。

(4)计算各桥墩反力、倾覆力矩与抗倾覆力矩。汽车在偏载作用下对桥梁产生竖向的荷载和扭矩,独柱墩梁桥在稳定状态时,桥墩反力由两侧端支座和中间独柱墩支座联合提供;在倾覆阶段时,转动轴线达到极限位置,两端远离倾覆车辆的一侧出现支座脱空,两端支座反力完全由近倾覆车辆侧的支座提供(端部支座反力可由有限元分析软件计算得到),且偏载产生的倾覆力矩等于上部结构自重和两端支座反力产生的抗倾覆力矩。由于中间独柱墩支座反力通过转动轴线,故其抗倾覆力矩为0。抗倾覆力矩和倾覆力矩计算示意如图3-97所示。结构的抗倾覆力矩为:

$$L_R = \sum P_{ai} l_{ai} + \sum R_{i'} l_{Ri'} + q l_q$$

倾覆力矩为:

$$L_R = \sum P_i l_i$$

式中:P_{ai}——位于抗倾覆一侧的汽车荷载;
　　　i——车辆个数;
　　　l_{ai}——P_{ai} 作用点到转动轴线的距离;
　　　$R_{i'}$——支座反力;
　　　i'——端部支座个数;
　　　$l_{Ri'}$——支座反力作用点到转动轴线的距离;
　　　q——箱梁线重度;
　　　l_q——箱梁自重作用点到转动轴线的距离;
　　　P_i——导致独柱墩梁桥倾覆一侧的汽车荷载;
　　　l_i——P_i 作用点到转动轴线的距离。

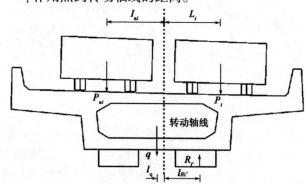

图3-97 抗倾覆力矩和倾覆力矩计算示意图

(5)判断梁桥是否倾覆。忽略支座和梁体的变形因素,所有稳定力对倾覆支点的稳定力矩组合值之和与倾覆力对倾覆支点的倾覆力矩组合值之和的比值大于某一安全系数,即倾覆稳定安全系数,则稳定验算通过。作用车道荷载时,倾覆稳定安全系数建议取 2.5;当作用车辆荷载时,建议取 1.3。

第4章 刚构桥

1. 刚构桥在结构构造上的主要特点是什么?

答:刚构桥的总概念是墩梁固结,共同工作。而单跨刚构桥是介于梁与拱之间的一种结构体系,它是由受弯的上部梁(或板)结构与承压的下部结构柱(或墩)整体结合一起的结构。因此,整个体系既是压弯结构,也是推力结构,如图 4-1 所示。

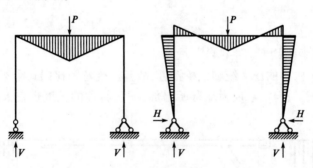

图 4-1 刚构桥体系

刚构桥在结构构造上的一个重要特点是在主梁和立柱相连接的地方,存在角隅节点。该节点具有强大的刚度,能承受较大的负弯矩,使桥跨跨中的正弯矩达到卸载的目的。正因为这个负弯矩,使该节点内缘承受很高的压应力,外缘承受很高的拉应力,若处理不当就会导致外缘开裂或者内缘混凝土被压溃,如图 4-2a)所示。为此,对于外缘将用连续绕过角隅并加以锚固的受力钢筋保证,对于内缘则增加混凝土斜托或梗腋来缓和应力集中,并布置斜向钢筋以提高内缘混凝土的抗压强度。图 4-2b)是板式刚构桥的角隅构造举例,图 4-2c)是肋板式刚构桥的角隅构造举例。

2. 单跨刚构桥中有哪两种主要形式?

答:单跨刚构桥的两种主要形式是:门式刚构桥和斜腿刚构桥。

(1) 门式刚构桥(图4-3)

它适用于跨越运河及其他小河流的单跨桥梁,无需设水中墩。与同等跨径的拱桥相比,门式刚构桥具有较大的通航净空,并且适用于跨线桥,桥头路堤的填土有利于抵抗结构的水平推力,但增大立柱的内力。

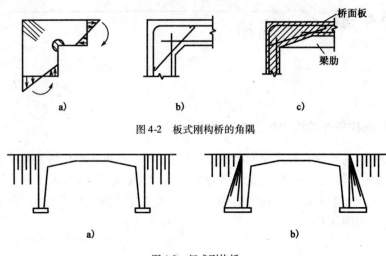

图4-2 板式刚构桥的角隅

图4-3 门式刚构桥

(2) 斜腿刚构桥(图4-4)

斜腿刚构桥的压力线和拱桥接近,故其所受弯矩比门式刚架要小,主梁跨径也缩短了,但支承反力却有所增加,而且斜柱的长度也较大,其施工也较复杂。

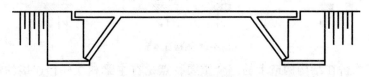

图4-4 斜腿刚构桥

3. 单孔门式刚构桥的立柱与柱基之间有时做成铰接形式,为什么?

答:单孔门式刚构桥的立柱与基础之间有时做成铰接形式的主要原因有二:

(1) 当受到地基承载力条件的限制时,若柱脚采用固结构造,将使基底的边缘应力和偏心距超过规范容许值,若采用铰支构造时基础将主要处于受压工作状态[参见图4-5b)],铰处剪力 Q 对基底产生的力矩一般较小。

(2) 在相同梁柱刚度比(I_2/I_1)的情况下,固结构造方案的角隅弯矩 M_B 将比铰支方案的 M_C 大(图4-5)。为了改善角隅处的局部应力状态,将柱脚改成铰支方案,是其中的途径之一。

4. 多跨刚构桥可做成哪几种形式?

答:多跨刚构桥的最基本形式有两种:

(1)非连续式主梁的刚构桥

即通常所称的 T 形刚构桥,它因每个桥墩与两侧的悬臂梁固接后构成 T 字形而得名;按相邻两个 T 构的连接方式,可分为带挂梁的 T 形刚构桥[图 4-6a)]和带剪力铰的 T 形刚构桥[图 4-6b)]。前者属于静定结构,当车辆荷载位于一个 T 构上时,其内力不会传递到相邻的 T 构上;后者属于超静定结构,任意一个 T 构上的活载内力将通过剪力铰传递到相邻的 T 构上,这是

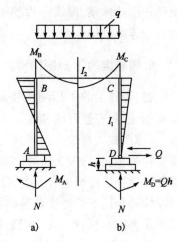

图 4-5 无铰与双铰门式刚构桥的内力对比

两者的差别。T 形刚构桥的悬臂梁,可以是箱形截面,也可以做成桁架结构,但它们并不改变结构的基本体系。

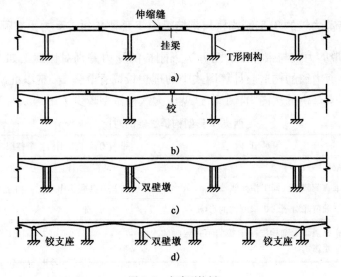

图 4-6 多跨刚构桥

(2)连续刚构桥

桥面结构既无挂梁又无剪力铰的 T 形刚构桥,称为连续刚构桥[图 4-6c)],这种体系常利用主墩的柔性来适应桥梁的纵向变形,故它适用于大跨高墩的桥梁。有时因全桥太长,为了满足温度变形,可以将全桥主梁做成连续的,而将中间若干孔设计成连续刚构体系,将其余孔设计成墩梁铰

支的连续梁体系,形成所称的刚构-连续组合梁桥[图4-6d]。实际上,它仍属于连续刚构体系。

5. 带挂梁的T形刚构桥具有哪些优缺点?

答:带挂梁的T形刚构桥属于静定体系结构,受力简单明确。它与连续梁相比,具有悬臂法施工阶段的受力状态与运营阶段一致,无需体系转换,省掉设置大吨位支座装置及更换支座的麻烦等优点;它与带剪力铰的T形刚构桥相比,对施工阶段的高程控制的精度可以稍放宽些,没有像后者为设置剪力铰进行强迫合龙的可能以及为更换剪力铰处支座的麻烦;它与连续刚构桥相比不受温度及基础沉降产生次内力的影响。虽然如此,但带挂梁的T形刚构桥存在几个严重缺点:

(1)悬臂端的徐变挠度较大,跨径越大越显著,给人以不安全感。

(2)挂梁与悬臂端之间的接缝较多,徐变后又形成折角,所设置的伸缩缝装置容易损坏,需要经常维护和更换,给行车带来不平稳舒适的感觉。

(3)各T构之间不能共同工作,故其跨径受到限制,因此,目前这种桥型方案已较少采用。

6. 带剪力铰的T形刚构桥与带挂梁的T形刚构桥在受力上有哪些差别?

答:带剪力铰与带挂梁的两种T形刚构的受力差别对比列出如表4-1所示。由于剪力铰的构造与计算图式中的理想铰尚存差异,难以准确地计算出各种因素产生的次内力,因此,这就成为这种桥型较少采用的原因之一。

两类T形刚构桥性能的对比   表4-1

编号	对 比 内 容	带剪力铰T形刚构	带挂梁T形刚构
1	结构体系	超静定结构	静定结构
2	垂直荷载下共同工作性能	相互共同工作	相互无影响
3	基础沉降对相邻T形刚构的影响	有	无
4	相邻两T形刚构混凝土龄期不一致时的次内力徐变影响	有	无

7. 三跨连续刚构桥比单跨门式刚构桥从受力上讲有什么优点?

答:单跨门式刚构桥就其每侧立柱(或桥墩)而言,总是承受非对称的垂直荷载和来自一侧路堤的主动土压力,立柱的内力较复杂,梁柱结合处的局部应力较大,基础所承受的水平推力也大,故其跨径不能太大,否则也不利于悬臂法施工。三跨连续刚构桥一般是采用对称悬臂法施工,然后连接成整体,通过对边孔跨径的调整,使边跨和中跨的最大恒载弯矩接近相等,从而可以使中跨的跨径增大。目前,世界上主跨径已超过 300m;再就桥墩而言,恒载不平衡弯矩也没有像单跨门式刚构桥那样突出,当为了适应纵向位移而采用双肢薄壁高桥墩时,可以使每肢立柱变为以承受垂直压力为主的小偏心受压构件;活载内力占总内力的比重较小,故对基础产生的水平推力也是不大的。

8. 为什么连续刚构桥一般采用柔性墩?

答:连续刚构桥一般用在长大跨径的桥梁上,其结构构造特点是中间桥墩采用墩梁固结,如果桥墩的刚度较大,则因主梁的预应力张拉、收缩、徐变、温度变化以及车辆制动力等因素所引起的变形受到桥墩的约束后,将会在主梁内产生较大的次内力,并对桥墩也产生较大的水平推力,从而会在结构混凝土上产生裂缝,降低结构的使用功能。如果采用柔性桥墩,例如位于深谷及深河流中的高桥墩,或将桥墩做成双肢薄壁形式,降低桥墩的抗推刚度,使之能适应较大的纵向水平位移和角位移,就能克服这个缺点。

9. 连续刚构桥墩柱的立面常采用哪几种形式?

答:在连续刚构桥中,由于温度变化、混凝土的收缩徐变以及汽车制动力,都会使结构产生较大的纵向位移,因此,桥墩结构除满足承载能力和稳定的要求外,还需具有一定的柔性,即所谓的柔性墩。柔性墩的立面形式主要有三种:

(1) 单柱式墩

单柱式墩的截面形式多为闭口箱形截面,为了满足变形要求,多用在深谷和深水河流的高桥墩上,具体尺寸需根据对柔性的要求确定。

(2) 双肢薄壁墩

双肢薄壁墩是在连续刚构桥中应用得较多的一种形式。每肢薄壁墩又有空心和实心之分。实心双壁墩施工方便,抗撞能力强,空心双壁墩可以节约混凝土 40% 左右,设计中应根据具体条件通过分析后选用。

(3) Y 形柱式墩

Y 形柱式墩的上部为 V 形托架,下部为单柱式,两者在立面上构成 Y 字形。V 形托架可使主梁的负弯矩峰值降低一半以上,下部的单柱具有一定的柔性,可满足纵向变形的要求。

10. 为什么在连续刚构桥中,桥墩的防撞问题比连续梁桥的显得更重要些?

答:任何桥型的桥墩结构都存在着防船撞的问题,而连续刚构桥却比连续梁桥显得更重要些,其主要原因是连续梁桥的桥墩一般都设计成刚性桥墩,单柱式的截面多为实心或者闭合箱形截面的形式,具有相对较大的抗压、抗弯和抗扭刚度。连续刚构桥的桥墩多做成分离的双肢薄壁立面形式,作为整体结构,这种布置形式,既具有纵向柔性性能,又具有结构的稳定性能。但是,偶然的船撞力往往是作用其中的一肢薄壁墩上,当一肢薄壁墩遭到破坏后,另一肢薄壁墩很容易因承载力和稳定性不够而随之破坏。

11. 为什么预应力混凝土连续刚构桥的跨越能力较连续梁大?

答:连续刚构桥是墩梁固结的连续梁桥,在恒载作用下,连续刚构桥与连续梁桥的跨中弯矩和竖向位移基本一致,但在采用双肢薄壁墩的连续刚构桥中,墩顶截面的恒载负弯矩要较相同跨径连续梁桥的小;另外,由于墩梁固结和共同参与工作,故连续刚构桥由活载引起的跨中区域正弯矩也较连续梁的要小,因而可以降低跨中区域的梁高,并使恒载内力进一步降低。基于上述两个主要原因,连续刚构桥的主跨径可以比连续梁桥设计得大一些。

12. 连续刚构桥梁中,边跨与中跨的比例在什么范围内较合适?

答:连续刚构桥的主梁在纵桥向大都采用不等跨变截面的结构布置形式,以适应主梁内力变化。主梁底部的线形基本上与变截面连续梁桥相类似,可以是曲线形、折线形、曲线加直线形等,具体应根据主梁内力的分布情况,按等载强比原则选定。

国内外已建成的连续刚构桥,边跨和主跨的跨径比值在 $0.5 \sim 0.692$。大部分比值在 $0.55 \sim 0.58$。这说明变截面连续刚构桥的边、主跨比值要比变截面连续梁桥的比值范围 $0.6 \sim 0.8$ 要小。

理论分析研究表明,由于墩梁固结,边跨的长短对中跨恒载弯矩调整的影响很小,而边、主跨跨径之比在 $0.54 \sim 0.56$ 时,不仅可以使中墩内基本没有恒载偏心弯矩,而且可以在边跨悬臂端用导梁支承于边墩上,进行边跨合龙,从而取消落地支架,施工也十分方便。

13. 如何拟定预应力混凝土连续刚构桥的各种尺寸?

答:大跨连续刚构桥主梁一般采用箱形截面,箱梁根部截面的高跨比一般为 $1/20 \sim 1/16$,其中大部分为 $1/18$ 左右,也有少数桥梁达到或低于 $1/20$。跨中截面梁高通常为支点截面梁高的 $1/3.5 \sim 1/2.5$,略小于连续梁的跨中梁高,这是由于连续刚构桥是墩梁固结,当活载作用于中跨时,与相同跨径的连续梁相比,其跨中正弯矩较小的缘故。

连续刚构桥为墩梁固结,对温度变化、预应力、混凝土的收缩徐变等因素产生的次内力相当敏感。如果墩的相对刚度大,则以上因素引起的次内力相当大,同时使基础墩身纵向两侧受力极不平衡,因此墩身尺寸的拟定主要考虑墩身与主梁之间的刚度比以减少次内力。墩身高度主要由桥面高程、桥梁建筑高度、桥下净空高度及主梁端高度等因素决定。而墩柱纵向厚度一般取高度的 1/15～1/8。墩柱较高时用较小的比值,墩柱较矮时则用较大的比值。

14. 刚构-连续组合梁桥是一种什么样的桥型?

答:这种组合体的桥型一般用在长大跨径的桥梁上,兼有刚架桥与连续梁桥两者的构造特点,迄今具有代表性的有以下两种组合:

(1)跨中设剪力铰的刚构-连续组合梁桥

它是利用边跨连续梁的恒载重量作为平衡重,使 T 构做成不等长悬臂,从而加大主跨的跨径;另外,利用边孔设活动铰支承来适应温度产生的纵向位移,图 4-7 示出了三座同类桥型的结构图式。

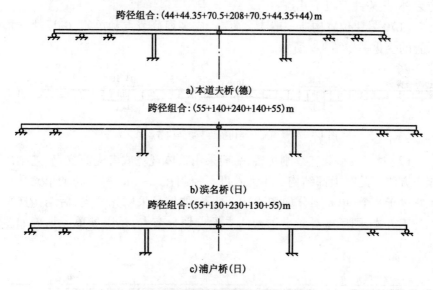

图 4-7 跨中设剪力铰的刚构-连续组合梁桥

(2)跨中无剪力铰的刚构-连续组合体系

上述的中跨跨中设剪力铰的刚构-连续组合梁桥存在的严重缺点是位于铰处的转角不连续,挠度也较大,铰的设置与养护都较困难,对行车极为不利。例如帕劳共和国于 1977 年修建的一座这种类型桥梁(科诺—贝比尔道波桥),通车后不久便产生了较大的挠度,到了 1990 年挠度达到 1.2m,修补加固后不久仍然倒塌。鉴于这种情况，便产生了取消剪力铰的刚构-连续组合体系梁桥。如图4-8所示为两座这类桥型的结构图式。其中艾施纳桥建于深河谷之中，中间两墩高度近100m；东明黄河大桥的连续刚构段采用双肢薄壁柔性墩，适应温度的纵向变位。

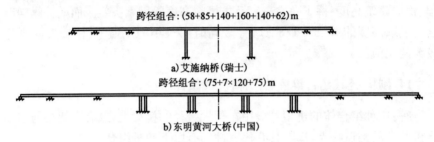

图4-8 跨中无剪力铰的刚构-连续组合体系

15. 在确定连续刚构桥的电算计算模型时，应遵循哪些原则？

答： 确定连续刚构桥的电算计算模型时，除了需遵循连续梁桥的建模要点之外，还应注意以下几点：

（1）0号块位置构造一般十分复杂，应多划分节点和单元，以反映结构布置的变化。如图4-9所示。

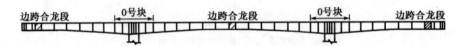

图4-9 变截面连续刚构桥的上部结构节点单元划分

（2）对于等截面连续刚构桥，一般采用整体现浇或者先简支、后连续的施工方法。此时上部结构的单元长度可控制在2~3m，每一跨的单元数量不宜少于8个，单元划分如图4-10所示。如果是采用先简支、后结构连续的施工方式，则还需对简支结构的支承点划分节点，桥墩处单元划分如图4-11所示。

图4-10 等截面连续钢构桥的上部结构单元划分（整体现浇）

（3）模拟下部结构时，单元长度一般控制在2~4m。

（4）连续刚构桥的桥墩与主梁固结在一起，这部分构造比较复杂，建立杆系模型时墩顶与箱梁中性轴之间以刚臂连接,具体布置如图4-12所示。

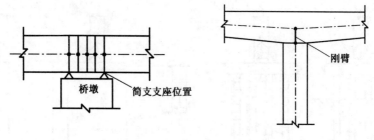

图4-11 等截面连续刚构桥的上部结构　　图4-12 刚臂连接示意图

16. 在对连续刚构桥的电算模型中进行基础的模拟时,常见的处理方法有哪些?

答:(1)对于扩大基础和沉井基础一般可以处理为固端。

(2)群桩基础和承台。建模中,承台处理为刚性,而桩基础的模拟相对较为复杂,其模拟方法有以下四种:

①m法。即直接采用二维或三维梁单元模拟实际的桩基础,用集中弹簧单元模拟桩周围土抗力的影响,采用地基规范中的m法或者C法来计算集中弹簧刚度。将桩基及弹簧、承台、桥墩、上部结构均作为模型的一部分参与结构的整体计算。显然,此法的数据准备量大,由于单元和节点数量较多,因此所花费的计算时间也较大,但由于桩基的内力结果和变形结果可以直接从模型中提取,因而也相对较为方便。

②出口刚度矩阵法。利用方法①或者桩基专用计算程序,计算出承台顶面位置的六个出口刚度矩阵(空间杆系),并把它作为边界条件施加在桥墩底部(即承台顶部位置),从而在由上部结构、桥墩组成的整体模型中计入基础的影响。这种处理方法的计算量最省,但无法从整体模型中得到桩基础的内力和变形结果。

③等代框架法。即将群桩等代为一个门形框架——两侧立柱的底端均为固支、顶端横梁刚度无穷大,然后将等代框架、桥墩、上部结构一起组合成整体分析模型。这样处理可以大大减少整体模型的单元和节点数量,从而减小计算规模和分析时间。缺点是不能得到每一根桩基的内力和变形。

④单柱式模型。即将群桩等代为一个等截面单柱——底端固支、上端有抗推刚度的水平弹簧支撑,然后将等代单柱、桥墩、上部结构一起组合成

整体分析模型。这样处理的优缺点与方法③相同。

基础模型示意见图 4-13。

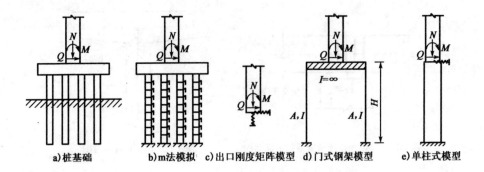

图 4-13　基础模型示意图

17. 如何对连续刚构桥的电算模型中的 V 形墩进行模拟？

答：V 腿布置和受力状态较为复杂,特别是 V 腿与主梁、V 腿与桥墩的连接位置,具体模拟方法可按图 4-14 和图 4-15 进行。与主梁形成稳定三角之前,V 腿受力受施工影响大,因而必须模拟施工过程。除此之外,V 腿的局部受力状态应采用空间实体有限元分析模型仔细分析。

三跨一联的 V 形墩预应力混凝土连续刚构桥,立面布置如图 4-14 所示。

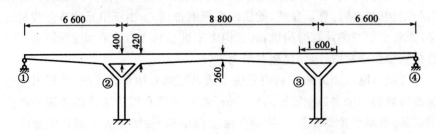

图 4-14　立面布置(尺寸单位:cm)

全桥共划分节点 128 个,单元 126 个,计算模型如图 4-15 所示。

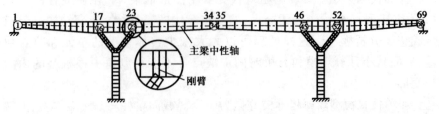

图 4-15　计算模型简图

18. 如何进行连续刚构桥的电算模型中跨合龙前预顶力的模拟？

答： 徐变、温度下降、中跨合龙后期预应力束张拉等都会导致连续刚构桥的桥墩承受很大的弯矩（岸侧受拉），因此为了改善桥墩的受力，在边跨合龙后、中跨合龙前的施工阶段，往往在中跨合龙段两侧施加一对水平力 F，使桥墩产生朝岸侧的预水平变形，墩内产生一个与上述荷载相反的弯矩，由此改善了桥墩的受力状态。水平力 F 的大小需综合考虑桥墩其他内力结果来确定，一般需要经过几轮试算。其基本原理如图 4-16 所示。

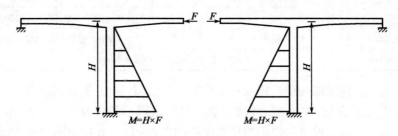

图 4-16 预顶力作用弯矩图

19. 大跨径连续刚构桥桥墩的设计要点有哪些？

答：（1）连续刚构桥墩柱形式和尺寸拟订的思路

①应具有适当的纵向抗推刚度，以适应纵桥向由于温度、混凝土收缩、徐变等引起的受力和变形；选择合适的"墩梁刚度比"，使既能满足全桥的纵向刚度，又尽可能地改善梁体内力分布，充分发挥材料的受力效能，以达到增大跨径、节约投资的目的。

②为抵抗横桥向风荷载，减小偏载引起的侧向位移，提高行车舒适性（对设置轨道的桥梁），墩柱横桥向刚度应设计得较大。

③无论是在悬臂施工阶段还是运营阶段，横桥向风荷载均起控制作用，应尽可能减小墩柱横向迎风面积、改善气动外形以减小风载体形系数。

④高墩一般采用滑模或爬模施工，从施工的便捷出发，宜采用简洁的形状。

⑤山区高墩连续刚构桥体量巨大，景观效果突出，墩形选择应与环境相协调。

（2）连续刚构桥的桥墩形式和尺寸拟订

连续刚构桥的桥墩一般采用单肢或双肢的实体或空心式桥墩。对于城市跨线桥、景区公路桥，有时为了改善桥梁的单调外形，并减小梁根部弯矩峰值，可以在顺桥或横桥方向设计成 V 形、Y 形或 X 形等形式。实体式桥墩可分单壁式或双壁式,空心桥墩可分为单箱式和双箱式。为调节墩柱的长细比,可在箱中加竖肋成单箱多室,或在分离式双柱之间增加横向联系构件。

从主墩结构受力特性分析,结合我国桥梁的设计经验,连续刚构桥的桥墩形式和布置见表4-2。

连续刚构桥的桥墩形式和布置　　　　表4-2

桥墩形式及适用主孔跨径	桥墩形式	实体式		空心式	
		单壁	双壁	单箱	双箱
	主孔跨径 $L(m)$	$L<60$	$L=80\sim160$	$L=100\sim200$	$L>160$
墩高布置	最小墩高,$H>L/10$			墩高差:最低/最高$>0.2\sim0.4$	
墩壁尺寸	墩壁厚度比:墩身长边/壁厚≤15				

大部分连续刚构桥采用双柱薄壁墩,双柱又有空心、实体式之分。实心双壁墩施工方便,撞击能力较强;空心双壁墩可节约混凝土的40%左右。双柱墩一个柱的厚度一般为双柱墩中距的1/6~1/4;双柱中距一般为墩高的1/5~1/4,而且与根部梁高相当。设计中一般利用高墩的柔度适应结构的这种变形。为保证桥墩的横向刚度与墩底强度需要,墩身横桥向变宽,双向按80:1的坡度向下变宽(有时考虑施工方便,空心墩内侧不作放坡),并考虑到施工方便以及确保桥墩高精度定位问题,主墩在纵桥向未采取放坡处理。

连续刚构桥的墩高一般要求不小于跨径的1/10,当跨径较大而墩的高度又不高时,可采用双薄壁墩和设计柔性桩基等增加墩的柔性,也可设计成刚构-连续组合梁桥。

此外,连续刚构桥的梁墩之间的刚度变化还直接影响梁、墩柱内力的变化,其刚度比必须在一个合理的范围之内。一般墩壁厚与墩顶梁高之比在0.2~0.4,比T形刚构桥的墩的厚度小得多,从而减少了桥墩与基础工程的用材量。

多跨连续刚构桥由于结构上墩梁固结,为减小次内力的敏感性,必须选择抗压刚度较大、抗推刚度较小的单壁或双壁的薄壁墩,使墩适应梁结构的变形。一般情况下,在初步设计选择墩的尺寸时,其长细比可为16~20。双薄壁墩的中距与主跨比值在1/25~1/20。

对于采用双柱式薄壁墩的连续刚构桥,墩柱高度与主跨之比一般为1/30~1/15,墩壁厚度与墩柱顶梁高之比一般为0.15~0.25。双薄壁墩,一般用于墩高50m以内的悬臂施工连续刚构桥。

连续刚构桥梁墩连接处的构造如图4-17所示,一般设置一道横隔板

(实心薄壁墩时)或者两道横隔板(双壁墩或空心墩时)。一道横隔板的厚度宜取 $t=B$(墩厚),两道横隔板的厚度宜取 $t\approx 0.7m$。

主墩桩基尽量做成嵌岩桩,在地质条件不允许只能做摩擦桩,且地质条件较差时,主跨 150m 以上的桥梁宜做试桩。

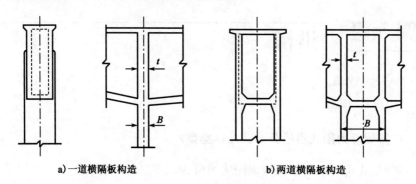

a)一道横隔板构造　　　　　　b)两道横隔板构造

图 4-17　梁墩连接处构造

桥墩及基础构造尺寸除应满足施工和运营状态受力要求外,还要考虑车船、冰凌撞击等偶然荷载和地震荷载的作用。

(3)连续刚构桥主墩刚度的参数分析

连续刚构桥为满足上部结构在温度、混凝土收缩徐变以及地震横向力影响的纵向水平变形,常常将主墩设计成纵向抗推刚度较小的柔性墩来满足其位移要求;悬臂施工过程,不可避免要产生不平衡弯矩,对主墩要求满足必要的纵向抗弯刚度;在偏载作用和横向风力作用下,对主墩要求具有较大的抗扭刚度。

第5章 拱桥

1. 按照静力图式拱桥分为哪几种类型?

答:拱式桥跨结构按照静力图式可分为以下三种类型:

(1)简单体系的拱桥

按静力体系它可分为:三铰拱、两铰拱和无铰拱拱桥。

(2)组合体系的拱桥

按对桥梁墩(台)有无推力它可分为:无推力的组合体系拱桥[图5-1a)]和有推力的组合体系拱桥[图5-1b)]。

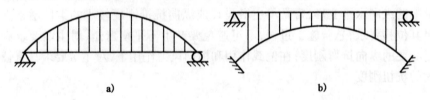

图5-1　组合体系拱桥

(3)拱片桥

这类拱桥是由若干拱片、横隔板和行车道板组成,共同承受荷载,其中的拱片是由拱肋、立柱和上缘水平梁组成,如图5-2所示。

2. 按照桥面所处空间位置,拱桥又分哪几类?

答:按照桥面所处的空间位置,拱桥又可分为上承式[图5-3a)]、中承式[图5-3b)]和下承式拱桥[图5-3c)]。一般情况下,拱桥多设计成上承式,原因是桥面可最大限度地保护主体结构免遭阳光和雨水侵蚀;但有时为了降低桥面高度,缩短引桥长度,又要照顾桥下通航净空高度的要求而采用中承式或下承式;另外,中、下承式拱桥还能达到增加城市景观的效果。

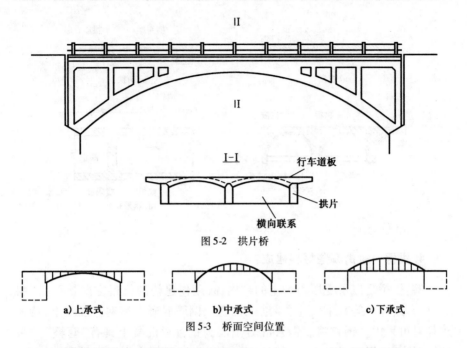

图 5-2 拱片桥

图 5-3 桥面空间位置

3. 混凝土主拱圈的截面形式有哪几种?

答:拱桥主拱圈的截面形式很多,但主要的有以下四种类型:

(1)板式截面[图 5-4a)]

它为实体矩形截面,构造简单,但抗弯刚度较小,且需采用有支架施工。

(2)肋拱式截面[图 5-4b)]

肋拱式截面因截面高度增大而提高了截面的抵抗矩。另一方面,它需要沿桥轴线方向每隔一定间距增设一道横系梁,以提高结构受力整体性和横向稳定性,因此在施工上较板式截面的拱桥复杂,拱肋截面有矩形、工字形、箱形等多种形式。

(3)双曲拱截面[图 5-4c)]

它是由拱肋、拱波、拱板和横向联系等几部分组成,其最大特点是将主拱圈以"化整为零"的方法先行预制,再按先后顺序进行吊装施工,然后"集零为整"组合成整体结构承重。它避免了在深水河流中搭设支架和中断航道进行施工的困难,但施工程序较复杂,结构的整体性稍差。

(4)箱形截面[图 5-4d)]

它与板拱、双曲拱截面相比,在相同的截面下,承受正负弯矩的抵抗矩均很大,且抗扭刚度大,因而截面经济,横向整体性强,稳定性好。但是箱形拱的制作要求高,施工时需要具有较大吊装能力的设备。

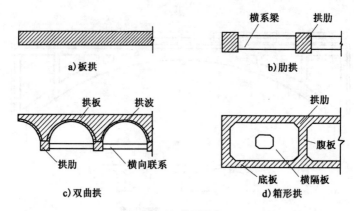

图 5-4 截面形式

4. 拱桥一般由哪些材料建成？

答：拱桥是以承受压力为主的结构，故用作建桥的材料主要是石料（料石、块石或片石等）、混凝土（少筋或无筋）、钢筋混凝土和钢管混凝土，特大跨径时可采用全钢材料。钢管混凝土因为钢管对混凝土具有"套箍"约束功能，故可以提高混凝土的抗压强度，并提高超载压力作用下拱圈的韧性。同时，先将空心钢管安装成拱，然后再灌注混凝土，这样，起吊钢管所用的设备起吊能力可以不要求太大，从而方便了施工。

5. 上承式拱桥的拱上建筑主要有哪几种构造方式？

答：上承式拱桥的拱上建筑主要有两大类：
（1）实腹式拱上建筑
它由侧墙、拱腹填料、护拱、变形缝、防水层、泄水管和桥面系等几部分组成。
（2）空腹式拱上建筑
它除了与实腹式拱上建筑相同的构造外，还具有腹孔和腹孔墩。其中腹孔又可做成拱式腹孔（图 5-5）和梁式腹孔（图 5-6）两种，腹孔墩又可做成横墙式[图 5-7a)]和立柱式[图 5-7b)]两种。拱式拱上结构一般为圬工结构，而梁式拱上建筑一般为钢筋混凝土结构。

6. 空腹式拱上建筑梁式腹孔可采用哪几种形式？

答：当空腹式拱上建筑采用梁式腹孔时，其桥道梁体系可以做成简支的、连续的和连续刚架式等形式，如图 5-8a)、b)、c)、d)所示。桥道梁的截面可以做成箱形、T 形、空心板或微弯板等形式。

第 5 章 拱 桥

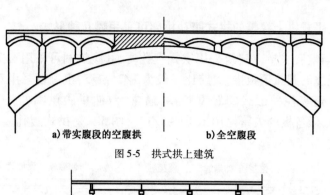

a) 带实腹段的空腹拱　　b) 全空腹段

图 5-5　拱式拱上建筑

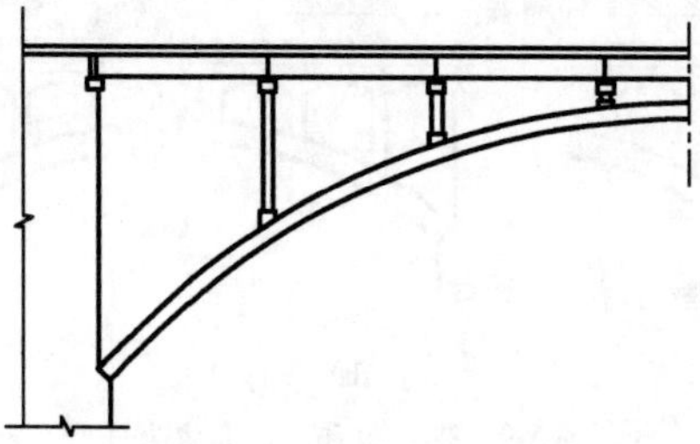

图 5-6　梁式拱上建筑

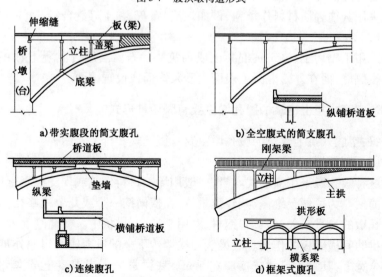

a) 横墙式　　b) 立柱式

图 5-7　腹拱墩构造形式

a) 带实腹段的简支腹孔　　b) 全空腹式的简支腹孔

c) 连续腹孔　　d) 框架式腹孔

图 5-8　梁式空腹式拱上建筑

195

7. 空腹式拱上建筑的拱式腹孔拱圈可采用哪几种形式？

答：当空腹式拱上建筑采用拱式腹孔时，其腹拱圈可采用石砌、混凝土预制或现浇的圆弧形板拱，矢跨比一般为 1/2～1/5；也可以采用双曲拱、微弯板和扁壳等各种形式的轻型腹拱，通常，双曲拱腹拱圈的矢跨比采用 1/4～1/8，微弯板的矢跨比用 1/10～1/12。图5-9是拱式腹孔立面布置的一般形式。

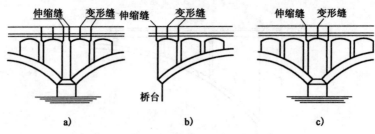

图5-9　拱式腹孔立面布置方式

8. 实腹式拱上建筑的拱背填料做法有哪两种方式？

答：实腹式拱上建筑的拱背填料有以下两种做法：

(1) 填充式

先在拱圈两侧用块石或片石砌筑侧墙，以承受拱腹填料及车辆荷载所产生的侧压力(推力)，然后在其中按就地取材的原则填充砾石、碎石、粗沙或黏土并加以夯实。在地质条件较差的情况下，为了减轻拱上建筑的重量，可以采用其他轻质材料作填料，例如炉渣、石灰、黏土等混合料。

(2) 砌筑式

采用干砌圬工、浇筑贫混凝土或砌筑块片石。当用贫混凝土时一般可不另设侧墙，而在外露混凝土表面用砂浆饰面或设置镶面。

9. 空腹式拱上建筑的腹孔墩主要有哪两种形式？

答：空腹式拱上建筑的腹孔墩主要有横墙式和排架式两种。

(1) 横墙式

这种腹孔墩采用横墙式墩身，一般用圬工材料砌筑或现浇混凝土形成，施工简便。为了便于维修、减轻重量，可在横向挖一个或几个检查孔。横墙式腹孔墩的自重较大，但节省钢材，多用于砖、石拱桥中。横墙刚度大，又能起到拱肋间横隔板的作用。底梁能使横墙传下来的压力较均匀地分布到主拱圈全宽上，其每边尺寸较横墙宽5cm。底梁常采用素混凝土结构。墩帽宽度宜大于墙宽5cm，也采用素混凝土。

(2)排架式

排架式腹孔墩是由立柱和盖梁组成的钢筋混凝土排架结构。为了使立柱传递给主拱圈的压力不至于过分集中,通常在立柱下面设置底梁。立柱和盖梁常采用矩形截面。截面尺寸及钢筋配置除了满足结构受力需要外,并应考虑和拱桥的外形及构造相协调。腹孔墩的侧面一般做成竖直的,以方便施工。

10. 上承式拱桥一般在哪些部位设置伸缩缝或变形缝?

答: 为了避免拱上建筑出现不规则的开裂和保证结构的安全使用和耐久性,通常是在相对变形(位移或转角)较大的位置设置伸缩缝,而在相对变形较小处设置变形缝。

实腹式拱桥的伸缩缝通常设在两拱脚的上方,并需在横桥方向贯通全宽和侧墙的全高及至人行道[图5-10a)];空腹式拱桥一般在紧靠桥墩(台)的第一个腹拱圈做成三铰拱,并在靠墩台的拱铰上方的侧墙上,也相应地设置伸缩缝,在其余两铰上方的侧墙,可设变形缝[图5-10b)]。

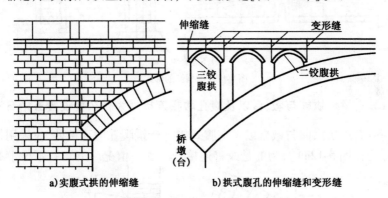

a)实腹式拱的伸缩缝   b)拱式腹孔的伸缩缝和变形缝

图5-10 拱桥伸缩缝及变形缝的布置

11. 拱桥中常用的铰的形式有哪些?

答: 拱桥中铰的常用形式有以下几种,如图5-11所示。

(1)弧形铰[图5-11a)]

它可用石料、混凝土或钢筋混凝土做成,石铰因加工困难,除在石拱桥应用外,一般不太采用。

(2)铅垫铰[图5-11b)]

它由厚度15～20mm的铅垫板,外部包以锌、铜薄片做成。

(3)平铰[图5-11c)]

平铰接缝间可用低强度等级的砂浆填塞,也可用垫衬油毛毡或者直接干砌接头。

(4) 钢铰[图 5-11d)]

钢铰通常做成理想铰。钢铰除用于少数有铰钢拱桥的永久性铰结构外,更多的用于施工需要的临时铰。

(5) 不完全铰[图 5-11e)]

它允许在颈缩部分开裂,以释放结构的能量,一般用在腹拱圈上。

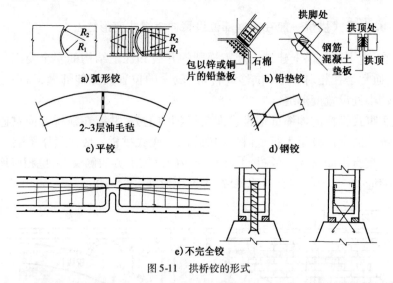

图 5-11 拱桥铰的形式

12. 石拱桥拱圈与墩、台以及腹孔墩相连接处为什么要设置五角石?

答:石拱桥拱圈与墩台以及空腹式拱上建筑腹孔墩连接处,应采用特制的五角石[图 5-12a)],为的是改善连接处的受力情况。五角石不得带有锐

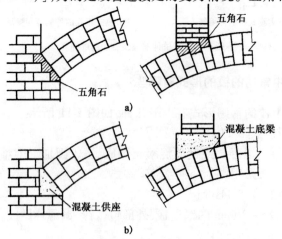

图 5-12 拱圈与墩台及腹孔墩连接

角,以免施工时被破坏和被压碎。现在为简化施工,也常用现浇混凝土拱座及腹孔墩底梁来代替石质五角石[图 5-12b)]。

13. 拱桥中设置铰的情况有哪几种?

答:拱桥中需要设置铰的情况有四种:

(1)按两铰拱或三铰拱设计的主拱圈;

(2)按构造要求需要采用两铰拱或三铰拱的腹拱圈;

(3)需设置铰的矮小腹孔墩,即将铰设置在墩的上端(与顶梁连接)和下端(与底梁连接);

对于拱上结构与主拱联结成整体的钢筋混凝土空腹式拱桥,在活载或温度变化等因素作用下将引起拱上结构变形(图 5-13),在腹孔墩中产生附加弯矩,从而导致节点附近产生裂缝。为了使拱上结构不参与主拱受力,可以将腹孔墩的上下端设铰,使它成为仅受轴向压力的受力构件,以改善拱上建筑腹孔墩的受力情况。由力学知识可知,当腹孔墩的截面尺寸相同时,高度较大的腹孔墩的相对刚度要比矮腹孔墩小,因此附加内力的影响也较小。为了简化构造和方便施工,一般高立柱仍可采用固结形式,而只将靠近拱顶处的 1~2 根高度较小矮立柱上、下端设铰(图 5-14)。

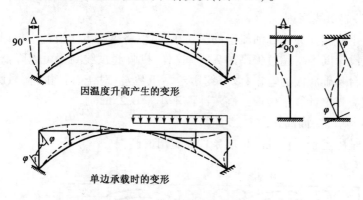

图 5-13 拱上结构变形示意图

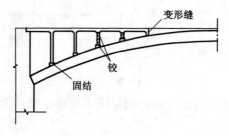

图 5-14 立柱的连接方式

（4）在施工过程中，为了消除或减小主拱圈的部分附加内力，以及对主拱圈内力作适当调整时，需要在拱脚或拱顶处设置临时铰。

前面三种情况属于永久性拱铰，它必须满足设计要求，并能保证长期正常使用，故对其要求较高，构造较复杂，需经常养护，费用较高。最后一种是临时性拱铰，一般待施工结束时，就将其封固，故构造较简单，但必须可靠。

14. 设计拱桥时，对设计具有直接影响的高程是哪几个？

答：拱桥设计中有四个主要高程（图5-15），即

（1）桥面高程

它一方面由两岸线路的纵断面设计来控制；另一方面要求桥下净空能满足泄洪或通航要求。对跨越平原区河流的拱桥，其桥面最小高度一般由桥下净空所控制。为了保证桥梁的安全，桥下必须留有足够的排泄设计洪水流量的净空。

（2）拱顶底面高程

它是由桥面高程减去拱顶处拱上建筑厚度和主拱圈厚度后得到的高程。为了保证漂浮物能通过，在任何情况下，拱顶底面高程应高出设计洪水位 $1.0 m$。

（3）起拱线高程

对于修建在无冰冻河流上的无铰拱，可以将拱脚置于设计水位以下，但通常淹没深度不得超过矢高的 $2/3$。这样，拱脚起拱线高程可以降低，从而减小墩台基础底面的弯矩，以节约墩台圬工数量；对于有铰拱桥，拱脚起拱线高程应高出计算水位或最高流冰面不小于 $0.25 m$。

（4）基础底面高程

它是决定于桥位处的地质条件而定出的高程。

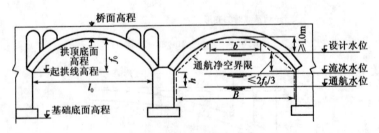

图5-15 拱桥的主要高程示意图

15. 当设计的多孔连续拱桥必须采用不等跨径时，可以采用哪些措施来平衡推力？

答：为了平衡相邻两孔不平衡推力，常用的技术措施有以下几种：

(1) 采用不同的矢跨比

将大跨径设计成矢跨比大的陡拱,将小跨径设计成矢跨比小的坦拱,使相邻两孔在恒载作用下的不平衡推力尽量减小。

(2) 采用不同的拱脚高程(图 5-16)

将大跨孔的拱脚高程降低,小跨孔的拱脚升高,可以达到对基底弯矩接近平衡,但这会影响桥梁立面的美观。

(3) 调整拱上建筑的恒载重量

大跨孔采用轻质填料或空腹式拱上建筑,小跨孔采用重质的拱上填料或实腹式拱上建筑。

(4) 采用不同类型的拱跨结构

大跨孔采用分离式肋拱或薄壁箱

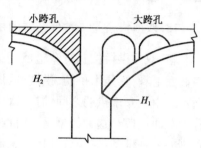

图 5-16 不等高程的拱脚布置

拱结构,小跨孔采用板拱或厚壁箱拱结构,以达到恒载水平推力接近平衡。有时,为了进一步减小大跨径拱的恒载水平推力,可以将大跨径部分做成中承式肋拱。

16. 拱桥设计中常用的拱轴线是哪些?

答:拱桥常用的线形有以下几种:

(1) 圆弧线

线形最简单,施工最方便,但拱轴线与恒载压力线偏离较大,使拱圈各截面受力不均匀,仅适用于小跨径拱桥。

(2) 悬链线

当恒载集度从拱顶向拱脚均匀增加时,悬链线是合理拱轴线。对于实腹式拱桥,当采用这种线形和不计弹性压缩影响时,能使主拱圈各截面在恒载状态下只承受中心压力而无弯矩;对于空腹式拱桥,则只能通过调整拱轴系数来达到五个截面(拱顶、$L/4$ 截面和拱脚)在恒载工况下处于中心受压状态。

(3) 抛物线

它比较适合用在中、下承式肋拱桥、上承式全空腹肋拱桥和矢跨比较小的全空腹式拱桥上,因为它们的恒载集度比较接近均匀分布。

17. 为什么工程设计中很少采用三铰拱?

答:三铰拱只有在地质条件不良和跨径不大的情况下或在腹拱上才采用。目前大跨径拱桥一般不采用这种体系,其原因有三:

(1) 由于铰的存在,使其构造复杂,施工困难,维护费用高;

(2) 由于铰的存在,降低了抗震能力;

(3) 拱的挠度曲线在顶铰处有转折,致使拱顶铰处的桥面下沉,当车辆通过时,会发生较大的冲击,对行车不利。

18. 双曲拱桥是一种什么样的桥型?它的主拱圈由哪几部分构成?

答:双曲拱桥按其行车道所处的位置属于上承式拱桥。若从主拱圈的横截面上看,它是由拱肋、拱波、拱板和横向联系等几部分组成,如图5-4c)所示。由于介于拱肋之间的拱波也呈曲线形,且与主拱圈的曲线正交,故而称为双曲拱桥。这种桥型是20世纪60年代我国江苏省无锡市由建桥职工首创的一种桥型,它充分发挥了预制装配的优点,可以不要拱架施工,节省木料,加快施工进度,而所耗用的工料又不多。它的最主要特点是:将主拱圈以"化整为零"的方法按先后顺序进行施工,再以"集零为整"的方式组合成承重的整体结构。因主拱圈分期形成,呈现组合结构的受力特征,整体性较弱,在地震荷载作用下容易破坏。

19. 箱形截面拱的组成方式有哪几种?

答:箱形截面主拱圈的组成有以下几种常用方式:

(1) 采用U形肋组成的多室箱形截面[图5-17a)],即将底板和箱壁预制成U形拱肋(内有横隔板),纵向分段。吊装合龙后,安装预制盖板,再现浇接缝混凝土,组成箱形截面。

(2) 采用工字形肋组成的多室箱形截面[图5-17b)],将工字形拱肋(内设横隔板)吊装合龙后,翼缘直接用连接的钢板电焊形成箱形截面。

(3) 采用闭合箱组成的多室箱形截面[图5-17c)],先将预制好的箱侧壁及横隔板按拱箱尺寸拼装起来,再浇筑底板混凝土及接头混凝土,组合成开口的U形箱,最后在U形箱内立支架及顶板的底模板,再浇筑顶板混凝土形成闭合箱肋。

(4) 单箱多室截面。这种截面外形为一箱,箱内具有多个室[图5-17d)]。单箱多室截面主要用于不能采用预制吊装的特大型拱桥,如重庆万县长江大桥就采用了单箱多室截面。单箱多室截面拱的形成与施工方法有关。当采用转体施工时,截面可在拱胎(支架)上组装或现浇形成;当采用悬臂施工时,可以采用与悬臂浇筑梁桥相似的方法在空中逐块浇筑并合龙,也可采用预制拼装成拱。

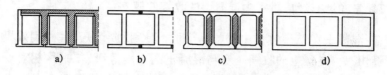

图 5-17 箱形截面主拱圈

20. 箱形拱桥有哪些特点?

答:箱形拱的主要特点是:

(1)截面挖空率大,挖空率可达全截面的 50%～60%,与板拱相比,可节省大量圬工体积,减轻重量。

(2)箱形截面的中性轴大致居中,对于抵抗正负弯矩具有几乎相等的能力,能较好地适应主拱圈各截面正负弯矩变化的需要。

(3)由于是闭合空心截面,抗弯和抗扭刚度大,拱圈的整体性好,应力分布较均匀。

(4)单条箱肋刚度较大,稳定性较好,能单箱肋成拱,便于无支架吊装。

(5)制作要求较高,吊装设备较多,主要用于大跨径拱桥。

箱形拱的构造与施工有密切的联系。修建箱形拱,可以采用预制拱箱无支架吊装或有支架现场浇注等施工方法。采用无支架吊装时,但为了减轻吊装重量或方便操作,拱箱往往不是一次预制成型,而是采用装配——整体式结构形式,分阶段施工,最后组拼成一个整体。

21. 拱桥合龙时,为何要强调低温合龙?

答:根据热胀冷缩的道理,当大气温度比成拱时的温度(即主拱圈施工合龙时温度,称为合龙温度)高时,称为温度上升,引起拱体膨胀;反之,当大气温度比合龙温度低时,称为温度下降,引起拱体收缩。不论是拱体膨胀(拱轴伸长)还是拱体收缩(拱轴缩短)都会在超静定拱中产生内力。当温度升高时,拱内产生压力,拱顶处产生负弯矩,拱脚处产生正弯矩,这对无铰拱的拱顶、拱脚等控制截面是有利的;反之,当温度降低时,拱内产生拉力,拱顶处产生正弯矩,拱脚处产生负弯矩。这对拱顶、拱脚等控制截面非常不利。因此,为了减小温降效应的影响,拱桥合龙时应选取低温合龙。

但需注意的是,拱桥合龙时,温度又不宜过低,否则会影响混凝土的性能,一般拱桥合龙温度以 15℃ 左右为宜。

22. 怎样近似计算拱桥中混凝土的收缩效应？

答：混凝土在结硬过程中的收缩变形，会令拱圈缩短，其作用效果与温度下降相似。混凝土的收缩应变与混凝土的强度等级、年平均相对湿度和构件理论厚度等参数相关，可按照《公路钢筋混凝土及预应力混凝土桥涵设计规范》（JTG D62—2004）的具体规定计算。

由于温度变化和混凝土收缩在拱圈内引起的内力变化是一个缓慢的过程，在此期间，当某截面（如拱脚）边缘应力增加较多时，混凝土徐变作用将使该截面边缘应力削峰，因而计算拱圈的温度变化和混凝土收缩影响时，可根据实际资料考虑混凝土徐变的影响，如缺乏实际资料，计算内力可乘以下列系数：

温度变化影响力：0.7；

混凝土收缩影响力：0.45。

23. 桁架拱桥是由哪几个主要部分组成的？

答：桁架拱桥的上部结构一般由桁架拱片、横向联系和桥面三部分组成。桁架拱片是主要承重结构，它由上弦杆、腹杆、下弦杆和拱顶实腹段组成。桁架拱片在施工期间单独受力，竣工后则与桥面结构组合成一体共同承受活载和其他荷载。横向联系是把各桁架拱片联成整体，使之共同受力，并保证其横向稳定（图5-18）。

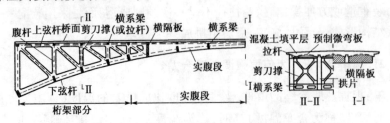

图5-18 桁架拱桥的主要组成部分

24. 刚架拱桥是在什么桥型基础上演变而来的？

答：刚架拱桥是由拱与斜腿刚构组合而成的一种复合结构，故名为刚架拱桥，如图5-19a）所示。它的上部结构是由刚架拱片、横向联结系和桥面系等部分组成。其特点是：在顺桥方向，将常规的主拱圈与拱上建筑部分组成为整体受力的结构，拱上建筑不是单纯的传递荷载，而是参与承受荷载；在横桥向，通过加腋板或微弯板将拱肋与现浇桥面组成整体的受力结构 [图5-19b）]。它虽为拱式体系，但恒载推力较常规拱桥要小，为控制桥梁建筑高度,可将矢跨比选择得小一些,一般采用1/7~1/10之间。另外,刚架拱桥的施工方法的适应性较强,可采用预制吊装、有支架现浇、悬臂拼装和转体施工法等。

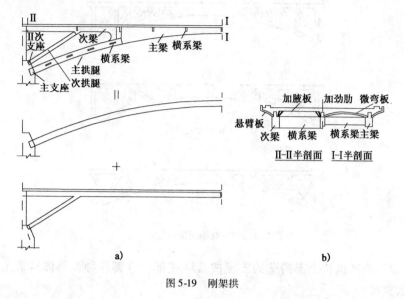

图 5-19 刚架拱

25. 常用的桁架拱桥,为什么设置斜腹杆比不设斜腹杆的要好?

答:设置斜腹杆的桁架拱桥,各杆件均承受轴向力,承载力较大,是目前常用的形式。不设斜腹杆的桁架拱,又称竖腹杆桁架拱,其优点是腹杆少,每个节点处只有三根杆件交汇,故钢筋布置及混凝土浇筑较方便。但由于上弦、腹杆和下弦所形成的框架单元是四边形,而非具有维持形状能力强的三角形,因而框架各杆件以受弯为主,用钢量较大;又由于节点的刚性,在荷载作用下,节点次应力往往导致竖杆两端开裂,故目前较少采用。

26. 斜腹杆桁架拱又分哪几种形式?

答:斜腹杆桁架拱常用的有三种形式:

(1)斜压式[图5-20a)],在恒载作用下,斜杆受压,竖杆受拉。斜杆的长度随矢高和节间长度的增大显著增长,尤其是第一个节间内的斜杆长度更大,为了防止失稳而需增大截面尺寸,或者采用不同截面尺寸的斜杆以节省材料,但增加了施工麻烦。

(2)斜拉式[图5-20b)],在恒载作用下,斜杆受拉,竖杆受压。中小跨径桁架拱桥多采用带竖杆的斜拉式。

(3)三角形式[图5-20c)],它的腹杆根数比上述两种都少,节点数也

205

少，腹杆的总长比上述两种也少，但两节点之间间距太大，特别是上弦杆承受局部弯矩所需的钢筋将增多。

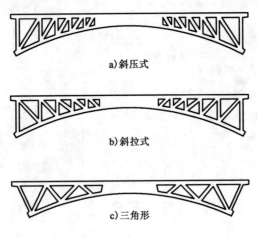

图 5-20　斜腹杆桁架拱的主要形式

27. 刚架拱桥上部构造的支座按其所在部位分哪几种？具体构造上有什么要求？

答：刚架拱桥上部构造的支座按其所在部位有：

（1）弦杆支座[图 5-21b)]，它设在墩（台）的立墙上，用来支承上弦杆，要求在荷载、温变效应的作用下允许弦杆作水平方向的移动，根据跨径的大小，可采用油毛毡垫层、橡胶支座或钢板支座。

（2）拱腿支座[图 5-21c)]，它一般是采用"先铰接后固结"的方法，即施工阶段拱腿支座为铰接，营运阶段为固结。

（3）斜撑支座[图 5-21c)]，它采用铰接或固结的形式，对拱片内力的影响不大。具体做法是施工阶段拱腿与斜撑支座均为铰接，即安装拱腿以后，在拱座处的预留槽内，向底部灌入高强度等级砂浆，但拱腿两侧间以硬木，不使砂浆流入，待全桥完成后，取出拱腿两侧硬木，再灌入砂浆，这时斜撑支座只需在预留槽内铺垫层砂浆，使斜撑底面与支座结合密实便可。

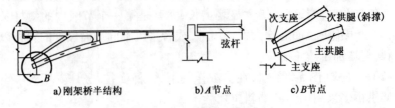

图 5-21　刚架拱桥支座

28. 中承式或下承式拱桥,有时为了争取净空高度或者美观等原因,在两拱片之间不设置横向风撑,这是靠什么来维持拱片的横向稳定?

答: 无横向风撑的中、下承式拱桥主要依赖以下几个主要因素来保证横向稳定:

(1)拱脚具有牢靠的刚性固结;

(2)对于中承式拱桥,要加强在桥面以下至拱脚区段的拱肋间固结横梁的刚度,并设置 K 撑或 X 撑。

(3)对于下承式拱桥,可采用半框架式的结构,即采用刚性吊杆,并与整体式桥面结构或刚度较大的横梁固结,如图 5-22a)所示。

(4)柔性吊杆的"非保向力"作用,如图 5-22b)所示。

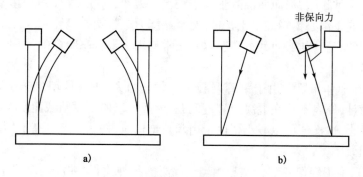

图 5-22　无横向风撑的拱桥断面

29. 中承式和下承式拱桥的短吊杆设计应特别注意哪些问题?

答: 在已建中承式拱桥中,已经出现了短吊杆腐蚀断裂的情况,针对短吊杆的受力特点,设计中应注意以下两点:

(1)短吊杆因线刚度(EA/l)较大,因而在一般情况下,它比长吊杆承担更大的活载以及活载冲击力。短吊杆内的应力变化幅度较大,易使吊杆产生疲劳破坏。

(2)另一方面,在桥面为漂浮体系的拱桥中,温度中心(或称温度零点)往往位于拱桥跨中,而短吊杆离温度中心较远,在温度变化的作用下,桥面产生水平位移。若设计处理不当,短吊杆的上下两个锚点偏离垂直线,形成很大的折角,致使锚头附近吊杆护套破损、钢丝受力不匀、钢丝腐蚀造成断裂。

针对以上问题,在设计中应适当加大短吊杆的截面面积,以降低应力幅。另外,应采取构造措施防止短吊杆产生过大的水平位移(如设置伸缩缝、将短吊杆的两端由固结改为铰接或半铰接等)。

30. 采用中承式或下承式拱桥,一个重要的安全措施是什么?

答:采用中、下承式拱桥除了在两拱肋之间设置横向联系以确保横向稳定外,还须在吊杆位于行车道的一侧桥面上设置防撞栏杆,因为吊杆是一个重要的传力和支承桥面下横梁的构件,一旦吊杆遭到车辆碰撞的破坏,就会导致桥面垮塌的严重事故。

31. 采用钢管混凝土拱肋作承重结构具有哪些优缺点?

答:作为拱桥承重结构的钢管混凝土拱肋具有以下的优越性:

(1)力学性能　钢管对混凝土具有所谓的"套箍"作用,套箍作用主要体现在混凝土进入塑性阶段以后,此时混凝土沿环向剧烈膨胀,而钢管能有效约束这种膨胀,从而使混凝土处于三轴受力状态,强度得以大大提高。对于轴心或小偏心钢管混凝土构件,在承载能力极限状态验算时,可以考虑套箍作用的有利影响,而其他情况以及正常使用极限状态验算中,均不应考虑套箍作用。

(2)总体布置　由于钢管混凝土承载能力大,正常使用状态是以应力控制设计,外表不存在混凝土裂缝问题,因而可以使主拱圈截面及其宽度相对的减小,这样便可以减小桥面上由承重结构所占的宽度,提高了桥面宽度的使用效率。

(3)施工轻便　钢管本身相当于混凝土的外模板,在浇灌混凝土之前,它具有强度高,重量轻,易于吊装的特点;或用转体法施工时,可以先将空管拱肋合龙,在借助少量支撑设备和风缆的帮助下,再浇筑混凝土,从而大大降低了大跨径拱桥施工的难度;同时,钢管混凝土还可作为箱形截面拱圈中的劲性骨架,从而提高了拱桥的跨越能力,例如1997年建成的跨径为420m的四川万县长江大桥就是其中的一例。

但是,由于钢管混凝土拱桥一般采用自架设施工方法,主拱圈是逐步形成的,因而各部分受力先后不一。钢管合龙后再灌注混凝土这一施工过程使得钢管先于混凝土承担了较大的初应力,而混凝土的收缩徐变将导致截面上原先由混凝土承担的应力部分向钢管转移,使钢管应力进一步增大,直接导致的结果往往是钢管应力很高而混凝土材料不能充分发挥作用,这是钢管混凝土拱的一大不足。另外,钢管在阳光照射下,钢管表面温度很高,钢管热胀容易造成与管内混凝土脱空,这是钢管混凝土结构的另一个缺点。

32. 劲性骨架混凝土拱桥有哪些特点?

答:劲性骨架是伴随着大跨度拱桥修建而出现的,即先用无支架方法架设劲性骨架或拱,然后围绕骨架浇筑混凝土,把骨架作为混凝土中的钢筋,不再拆卸收回。劲性骨架混凝土拱桥跨越能力大,潜在超载能力大,除了施工方便外,劲性骨架混凝土因含钢量大,结构徐变影响相应较小。另一方面,混凝土徐变造成内力向钢骨架转移,而钢骨架尺寸大,不易像钢筋那样出现压屈的现象。

33. 劲性骨架混凝土拱桥的设计计算中应注意哪些问题?

答: 为了回答这个问题,首先以四川万县长江大桥为例,简要介绍一下钢管混凝土劲性骨架主拱圈的施工程序。

该桥为净跨 420m 单孔过江的上承式箱形拱桥,拱圈以钢管混凝土劲性骨架作为施工承重的构架,图 5-23 给出了其桥孔布置图。

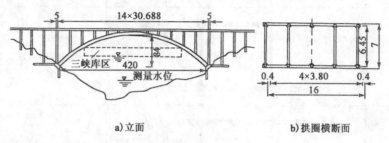

a) 立面 b) 拱圈横断面

图 5-23 万县桥总体布置(尺寸单位:m)

主拱圈为单箱三室截面,在桥纵向采用"六工作面法",对称、均衡、同步浇注纵向每环混凝土,即将每拱环等分为 6 个区段,每段长约 80m,以 6 个工作面在各个区段的起点上连续向前浇注混凝土,直至完成全环。其施工顺序列出于表 5-1 中。

主拱圈施工顺序　　　　　　　　表 5-1

NO.	示意图	内容
1		安装劲性骨架; 灌注钢管混凝土
2		浇注中室底板混凝土

续上表

NO.	示意图	内容
3		浇注中室1/2高底板混凝土
4		浇注腹板混凝土至全高
5		浇注中室顶板混凝土
6		浇注边室底板混凝土
7		浇注边室3/4高腹板混凝土
8		完成全截面混凝土浇注

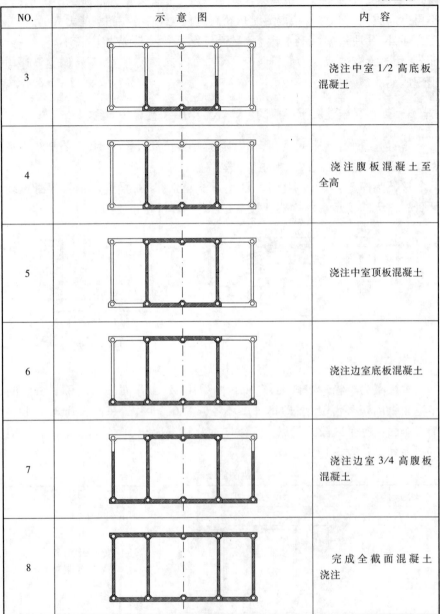

注：每次浇注沿全跨形成一环，待达到设计龄期并能参与骨架共同受力时，才进行下环混凝土的浇注。

图5-24示意了全断面混凝土的形成过程。按照此施工顺序，万县长江大桥在整个浇注过程中，骨架挠度下降均匀，基本上无上下反复现象，骨架上下弦杆及混凝土断面始终处于受压状态，应力变化均匀，使拱圈在施工过

程中的强度、稳定性得到保证。

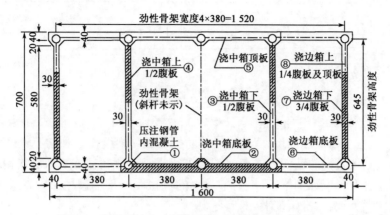

图 5-24 重庆万县长江大桥拱圈截面形成步骤(尺寸单位:cm)

根据这个设计的施工顺序,在计算分析中要注意以下三个方面的特点:

(1)主拱圈前后共经历了三种不同结构的受力阶段,即①钢结构(钢管内混凝土达到设计强度之前);②钢管混凝土结构;③劲性骨架混凝土结构(全截面混凝土完成且达到设计强度之后)。

(2)在主拱圈成拱之前,截面面积不断地改变,故强度应按应力叠加进行验算,成拱之后的荷载效应,则按内力叠加进行验算。

(3)需要认真研究应设置的预拱度,使成桥后达到预定的设计高程。因为这种施工方法完全不能按照有支架施工方法的规律来设置预拱度;又不像在悬臂法施工中存在有合龙段,可以在合龙之前通过扣索调整两边拱圈悬臂的高程和选择合适的温度(15℃左右)进行合龙;而是每完成一个施工阶段,结构整体刚度逐次地加大,成拱以后,其线形已无法调整。

因此,对于大跨径拱桥采用劲性骨架混凝土作主拱圈时,其设计计算必须紧密结合施工顺序综合考虑,并且在施工过程中,还必须严格按照设计要求进行监控。

34. 梁拱组合体系桥梁有哪些基本形式?

答:梁拱组合体系桥梁有如下基本形式:

(1)简支梁拱组合式桥梁(图 5-25),这类桥梁只用于下承式,桥面上常设置风撑,简支梁拱组合式桥梁,外部为静定结构,内部为高次超静定结构,主要承重构件除拱肋外,还有加劲纵梁,它与横梁组成平面框架,由吊杆上下联系以达到共同受力的目的。根据拱梁间的刚度变化,当梁的刚度远大于拱肋时,为柔拱刚梁,此时拱基本上只承受轴力不承担弯矩;当拱肋的刚度远大于纵梁时,为刚拱柔梁(也称系杆拱),纵梁只承担轴力,不承担总体弯矩；当纵梁与拱肋的刚度介乎其间时，就称为刚梁刚拱。

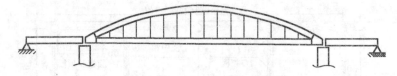

图 5-25 简支梁拱组合体系示意图

（2）连续梁拱组合式桥梁（图 5-26），这类桥梁可以是上承式、中承式及下承式，也可以是多肋拱、双肋拱或单肋拱与加劲梁组合。对应于多肋拱及双肋拱的加劲梁的截面形式相似于简支梁拱组合式桥梁布置；而单片拱肋必须配置有箱形加劲梁，以加劲梁强大的抗扭刚度抵消偏载影响。这种桥型跨越能力大，本身刚度大，造型美观。

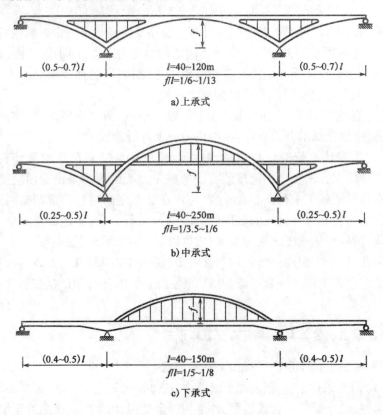

图 5-26 连续梁拱组合体系示意图

（3）单悬臂组合式桥梁（图 5-27），这类桥梁只适用于上承式，采用转体施工特别方便。单悬臂梁拱组合式桥梁实际上是将实腹梁挖空，用立柱代替梁腹板，原腹板剪力主要由拱肋竖向分力及加劲梁剪力平衡。这样的结构加劲梁受拉弯作用。

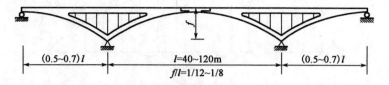

图 5-27 悬臂梁拱组合体系示意图

35. 如何考虑梁拱组合体系桥梁的总体布置？

答：在考虑梁拱组合体系桥梁的总体布置时，应注意如下方面：

(1) 桥型的选择和设计应按照适用、经济、安全和美观的原则进行，对建筑艺术要求与环境的协调必须考虑，特别是具有一定规模的城市桥梁，它是区域性建筑艺术的集中体现，必须充分满足景观要求。

(2) 确定桥梁的高程。对于跨河桥梁，在满足通航和泄洪的要求时，应尽量降低桥面(跨中)的高程，以求缩短引桥，节省造价，此时，宜选用中、下承式的梁拱组合体系；对于城市桥梁，如有非机动车通行时，纵坡不得超过 3%，纵坡长度不宜超过 200m。

(3) 确定合理的矢跨比。

(4) 确定桥梁跨径。梁拱组合式桥梁，跨径在 100m 以下时，材料用量的综合指标一般差别不大，但下部结构因跨径增大，桥墩减少，可以减少墩台的圬工量。因此，在不显著增加施工难度时，应尽可能将跨径放大。同时，分孔时应注意以下几个原则：

① 满足通航要求；

② 主孔的跨径还要与施工方法综合考虑；

③ 在单孔通航时，主孔可以采取简支体系，采用多跨时，边跨应尽可能短。当按三跨布置时，对于梁拱组合式桥梁，边跨末端支座尽可能不出现拉力，为此，可通过压重予以解决。同时边跨还要求弯矩图以负弯矩为主，即使出现正弯矩，也只限于在活载作用下发生，而且正弯矩区域限制在较小的范围内，这样有利于配置预应力束，基本上是直索。

36. 简支梁拱组合式桥梁有哪些基本力学特征？

答：这种体系相当于在简支梁上设置加强拱，梁拱端结点刚结，其间布置吊杆，通过调整吊杆张拉力，可使纵梁的受力状态处于最有利状态。可先按吊杆刚性无限大的假设进行计算，得到恒载状态下的弯矩、剪力和轴力图 (图 5-28)。

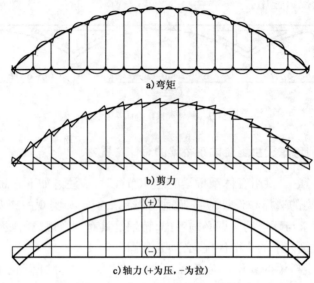

图 5-28 恒载状态下的弯矩、剪力及轴力图

体系中拱肋主要承担轴压力,梁内主要承担轴拉力,而弯矩及剪力主要是节间荷载(吊杆范围内)的影响。

拱的刚度是指拱肋的抗弯刚度,梁的刚度是指桥面参与加劲梁共同作用的刚度。当拱的刚度 I_a 大于梁的刚度 I_b 的 100 倍时,可不计梁的抗弯刚度(刚拱弱梁),当梁的刚度 I_b 大于拱的刚度 I_a 的 100 倍时,可不计拱的抗弯刚度,即朗格梁,或称柔拱刚梁。在上述两者范围内,称刚梁刚拱,弯矩由梁拱按刚度分配承担。

这类结构可以设计成整体连续的桥面,它不仅具有较大的竖向刚度,而且存在更为强大的侧向刚度,这是因为吊杆在此对拱肋具有非保向力的作用,即当拱肋侧向失稳时,桥面结构沿横向基本不动,吊杆虽然倾斜,但吊杆轴力的水平分力所指的方向恰好与拱肋偏移方向相背,起了对拱扶正的作用,显著地增加了拱肋的空间稳定性。因此,在设计风撑时,考虑吊杆的非保向力作用,就可以取简单的形式。

简支梁拱组合式桥梁是下承式桥梁,它的横断面布置可以是单肋、双肋及多肋。单肋拱必须配置箱形纵梁,因为单肋拱的吊杆不能对拱提供抗扭刚度,而箱形纵梁本身就具有较大的抗扭刚度,能够抵抗活载偏载时所产生的偏心力矩。

37. 连续梁拱组合式桥梁有哪些基本力学特征?

答:连续梁拱组合式桥梁有上承式、中承式和下承式三种。

上承式梁拱组合结构,沿纵向可分为空腹与实腹两部分:实腹部分是肋板式结构,纵梁与拱肋组合成为连续梁的主肋,与横梁组成梁格系,并以桥面板覆盖,成为两者的上翼缘;空腹部分上弦为加劲纵梁,下弦为拱肋,梁和拱肋间设立柱。为了避免加劲梁在张拉预应力束时柱两端因位移差而引起较大的弯矩,导致柱端开裂,应将柱端设计成铰接,空腹部分由此形成桁架,上弦加劲梁承受拉弯作用,下弦拱肋承受压弯作用。这类桥梁是一种用拱肋来加强的连续梁,可以使空腹范围内上弦产生拉力,与拱内水平力组成力矩来平衡截面内连续梁的弯矩;同时连续梁中墩附近的高度依靠拱来加大,使跨中弯矩减少。中墩位置处的较大负弯矩则靠梁内预应力束产生的预应力来平衡。在跨径布置中,要尽可能减少边跨长度,为了避免负反力出现,即避免设置拉力支座,可设置平衡重,或将边跨连续地向外延伸形成五跨连续的梁拱组合体系,其目的是使边跨上基本不出现正弯矩,以避免下弦出现拉应力。预应力索采用直索,减少预应力的损失,同时预应力通长布置,不仅可靠,而且可以减少锚头的用量及预应力沿管道损失,从而节省预应力的费用。与一般拱桥一样,拱的水平力是使梁弯矩卸载的根本因素。弯矩、剪力内力高峰值由组合结构承担,其中加劲纵梁承担拉力及局部弯矩,拱肋承担轴压力及弯矩,剪力主要由拱肋轴力的垂直分力承担,拱内剪力一般很小,不控制断面设计;同样加劲梁的剪力也是很小,不再是控制腹板厚度的因素。

中承式连续梁拱组合式桥梁是目前我国在梁拱组合式桥梁的设计与建造中采用得较多的一种桥型,它的特点是结构布置合理,造型美观,施工方便。这类桥梁一般由三跨组成,它包括两个边跨的半拱和中跨全拱以及通长的加劲纵梁,其间还设置立柱及吊杆,亦即由两个半悬臂梁拱与中间简支梁拱相组合。一般根据连续梁的弯矩图来布置加劲梁的拱肋,在负弯矩区用桥面以下二组拱腿来加强,在中跨正弯矩区用一组拱肋来加强,连续梁不仅承担弯矩与剪力,而且还需以轴向拉力来平衡拱的轴向压力,如图5-29所示。由于连续梁的弯矩图是根据梁的刚度变化而变化的,随着拱的加强,总的结构由梁拱所组合的连续梁刚度已非原来的连续梁,其弯矩零点位置必然有所调整。但是梁与拱的弯矩,剪力与轴力的内部分配仍然服从同类上承式连续梁拱组合式桥梁的基本原则。这类桥型一般用较大的矢跨比,对施工不会带来多大的困难,但可减少水平推力,也可以减少梁内的水平拉力。桥上、桥下矢高的分配,从美观的角度,桥上约占$2f/3$,桥下约占$f/3$。

三跨下承式连续梁拱组合桥梁实际上属三跨变截面连续梁,如图5-30所示。当中孔用全拱加强后,通过张拉吊杆,显著地减小了中跨主梁的正负弯矩,使得主梁的建筑高度可以大幅度减小。两个边跨由于受到中跨拱的刚度影响,虽减小了负弯矩的负担,但边跨正弯矩比原来的有所增大,因而宜将边跨跨径适当减小。

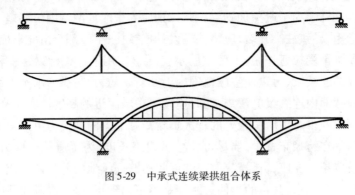

图 5-29　中承式连续梁拱组合体系

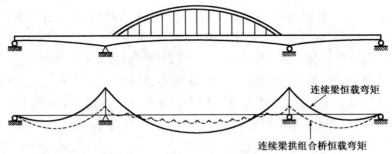

图 5-30　下承式连续梁拱组合体系

38. 在连续梁拱组合体系的桥梁中,哪些部位易产生裂缝或断裂,如何控制?

答:现按上、中、下承式梁拱组合体系分别介绍。

(1) 上承式连续梁拱组合体系的立柱裂缝

上承式连续梁拱组合体系在恒载作用下,其内力与变形从总体上看与变截面连续梁相似,但是在车辆向左或向右行驶以及梁与拱温度变形不一致的作用下,由梁、拱和立柱所构成的各个四边形因无斜腹杆而产生呈畸变形状的变形,再加之支承桥面的梁还要受到轮压的局部弯曲,这样,就使立柱的上下固端角隅处因应力过大而产生裂缝,如图 5-31 所示。即使加大配筋,这种裂缝几乎不可避免。解决的途径之一是将立柱上、下端设计成铰接,特别是对于短柱更有必要。

(2) 中承式连续梁拱组合体系短钢吊杆的断裂

关于这类短吊杆的破坏机理详见本章第 29 问。

图 5-31　桥梁立柱裂缝示意图

(3) 下承式连续梁拱组合桥梁的拱座裂缝

下承式连续梁拱组合桥梁的中跨是系杆拱,边跨是连续纵梁,承担中支点负弯矩的预应力索一般是平行于梁的顶面呈直线布置,而位于中支点梁顶上面的拱脚构造却是普通钢筋混凝土,如图 5-32 所示。

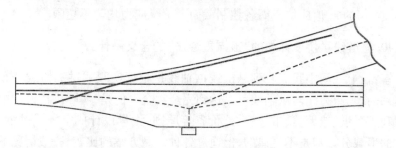

图 5-32　桥梁拱座裂缝示意图

这种由预应力混凝土和普通混凝土分两次形成的组合截面,虽然截面高度增大了,但当活载作用下产生较大的负弯矩时,其最大拉应力恰发生在没有预应力的拱脚顶面,从而产生一系列裂缝。解决的途径之一是在梁与拱圈结合部一定长度区段内,在拱脚的上缘布置预应力索,其下端锚于梁体内合适位置。

39. 悬链线拱拱轴系数的物理定义是什么？它对拱桥设计有什么价值？

答：悬链线拱拱轴系数 m 是拱脚恒载集度 g_j 与拱顶恒载集度 g_d 的比值(图 5-33),即 $m = g_j / g_d$。但它有两个先决条件：

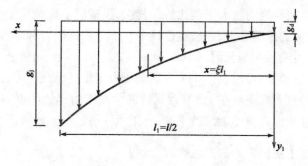

图 5-33　悬链线拱轴计算图式

(1) 主拱圈没有伸缩，但具有与恒载压力线完全重合的拱轴线，即悬链线；

(2) 拱背填料是连续分布而且是匀质的，即 $g_x = g_d + \gamma y_1$（γ——拱上材料单位体积重量）。根据这两个条件便导得了实腹式无铰拱的拱轴线方程为

$$y_1 = \frac{f}{m-1}(\operatorname{ch}k\xi - 1) \tag{5-1}$$

式中：f——拱的计算矢高；

k——与 m 值有关的系数。拱轴系数对拱圈内力有很大的影响，合理的 m 值应使拱圈各控制截面上下缘应力均匀不超限。

40. 悬链线拱桥设计中的"五点重合法"的含义是什么？

答：在上一问中我们看到悬链线拱轴线是根据实腹式拱的恒载分布推导出来的，其压力线与拱轴线可以达到完全吻合。但是，实际拱桥设计中考虑到利于泄洪、造型美、重量轻、造价省等原则，大量设计成空腹式拱桥，然而它的恒载分布却是不规律的，但通过各种线型方案的比较，一般情况下仍以悬链线为优，在求空腹式悬链线拱的 m 系数时，要求主拱圈的五个关键（控制）截面，即拱顶，两拱脚和两个四分点达到压力线和拱轴线必须重合，这样做可保证各拱圈截面不产生过大的弯矩峰值。因此，就把这种设计的方法定名为"五点重合法"。

41. 为什么混凝土拱桥的承载潜力比梁桥要大？

答：梁桥以受弯为主，拱桥以受压为主。拱圈内不仅弯矩远小于同等跨径梁桥内的弯矩，而且在超载 P 作用下 N 和 M 同时增长，由应力公式 $\sigma = N/A \pm M/W$ 可知，拱圈截面拉应力的增长将远小于梁桥截面拉应力的增长。因而对于一般情况下由拉应力控制的混凝土拱桥，只要下部结构的承载力足够，其超载潜力将大于梁式桥。其次，拱桥拱上建筑与主拱圈的联合作用具有较大的承载潜力，一般在设计中并未计入这个有利因素，这也是比梁桥承载力大的另一个原因。

但从另一角度看，拱桥由于主要靠轴压力来维持承载能力，因而下部结构的变位（特别是水平变位）将导致拱桥的承载能力迅速降低；再从施工角度看，拱圈合龙前自身不能维持平衡，施工风险也较梁式桥大。

42. 调整主拱圈应力的方法有哪几种？

答：调整主拱圈应力的方法有三种：

(1)假载法

就是通过改变拱轴系数 m 来变更拱轴线,使拱顶、拱脚两截面的控制应力得到改善。当无铰拱在最不利组合工况下出现拱脚负弯矩过大时,可以适当提高 m 值;反之,拱顶正弯矩过大时,可适当降低 m 值。

(2)临时铰法

这是一种施工措施,即在主拱圈施工时,在拱顶、拱脚处用铅垫板做成临时铰。拆除拱架后,由于临时铰的存在,拱圈成为静定的三铰拱。待拱上建筑完成后,再用高强度等级水泥砂浆封固,成为无铰拱。由于拱圈在恒载作用下是静定三铰拱,拱的恒载弹性压缩和封铰以前已发生的墩台变位,均不产生附加内力,从而减小了拱圈中的弯矩。

(3)用千斤顶调整内力法

这是将千斤顶平放在拱顶预留的孔洞内,利用千斤顶对两个半拱缓缓施加推力,使两个半拱既分开又抬升。当千斤顶的压力值达到计算所需推力时,保持油压一个时期,以部分消除混凝土徐变的影响,然后进行封顶。由于千斤顶施力时,拱被抬升使拱架易于卸除,同时拱桥基础立即产生的变形影响亦可消除,而调整千斤顶施力点的位置和施力的大小,也可达到改善主拱应力的目的。

43. 什么称拱圈应力调整的假载法?

答:在本章第 42 问中,已经简单地介绍过拱圈应力调整的方法之一——假载法。下面仅以实腹拱为例,来叙述这种方法的基本原理。在工程设计中,常常会遇到这样的情况,在拱顶、拱脚两个控制截面中,其中一个截面的弯矩很大,而另一个却较小,这时往往只需通过调整拱轴系数 m 而达到调整拱顶或拱脚内力的目的,使之趋于均匀。由于调整 m 系数后"五点重合法"等条件不再满足,相应手册的各种表格不再适用,这给手算带来困难,为此提出"假载法"以方便手算。例如在图 5-34 所示的实腹拱中,设调整前的拱轴系数为 $m = g_j/g_d$,调整后的拱轴系数为 $m' = g'_j/g'_d$。由图 5-34 知:

$$m' = \frac{g'_j}{g'_d} = \frac{g_j \mu g_x}{g_d 4\% \mu g_x} \tag{5-2}$$

这里的均布荷载 g_x 是假想要减去或者增加的一层荷载,习惯上称它为"假载"。在它前面的符号取法是:当 $m' < m$ 时取正,$m' > m$ 时取负,一般情况下,m 系数提高后,拱脚负弯矩幅值将减小,而拱顶正弯矩将增大,反之 m 系数减小,将导致拱脚负弯矩幅值增大而拱顶正弯矩减小。为了便于利用

《拱桥》手册中的表格进行计算,调整后的拱轴系数 m' 应是《手册》中可以查得到的。于是,便以按式(5-2)求得的 g_x 视为实际荷载,并将它与原来的恒载一同作用到具有新拱轴系数 m' 的主拱圈上,查表可以算得控制截面的内力。其次,再用 g_x 单独地作用到同样的主拱圈上,又得到由假载产生的内力。用这两种工况所得的内力($M、H、V$)相叠加,便得到相应新拱轴系数主拱圈的真实恒载内力。

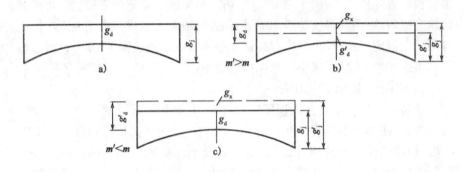

图 5-34 实腹拱假载内力计算图式

44. 拱桥计算中,什么情况下可以近似地不计荷载横向分布的影响,什么情况下就必须考虑?

答:目前在设计石拱、箱形拱及拱上建筑为立墙的双曲拱时,一般不考虑活载的横向分布影响,假定活载由主拱全宽均匀承受。这主要是因为:第一,在设计中没有计及拱上建筑与主拱圈联合作用的有利影响,而联合作用又足以补偿因偏载造成拱圈内力的增加;第二,拱桥的恒载内力占总内力的比重较大,而活载内力所占的比重较小。

但对下列一些情况,必须加以考虑,这些是:①肋拱;②拱上建筑为排架式的双曲拱;③已经考虑了联合作用的钢筋混凝土拱桥(例如桁架拱,刚架拱等);④中承式及下式拱桥等。

45. 什么称拱上建筑联合作用,为什么设计中一般不考虑它?

答:上承式拱桥实为多次超静定的空间结构,当活载作用于桥跨结构时,构成拱上建筑的主要组成部分,如底梁、立柱或横墙、盖梁、腹拱、侧墙及拱上填料等均参与主拱圈共同承担活载的作用,这种现象称为"拱上建筑与主拱的联合作用",或简称"联合作用"。在设计中一般不考虑它的主要原因是:第一,如果考虑它,必须进行空间计算,这样会大大增加计算工作量;第二,如果要计入联合作用的影响,势必要考虑荷载横向分布的影响,使问题变得更加复杂;第三,如果考虑联合作用的影响,拱上建筑就不仅是一种传力构件,必须把拱上建筑和拱圈作为一个整体结构进行设计,且拱上建筑的内力和构造需满足相应规范的要求。通过一些理论分析和实验验证,发现这两种因素均不考虑时,而把拱上建筑作为外荷载均匀分担到主拱圈上,按平面杆系结构理论进行分析,不仅简化了计算,而且是偏于安全的,因此,在目前的设计中,一般不去考虑这种联合作用的影响。

46. 计算拱桥荷载横向分布系数的近似方法——弹性支承连续梁法作了哪些简化假定?

答: 弹性支承连续梁法求解拱桥荷载横向分布问题是由我国交通部公路研究所提出的。他们从有拱上建筑的双曲拱桥模型试验所得出的拱顶挠曲影响线结果中发现,其中最大挠度影响线竖标值为裸拱挠曲影响线最大竖标值的 0.68~0.78 倍。于是便提出了求算拱桥荷载横向分布影响线的计算模型——弹性支承连续梁,如图 5-35 所示。

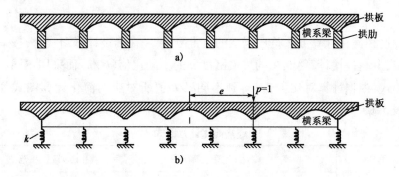

图 5-35 拱桥荷载横向分布计算图式

基本假定如下:

(1) 将主拱圈中的每条拱肋看作是集中弹簧支承,把拱顶的横隔梁和拱肋以上部分的拱板当作横梁结构,被弹性地支承在这些弹簧支承上,如图 5-35b)所示。

(2) 弹簧支承刚度按以下方法确定:

① 在裸拱拱顶正挠度影响线面积的区段内,按荷载集度 $q = 1\text{kN/m}$ 布载,查挠度影响线表,得到裸拱拱顶最大竖向挠度 $\Delta_{顶}$,用它再乘以由试验得到的修正系数(0.68~0.78),便得到有拱上建筑的拱顶挠度。

② 设正挠度影响线的区段长度为 S,则总荷载为 $G = qS$,于是便将 $G/(0.68~0.78)\Delta_{顶}$ 假定为各个集中弹簧的刚度。

以后便按弹性支承连续梁的公式求各弹簧支承的反力影响线,即拱桥某拱肋的荷载横向分布影响线。应该注意,这个修正系数值只适合于双曲拱桥,对于其余桥型尚有待研究。

47. 连拱作用的基本概念是什么?

答:支承在有限刚度桥墩上的连续多孔拱桥,是一个高次超静定结构。当其中的某一孔受到活载作用时,其拱脚连同桥墩墩顶将一同发生位移和转角。这样就不能把该孔当作固端无铰拱来计算,而且不但考虑它对相邻桥孔拱圈及桥墩的影响,还要考虑其他孔变形对本孔的影响。这种因拱圈受力后,各孔拱圈桥墩变形相互影响的作用,简称为连拱作用。

48. 连拱简化分析的方法有哪几种?

答:多孔拱桥在荷载作用下,各拱墩固结点处均会发生水平位移和转角。考虑各拱墩产生变位的计算,称为连拱计算。连拱简化计算分析的方法主要有三种:

(1)按拱墩的抗推刚度比的简化计算法

这种简化计算方法是根据墩的抗推刚度 $\overline{k'}$(在确定计算图式时,按下端固结、上端铰接计算)与拱的抗推刚度 k 的不同比值($\overline{k'}/k$)而采用不同的简化图式,根据计算对比分析,得到不同 $\overline{k'}/k$ 值所对应的简化计算图式列出于表 5-2。

连接简化计算图式　　　　　　　　　表 5-2

编号	计 算 简 图	适用范围
第一种		$\dfrac{\overline{k'}}{k} \leqslant \dfrac{2}{3}$
第二种		$\dfrac{2}{3} < \dfrac{\overline{k'}}{k} \leqslant 7$
第三种		$\dfrac{\overline{k'}}{k} > 7$

注:表中 $\overline{k'}$ 为下端固结、上端铰接的抗推刚度。

(2) ∑法

这种方法的特点是：不仅考虑了拱墩节点水平位移的影响，还考虑了节点部分转角的影响。它的基本假定是：①略去节点固端弯矩 M' 对内力的影响；②假定拱墩节点的转角 θ_r 与节点的水平位移 Δ_r 成正比。对于如图5-36 a)所示的多孔连拱，导得了无铰连拱三推力。方程的一般表达式如下：

$$\left.\begin{array}{l}(1+\varphi_{1,1})H_1 - \varphi_{1,1}H_2 = 0 \\[4pt] (1+\varphi_{1,2}+\varphi_{2,2})H_2 - \varphi_{1,2}H_1 - \varphi_{2,2}H_3 = 0 \\[4pt] \cdots \\[4pt] (1+\varphi_{r-1,r}+\varphi_{r,r})H_r - \varphi_{r-1,r}H_{r-1} - \varphi_{r,r}H_{r+1} = H_r^F \\[4pt] \cdots \\[4pt] (1+\varphi_{n-2,n-1}+\varphi_{n-1,n-1})H_{n-1} - \varphi_{n-2,n-1}H_{n-2} - \varphi_{n-1,n-1}H_n = 0 \\[4pt] (1+\varphi_{n-1,n})H_n - \varphi_{n-1,n}H_{n-1} = 0\end{array}\right\} \quad (5-3)$$

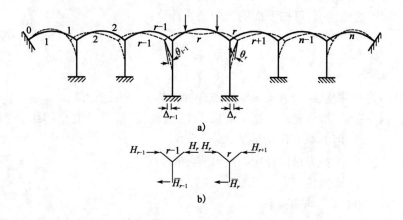

图 5-36　多孔无铰拱连拱计算图式

(3) 换算刚度法

这种简化方法是将图 5-37a) 荷载孔以左的 a 孔拱顶结构以换算墩 A 代替，而将荷载孔以右的 b 孔拱墩结构以换算墩 B 代替 [图 5-37b)]，使 r 孔作用任何荷载时，节点 A、B 与原结构的 a、b 具有相同的变位。当换算墩 A、B 的各个弹性常数求出以后，便把多孔连拱的计算问题，简化为单跨拱的计算问题。关于换算刚度的计算问题，手册中给出了现成的公式，供设计人员参考。

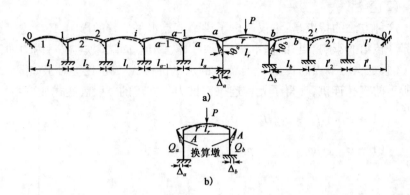

图 5-37 换算刚度法的原结构与基本结构

49. 中、下承式拱桥拱肋的稳定性如何计算？

答：迄今尚无成熟的关于肋拱横向稳定性的计算方法，一般是靠实验方法或近似计算方法求解。下面分三种情况进行介绍。

（1）具有横向风撑联结的肋拱稳定验算

对于这类情况，可按下面的近似公式计算：

$$\gamma_0 N_d \leqslant \frac{N_L}{\gamma_m} \tag{5-4}$$

式中：N_d——按承载能力极限状态组合计算的轴向力设计值；

λ_0——结构重要性系数，对于一级、二级、三级设计安全等级分别取用 1.1、1.0、0.9；

N_L——拱丧失横向稳定时的临界轴向力；

γ_m——横向稳定安全系数，一般为 4~5。

（2）侧倾临界均布荷载法

前苏联学者 Динник 对于承受均布铅垂荷载等截面固端抛物线拱，提出了近似的侧倾临界均布荷载 q_{cr} 的近似计算公式，即

$$q_{cr} = K \frac{EJ_y}{l^3} \tag{5-5}$$

式中：EJ_y——拱肋平面外抗弯刚度；

l——主拱计算跨径；

K——侧倾临界荷载系数，或者侧倾稳定系数，它与矢跨比（f/l）和弯扭刚度比 $\lambda = EJ_y/GI_d$ 有关，如表 5-3 所示。

224

侧倾系数 K　　　　　　　表 5-3

f/l \ λ	0.7	1.0	1.3
0.1	28.5	28.5	28.0
0.2	41.5	41.0	40.2
0.3	40.0	38.5	36.5

实际上拱肋所承受的并不完全是均布的荷载,故在应用上式时,可根据实际拱顶处的最大水平推力 $H_{max}=H_{恒}+H_{活}$ 按下式进行换算,以求得等效的均布荷载 q_e,即

$$q_e = \frac{8f}{l^2}H_{max} \quad (5-6)$$

并要求

$$q_e < q_{cr} \quad (5-7)$$

(3) 计入吊杆"非保向力效应"的侧倾临界均布荷载法[70]

关于柔性吊杆的"非保向力效应"概念已在本章节第 28 问中提到过。这里结合图 5-38 作进一步阐明。一般来说,下承式拱桥的桥面结构相对于拱肋而言(在面外屈曲之前,拱肋可看作是纯压构件),是接近完全刚性的,它能制止下弦 OP 的侧向移动[图 5-38a)]。因此,当拱肋有侧向位移时,吊杆则变为倾斜的,而拱肋上的所有点都将以弦 OP 为中心,以吊杆的长度为

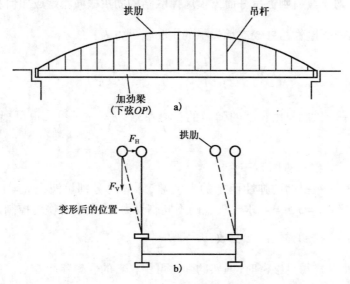

图 5-38　下承式拱桥侧倾示意图

半径作圆弧式的移动[图 5-38b)]。此时,假定吊杆是不可拉伸但无拉弯刚度的受拉构件,这样,吊杆将以其张力的水平分力施加到拱肋上,从而增强了拱肋的侧向稳定性,这个效应被称之为吊杆的"非保向力效应"。

根据能量准则,可以导得下承式拱在发生面外屈曲(侧倾)时的临界水平推力值 H_{cr} 及其相应的侧倾临界荷载 q'_{cr}。详细推导过程可参阅文献 [70]。当矢跨比 $\frac{f}{l} = 0.16$ 时,则有:

$$H_{cr} = \frac{EI_y}{l^2} \left(\frac{81.92}{1 + 0.0264\lambda} \right) \tag{5-8}$$

$$q'_{cr} = H_{cr} \cdot \frac{8f}{l^2} = \frac{EI_y}{l^2} \cdot \frac{f}{l} \cdot \frac{655.36}{1 + 0.0264\lambda} \tag{5-9}$$

式中的各个符号同前。

将上述结果与式(5-5)的结果作一对比,发现当 $f/l = 0.16$,$\lambda = 1.3$ 时,q'_{cr} 约为 q_{cr} 的 2.88 倍。基于这个分析,故可在进行初步设计时,偏安全地先按式(5-5)求出 q_{cr} 值,然后乘以 2.5 的增大系数,即

$$q'_{cr} = 2.5 K \frac{EI_y}{l^3} \tag{5-10}$$

在施工图阶段,可再按文献[70]中的公式进行详细计算。

50. 对于具有刚性吊杆而无横风撑联结的肋拱横向稳定应如何验算?

答:对于刚性吊杆铰支承失稳的拱肋临界力为:

$$N_L = \frac{\pi^2 EI_y}{(\mu L)^2} = \frac{\pi^2 EI_y}{L^2} \left(n^2 + \frac{D}{n^2} \right) \tag{5-11}$$

式中:μ——拱肋自由长度的弹力的折减系数,$\mu = \dfrac{1}{\sqrt{n^2 + \dfrac{D}{n^2}}}$,也可根据参变

数 D 查图 5-39;

n——视拱肋的弹性而定的半波数,计算时分别设波数 $n = 1$、$n = 2$、$n = 3$、$n = 4$,求出失稳的不同临界力,取最小者作为控制设计;

D——拱肋弹性的参变数,$D = \beta \dfrac{L^4}{\pi^4 EI_y}$。

当吊杆排得足够密时,框架的弹力可用材料的假想弹性 β 来代替。

$$\beta = \frac{1}{\delta d}$$

式中：$\dfrac{1}{\delta}$——半框架的弹率；

d——吊杆间距；

δ——吊杆顶端作用单位水平力而引起的水平挠度；

$$\delta = \delta_1 + \delta_2 = \dfrac{h^3}{3EI_x(1+a^2)} + \dfrac{bh^2}{2EI_c} \qquad (5\text{-}12)$$

δ_1——一根吊杆顶端因吊杆本身变形而产生的变位，系数$(1+a^2)$是考虑吊杆所存在的拉力 V；

$$a^2 = \dfrac{4h^2}{\pi^2 EI_x}V \qquad (5\text{-}13)$$

V——吊杆拉力；

δ_2——一根吊杆顶端由于横梁变形而引起的变位；

I_c——固定横梁横向惯性矩；

I_y——拱肋平面外惯性矩；

L——拱肋计算跨径；

I_x——吊杆横桥向惯性矩；

b——两片拱肋间距（横梁跨径）；

h——吊杆长度。

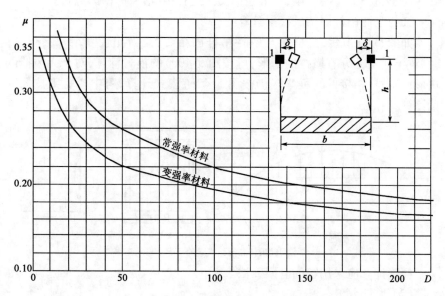

图 5-39　决定于参变数 D 的自由长度折减系数 μ 的图解

51. 中、下承式拱桥的吊杆如何计算？

答：中、下承式拱桥的吊杆通常分为柔性吊杆和刚性吊杆两类。

柔性吊杆只承受轴向拉力，而不承受弯矩，故按轴向受拉构件计算；刚性吊杆与拱肋及横梁的连接一般是刚性连接，吊杆兼受轴力和弯矩，故按偏心受拉构件计算。

刚性吊杆通常用预应力或部分预应力混凝土制作，当采用普通钢筋混凝土吊杆时，在施工上常采取使钢筋承受全部恒载拉力（或全部恒载拉力＋局部压重拉力）情况下浇筑混凝土，以防止产生较大的裂缝，实际上也是一种部分预应力混凝土构件。计算应包括承载能力极限状态和正常使用状态两种情况。前者应区分小偏心受拉和大偏心受拉两种情况，主要应满足强度要求；后者主要验算在使用荷载下的应力幅度和裂缝宽度，以确定不发生疲劳破坏和过大的裂缝。有关具体的计算公式已在《结构设计原理》中详细叙述过，这里不再详细介绍。

52. 中、下承式拱桥的横梁和纵梁应如何计算？

答：它要分别按以下两种构造形式进行计算。

（1）横梁计算

①由柔性吊杆支承的横梁计算

对于这种类型的横梁，一般按简支梁进行恒、活载的内力分析。

②与刚性吊杆固结的横梁计算

如图5-40所示，当横梁与刚性吊杆固结时，受力比较复杂，简化计算时，对于横梁上方有横撑的情形，可按图5-40c）的模式计算，对于无风撑的情形，与吊杆相接处的负弯矩仍按图5-40c）模式计算，跨中弯矩则按简支梁计算。

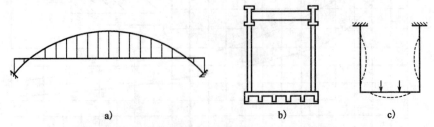

图5-40　刚性吊杆和桥面横梁的受力变形示意图

精确计算应采用空间有限元法。

（2）纵梁计算

①以横梁为支承点的连续纵梁计算

严格说来,它应按弹性支承连续梁进行分析,但是它的变形又受到拱肋及吊杆变形的耦联作用,使各支承的弹簧刚度不易确定,故目前多采用平面杆系的有限元法程序求解。如果忽略拱肋的变形,则弹簧支承刚度可按吊杆单位变形的需要的垂直力来确定。如果完全忽略拱肋和吊杆的变形,则纵梁可近似地按刚性支承连续梁计算。

②与桥面板整体联结的连续纵梁计算

对于这类结构构造,只能应用空间有限元法的计算机程序进行分析,并且可以同时得到拱肋、吊杆、纵梁及桥面板等各个部位的各种内力。

53. 桁架拱桥在受力上有哪些特点,在具体分析时可作哪些简化?

答:(1)受力特点

桁架拱桥的主要受力特点有以下几点:

①桁架拱桥在受力上最主要的特点是拱上建筑参与拱圈的共同作用,使结构各个部分的材料都能得到充分利用。

②拱形桁架部分各杆件主要承受轴向力,这与普通桁架拱的受力相似;实腹段部分承受轴向力和弯矩,与拱圈的受力相类似。

③桁架部分的上弦杆除了作为整体桁架杆件承受轴向力外,在运营时还要直接承受局部荷载产生的弯矩,尤其是第一个节间不但间距大,而且杆件长,局部荷载产生的弯矩最大,常是控制设计的杆件。

(2)基本假定及计算图式

为了简化桁架拱桥的计算工作,在试验研究的基础上,可采取下列假定:

①以 1 片桁架拱片作为计算单元,将空间桁架简化为平面桁架。荷载在横桥向的不均匀分布,以荷载横向分布系数来体现。

②考虑到桁架拱片两端仅有一小段截面不大的下弦杆插入墩台预留孔中,故假定桁架拱片两端与墩台的连接为铰接。此时,桁架拱可按外部一次超静定结构计算,在支点处(拱脚)仅产生水平反力和竖向反力,不产生弯矩。

③假定桁架拱的节点为理想铰接。试验研究证明,采用铰接的假定是容许的,由于节点固结产生的次弯矩,除下弦杆外可以不予考虑。

当用电算分析桁架拱时,可将各节点视为刚结,直接算出各杆件的内力。

根据以上假定,桁架拱桥就简化为外部一次超静定、内部静定的双铰桁架拱式结构,其简化计算图式见图 5-41。

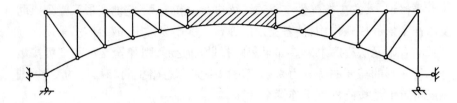

图 5-41 桁架拱桥的计算图式

54. 刚架拱桥在受力上有哪些特点,在计算图式上应注意些什么?

答:(1)受力特点

刚架拱桥的拱上建筑虽然也参与拱圈的共同作用,但应注意,结合具体施工方法,应取不同的结构计算图式。其次刚架拱桥除了两端的腹孔梁为受弯构件外,其余所有构件,如主拱腿、腹孔弦杆、斜撑及实腹段均有轴向压力,属于压弯构件。全桥没有受拉构件,这也体现了刚架拱桥在受力方面的优点。

由于考虑了桥面与刚架拱片的共同作用,故在进行活载内力分析时应考虑活载横向不均匀分布的影响。试验表明,实测的横向分布曲线,与按弹性支承连续梁简化法计算的分布曲线比较接近。因而,刚架拱桥的荷载横向分布系数,可用弹性支承连续梁简化法计算。

(2)基本假定及计算图式

①恒载作用时,假定主拱脚和斜撑脚均为铰接(施工时不封固);活载作用时,主拱脚已经封固,假定主拱脚为固结,斜撑脚为铰接,弦杆支座无论恒载、活载,均作为允许水平位移的竖向链杆。

②结构恒载全部由刚架拱片与横系梁组成的结构承担。考虑到施工过程中结构体系的变化,应按如图 5-42 所示的次序分阶段计算恒载内力,然后进行叠加。

③二期恒载、活载和各种附加力由裸拱片与桥面系组成的整体结构承担(不包括桥面磨耗层),它的计算图式采用图 5-42 中的四阶段图式。

④在内力计算中,按单元全截面特征进行计算,在配筋计算中,应考虑桥面板剪滞效应,采用有效宽度进行配筋计算,即受弯时由有效宽度承受,轴向力由单元全截面承受。

55. 钢管混凝土拱桥的设计计算中应注意哪些?

答:钢管混凝土拱桥多用在中、下承式拱桥上,自身的受力特点如下:

(1)在钢管混凝土拱桥的内力分析中,不但要按不同施工阶段选取相应的结构计算图式,而且还应根据管内混凝土达强与否来输入各单元的组合截面尺寸及其技术特性。

阶段	结构图式和荷载	内 力 计 算
1	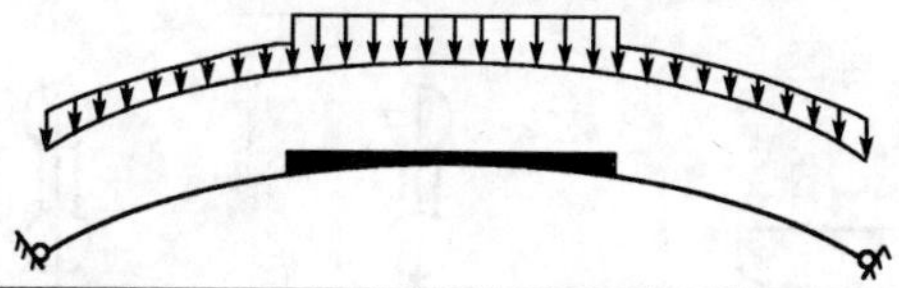	裸拱自重力产生的内力
2		腹孔弦杆和斜撑重量产生的内力(结构图式因施工方法不同而不同)
3	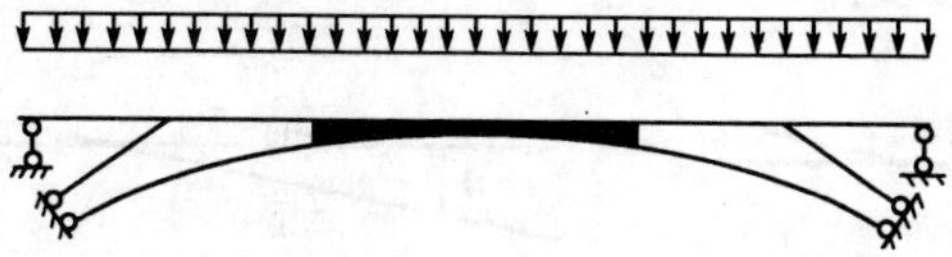	桥面系在拱片上产生的内力
4	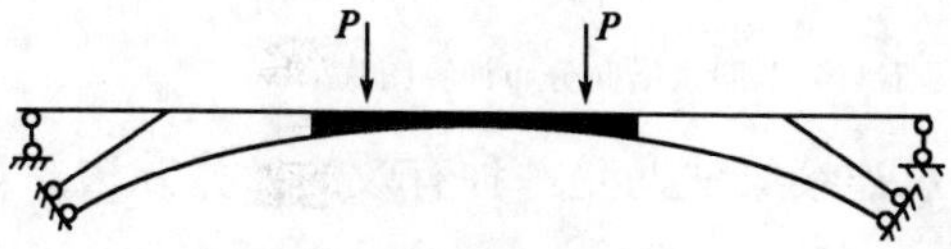	活载和附加力在组合结构(不包含磨耗层)上产生的内力

图5-42 按施工顺序拟定的刚架拱桥计算图式

(2)在进行钢管混凝土拱桥截面设计时,不能简单地按不同施工阶段的内力叠加值进行计算,而应先按截面形成过程,分别计算出钢管截面或钢管混凝土组合截面的各纤维层应力后,再进行应力叠加,据以验算截面的强度。

(3)钢管混凝土截面的套箍指标 $\left(\dfrac{A_s f_s}{A_c f_c} = \dfrac{钢管截面面积及其抗压强度}{混凝土截面面积及其抗压强度}\right)$ 宜控制在0.3~3,小于此下限易引起脆性破坏,大于此上限易产生塑性变形。

(4)由于钢管混凝土拱桥的截面含筋率较高,故在实用中钢管混凝土截面的刚度按以下公式计算:

$$EA = E_c A_c + E_s A_s \tag{5-14}$$

$$EI = E_c I_c + E_s I_s \tag{5-15}$$

式中:EA——钢管混凝土拉压刚度;

EI——钢管混凝土弯曲刚度;

E_c、A_c、I_c——混凝土的弹性模量、截面面积和惯性矩;

E_s、A_s、I_s——钢管的弹性模量、截面面积和惯性矩。

(5) 双肋拱拱肋的荷载横向分布系数计算一般采用杠杆法,如图 5-43 所示。

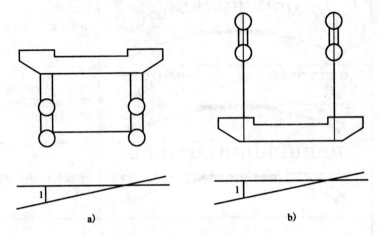

图 5-43　双肋拱横向分布计算图式

对于多拱肋,弹性支承连续梁法乃是一种有效的计算方法。对于自重,由于对称性不需考虑横向分布。

(6) 鉴于影响合龙温度的因素较多,当没有更精确与详细的资料时,建议在考虑温降计算时取合龙当月平均温度加上 4~5℃;计算温升时则以当月平均温度作为计算合龙温度。

(7) 管内混凝土的收缩徐变将导致截面上原先由混凝土承担的应力部分向钢管转移,使钢管应力增大。因此,在钢管应力计算中必须考虑这一不利影响。

56. 钢管混凝土拱肋横截面形式分类?

答: 钢管混凝土拱肋横截面形式,按钢管的根数及布置方式通常分为:单管型、哑铃形、四肢桁式、组合式桁式和三肢桁式等,如图 5-44 所示。

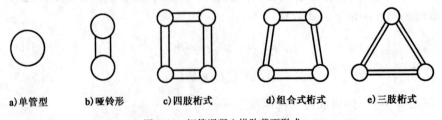

a) 单管型　　b) 哑铃形　　c) 四肢桁式　　d) 组合式桁式　　e) 三肢桁式

图 5-44　钢管混凝土拱肋截面形式

(1) 单管拱肋

单管拱肋的截面形状主要有圆形和圆端形,主要用于小跨径和人行桥中。单圆管加工简单,抗轴向力性能由于紧箍力作用显示出优越性,但抗弯效率低,主要用于跨径不大(80m以下)的城市桥梁和人行桥,管壁较厚,截面含钢率较高,一般达8%。

(2) 哑铃形拱肋

在哑铃形截面中,两根钢管竖向排列,通过两块钢板将上下钢管焊在一起连成整体,这两块连接钢板称为(钢)腹板,两块钢腹板与上下两管部分圆弧组成的空间称为腹腔。上下钢管和腹腔内均填有混凝土。哑铃形截面较之单圆管截面,截面抗弯刚度大,类似于工字形截面。

(3) 桁式拱肋

多管截面有三管、四管、六管,其中四管的应用最多。多管截面一般在竖向由钢管杆件连接,形成桁式拱肋;横向连接则有采用杆件的,也有采用板式连接的。桁式拱肋能够采用较小的钢管直径取得较大的纵横向抗弯刚度,且杆件以受轴向力为主,能够充分发挥材料的性能,因此是大跨径钢管混凝土拱桥的合理截面形式。

57. 如何拟定钢管混凝土拱桥的主要结构尺寸?

答:(1) 采用单管主拱的拱桥,其跨径不宜大于80m;采用哑铃形截面的拱桥,其跨径不宜大于150m;跨径大于150m,宜采用桁式主拱;跨径大于300m,宜采用变截面桁式主拱;主拱截面形式包括单管、哑铃形和桁式。

(2) 主拱矢跨比取值范围宜为:上承式 1/6~1/4,中承式 1/5~1/3.5,上承式 1/5.5~1/4.5。

(3) 拱轴线宜采用抛物线或悬链线。当采用悬链线拱轴线时,上承式的拱轴系数 m 宜为 1.2~2.8,中承式的拱轴系数不宜大于 1.9,下承式的拱轴系数不宜大于 1.5。

(4) 飞燕式钢管混凝土拱桥,边跨宜采用钢筋混凝土结构。边、中跨跨径比宜为 0.18~0.30;中跨矢跨比宜为 1/4.5~1/3.5。

(5) 提篮式主拱内倾角宜为 5°~10°。

(6) 主拱的高度、宽度、主管外径,宜按式(5-16)~式(5-18)计算确定。

① 等截面拱

$$H = k_1 k_2 \left[0.2 \left(\frac{L_0}{100} \right)^2 + \frac{L_0}{100} + 1.2 \right] \quad (5\text{-}16)$$

$$B = (0.28 \sim 0.45)H \qquad (5\text{-}17)$$

$$D = (0.08 \sim 0.14)H \qquad (5\text{-}18)$$

式中：H——拱肋截面高度(m)；

　　　B——主拱截面全宽(m)；

　　　D——主拱主管外径(m)；

　　　L_0——拱肋净跨径(m)；

　　　k_1——汽车荷载系数，对公路—Ⅱ级为0.9，对公路—Ⅰ级为1.0；

　　　k_2——行车道系数，2～3行车道时为0.9，4行车道时为1.0，6行车道时为1.1。

②哑铃形截面主拱宜为等截面，其主拱截面高度宜取$(0.8 \sim 1.0)H$，且不宜大于3m；钢管直径宜取600～1500mm。

③变截面桁式主拱，拱顶截面高取$(0.6 \sim 0.9)H$，拱脚截面高宜取$(1.4 \sim 1.6)H$。

(7) 主拱主管壁厚不应小于10mm。

(8) 中、下承式钢管混凝土拱桥，吊索和拱上立柱宜等间距布置，间距可取为$L_0/38 \sim L_0/24$。上承式钢管混凝土拱桥拱上立柱间距可取为$L_0/15 \sim L_0/8$。

(9) 宜根据主拱横向布置形式，选取整体或分离式的拱座。主拱采用肋式拱时，宜选用分离式拱座。

58. 钢管混凝土拱桥中梁板式桥道系的布置形式可以分为哪三类？

答：钢管混凝土拱桥中梁板式桥道系的形式为纵铺桥面板式、横铺桥面板式和整体肋板式，如图5-45所示。

a) 纵铺桥面板式　　　b) 横铺桥面板式　　　c) 整体肋板式

图5-45　桥道系布置形式

59. 钢管混凝土拱桥中立柱与拱肋如何连接？

答：钢筋混凝土立柱下端，立柱的柱脚通常为焊接于拱肋之上钢板箱，以适应拱的曲率变化和拱肋钢管的弧线。钢板箱内灌有混凝土，立柱下端的钢筋焊于钢板箱上,使立柱与拱肋形成固结,见图 5-46。立柱上端与盖梁的连接,按一般钢筋混凝土构件处理。对于小跨径拱桥中的短立柱,也有直接采用钢板箱立柱的。

对于大跨径或大矢跨比拱桥,立柱高度较大,尤其是靠近拱脚处,可采用钢管混凝土立柱。钢管混凝土立柱端同样需要一个柱脚,可以在工厂制作拱肋时同时焊上,也可以在拱肋架设完后在工地上焊接,它的截面尺寸比立柱稍大些,以便于立柱安装定位时的微调。对于哑铃形拱肋来说,其立柱都直接支承在拱肋上,其构造形式如图 5-47a)所示。对于桁式拱肋而言,一些立柱是通过柱脚支承于拱肋弦管上的,如图 5-47b);也有一些立柱是直接支承于拱肋的横联之上的,并在其支承截面上设置一些内腹杆,以防止腹杆局部受力过大,如图 5-47c)所示。

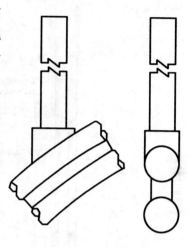

图 5-46　钢筋混凝土立柱

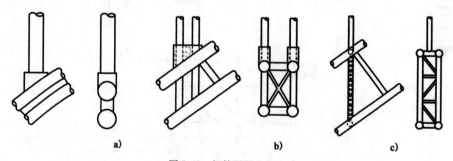

图 5-47　钢管混凝土立柱

60. 钢管混凝土拱桥中吊杆与拱肋如何连接?

答:对于单圆管截面和哑铃形截面,吊杆上端需穿过拱肋锚固于拱肋之上或主拱圈内部。如图 5-48 所示,吊杆锚固与主拱圈内,在上弦管上做一个钢板箱,形成上锚窝,用以放锚头,再用一根管穿过拱肋,吊杆从管中穿过,为了防止吊杆处混凝土局部受力过大,用螺旋筋加强。这种构造对拱肋截面的削弱较多,安装时要保持锚垫板的水平,以使吊杆中的钢丝能均匀受力,施工较麻烦,给管内吊杆附近的混凝土泵送施工带来困难,且影响密实度。另外,哑铃形吊杆力从上管通过缀板腹腔传至下管,当缀板内不填充混凝土时,应注意缀板的稳定性。

235

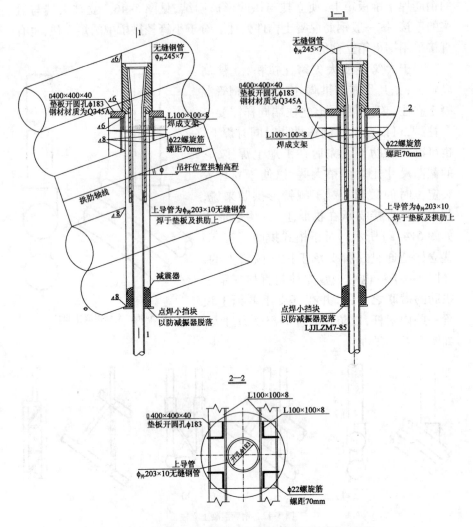

图 5-48　吊杆锚固在拱肋内部的锚固构造(尺寸单位:mm)

以往多采用锚于拱肋内部的做法,现在采用较多的则是锚于拱肋外部的做法,如图 5-49 所示。因为锚于内部不利于吊杆锚头的检查、养护和吊杆的更换,同时较大的吊杆锚头置于拱肋内对拱肋的横断面也有较大的削弱。吊杆锚于外部的做法即将吊杆锚固于拱肋之上,它也需穿过拱肋,并应在锚头下设置垫平块,锚头也要加罩防腐。

对于桁式断面,其弦杆的直径一般较小,且有平联可以利用,所以通常吊杆穿过平联,以免削弱弦杆的断面,也方便施工。四肢桁式,吊点可设在两上管或两下管的横联上,见图 5-50。

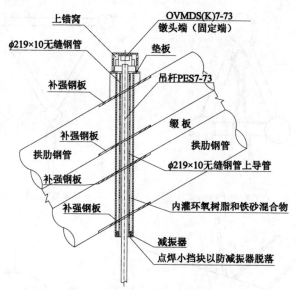

图 5-49 吊杆锚固在拱肋外部构造

为避免吊杆处腹杆的局部受力过大,在吊杆横截面上应加设内腹杆,内腹杆也同时加强了拱肋的抗扭能力。三肢桁式,吊点一般设在两下弦管的横联上,见图 5-51。

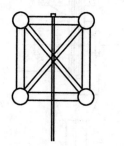 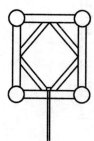 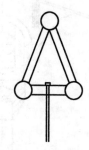

图 5-50 四肢桁肋吊杆布置　　　图 5-51 三肢桁肋吊杆布置

江西吉安白鹭大桥则借鉴悬索桥吊索构造,采用柔性骑跨式钢丝绳(50ZN-ZZT-1570 型)吊索形式,吊索的外置索座与拱肋上弦固接为整体,吊索过上弦后采用专用夹具转向,而后再分开锚于横梁上,见图 5-52。该柔性吊索的外置索座式节点相对于锚固节点造型美观,不妨碍泵送混凝土,对冲击荷载具有很好的力学性能,可有效避免短吊杆的疲劳问题,而且也便于在使用过程中换索。

日本新西海桥由于采用的是倒三角形式的拱肋,其吊杆并不直接锚于下弦杆之上,而是通过一铆钉将焊于下弦杆的节点板与吊杆连接起来,其布置与详细构造见图 5-53、图 5-54。

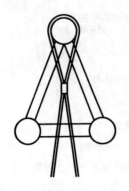 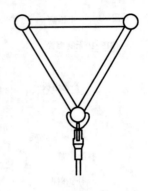

图 5-52 江西白鹭大桥吊索布置　　图 5-53 日本新西海桥吊杆布置

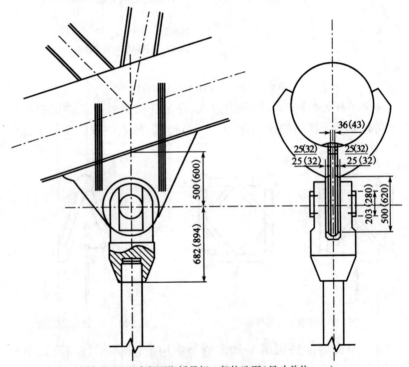

图 5-54　日本新西海桥吊杆一般构造图（尺寸单位：mm）

61. 钢管混凝土拱桥中拱脚临时铰构造有何特点？

答：由于拱脚节点在钢管拱肋形成之前和形成之后起不同的作用，因此其构造和受力也不同。在拱肋形成之前，为了调节线形，要求拱脚能使拱肋转动，因此构造上应是或近似一个铰。简单的可利用互相接触的两角钢作为转动轴，如图 5-55a）所示。复杂一些或采用竖向转体施工的，这个铰就要做得比较考究了，如图 5-55b）、图 5-55c）所示。

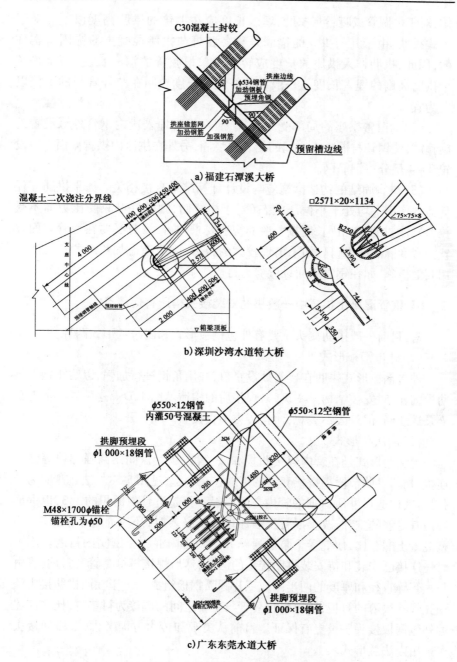

图 5-55 临时拱铰构造(尺寸单位:mm)

62. 钢管混凝土拱桥中拱脚固结构造有何特点?

答:(1)钢管混凝土无铰拱拱桥,其拱脚与拱座必须充分连接,形成一体,对于单圆管或哑铃形拱肋,埋入长度应在 1 倍的拱肋高度以上。对于桁式拱肋,由于其与拱座的锚固是靠各弦杆与拱座混凝土的锚固来实现的,因此,拱肋伸入拱座的长度应转换为单根弦管的深入长度,而不是整个拱肋高度的埋入长度。一般各弦杆埋入长度控制在弦杆管径的 1 倍以上为宜。

(2)为改善拱座的局部受力状况,应在拱脚埋入段内钢管外缘设置螺旋箍筋,使钢管与混凝土之间的结合更稳固,另外在拱座内拱脚截面下应设置 2~4 层分布钢筋网。

(3)拱脚固结的构造措施应与设计计算结果直接相关。如果拱肋在任何荷载作用下均处于小偏压状态(对于桁式肋,则弦杆都只受压力而不受拉力),刚拱肋的锚固长度按一般的构造要求即可,没有必要在钢管表面设置密密麻麻的剪力钉。如果出现较大的拉力,则应考虑加长埋置长度或采用其他措施,如在钢管表面设置剪力钉。

63. 钢管混凝土拱桥中一般拱肋安装接头构造有何特点?

答: 目前一般拱肋接头主要有外包钢板形式和内法兰形式两种。

(1)外包钢板形式

外包钢板形式拱肋在接头处设企口,并用角钢进行加强,以防止钢管拱肋失圆,临时安装结构见图 5-56,焊接后的构造见图 5-57。这种做法下混凝土泵送通畅,但外表不美观,而且传力不直接。

(2)内法兰形式

内法兰形式是在管内焊接肋板和法兰盘,法兰盘间用高强螺栓等强度连接,相邻拱肋节段靠搭接套管的焊缝连在一起,见图 5-58。法兰盘应为带孔板,其构造尺寸所占据的管内空间一般不得超过管内面积的 1/3,以保证管内有足够的空隙,改善混凝土灌注条件。必要时,还应通过泵压试验,调整混凝土配合比,使混凝土泵送通畅并达到管内混凝土密实的目的。施工时先连接已安装和待安装拱肋接头的法兰,然后焊接搭接套管,搭接套管由与主管等直径和厚度的两半圆或三片圆弧钢板组成。由于在两拱肋接头处预先焊有很薄的衬板,所以搭接套管与主管之间的焊接为衬垫焊,比之前述的外包钢板接头质量更有保证。目前从美观和传力方面考虑,节段间接头多采用内法兰形式。

(3)其他形式

除了以上外包钢板形式和内法兰形式外,日本新西海桥的弦管接头采用了高强螺栓现场栓接的形式,图 5-59 给出了其弦管现场栓接的构造。

第 5 章 拱 桥

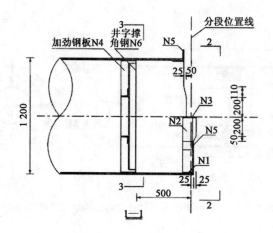

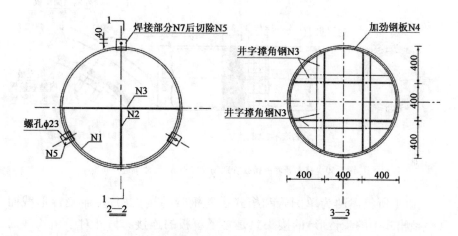

图 5-56 外包钢板形式临时安装构造(尺寸单位:mm)

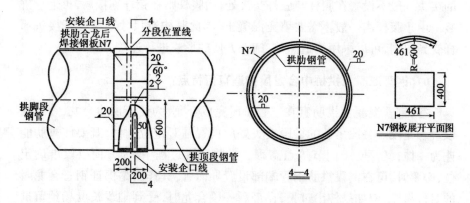

图 5-57 外包钢板形式焊接后构造(尺寸单位:mm)

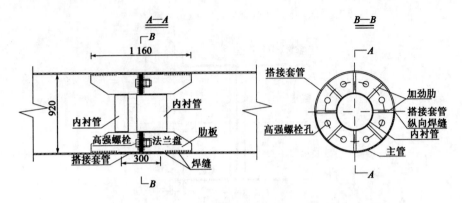

图 5-58 单圆管或桁式拱肋弦杆内法兰形式(尺寸单位:mm)

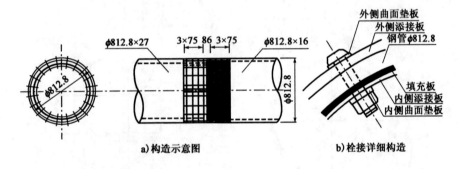

图 5-59 日本新西海桥弦管现场栓接构造(尺寸单位:mm)

以上所叙述的为单圆管和桁式拱肋钢管的接头构造,而哑铃形截面(包括桁式中的哑铃形)的接头只是多了腹板的连接。另外对于桁式截面来说,还有其腹杆的连接。为避免桁式拱肋腹杆连接的复杂施工,桁式拱肋的接头一般不设置在腹杆与弦杆交接处,而腹杆则在弦杆连接后,再进行拼装。由于腹杆内一般不需要填充混凝土,因此其构造尺寸不像弦杆接头那样受到限制,可以采用构造简单、施工方便的形式进行连接。

64. 钢管混凝土拱桥中合龙段构造有何特点?

答:钢管混凝土拱肋宜在空管阶段完成合龙,为便于拱肋合龙,宜单独设置合龙段。分段吊装的拱段接头处应设置临时定位构件,既要使拱肋能连为一体,又要便于调节接点高程。拱肋合成过程中,为方便拱段准确定位,必要时,可在前段拱肋钢管端部设置导向管,其作用是保证钢管合龙时的对位精度,但如果伸出过长,在最后一段合龙时,受到轴线长度和预留拱度的限制,钢管套入比较困难,因此导向管伸出长度不宜大于50mm。

(1)合龙接头按构造分为内置式和外法兰式两种。

①内置式。

内置式接头设置了钢楔(图5-60),其作用有两个:一是调整拱顶合龙间隔,以消除拱肋因制作等原因造成的接段长度误差;二是起到调整拱轴线型的作用,若拱肋为桁式的,还可通过千斤顶对组合钢楔施力来调整拱肋上、下弦管内力。

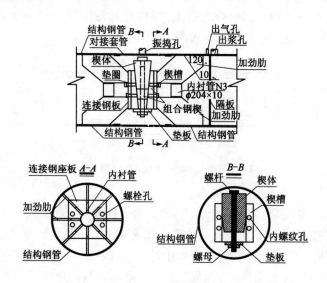

图5-60 内置式接头构造图(尺寸单位:mm)

②外法兰式。

外法兰接头是在钢管表面设置临时拼接用的栓接法兰,等拱身合龙后,进行节段拼接缝的对接焊,接着逐个切割法兰,随时切割,随时封焊外包板,直至将拼接处的对接焊缝全部用贴角焊缝的外包板封焊为止,其构造可见图5-61。该接头设置了导向管,既可保证钢管合龙时的对位精度,又便于对接安装,并可作为主管接缝对接焊时的衬垫。另外,相对于内置式接头而言,该接头不会阻碍混凝土的泵送,其接头处混凝土的密实度也可得到保证。

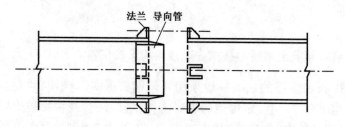

图5-61 外法兰式接头构造图

(2)从施工时间性来看,合龙可分为瞬时合龙和直接合龙,其接头的构造也不一样。

①瞬时合龙接头

广州丫髻沙大桥才用了瞬时合龙,一方面要求满足瞬时合龙要求,尽快形成拱结构,减少施工风险,并减小合龙段在焊接过程中温度影响,另一方面可以调整拱肋内力和轴线。合龙段长度 1 000mm,瞬时合龙构造放至弦管之间,采用花兰螺栓瞬时合龙措施,螺杆及螺母用厚壁钢管加工而成,钢管上车细牙T形螺纹,便于手工操作,其详细构造图见图5-62。

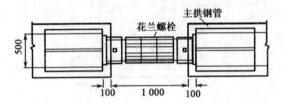

图 5-62 丫髻沙大桥瞬时合龙构造(尺寸单位:mm)

②直接合龙接头

东莞水道桥采用的是直接合龙,即在合龙段安装之前,现场测量合龙的实际长度,按量得尺寸将多余的预留段长度切去,吊装合龙后,接头处插入滑动内导管,然后在管外接头处焊上法兰(法兰板与拼接板栓合一体装焊),焊接成拱后,焰切法兰,包焊瓦片,并补焊缺漏管板件,其接头构造见图5-63。

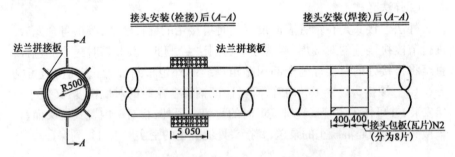

图 5-63 东莞水道桥无瞬时合龙构造(尺寸单位:mm)

65.钢管混凝土拱桥中横撑安装接头构造有何特点?

答:拱肋和横撑的接头一般采用外包钢板形式,与拱肋的安装接头相似,该结构由横撑基管、定位用的临时支托、定位法兰及拼接板组成。横撑基管在拱肋吊装之前应先安装在拱肋上,避免高空作业,定位用的临时支托、定位角钢待部分拼接板焊接完后割除。单圆管和桁式截面的拱肋、横撑拼接接头一样,见图 5-64a)。哑铃形截面的拼接接头比单圆管和桁式截面多了腹板的拼接,腹板的拼接用轻型工字钢作衬板,见图 5-64b)。从美观考虑,拱肋和横撑的接头也可采用同拱肋接头一样的内法兰形式。

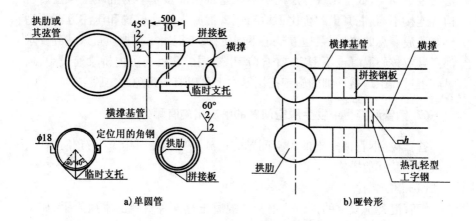

图 5-64 拱肋与横撑的接头(尺寸单位:mm)

66. 什么是钢管混凝土的脱空?

答:钢管混凝土的脱空,是指核心混凝土和钢管在界面处出现分离或核心混凝土内部出现不密实、空洞等现象。一般认为,钢管混凝土拱桥拱肋的脱空问题包括两大类情况:一是钢管拱肋内部核心混凝土本身密实性良好,但是在桥梁运营过程中,由于受到轴向压力、温度变化(包括温升和温降),或者是混凝土收缩、徐变以及微膨胀剂失效等方面的影响,使得钢管与混凝土在接触面处产生裂隙,两者脱离;另一类情况是在泵送管内混凝土时,由于泵送系统或其他原因,使混凝土输送不到位或者密实度不够,从而导致成桥后管内核心混凝土产生空洞,形成脱空。

(1)钢管与混凝土界面脱离

钢管与混凝土在交界面处脱离是钢管混凝土构件的主要脱空形式。在目前的技术水平下,国内的钢管混凝土拱桥的拱肋存在这种脱空。钢管与混凝土界面脱离可以发生在整个拱肋或其中某几段,其脱离的宽度因核心混凝土性能(如收缩性、膨胀剂效应等)不同而可能不同。

钢管混凝土拱肋界面脱离还包括两种情况:一种是钢管与混凝土在径向的脱空;另一种是纵向脱空,即在对拱肋钢管分仓浇筑混凝土时,分仓隔板处容易发生纵向脱空。上述两种情况中,前一种脱空形式目前已经受到关注,而后一种尚未受到较多关注,但这种脱空也可能导致危险的后果。

(2) 拱肋内部混凝土不密实

钢管混凝土拱肋第二类脱空是管内核心混凝土不密实或是有空洞。比较常见的有拱脚处混凝土密实度差、拱顶处混凝土产生空洞及拱肋混凝土密实度不均匀，或是出现分层离析等。这种情况多是因为混凝土压注时各构件连接不当、混凝土配合比不适当或者混凝土压注位置和压注方向不适合等造成。总的来说，泵送混凝土不到位，或者混凝土搅拌质量未达到要求都会导致核心混凝土不密实或内部产生空洞。在目前国内桥梁建设中，通过施工过程中严格仔细的施工控制基本上可以有效避免此类脱空。

67. 钢管混凝土中发生脱空问题的解决措施有哪些？

答：解决钢管混凝土的脱空问题的措施主要包括三个方面：预防措施、补救措施及其他措施。

（1）预防措施

钢管混凝土脱空的预防从钢管和混凝土这两种材料的本质入手，如从材料上来考虑，使用线膨胀系数较小的钢材（如"依凡钢"）；核心混凝土使用钢纤维混凝土、活性粉末混凝土、添加 MgO 膨胀剂的低热（微膨胀）硅酸盐水泥和饱和吸水的陶粒制成的混凝土等，对防止钢管和混凝土脱空具有一定的作用。

（2）补救措施

对钢管混凝土在使用过程中已经出现脱空问题的钢管混凝土，可采用二次灌浆的方法。一般是压筑高一等级的水泥砂浆或水泥浆，也可采用注射环氧糠酮浆或甲凝浆来填充脱空空洞。研究表明：经过二次灌浆，钢管混凝土的承载力和弹性模量均得到了较大提高。二次灌浆的措施在目前是可靠和实用的，但是二次灌浆的水泥浆液可能由于自身的收缩和灌注水泥浆不饱满，使得钢管混凝土的脱空再次发生？因此在二次灌浆后某些地方还要用超声波仪器重新对其密实程度进行检测。

（3）其他措施

①钢管外包裹一层保温材料或者涂刷浅色涂层。在日照下，钢管表面温度可达 80℃，而内部核心混凝土的温度为 50℃，内外温差相差较大，所以采用了在钢管混凝土的钢管外包裹一层保温材料，如聚乙烯塑料泡沫等，使钢管和核心混凝土的温度变化趋于平缓，以有效遏制混凝土的脱空。同样也可以通过改善钢管表面的涂层特性，如采用浅色涂层，减小太阳辐射吸收率，同样可以明显降低日照温差。

②拱顶预压、低温封拱。核心混凝土施工时在拱顶处预留一段空隙，待混凝土强度达到设计强度时对两侧混凝土施加压力，同时安放好阻止混凝

土收缩的钢筋骨架,选择气温较低时(5℃为宜)用快硬性混凝土(膨胀混凝土)来封拱。

③对已经建好的钢管混凝土拱桥还可以采用外加钢管混凝土套环来进行加固处理,以取得较好的治理脱空的效果。

68. 按拱肋截面形式,钢拱桥有哪些类型?

答:根据拱肋的截面形式,钢拱桥可以分为实拱和桁拱。实拱和桁拱的区别在于后者有腹杆,而前者没有。

实肋构造简单,可根据跨径大小和景观要求采用等截面和变截面形式,免除了节点问题,杆件少,造型简洁。但跨径大时,腹板的材料性能没有得到充分发挥,且由于拱以受压为主,板的局部屈曲问题会导致加劲材料用量较大,同时,施工节段吊装重量较大,对制造、运输和架设方面都会增加难度。实肋截面常用的形式有工字与H形、圆管和箱形。国外中小跨径的钢拱桥有用工字形和圆管截面的,但中国基本上没有采用。实肋拱应用于跨径较大时,一般用箱形截面。中国的箱形拱肋以矩形箱为主,个别采用了八边形(西安市浐灞河1号桥)和椭圆形(中山市长江大桥,图5-65),跨径更大的有时采用双室箱,如上海卢浦大桥[跨径550m,图5-66a)]、宁波市东外甬江大桥[跨径450m,图5-66b)]。

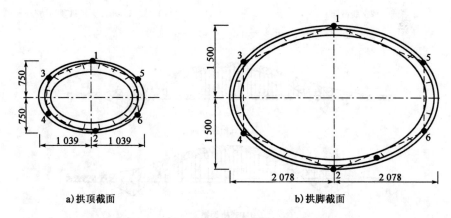

a) 拱顶截面　　　　　　　b) 拱脚截面

图5-65　中山市长江大桥主拱圈截面(尺寸单位:mm)

桁式拱肋能充分发挥钢弦杆的高强性能,截面效率高且刚度大,重载交通的公路桥和活载较大的铁路钢拱桥多采用这种拱肋形式。同时,桁式拱肋各个构件较之实体肋要小,因此其制作、运输和安装都较实体肋更为方便,但施工工序多、杆件杂,可能影响美观。桁肋的弦杆截面形式与实肋截面相似,也常用有工字与H形、圆管和箱形。中国近几年修建了几座钢桁拱桥,跨径均较大,因此多采用箱形截面作为桁肋的构件,而采用工字形、H形和圆管形截面的极少(圆管均内填混凝土成为钢管混凝土结构)。桁式拱肋按主桁框架分类,可分为柏式(Pratt)桁架、华伦(Warren)桁架、K式桁架等多种形式,如图5-67所示。综合比较力学性能、经济性能、构造、施工、美学等因素,大跨径钢桁拱较多采用P式桁架。

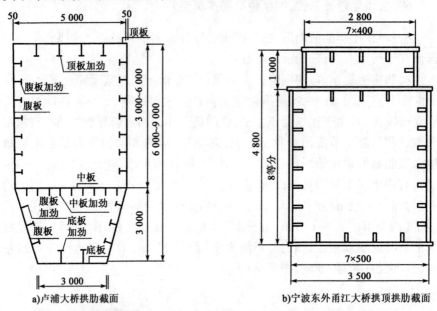

图5-66 卢浦大桥和宁波东外甬江大桥拱肋截面(尺寸单位:mm)

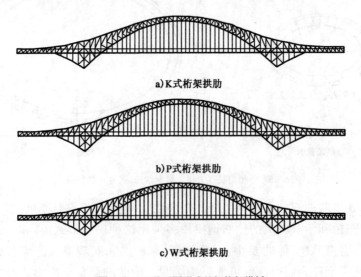

图5-67 三种不同形式的钢桁架拱桥

69. 钢拱桥的设计要点?

答:钢拱桥的设计要点主要包括:

(1)拱轴线形

拱轴线是拱桥概念设计中的重要参数,直接关系到拱肋截面的内力分布和内力大小。目前混凝土拱轴线线形的设计中多采用"五点重合法",即满足拱肋上少数几个关键断面的压力线与拱轴线重合的方法。对于钢拱桥而言,钢材具有良好的各向同性性能,能抵抗很大的拉压应力,因此,对拱轴线的要求相对较低。钢拱桥拱轴线的选择,一般更多从外形美观、与周围景观搭配协调、制作与施工方便来考虑,常用的拱轴线线形包括圆弧线、二次抛物线、悬链线、多次抛物线等。

(2)支承方式

支承方式对钢拱桥的自振特性有较大影响,对于钢箱拱而言,与其他支承方式相比,无铰拱支承方式可以提高全桥的扭转与面外刚度,也可以部分提高主拱的面内刚度,是大跨径钢箱拱桥主要采用的支承形式。当钢桁架拱桥与下部结构固结时,局部桁拱杆件存在巨大的杆端次弯矩,该弯矩的大小与杆件刚度成正比,存在恶性循环,使得部分杆件很难设计。因此钢桁拱与桥墩或基础不宜选用固结。

(3)矢跨比

拱桥的矢跨比,主要根据桥址的地形、地质条件及桥下净空要求等,通过技术经济比较来确定。矢跨比是拱桥的一个特征数据,它不仅影响拱肋的内力,还影响拱桥施工方法的选择。同时,对拱桥的外形能否与周围景物相协调,也有很大关系。因此,在设计时,矢跨比的大小应经过综合比较进行选择。

从已建成的拱桥来看,拱肋的矢跨比常用范围在 1/7 ~ 1/4。绝大多数钢拱桥的净矢跨比一般取 1/10 ~ 1/5。钢桁架拱桥的矢跨比多在 1/5 ~ 1/4。当地质较差时,则在地形及桥下净空允许的条件下,可采用较大的矢跨比以减少水平推力。相反,对于地形平坦,跨径较大或地质较好的单孔桥,宜取较小的矢跨比。此外,随着矢跨比的减小,横向稳定问题将有所突出。表 5-4 给出了几座钢拱桥的矢跨比。

钢拱桥的矢跨比 表 5-4

桥名	澳大利亚悉尼港大桥	英国朗格尔大桥	韩国首尔傍花大桥	中国重庆万州长江铁路桥	中国京沪高速铁路南京大胜关大桥	中国重庆朝天门大桥
拱肋截面	桁肋	桁肋	桁肋	桁肋	桁肋	桁肋
矢跨比	1/4.7	1/4.3	1/3.9	1/4.8	1/4.0	1/4.3

续上表

桥名	卢浦大桥	宁波东外环甬江大桥（明州大桥）	重庆菜园坝长江公路大桥	佛山东平大桥	长沙福元路湘江大桥
拱肋截面	箱形	箱形	箱形	箱形	箱形
矢跨比	1/5.5	1/5	1/5.7	1/4.55	1/4.3

(4) 拱肋高度

根据拱肋高度的变化，可分为等高度拱肋和变高度拱肋。当拱桥跨径较小时，采用等高度拱肋。根据统计，跨径小于200m的桁架式拱桥均为等高度。当拱桥跨径较大时，采用变高度拱肋以适应拱肋内力分布并节省材料。

对于钢拱桥来说，拱肋的拱脚高度选择应根据施工过程中产生的最大内力来控制，尤其是悬臂拼装的施工方法。拱顶高度的最好选择是内力和稳定相互平衡的结果，拱顶高度多是由成桥以后运营状态产生的内力来决定，并且不宜取得过高。

对于钢箱肋拱桥，拱脚肋高为跨径的1/60~1/40，等高度的桁肋拱拱顶高度约为跨径的1/45~1/15；而变桁高的钢桁架拱桥的拱顶高度与跨径之比在1/45~1/30范围内；拱脚高度与跨径之比在1/10~1/7范围内；拱顶与拱脚高度之比在1/5~1/3范围内。表5-5统计了多座钢拱桥拱顶和拱脚的设计参数，可供参考。

多座钢拱桥拱顶和拱脚设计参数 表5-5

桥 名	拱肋截面	拱顶高度	拱脚高度	跨径	拱顶高度/跨径	拱脚高度/跨径	拱顶高度/拱脚高度
澳大利亚悉尼港大桥	桁肋	18	57	502.9	1/27.9	1/8.8	1/3.2
英国朗格尔大桥	桁肋	10.74	32.31	330	1/30.7	1/10.2	1/3
韩国首尔傍花大桥	桁肋	6	26.14	181.5	1/30.25	1/6.9	1/4.4
重庆万州长江铁路大桥	桁肋	8	41	360	1/45	1/8.8	1/5.1
京沪高铁南京大胜关大桥	桁肋	12	55	336	1/28	1/6.1	1/4.6
天津国泰桥	桁肋	4	15.8	146	1/36.5	1/9.2	1/4.0
重庆朝天门大桥	桁肋	11	73.13	552	1/39.4	1/7.5	1/5.2
卢浦大桥	箱形	6	9	550	1/91.7	1/61.1	1/1.5
宁波东外环甬江大桥(明州大桥)	箱形	上肢3，下肢3.8	上肢3，下肢6	450	上肢1/150，下肢1/118.4	上肢1/150，下肢1/75	上肢1/1，下肢1/1.58
重庆菜园坝长江公路大桥	箱形	4	4	420	1/105	1/105	1/1
佛山东平大桥	箱形	3	4.5	300	1/100	1/66.7	1/1.5

(5)拱肋横向倾角

拱肋横向内倾角的增加可以大大提高拱桥的侧向刚度,增加拱桥的面外稳定性,且可以有效提供全桥的面内刚度。同时,内倾角的取值对提篮拱扭转振型影响较大,两拱肋更易表现出面内或面外振动的整体振型。对钢箱提篮拱,内倾角度一般控制在3°~15°,以10°附近为佳。对钢桁拱,常采用平行拱肋,无横向倾角。

70. 特大跨径钢桁拱桥拱脚支承方式应如何考虑?

答: 不同边界条件的采用,对结构的受力会产生较大的影响。对于单跨的钢桁架拱桥,在已建成的桥梁中均采用两端铰支的支座条件。不同支承体系分析比较结果,如表5-6所示。

多座钢拱桥拱顶和拱脚设计参数   表5-6

方案形式	主要技术问题(优缺点)	技术难度及解决措施	比较结论
中跨拱脚一侧为固定铰支座,另一侧为活动铰支座	上、下部结构受力明确;对基础不产生推力;温度对结构影响很小;系杆力均匀;施工期间可对结构进行位移调整而不影响结构受力;需设置大吨位支座	大吨位支座在国内外已有使用;国内有大吨位支座研究、设计的能力;目前国内的大吨位千斤顶已达4 000t,为支座更换提供技术保证	体系传力明确,结构受力合理,安装架设工艺成熟,施工期间受力对成桥受力无影响,易于保证结构成桥线形和受力状态
中跨拱脚两侧均采用固定铰支座	上、下部结构体系受力明确、刚度较好,对基础产生推力;施工期间可进行结构转角调整,不影响受力,但无法进行位移调整,合龙受施工误差和温度影响较大;温度对下部结构影响较大;主桁杆件内力较大;需设置大吨位铰支座	大吨位支座技术(同时);下部结构和基础设计需考虑活载和温度产生的推力;恒载推力需采用大吨位水平索平衡,锚固点布置困难;结构合龙难度大,需要对合龙构件进行扩孔或现场钻孔,成桥线形及受力受施工合龙精度影响	体系传力明确,安装架设工艺相对成熟。施工控制要求较高,施工对成桥线形、受力有一定影响;水平索吨位大,数量多,锚固点布置困难
中跨拱脚两侧均采用主墩与主桁杆件固结	结构刚度稍好;施工期间无法对结构进行位移和转角调整,需满布扣索控制施工线形,施工内力对结构成桥受力产生影响较大;温度对下部结构受力影响较大;固结支点处杆件端次弯矩较大,无需设置大吨位支座	下部结构基础设计需考虑活载和温度产生的推力和弯矩;恒载推力需采用大吨位水平索平衡,锚固点布置困难;施工过程需满布扣索保证成桥线形,控制难度大;结构合龙难度大,需要较大外力进行强迫合龙	施工要求较高;方案实现难度较大;水平索吨位较大,数量多,锚固点布置困难

71. 如何选取柔性系杆刚性拱肋的拱桥在成桥以后的简化计算图式?

答: 对于柔性系杆刚性拱拱桥计算分析一般作如下的基本假定:

(1) 系杆只承受拱肋传递的推力,即截面中只有拉力;
(2) 拱肋为主要承重构件,由于它的刚度比系杆大得多,故其截面要承受弯矩、轴力和剪力;
(3) 桥面系刚度不参与系杆刚度作用;
(4) 对于变截面拱,一般拱肋截面惯性矩变化规律取:$I_{肋} = I_d / \cos\varphi$($I_d$ 为拱肋顶部的惯性矩),如图 5-68a) 所示。

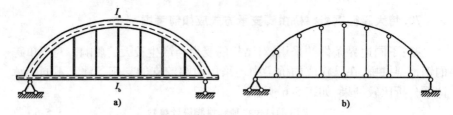

图 5-68　柔性系杆刚性拱计算简图

根据上述基本假定,拟定计算图式时,可将所有吊杆均视作链杆,使整个结构简化为一带拉杆的两铰拱,如图 5-68b) 所示,然后应用平面杆系有限元法程序求解。

72. 对于刚性系杆柔性拱肋的拱桥,怎样选取它在成桥以后的简化计算图式?

答:刚性系杆柔性拱肋的拱桥属于外部静定、内部一次超静定结构。拱肋刚度甚小,可以认为拱肋只承受轴力,系杆承受弯矩和剪力,结构可简化为一带链杆的加劲梁,如图 5-69 所示。这样,就可直接应用平面杆系有限元法的程序求解。

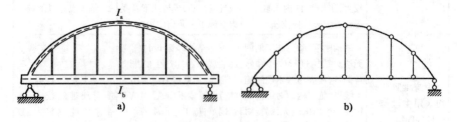

图 5-69　刚性系杆柔性拱简化图式

73. 对于刚性系杆刚性拱肋的拱桥,怎样选取它在成桥以后的简化计算图式?

答:刚性系杆刚性拱组合体系桥,由于系杆及拱肋的刚度接近,拱肋和系杆均能承受弯矩和剪力,吊杆(竖杆)刚度通常较小,仍可视为两端设铰的链杆,此时的体系为外部静定、内部为$(n+3)$次超静定结构(n为吊杆数),其计算简图如图 5-70 所示,然后,应用平面杆系有限元法的计算程序求解。

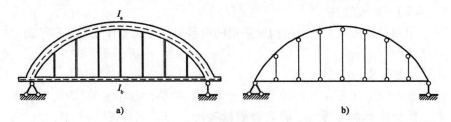

图 5-70　刚性系杆刚性拱计算图式

74. 混凝土拱桥的常见施工方法有哪些?有何特点?

答:混凝土拱桥的施工按其主拱圈成型的方法可以分为以下三大类:

（1）就地浇筑法

就地浇筑法就是把拱桥主拱圈混凝土的基本施工工艺流程(立模、扎筋、浇筑混凝土、养护及拆模等)直接在桥孔位置来完成。按照所使用的设备来划分,包括以下两种:

①有支架施工法

这和梁式桥的有支架施工相类似。

②悬臂浇筑法

图 5-71 是采用悬臂浇筑法浇筑箱形截面主拱圈的示意图。它把主拱圈划分成若干个节段,并用专门设计的钢桁托架结构作为现浇混凝土的工作平台。托架的后端铰接在已完成的悬臂结构上,其前端则用刚性组合斜拉杆经过临时支柱和塔架,再由尾索锚固在岸边的锚碇上。由于钢桁托架本身较重,它的转移必须借助起重量大的浮吊船,而钢筋骨架和混凝土的运

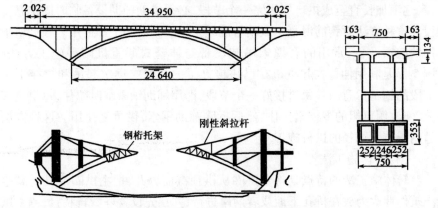

图 5-71　悬臂浇筑箱形拱示意图(尺寸单位:cm)

输则借助缆索吊装设备,施工比较麻烦,拱轴线上各点的高程也较难控制,故目前较少采用这种施工方法。

(2)预制安装法

预制安装法按主拱圈结构所采用的材料可以分为整体安装法和节段悬拼法两种。

①整体安装法

这种施工方法适合于钢管混凝土系杆拱的整片起吊安装,因为钢管混凝土拱肋在未灌混凝土之前具有质量轻的优点。例如图 5-72 中,跨径为 45m 的系杆拱片,经组合后,其吊装质量仅为 18.7t,用起重量为 20t 的浮吊,仅用了一天就把两片拱片全部安装完毕。

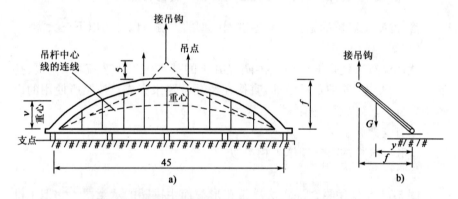

图 5-72　钢管混凝土系杆拱整体起吊(尺寸单位:m)

②节段悬拼法

节段悬拼法是将主拱圈结构划分成若干节段,先放在现场的地面或场外工厂进行预制,然后运送到桥孔的下面,利用起吊设备提升就位,进行拼接,逐渐加长直至成拱。每拼完一个节段,必须借助辅助设备临时固定悬臂段。这种方法对钢筋混凝土或钢管混凝土主拱圈的施工都适用。根据所采用的起重设备,常用的有缆索吊装设备与伸臂式起重机两种施工方法。图 5-73 是利用伸臂式起重机在已拼接好了的悬臂端逐次起吊和拼接下一节段的施工示意图。每拼接好一个节段,即用辅助钢索临时拉住,每拼完三节,便改用更粗的主钢索拉住,然后拆除辅助钢索,供重复使用。这种方法适用于特大跨径的拱桥施工。

(3)转体施工法

转体施工法的特点是将主拱圈从拱顶截面分开,把主拱圈混凝土高空浇筑作业改为放在桥孔下面或者两岸进行,并预先设置好旋转装置,待主拱圈混凝土达到设计强度后,再将它就地旋转就位成拱。按照旋转的几何平面又可分为平面转体施工法、竖向转体施工法及平-竖相结合的转体施工法三种。

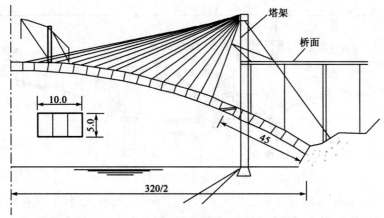

图 5-73　悬臂拼装示意图(尺寸单位:m)

图 5-74 是主拱圈正处在平面旋转过程中的示意图。平面转体施工法的特点是:将主拱圈分为两个半跨,分别在两岸利用地形作简单支架(或土牛拱胎),现浇或者拼装拱肋,再安装拱肋间横向联系(横隔板、横系梁等),把扣索的一端锚固在拱肋的端部(靠拱顶)附近,经引桥桥墩延伸至埋入岩体内的锚锭中,最后用液压千斤顶收紧扣索,使拱肋脱模,借助环形滑道和手摇卷扬机牵引,慢速地将拱肋转体180°(或小于180°),最后再进行主拱圈合龙段和拱上建筑的施工。

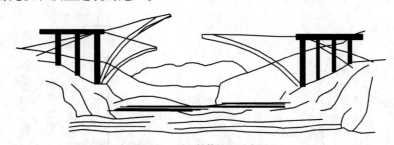

图 5-74　平面转体施工示意图

当桥位处无水或水很浅时,可以将拱肋分成两个半跨放在桥孔下面预制。如果桥位处水较深时,可以在桥位附近预制,然后浮运至桥轴线处,再用起吊设备和旋转装置进行竖向转体施工。这种方法最适宜于钢管混凝土拱桥的施工。因为钢管混凝土拱桥的主拱圈必须先让空心钢管成拱以后再灌筑混凝土,故在旋转起吊时,不但钢管自重相对较轻,而且钢管本身强度也高,易于操作。图 5-75 是应用扒杆吊装系统对钢管拱肋进行竖向转体施工的示意图。它的主要施工过程是,将主拱圈从拱顶分成两个半拱在地面

255

胎架上完成,经过对焊接质量、几何尺寸、拱轴线形等验收合格后,由竖立在两个主墩顶部的两套扒杆分别将其旋转拉起,在空中对接合龙。

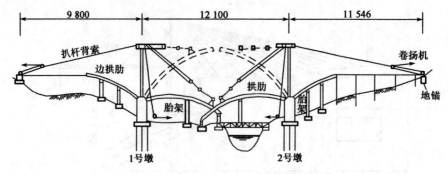

图 5-75 扒杆吊装系统总布置图(尺寸单位:cm)

平-竖相结合的转体施工法是在我国广州市丫髻沙大桥(三孔连续自锚中承式钢管混凝土系杆拱桥)上首先采用(图 5-76)。它综合吸收了上述两种转体施工方法的优点,具体体现在:①利用竖向转体法的优点,变高空作业为地上作业,避免了长、大、重安装单元的运输和起吊;②利用平面转体法的优点,将全桥三孔分为两段,放在主河道的两岸进行预制和拼装,将桥跨结构的施工对主航道航运的影响减少到最小程度;③利用边孔作为中孔半拱的平衡重,使整个转体施工形成自平衡体系,免除了在岸边设置锚碇构造。图 5-76a)是桥转体施工的平面布置,图 5-76b)是它的半结构在岸边制作后竖向转体的示意图。

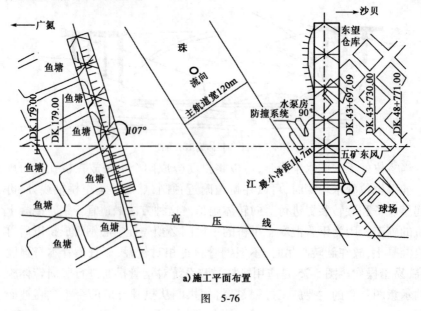

a) 施工平面布置

图 5-76

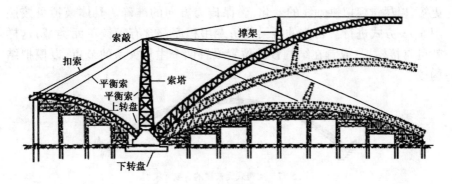

b) 半结构的施工台座及竖转

图 5-76　丫髻沙大桥转体施工示意

75. 拱桥电算的建模主要包括哪些要点?

答: 采用杆系模型模拟拱式结构、进行结构分析时,须综合考虑结构布置和施工方法的不同,全面、灵活、科学地建立有限元分析模型,以求准确计算其变形和内力结果,充分体现拱式结构的受力特性。

模型离散化、节点编号和单元的划分应该遵循以下原则:根据拱桥的施工顺序,在结构自然分段点设置节点;较长的自然分段,再作适当细分;吊杆与主梁、拱圈相交处设置节点;墩梁相接的位置设置节点;关心内力、位移所在截面处设置节点。

拱桥电算模型的常用单元有桁架单元和梁单元。较常见的做法是桥面板由梁格单元来模拟;刚性系杆、横梁、拱圈、横撑、墩、承台、桩等采用梁单元来模拟;柔性系杆、吊杆、扣索采用桁架单元来模拟。

对于不同形式的拱桥,电算的一般原则如下:

(1) 实腹式拱桥

设计拱轴线一般都是曲线的,但在分析时普遍采用多段直梁单元来模拟,只要划分的单元数量较多、每一个单元的长度较短,最终分析得到的内力和变形结果都是可信的。

对于中小跨径实腹式拱桥,按照图 5-77,一个拱圈的单元划分数量不少于 16 个,建模时一般不考虑拱上建筑或填料的结构作用及车辆荷载的扩散作用,而只计入其荷载作用。这样处理,计算结果偏于安全。

(2) 两铰拱、三铰拱

两铰拱、三铰拱的应用场合不多,主要用于小跨径拱、空腹式拱桥的腹拱,或者一些特殊桥梁中。铰的主要特征是不传递弯矩,只传递剪力和轴力。模拟带铰拱时,拱圈的单元划分在铰的位置节点划分应更密、单元长度更短,以尽量模拟拱轴线的变化,确保传力方向的准确。具体模拟可按照图 5-78 方式进行。目前的桥梁分析专用程序都含有带铰单元类型,这样就可直接模拟;或者在结构铰的位置设置两个主从关系的节点,以模拟结构铰。

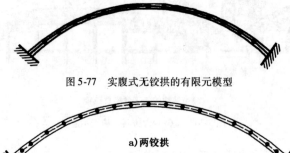

图 5-77 实腹式无铰拱的有限元模型

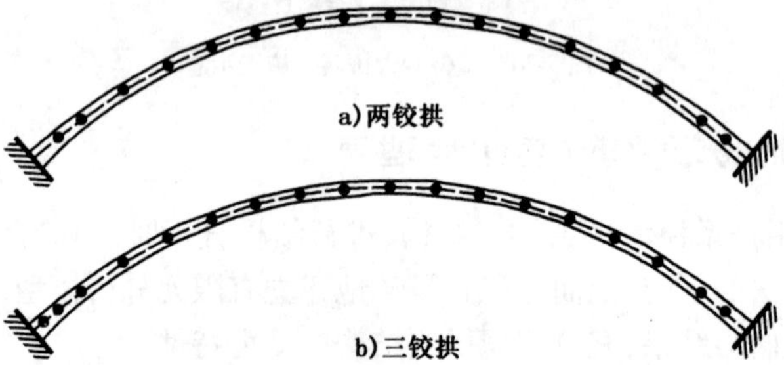

图 5-78 两铰拱、三铰拱的有限元模型

(3)空腹式无铰拱

拱上立柱与拱圈的相交位置必须划分节点,对于拱上建筑,空腹式拱桥的拱上建筑主要有两种形式,一是拱式、二是梁式。具体模拟方式可按图 5-79 来进行。

立柱支座可用两个弹簧来模拟,根据橡胶支座的实际尺寸和结构性能参数,竖向弹簧刚度用下式来计算:

$$k_v = \frac{E_o A_o}{D} \quad (5\text{-}19)$$

水平弹簧的刚度,则根据橡胶支座的抗剪性能按下式来确定:

$$k_u = \frac{G_o A_o}{D} \quad (5\text{-}20)$$

式中,E_o、G_o、A_o、D 分别表示橡胶支座的弹性模量、剪切模量、平面面积和支座的橡胶层厚度。

(4)不等跨连续拱桥拱脚模拟

不等跨多跨连续拱桥的模拟,如图 5-80 所示,应取拱脚截面节点与同高度的桥墩截面节点之间的距离作为刚臂,这样两点之间具有相同的自由度,从而保证内力传递的真实性。

第5章 拱 桥

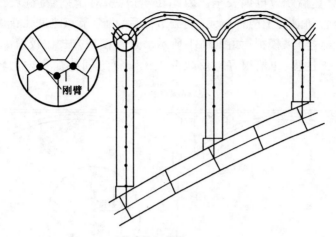

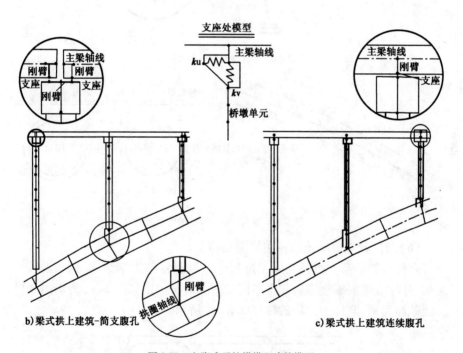

a) 拱式拱上建筑

b) 梁式拱上建筑-简支腹孔   c) 梁式拱上建筑连续腹孔

图 5-79 空腹式无铰拱拱上建筑模型

(5) 钢管混凝土拱桥模拟

钢管混凝土拱圈是由钢和混凝土两种材料组成的组合结构，其受力特性与一般混凝土结构和钢结构存在很大的区别，特别是在共同受力和收缩徐变性能上。根据钢管混凝土拱桥以受压弯为主的特点，正常使用极限状态计算时，钢管对管内混凝土的套箍效应可忽略，而承载能力极限状态计

259

算时,忽略套箍效应也偏安全。因此在模拟时,对于钢管混凝土拱圈,一般采用钢管和混凝土两种单元(划分节点后,两个节点之间由钢和混凝土两种单元连接)来模拟,如图 5-81 所示。这种模拟方式比较简单,能方便地模拟施工过程,也能很好地反映混凝土和钢之间的徐变内力转移和重分布。

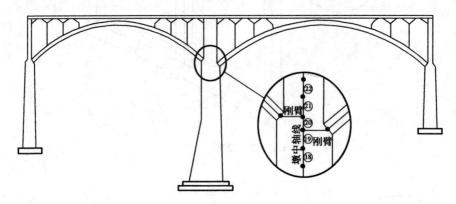

图 5-80 不等跨连拱拱脚处模型

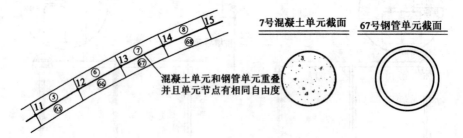

图 5-81 钢管混凝土拱桥的模拟

(6)劲性骨架混凝土拱桥主拱圈模拟

劲性骨架混凝土拱桥在施工过程中主拱圈将经历钢结构、钢管混凝土结构、劲性骨架混凝土结构三个不同的受力阶段。以如图 5-82 所示的劲性骨架截面为例,其施工过程的模拟如表 5-7 所示。

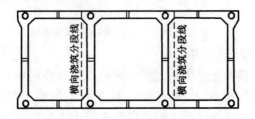

图 5-82 劲性骨架混凝土拱桥主拱圈截面

260

劲性骨架施工过程的模拟　　　　　　　表 5-7

截面施工顺序	施工状态描述
1	向劲性骨架中灌注混凝土,形成钢管混凝土结构,承重结构是钢管
2	浇筑中箱混凝土,此时中箱混凝土不参与受力,承重结构是钢管混凝土拱
3	激活中箱混凝土同时激活其与钢管混凝土间的弹性连接,使混凝土单元的节点和劲性骨架单元的节点相互耦合,以形成共同受力的整体
4	浇筑两边箱混凝土,此时边箱混凝土不参与受力。
5	激活边箱混凝土,同时激活其与钢管混凝土间的弹性连接,形成最终的劲性骨架混凝土结构

76. 拱桥电算主要分析内容有哪些？

答：拱桥电算的主要分析内容包括：

(1)静力分析：各个施工阶段和成桥状态各种荷载组合下拱肋、立柱、系杆、吊杆、横梁、横撑等结构的应力和内力验算。

(2)稳定性分析：对于第一类稳定问题,计算出结构的稳定安全系数以及失稳形态。

对于第二类稳定问题,通过计算拱桥结构从加载开始到失稳全过程的结构响应,得出荷载—位移关系曲线的顶点就是结构失稳破坏的极限荷载。根据施工过程中逐级加载的实际受力行为,一般采用荷载增量法或荷载增量迭代法近似求解稳定极限荷载。

(3)变形分析：对于拱桥而言,主要考虑拱圈的变形是否满足规范要求。

(4)动力分析：首先计算自振频率和振型。根据桥位处地震参数,对拱桥进行地震分析。根据桥位处风载参数,计算拱桥的风致效应。

第6章 斜拉桥

1. 斜拉桥由哪几个主要部分组成?

答:斜拉桥主要由主梁、索塔及斜拉索三大部分组成。主梁一般采用混凝土结构、钢—混凝土组合结构或钢结构,索塔可采用混凝土结构、钢壳混凝土结构或钢结构。斜拉索则采用高强材料(高强钢丝或钢绞线)制成。斜拉桥中荷载传递路径是:斜拉索的两端分别锚固在主梁和索塔上,将主梁的恒载和车辆荷载传递至索塔,再通过索塔传至地基。

2. 斜拉桥的总体构思应考虑哪些因素?

答:应考虑的主要因素有:主跨的跨径;边跨与主跨之比;是否设置辅助墩或设置多少个辅助墩;设置的索面数及索面形状;主梁材料和截面形式;索塔的布置形式;梁、塔、墩相互连接的方式等。上述各种因素往往相互关联,需要通盘考虑。

3. 按塔、梁、墩结合方式划分,斜拉桥分为哪几种体系?

答:按照塔、梁、墩结合方式斜拉桥可以组成以下四种不同的结构体系:
(1)漂浮体系[图6-1a)]

漂浮体系是将主梁除两端为刚性支点外,全部用缆索吊起而在纵向可稍作浮动的且具有弹性支承的连续梁。空间动力分析表明,斜拉索是不能对梁提供有效的横向支承的,为了抵抗由于风力等引起主梁的横向水平位移,一般应在塔柱和主梁之间设置一种用来限制侧向变位的板式或聚四氟乙烯盆式橡胶支座,简称侧向限位支座。

该体系的主要优点是:主跨满载时,塔柱处的主梁截面无负弯矩峰值;由于主梁可以随塔柱的缩短而下降,所以温度、收缩和徐变内力均较小。密索体系中主梁各截面的变形和内力的变化较平缓,受力较均匀;地震时允许全梁纵向摆荡,成为长周期运动,从而吸震消能。目前,大跨斜拉桥(主跨

400m以上)多采用此种体系。

漂浮体系的缺点是:当采用悬臂施工时,塔柱处主梁需临时固结,以抵抗施工过程中的不平衡弯矩和纵向剪力,由于施工不可能做到完全对称,成桥后解除临时固结时,主梁会发生纵向摆动,应予注意。

为了防止纵向飓风和地震荷载使漂浮体系斜拉桥产生过大的纵向摆动,影响安全,应在斜拉桥的塔上设置对主梁纵摆产生高阻尼的水平弹性限位装置。

(2)支承体系(包含半漂浮体系)[图6-1b)]

主梁在两端及塔墩上均设有刚性支点,其余为弹性支承,这种体系的主梁内力在塔墩支点处将出现负弯矩峰值。

半漂浮体系若采用一般支座来处理则无明显优点,因为当两跨满载时,塔柱处主梁有负弯矩尖峰,温度、收缩、徐变次内力仍较大。若在墩顶设置一种可以用来调节高度的支座或弹簧支承来替代从塔柱中心悬吊下来的拉索(一般称"零号索"),并在成桥时调整支座反力,以消除大部分收缩、徐变等的不利影响,这样就可以与漂浮体系相媲美,并且在经济和减小纵向漂移方面将会有一定好处。此外,半漂浮体系在悬臂施工中不需额外设置临时支点,施工比较方便。

(3)塔梁固结体系[图6-1c)]

主梁与塔柱内的内力以及梁的挠度,直接同主梁与塔柱的弯曲刚度比值有关,且全部上部结构的重量和活载都由支座传给桥墩,故需要设置很大吨位的支座。

这种体系的优点是,可显著减小主梁中央段承受的轴向拉力,索塔和主梁的温度内力较小。缺点是中孔满载时,主梁在墩顶处转角位移导致塔柱倾斜,使塔顶产生较大的水平位移,从而显著地增大主梁跨中挠度和边跨负弯矩;另外,上部结构重量和活载反力都需由支座传给桥墩,这就需要设置很大吨位的支座。在大跨径斜拉桥中,这种支座甚至达到上万吨级,这样给支座的设计制造及日后养护、更换均带来较大的困难。

(4)刚构体系[图6-1d)]

刚构体系的塔柱、主梁和柱墩相互固结,形成了跨径内具有弹性支承的刚构。

这种体系的优点是既免除了大型支座,又能满足悬臂施工的稳定要求;结构的整体刚度比较好,主梁挠度又小。缺点是主梁固结处负弯矩大,使固结处附近截面需要加大;再则,为消除温度应力不得不在主梁跨中设置可以容许水平移动的剪力铰或挂梁,从而导致行车的不通顺,因此,这种体系比较适合于独塔斜拉桥。

另一个改善的方案,那就是当设计的桥墩很高时,则采用由两片薄壁组成的柔性墩,来适应由于温度、收缩、徐变和活载等对结构产生的水平变形,这样便形成了连续刚构体系,既保持刚构体系的优点,又达到了行车平顺舒适的目的。

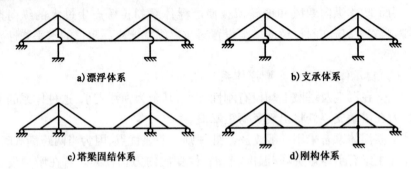

图 6-1　斜拉桥的四种基本结构体系

4. 斜拉桥的边跨和主跨之比在什么范围内较合适?

答:一般情况下按恒载平衡的设计原则确定边中跨比例。

在双塔三跨桥式中,边跨与主跨的比例非常重要,为了在视觉上突出地表现主跨,边主跨之比宜为 0.33~0.5(图 6-2)。其中,钢主梁宜为 0.30~0.40;组合梁宜为 0.30~0.45;混凝土主梁宜为 0.40~0.45。但在特殊地形条件下,可采用更小的跨径比或采用地锚式斜拉桥。

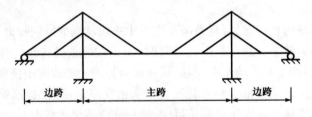

图 6-2　边跨和主跨之比

独塔斜拉桥的双侧跨径比考虑地形条件及跨越能力,可取 0.50~1.00。

多塔斜拉桥适用于各种跨径的桥梁结构,边跨与主跨跨径比可参照双塔三跨斜拉桥选用。

从受力上看,边主跨之比与斜拉桥的整体受力、端锚索的应力变幅有着很大的关系。当主跨有活载时边跨梁端点的端锚索产生正轴力(拉力),而当边跨有活载时端锚索又产生负轴力(拉力松减),由此引起较大应力幅而产生疲劳问题。边跨较小时,边跨主梁的刚度较大,边跨拉索较短,刚度也就相对较大,因而此时边跨对索塔的锚固作用就大,主跨的刚度也就相应增大,而拉索的应力变幅也将减小。对于活载比重较小的公路和城市桥梁,合理的边主跨之比为 0.40~0.45,而对于活载比重大的铁路桥梁,边主跨之比宜为 0.20~0.25,同样道理,钢斜拉桥的边跨应比相同跨径混凝土斜拉桥的跨径小。

活载往往在边跨梁端附近区域产生很大的正弯矩,导致梁体转动,伸缩缝易受损,但这可以通过加长边梁以形成引跨[图 6-3a)]或设置辅助墩[图 6-3b)]的方法予以解决。

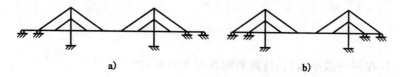

图 6-3　边跨的不同处理方式

5. 拉索的间距在哪个范围内较合适?

答:索距的布置,可以分为"稀索"与"密索"。在早期的斜拉桥中都为"稀索"(超静定次数少),现代斜拉桥则多为"密索"(必须利用电子计算机计算)。

密索优点如下:

(1)索距小,主梁弯矩小。
(2)索力较小,锚固点构造简单。
(3)锚固点附近应力流变化小,补强范围小。
(4)利于悬臂法架设。
(5)易于换索。

斜拉桥采用悬臂法架设时,索距在 5~15m 范围内选用,混凝土主梁因自重大,索距应密些,较大的索距适合于钢或钢-混凝土组合主梁。

斜拉桥主梁采用钢梁或组合梁时斜拉桥标准间距宜为 8~16m,采用混凝土梁时斜拉索标准间距宜为 6~12m。

6. 按拉索平面数量和布置形式,斜拉索可分为哪几种?

答:按照拉索平面数量和布置形式,斜拉索可分为:

(1)单索面[图 6-4a)]:单索面的斜拉索对主梁抗扭基本上不起作用,因此,单索面的主梁应采用抗扭刚度大的截面,例如箱形截面。

(2)竖向双索面[图 6-4b)]:这种布置的最大优点是作用于桥梁上的扭矩有相当大一部分将由拉索承担,而主梁本身只承担其中少部分,因此它是工程上应用较多的一种形式。

(3) 空间双索面[图6-4c)]：对桥面梁体抵抗风力扭振特别有利，一般用在对风振较敏感，且跨径较大和塔柱较高的斜拉桥上。

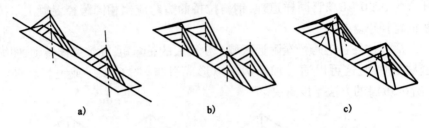

图6-4 斜拉索的索面布置形式

7. 在同一索平面内，拉索有哪几种布置形式？

答：拉索在立面上的布置形状可分为：

(1) 竖琴式[图6-5b)]：竖琴式的优点是，由于塔上锚点分散，故构造上也易布置，在外形上也简洁美观；其缺点是：由于所有拉索平行布置，其倾角相对较小，故产生的垂直分力从总的讲也小。

(2) 辐射式[图6-5a)]：辐射式的优点是斜拉索的平均倾角（斜索与水平面的交角）较大（接近45°），故对梁的垂直分力也大，发挥的效果就好；其缺点是塔顶的锚固构造较复杂，换索也非常麻烦。

(3) 扇形式[图6-5c)]：扇形式兼有上述两种形式的优点，也是目前在斜拉桥上较为广泛应用的形式。

(4) 星形式[图6-5d)]：星形式是将桥塔每侧的斜拉索锚固在同一处。

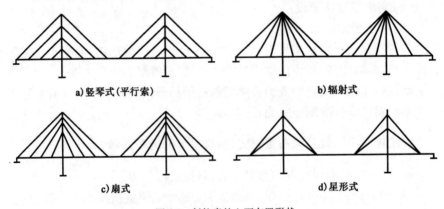

图6-5 斜拉索的立面布置形状

8. 从立面上看，索塔有哪些形式？

答：从桥梁立面上看，索塔有独柱型、A形和倒Y形三种，如图6-6a)、

b)、c)所示。独柱型的构造最简单,是当前用得最多的一种形式。A 形和倒 Y 形桥塔可以更好地抵抗塔身两侧斜拉索的不平衡拉力,此外 A 形塔还可以减小主梁在该支点处的负弯矩。

图 6-6 塔柱横桥向形式

9. 从顺桥向看,索塔有哪些形式?

答:从顺桥向看,索塔可做成独柱式、双柱式、门式、斜腿门式、倒 V 式、宝石式、倒 Y 式和双子式等多种形式,如图 6-7 所示。

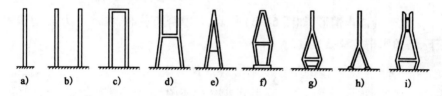

图 6-7 桥塔纵桥向形式

纵横向均呈独柱式的桥塔适用于单索面或空间双索面斜拉桥,双柱式、门式和斜腿门式桥塔适用于竖向双索面斜拉桥。倒 V 式、宝石式、倒 Y 式和双子式索塔适用于空间双索面斜拉桥。

10. 索塔高度和拉索倾角的确定应考虑哪些因素?

答:索塔的高度 H 决定着整个桥梁的刚度和经济性,如图 6-8 所示。

若忽略主梁弯曲刚度的影响,则主梁的支承刚度将来自于索和塔两方面。如图 6-8a)所示,对于相同的主梁拉索锚固位置 b,索对梁的支撑刚度主要取决于索力的竖向分力 V 和拉索的线刚度 EA/l,从图中可知,V 与 $\sin\alpha$ 成正比,EA/l 与 $\cos\alpha$ 成正比。对塔来说,H 越大,则塔抗水平变位的刚度就越弱,在刚性主梁拉索锚点处荷载 P 的作用下,主梁下挠量 δ 为:

$$\delta = \frac{Pb}{EA\sin^2\alpha\cos\alpha} + \frac{Pb^3}{3EI}\tan\alpha \qquad (6-1)$$

上述右边第一项为拉索所引起的挠度。从公式可知,当表达式

($\sin^2\alpha\cos\alpha$)的值为最大时,拉索对主梁的支撑刚度最大,此时拉索的角度为55°。公式右边第二项为塔所引起的挠度,其中 EI 为综合考虑背索影响的索塔等截面当量刚度,显然 $\tan\alpha$ 越小,即塔越矮,则塔对梁的支承刚度就越大。

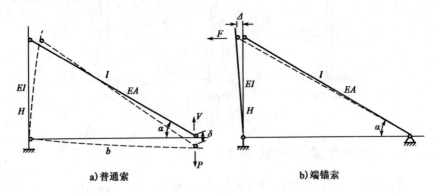

图6-8 塔高和索长、倾角的相互关系

对于端锚索情形,如图6-8b)所示,当中跨布载时,在水平力 F 的作用下,塔顶水平位移 Δ 为:

$$\Delta = \frac{F \cdot H}{EA\sin\alpha \cdot \cos^2\alpha} \quad (6-2)$$

即 $\alpha \to 35°$ 时,Δ 最小,端锚索提供的支承刚度最大。

若拉索截面面积 A 由容许应力 $[\sigma_s]$ 控制设计,即 $A = N/[\sigma_s]$,由于轴力 N 与倾角 α 有关,经简单推导可知,对于图6-8a)、b)两种情形,α 均应等于45°,即拉索的最佳倾角为45°。

综合索和塔对刚度和经济性的共同影响,对于每一座斜拉桥,都存在着一个最佳塔高 H,使得索和塔对主梁的支承刚度达到最大、经济性最好。

如图6-9所示是双塔和独塔斜拉桥索塔的常见高跨比范围。

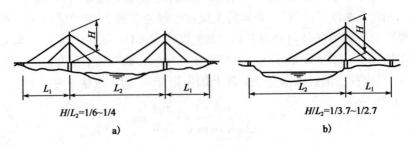

图6-9 索塔高跨比范围

11. 主梁刚度的确定应考虑哪些因素？

答： 主梁的挠度主要取决于拉索的布局和拉索能提供的支承刚度。对于双面密索体系，主梁应具有足够的强度和刚度承受压力而不发生破坏。另外，应考虑到在减小活载的情况下主梁有足够的强度和刚度以便更换拉索，并需考虑个别拉索偶然拉断或退出工作时主梁的安全性等情况。

主梁的高跨比应综合考虑斜拉桥纵、横向受力情况，合理选择截面形式和梁高。主梁可采用钢梁、混凝土梁、组合梁或混合梁。

双塔三跨斜拉桥梁高与跨径之比，混凝土宜采用 1/200～1/100，组合梁宜采用 1/200～1/125，钢主梁宜采用 1/330～1/180。

对于单索面情形，主梁高跨比宜为 1/100～1/50，且高宽比不宜小于 1/10。

12. 混凝土主梁有哪些特点和截面形式？

答： 斜拉桥上的混凝土主梁一般为预应力混凝土结构，其截面形式甚多，表 6-1 中仅列出若干种具有代表性的截面形式。

斜拉桥混凝土主梁的截面形式　　　　表 6-1

截面形式	示意图	特点	适用范围
板式截面	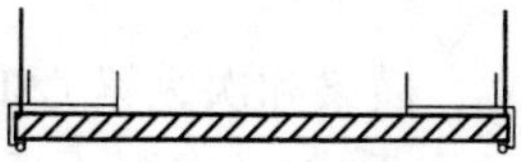	构造最简单，抗风性能也好；但抗扭能力较小，截面效率较低	双面密索且宽度不太大的桥
双主梁截面	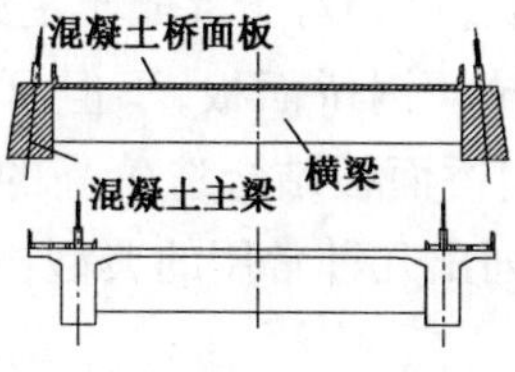	采用悬臂法施工时，为了减轻挂篮的负荷，可以将两个边主梁先行浇筑，然后在挂索后再浇筑横梁，最后浇筑桥面板混凝土，使形成整体，共同受力	双索面斜拉桥
半封闭式双箱梁	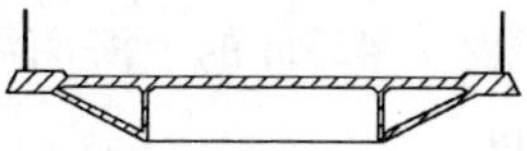	抗风性能良好，中部无底板，可减轻结构自重	双索面斜拉桥
单箱单室截面	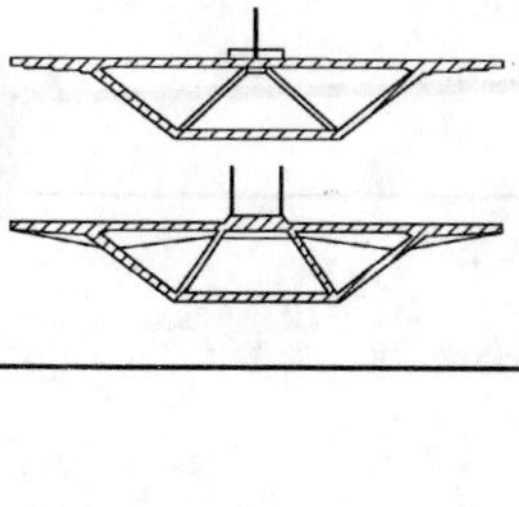	采用斜腹板，可以改善抗风性能，又可减小墩台的宽度，且箱形截面的抗扭刚度也大	单索面斜拉桥

续上表

截面形式	示意图	特点	适用范围
单箱双室截面		在上述单箱的基础上增加一道中腹板,虽然增加了自重,但可减小桥面板的横向计算跨径	单索面或双索面斜拉桥
单箱三室截面		桥面全宽可达30~35m,但在悬臂施工时,须将截面分成三榀,先施工中间箱,待挂完拉索后,再完成两侧边箱的施工,呈品字形前进,将截面构成整体	单索面斜拉桥
准三角形三室箱形截面		和上述三室箱不同者,中腹板间距较小,有利于单索面的传力,边腹板倾角更小,对抗风更有利	单索面斜拉桥
三角形箱形截面		三角形截面对抗风最有利	双索面或单索面斜拉桥

13. 钢-混凝土结合主梁有哪些特点和截面形式?

答:钢-混凝土结合梁是由钢制构件(主梁、横梁和次纵梁)和混凝土板(现浇的或者预制板)通过剪力钉结合而成的承重构件,混凝土桥面板除承受车辆的局部荷载外,还参与整体受力。结合梁相对于混凝土主梁来说,自重较轻,用混凝土桥面板代替常用的正交异性钢桥面板,不但可以降低造价,而且还避免了沥青混凝土桥面铺装与钢桥面板结合造价高的问题。这种截面一般用在双索面斜拉桥上。下面仅列出几种常用的典型构造示例:

(1)示例1

I字形钢主梁(图6-10)在横截面的两侧各有一片由厚钢板焊接面成的I字梁,斜拉索锚固在主梁的腹板上,我国主跨为423m的上海南浦大桥,就采用了这种类型的截面,桥面全宽为30.35m。

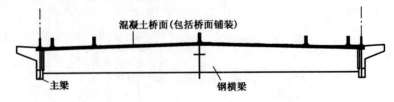

图6-10 钢—混凝土结合梁截面

（2）示例 2

箱形截面主梁（图 6-11）是我国上海杨浦大桥的典型断面，主梁采用焊接箱形梁，箱高 2.7m；横梁为高 1.9m 的焊接 I 字梁，包括风嘴的宽度为 32.5m。

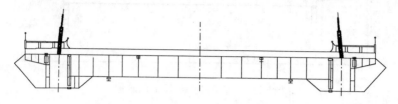

图 6-11　上海杨浦大桥的结合梁截面

预制混凝土桥面板与钢主梁的联结方式主要有两种：一是先将抗剪栓钉事先焊接在钢结构的顶面翼板上，再将预制板四周的联结钢筋伸入其间[图 6-12a]；二是在位于有抗剪栓钉处的预制板上开孔[图 6-12b]。

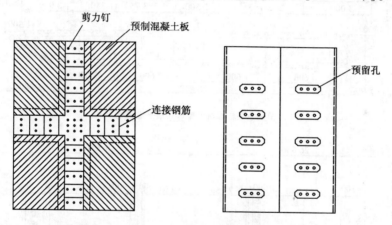

图 6-12　混凝土桥面板与钢主梁之间的栓钉联结

最后，在接缝处浇灌混凝土，实践证明，这两种联结方式都能获得较好的质量。

14. 钢主梁有哪些特点和截面形式？

答：（1）工字形钢主梁

如图 6-13 所示，一般采用两根工字形钢主梁的"双主梁"布置。斜索下端一般直接锚固在钢主梁上。钢主梁之间有钢横梁。钢桥面板与钢主梁及钢横梁相联结。钢桥面板底面焊有纵向和横向的加劲肋，形成正交异性钢桥面系。

（2）钢箱梁

钢箱梁截面，可以采用相当于工字形双主梁的布置方式，只是将工字形钢梁换成钢箱梁。

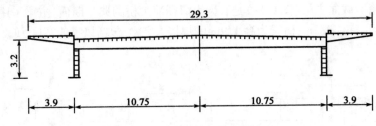

图 6-13 工字形钢主梁(尺寸单位:m)

在现代斜拉桥中,钢主梁更多采用流线型扁平钢箱梁。如图 6-14a)所示为南京长江二桥(主跨 628m)的整体式扁平钢箱梁,如图 6-14b)所示为香港昂船洲大桥(主跨 1 018m)的分离式钢箱梁。

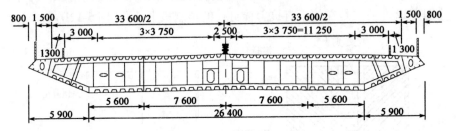

a)南京长江二桥的整体式扁平钢箱梁

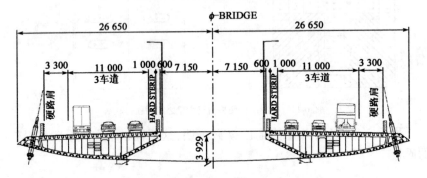

b)香港昂船洲大桥的分离式钢箱梁

图 6-14 箱形钢主梁(尺寸单位:mm)

(3)钢桁梁

斜拉桥采用钢桁梁,主要是由于布置双层桥面的需要。图 6-15a)为主跨 420m 的日本岩黑岛与柜石岛桥公铁(轻载铁道)两用双层桥面的钢桁梁主梁截面。两桥的上层桥面通行汽车,下层桥面通行轻载铁道列车(每线 38kN)。桁高 13.9m,跨高比为 30,图 6-15b)为主跨 1 092m 的沪通长江大桥的钢桁梁主梁截面,为正交异性钢桥面与桁架结合成整体的主梁形式。

上层桥面通行汽车,下层桥面通行高铁。

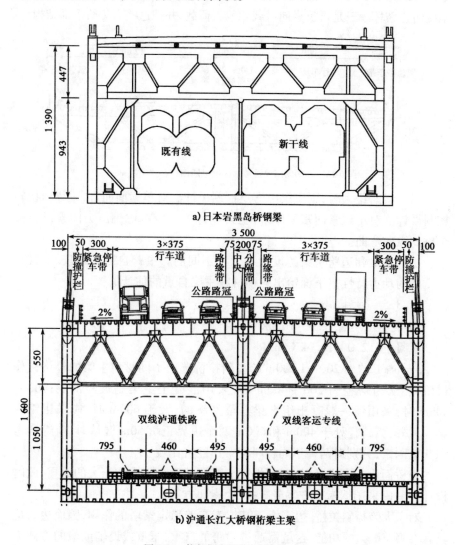

a) 日本岩黑岛桥钢梁

b) 沪通长江大桥钢桁梁主梁

图 6-15　桁架钢主梁(尺寸单位:cm)

（4）单索面斜拉桥中的钢梁截面

由于单索面斜拉桥的斜索对桥梁抗扭不起作用,因此一般都采用抗扭刚度较大的整体构造的箱梁。如图 6-16 所示为泰国湄南河桥(主跨 450m)。

15. 对于不同跨径和不同桥宽,如何考虑选择不同材料的主梁结构?

答:主梁的主要作用有三个:一是将恒、活载分散传给拉索。梁的刚度越小,则承担的弯矩越小。二是与拉索及索塔一起成为整个桥梁的一部分。主梁承受的力主要是拉索的水平分力所形成的轴压力,因而需有足够的强度和刚度防止破坏。三是抵抗横向风载和地震荷载,并把这些力传给下部结构。

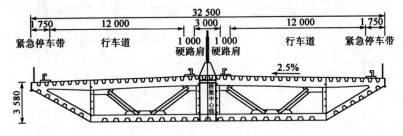

图 6-16 泰国湄南河桥单索面钢梁断面(尺寸单位:mm)

当拉索间距大时,则主梁由弯矩控制设计。对单索面而言,主梁由扭转控制设计。对于双索面密索体系,主梁设计主要应考虑轴压力因素以及整个桥的纵向弯曲。

主跨主梁和边跨主梁的设计理念是不同的。主跨自重必须较轻,且具有良好的动力特性。下面给出各种材料主梁自重的估计值:

钢:$3.5 \sim 4.5 kN/m^2$;

钢-混凝土组合:$7.0 \sim 10.0 kN/m^2$;

混凝土:$12.0 \sim 18.0 kN/m^2$。

Svensson 曾对 $200 \sim 1000m$ 跨径斜拉桥选用不同材料主梁的经济性作过研究,认为跨径为 $200 \sim 400m$ 时,采用混凝土主梁是最经济的;$400 \sim 600m$ 时,采用钢—混凝土组合梁是最经济的;大于 $600m$ 时,应采用钢主梁。另外,当跨径处于 $400m$ 和 $600m$ 两个边界正负 $50m$ 区域时,应综合考虑其他因素,分别对两种不同材料主梁作经济比较。

当桥面为 8 车道及以上时,混凝土横梁的重量将占相当大的比重,此时设计应考虑采用钢横梁方案或 $3 \sim 4$ 个索面方案。

对于大跨径斜拉桥,边跨由于其拉索起着稳定索塔的作用,因而边跨应具有克服上提力的功能,这就需通过边跨的自重、压重或设辅助墩的方式来解决。

对于大跨径的斜拉桥,主、边跨常采用不同材料的主梁结构,如主跨采用钢梁或钢-混凝土组合梁,而边跨则采用混凝土梁,边主跨主梁材料不同时称为混合梁斜拉桥。

16. 斜拉桥的拉索有哪几种类型,各有什么特点?

答: 在现代大跨径斜拉桥中,拉索的构造基本上分为整体安装和分散安装的拉索两大类。前者的代表为平行钢丝索和冷铸锚,后者的代表为平行钢绞线索和夹片锚。

(1)平行钢丝索和冷铸锚

平行钢丝索的截面组成和冷铸锚如图6-17所示。

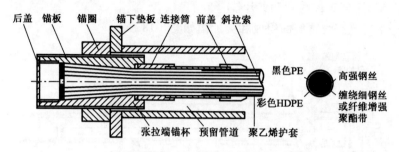

图6-17 平行钢丝索和冷铸锚

平行钢丝索和冷铸锚的斜索,整体在工厂制造。平行钢丝索由 $\phi5mm$ 或 $\phi7mm$ 高强度镀锌钢丝(抗拉强度 $\sigma_b=1\,800MPa$ 左右)组成,一般排列成六角形,表层由玻璃丝布包扎定型后用热挤高密PE(HDPE)塑造成正圆形截面。这种斜索具有厚镀锌层(锌层300g/m)和厚PE层(厚度6mm)的双重防腐保护。

然后将钢丝束穿入冷铸锚中,钢丝尾镦头后锚定在冷铸锚的后锚板上,再在锚体内分段常温浇灌环氧树脂加铁丸和环氧树脂加岩粉(辉绿岩)等混合填料,使锚体与钢丝束之间的刚度匀顺变化,避免在索和锚的交界处刚度突变。最后,将冷铸锚头放入加热炉中加热养生,加热温度约150℃。由于是在常温下浇铸填料,不同于传统的锌基合金填料的浇铸温度,故相对而言称为"冷铸锚"。冷铸锚的锚固力,由锚筒的圆锥体内腔和筒内填料的横向挤压力承受,在正常情况下镦头不受力,只是作为安全储备。

平行钢丝索和冷铸锚,以其性能可靠(承载能力、疲劳强度和防腐措施)从20世纪70年代在欧洲和日本始用起至今已被广泛使用。但由于其要求整体制造、整体运输和整体安装,由于尺寸和重量较大,在某些特定环境下受到限制。

由于运输需求,钢索必须盘绕在圆筒上,为避免索的钢丝产生过高的弯曲应力和外包PE套被撕裂,一般规定圆筒直径不小于索径的20~25倍。因此,在跨径大因而索也大的斜拉桥中,粗而长的斜索其索径可达200mm以上,索长200m以上。如以索径200mm计,则圆筒直径超过4m,绕索后的圆筒将更粗,这将给陆路运输(火车或汽车)造成困难,而在桥位处无水运条件(例如山区或内陆水库)时则更难解决。因此,在现代大跨径斜拉桥中提出斜索分散制作、现场安装成索的要求。这就是平行钢绞线索和夹片锚的斜索。

为方便平行钢丝索在圆筒上的盘绕,在工厂制造中常将索扭转一个2°~4°的小角(增加柔性),此小扭角不影响索的特性(弹性模量和疲劳性能)。

(2)平行钢绞线索和夹片锚

平行钢绞线索截面组成和夹片锚如图6-18所示。

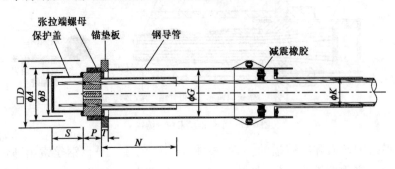

图6-18　平行钢绞线索和夹片锚

将平行钢丝索中的钢丝换成等截面的钢绞线即成为平行钢绞线索。

钢索线在索中是平行排列的,有别于早期曾出现过的将多根钢绞线扭绞而成的螺旋形钢绞线索,故称为平行钢绞线索。

此种 $\phi15mm$ 钢绞线为后张法体内预应力无黏结钢绞线(抗拉强度 $\sigma_b=1860MPa$),系将镀锌钢绞线表面涂油(或蜡)后外套两层PE管而成。钢绞线成盘运至现场,在现场截取需要长度后除去两端部分长度的套管,逐根安装、张拉,两端裸线由夹片锚固定。

采用夹片锚的原因,是在现场施工中难以将 $\phi15mm$ 的钢绞线镦头(镦头机体积太大)和保证其质量。

在钢绞线的逐根张拉中,须使最终斜索中的各根钢绞线拉力相等。此施拉工艺称为"等值张拉法"(iso-tension),最先由法国弗雷西奈公司提出。此法系在一群钢绞线中选定一"参照线",对该"参照线"拉力在张拉过程中进行同步精密标定,每张拉一根钢绞线,即按照此"参照线"的标定值确定该线的张拉值。待全部钢绞线张拉完毕后,各根钢绞线的拉力与"参照线"的相同,然后再用大能量小行程的张拉千斤顶将整索钢绞线同步张拉至预定索力。

对于平行钢绞线索和夹片锚体系,需要注意的问题是:

①夹片锚的疲劳强度。

②夹片和锚孔之间的圆锥度配合要精确,否则咬合力将集中在夹片小端形成"切口效应",成为疲劳破坏之源。

③对夹片应设置防松脱装置,否则在较小索力(小于 $0.25\sigma_b$)下受振动

荷载时,夹片可因咬合力不足而松脱导致事故。

④钢绞线进入锚管内有两处转折:一在钢绞线散开的约束圈处;二在钢绞线进入锚孔处。在第二个转折处,亦为拉索的锚固点,存在着固端弯矩。由于轴向索应力和挠曲应力的叠加,该处产生最大的应力幅。为分散应力幅,需在锚管内加设一"支承圈",据试验,该"支承圈"可分散80%以上的应力幅。

当前,在斜拉索中使用的平行钢绞线索和夹片锚共有四种体系,即弗雷西奈体系(法国)、迪维达克体系(德国)、VSL体系(瑞士)和强力(Stronghold)体系(英国)。

17. 拉索的应力控制需考虑哪些因素?

答:拉索的应力确定需要考虑三个因素,即有效弹性模量、破断强度和疲劳。

根据 Ernst 公式,斜索的等效弹性模量 E_{eq} 为:

$$E_{eg} = \frac{E}{1 + \frac{\gamma^2 l^2 E}{12\sigma^3}} \qquad (6-3)$$

式中:E——斜索钢材的弹性模量;
　　　γ——索的重度;
　　　l——斜索的水平投影长度;
　　　σ——拉索的应力。

若斜索的应力过低,则斜索的垂度大,索的有效模量就小,相应的刚度就较低,这也反映了斜拉索必须采用高强度钢材的直接原因。因而控制斜索的最小应力是十分必要的。

根据高强钢材的受力特性,当拉索的荷载超过破断荷载的50%时,钢的非弹性应变将快速增加,因而对于一般荷载组合,拉索的最大荷载只能到它破断强度的40%。

另外,拉索应具有足够的抗疲劳能力,即在规定的应力变幅下,拉索在承受200万次的荷载循环后,其强度不小于原来强度的95%。拉索的抗疲劳能力与钢材和锚具有关,目前生产的成品拉索应力变幅为220~250MPa。

18. 斜拉桥中设置辅助墩起什么作用?

答:斜拉桥特别是大跨径斜拉桥一般需设置辅助墩,辅助墩的作用有:

(1)斜拉桥在边跨设置辅助墩,可以增强结构体系的整体刚度,即主跨作用活载时,辅助墩可以约束塔身的变形,从而减小塔和主跨的内力,并提高主跨的刚度。

（2）明显地改善边跨的内力和减小挠度，特别是对辅助墩附近主梁断面的内力有明显的改善。

（3）为克服边跨拉索的上提力，边主梁常需设置配重，当设置了辅助墩后，在梁端和辅助墩之间设配重就比较容易了。

（4）设置辅助墩后大大减小了活载引起的梁端转角，使伸缩缝不易受损。

（5）设置辅助墩后，悬臂施工的主梁边跨可提前上墩，就可使施工中主梁双悬臂状态提前变为单悬臂状态，从而加强了施工的安全性。

19. 斜拉桥在梁体上常采用哪些抗风措施？

答：斜拉桥在梁体上常采用的抗风构件有翼板、导流器、导风角（风嘴）、分流板、裙板及扰流器等。如图6-19所示为六角形钢箱梁的几种典型抗风构件；如图6-20所示为具有竖直腹板的钢箱梁的几种典型抗风构件。

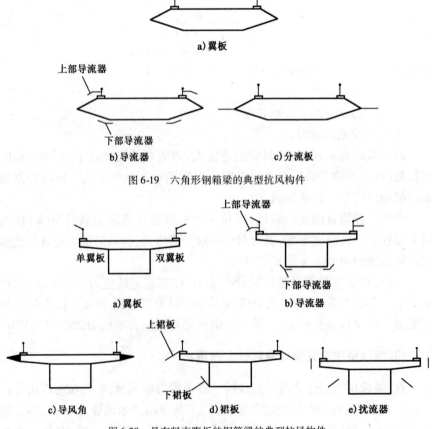

图6-19　六角形钢箱梁的典型抗风构件

图6-20　具有竖直腹板的钢箱梁的典型抗风构件

20. 斜拉桥在拉索上可以采用哪些抗风减振措施?

答: 斜拉桥在拉索上采用的抗风减振措施大体上有以下几种:

(1) 气动控制法

该法是将斜拉索原来的光滑表面做成带有螺旋凸纹、条形凸纹、V形凹纹或圆形凹点的非光滑表面。通过提高斜拉索表面的粗糙度,使气流经过拉索时在表面边界层形成湍流,从而防止涡激共振的产生;拉索表面的凹凸纹还能阻碍下雨时拉索上缘迎风面水线的形成,从而防止雨振的发生。但其对塔、梁在外界激励下导致索两端的支座激振(又称参数振动)无减振作用,且由于表面粗糙度的增加,会增大斜拉索对风的阻力。

(2) 阻尼减振法

阻尼减振法的作用机理就是通过安装阻尼装置,提高拉索的阻尼比,从而抑制拉索的振动。它对涡激共振、尾流驰振、雨振以及由支座激励引起的拉索共振和参数振动都能起到较好的抑制作用。根据与拉索的相互关系,阻尼装置又可分为安放在套筒内的内置式阻尼器和附着于拉索之上的外置式阻尼器,如图6-21所示。

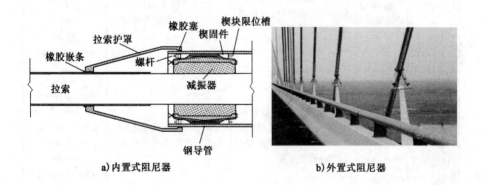

a) 内置式阻尼器　　　　b) 外置式阻尼器

图6-21　内置式和外置式阻尼器

(3) 改变拉索动力特性法

采用联结器(索夹)或辅助索将若干根索相互联结起来,辅助索可以采用直径比主要索小得多的索。其作用机理是:通过联结,将长索转换成为相对较短的短索,使拉索的振动基频提高,从而抑制索的振动。这对防止低频振动十分有效,同时也能降低雨振以及单根索振动发生的概率,但对通常以高阶形式出现的涡激振动抑制作用不明显。另外,辅助索易疲劳断裂,对桥梁景观有一定影响。

21. 斜拉桥的拉索在梁上的锚固方式有哪些?

答: 主梁因有钢梁和混凝土梁之分,故其锚固方式也应有所不同。下面将分别介绍。

(1) 斜拉索与钢梁的锚固,大体可分为五种,其具体内容见表 6-2,局部构造示于图 6-22。

拉索与钢梁的锚固形式　　　　表 6-2

斜索种类	锚固形式	构造要点	力的传递	应用实例
大截面积拉索	多股组成	散索鞍座+锚固梁	拉索在散索鞍座上分股,每股用一锚头及一锚块锚固在锚固梁上	索力以剪力的方式由锚固梁传向主梁腹板,设有纵横向板用以分布索力	Oberkassel Severine 丰里 末广 Suigo 大和川
小截面积拉索	单股或少股拉索	锚固梁或锚固块	锚固梁用焊接或高强螺栓与主梁联结,拉索固定在锚固梁上	索力以剪力的方式由锚固梁传向主梁的腹板	六甲 海鸥 柜石岛 岩黑岛 Aratsu 幸魂(Sakitama)
		支架或牛腿	这种锚固形式是为双索面的拉索而设计的。主梁每侧伸出一个牛腿,斜索锚固在牛腿	索力由牛腿传至主梁。在主梁内需作内部补强	Knie,Kessock Kohlbrand,Luling 安治川(天保山) 横滨海湾 Gassho Chichibu 秩父
	单股拉索	钢管	在主梁或纵梁的腹板上安装一根钢管,拉索锚固于钢管	索力直接由钢管传给主梁的腹板	名港西大桥 生口 Inagawa
		节点板	主梁或纵梁的腹板向上伸出一块节点板,拉索锚固在节点板上,用铰或钢管作联结	索力直接由节点板传给主梁的腹板	圣·纳泽尔 AlexFraser 诺曼底

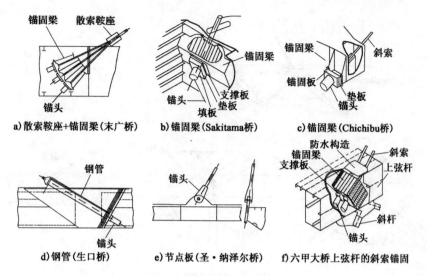

图 6-22 拉索与钢梁的锚固形式

（2）斜拉索与混凝土梁的锚固，常见形式大体上也有五种，具体内容见表 6-3，局部构造示于图 6-23。

斜拉索与混凝土梁的锚固 表 6-3

编号	锚固形式	构造要点	力的传递	适用范围
1	顶板锚固块 [图 6-23a)]	以箱梁顶板为基础，向上、下两个方向延伸加厚而成	拉索水平分力传至梁截面；垂直分力由加劲斜杆平衡	箱内具有加劲斜杆的单索面斜拉桥
2	箱内锚固块 [图 6-23b)]	锚固块位于顶板之下和两个腹板之间，并与它们固结在一起	垂直分力通过锚固块左右的腹板传递	两个分离式单箱的双索面斜拉桥和带有中间箱室的单索面斜拉桥。
3	斜隔板锚固 [图 6-23c)]	锚头设在梁底外面，也可埋入斜隔板预留的凹槽内	垂直分力为由斜隔板两侧的腹板以剪力形式传递	同 2
4	梁底两侧设锚固块 [图 6-23d)]	设在风嘴实体之下或边腹板之下	—	双索面斜拉桥
5	梁两侧设锚固块 [图 6-23e)]	锚块设在梁底	—	双主梁或板式截面斜拉桥

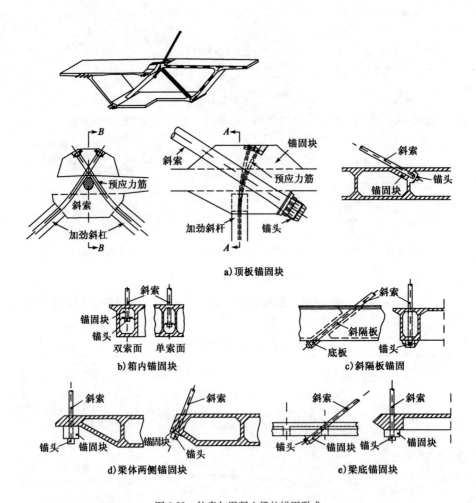

图 6-23 拉索与混凝土梁的锚固形式

22. 斜拉桥的拉索在塔上的锚固方式有哪些?

答:(1)在实体塔上交错锚固[图 6-24a)]。其具体构造是在塔柱中埋设钢管,再将斜拉索穿入和用锚头锚固在钢管上端的锚垫板上。

(2)在空心塔上作非交错锚固[图 6-24b)]。其构造与上述的相同,但需在箱形桥塔的壁板内配置环向预应力钢筋,以抵抗拉索在箱壁内产生的拉力。

(3)采用钢锚固梁来锚固[图 6-24c)]。这是将钢锚固梁搁置在混凝土塔柱内侧的牛腿上,斜索通过埋设在塔壁中的钢管锚固在钢锚固梁两端的锚块上。

(4)钢锚箱锚固[图6-24d)]。整个钢锚箱是由各层的钢锚箱进行上下焊接而成,然后将锚箱用焊钉使之与混凝土塔身联结,另外还要用环形预应力筋将锚箱夹在混凝土的塔柱内,以增加对拉索水平力的抵抗力。

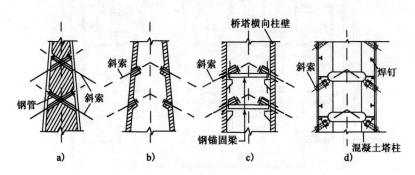

图6-24 斜索与混凝土梁的锚固形式

23.斜拉桥的钢索塔有哪些截面形式?

答:已建斜拉桥的钢塔柱截面形式如图6-25、图6-26和表6-4所示,与混凝土索塔相比,钢塔具有自重轻、抗震有利、施工快捷方便、高空作业量少、精度高、变形控制准确等优点;缺点是对同等外部尺寸截面的塔,钢塔身刚度较小,造价相对较高,需经常检查和定期防腐。

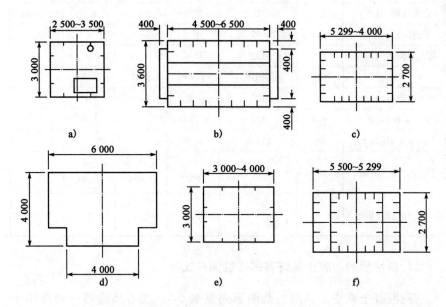

图6-25 钢塔柱截面形式(尺寸单位:mm)

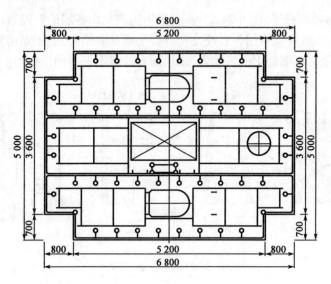

图 6-26 南京长江三桥钢塔柱截面(尺寸单位:mm)

世界上部分钢塔柱桥梁一览表　　　　表 6-4

桥　名	主孔跨径(m)	塔柱高度(m)	塔柱截面形状	纵向尺寸(m)	横向尺寸(m)	钢板厚度(mm)
圣一纳扎桥(法国)	404	68	矩形	2.5	2.0	—
名港西大桥(日本)	405	122	矩形	4.0~5.5	2.7	22~34
岩黑岛桥(日本)	420	152.3	T形	4.0~6.0	4.0	32~40
湄南河桥(泰国)	450	85.8(122.5)	矩形	3.5~5.5	2.5~7.0	
横滨海湾桥(日本)	460	172	矩形	5.0~9.0	4.0~5.8	
东神户大桥(日本)	485	146.5	十字形	5.3~7.3	3.5	
鹤见航道桥(日本)	510	180	T形	4.5~6.5	5.0	
港中大桥(日本)	590	190	八角形	5.2~6.07	8.0	
多多罗大桥(日本)	890	216.6	矩形	—	—	
东海湾大桥(美国)	385	160	五边形	5.82~2.924	6.234~3.693	45~100
南京长江三桥(中国)	648	187.2(总高 215.0)	矩形	6.8	5	30~48

24. 斜拉桥的混凝土索塔有哪些截面形式?

答:混凝土索塔常采用的截面形式见表 6-5。实心体索塔一般适用于中小跨径的斜拉桥,对于小跨径可采用等截面,对于中等跨径可采用空心截面。矩形截面索塔的构造简单,其四角宜做成倒角或圆角,以利抗风。由此看来,所有其他多边形截面的索塔均比矩形截面的对抗风有利,而且还能增加桥梁外形的美观。八角形截面有利于配置封闭式环向预应力筋,但构造稍复杂。H形截面在立面上可以不使锚头外露,对美观有所改善。各种空心截面包括H形截面,一般均需在每一层拉索锚头处增设水平隔板,其作用有二:第一,有利于将索力传递到塔柱会截面上;第二,在施工阶段和养护时可将它作为工作平台。

混凝土索塔常采用截面形式　　　　　表 6-5

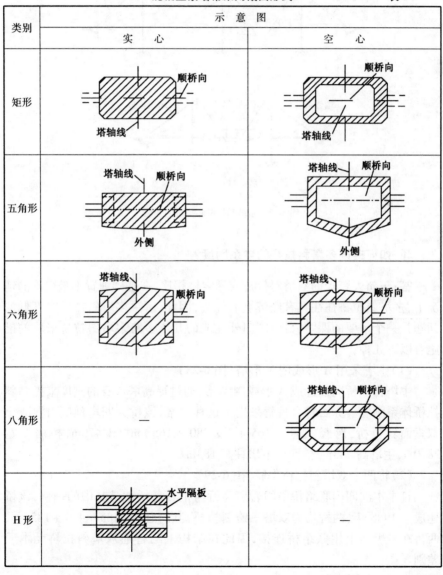

25. 为什么三塔及以上多塔多跨式斜拉桥的刚度较低?

答：三塔及以上的多塔多跨式斜拉桥刚度较低的根本原因是中间塔顶区域没有端锚索有效地限制塔的变位,导致在一侧主梁上活载作用下,中间塔和主梁的变形及内力过大,如图 6-27a)所示,在同等跨径、同等荷载条件下,双塔斜拉桥的中跨跨中挠度要比三塔的小很多,如图 6-27b)所示。

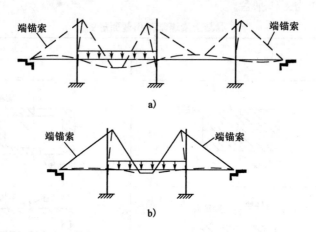

图 6-27　多塔和双塔斜拉桥的变位

26. 如何提高多塔斜拉桥的体系刚度?

答：与超大跨径的双塔斜拉桥或悬索桥相比,在基础埋置不是很深的情况下,多塔斜拉桥往往具有经济上的优势,因此,解决多塔斜拉桥刚度低的问题是一个重要的课题,目前国内外建成的几座多跨多塔斜拉桥采取的措施有以下几种：

(1)主塔采用 A 形或倒 Y 形塔(图 6-28)

主塔在顺桥向设计成 A 形或倒 Y 形,通过提高塔自身的刚度来提高斜拉桥体系刚度。赤石特大桥就采用了这种方案,该桥为四塔预应力混凝土双索面斜拉桥,跨径布置：$(165 + 3 \times 380 + 165)$ m = 1 470m,桥面全宽 28.0m,主塔高 283m,桥面以下塔柱高 183m。

(2)将两个双塔斜拉桥串联(图 6-29)

日本本洲四国联络桥中的岩黑岛桥与柜石岛桥就是其中的一例,该桥建成于 1988 年,两桥均为双塔三跨斜拉桥,其跨径为$(185 + 420 + 185)$m,两桥在岩黑岛上用联络桥连接,因此在结构上与普通双塔斜拉桥无本质差别。

图 6-28 赤石特大桥倒 Y 形塔与双肢薄壁塔柱

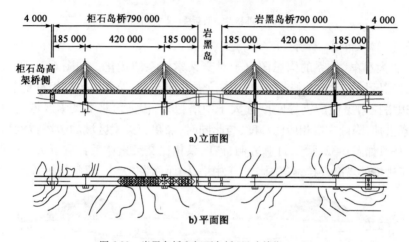

图 6-29 岩黑岛桥和柜石岛桥(尺寸单位:mm)

(3)中塔增设锚固斜缆(图 6-30)

我国香港位于蓝巴勒海峡的汀九大桥是一座具有高低塔的三塔和斜索面斜拉桥,行车道也由两个分离式桥面组成,中塔高度 194m,为了保证中塔的纵向稳定性,在中塔塔顶增设两对钢索,分别锚固在两个边塔的桥面高度处;为了保证桥塔的横向稳定性,每座塔柱在桥面上、下的两侧各用一对斜撑分别与桥面下的横梁固结,构成闭合框架,该桥已于 1997 年建成。

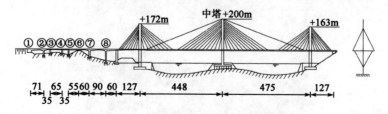

图 6-30 港汀九大桥(尺寸单位:m)

287

(4) 交叉索体系

主跨跨中斜拉索交叉形成桁架系统,当不平衡活载作用在其中一主跨上,桥塔的侧向位移使斜拉索将另一主跨主梁上挠,此时设在另一跨交叉锚固的斜拉索与边塔连接发生卸载,可有效降低主梁的上挠。苏格兰福斯新桥采用的就是这种体系,如图 6-31 所示,该桥跨径布置为 $(104+221+2\times650+221+104)\mathrm{m}$。

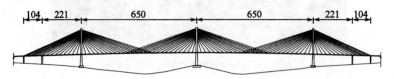

图 6-31　苏格兰福斯新桥(尺寸单位:m)

(5)"大小伞"体系

"大小伞"体系的构思源自于对交叉索体系的优化。如图 6-31 所示的交叉索区域主梁由边塔拉索和中塔拉索共同支撑,受力和构造相对复杂,鉴于边塔拉索提供的支撑刚度远大于中塔拉索,因此可将交叉索区域的中塔拉索去掉,降低中塔相应的高度,与此同时,加粗交叉索区域的边塔拉索和边塔尾索,如图 6-32 所示,计算表明,该体系相比交叉索体系具有更大的刚度。由于边塔的塔高及拉索范围均大于中塔,因而称为"大小伞"斜拉桥体系。

图 6-32　"大小伞"斜拉桥体系

(6) X 形托架

嘉绍大桥为六塔斜拉桥,采用桥塔下塔柱设 X 形托架(图 6-33),并在托架上纵向设置双排支座给主梁提供额外竖向支承和转动约束,从而解决

图 6-33　嘉绍大桥照片

其多塔斜拉桥竖向刚度的问题。

27. 什么叫矮塔部分斜拉桥,它有什么特点?

答: 矮塔部分斜拉桥结构如图6-34所示。由力学知识可知,在截面相同的情况下,塔的抗水平变位刚度与塔高 h 的三次方成反比,因而塔高降低则塔身刚度迅速提高。但塔高降低后拉索的水平倾角也将减小,拉索对主梁的支撑作用减弱,而水平压力增大,这相当于拉索对主梁施加了一个较大的体外预应力。矮塔部分斜拉桥由于拉索不能提供足够的支撑刚度,故要求主梁的刚度较大。因拉索只提供部分刚度,"部分斜拉桥"由此得名。其受力性能介于梁式桥和斜拉桥之间。

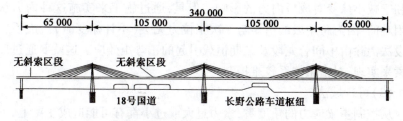

图6-34 矮塔部分斜拉桥(尺寸单位:mm)

矮塔部分斜拉桥具有以下特点:

(1)塔较矮,常规斜拉桥的塔高与跨径之比为1/5~1/4,而部分斜拉桥为1/12~1/8。

(2)梁的无索区较长,没有端锚索。

(3)边跨与主跨的比值较大,一般大于0.5。

(4)梁高较大,高跨比为1/40~1/30,甚至做成变高度梁。

(5)拉索对竖向恒活载的分担率小于30%,受力以梁为主、索为辅。

(6)斜拉索的应力变幅较小,可按体外预应力索设计。

28. 斜拉桥的调索计算有哪几种基本方法?

答: 斜拉桥属高次超静定结构,设计和施工均较一般梁式桥复杂。主梁施工方法通常为分段悬臂现浇或悬臂拼装。在斜拉桥的设计中,通常先要确定一个合理成桥状态,然后根据拟定的施工工序确定各合理施工状态。所谓合理成桥状态,是指斜拉桥在施工完成后,在所有恒载作用下,各构件受力满足某种理想状态,如梁、塔中弯曲应变能最小。斜拉桥合理成桥状态确定的过程实际上就是按施工过程确定各索初张力的过程。合理成桥状态的确定通常可以先不考虑施工过程,只根据成桥状态的受力图式来计算,然后按施工过程将索的张拉程序逐个细化。分析方法有简支梁法、刚性支承连续梁法、可行域法、最小弯曲应变能法等。

(1) 简支梁法

选择一个合适的斜拉索初始张拉力,使主梁结构的恒载内力与主梁以拉索的锚固点为简支支承的简支梁内力一致。

(2) 刚性支承连续梁法

将斜拉索和主梁锚固点处作为刚性支承点(零挠度)进行分析,计算出各支点反力。利用斜拉索索力的竖向分力与刚性支点反力相等的条件确定斜拉索的成桥状态索力,主梁的恒载内力图即为刚性支承连续梁的弯矩及支承反力产生的轴力图。计算方法可按一般的结构力学方法进行分析。这种方法的优点是力学概念明确,计算简单,且成桥索力接近"稳定张拉力",有利于减小徐变对成桥内力的影响。但是,通过施工来实施这种内力状态是困难的,因为跨中段的弯矩与一次张拉力无关(不计徐变时)。成桥后必须设法消除由中间合龙段及二期恒载引起的正弯矩效应。这就要通过反复调索来实现,对密索体系较难控制。

(3) 可行域法

从控制主梁应力的角度看,索力过大或过小都有可能造成主梁上、下缘的拉应力或压应力超限,因而期间必定存在一个索力可行域,使得主梁在各种工况下各截面应力均在容许范围之内。

29. 无背索斜塔斜拉桥有哪些设计要点?

答: 在常规斜拉桥中,边、主梁内由斜拉索产生的水平力在塔根部可以相互平衡[图6-35a)],因而只需保证两侧梁截面形状基本一致即可;而竖琴式斜拉桥主梁轴力在塔根部与塔的水平分力平衡[图6-35b)],因而主梁选型应考虑到与索塔之间水平力的传递,受力最简单明了的措施是索塔—主梁直接相抵。

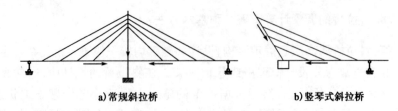

a) 常规斜拉桥　　　　　　　　b) 竖琴式斜拉桥

图6-35　斜拉桥的水平力平衡路径

另外,对于无背索斜塔斜拉桥,塔的自重设计是一个关键问题,为了确保全桥处于良好的受力状态,可按以下原则确定塔的自重:即当梁上作用全部恒载和一半活载时,塔应处于轴心受压状态,如图6-36所示。由几何及

平衡关系(拉索平行布置情形),可以得到:

$$\begin{cases} b = \dfrac{\sin\alpha}{\sin(\theta-\alpha)} \cdot a & (6-4) \\ W_{\mathrm{T}} = \left(\dfrac{\tan\theta}{\tan\alpha} - 1\right)\left(W_{\mathrm{d}} + \dfrac{W_{\mathrm{L}}}{2}\right) = C\left(W_{\mathrm{d}} + \dfrac{W_{\mathrm{L}}}{2}\right) & (6-5) \end{cases}$$

式中:a、b——每两根拉索在主梁和塔上的间距;
　　W_{d}、W_{L}——作用在主梁 a 段上恒、活载的重量(kN);
　　α、θ——斜拉索和斜塔各自的水平倾角(°);
　　W_{T}——作用在主塔 b 段上恒载的重量(kN)。

采用不同的倾角 α 和 θ,将对竖琴式斜拉桥的最终造价产生很大的影响。为避免拉索倾角 α 过大造成塔柱过高,或 α 过小又造成主梁压应力过大的弊端,拉索倾角 α 宜为 22°~28°,而索塔的倾角 θ 可由最低造价优化确定。如图 6-37 所示,将 13 对索全部集中到中间的 7 号索位置,以造价因素对结构优化设计的目标函数为:

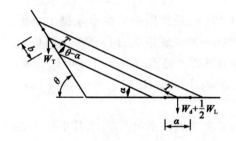

图 6-36　斜塔自重计算图式

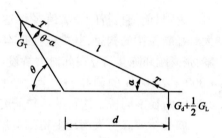

图 6-37　塔柱结构优化计算图式

$$S = C_1 \cdot G_{\mathrm{T}} + C_2 \cdot G_{\mathrm{C}} \quad (6-6)$$

$$\begin{cases} G_{\mathrm{T}} = \left(\dfrac{\tan\theta}{\tan\alpha} - 1\right) \cdot \left(G_{\mathrm{d}} + \dfrac{1}{2}G_{\mathrm{L}}\right) \\ G_{\mathrm{C}} = l \cdot A \cdot \gamma_{\mathrm{c}} = l \cdot \dfrac{T}{[\sigma]} \cdot \gamma_{\mathrm{c}} = \dfrac{d \cdot \sin\theta}{\sin(\theta-\alpha)} \cdot \dfrac{G_{\mathrm{d}} + \dfrac{1}{2}G_{\mathrm{L}}/\sin\alpha}{[\sigma]} \cdot \gamma_{\mathrm{c}} \end{cases}$$
$$(6-7)$$

式中:S——造价函数;
　　C_1、C_2——主塔和斜拉索的单位重量造价(包括材料费、劳动力造价等);
　　G_{T}、G_{C}——主塔和斜拉索恒载的重量;
　　G_{d}、G_{L}——主梁上恒、活载的重量;
　　l——索长;
　　A——索的截面面积;

T——拉索的索力；

$[\sigma]$——拉索的容许应力；

γ_c——索的重度；

d——中间索在梁上锚固点到塔根中心的水平距离。

由总造价最省目标：$\frac{\partial S}{\partial \theta}=0$，得到：

$$C_1 \cdot \frac{\sec^2\theta}{\tan\alpha} - C_2 \cdot \frac{d}{[\sigma]} \cdot \frac{\gamma_c}{\sin^2(\theta-\alpha)} = 0 \qquad (6-8)$$

$$\tan\theta = \frac{\sqrt{\frac{C_2 \cdot d \cdot \gamma_c}{C_1 \cdot [\sigma]}} \cdot \tan\alpha + \sin\alpha}{\cos\alpha} \qquad (6-9)$$

由上式得到的索塔倾角 θ，是理论上经济性方面的最优倾角。

30. 超千米级斜拉桥新体系方案有哪些？

答：目前斜拉桥的最大跨径已达 1 104m，长期以来不少专家提出了更大跨径斜拉桥的构思，其中包括日本本州—四国联络线的 1 400m 斜拉桥方案，张喜刚和陈艾荣等在苏通大桥设计的基础上提出的主跨1 308m、1 500m、1 800m、2 100m 的斜拉桥方案，丹麦 Niels J Gimsing 对包括斜拉桥在内 2 000m 跨径不同桥型进行的比较研究。

斜拉桥要在更大跨径上得到应用，一些关键技术仍需解决，其中最主要问题是索塔区主梁轴压力过大。随着跨径的增大，拉索水平分力不断累积，在索塔附近梁段形成巨大的轴压力，主梁抗压成为控制设计的因素，而主梁截面的过度增大导致失去与悬索桥的竞争力。

斜拉桥跨径的突破，绝不能单纯依靠几何尺寸的放大，否则结构不合理，造价飙升，建造难度也将增加。寻求适合的结构体系，是斜拉桥跨径增长的重要途径。

解决主梁轴压力过大的问题，可采用多种途径，如图 6-38 所示。图 6-38a)表示常规自锚体系，拉索的水平分力全部作为压力向索塔方向施加于主梁上；图 6-38b)表示部分地锚体系，短索区采用自锚形式，长索一端锚固于跨中主梁，另一端锚于地锚，跨中主梁不对近索塔区主梁产生压力；图 6-38c)为跨中施加水平索的部分地锚体系，通过在跨中区主梁内张拉水平拉索，达到减小主梁面积、减轻自重的目的。

下面介绍两种适用于千米以上的超大跨径斜拉桥结构体系，即部分地锚斜拉桥和部分地锚交叉索斜拉桥：

第6章 斜 拉 桥

a) 自锚体系　　　　b) 部分地锚体系　　　c) 跨中施加水平索的部分地锚体系

图 6-38　自锚与部分地锚体系轴力方向

(1) 部分地锚斜拉桥

不同于自锚式斜拉桥全部主梁在恒载作用下受压，Niels J Gimsing 教授提出的部分地锚斜拉桥方案，如图 6-39 所示，通过增加地锚和改变施工顺序，使得跨中区段主梁受拉，主梁内压力显著减小，而地锚索又有效约束了塔顶顺桥向的位移。

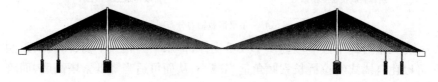

图 6-39　部分地锚斜拉桥

架设部分地锚斜拉桥跨中梁段时，需先在两索塔间架设临时索，或者通过浮吊提升跨中梁段。首先架设从塔顶到跨中的最长斜拉索，当跨中梁段的长度满足吊机施工时，才撤离临时索或浮吊。典型施工阶段如图 6-40 所示。

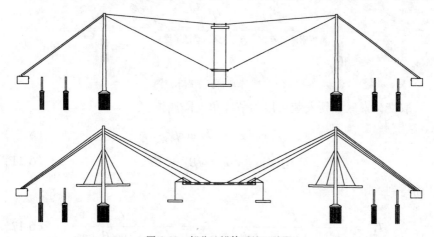

图 6-40　部分地锚体系施工阶段

部分地锚斜拉桥在施工过程中存在较长的悬吊段，施工阶段的主梁状态控制是该桥型的重要问题。

(2) 部分地锚交叉索斜拉桥

部分地锚交叉索斜拉桥的主要特点是将长索交叉并锚固于地锚，使长索

293

不对主梁产生水平压力,如图 6-41 所示。主梁恒载轴力分布图如图 6-42 所示。

图 6-41 部分地锚交叉索斜拉桥

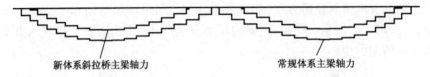

图 6-42 主梁恒载轴力分布图

交叉索对跨中区节段提供了双重支撑,但水平力相互平衡,因此长索倾角可以比自锚式斜拉桥长索倾角适当减小,从而可适当降低索塔高度,而跨中区域交叉索如形成索网结构,将有效改善长拉索的气动性能。通过调整分别锚固于两侧索塔的拉索索力,可使节段单元的重力、斜拉索拉力自我平衡,如图 6-43 所示。

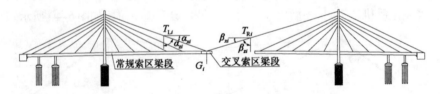

图 6-43 节段单元平衡示意图

取交叉索区域新安装梁段为节段单元隔离体,令:

$$T_{Li}\cos\alpha_{xi} = T_{Ri}\cos\beta_{xi} \tag{6-10}$$

$$T_{Li}\cos\alpha_{zi} + T_{Ri}\cos\beta_{zi} = G_i \tag{6-11}$$

从而得到:

$$T_{Li} = \frac{G_i}{\cos\alpha_{zi} + \frac{\cos\alpha_{xi}\cos\beta_{zi}}{\cos\beta_{xi}}}, \quad T_{Ri} = \frac{G_i}{\cos\beta_{zi} + \frac{\cos\beta_{xi}\cos\alpha_{zi}}{\cos\alpha_{xi}}} \tag{6-12}$$

式中:T_{Li}、T_{Ri}——交叉区梁段 i 左、右两侧索拉力;

G_i——交叉区新安装梁段 i 重力;

α_{xi}、α_{zi}——左侧拉索的水平和垂直夹角;

β_{xi}、β_{zi}——右侧拉索的水平和垂直夹角。

$\cos\alpha_{xi}$、$\cos\alpha_{zi}$、$\cos\beta_{xi}$、$\cos\beta_{zi}$ 可按下式求得：

$$\cos\alpha_{xi} = \frac{X \cdot L_i}{|X||L_i|}, \cos\alpha_{zi} = \frac{Z \cdot L_i}{|Z||L_i|}$$

$$\cos\beta_{xi} = \frac{X \cdot R_i}{|X||R_i|}, \cos\beta_{zi} = \frac{Z \cdot R_i}{|Z||R_i|} \quad (6\text{-}13)$$

式中：X、Z——水平向、垂直向单位向量；

L_i、R_i——T_{Li}、T_{Ri}方向向量。当由拉索两端锚固点的方向向量求L_i、R_i时，需考虑拉索垂度修正。

可见，当拉索张拉力为式(6-12)时，梁段 i 水平力平衡，将不对其他主梁产生轴压力。

部分地锚交叉索斜拉桥跨中区主梁每一节段与支撑该节段的拉索构成平衡体系，不对已架主梁产生轴压力，可按悬臂施工法逐步推进。施工方法如图6-44所示。交叉区梁段吊装时应同时张拉两侧拉索，锚至另一悬臂的交叉索架设时，可通过安装在桥面的牵引索将拉索引导至另侧悬臂锚固点，与交叉索对应的地锚索同时张拉。梁段提升仍可采用桥面吊机。

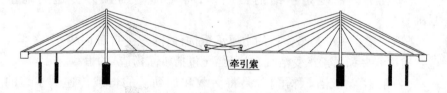

图6-44 交叉索斜拉桥施工方法

部分地锚交叉索斜拉桥与自锚式斜拉桥相比，主梁压力显著减小，从而节约大量钢材。以主跨1 408m、交叉索区长320m为例，试设计结果表明，主梁可节省约1/4钢材，而地锚规模约为同跨度悬索桥的28%。与同等跨径的常规斜拉桥方案相比，总造价可节省11%。

需要指出的是，若建锚碇的位置地质情况不良或位于深水区，则不适合采用部分地锚斜拉桥体系。

第7章 悬索桥

1. 悬索桥由哪几个主要部分组成?

答:悬索桥又称吊桥,就承重构件而言,它由以下几个主要部分组成(图7-1):

(1)桥塔。它是支承主缆的重要构件,悬索桥上的车辆活载和恒载(包括桥面、加劲梁、吊索、主缆及其附件)都将通过主缆传给塔身及其基础。此外,桥塔还要经受风力和地震力的作用。

(2)锚碇。锚碇是主缆的锚固体,将主缆中的拉力传递给地基基础。

(3)主缆。主缆是悬索桥的主要承重构件,除承受自身恒载外,它本身还要通过索夹和吊索承受活载和加劲梁(包括桥面构造)的恒载。

(4)吊索。吊索又称吊杆,是将活载和加劲梁的恒载传递到主缆的构件。

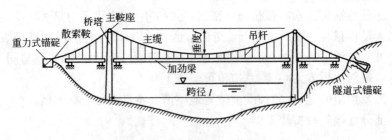

图7-1 悬索桥的主要构造

(5)加劲梁。其主要功能是提供桥面和防止桥面发生过大的局部挠曲和扭曲的部件。

(6)鞍座。是支承主缆的重要构件,通过它可以使主缆中的拉力传到塔顶或锚碇的支架处。鞍座又可以分为设置在桥塔顶部的塔顶鞍座和设置在锚碇支架处的锚固鞍座。

2. 悬索桥的总体构思应考虑哪些因素？

答：(1)两岸设置锚碇的位置。若锚碇设置于深水之中，工程量将是很大的。

(2)主跨的跨径。

(3)边跨与主跨之比。

(4)主缆的垂跨比。

(5)加劲梁的材料和截面形式。

(6)索塔的布置形式。

(7)加劲梁的支承体系。

(8)抗风抗震的考虑等。

上述因素是相互关联的，根据不同的建桥条件可采用多种不同的方式。

3. 悬索桥的设计程序是怎样的？

答：通常先考虑主缆和加劲梁的设计，然后根据已决定的主缆和加劲梁结构来考虑桥塔的设计。

(1)主缆设计。

拟定悬索桥的形式，包括采用单跨还是多跨悬吊、边中跨比、主缆的垂跨比，并初拟主缆截面的索股数与每股的钢丝根数。

(2)加劲梁设计。

决定梁体形式(桁梁或箱梁)，拟定采用连续或非连续体系，初拟加劲梁的尺寸。

主缆和加劲梁的上述初拟设计完成后，即进行初步的计算，根据计算结果对原设计作必要的调整。

在上述计算要求得到满足后，应进行空间动力计算，并根据主缆和加劲梁高度处设计风力作抗风验算和风洞试验，若不能通过，可考虑采用调整加劲梁形式和尺寸，改善加劲梁气动特性的方法加以解决。

(3)桥塔设计。

根据决定的主缆和加劲梁结构进行桥塔设计，桥塔各部分尺寸可参考类似的悬索桥初步拟定。

桥塔的计算荷载包括主缆反力、塔柱恒载、风力及地震荷载等，计算内容包括塔顶变位、强度、应力及稳定性等。

4. 悬索桥的边中跨比应在何范围内？

答：悬索桥的边中跨比一般为 0.3~0.5。图 7-2 为文献[76]提供的钢

塔悬索桥边中跨比 L_1/L 与单位桥长用钢量的关系，从图中看出，随着边跨的减小，总用钢量有增加的趋势。

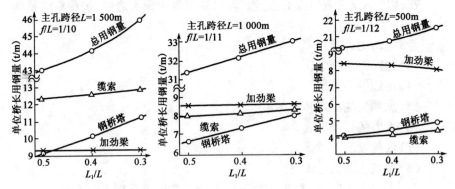

图 7-2　边中跨比 L_1/L 与单位桥长用钢量的关系

但是从提高悬索桥刚度的角度来看，则以减小边中跨比有利，这是因为减小了边跨比就缩短了主缆在边跨的长度，从而提高了边跨主缆的线刚度。

5. 悬索桥的垂跨比是指什么？

答：悬索桥的垂跨比（f/l）是指中跨主缆的垂度 f 与其跨长 l 之比。从力学分析得知，在跨径为定值的情况下，垂跨比变大，主缆中的拉力就变小，相应地，主缆用钢量便越小，但这样做桥塔需要增高，而且悬索桥竖向整体刚度变小，加劲梁容易挠曲，因此，工程设计中需要通过多个方案的比较后，从中选出最优的垂跨比。

现代悬索桥最常用的主缆垂跨比为 1/10，有铁路通过的悬索桥由于对挠度的要求更严格，因而其常用标准值一般为 1/11。绝大部分实际桥梁在 1/11～1/9，个别较小的达到 1/12，较大的略大于 1/9。

图 7-3 为文献[76]给出的钢塔悬索桥垂跨比与单位桥长用钢量的关系曲线。

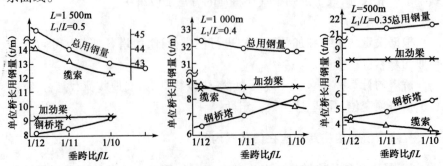

图 7-3　钢塔悬索桥垂跨比与单位桥长用钢量的关系

6. 加劲梁的宽跨比有何限制？

答：大跨度悬索桥的宽跨比至今尚无科学合理的标准值，表 7-1 给出了世界大跨径悬索桥的宽跨比值[68]，在具体设计中，主要由抗风计算和风洞试验来验证所选宽跨比是否合适。

世界大跨径悬索桥的宽跨比值　　　　表 7-1

桥 名	W (m)	l (m)	W/l	桥 名	W (m)	l (m)	W/l
明石海峡大桥	35.5	1 990	1/56.1	高海岸桥	20.8	1 210	1/58.2
西堠门大桥	36	1 650	1/47.1	麦基诺克桥	20.7	1158	1/55.9
大贝尔特东桥	27.3	1 624	1/59.5	南备赞大桥	35.0	1 100	1/31.4
洞庭湖二桥	35.4	1 480	1/41.8	博斯普鲁斯二桥	33.8	1 090	1/32.2
恒伯尔桥	22.0	1 410	1/64.1	博斯普鲁斯一桥	28.0	1 070	1/38.2
江阴长江大桥	32.5	1 385	1/42.6	乔治·华盛顿桥	32.3	1 067	1/33.0
香港青马大桥	36.0	1 377	1/38.3	4 月 25 日桥	23.5	1 013	1/43.1
维拉扎诺桥	31.4	1 298	1/41.3	福斯公路桥	23.8	1 006	1/42.3
金门大桥	27.4	1 280	1/46.6	赛文桥	22.9	988	1/43.1

7. 加劲梁的高跨比应在何范围内？

答：悬索桥的加劲梁在恒载作用下，除了吊索节间有较小的局部挠曲应力之外，基本处于无应力状态，因此从静力角度看，加劲梁梁高 h 与主跨跨度 l 基本上没关系。

加劲梁的高度主要由抗风设计所控制，而提高加劲梁的高度主要目的是提高它的抗扭刚度，从而提高其抗风能力。表 7-2 给出了世界大跨径悬索桥的加劲梁高度 h 与 h/l 值[68]。

世界大跨径悬索桥的加劲梁高度 h 与 h/l 值　　　　表 7-2

桁架式加劲梁				箱形加劲梁			
桥 名	h (m)	l (m)	h/l	桥 名	h (m)	l (m)	h/l
明石海峡大桥	14.00	1 990	1/142	大贝尔特东桥	4.0	1 624	1/406
洞庭湖二桥	9.0	1 480	1/164	西堠门大桥	3.5	1 650	1/471.4
维拉扎诺桥	7.35	1 298	1/177	恒伯尔桥	4.5	1 410	1/313
金门大桥	7.62	1 280	1/168	江阴长江大桥	3.0	1 385	1/462
麦基诺克桥	11.58	1 158	1/100	香港青马大桥	7.7*	1 377	1/179*

续上表

	桁架式加劲梁				箱形加劲梁		
桥 名	h(m)	l(m)	h/l	桥 名	h(m)	l(m)	h/l
南备赞大桥	13.00	1 100	1/85	高海岸桥	4.0	1 210	1/303
4月25日大桥	10.65	1 013	1/95	博斯普鲁斯二桥	3.0	1 090	1/363
福斯公路桥	8.37	1 006	1/120	博斯普鲁斯一桥	3.0	1 070	1/357
北备赞大桥	13.00	990	1/76	西陵长江大桥	3.0	900	1/300
大鸣门桥	12.50	876	1/70	虎门大桥	3.5	888	1/296
因岛大桥	9.00	770	1/86	白鸟大桥	2.5	720	1/288

8. 按照吊杆的布置方式,悬索桥分哪几种类型?

答: 按照悬索桥吊杆的布置方式主要有两种:

(1)竖直平行吊杆[图7-4a)]

这种布置方式的最大优点是吊杆的设置方向与恒载和汽车荷载的着力方向完全一致,吊杆长度最短,所需的截面也最小,因此是目前应用得最广泛的形式。

(2)三角形的斜吊杆[图7-4b)]

图7-4 吊杆布置方式

①斜吊杆的布置方式最早是在英国的塞文桥上采用,其主要优点是:

a.可以和主缆、加劲梁共同起到桁架的作用,这样就比采用竖直吊杆悬索桥的整体刚度要高。

b.当悬索桥发生振动时,主缆和加劲梁在每一斜吊杆的上、下两点发生纵向相对位移,使吊杆的轴向力时张时弛,在斜吊杆采用钢丝绳或钢绞线的情况下,这样一张一弛都会造成能量损失,从而对振动具有阻尼作用。

②斜吊杆的缺点是:

a.时张时弛的副作用易引起结构的疲劳损伤,塞文桥建成后仅16年就发生了镀锌钢丝斜吊杆的断裂,其原因就在这里。

b.斜吊杆相对较长,容易造成长度和索夹位置上的制作误差,易使个别斜吊杆出现松弛,影响到整个桥梁的受力状态。

基于这些不利影响,这种斜布置方式在后来较少采用。

9. 按照静力体系悬索桥又分为哪几类?

答: 悬索桥的加劲梁布置按其静力体系划分,主要有以下两种形式:

(1)双铰加劲梁的简支体系

在目前已经建成的中、小跨径以及大跨径的悬索桥中,多采用双铰加劲梁的简支体系。因为简支加劲梁的构造简单,制作和架设误差对梁的受力无影响,而且可以不通过桥塔而支立在桥塔侧面的牛腿上,这样,桥塔横向两个塔柱之间间距比连续加劲梁的要小,因此其基础尺寸也相应减小。

双铰加劲梁的简支体系可以是单跨的,也可以是三跨的。如图 7-5a)所示的我国江阴长江大桥属于单跨双铰式悬索桥,主孔长 1 385m;如图 7-5b)所示的日本明石海峡大桥属于三跨双铰式悬索桥,主孔长 1 991m,是目前主跨径居世界第一的悬索桥,除主孔外,两个边孔均设置吊杆、边孔的加劲梁两端均设置支座。

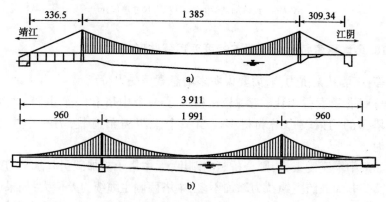

图 7-5 双铰加劲梁的简支体系(尺寸单位:m)

(2)连续加劲梁的连续体系

由于双铰简支梁的端转角和纵向伸缩量以及跨中的竖向和横向挠度均较大,虽然对一般公路悬索来说问题不算太大,但对于铁路行车的要求就难以满足,因此采用连续加劲梁的连续体系就能得到很大的改善。连续加劲梁的支座设置在梁两端的锚碇或者边墩上,一般采用刚性支座;在桥塔处为了降低加劲梁的负弯矩峰值,常采用吊杆作为弹性支承。按照所处位置又分为在塔顶处设吊杆支承和在塔柱左右侧设吊杆支承两种。如图 7-6a)所示是跨径为(230+940+230)m 三跨连续的日本下津井濑户大桥,它是一座公铁两用的双层桥梁,加劲梁采用钢桁架结构,在两个边跨区段内,主缆上没有设置吊杆,而仅在每座桥塔处塔柱内侧的短伸臂上,设置刚度较大的

301

锻钢吊杆，其下端吊着加劲梁，形成三跨连续结构。如图7-6b)所示是我国跨径为(230+648+230)m三跨连续的厦门海沧大桥。它在桥塔处没有设置吊杆，而是在每座桥塔的左、右侧(沿桥纵向)将吊索直径由ϕ64mm改为ϕ99mm，来取代塔柱处的吊杆。这种布置方式的好处是桥塔处的加劲梁截面的负弯矩峰值可以大大地降低。

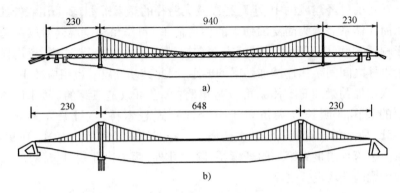

图7-6 连续加劲梁的连续体系(尺寸单位:m)

10. 多塔悬索桥的设计要点？可采用哪些形式？

答：三塔悬索桥为例，简要说明多塔悬索桥受力特点。

与双塔悬索桥相比，三塔悬索桥多了一个中塔和一个主跨，主缆对中塔塔顶的约束较边塔弱得多。当一个主跨满布荷载，另一个主跨不加载时：

如果中塔刚度很大，则全桥竖向刚度大，中塔承担加载引起水平力的主要份额。非加载跨主缆拉力增加不多，中塔两侧主缆缆力差值大；如果中间主塔刚度小，则中塔产生一定的塔顶纵向位移，非加载跨主缆缆力增加，之后非加载跨向上位移后的主缆对中塔形成纵向约束，中塔的挠曲形成加载跨的竖向位移，使得加载跨竖向位移大。

因此三塔悬索桥在结构行为上存在一对矛盾：要满足主梁的挠跨比，则要求中塔有较大的刚度，但这可能导致中塔顶主鞍两侧不平衡水平力过大，主缆的抗滑移安全性难以保证；反之，中塔过柔，虽可以满足主缆的抗滑移安全性要求，但跨中挠度过大。因此，多塔悬索桥的设计要点主要包括中间塔的刚度问题和主缆抗滑移问题两大方面。

以下方式的选择可解决或避免上述两大问题：

(1)用两个三跨悬索桥联袂布置，中间共用一个锚碇锚固两桥的主缆[图7-7a)]，如日本本州四国联络线中的南北备赞濑户大桥。

(2)将中间塔沿纵向作 A 形布置[图 7-7b)],以提高刚度,相应的塔顶主缆采取特殊锚固措施(如主缆交叉锚固),以克服两侧较大的不平衡水平拉力。

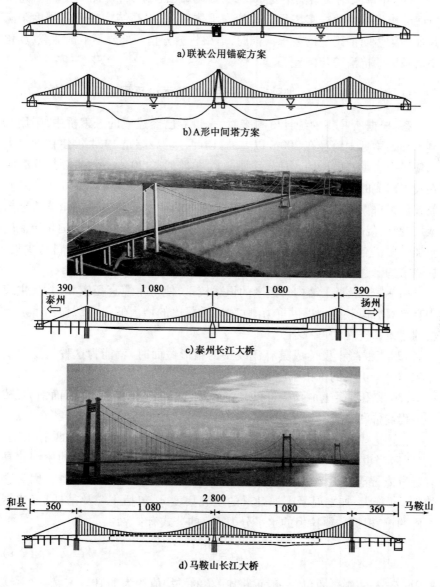

图 7-7　多塔悬索桥(尺寸单位:m)

(3)中塔采用纵向"人"字形钢桥塔,如泰州长江大桥[图 7-7c)]。人字形主塔在分叉点以上是单柱结构,分叉点以下是双柱,可通过调节分叉点高度、塔柱张开量、截面尺寸实现中塔纵向刚度的调节，拓宽中塔刚度调节的范围，以利于兼顾中塔纵向刚度和抗滑移安全度。另外，钢结构本身适应变形的能力强，为适应中塔塔顶适量位移从材料上提供了保障。

(4) 中塔采用塔梁固结支承体系，如马鞍山长江大桥[图7-7d]。这一方法的出发点是改变多塔悬索桥的支承体系，以提高结构的整体刚度来满足加劲梁竖向挠跨比的要求。同时，塔梁将会分担一部分不平衡活载，弱化中塔鞍座的抗滑稳定问题。

11. 为什么悬索桥的加劲梁多采用钢结构而少采用混凝土结构？

答：根据所收集的统计资料来看，全世界已经建成的悬索桥中，采用混凝土加劲梁且主跨径在200m以上的只有两座：一座是1964年建在加拿大的赫得逊·霍普(Hudaon Hope)河谷上，单跨跨长207m；另一座是1995年在我国建成的汕头海湾大桥，它是一座跨径为(154 + 452 + 154)m三跨双铰式悬索桥。除此之外，所有其他悬索桥上的加劲梁均采用钢箱梁或钢桁架结构，而混凝土加劲梁至今仍处在一种停滞状态。虽然如此，但肯定混凝土加劲梁优点的资料却有，而阐明为什么得不到推广原因的资料却少见。据专家的研究认为，混凝土加劲梁的主要优点有以下几点：

(1) 由于混凝土结构每延米的恒载较重，使得主缆直径较大，并且主缆中有足够的恒载拉力提供重力刚度，恒活载比的增大使得活载作用下加劲梁的弯矩和挠度均可减小。

(2) 当混凝土设计成具有流线型的箱形截面时，就能为这种桥型提供比钢加劲梁更大的抗扭刚度和抗风能力。

(3) 采用混凝土加劲梁可以节省加劲梁本身的钢料，简化桥面铺装，减小工程造价和节省对钢结构经常的养护维修费用。

上述这些理由虽然合理，但仍未引起人们的兴趣，主要有以下两个原因：

(1) 当设计的桥梁主孔跨径在500~600m以上时，悬索桥的桥型才具有竞争力；否则，不但造价昂贵(相对其他桥型)，施工也较麻烦。正因为它的跨径 l 很大，加之混凝土加劲梁的恒载集度 q(包括主缆及吊杆)又比钢结构的重，根据主缆拉力的水平分力 $H_{恒}$ 的公式有：

$$H_{恒} = \frac{q_{恒} l^2}{8f} \tag{7-1}$$

式中：f——主缆的垂度，一般垂跨比 f/l 的平均值约为 $1/10$。

由式(7-1)可见，索力与恒载集度及跨长的平方成正比，索力大导致主缆的截面必须加大，用以抵抗拉力的重力式锚碇体积也必须加大，桥塔塔顶鞍座所承受的垂直分力也十分大，必须要加大桥塔及其基础的截面尺寸。这一系列连带的问题,不但使总造价提高,而且给设计施工也带来许多问题。

(2)除了锚碇及桥塔基础的水平施工比较麻烦外,混凝土加劲梁必须先划分成若干节段,放在岸上预制,这就需要较大的起重和浮运设备才能运到桥位;更重要的一点,是加劲梁不是逐段悬拼接长,而是先用吊索挂在主缆上作临时固定,待所有节段经过全桥调整高程验收合格后,才能进行合龙固结,然而就在这时,相邻两个节段预留众多的预应力束孔就很难做到一一对齐,这将造成施工上巨大的困难和影响结构的承载能力。如果采用钢加劲梁,那就不存在这个问题了。

基于以上原因,故目前在世界各国很少再采用混凝土加劲梁。

12. 悬索桥的锚碇有哪几种形式?各由哪几部分组成?

答:悬索桥按其主缆的锚固方式,分为自锚式和地锚式两种。前者是将主缆直接锚在加劲梁上,必须先架梁、后挂缆,故只适用于小跨径悬索桥;后者是当前大跨径悬索桥上广泛采用的形式,也就是所称的"锚碇"。锚碇一般由锚碇基础、锚块、锚碇架及固定装置等部分组成。锚碇基础可以是扩大基础、沉井基础、桩基础及隧道基础多种。锚块一般都与基础形成整体,靠锚块与基础整体的重力作用来平衡主缆的拉力,因此称之为重力式锚碇,如图 7-8a)所示;靠岩洞中的混凝土锚块与岩洞孔壁的嵌固作用来平衡主缆的拉力,称之为隧道式锚碇,如图 7-8b)所示。锚碇架及固定装置则埋设在重力式锚块或岩洞中的混凝土锚块上。

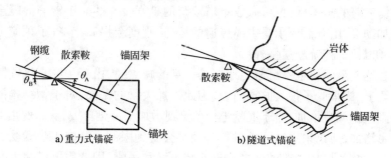

图 7-8 锚碇构造

13. 主缆与锚碇是如何联结的?

答:无论是重力式还是隧洞式锚碇,主缆进入锚室和岩洞之前必须先经过散索鞍座或喇叭形散索套,将原先捆紧的主缆截面散开,变成以一股一股的钢丝索股为单位,逐股锚固。散索鞍座一般位于主缆锚固体之前,它还具有改变主缆倾角的作用。如果主缆进入散索室或岩洞之前不需要变化倾角,则可用喇叭形散索套代替,散索套的内表面适应主缆从捆紧状态逐渐变化到分散状态,它依靠设置在散索套前端的摩阻套箍来固定其位置。

14. 自锚式悬索桥的发展状况如何,它有何特点?

答:一般悬索桥的主缆都锚固在地下锚碇上,在跨径不大的情况下,为满足特殊的设计要求,也可将主缆直接锚固在加劲梁上,从而取消了庞大的锚碇,变成了自锚式悬索桥。

国外自锚式悬索桥的技术发展较早。19世纪后半叶,奥地利工程师约瑟夫·朗金和美国工程师查理斯·本德分别构思出自锚式悬索桥的造型。本德在1867年申请了专利,朗金则于1870年在波兰建造了一座小型的铁路自锚式悬索桥。到20世纪,自锚式悬索桥已经在德国兴起。1915年,德国设计师在科隆的莱茵河上建造了第一座主跨185m自锚式悬索桥——科隆·迪兹桥。1929年建成的科隆·米尔海姆桥,主跨315m,该桥在1945年被毁。此后该桥型很少建造,直到20世纪90年代,日本建成了主跨300m的此花大桥,韩国建成了主跨300m的永宗大桥,美国2013年建成了主跨385m的新奥克兰海湾桥。我国在自锚式悬索桥方面起步较晚,但发展迅速,2006年建成了主跨350m的广东佛山平胜大桥,2013年建成主跨406m的郑州桃花峪黄河公路大桥,是目前世界上跨径最大的三跨双塔全钢梁自锚式悬索桥。

自锚式悬索桥有以下的优点:①不需要修建大体积的锚碇,所以特别适用于地质条件很差的地区。②受地形限制小,可结合地形灵活布置,既可做成双塔三跨的悬索桥,也可做成单塔双跨的悬索桥。③对于钢筋混凝土材料的加劲梁,由于需要承受主缆传递的压力,刚度会提高,节省了预应力构造。④保留了传统悬索桥外形。

自锚式悬索桥也不可避免地有其自身的缺点:①由于主缆直接锚固在加劲梁上,梁承受了很大的轴向力,为此需加大梁的截面,对于钢结构的加劲梁则造价明显增加,对于混凝土加劲梁则增加了主梁自重,从而使主缆钢材用量增加,所以采用这两种材料跨径都会受到限制。②施工步骤受到了限制,需在桥塔、加劲梁做好之后再安装主缆和吊索,因此需要搭建大量临时支架以安装加劲梁,增加了额外的施工费用、影响了通航。③造价通常高于同等跨径的斜拉桥。

15. 自锚式悬索桥主缆与加劲梁是如何联结的?

答:(1)自锚式悬索桥锚固系统设计原则

自锚式悬索桥锚固结构水平方向的传力途径是:主缆—锚头—锚固体—传剪构造—加劲梁。主缆锚固区的设计原则有如下几点:

①锚固结构应该避免应力集中,各构件受力明确;同时保证锚固体的刚度,避免引起影响安全和使用的变形。

②对于加劲梁来说,自锚式悬索桥的锚固结构应该尽量减少甚至避免对加劲梁的削弱以及对主要受力构件的切断。

③锚固结构的设计要使索力的传递途径简洁,各构件受力尽量明确;要能使强大的集中力在加劲梁中迅速地分散,使得受力均匀,同时又要保证整个锚固结构形成一个整体。

④由于锚固结构处承受着巨大的索力作用,所以锚固结构附近的桥面板、腹板、底板等构件要加强,防止局部破坏。

⑤锚固区应该设置合理有效的构造来平衡竖向分力。

另外,在任何情况下,自锚式悬索桥的锚固结构不仅要设计合理,还要注意考虑实际的加工工艺水平和养护的方便等因素。同时,由于主缆的竖向分力由配重或通过拉压支座由桥墩来承受,所以配重的设置应尽量靠近锚点以提高效率,但又不能影响水平分力的传递和影响施工。

(2)自锚式悬索桥锚固系统分类和适用范围

自锚式悬索桥索梁锚固结构,根据各种因素的不同,可以采用不同的构造。这些因素包括:建桥处的地质构造,主桥的跨径布置(主要是指单塔双跨和双塔三跨),主缆的布置形式,主跨矢跨比,索力的大小,加劲梁的材料和截面形式、横梁和隔板的布置,张拉工具和张拉方法等。

自锚式悬索桥主缆拉力一般都比较大,所以不可能像斜拉桥那样采用单索直接锚固的方式。加劲梁采用钢结构的自锚式悬索桥,主缆在梁端的锚固方式主要有以下三种:

①采用混凝土锚固体,混凝土锚固体结构示意如图7-9~图7-11所示。其中形式Ⅰ为常规的锚固形式,可以采取前锚式或者是后锚式;形式Ⅱ是通过转索鞍使主缆转向,进入墩身,在锚固墩中散开锚固在墩身中强大的曲面上。

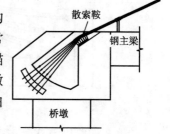

②第二种锚固方式就是锚固结构也采用钢结构。主缆进入钢结构锚固体,通过散索鞍

图7-9 混凝土结构锚固形式Ⅰ

散开分别锚固在锚固面上。锚固体通过高强螺栓或者焊缝与钢箱梁的顶板、底板和腹板相连,将水平分力传递给全截面,锚固示意如图7-12、图7-13所示。这种锚固方式往往需要在钢箱梁内设置配重,并且桥墩处要设置抗拉支座。日本此花大桥为单主缆,锚固体位于钢加劲梁中室,用螺栓与两侧

边室的腹板相连,向全截面传力;而韩国永宗大桥为双主缆,锚固体位于两边室中。我国长沙三汊矶大桥也是通过锚箱锚固主缆的。

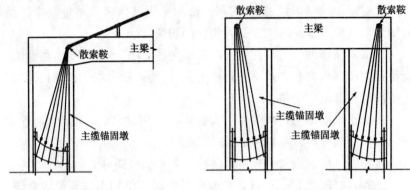

图 7-10　混凝土结构锚固形式Ⅱ立面　　图 7-11　混凝土结构锚固形式Ⅱ侧面

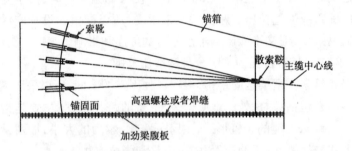

图 7-12　钢结构锚固平面

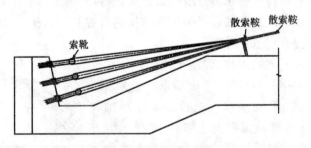

图 7-13　钢结构锚固立面

③第三种锚固方式是主缆连续绕在梁端的帽梁上(一般为预应力混凝土结构),连接为环形。钢丝绳的转向通过转索鞍来实现。索鞍由箱梁支承,可以设计成可移动的,以平衡两主缆的索力差;也可以设计成不能移动的。在施工期间,两主缆索力差异可通过顶进顶索鞍来平衡。环形锚固示意如图 7-14、图 7-15 所示。美国旧金山-奥克兰海湾新桥西锚就采用这种环形锚固系统。

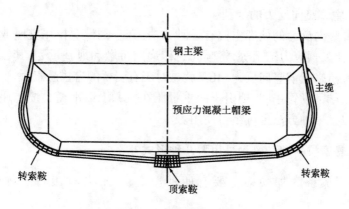

图 7-14　环形锚固平面图

优缺点和适用范围：

对于主缆不散开的直接独立锚固形式，结构简单，施工方便，可以借鉴斜拉桥斜拉索的锚箱式索梁锚固结构和锚管式索梁锚固结构。但是，主缆索力不能太大。所以这种锚固构造只适合小跨径的自锚式悬索桥。

主缆散开的混凝土锚固系统实际上是一种具有普通地锚式悬索桥的锚碇构造形式，同时具有自锚式悬索桥锚固结构受力特点的

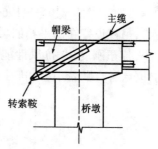

图 7-15　环形锚固立面图

锚固系统。这种锚固系统可以将主缆的水平分力简洁顺畅地传递给主梁，主缆的用料较经济，有类似工程实例可以借鉴，结构安全可靠。这种锚固系统的缺点就是主缆散开需要很大的空间，无论是形式Ⅰ还是形式Ⅱ体积都很大，处理不好显得不美观，使锚固体局部受力很大，锚下应力相当复杂；混凝土结构存在开裂问题。这种锚固系统适用于中大跨径的自锚式悬索桥。

主缆散开的钢结构锚固系统传力机理与混凝土结构类似，体积重量相对较小，抗震能力较好；但是用钢量大，锚固体结构复杂，并且钢结构还存在稳定问题。这种锚固系统也适用中大跨径的自锚式悬索桥。

主缆的环式锚固系统采用通长主缆，可以最大限度地减小锚固结构的尺寸，整体结构更加美观，抗震性能好。这种锚固系统的缺点是主缆施工过程复杂，主缆用钢量增加，锚固体处于三向受力状态，转索鞍处局部受力复杂。环式锚固适用于锚固处受洪水位限制和其他高程限制的情形，它可以避免锚固构造受水的侵蚀，也适用于要求更好景观效应的情形。

(3)主缆竖向反力的处理

主缆竖向反力的处理主要有三种方法:其一是设置拉压支座或者专门的系统,比如预应力锚索等,将竖向力传递给桥墩和地基承受;其二是设置额外的配重来抵消竖向反力;其三就是对于有引桥的自锚悬索桥,可以在边跨加劲梁端部设置牛腿,把引桥的重量压在主梁上以平衡主缆传递的竖向分力。以上三种方法也可组合使用。

16.悬索桥的加劲梁常采用哪几种形式?

答:悬索桥的加劲梁主要有四种形式,下面各举出每一种的典型示例。

(1)钢箱梁。英国的塞文桥是世界上第一座采用流线型扁平钢箱作为加劲梁的悬索桥,建成于1966年,如图7-16所示。扁平箱两侧的悬臂为人行道,吊杆设置在扁平箱的尖角处,这种截面的主要特点是箱高比桁架梁高要小,抗扭刚度大,抗风性能好,气流将被其边棱(相当于风嘴)分成上、下两部分,各自顺着顶板和底板流过,很少产生涡流。

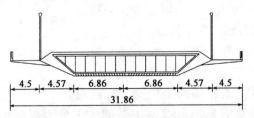

图7-16 加劲梁截面(尺寸单位:m)

(2)钢桁梁。它一般也是做成沿跨径方向为等高度的,腹板多采用加竖杆的简单三角形式。两片桁梁之间也需每隔一定间距设置横向联结系,一般也采用带竖杆的三角形式,以形成空间稳定结构和提高抗扭刚度。这种结构的抗风性能好,目前世界上主跨居世界第一的日本明石海峡大桥就是采用这种结构形式(图7-17)。

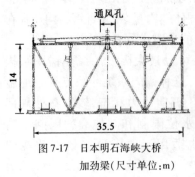

图7-17 日本明石海峡大桥加劲梁(尺寸单位:m)

(3)板桁结合型梁。将正交异性钢桥面板与桁架梁结合成整体,形成板桁结合型梁,由于桥面板提高了加劲梁的抗扭刚度,因而可适当降低桁架高度,洞庭湖二桥采用了这种加劲梁,如图7-18所示,值得指出的是,该桥的桥面板为12mm厚钢板+50mm厚超韧混凝土(STC),桥面的局部刚度远大于常规钢桥面。

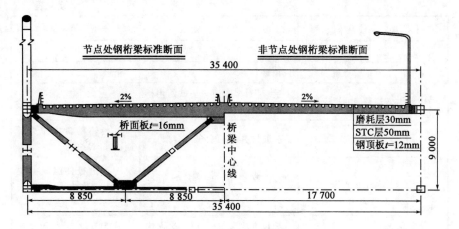

图 7-18 洞庭湖二桥加劲梁(尺寸单位:mm)

(4)混凝土箱梁。图 7-19 是采用预应力混凝土加劲梁的汕头海湾大桥,加劲梁是单箱三室截面,下缘呈鱼腹式的流线型,具有良好的抗风性能,关于这类桥型的优缺点见本章第 11 问。

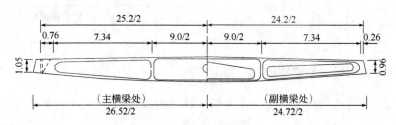

图 7-19 汕头海湾大桥加劲梁截面(尺寸单位:m)

17. 桁梁与箱形加劲梁的差别有哪些?

答:悬索桥采用的加劲钢桁梁和加劲钢箱梁的概略比较见表 7-3。

桁梁与箱梁的比较 表 7-3

加劲梁种类		钢 桁 架	钢 箱 梁
抗风性能	动力颤振特征	抗扭颤振较好	截面扁平时有平板特征,有利于抵抗弯扭耦合振动
	涡流振动	不易发生	容易发生
	静态阻力系数	$C_D = 2.0 \sim 3.0$,较大	截面扁平时 $C_D = 2.0 \sim 3.0$,较小
	风力产生的变形	大	小

续上表

加劲梁种类		钢桁架	钢箱梁
结构	梁高	高	低
	钢材重量	稍重	稍轻
	双层桥面的适应性	适应(对多车道或公铁两用桥有利)	不适应
	桥面板	一般与主梁分离(非结合型)	一般箱梁顶板即为桥面板
施工方法和工艺	制造	杆件较多,节点构造复杂,标准化大量生产较困难	由于由板件组成的关系,标准化大量生产较容易
	架设	架设方法有单根杆件、平面构架、立体梁段等多样化可选择	只能节段架设,无其他选择余地
	养护维修	构件多,纵横交错,喷涂等维修较困难	平面构件,易于涂装;箱体封闭,可安装除湿设备
	桥面板	由于与主梁分离,损伤容易维修	与主梁结合成整体,损伤时不易维修
	雷达适应性能	在杆件侧面可安装电波吸收装置	调整斜腹板角度,即可适应

18. 如何保证悬索桥的抗风稳定性?

答:悬索桥的抗风稳定性主要指加劲梁的抗风稳定性,为保证悬索桥的抗风稳定性,一般可从以下三个方面考虑:

(1)从结构的抗风力学性能考虑

增加截面的抗扭刚度对提高悬索桥颤振临界风速是非常有效的,具体方法是采用扁平箱形截面梁,或者在桁架梁的上、下设置横向构造,使之形成闭合截面。

(2)从加劲梁的截面形式考虑

除了采用上述的流线型扁平箱梁截面和透风的桁架梁截面形式外,还可在桥面较宽的箱形梁或桁架梁中间分隔带处设置一道纵向通风孔,供空气上、下对流和减弱涡流;并在加劲梁每个吊杆处均用抗弯刚度较强的横梁将一对分离箱梁联结成整体,共同受力。如图 7-20 所示为西堠门大桥加劲梁断面。

(3)从设置抗风附加装置考虑

①在桥面上设置抗风构件,例如翼板、导流器、风嘴、分流板、扰流器和裙板等,与斜拉桥上所用的完全相同,详见第 6 章第 19 问中图 6-20。

②采用人工阻尼装置,这是一种被动型的吸收振动能量的装置,具体做法有:在结构的内部和接头处添入黏性材料;给独立状态的桥塔张拉带有摩擦块的拉索以及安装调质阻尼器 TMD、调液体阻尼器 TLD 等。

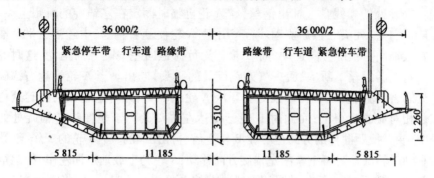

图 7-20　分离箱梁截面(尺寸单位:mm)

19. 悬索桥主缆的形成主要有哪两种方法？各有什么特点？

答:悬索桥主缆形成的方法有两种:一是空中编缆法(Air Spinning Method,简称"AS 法");二是预制平行丝股法(Pre-fabricated Parallel Wire Strand Method,简称"PPWS 法")。它们的形成原理分别简述如下:

(1)空中编缆法(AS 法)

这种成缆方法的主要过程是,先在猫道(架在空中的脚手架)上将若干根钢丝编制成钢丝束股,再将若干根钢丝束股通过紧缆机挤压成圆形,待完成安装索夹和吊杆等工序后,主缆的索力已达到恒载拉力的 75%,就可用缠丝机将主缆缠紧。其中的送丝和编丝过程将参照图 7-21,简要说明如下:

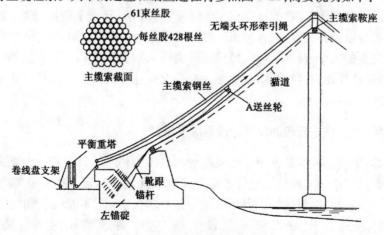

图 7-21　韦拉扎诺桥送丝工艺示意图

313

为了简明清楚起见,先假设只在桥的左锚碇处有卷线盘,而其余设施和设备在左右两岸都是相同的。为了编制钢丝束股,就须在无端头的环形牵引索上安置两个送丝轮,每岸一个,左岸者称 A 轮,右岸者称 B 轮。首先从左锚碇处的卷线盘上抽出钢丝,经 A 轮再临时固定在左锚碇的靴跟上,一般称它为"死头";然后驱动环行牵引索,A 轮便套着钢丝,中经猫道呈动滑轮般地向右锚碇方向运动,而 B 轮却无负荷地向左锚碇方向运动,这时卷线盘上的钢丝不断从"活头"(左锚碇处的一头)吐出。当 A 轮抵达右锚碇处时,便将由两根钢丝形成的套环从 A 轮上取下,并将它套在右锚碇处与之相对应的靴跟上;而此时 B 轮已抵达左锚碇处。于是便将左锚碇处的"活头"按照同样的方式也套在 B 轮上后,再由 B 轮接替 A 轮的工作,继续呈动滑轮般地带着钢丝向左锚碇方向移动,A 轮则空载地返回左岸,如此重复这个循环,直至钢丝数目达到所要求的数目为止。最后,便将钢丝在"死头"处切断,并用钢丝联结器将它与最前的"死头"连接起来,这样,一束丝股的空中编制就算完成了。实际上,在两岸均有卷丝盘和两组相对应的靴跟装置,A、B 二轮始终是负荷着地交替工作,这样可以使工作效率提高一倍。

(2)预制平行丝股法(PPWS 法)

这种方法是将编制丝股的工序直接放在工厂内完成,然后将丝股绕在卷筒上,再送往工地,仍然借助环形曳拉索将钢丝束股牵引到猫道上,以后的工序完全与 AS 法相同。但是,由于钢丝束股的重量要比单根钢丝重若干倍,故环形曳拉索的截面面积也必须加大,同时还必须沿着猫道设置许多导向滑轮,以减小曳拉时的摩阻力。

PPWS 法与 AS 法相比,虽然具有显著缩短工期、作业内容简单、工厂制作时的精度高等优点,但也存在一些问题,例如用作运送平行钢丝束股的卷筒直径及重量势必变大,并且由于钢丝束股的刚度比单根钢丝的大,将它绕到卷筒上的工作也较困难些,另外还有钢丝束股在起重和运输方面的问题等,基于这些原因,目前 AS 法仍然是制作大跨径悬索桥主缆时被广泛采用的方法。

20. 悬索桥主鞍座的设计应注意哪些问题?

答:塔顶主鞍座的作用是将主缆的荷载传给桥塔。其上座上设有索槽以便安放主缆。刚性桥塔上的主鞍座,一般在上座下面设一排辊轴,辊轴下面设下座底板,以便使集中力更好地分布在塔柱上[图7-22a)];而柔性桥塔或摆柱式塔上的主鞍座仅设上座,它将通过螺栓与塔柱固定[图7-22b)]。由此可见,在设计主鞍座时,要特别注意主缆在鞍座上的弯曲半径,因为其值的大小将会影响到主缆的弯曲应力和主缆与鞍座间的接触压力,主缆所受的弯曲应力与弯曲半径成反比,且减弱了主缆抗拉强度,并且二者的接触压力也同样与弯曲半径成反比。因此,一般将鞍座的最小半径定为 8～10 倍的主缆直径。此外,在鞍座设计中还应注意两个问题:

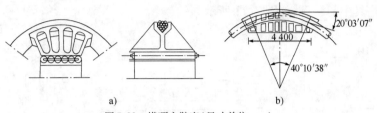

图 7-22 塔顶主鞍座(尺寸单位:mm)

第一,为了增加主缆与鞍座间的摩阻力,防止主缆在鞍座内滑动,应在索槽内设有衬垫。

第二,对于大跨径悬索桥的刚性桥塔来说,鞍座下面的辊轴是为了减小施工中的施工应力,即用来调整主缆在塔顶两侧的水平分力使之接近平衡而设置的,但它只能让鞍座有控制地作相对于塔顶的纵向运动,为此,就须在鞍座下面设辊轴及相应的水平千斤顶,成桥以后,它们便不起作用了,这时就应将主鞍座固定在塔顶上。

21. 什么叫塔顶鞍座预偏移？如何设置预偏量？

答:悬索桥的塔柱很高,主缆通过塔顶鞍座将一个巨大的集中力作用于塔顶,若此集中力在塔顶存在恒载初始偏心和水平分力,将在塔柱内产生很大的弯矩,对塔的强度、应力和稳定性均将造成不利的影响,因而在悬索桥的设计中应尽可能消除这一不利影响。

主缆在塔顶施加集中力,经历了主缆架设、加劲梁安装、上二期恒载等过程,一般情况下,成桥后主缆在塔顶的两侧(主跨和边跨侧)的水平分力是不相等的,此时在施工中就应该给塔顶鞍座一个预偏量,对于单跨悬索桥,由于主跨侧水平分力大于边跨侧,塔顶鞍座就应该向边跨侧预偏,随着加劲梁的安装,主跨侧水平分力增大,通过塔顶千斤顶将鞍座分阶段顶向塔顶中心位置,施顶这一过程使主缆边跨水平力增大而主跨水平力减小,从而达到平衡两侧水平力的目的。

塔顶鞍座的预偏量应根据成桥状态下塔顶无恒载水平力和初始偏心这一条件,由计算确定。

22. 悬索桥上的靴跟和散索鞍在设计时应注意哪些问题？

答:现将靴跟和散索鞍的构造与设计分述如下:

(1) 靴跟

靴跟的功能有二:第一,它本身作为中介环节,将钢丝束股的拉力传递给锚碇中的锚杆上;第二,通过它来纠正索股长度的施工误差,使各丝股计算长度趋于一致,受力接近均匀。为了达到这两个目的,塞文桥的靴跟构造设计是其中的一例,如图 7-23 所示。

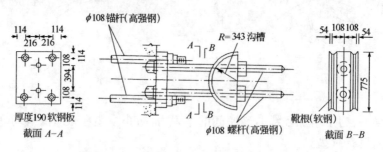

图 7-23 软钢靴跟及其附件(尺寸单位:mm)

它的靴跟是采用低碳钢块经过机械加工而成。立面呈半圆状的厚钢饼,其平底槽的曲率半径为 343mm,用来套住由送丝轮送来的呈套环状的钢丝,靴跟与锚杆之间是通过两根预埋在混凝土内直径为 ϕ108 的高强钢螺杆连接,靠近靴跟的螺帽是用来调节靴跟位置,使丝股长度趋于一致。

(2) 散索鞍

散索鞍是构成主缆的许多钢丝束股在水平方向和竖直方向能够散开的支承鞍座,然后把各丝股引至各个锚固部分,如图 7-24a)、b)所示。在构造设计上要考虑以下三个方面:一是在主缆的进口处,鞍座的圆槽能与主缆在压紧时的截面形状相匹配;二是在主缆各丝股分开的出口处,鞍座应具有这样的形状,使各丝股呈辐射状地散开,其下端与各个锚固点相连接,所有的丝股的延长线在上端应汇交于同一点;三是为了使鞍座上的丝股压力沿长度方向均匀分布,鞍座索槽在纵向的曲率半径应由大变小[图 7-24c)]。

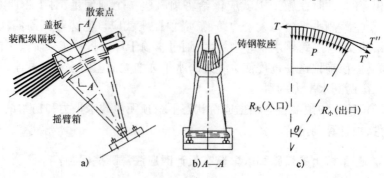

图 7-24 散索鞍座构造

23. 吊桥的索夹有哪几种形式？设计中应注意些什么？

答：根据吊杆方向索夹的安装方式有以下两种：

(1) 鞍挂式[图7-25a)]

优点：结构简单；索夹应力不直接受吊杆拉力的影响。

缺点：对应于主缆倾斜角的变化，吊索槽的角度要随之变化，导致铸造形式变多；鞍挂于索夹的吊索要产生弯曲应力，将成为吊杆强度下降的原因。

(2) 销连接式[图7-25b)]

优点：索夹虽有倾角的变化，但只需改变销孔的位置即可，这样就减少了铸造形式。

缺点：销与销孔之间有摩擦力；吊杆的拉力会影响索夹的应力分布。

设计中应该注意以下问题：索夹上的螺栓应具有足够的长度，才能有效地防止螺栓上紧力的松弛；在确定螺杆长度时还应考虑空隙率产生的误差；在两个半索夹之间应留有一定的空隙，当索夹套装在主缆上之后，依靠高强螺栓拧紧的拉力供索夹与主缆的接触面产生一定的摩阻力，以保证索夹位置的稳定。

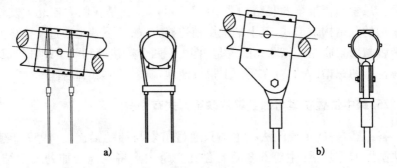

图7-25　索夹的类型

24. 吊杆由什么材料组成，它与索夹及加劲梁如何联结？

答：下面将按吊杆材料和联结构造分别介绍。

(1) 吊杆材料

①刚性吊杆。一般由钢管或圆钢制成，当悬索桥的跨径较大时，吊杆的拉力也大，往往使吊杆的截面过大，在构造上不好处理，故目前较少采用。

②柔性吊索。这种吊索在目前应用最广泛，当采用鞍挂式索夹时，则采用柔软的钢丝绳；当采用销连接式的索夹时，则采用防腐性能好的高强度钢绞线，根据吊索受力的大小来确定索径和根数，一般每个吊索

为2根或者4根。

（2）联结构造

当采用柔性吊索时，为了便于联结，便把钢丝绳或钢绞线的端头散开和伸入联结套筒内，然后浇入合金，使之与套筒结成整体而形成锚头，吊索的上端通过套筒与索夹的吊耳联结，吊索下端通过套筒与加劲梁的联结件联结。下面列举四个联结构造实例：

①吊索与扁平钢箱梁的联结构造[图7-26a)]。这是丹麦小贝尔特桥上采用的联结构造，每根吊索由两根钢绞线组成，其上端采用销联结方式与索夹相联结，其下端则锚在横隔板上的预埋件上。

②斜吊索与倒梯形钢箱梁的联结构造[图7-26b)]。这是世界上第一座自锚式斜吊索悬索桥——日本此花大桥的联结构造，吊索采用带冷铸锚的钢丝索，其上端采用销联结方式挂在主缆的索夹上，下端与加劲梁上的吊索连接板联结。

③吊索与混凝土加劲梁的联结构造[图7-26c)]。这是我国汕头大桥采用的联结构造，吊索上端套在鞍挂式索夹上，并用夹具固定位置；其下端吊着两块锚板。每块锚板各有一锚杆，通过垫圈而托住加劲梁。采用这种构造可以调整梁上吊点的高度。

④吊索与桁架梁的联结构造[图7-26d)]。这是我国大连北大友谊桥所采用的联结构造形式，其上端采用销连接方式，其下端是通过一个中间联结装置与桁架联结。该联结装置是由上、下两个连接筒和两个螺杆组成，通过螺杆上的螺帽，人们可在桥面上很方便地调整加劲梁的高程。

25. 跨中位置主缆与加劲梁的联结方式有哪些？

答：悬索桥的传统做法是主缆只通过吊索与加劲梁连接，1959年建成的法国坦卡维尔桥（主跨608m）首创在主跨中点将主缆与加劲梁固结，以约束主缆在顺桥向的变位。这样做的好处是可以减小非对称荷载作用下的挠度值，提高纵向位移的复原力，同时可以减小跨中短吊索在锚头处的交替应力，防止疲劳破坏。

其后修建的悬索桥逐渐普遍地设置这种联结方式，有些桥梁还在边跨梁端也设置缆梁联结。主孔跨中联结方法一般有中间短斜索（图7-27）及中间夹箍（又称为刚性中央扣，图7-28）。

26. 施工猫道的作用是什么？设计时应注意哪些问题？

答：悬索桥施工猫道（Catway）是架设在主缆之下，平行于主缆线形布置，供操作人员进行施工作业的高空脚手架，猫道是主缆系统乃至悬索桥

第7章 悬索桥

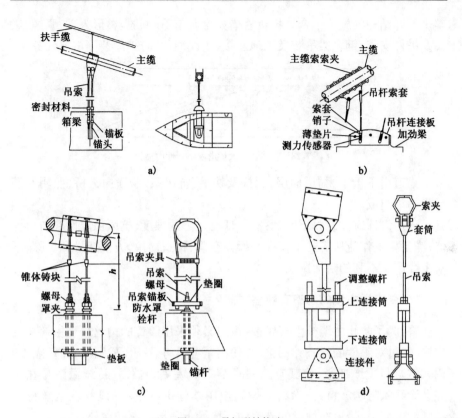

图 7-26 吊杆联结构造

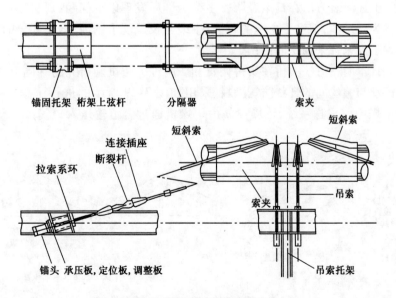

图 7-27 缆梁固结的短斜索方式

整个上部结构的施工平台。担负着诸如索股牵引、调股、整形入鞍、紧缆、索夹及吊杆安装、钢箱梁吊装及工地连接、主缆缠丝、防护涂装等重要任务。

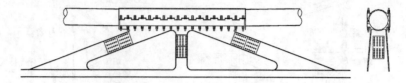

图 7-28　润扬长江大桥南汊桥刚性中央扣

猫道由承重索、猫道面层、栏杆及扶手、抗风系统、横向天桥、照明及警示设备等组成。

猫道设计应注意以下问题:应保证有足够的强度、抗风稳定性和防火性能;满足机械作业所需的工作面和操作空间;构造简单,方便架设和拆除;不对主缆产生不利的附加影响。

27. 悬索桥主缆的防腐有哪些方式?

答: 为了防止主缆被空气腐蚀,主缆必须采用镀锌的钢丝。当主缆架设完毕,经过对垂度的检查和调整后,便用紧缆机将它挤压成圆形,并每隔1m用软钢带将主缆捆紧,使其空隙率降至20%左右。然后,传统做法是在主缆上涂膏状防绣涂料,待涂料干燥后便用缠丝机用 $\phi 4$ 的镀锌软钢丝将主缆紧紧地缠绕,最后在缠丝的外表面还要涂上一层防腐的涂料。

上述涂装方法在日本经调查主缆内部后发现以下问题:膏状涂料易劣化成为保水体,促进了主缆的腐蚀;主缆全长发现了锈蚀;索夹部分的主缆出现了尚未带来损伤的白锈。

日本明石海峡大桥在实桥调查和防腐蚀方法试验研究的基础上,取消了钢丝与缠丝间的膏状防锈涂料,采用如图 7-29 所示的进行主缆内换气的干燥空气输送系统,干燥空气由干燥机通过管道输送入送气口,干燥空

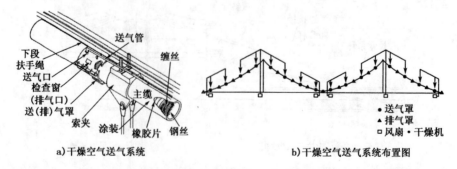

图 7-29　明石海峡大桥主缆干燥空气输送系统

气在主缆内流动,当气压超过额定值时,由排气口排气。缠丝由圆形断面改为气密性更好的S形断面,送气口和排气口处的主缆不缠丝,主缆内的相对湿度在60%以下时,将不会生锈,明石海峡大桥则控制主缆的相对湿度在40%以下。如图7-30所示为润扬长江大桥的主缆的送、排气罩。

图7-30　润扬长江大桥南汊桥主缆的送、排气罩

28. 悬索-斜拉协作体系桥梁中一个尚未得到圆满解决的问题是什么?

答:悬索-斜拉协作体系是1938年德国工程师狄辛格(Dischinger)建议过的一种体系,其构思是:在桥跨中央部分由悬索承重,靠外部分则由辐射的斜拉索承重,这是针对一座主跨径为750m、跨越汉堡易北河的缆索支承桥梁提出的,但未付诸实现。后来德国工程师又为土耳其伊兹米特海湾桥设计了主跨为2 000m的协作体系方案,亦未付诸实现,如图7-31所示。

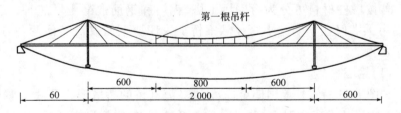

图7-31　伊兹米特海湾桥设计方案(尺寸单位:m)

悬索-斜拉协作体系吸收了悬索桥和斜拉桥的优点,而弥补了各自的缺点,因而近年来在长大桥梁中该方案备受关注。我国于1997年在贵州省内的乌江上建成了一座这种类型的桥梁,但主跨较小,只有288m。但在特大跨径桥梁上至今尚未建成一座,其中一个关键问题就是吊拉交接区段属于刚柔过渡区段,受力十分复杂,必须处理好吊杆和钢箱梁局部疲劳以及桥

面铺装易损的问题。这里摘录1998年日本桥梁专家森田先生应邀来华参加评审伶仃洋大桥设计方案时所说的一段话:"日本是一个多台风的国家,对吊-拉协作体系早就进行过研究,但存在一个后患。在悬索桥上加斜拉索,对抗风振是有利的。主要的问题是在结合部的第一根吊杆应力很大,且应力拉压反复,易于产生疲劳。日本也曾设想过一种特制的刚性吊杆,直到如今尚未得到实现。如果你们中国能解决第一根吊杆的问题,那将是一个很大竞争力的方案。日本至今仍在研究这个问题。"

29. 常用的悬索桥桥塔采用哪几种形式?

答:悬索桥桥塔一般设计为柔性结构,其腹杆的组合形式,在塔的美观设计中起着重要作用。按其腹杆的组合形式可分为:桁架式、刚构式及组合式三种,如图7-32所示。

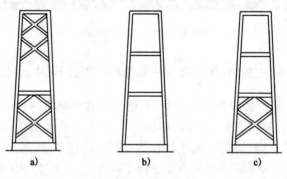

图7-32 桥塔示意图

若按塔柱材料可分为石砌圬工塔、钢塔和钢筋混凝土塔三种,其中石砌圬工塔仅在早期的小跨径悬索桥上采用。下面仅对其他两种各举一个示例。

(1)钢塔

如图7-33所示是美国旧金山-奥克兰海湾桥的桥塔形式及截面形状,边塔和中塔的塔高分别为126.3m和138.5m。每座桥塔有两根多室箱形截面的钢柱,其外形呈十字形。桥塔的上端的中心距为20.13m,下端为25.3m。

(2)钢筋混凝土桥塔

如图7-34所示是润扬长江大桥南汊桥的桥塔结构形式,塔柱为矩形单箱单室结构,两塔柱间设三道横梁形成门式刚构,结构及线条简洁明快,桥塔可采用滑模施工工艺。

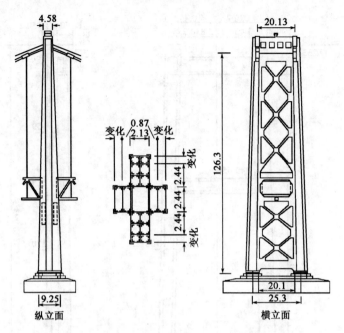

图 7-33　旧金山—奥克兰海湾桥桥塔(尺寸单位:m)

30. 钢塔柱节间是如何联结的?

答:自从焊接技术发展后,钢塔柱的节段采用在工厂焊接,然后在工地吊装架设并用高强螺栓(杆)来进行水平缝联结。图 7-35 即为这种联结方,它的传力途径是:对于轴向压力,要求外板和纵(竖肋)的端部接触面经过加工刨平达到100%的紧贴而能直接传递;对于弯矩,用 $\phi 60mm$ 的高强螺杆作为拉杆来抵抗弯曲拉应力,对于水平剪力,用 M24 高强螺栓来抵抗。这种接缝的全部连接均布置在塔柱内部,因而外表光洁美观,并可简化外部脚手架。

31. 悬索桥主缆的验算应满足什么要求?

答:悬索桥主缆的验算应该满足以下三个方面的要求:

(1)验算主缆中钢丝束的下料长度,亦即无应力长度,是否在成桥后满足设计的线形和垂跨比。

因为垂跨比直接影响悬索桥的整体刚度。为此,必须先以成桥状态在某个标准温度下主缆的设计线形为依据,并计算出它的长度,然后扣除一、二期恒载作用下主缆钢丝束产生的弹性伸长量,便得到自由悬挂状态下的悬链线长度,再从此长度中扣除由钢丝自重产生的弹性伸长量,便可得到钢丝束的无应力长度。

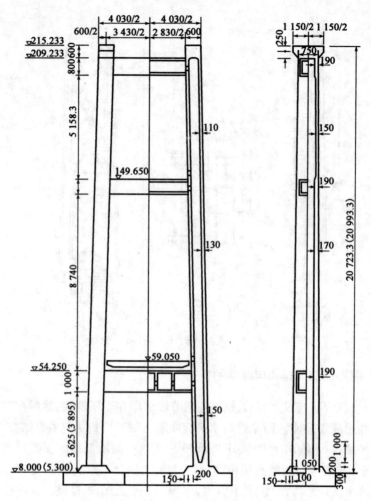

图 7-34 润扬长江大桥南汊桥桥塔(尺寸单位:cm)

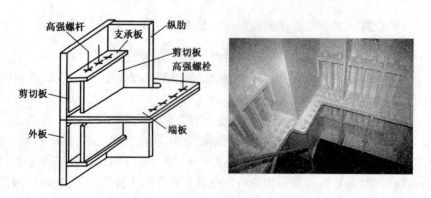

图 7-35 塔柱截面和水平接缝的联结

(2)验算主缆截面强度的安全系数是否满足规范要求。

主缆的最大拉力一般发生在满布活载和最大设计温降值的工况下,最大拉力的截面多在水平倾角最大的边跨和靠近主塔的位置。国内悬索桥通常要求在主要荷载作用下,对主缆抗拉强度至少要求保证不小于 2.5 的安全系数;包括二次应力在内,至少不小于 2.0 的安全系数。随着施工水平的不断提高,主缆各钢丝受力不均匀性进一步降低以及更大跨径或更高强度钢丝的采用,可适当降低主缆的安全系数,但不应小于 2.2。

(3)验算主缆在塔顶鞍座上的抗滑安全系数,取此安全系数 $k_{滑} \geqslant 2$,如不满足要求时,必须采取有效的构造措施。

32. 悬索桥的锚碇验算应满足什么要求?

答:锚碇验算应满足以下三个方面的要求:

(1)锚碇的稳定性验算应满足表 7-4 的规定。

锚碇抗倾覆和抗滑动稳定性系数   表 7-4

作用组合		验算项目	稳定性系数
使用阶段	永久作用、汽车、人群和温度的标准值效应组合	抗倾覆 K_0	2.0
		抗滑动 K_a	2.0
	永久作用、地震作用的标准值效应组合	抗倾覆 K_0	1.2
施工阶段各种作用的标准值效应组合		抗滑动 K_a	1.6

注:地下水浮力参与作用组合时,其效应值按实际情况考虑。

(2)基底应力及偏心距应满足现行地基基础规范要求。

(3)运营阶段锚碇允许水平变位不宜大于 $L/10\,000$,竖向变位不宜大于 $L/5\,000$。

33. 悬索桥桥塔的验算应满足什么要求?

答:大跨径悬索桥的桥塔一般较高,在成桥状态,它的下端和桥基固结,上端是通过主鞍与主缆呈弹性固结。设计计算中除了满足成桥状态下的强度、刚度和稳定要求外,还应重视验算施工状态下的受力情形。因为当塔顶没有主缆时,它是一根下端固定、上端自由的悬臂梁,纵向风力的作用常常威胁到塔柱截面的强度,必须加以验算。同时在整个施工过程中,随着主缆中拉力的增加,迫使主鞍和塔向河中心移动,使塔根截面产生很大的内力。好在塔顶面积较大,为了保持塔身少动或不动,可以先让主鞍相对于塔顶向岸边预偏一定的位移量,此位移量应经计算得出,并在主鞍的下面加设辊轴(或在其底面打蜡),这样,随着加强过程中主鞍借助千斤顶在塔顶上逐渐移动到设计位置。这样可以减小塔身在施工过程中产生的过大内力。

34. 悬索桥的加劲梁除了按常规的方法进行结构分析和截面强度验算外,还应在设计中考虑哪些问题?

答: 悬索桥加劲梁的主要功能有:承受竖向荷载;抵抗横向风压;抗风稳定;具有抗震能力。在这四个方面,除了参照较成熟理论公式进行计算分析外,还应根据悬索桥结构特性参照以往的设计经验予以周密考虑,以确保结构的安全。

(1) 在竖向活载作用下的考虑

悬索桥加劲梁的高跨比很小,而主缆又易于变形。设计经验表明,加劲梁的正弯矩峰值不是由活载长度很大时的工况控制,而是由短期活载工况决定;同时,在其相邻的区段,可能因主缆发生向上的竖向位移而引发加劲梁的负弯矩。

(2) 在横向风压下的设计考虑

根据不同类型的加劲梁分别考虑:

① 对于双铰加劲梁。由于结构是简支的,由横向风载引起加劲梁截面的应力应该与竖向活载产生的应力进行叠加,这一荷载组合,往往起控制作用而又容易被人忽视。

② 对于三跨双铰悬索桥。在横向风压下,中跨加劲梁按简支梁考虑,边跨加劲梁较短,可按锚碇端为固支和塔柱端为铰支的边界条件考虑。

③ 对于三跨连续加劲梁。在受横向风压时,可将它视为水平的三跨连续梁,且与主缆共同承载。

(3) 在风动力作用下的设计考虑

对于风的动力作用,加劲梁的尺寸和形状起着决定性作用,而主缆作用是次要的。

① 对于钢板梁式加劲梁。在风力持久作用下,加劲梁易发生反对称扭转颤振,主缆发生反对称竖向振动,导致吊索和加劲梁超载,并迅速产生疲劳破坏,美国塔科马大桥就是风毁于此因。

② 对于钢桁式加劲梁。应在桥面水平向设置一些纵向透风孔,这些透风孔可以设在行车路面间,也可设在桁架片和行车路面之间,以利空气上下对流和减弱涡流。另外,还应提高加劲梁的抗扭刚度,例如在上承桁梁之间布置横联和平纵联,以及增加其抗弯刚度。

③ 对于流线型扁平钢箱梁和混凝土箱梁,单层桥面是解决风振的最好截面形式,应尽可能采用。

(4)对地震设防的设计考虑

结构分析表明:地震时加劲梁的内力反应值都比活载内力值小,即地震力不起控制作用;然而桥塔根部截面处的内力反应值远大于活载内力值,当塔根截面进入塑性阶段时,也会给加劲梁带来更大的内力响应,这一点应该引起重视。

35. 对悬索桥的刚度有何要求?

答:悬索桥的设计容许挠度应根据《公路钢结构桥梁设计规范》(JTG D64—2015)规范确定,汽车车道荷载频遇值作用下计算挠度不应超过 $L/250$。

表7-5 为部分悬索桥的最大竖向和水平挠度资料。

部分悬索桥的最大竖向和水平挠度[68] 表7-5

桥名	主孔跨径 L (m)	最大竖向挠度 δ_V (m)	δ_V/L	最大水平挠度 δ_H (m)	δ_H/L
关门大桥	712	2.44	1/292	3.87	1/184
金门大桥	1 280	3.29	1/390	8.44	1/152
福斯公路桥	1 006	4.11	1/244	7.01	1/143
因岛大桥	770	2.33	1/330	7.08	1/109
大鸣门桥	876	2.90	1/302	9.09	1/96
大岛大桥	560	1.81	1/309	1.00	1/560
下津井大桥	940	2.43	1/387	4.72	1/199
北备赞大桥	990	2.60	1/381	6.55	1/151
南备赞大桥	1 100	3.02	1/364	8.46	1/130
彩虹大桥	570	2.73	1/208	3.03	1/188
白鸟大桥	720	4.26	1/169	3.20	1/225

36. 悬索桥吊索中的附加索力是由哪些因素引起的?

答:引起悬索桥吊索产生附加索力的因素有以下三个方面:

(1)吊索制造误差所引起的附加索力

吊索制造误差系指吊索成品的实际长度与设计长度的差异,以及主缆索夹壁厚、内径等误差引起鞍挂式索夹曲率半径发生变化后使吊索的弯曲线索长发生变化。由于制造上的误差,往往会出现在同一吊点内的几根吊索长短不一致,或者在相邻吊点之间长度不一致,从而导致各根吊索受力不均的现象,其中受力大的、超过了设计索力的那部分索力便是附加索力。

(2)吊装架设误差所引起的附加索力

吊索架设误差包括加劲梁各吊点实际安装高程与设计高程的相对误差、索夹紧固程度引起的各索夹处主缆空隙率的误差,以及主缆索夹安装位置的误差等。其中索夹的紧固程度不一致会使各索夹处主缆的空隙率不一致,亦即主缆的外径不一致,最终也将引起吊索长度发生变化而产生附加索力。

(3)弯曲二次应力引起的附加索力

由于吊索与主缆间采用倒 U 形鞍挂式的联结,其吊索必然产生弯曲二次内力。

上述因素除了要求在施工中加以严格监测和控制加以消除外,在设计中应参照一些经验公式进行估算,在截面设计上和构造措施上予以考虑。

37. 悬索桥计算中所采用的挠度理论作了些什么简化假定?

答:悬索桥计算所用的挠度理论是在早期的弹性理论基础上发展出来的。它对原来的不合理假定作了修正,如弹性理论中"悬索曲线形状和纵坐标在加载后保持不变"的假定等。现将挠度理论的基本假定归纳如下:

(1)假定悬索为完全柔性的,吊杆沿跨径方向密布,亦即古典膜理论。

(2)主缆在恒载作用下取得平衡时的几何形状(二次抛物线)将因活载的作用而发生拉伸和挠度的改变,计算中计入主缆这些变化给体系带来的影响,但忽略不计吊杆的伸缩变形及吊杆的倾斜带来的影响。

(3)加劲梁沿跨径悬挂在主缆上,其截面的惯性矩沿跨长不变。

(4)一般加劲梁是在主缆和吊杆安装完毕后才分段吊装就位,最后连成整体,所以加劲梁等恒重已由主缆承担,加劲梁中仅有活载、风力和温度变化产生的内力。

38. 悬索桥计算中的"代换梁法"是一种什么样的计算方法?

答:"代换梁法"是我国李国豪教授在 1941 年提出的。该法是用拉力 $H = H_q + H_p$(注:此拉力对加劲梁不产生拉力影响)和竖向荷载$(p - \chi H_p)$作用于加劲梁上来代替主缆的作用,将悬索桥结构体系变成受拉和受弯荷载共同作用的梁式体系,使计算得到了简化,如图 7-36 所示。具体代换过程如下:

(1)按照挠度理论,计入活载索力变形影响的平衡微分方程为:

$$(EI\eta'')'' - (H_q + H_p)(y + \eta)'' = q + p \tag{7-2}$$

或

$$EI\eta^{IV} - Hy'' - H\eta'' = q + p \tag{7-3}$$

式中:EI——加劲梁的刚度;

η——由活载 p 作用时加劲梁与主缆产生的挠度;

y——恒载作用下主缆的二次抛物线,即

$$y = \frac{4f}{l^2}x(l - x) \quad (7\text{-}4)$$

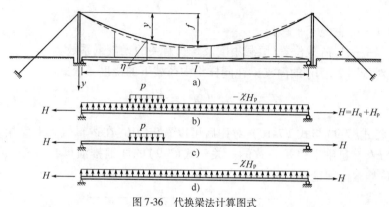

图 7-36 代换梁法计算图式

(2)将式(7-3)中的 Hy'' 作近似处理,即

$$Hy'' = (H_q + H_p)y'' = H_q y'' + H_p y'' \quad (7\text{-}5)$$

由于:

$$H_q = \frac{ql^2}{8f}; y'' = -\frac{8f}{l^2} = -\chi \quad (7\text{-}6)$$

所以:

$$Hy'' = -q; H_p y'' = -\chi H_p \quad (7\text{-}7)$$

再代入式(7-3)中便得到:

$$EI\eta^{IV} - H\eta'' = p - \chi H_p \quad (7\text{-}8)$$

上式便是以 $\eta(x)$ 函数表示的在拉力与竖向荷载作用下梁的挠曲线微分方程式,可用图 7-33b)中的计算图式表示,由于它用梁式体系代换了悬索体系,故称之为代换梁法。

附带说明两点:一是图 7-36b)可以分解为图 7-36c)、d)两种图式分别计算,然后叠加;二是 H_p 是一个未知量,尚须按有关公式用迭代法求算,具体内容可参考李国豪著《桥梁与结构理论研究》一书。

39. 悬索桥计算中"重力刚度"的原理是什么?

答:重力刚度是指柔性的主缆因承受巨大的恒载内力而被张紧后,具有了抵抗进一步变形的刚度。

如图 7-37a)所示,当集中荷载 P 作用于主缆的 k 点时,由此力与恒载共同作用时的支点水平反力 $H = H_q + H_p$,根据缆索平衡方程可解得 k 点的挠度值 v_k 为:

$$v_k = \frac{PL^3}{HL^2}(1-3k\alpha\beta)\alpha\beta = \frac{PL^3}{HL^2}C \qquad (7-9)$$

$$\alpha = \frac{a}{L}; \beta = \frac{b}{L}$$

式中：L——主缆水平跨长；

k——与荷载位置、恒载集度及跨长有关的无量纲系数。

对于图 7-37b)的简支梁在同样集中荷载下的挠度 v'_k 公式：

$$v'_k = \frac{PL^3}{EI}\left(\frac{\alpha\beta}{3}\right) = \frac{PL^3}{EI}C' \qquad (7-10)$$

将式(7-9)与式(7-10)对比后可以看出，HL^2 在逻辑概念上就相当于刚度 EI，在量纲上也是一致的。关于式(7-9)的详细推演可参考陈仁福著《大跨悬索桥理论》一书。

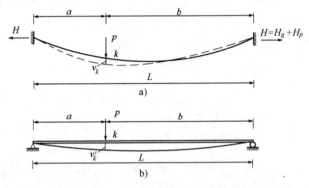

图 7-37　"重力刚度"概念的比拟

40. 什么叫物理非线性理论？

答：物理非线性也可称为材料非线性。

在结构的线弹性分析中，材料的应力—应变关系满足虎克定律，即 $\sigma = E\varepsilon$，弹性模量 E 为常数。当桥梁结构承受超载作用时，部分构件会出现应力超载的现象，结构的损伤和破坏便由这些局部区域开始，随后导致结构失效。应力超出弹性范围后，材料的弹性模量 E 便不是常值，而成为应力的函数，使基本控制方程式变为非线性方程，这便是物理非线性问题。

对于钢和混凝土这两种材料，材料非线性包括非线性弹性（卸载后无残余应变）、非线性塑性（卸载后有残余应变）以及金属蠕变与混凝土徐变（持荷状态下应变随时间增长）。

41. 什么叫几何非线性理论？

答：悬索桥和斜拉桥属于柔性结构，在荷载作用下变形较显著，用建立在小位移基础之上的经典线性理论计算时,会带来一定的误差。几何非线性理论是将平衡建立在结构变形后的位置上,因而更能反映结构的真实受力状态。一般桥梁结构受力后的变形很小,用线性理论分析误差极小,但用线性理论计算斜拉桥这种相对柔性的结构,所带来的误差常常不可忽略。

几何非线性理论有大位移小应变的有限位移理论和大位移大应变的有限应变理论两种,在非偶然荷载作用下,桥梁工程中的几何非线性问题一般都是有限位移问题。

42. 桥梁结构的非线性包括哪些因素?

答: 建立以杆系结构有限元有限位移理论为基础的大跨径桥梁结构几何非线性分析总体方程时,应考虑三方面因素的几何非线性效应:

(1)单元初始内力对单元刚度矩阵的影响。包括单元轴力对弯曲刚度的影响以及弯矩对轴向刚度的影响,通过引入单元初应力刚度矩阵的方法来考虑。

(2)大位移对结构平衡方程的影响。对于这个问题,有 T.L 列式法和 U.L 列式法等各种不同的处理方法。前者将参考坐标选在未变形的结构上,通过引入大位移刚度矩阵来考虑大位移问题;后者将参考坐标选在变形后的位置上,让节点坐标跟结构一起变化,从而使平衡方程直接建立在变形后的位置上。

(3)拉索垂度的影响。斜拉索刚度中计入垂度的影响,按前述方法引入 Ernst 公式,通过等效模量法来考虑垂度效应。

有限元方法都是首先作单元分析,建立单元刚度方程和单元刚度矩阵,然后根据平衡、物理和协调三个条件,将单元刚度矩阵汇总为总体刚度矩阵,并引入边界条件,可以得到描述柔性结构受力变形特征的总体刚度方程:

$$(K_T + K_G + K_L)\delta = P \tag{7-11}$$

或

$$K(\delta)\delta = P \tag{7-12}$$

式中:K_T——结构弹性刚度矩阵;

K_G——结构初应力刚度矩阵;

K_L——结构大位移矩阵(对于 U.L 列式法,省略此项);

δ——结构位移列阵;

P——结构荷载列阵。

43. 什么叫 T.L 和 U.L 列式法,适用范围如何?

答: T.L 列式法即为总体拉格朗日列式法(Total Lagrangian Formulation),T.L 列式法将参考坐标选在未变形的结构上,通过引入大位移刚度矩阵来考虑大位移问题;U.L 列式法即为更新的拉格朗日列式法(Update Lagrangian Formulation),U.L 列式法将参考坐标选在变形后的位置上,让节点坐标跟随结构一起变化,从而使平衡方程直接建立在变形后的位置上。

T.L 列式法不易引入材料非线性,U.L 列式法易引入材料非线性,但计算时每步荷载或位移增量不可过大。

44. 对于悬索桥的主缆和吊杆在计算静风荷载时,《公路桥梁抗风设计规范》(JTG/T D60-01—2004)有什么规定？

答:对于悬索桥的主缆和吊杆,其横桥向和顺风向的静风荷载分别按式(2-16)和式(2-17)计算。JTG/T D60-01—2004 又规定:当悬索桥主缆的中心间距为直径 4 倍以上时,每根缆索的风荷载宜独立考虑,单根主缆的阻力系数可取为 0.7;当主缆中心间距不到直径 4 倍以上时,可按一根计算,其阻力系数宜取为 1.0。当悬索桥吊杆的中心距离为直径的 4 倍以上时,每根吊杆的阻力系数可取为 0.7。

45. 悬索桥对于静风作用要做哪些稳定性验算？

答:《公路桥梁抗风设计规范》(JTG/T D60-01—2004)规定,对于悬索桥在静风作用下要做以下两项稳定性验算:

(1)静力横向屈曲验算:要求加劲梁的横向屈曲临界风速 V_{1b} 不小于桥面高度处的设计基准风速 V_d 的 2 倍,即

$$V_{1b} \geqslant 2V_d \tag{7-13}$$

(2)静力扭转发散验算:要求扭转临界风速 V_{td} 不小于桥面高度处的设计基准风速 V_d 的 2 倍,即

$$V_{td} \geqslant 2V_d \tag{7-14}$$

所谓静力横向屈曲,是指作用于悬索桥加劲梁上的横向静风荷载超过了加劲梁侧向屈曲的临界荷载而出现的一种静力失稳现象;静力扭转发散是指在空气静力扭转力矩作用下,当风速超过某一临界值时,悬索桥加劲梁扭转变形的附加攻角所产生的空气力矩增量超过了结构抵抗力矩的增量,使主梁出现一种不稳定的扭转发散现象。

46. 在验算斜拉桥或悬索桥的动力稳定性时用到的"检验风速"和"临界风速"这两个名词,它们的含义是什么？

答:"检验风速"和"临界风速"这两个名词都是在验算桥梁结构动力稳定时要用到的力学概念。检验风速是与桥位处的地区气象条件密切相关,

表现为当地可能会出现的最大风速,对结构而言,类似于作用力的概念。它以设计基准风速为依据,对验算颤振和驰振稳定性时还应分别乘以不同的安全系数,来考虑各种因素带来的误差,因此便有颤振检验风速和驰振检验风速之分。临界风速是表征结构本身的动力特性,反映它在多大风速以下都不会出现颤振失稳和驰振失稳的能力,这有些类似于结构的极限承载力。如果说在验算结构强度时,要求结构的极限承载能力大于或等于荷载(作用力)效应的话,那么,在验算结构的动力稳定时,就要求结构的临界风速大于或等于检验风速。但是在这一比拟中,有个符号要引起注意,即在作强度验算时,一般是把[ ]放在截面极限承载力的一边,例如:

$$[M] \geqslant M_j \quad (弯矩计算值) \tag{7-15}$$

但在作风振动力验算时,恰恰相反,例如在验算颤振稳定时却将[ ]放在检验风速的一边,即

$$V_{cr} \geqslant [V_{cr}] \quad (颤振检验风速) \tag{7-16}$$

这一点容易误会。

47. 如何估算悬索桥和斜拉桥的基频?

答:(1)悬索桥的基频近似公式

①单跨简支悬索桥的反对称竖向弯曲基频可按下式估算:

$$f_b = \frac{1}{L} \sqrt{\frac{EI\left(\frac{2\pi}{L}\right)^2 + 2H_g}{m}} \tag{7-17}$$

式中:f_b——反对称竖向弯曲基频(H_z);
L——悬索桥的主跨跨径(m);
EI——加劲梁竖向刚度(N·m^2);
H_g——恒荷载作用下单根主缆的水平拉力(N);
m——桥面系和主缆的单位长度质量(kg/m),$m = m_d + 2m_c$;
m_d——桥面系单位长度质量(kg/m);
m_c——单根主缆单位长度质量(kg/m)。

主跨跨径500m以上的悬索桥的反对称竖向弯曲基频可按下式估算:

$$f_b = \frac{1.16}{\sqrt{f}} \tag{7-18}$$

式中:f——主缆矢高(m)。

②中跨简支的悬索桥竖向对称弯曲基频可按下式估算:

$$f_b = \frac{0.1}{L}\sqrt{\frac{E_c A_c}{m}} \tag{7-19}$$

式中：E_c——主缆的弹性模量（N/m）；
　　A_c——单根主缆的截面积（m^2）。

③中跨简支的悬索桥的反对称扭转基频可按下式估算：

$$f_b = \frac{1}{L}\sqrt{\frac{EI_\omega\left(\frac{2\pi}{L}\right)^2 + \left(GI_d + \frac{H_g B_c^2}{2}\right)}{m_c r^2 + m_c \frac{B_c^2}{2}}} \tag{7-20}$$

式中：EI_ω、GI_d——主梁截面的约束扭转刚度（$N \cdot m^4$）和自由扭转刚度（$N \cdot m^2$），对闭口箱梁可忽略约束扭转刚度；
　　r——加劲梁的截面惯性半径（m）；
　　B_c——主缆中心距（m）。

④悬索桥的对称扭转基频可按下述公式计算：

$$f_t = \frac{1}{2L}\sqrt{\frac{GI_d + 0.05256 E_c A_c\left(\frac{B_c}{2}\right)^2}{m_d r^2 + m_c \frac{B_c^2}{2}}} \tag{7-21}$$

(2) 斜拉桥的基频估算

①双塔斜拉桥的竖向弯曲基频可按下列公式计算：
无辅助墩的斜拉桥：

$$f_b = \frac{110}{L} \tag{7-22}$$

有辅助墩的斜拉桥：

$$f_b = \frac{150}{L} \tag{7-23}$$

式中：f_b——竖向弯曲基频（Hz）；
　　L——斜拉桥的主跨跨径（m）。

②双塔斜拉桥扭转基频可按下式估算：

$$f_t = \frac{C}{\sqrt{L}} \tag{7-24}$$

式中：f_t——双塔斜拉桥的扭转基频（Hz）；
　　C——斜拉桥扭转基频经验系数，可按表 7-6 取值。

斜拉桥扭转基频的经验系数　　　　　　　　表 7-6

索　面	主梁截面形状	钢　桥	混凝土桥
平行索面	开口	10	9
	半开口	12	12
	闭口	17	14
斜索面	开口	12	11
	半开口	14	12
	闭口	21	17

48. 桥梁阻尼如何取用？

答：结构的阻尼直接影响到结构动力响应的大小。由于无法进行计算分析，因此在进行抗风分析和风洞试验时，一般偏安全地取用结构阻尼统计值的下限值，按表 7-7 取用。

桥梁的阻尼比　　　　　　　　表 7-7

桥梁种类	阻尼比 ζ_s	对数衰减率 $\delta = 2\pi\zeta_s$	ζ_s 的统计值范围
钢桥	0.005	0.031	0.5%~1%
钢混结合梁桥	0.01	0.063	1%~1.5%
混凝土桥	0.02	0.125	2%~3%

49. 颤振检验风速如何计算？

答：桥梁结构颤振检验风速可按下式计算：

$$[V_{cr}] = 1.2\mu_f V_d \tag{7-25}$$

式中：$[V_{cr}]$——颤振检验风速(m/s)；

V_d——设计基准风速(m/s)；

μ_f——风速脉动修正系数，可按表 7-8 选用。

风速脉动修正系数 μ_f　　　　　　　　表 7-8

跨径(m) 地表类别	100	200	300	400	500	650	800	1 000	1 200	>1 500
A	1.30	1.27	1.26	1.24	1.23	1.22	1.21	1.20	1.20	1.19
B	1.36	1.33	1.31	1.29	1.28	1.27	1.26	1.25	1.24	1.22
C	1.43	1.39	1.37	1.35	1.33	1.31	1.30	1.28	1.27	1.25
D	1.49	1.44	1.42	1.40	1.38	1.36	1.35	1.33	1.31	1.29

50. 桥梁颤振稳定性是如何分级的?

答:为了快速判断大跨度桥梁的抗风稳定性,可采用动力特性分析中估算桥梁一阶扭转频率的近似公式,根据桥址的气象资料估计出颤振检验风速[式(7-29)],然后按下式计算桥梁的颤振稳定性指标 I_f:

$$I_f = \frac{[V_{cr}]}{f_t B} \tag{7-26}$$

式中:I_f——颤振稳定指数;

f_t——扭转基频(Hz);

B——桥梁全宽(m);

$[V_{cr}]$——颤振检验风速(m/s)。

根据 I_f 的大小,参照表 7-9 可以判断桥梁的抗风稳定性。当桥面较宽、扭频较高,而桥址处的风速又较小时,所需的 I_f 值就较小,桥梁的抗风稳定性就越容易满足。

颤振稳定性分级表　　　　　　　　　　表 7-9

分 级	I_f	风洞试验要求及抗风措施
Ⅰ	$I_f < 2.5$	按式(7-31)计算桥梁颤振临界风速
Ⅱ	$2.5 \leq I_f < 4.0$	宜通过节段模型风洞试验检验
Ⅲ	$4.0 \leq I_f < 7.5$	宜进行主梁的气动选型,并通过节段模型试验、全桥模型试验或详细的颤振稳定性分析进行检验
Ⅳ	$I_f > 7.5$	宜进行主梁的气动选型,并通过节段模型试验、全桥模型试验或详细的颤振稳定性分析进行检验,必要时采用振动控制技术

51. 颤振临界风速如何计算?

答:当颤振稳定性指数 $I_f < 2.5$ 时,颤振临界风速可按下式计算:

$$V_{cr} = \eta_s \eta_\alpha V_{co} \tag{7-27}$$

$$V_{co} = 2.5\sqrt{\mu \frac{r}{b}} f_t B \tag{7-28}$$

式中:V_{cr}——桥梁的颤振临界风速(m/s);

V_{co}——平板颤振临界风速(m/s);

η_s——形状系数,可按表 7-10 取用;

η_α——攻角效应系数,可按表 7-10 取用。

形状系数 η_s 和攻角效应系数 η_α 表 7-10

截面形式	形状系数 η_s 阻尼比			攻角效应系数 η_α
	0.005	0.01	0.02	
平板	1	1	1	—
钝头形	0.5	0.55	0.60	0.80
带挑臂	0.65	0.70	0.75	0.70
带斜腹板	0.60	0.70	0.90	0.70
带风嘴	0.70	0.70	0.80	0.80
带导流板	0.80	0.80	0.80	0.80
开口板梁	0.35	0.40	0.50	0.85

主跨跨径小于 300m 的桥梁,当主梁断面宽高比 $B/H = 4 \sim 8$ 时,可按下式计算颤振临界风速:

$$V_{cr} = 5f_t B \tag{7-29}$$

对宽高比 $B/H < 4$ 的主梁断面,其颤振临界风速可取式(7-33)和式(7-30)中计算结果的较小者:

$$V_{cr} = 12f_t H \tag{7-30}$$

当颤振稳定性指数 $I_f \geqslant 2.5$ 时应通过风洞试验确定颤振临界风速。风洞试验宜考察桥梁在风攻角 $-3° \leqslant \alpha \leqslant +3°$ 范围内的颤振稳定性,颤振临界风速应满足下式:

$$V_{cr} \geqslant [V_{cr}] \tag{7-31}$$

式中:V_{cr}——颤振临界风速(m/s);

$[V_{cr}]$——颤振检验风速(m/s)。

第8章 混凝土结构设计计算

1. 什么叫混凝土强度等级?

答:在配筋混凝土结构或构件中,混凝土主要用以承受压力,因而混凝土强度等级依据其抗压强度来确定。

《公路钢筋混凝土及预应力混凝土桥涵设计规范》(JTG D62—2004)取用边长 150mm 的立方体试件,在 20℃±3℃的温度和相对湿度在 90% 以上的潮湿空气中养护 28d,依照标准制作方法和试验方法测得的具有 95% 保证率的抗压强度标准值 $f_{cu,k}$(以 MPa 计)作为混凝土强度等级。抗压强度标准值 $f_{cu,k}$ 按下式计算:

$$f_{cu,k} = \mu_{f150} - 1.645\sigma_{f150} = \mu_{f150}(1 - 1.645\delta_{f150}) \tag{8-1}$$

式中:μ_{f150}、σ_{f150}、δ_{f150}——150mm 立方体试件抗压强度的平均值、标准差和变异系数。

如图 8-1 所示为混凝土强度的分布规律。

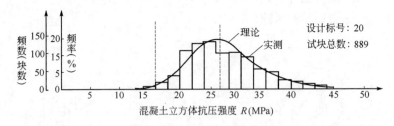

图 8-1 混凝土强度的分布规律

混凝土强度等级用前缀 C 表示,公路桥涵受力构件的混凝土等级可采用 C20~C80。

2. 什么叫混凝土立方体强度和棱柱体强度?它们之间大致有什么样的关系式?

答:混凝土的抗压强度与试件的形状和试件的尺寸有关,各国规范中用以确定混凝土强度指标的试件形状和尺寸不尽相同。通常的试件形状为立方体、圆柱体或棱柱体,尺寸则有更多的种类。

混凝土立方体强度即如上题所述的混凝土强度,它是采用立方体试件而得到的混凝土强度,故在 JTG D62—2004 中,它们二者仅是具有相同指标的两种说法。

采用棱柱体试件得到的混凝土抗压强度即为棱柱体强度。在实际工程结构中,受压构件不是立方体而是以棱柱体受力特点出现的,故采用棱柱体试件比立方体试件能更好地反映混凝土的实际抗压能力。如图 8-2 所示为棱柱体截面为 bb 不变,而高度 h 变化时,两种强度值比例 f_c/f_{cu} 的变化曲线。可以看出,棱柱体的高宽比 h/b 越大,测试强度越低,不过当 $b/h \geq 3$ 时强度变化就很小了。

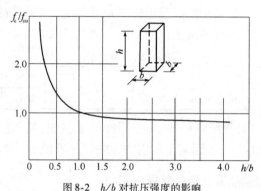

图 8-2 h/b 对抗压强度的影响

我国采用 150mm × 150mm × 450mm 的棱柱体作为混凝土轴心抗压试验的标准试件。其制作、养护和试验条件均与立方体试件相同,得到其具有 95% 保证率的抗压强度即为棱柱体抗压强度,又称轴心抗压强度,计作 f_{ck}。

根据试验,轴心抗压强度标准值与强度等级的关系可表述为:

$$f_{ck} = 0.88\alpha\beta f_{cu,k} \tag{8-2}$$

式中:α——立方体强度向棱柱体强度的转换系数,对 C50 及以下混凝土取 0.76,C80 取 0.82,中间等级呈线性变化;

β——脆性折减系数,C40 及以下的混凝土取 1.0,C80 取 0.87,中间等级也呈线性变化。

并且,考虑到构件实际养护和振捣条件与试件的差别而引入的结构工作系数 0.88 进行折减。

3. 什么叫混凝土标号?它与混凝土强度等级有什么对应关系?

答:混凝土标号是《公路钢筋混凝土及预应力混凝土桥涵设计规范》

(JTJ 023—85)采用的混凝土基本强度指标。混凝土标号为采用边长为200mm立方体试件,得到的具有85%的保证率(即平均值减去1倍标准差)的抗压强度值标准值R^b(以MPa计)。由于混凝土强度等级的保证率比混凝土标号要高,因此对于同样混凝土中,混凝土强度等级的取值比混凝土标号的取值低。

由于试件的尺寸效应,即对于同样混凝土制成的试件,边长150mm的立方体实测强度为边长200mm的1.05倍,故可得到混凝土强度等级与混凝土标号的换算关系如下:

$$f_{cu,k} = \frac{1.05(1-1.645\delta_{f150})}{1-\delta_{f200}} \cdot R^b \qquad (8-3)$$

式中:δ_{f150}、δ_{f200}——边长150mm和200mm立方体抗压强度的变异系数,对于同样的混凝土近似地认为它们相等,故在表8-1中对各级混凝土只列出同一个变异系数。

混凝土的变异系数 表8-1

$f_{cu,k}$	C20	C25	C30	C35	C40	C45	C50	C55	C60
δ_f	0.18	0.16	0.14	0.13	0.12	0.12	0.11	0.11	0.10

依照式(8-3)计算结果可知,对于同样的混凝土,其强度等级大致比标号取值小2,例如40号的混凝土的立方体强度标准值≈(40−2)MPa。

4. 混凝土的强度设计值是怎样得到的?

答:混凝土轴心抗压强度设计值f_{cd}是由标准值f_{ck}除以混凝土材料分项系数$\gamma_{fc}=1.45$得到。混凝土材料分项系数的这个取值,系按照二级安全等级结构分析的脆性破坏构件目标指标的要求。

混凝土的轴心抗压强度标准值与设计值见表8-2。

混凝土的轴心抗压强度标准值与设计值(MPa) 表8-2

轴心抗压	强度等级									
	C20	C25	C30	C35	C40	C45	C50	C60	C70	C80
f_{ck}	13.4	16.7	20.1	23.4	26.8	29.6	32.4	38.5	44.5	50.2
f_{cd}	9.2	11.5	13.8	16.1	18.4	20.5	22.4	26.5	30.5	34.6

5. 什么叫高强混凝土? 什么叫高性能混凝土?

答:我国定义强度等级达到和超过C50时为高强混凝土。与中、低强混凝土相比,高强混凝土中的孔隙较小,水泥浆强度、水泥浆与集料之间的界面强度以及集料强度这三者之间的差异也较小,所以相对来说更接近匀质材料,使高强混凝土的抗压性能与普通强度混凝土相比有相当大的差别,高强混凝土的力学性能系数的取值往往要在普通强度混凝土的基础上加以修正。

高性能混凝土(High Performance Concrete,简称 HPC)是伴随着高强混凝土而问世的,在 20 世纪 90 年代初由美国国家标准与技术研究院和混凝土协会首次提出。其定义是指这样一类混凝土,它需要满足特定性能和匀质性要求。其"高性能"包括:工作性能良好、易浇筑捣实而不离析;长期力学性能良好、强度高;高体积稳定性和在恶劣条件下使用寿命长久。这其中,最为重要的是混凝土的耐久性能。

在过去的混凝土设计中,主要考虑的是强度指标,对耐久性关心较少。实际上,桥梁所处的环境条件与荷载情况往往存在一种或多种使混凝土劣化的因素,此外,混凝土本身也可能发生耐久性不良的问题,主要有碱性集料反应和水化热带来的温度应力裂缝。同时,高性能混凝土对强度的要求也是与耐久性相关的,一般而言,强度高,则耐久性较好。

高性能混凝土根据耐久性和强度的要求,来选择混凝土的组成材料和配合比。与普通混凝土相比,高性能混凝土在组成和配合比方面有如下特点:

(1)使用矿物掺和料。掺和的矿物料主要有硅粉、粉煤灰或磨细矿粉。硅粉粒径是水泥粒径的 1/100,可以填充在水泥颗粒之间,同时将水泥水化得到的 $Ca(OH)_2$ 转化成 CSH 凝胶(即火山灰反应),从而大幅度提高混凝土的强度和降低渗透性。优质粉煤灰具有物理减水作用,高细度矿粉具有增强作用,两者也都有火山灰反应活性,不过粉煤灰和矿渣会降低混凝土的早期强度。目前水泥 + 硅粉 + 粉煤灰或矿渣的三组分胶结材的高性能混凝土在获得越来越多的应用。

(2)水胶比低。只有水胶比低,混凝土的孔隙率或渗透性才可能低,因此低水胶比是保证混凝土高耐久性与较高强度的前提条件之一。实际应用的高性能混凝土水胶比介于 $0.25 \sim 0.40$。

(3)最大集料粒径小。高性能混凝土集料的最大粒径宜在 $10 \sim 20\text{mm}$。集料最大粒径较小,则集料与水泥浆界面应力差较小,而此应力差可能引起裂缝;较小集料颗粒强度比大颗粒强度高,因为岩石破碎时消除了内部裂隙。

(4)高效减水剂与水泥的相容性好。高效减水剂与水泥的相容性问题是由于彼此相互作用,造成减水剂不能发挥应有的作用。高效减水剂和水泥之间的相容性还必须好,这样才能保证混凝土拌和物有良好的工作性。

虽然高性能混凝土具有上述共性,但并不意味着有标准的组成或配合比,因为每项工程的原材料和对强度、耐久性的要求都不同。比如,对于预应力混凝土梁,配合比主要是以强度指标为基础,一般同时能够获得较高耐久性。相反,现浇桥面板的高性能混凝土则一般以耐久性为基础,同时也规定了其最小抗压强度。

高性能混凝土由于多种性能的提高,在工程中具有重大的技术经济意义。同时,由于对工业废料的利用,使高性能混凝土更具节约资源和环保效益。

6. 什么叫钢纤维混凝土?

答:钢纤维混凝土(Steel Fiber Reinforced Concrete,简称SFRC)从20世纪60、70年代发展起来,它是在普通集料混凝土中均匀掺入一定数量短而细的钢纤维后组成的一种复合材料。因钢纤维在混凝土中均匀且乱向分布,在受载过程中,限制或滞后了混凝土基体的裂缝发展,使脆性的混凝土变为具有良好韧性的水泥基复合材料,从而使混凝土具有较高抗震、抗裂、抗冲击性能和韧性,改善混凝土抗拉、抗压、抗剪和耐磨性能。

7. 钢筋的级别和品种有哪些?

答:用于混凝土结构中的钢筋包括普通钢筋和预应力筋,具体分类见表8-3、表8-4。

(1)普通钢筋(表8-3)

普 通 钢 筋 分 类　　　　　表8-3

钢筋种类		符号	钢筋直径		加工方法
现行规范	原规范		$d(mm)$	级差	
R235	I	φ	8~20	2	热轧光圆钢筋
HRB335	II	Φ	6~20及25,28,	2	热轧带肋钢筋
HRB400	III	Φ	32,36,40,50	—	
KL400	—	Φ^R	8~22 其余同上	2	余热处理钢筋

(2)预应力钢筋(表8-4)

预应力钢筋分类　　　　　表8-4

钢筋种类		直径 $d(mm)$	符号
钢绞线	1×2(2股)	8,10,12	Φ^S
	1×3(3股)	8.6,10.8,12.9	
	1×7(7股)	9.5,11.1,12.7,15.2	

续上表

钢 筋 种 类		直径 d(mm)	符号
清除应力钢丝	光面	4,5,6	ϕ^P
	螺旋肋	7,8,9	ϕ^H
	刻痕	5,7	ϕ^I
精轧螺纹钢筋		18,25,32,40	JL

8. 钢筋的接头方式有哪些？

答：钢筋接头方式有绑扎、焊接及机械连接三种。

绑扎接头是将两根钢筋搭接一定长度并用铁丝绑扎，通过钢筋与混凝土的黏结力传递应力，为保证接头处的可靠传力，连接钢筋必须具有足够的搭接长度，《公路钢筋混凝土及预应力混凝土桥涵设计规范》(JTG D62—2004)对其做了明确的规定。

焊接是应用最多的钢筋接头方式，结构上主要采用闪光接触对焊和电弧焊两种焊接方法。闪光接触对焊是将两根钢筋加力对接顶紧，利用电阻热使接触点金属熔化结成整体的一种压焊方法。闪光接触对焊的焊接质量高。电弧焊利用焊条熔化金属来连接钢筋，有搭接焊和绑条焊两种。单面焊接长度不小于 $10d$，双面焊接长度不小于 $5d$（d 为钢筋直径）。

机械连接接头常用套筒挤压接头和镦粗直螺纹接头两种。套筒挤压接头利用钢套筒作为连接体，套于两根钢筋对接处，使用挤压设备沿套筒径向挤压，使套筒产生塑性变形而与钢筋紧密结合。镦粗直螺纹接头是将钢筋的连接端先行镦粗，再加工出圆柱螺纹，利用有内螺纹的套筒拧紧连接的接头方法。

9. 钢筋的抗拉强度如何确定？

答：普通钢筋抗拉强度标准值 f_{sk} 取自国家标准规定的钢筋屈服强度，相当于钢材屈服强度的平均值减去两倍标准差，其保证率为 97.7%。普通钢筋的抗拉强度设计值 f_{sd} 为标准值除以钢筋材料分项系数 $\gamma_{fs}=1.2$ 得到，以此确定的强度设计值，按轴心受拉构件的可靠度指标超过安全等级二级结构规定的延性破坏构件的目标可靠度指标。

钢绞线和钢丝的抗拉强度标准值 f_{pk} 为钢材的极限抗拉强度 σ_b。钢绞线和钢丝为硬钢，它们在拉伸试验中没有明显的屈服平台，其条件屈服点 $\sigma_{0.2}$（残余应变为 0.2% 所对应的应力）取极限抗拉强度的 0.85 倍。同时考虑《公路钢筋混凝土及预应力混凝土桥涵设计规范》(JTJ D23—1985)取用数值为 1.25 的材料安全系数，因此钢绞线和钢丝的抗拉强度设计值 $f_{pd}=$

$0.85f_{pk}/1.25 = f_{pk}/1.47$，即将标准值除以钢绞线和钢丝的材料分项系数1.47。

精轧螺纹钢筋的抗拉强度标准标准值为其屈服点，材料分项系数与普通钢筋相同，取为1.2。

10. 混凝土中钢筋腐蚀主要与哪些因素有关？如何控制？

答：混凝土结硬过程中，由于水泥水化作用形成大量氢氧化钙，使混凝土孔隙中的水分具有高碱性($pH = 12 \sim 14$)的电解质，钢筋表面在碱性介质中形成一层薄的钝化膜，只有当钝化膜遭到破坏时，钢筋才会开始发生腐蚀。钝化膜被破坏，氧和水是发生腐蚀的必要条件，在干燥环境(相对湿度 <45%)或完全置于水中，钢筋几乎不会腐蚀。有两种情况会使钝化膜发生破坏：一是外围混凝土碳化(中性化)，二是氯离子侵蚀。

裂缝为空气和水渗入混凝土并达到钢筋表面创造了条件，从而使钢筋开始腐蚀的时间大大提高。在正常小裂缝情况下，短期(约2年)内裂缝宽度对裂缝处的钢筋腐蚀虽有很大影响，但以后这种影响就很小了，而宽裂缝对钢筋加速腐蚀的影响是很大的。因此，对于钢筋混凝土构件，控制裂缝宽度是十分重要的。

钢筋混凝土结构因钢筋锈蚀引起混凝土顺筋胀裂而造成的损伤被认为是影响混凝土结构耐久性的首要原因，腐蚀沿钢筋纵向的发展速度主要取决于混凝土的品质、密实性及保护层厚度。若混凝土的密实性差，保护层厚度不够或周围环境恶劣，氯离子、氧和水分很容易侵蚀到钢筋表面，引起腐蚀，钢筋锈蚀物体积比被锈蚀的体积大2~4倍，这种体积膨胀足以使周围混凝土产生相当大的拉应力，使混凝土沿钢筋长度劈裂剥落，钢筋裸露，导致钢筋更剧烈的锈蚀，从而大大缩短结构的使用寿命。

对于部分预应力混凝土B类受弯构件，考虑到预应力筋在高应力下对腐蚀特别敏感，因此限制裂缝宽度更是非常必要的。但由于预应力混凝土构件，在短期荷载作用下产生的裂缝在荷载卸落之后立即闭合或者其宽度减至很小，使水和腐蚀物进入混凝土中的机会就小得多，因此控制长期荷载作用下的裂缝宽度对于控制钢筋的腐蚀是很重要的。

11. 钢筋保护层的作用是什么？

答：保护层的主要作用是保护钢筋不被锈蚀。对于钢筋混凝土及预应力混凝土结构，其耐久性主要取决于钢筋是否被腐蚀，钢筋一旦被腐蚀，不仅钢筋有效面积减小，强度降低，延性减小，而且因腐蚀物膨胀使周边混凝土剥落,更加速钢筋的腐蚀。钢筋被腐蚀的速度主要与以下五个因素有关:所处环境状况;保护层厚度;混凝土密实性;混凝土中侵蚀混凝土和钢筋的化学成分含量(如活性碱和氯离子);过宽的裂缝。

若保护层混凝土性能稳定、密实,并有足够的厚度,则周边环境的有害物质通过渗透至钢筋表面的时间将大大延长,从而使结构的耐久性得到保证。

12. 什么叫混凝土结构的耐久性?影响因素有哪些?常见的耐久性问题有哪些?

答:混凝土结构的耐久性,是指混凝土结构在自然环境、使用环境及材料内部因素的作用下,在设计要求的目标使用期内,不需要花费大量资金加固处理而保持安全、使用功能和外观要求的能力。

影响混凝土结构耐久性的因素主要有内部和外部两个方面。内部因素主要有混凝土的强度、渗透性、保护层厚度、水泥品种、等级和用量、外加剂用量等;外部条件则有环境温度、湿度、CO_2 含量等。耐久性问题往往是内部、外部不利因素综合作用的结果。而造成结构不足之处或有缺陷往往是设计不周、施工不良引起的,也有因使用维修不当引起的。

常见的耐久性问题列举如下:

(1)混凝土冻融破坏

混凝土水化硬结后内部有很多毛细孔。在浇筑混凝土时,为了得到必要的和易性,往往会比水泥水化所需要的水要多些,这部分多余的水以游离水的形式滞留于混凝土毛细孔中。这些在毛细孔中的水遇到低温就会结冰,结冰时体积膨胀约9%,引起混凝土内部结构的破坏。但一般混凝土中水的冰点温度要低一点。如果毛细孔中的水不超过91.7%时,毛细孔中空气可起缓冲调节作用,将一部分未结冰的水挤入胶凝孔,从而减小膨胀压力。在胶凝孔中处于过冷状态的水分因其蒸气压高于同温下冰(冰核)的蒸气压而向毛细孔中冰的界面处渗透,在毛细孔中产生渗透压力。由此可见,处于饱水状态(含水率达91.7%的极限值)的混凝土受冻时,毛细孔中同时受到膨胀压力和渗透压力,使混凝土结构产生内部裂缝和损伤,经多次反复,损伤积累到一定程度就引起结构破坏。

由上所述,要防止混凝土冻融循环破坏,主要措施有:一方面是降低水灰比,减少混凝土中的自由游离水;另一方面是在浇筑混凝土时加入引气剂,使混凝土中形成微细气孔,这对提高抗冻性是很有作用的。采用引气剂时应注意施工质量,使气孔在混凝土中分布均匀。混凝土早期受冻可用加强养护、掺入防冻剂等方法防止。

(2)混凝土的碱集料反应

混凝土集料中某些活性矿物与混凝土微孔中的碱性溶液产生化学反应称为碱集料反应。碱集料反应产生碱—硅酸盐凝胶,并吸水膨胀,体积可增大 3~4 倍,从而引起混凝土剥落、开裂、强度降低,甚至导致破坏。

引起碱集料反应有三个条件:一是混凝土凝胶中有碱性物质,这种碱性物质主要来自于水泥,若水泥中含碱且(Na_2O,K_2O)大于 0.6% 以上时则会很快析出到水溶液中,遇到活性集料可产生反应;二是集料中有活性集料,如蛋白石、黑硅石、燧石、玻璃质火山石、安山岩等含 SiO_2 的集料;三是水分,碱集料反应的充分条件是有水分,在干燥状态下很难发生碱集料反应。

碱集料反应进展缓慢,要经多年时间才造成破坏,故常列入耐久性破坏之中。防止碱集料反应的主要措施是采用低碱水泥,或掺用粉煤灰等掺和料降低水泥混凝土中的碱性以及对含活性成分的集料加以控制。

(3)侵蚀性介质的腐蚀

化学介质对混凝土的侵蚀在石化、化学、轻工、冶金及港湾建筑中很普遍。有的工厂建了几年就濒临破坏,我国 20 世纪 50、60 年代在海港建造的码头几乎都已遭到不同程度的破坏。有些化学介质侵入造成混凝土中一些成分被溶解、流失,引起裂缝、孔隙、松散破碎;有的化学介质侵入与混凝土中一些成分的反应生成物体积膨胀,引起混凝土结构破坏。常见的一些主要侵蚀性介质的腐蚀有:

①硫酸盐腐蚀:硫酸盐溶液和水泥石中的氢氧化钙及水化铝酸钙发生化学反应,生成石膏和硫铝酸钙,产生体积膨胀,使混凝土破坏。硫酸盐除在一些工业企业存在外,在海水及土壤中也存在。当硫酸盐的浓度(以 SO_2 的含量表示)达 0.2% 时,就会产生严重的腐蚀。

②酸腐蚀:因混凝土是碱性材料,遇到酸性物质会产生反应,使混凝土产生裂缝并导致破坏。酸存在于化工企业。此外,在地下水,特别在沼泽地区或泥炭地区广泛存在碳酸及溶有 CO_2 的水。除硫酸、硝酸、碳酸外,有些油脂、腐殖质也呈酸性,对混凝土有侵蚀作用。

③海水腐蚀:在海港和近海的混凝土建筑物,经常受到海水的侵蚀。海水中的 $NaCl$、$MgCl_2$、$MgSO_4$、K_2SO_4 等成分,尤其是 Cl^- 及硫酸镁对混凝土有强的化学侵蚀作用。在海岸的飞溅区受到干湿的物理作用,也有利于

Cl^- 及 SO_4^{2-} 的渗入,造成钢筋锈蚀。

④盐类结晶型腐蚀:一些盐类与水泥石一些成分发生反应,生成物或者失去胶凝性,或者体积膨胀,使混凝土破坏。

故对化学介质侵入破坏应采取特殊措施。

(4)机械磨损

机械磨损常见于工业地面、公路路面、桥面、飞机跑道等。

(5)混凝土的碳化

混凝土的碳化是指大气中的二氧化碳与混凝土中的碱性物质氢氧化碳发生反应使混凝土的 pH 值下降。其他物质如二氧化硫(SO_2)、硫化氢(H_2S)也能与混凝土中碱性物质发生类似反应,使混凝土中性化,pH 值下降。混凝土碳化对混凝土本身无破坏作用,其主要危害是使混凝土中钢筋的保护膜受到破坏,引起钢筋锈蚀。混凝土碳化是研究混凝土耐久性的重要问题之一。

(6)钢筋锈蚀

钢筋锈蚀膨胀使混凝土保护层脱落,钢筋有效面积减小,导致承载力下降甚至结构破坏。因此,钢筋锈蚀是影响钢筋混凝土结构耐久性的关键问题。

13. 不同环境下的混凝土结构耐久性设计应考虑哪些因素?

答: 混凝土结构耐久性设计应考虑以下因素:

(1)环境

环境条件对耐久性的影响很大,设计时应正确区分桥梁及不同构件所处环境情况,当结构处于海水、使用除冰盐、工业污染和土中等环境时,防护等级应予提高。

(2)混凝土材料的选择及配合比

为了提高混凝土的抗腐蚀能力,选择合适的水泥品种是十分重要的,水泥的化学成分不同,对不同腐蚀介质的抗腐蚀性能也不同。如矾土水泥抗各种化学腐蚀能力强,而火山灰硅酸盐水泥和抗硫酸盐水泥具有良好的抗硫酸盐侵蚀性能。因此在防腐蚀设计中,必须选用与腐蚀环境相适应的水泥品种。

在混凝土配合比设计中,应控制混凝土集料的最大粒径,降低水灰比,重防腐区可适当提高混凝土的强度等级,或采用掺入矿物掺和料和化学外加剂的方法提高混凝土的密实性和抗离子渗透的能力。

如表 8-5 所示是现行桥规对混凝土耐久性的基本要求。

结构混凝土耐久性的基本要求　　　　　表 8-5

环境类别	环境条件	最大水灰比	最小水泥用量（kg/m³）	最低混凝土强度等级	最大氯离子含量（%）	最大碱含量（kg/m³）
Ⅰ	温暖或寒冷地区的大气环境、与无侵蚀的水或土接触的环境	0.55	275	C25	0.30	3.0
Ⅱ	严寒地区的大气环境、使用除冰盐环境、滨海环境	0.50	300	C30	0.15	3.0
Ⅲ	海水环境	0.45	300	C35	0.10	3.0
Ⅳ	受侵蚀性物质影响的环境	0.40	325	C35	0.10	3.0

注：1. 有关现行规范对海水环境中结构混凝土的最大水灰比和最小水泥用量有更详细的规定时，可参照执行。
2. 表中氯离子含量系指其与水泥用量的百分率。
3. 当有实际工程经验时，处于Ⅰ类环境中结构混凝土的最低强度等级可比表中降低一个等级。
4. 预应力混凝土构件中的最大氯离子含量为 0.06%，最小水泥用量为 350 kg/m³，最低混凝土强度等级为 C40 或按表中规定Ⅰ类环境提高三个等级，其他环境类别提高两个等级。
5. 特大桥和大桥混凝土中的最大碱含量宜降至 1.8 kg/m³，当处于Ⅲ类、Ⅳ类或使用除冰盐和滨海环境时，宜使用非碱活性集料。

（3）保护层厚度及密实性

若保护层混凝土性能稳定、密实，并有足够的厚度，则周边环境的有害物质（特别是氯离子）通过渗透至钢筋表面的时间将大大延长，从而使结构的耐久性得到保证。

混凝土保护层对保护钢筋不被锈蚀起着至关重要的作用，为使结构在使用年限内，保护层始终起着良好的作用，除了对混凝土的化学成分提出要求外，对于不同的环境，保护层的厚度和密实性（可与混凝土强度等级挂钩）以及裂缝宽度限制应提出不同的要求，不同的环境下保护层厚度要求如表 8-6 所示。

普通钢筋和预应力直线形钢筋最小混凝土保护层厚度（mm）　　表 8-6

序号	构件类别	环境条件		
		Ⅰ	Ⅱ	Ⅲ、Ⅳ
1	基础、桩基承台： (1) 基坑底面有垫层或侧面有模板（受力主筋）； (2) 基坑底面无垫层或侧面无模板（受力主筋）	40 60	50 75	60 85

续上表

序号	构 件 类 别	环 境 条 件		
		Ⅰ	Ⅱ	Ⅲ、Ⅳ
2	墩台身、挡土结构、涵洞、梁、板、拱圈、拱上建筑(受力主筋)	30	40	45
3	人行道构件、栏杆(受力主筋)	20	25	30
4	箍筋	20	25	30
5	缘石、中央分隔带、护栏等行车道构件	30	40	45
6	收缩、温度、分布、防裂等表层钢筋	15	20	25

注:1. 对于环氧树脂涂层钢筋,可按环境类别Ⅰ取用。

2. 普通钢筋和预应力直线形钢筋的最小混凝土保护层厚度(钢筋外缘或管道外缘至混凝土表面的距离)不应小于钢筋公称直径,后张法构件预应力直线形钢筋不应小于其管道直径的1/2,且应符合表8-6的规定。

(4)阻锈剂

混凝土中只要含有足够量的钢筋阻锈剂,就能有效抑制其内氯离子的活化作用。钢筋阻锈剂作为混凝土外加剂的品种之一,在国内外已有广泛的应用,我国的钢筋阻锈剂已有许多品种被纳入国家规范《工业建筑防腐蚀设计规范》(GB 50046—2008),并有行业标准《钢筋阻锈剂使用技术规程》(YB/T 9231—2009)可执行。

(5)涂层

对于需重度防护的混凝土结构,可采取在混凝土表面涂层和采用环氧树脂涂层钢筋的方法,阻隔有害物质的侵入和腐蚀。

14. 混凝土结构极限状态设计法具体包括内容?

答: 钢筋混凝土和预应力混凝土结构按极限状态法设计计算时,应满足承载力和正常使用两大类极限状态:

(1)结构构件的承载能力极限状态计算,是以塑性理论为基础。其设计原则是,荷载效应最不利组合的设计值,必须小于或等于结构抗力的设计值,即满足下式:

$$\gamma_0 S \leq R \tag{8-4}$$

式中:γ_0——结构重要性系数;

S——作用效应的组合设计值;

R——构件承载力设计值,根据实际的截面尺寸、钢筋的布置位置等几何参数和所采用的材料强度设计值而计算得到。

例如,对于标准跨径20m的单筋矩形截面钢筋混凝土简支梁,其抗弯

承载能力极限状态的方程即可表示为:

$$1.0 \times (1.2 M_{自重} + 1.4 M_{汽车} + 1.05 M_{人群}) \leqslant f_{cd} b x \left(h_0 - \frac{x}{2} \right) \quad (8-5)$$

式(8-5)左边为作用效应的组合值,这里计入了结构自重、汽车荷载和人群荷载三种作用,式(8-5)右边为承载力设计值,其中 b、h_0、x 即为几何参数,f_{cd} 为材料参数,同时还隐含了 f_{sd} 和 A_s($f_{sd}A_s = f_{cd}bx$)的钢筋参数信息。

(2)正常使用极限状态的计算,是以弹性理论或弹塑性理论为基础的,主要进行下面三个方面的验算:

$$\left. \begin{array}{ll} ① \text{限制应力} & \sigma_d \leqslant [\sigma] \\ ② \text{变形} & f_l \leqslant [f] \\ ③ \text{裂缝宽度} & w_{fk} \leqslant [w] \end{array} \right\} \quad (8-6)$$

式中:σ、f 和 w——应力、变形和裂缝宽度,计算效应时不再乘以超载系数。

15. 钢筋混凝土受弯构件的受力分哪三个工作阶段?

答: 根据钢筋混凝土受弯梁的受力和变形过程,可分为以下三个工作阶段:

(1)第Ⅰ阶段——整体工作阶段

当开始加载,荷载(或弯矩)较小,截面上的应变变化规律符合平截面假定,应力与应变成正比,如图8-3a)所示。当荷载再增加,由于混凝土的抗拉强度远低于其抗压强度,而混凝土受拉的应力—应变关系呈曲线形状的塑性性质。虽然如此,但混凝土仍未开裂,整个截面都参加工作,故称此第Ⅰ阶段为"整体工作阶段",梁上所受的荷载约为破坏荷载的20%以下。这个阶段的极限是受拉区拉应力达到混凝土极限抗拉强度极限值,中和轴位置略有上升。

(2)第Ⅱ阶段——带裂缝工作阶段

通常认为在已开裂的截面上,受拉区混凝土已退出工作,其拉力全部由钢筋承受,故在弯矩不变的情况下($M = M_f$),钢筋应力突增,裂缝展开至一定的宽度,并向梁高方向延伸,中和轴也随之上升。混凝土压应变不断增大,也出现一定的塑性特征,应力图形呈平缓的曲线形,如图8-3b)所示。这个阶段的时间比较长,所加的荷载为破坏荷载的75%~85%。

(3)第Ⅲ阶段——破坏阶段

荷载继续增加,对于适筋梁和低筋梁,受拉钢筋达到屈服而进入塑性阶段,钢筋的拉应力维持在屈服点而不再增加,其应变却剧增,裂缝急剧开展并向上延伸,混凝土受压区高度迅速减小,但截面的内力仍是平衡的,混凝土压应力曲线分布图更趋丰满。当截面弯矩增至最大弯矩 M_u 时,混凝土受压边缘纤维的压应变达到极限压应变 ε_{hmax} 后,混凝土被压碎,整个结构即告破坏,如图 8-3c)所示。

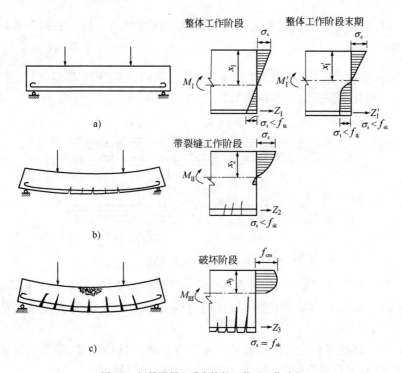

图 8-3 钢筋混凝土受弯构件正截面工作阶段

16. 截面设计中的容许应力法是一种什么方法？

答：按容许应力法计算钢筋混凝土构件就是将具体结构的材料视为理想的匀质弹性体,以带裂缝的工作阶段Ⅱ为依据,采用平截面假定及应力与应变成正比例的假定,从而应用《材料力学》弹性理论的计算公式求出截面的最大应力,并使其小于某一考虑了安全储备后的容许应力值。若以通式表示,则为：

$$\sigma_{max} \leqslant [\sigma] = \frac{f_{ck}}{K} \tag{8-7}$$

式中：σ_{max}——构件截面的最大计算应力；

$[\sigma]$——材料的容许应力；

f_{ck}——材料的强度标准值；

K——安全系数。

按容许应力法计算的假定,只有当荷载较小时才是正确的,但与接近破坏时截面上实际应力分布情况是不相符的,因而对容许应力的验算属于正常使用极限状态设计的内容。

17. 受弯构件的钢筋骨架通常由哪几种钢筋结合而成？它们各自起什么作用？

答：受弯构件内的钢筋骨架通常由受拉纵向主钢筋、弯起斜钢筋、箍筋、架立钢筋及水平纵向分布钢筋等构成,如图8-4所示。

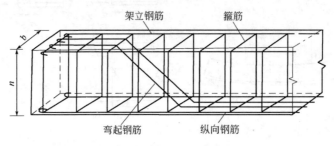

图 8-4　绑扎钢筋骨架

对于简支受弯构件,主钢筋一般设在梁的下缘受拉区,它与受压区的混凝土压力在水平向是平衡的,并且构成内力偶矩以抵抗荷载引起的截面弯矩。

由主钢筋弯起的斜向钢筋是用来增强梁体的抗剪强度,当无主钢筋弯起时,尚需配置专门的焊在主筋和架立钢筋的斜钢筋。

箍筋的主要作用也是增强梁体的抗剪强度。

架立钢筋布置在梁体的上缘,主要起固定箍筋和斜筋,并使梁内全部钢筋形成立体骨架的作用。

水平纵向分布钢筋只有当梁高 $h > 1m$ 时才设置,它沿着梁肋高度,紧靠箍筋的外侧呈水平方向设置,以抵抗温度应力及混凝土收缩应力,同时与箍筋共同构成网格骨架,以利于应力的扩散。

18. 钢筋混凝土受弯构件进行正截面承载能力验算时采用了哪些基本假定？

答：钢筋混凝土受弯构件正截面承载能力计算时采用了下述基本假定：
(1) 平截面假定

平截面假定是指在完全变形后构件的截面仍保持平面,即混凝土和钢筋的应变沿截面高度符合线性分布。国内外大量试验证明,对于混凝土受压区而言,从开始加载直至梁破坏为止,受压区混凝土的应变基本上按直线分布,符合平截面假定的。对于混凝土受拉区而言,由于已有裂缝存在,钢筋与混凝土之间已发生了相对滑移,显然已不符合平截面假定。但是,若受拉区的应变采用跨过几条裂缝的长标距量测时,就其平均应变而言,大体上还是符合平截面假定的。

需要指出的是,对于深受弯构件(跨高比不大于 5),其变形已明显不符合平截面假定,因而深受弯构件的截面计算不同于一般受弯构件。

(2)不考虑混凝土的抗拉强度

在裂缝截面处,受拉区混凝土已大部分退出工作,但在靠近中和轴附近,仍有一部分混凝土承担着拉应力。由于其拉应力较小,且内力偶臂也不大,因此,所承担的内力矩是不大的,故在计算中可忽略不计。

(3)混凝土受压区采用等效矩形应力图形

当混凝土受压边缘纤维的压应变达到(或接近)混凝土弯曲受压极限压应变 ε_{cu}(C50 及以下取 0.0033,C80 取 0.003,中间强度等级线性内插)时,其应力—应变关系曲线呈二次抛线,如图 8-5b)所示。但为了便于计算,采用一个等效的矩形应力图形代替实际的曲线分布图形[图 8-5c)],但它必须满足以下两个条件:

①保持原来受压区合力 D 的作用点位置不变。

②保持原来受压区合力 D 的大小不变。

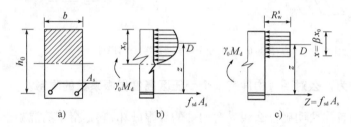

图 8-5　等效矩形应力图形的换算

通过等效简化,矩形应力图的高度为:

$$x = \beta x_0 \qquad (8-8)$$

式中:x_0——曲线形应力图的高度;

　　　β——矩形应力图高度系数,C50 及以下为 0.8,C80 为 0.74,中间强度等级直线内插。

为了更进一步简化,通过试验资料证明,混凝土弯曲抗压强度 f_{cm} 与混凝土的中心受压强度 f_{ck} 之比与混凝土的强度等级及钢筋的等级无明显的关系,而且混凝土抗压强度的取值对构件极限承载力的影响不大,故在《公路钢筋混凝土及预应力混凝土桥涵设计规范》(JTG D62—2004)中对弯曲受压,偏心受压及轴心受压时均采用轴心抗压强度 f_{ck},而取消了 f_{cm} 这个符号。

19. 钢筋混凝土及预应力混凝土受弯构件在正常使用阶段的计算作了哪些基本假定?

答:钢筋混凝土及预应力混凝土受弯构件在正常使用阶段的计算中,有以下三项基本假定:

(1)平截面假定。即认为梁的正截面在梁受力并产生弯曲变形以后,仍保持为平面,如图 8-6b)所示的应变 ε_c 沿梁高的分布图。

(2)弹性体假定。在这个阶段,混凝土受压区的应力分布图形实际上是曲线形的,但并不丰满,与直线形相差不大,为简化和偏安全起见,近似地视作为直线分布。

(3)受拉区混凝土完全不承受拉应力。拉应力完全由受拉区的钢筋来承受,如图 8-6c)所示。

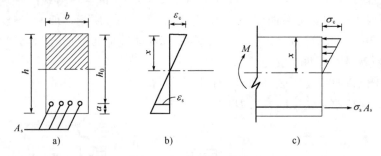

图 8-6　正常使用阶段受弯构件的计算图式

20. 为什么对受弯构件有一个受压区高度界限系数的限制?

答:首先要明确什么叫受弯构件的界限破坏,它是指钢筋混凝土梁当其受拉区钢筋达到屈服时,受压区混凝土边缘也应同时达到其压应变极限值而破坏。这个时候,矩形受压区的高度 x_b 与截面有效高度 h_0 之比,便称为受压区高度界限系数。它可表示为:

$$\xi_b = \frac{x_b}{h_0} \tag{8-9}$$

这时,实际受压区高度 x_{0b} 为 x_b/β,亦即图 8-7 中 ab 应力—应变直线所对应的那个高度。由于钢筋具有良好的塑性性能,具有较长的屈服段,故在截面配筋设计中,希望受弯构件的破坏始于受拉区钢筋屈服,经历一段变形过程后受压区边缘混凝土达到极限压应变 ε_{cu} 后才破坏。

这种设计有两大明显优点:第一,钢筋强度得到了充分的发挥;第二,构件破坏之前具有先兆,故又称它为适筋截面梁设计,此时的受压区高度应为 $x_0 < x_{0b}$,即如图 8-7 中的 ac 线所示。反之,如果受拉区的钢筋配置得过多,

就会出现钢筋尚未达到屈服应变 ε_y,而受压区边缘混凝土压应变已达到极限压应变 ε_{cu},使整个构件遭到破坏,如图 8-7 中的 ad 线所示,这是十分危险的,因为它在破坏之前没有先兆,或者兆示的时间很短。通常把这种设计称为超筋截面梁设计,一般是不允许的。超筋截面梁一般在梁高过矮的情况下出现。

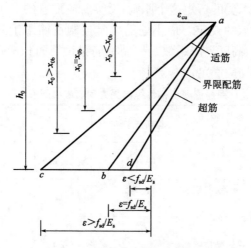

图 8-7 混凝土受压区高度界限系数

依照平截面假定很容易得到受压区高度界限系数。鉴于这个原因,《公路钢筋混凝土及预应力混凝土桥涵设计规范》(JTG D62—2004)中对于配置不同钢号钢筋的混凝土梁,分别给出了不同的混凝土受压区高度界限系数(表 8-7)。

受压区高度界限系数 ξ_b 表 8-7

钢筋种类\混凝土强度等级	受压区高度界限系数			
	C50 及以下	C55、C60	C65、C70	C75、C80
R235	0.62	0.60	0.58	—
HRB335	0.56	0.54	0.52	—
HRB400、KL400	0.53	0.51	0.49	—
钢绞线、钢丝	0.40	0.38	0.36	0.35
精轧螺纹钢筋	0.40	0.38	0.36	—

21. 为什么对纵向受拉钢筋有最小配筋率的规定?

答: 最小配筋率是少筋梁与适筋梁的界限。如果受拉区配置的钢筋截面面积 A_s 与混凝土的有效截面面积 A_0(对于矩形截面为 bh_0,b 为截面宽度)之比(即配筋率 ρ)过小,那么,截面内将出现与超筋梁相反的情况,即受拉区混凝土开裂后,由于受拉区钢筋的面积过小,接近素混凝土梁,它与受压区混凝土构成的合力矩小于开裂弯矩,于是钢筋迅速屈服断裂,结构发生脆性破坏,这同样是很危险的。因此,《公路·钢筋混凝土及预应力混凝土桥涵设计规范》(JTG D62—2004)中又根据钢筋混凝土梁在破坏瞬间所能承受的弯矩 M_u(按破坏阶段的图式计算)应不小于同样截面的素混凝土梁在刚开裂时所能承受的弯矩这个原则,反算所应配置的最小配筋率 ρ_{min},并作了如表8-8所示的规定。最小配筋率是控制适筋梁钢筋面积配置的下限,混凝土受压区高度界限系数是控制适筋梁钢筋面积配置的上限。在设计中这两项规定均应满足。

钢筋混凝土构件纵向受力钢筋最小配筋率 表8-8

构件类型	参与计算的钢筋面积	验算公式(%)	最小配筋率 μ_{min}(%)	说 明
轴心受压及偏心受压	全部纵向钢筋 A_s	$\dfrac{100A_s}{A}$	0.5	当混凝土等级≥C50时 $\mu_{min}=0.6\%$
	一侧纵向钢筋 A'_s	$\dfrac{100A'_s}{A}$	0.2	—
轴心受拉及小偏心受拉	一侧受拉钢筋 A'_s	$\dfrac{100A'_s}{A}$	$0.45\dfrac{f_{td}}{f_{sd}}$ 和 0.2	f_{td}-混凝土轴心抗拉强度设计值; f_{sd}-普通钢筋抗拉强度设计值
受弯构件及大偏心受拉		$\dfrac{100A'_s}{bh_0}$		
大偏心受拉	受拉区纵向钢筋 A''_s	$\dfrac{100A''_s}{bh}$	0.2	按计算需要配置受拉钢筋时

注:1. A-混凝土截面毛面积; b-腹板宽度(箱形截面为腹板宽度之和); h_0-有效高度。
2. 当钢筋沿构件截面周边布置时,"一侧的受压(或受拉)钢筋"仅指受压(或受拉)板边的部分纵向钢筋,即位于两侧边的其余钢筋面积不计。

部分预应力混凝土受弯构件中,普通受拉钢筋的截面面积不应小于 $0.003bh_0$。

22. 什么叫适筋梁破坏?

答:适筋梁的破坏特征是:受拉区钢筋首先达到屈服强度,其应力保持不变而产生显著的塑性伸长,直到受压区边缘混凝土的应变达到混凝土的极限的压应变时,受压区混凝土才出现纵向水平裂缝,随之被压碎而破坏。这种梁破坏前,梁的裂缝急剧开展,挠度较大,梁截面产生较大的塑性变形,因而有明显的破坏预兆,故属于"塑性破坏"。

23. 什么叫超筋梁破坏?

答:若截面受拉区的配筋率 ρ 很大,则在受压区边缘纤维的应变达到混凝土受弯时的极限压应变时,钢筋应力尚小于其屈服强度。试验表明,这种超筋梁的破坏特征是,受压区混凝土先被压碎,而钢筋常常是处于弹性工作阶段,裂缝开展不宽,梁的挠度也不大,破坏无明显的预兆,故它属于"脆性破坏"。

24. 什么叫少筋梁破坏?

答:当梁受拉区的配筋率很小时称少筋梁。少筋梁开裂之前,其荷载—挠度曲线基本呈直线变化。一旦开裂则挠度急剧增大,裂缝宽度迅速加大,但裂缝数量极少,往往集中地出现一条向上延伸很高的裂缝,受拉钢筋立即达到屈服强度,甚至被拉断。由于破坏也很突然,故也属于"脆性破坏"。

25. 钢筋混凝土受弯构件在哪些情况下才采用双筋截面?

答:所谓双筋截面,即除在梁的受拉区配置受拉主筋外,还在其上缘受压区内配置承受压力的钢筋。这种设计一般在下列两种情况下采用:

(1)当梁截面上将承受正、负两种不同符号的弯矩时。这种情况多发生在靠近连续梁中支点附近的截面上,可以根据弯矩包络图考虑配置。

(2)当梁的截面高度因某种原因受到限制而不能加高时。例如梁的上缘高程受到桥头接线及纵坡的限制,而下缘高程又受到通航净空要求的限制等。

对于上述第一种情况,一般将正弯矩和负弯矩分开来,分别按单筋截面进行计算和配筋,然后叠加。但也可按双筋截面的计算方法分别对正、负弯矩的强度进行校核。

对于第二种情况,则梁的截面抗弯强度由两部分组成:第一部分——受压区达到界限高度后所能承担的弯矩(按单筋截面设计);第二部分——外力矩扣除第一部分弯矩后的剩余弯矩将由受拉和受压钢筋合成的力矩来平衡。不论上述哪种情况,都要满足 $x \leqslant \xi_b h_0$ 和 $x \geqslant 2a'$ 的要求(a' 为受压钢筋的保护层厚度)。

26. 为什么对受弯 T 形梁和箱梁作翼缘有效宽度的规定?

答:宽翼缘 T 形梁和箱梁受荷后发生弯曲变形时,由于剪力滞效应,其纵向正应力沿翼缘板宽度方向是呈不均匀分布的,如图 8-8 所示。在设计计算中,为了保证结构安全和便于计算,根据等效受力的原则,把与梁肋共同工作的翼板宽度限制在一定的范围内,亦即将翼缘上不均匀的压应力,按中间最大压应力折合成分布在一定宽度范围内的均匀压应力,此宽度即称为翼缘计算宽度或有效宽度。关于有效宽度具体的计算方法,可参见《公路钢筋混凝土及预应力混凝土桥涵设计规范》(JTG D62—2004)第4.2.2条和第4.2.3条。

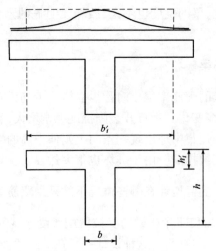

图8-8 T形梁翼缘上压应力分布图

27. 受弯构件中剪跨比是什么样的参数？

答：剪跨比 m 是一个无量纲的计算参数，它反映截面所承受的弯矩与剪力的相对大小，其一般表达式为：

$$m = \frac{M}{Qh_0} \tag{8-10}$$

式中：Q——通过斜截面顶端正截面内由使用荷载产生的最大剪力；
　　　M——相应于上述最大剪力时的弯矩；
　　　h_0——截面的有效高度。

对于图8-9中集中荷载作用下的简支梁，则可用更简便的形式来表达：

$$m = \frac{M}{Qh_0} = \frac{Qa}{Qh_0} = \frac{a}{h_0} \tag{8-11}$$

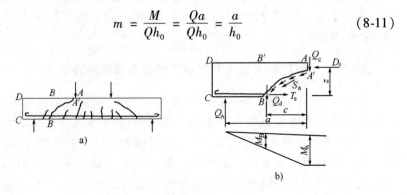

图8-9 斜截面抗剪强度计算图式和剪跨比

从上式可以看出，m 等于剪跨 a 与截面有效高度 h_0 的比值，故称为剪跨比。

28. 什么叫简支梁斜截面的斜拉破坏、剪压破坏和斜压破坏？

答：这三种破坏形态，均与上一问中的剪跨比有着密切关系，下面分别叙述：

(1) 斜拉破坏[图 8-10a)]

斜拉破坏多发生在剪跨比 $m>3$ 的无腹筋梁或腹筋配置很少的梁中。当裂缝一出现，腹筋立即屈服，很快就形成临界斜裂缝，并迅速延伸到梁中荷载作用点处，使梁斜向被拉断成两部分而破坏，故称之为斜拉破坏。这种破坏比较突然，从出现斜裂缝到破坏，荷载几乎没有什么增加，具有明显的脆性性质，危险性较大，因此，在设计中应采用构造措施以避免发生这种破坏。

(2) 剪压破坏[图 8-10b)]

剪压破坏一般发生在 $1 \leqslant m \leqslant 3$ 的情况中，是最常见的斜截面破坏形态。斜裂缝是从先出现的竖向裂缝再斜向延伸出来的，并随着荷载的增加向集中荷载的作用点处伸展，裂缝可能不止一条，但随荷载的增加，在众多斜裂缝中形成一条延伸较长，扩展较宽的主要裂缝，通常称之为"临界裂缝"。当裂缝出现后，腹筋和受压区的混凝土均能继续承担剪力，梁上还能继续加载，最后混凝土在正应力和剪应力的复合应力作用下达到其极限强度而破坏，故称之为剪压破坏。这种破坏不是突然发生的，是设计中普遍要求的情况。

(3) 斜压破坏[图 8-10c)]

斜压破坏发生在 $m<1$ 的情况，不论在无腹筋梁还是在有腹筋梁中都会发生。首先是加载点和支点之间先出现一条，继而出现若干条大体相平行的斜裂缝，梁腹被分割成若干倾斜的小柱体。随着荷载增大，梁腹发生类似混凝土棱柱体被压坏的情况，即破坏时斜裂缝多而密，但没有主裂缝，故称为斜压破坏。

29. 影响受弯构件斜截面抗剪能力的主要因素有哪些？

答：相关研究表明，影响有腹筋梁斜截面抗剪能力的主要因素有剪跨比、混凝土强度、纵向受拉钢筋配筋率和箍筋数量及强度等。

(1) 剪跨比 m

剪跨比 m 是影响受弯构件斜截面破坏形态和抗剪能力的主要因素。剪跨比 m 实质是反映了梁内正应力 σ 与剪应力 τ 的相对比值。对弹性匀质材料的矩形截面简支梁，σ 和 τ 可定义为 $\sigma = \alpha_1 M/bh_0^2$ 和 $\tau = \alpha_2 V/bh_0$，则 $\sigma/\tau = \alpha_3 m$，其中 $\alpha_3 = \alpha_1/\alpha_2$，$m = M/Vh_0$。显然，$m$ 不同，则 σ/τ 也不同，梁内主压应力迹线和主拉应力迹线也是不同的（图 8-11）。

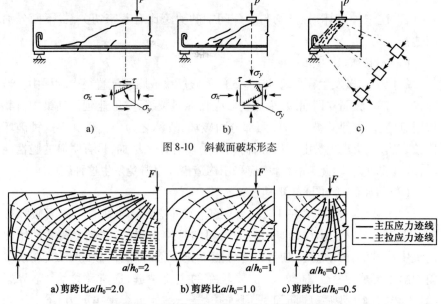

图 8-10 斜截面破坏形态

图 8-11 不同剪跨比时梁的主应力迹线示意图

图 8-12 列出了一组试验结果。这是一组截面尺寸、纵筋配筋率和混凝土强度基本相同，仅剪跨比变化的无腹筋梁的试验结果。图中的纵标为无量纲的抗剪能力 $V/f_c bh_0$。从图 8-12 中可以看到，随着剪跨比 m 的加大，破坏形态按斜压、剪压和斜拉的顺序演变，而抗剪能力逐步降低。当 $m > 3$ 后，斜截面抗剪能力趋于稳定，剪跨比的影响不明显了。

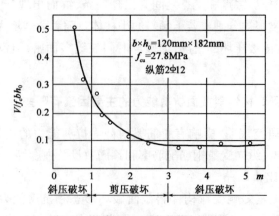

图 8-12 剪跨比 m 对梁抗剪能力的影响

(2) 混凝土抗压强度 f_{cu}

梁的斜截面破坏是由于混凝土达到相应受力状态下的极限强度而发生的。因此,混凝土的抗压强度对梁的抗剪能力影响很大。如图 8-13 所示为截面尺寸和纵向受力钢筋配筋率相同的五组试验梁的试验结果。由图 8-13 可见,梁的抗剪能力随混凝土抗压强度的提高而提高,其影响大致按线性规律变化。但是,由于在不同剪跨比下梁的破坏形态不同,所以,这种影响的程度亦不相同。当 $m=1$ 时,为斜压破坏,梁的抗剪能力取决于混凝土的抗压强度,混凝土抗压强度影响很大,故直线斜率较大;当 $m=3$ 时,接近斜拉破坏,梁的抗剪能力取决于混凝土的抗拉强度,但混凝土的抗拉强度并不随混凝土强度的提高而成比例增长,故当近似取为线性关系时,其直线的斜率较小;当 $1<m<3$ 时,其直线斜率介于上述两者之间。

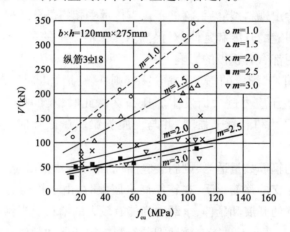

图 8-13 混凝土强度对梁抗剪能力的影响

(3) 纵向钢筋配筋率

试验表明,梁的抗剪能力随纵向钢筋配筋率 ρ 的提高而增大。一方面,因为纵向钢筋能抑制斜裂缝的开展和延伸,使斜裂缝上端的混凝土剪压区的面积增大,从而提高了剪压区混凝土承受的剪力 V_c。显然,随着纵筋数量的增加,这种抑制作用也增大。另一方面,纵筋数量的增加,其销栓作用随之增大,销栓作用所传递的剪力亦增大。如图 8-14 所示为纵向钢筋配筋率 ρ 对梁抗剪能力的影响程度,两者大体上成直线关系。随剪跨比 m 的不同,ρ 的影响程度亦不同,所以,图 8-14 中各直线的斜率也不同。剪跨比较小时,纵筋的销栓作用较强,纵筋配筋率对抗剪能力的影响也较大;剪跨比较大时,纵筋的销栓作用减弱,则纵筋配筋率对抗剪能力的影响也较小。

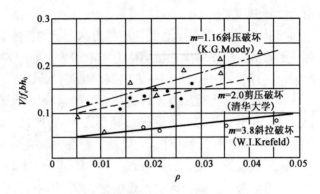

图 8-14　纵筋配筋率 ρ 对梁抗剪能力的影响

(4) 配箍率和箍筋强度

有腹筋梁出现斜裂缝后,箍筋不仅直接承受相当部分的剪力,而且能有效地抑制斜裂缝的开展和延伸,对提高剪压区混凝土的抗剪能力和纵向钢筋的销栓作用都有着积极的影响。

试验表明,若配置的箍筋数量过多,则在箍筋尚未屈服时,斜裂缝间混凝土即因主压应力过大而发生斜压破坏。此时,梁的抗剪能力取决于构件的截面尺寸和混凝土强度,并与无腹筋梁斜压破坏时的抗剪能力相接近。

若配置的箍筋数量适当,则斜裂缝出现后,原来由混凝土承受的拉力转由与斜裂缝相交的箍筋承受,在箍筋尚未屈服时,由于箍筋的作用,延缓和限制了斜裂缝的开展和延伸,承载力尚能有较大的增长。当箍筋屈服后,其变形迅速增大,箍筋不再能有效地抑制斜裂缝的开展和延伸。最后,斜裂缝上端的混凝土在剪、压复合应力作用下达到极限强度,发生剪压破坏。此时,梁的抗剪能力主要与混凝土强度和配置的箍筋数量有关,而剪跨比和纵筋配筋率等因素的影响相对较小。

若箍筋配置数量过少,则斜裂缝一出现,截面即发生急剧的应力重分布,原来由混凝土承受的拉力转由箍筋承受,使箍筋很快达到屈服,变形剧增,不能抑制斜裂缝的开展,此时梁的破坏形态与无腹筋梁相似。当剪跨比较大时,也将产生脆性的斜拉破坏。

如图 8-15 所示为配箍率与箍筋抗拉强度的乘积对梁抗剪能力的影响。当其他条件相同时,两者大体呈线性关系。

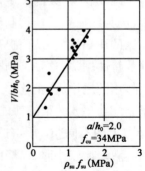

图 8-15　配箍率对梁抗剪能力的影响

由于梁斜截面破坏属于脆性破坏,为了提高斜截面延性,不宜采用高强钢筋作箍筋。

30. 为什么在受弯构件靠近支点的局部区段配置斜钢筋和加密箍筋?

答:这个问题可以从两个方面来说明:
(1)理论分析
以简支梁为例,梁在恒载与活载作用下的剪力 Q 包络图如图 8-16a)所示,越靠近支点,剪力越大。仅取其中微小的 a 单元体来分析,暂不计它上面的正应力,在纯剪状态,该单元体将发生剪切变形,在 45°的倾角方向,主拉应力最大,使截面产生斜向裂缝。如果计入拉、压正应力,也可按材料力学公式计算得出,虽然主拉应力的倾角有变化,但仍然是斜向的。
(2)试验验证
当靠近梁的两端各施加垂直力 P 直至梁截面达到破坏时可以发现,在两荷载 P 之间的中间梁段,裂缝呈垂直的,而在 P 力与支点区段,裂缝是倾斜的,如图 8-16b)所示。

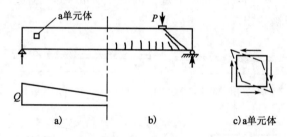

图 8-16 剪切破坏时的裂缝分布特征

为了克服这个主拉应力产生的斜裂缝,最有效的办法是在一定的范围内按计算配置适量的斜钢筋和加密箍筋。

31. 为什么简支梁斜截面按抗剪强度的公式通过了,还要验算它的截面最小尺寸限值?

答:《公路钢筋混凝土及预应力混凝土桥涵设计规范》(JTG D62—2004)中给出的斜截面抗剪强度计算公式是根据剪压破坏时的受力特点及试验资料所拟定的,它只在一定的条件下才适用。为此,还必须限定该公式的适用范围,亦即规定截面的最小尺寸。

试验表明,当梁内抗剪钢筋的配筋率达到一定程度后,即使再增加抗剪钢筋的含量,梁的抗剪能力也不再增加,破坏时箍筋的应力亦达不到屈服强度,而混凝土却受斜压或劈裂而导致破坏,并且这种破坏属于突发性的脆性破坏。为了防止此类破坏,JTG D62—2004 对梁斜截面的最大抗剪能力规定了一个限值[具体公式见 JTG D62—2004 中 5.2.9 条和 5.2.10 条],如果计算剪力值超过了这个限值,不能简单地用增加钢筋数量来解决,而应增大构件截面的尺寸。

32. 为什么对混凝土内的钢筋锚固长度、搭接长度和同一截面的接头数量都作了限制？

答：当梁的承载能力图大于弯矩包络图时,除了将纵向钢筋弯起以承受剪力外,有时也可将纵筋根据理论截断点再向外延伸一定的长度后再截断。我们称这个额外延伸的长度为锚固长度,这是为了保证钢筋与混凝土之间具有足够的握裹力,不至于因锚固不足而产生滑移,甚至有可能从混凝土中拔出。

其次,当梁内钢筋需要接长时,可以采用绑扎搭接接头或焊接接头。受拉钢筋的绑扎搭接接头[图 8-17a)、b)]应有一定的搭接长度,这和上面关于锚固长度的道理是一样的,为的是当拉力由一根钢筋通过混凝土的黏结应力,再传递给另一根钢筋时,不致使混凝土被相对剪切而发生劈裂,导致纵筋滑移甚至被拔出。

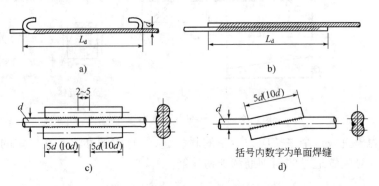

图 8-17 钢筋接头形式(尺寸单位:mm)

当采用夹杆焊接或搭叠焊接接头时,拉力的传递是通过焊缝的剪切传递[图 8-17c)、d)],故这个搭接长度主要由焊缝的抗剪强度来决定。

不论采用哪一种接头形式,同一截面上的接头数量在《公路钢筋混凝土及预应力混凝土桥涵设计规范》(JTG D62—2004)中都作了具体的规定,不能超过一定的比例;否则,由于接头面积过大,接头截面处的钢筋过密,钢筋和混凝土的黏结力易于遭到破坏,钢筋发生滑动。试验同时显示,钢筋无搭接接头的梁裂缝首先出现在跨中截面,并且裂缝分布较均匀,而具有绑扎接头的梁裂缝首先出现并集中在各搭接钢筋的末端。这也是限制同一截面上接头不宜过多的一个重要原因。

33. 什么叫大偏心受压构件?

答:大偏心受压构件是以受拉区钢筋先达到屈服强度后,混凝土才被压坏为特征的构件。它多发生在相对偏心距(e_0/h)较大且受拉钢筋配置得不太多的构件上。临近破坏时有明显的预兆,裂缝显著开展,属于受拉破坏,破坏形态与双筋矩形截面梁的破坏颇相类似。构件承载力取决于受拉钢筋的强度和数量。矩形截面大偏心受压构件的计算图式如图 8-18 所示,其受压区高度系数 $\xi \leq \xi_b$。

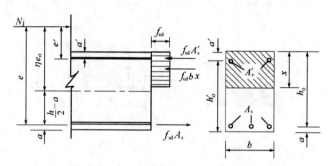

图 8-18 大偏心受压构件计算图式

34. 什么叫小偏心受压构件?

答:小偏心受压构件是以受压区混凝土先被压坏作为特征的构件。它多发生相对偏心距(e_0/h)较小或受拉钢筋配置得较多的情况。小偏心受压短柱破坏时的应力分布,根据偏心距 e_0 的大小及受拉区纵向钢筋 A_s 数量可分为如图 8-19 所示的两种情况。

(1)构件截面全部受压,中性轴落在截面以外[图 8-19a)]。破坏时,靠压力 N 一侧的混凝土达到极限压应变,钢筋 A'_s 达到屈服强度,而另一侧的混凝土和钢筋均未达到极限抗压强度。

(2)中性轴在截面内[图 8-19b)],受压区高度系数 $\xi > \xi_b$,破坏时,靠压力 N 一侧的混凝土达到极限压应变,钢筋达到屈服强度,而另一侧钢筋虽然受拉,但未达到它的屈服强度。

35. 为什么偏心受压长柱还要考虑偏心距增大系数?

答:钢筋混凝土受压长柱构件在承受偏心荷载后,由于侧向挠度 y 的影响,各截面所受的弯矩 M 不再是像短柱中的 Ne_0,而是 $N(e_0+y)$,如图 8-20 所示。

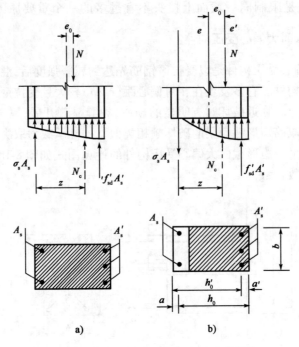

图 8-19　小偏心受压短柱截面受力的几种情况

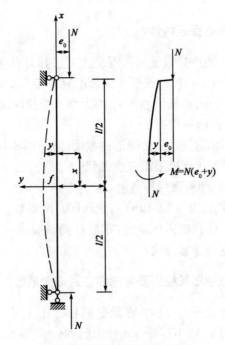

图 8-20　偏心受压构件的受力图式

在柱高度中点处,侧向挠度最大,其值为 $N(e_0+f)$。相对于忽略挠度影响的短柱而言,Nf 属于附加弯矩或二阶弯矩。若作如下的推演,即

$$M = N(e_0+f) = N\left(\frac{e_0+f}{e_0}\right)e_0 \quad (8-12)$$

若令

$$\eta = \frac{e_0+f}{e_0} = 1+\frac{f}{e_0} \quad (8-13)$$

则式(8-12)可写成:

$$M = N \cdot \eta e_0 \quad (8-14)$$

式中:η——偏心受压构件考虑纵向挠曲影响的偏心距增大系数。

36. 钢筋混凝土轴心受压构件的配筋方式有哪两种?

答:钢筋混凝土轴心受压构件按照箍筋的功能和配筋方式可分为以下两种:

(1)配有纵向钢筋和普通箍筋的轴心受压构件——普通箍筋柱[图8-21a)]

正方形和矩形截面的构件多采用这种配筋方式。纵筋的作用是:与混凝土共同承压;承受可能出现的不大的弯矩。普通箍筋的作用是防止纵向钢筋局部屈曲,并与纵向钢筋形成钢筋骨架,便于施工。

(2)配有纵向钢筋和螺旋箍筋的轴心受压构件——螺旋箍筋柱[图8-21b)]

这种配筋方式适用于圆形或正多边形截面的构件。在纵向钢筋的外围设有连续环绕且间距较密的螺旋箍筋(或间距较密的焊环)。螺旋筋的作用是使截面中间部分(核心)混凝土成为约束混凝土,从而提高构件的强度和延性。

37. 什么叫纵向弯曲系数?

答:中心受压长柱存在着各种因素产生的不可预见的初始偏心,这些因素有:材料质量的不均匀;制作上的误差;作用荷载不可预见的偏心等。当加载到某个临界值后,这种初始偏心将产生附加弯矩,而这个附加弯矩产生的水平挠度又加大了原来的初始偏心距,这样的相互影响使长柱最终在弯矩与轴力共同作用下发生强度破坏。对于长细比很大的长柱,还有可能产生"失稳破坏"的现象。

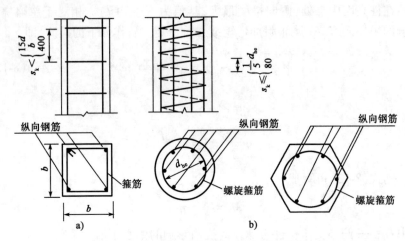

图 8-21 轴心受压构件的箍筋配置方式(尺寸单位:mm)

由于混凝土的力学性能很复杂,所以只能根据试验来确定某个折减系数,即纵向弯曲系数 φ,并用它对截面的极限承载力予以折减,以确保长柱工作的安全。因此,φ 便是表示长柱承载能力的降低程度,即

$$\varphi = \frac{N_p^c}{N_p^d} \tag{8-15}$$

式中:N_p^c——长柱的破坏荷载;

N_p^d——相同截面短柱的破坏荷载。

38. 螺旋式间接钢筋为何能提高截面承载能力?

答:配有纵向钢筋和螺旋箍筋的轴心受压短柱,其中螺旋箍筋是沿柱高度连续缠绕的,且间距很密,由于它的套箍作用,有效地限制了核心混凝土的横向变形,从而提高了柱的承载力。又由于它能提高截面的承载能力,间接地起到了纵向钢筋的作用,故称之间接钢筋。现按图8-22来阐明这种间接钢筋作用的原理。

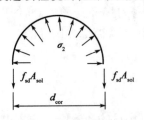

图 8-22 螺旋箍筋的受力状态

当单根螺旋箍筋达到抗拉强度 f_{sd} 和短柱临近破坏时,面积为 A_{cor} 的核心混凝土径向(侧向)压应力为 σ_2。由隔离体的平衡条件得到:

$$\sigma_2 d_{cor} S = 2 f_{sd} A_{sol}$$

∴

$$\sigma_2 = \frac{2 f_{sd} A_{sol}}{d_{cor} S} \tag{8-16}$$

式中:A_{so1}——单根螺旋箍筋截面面积;
　　　S——螺旋箍筋的间距;
　　　d_{cor}——核心混凝土的直径。

现将间距为 S 的螺旋钢筋,按钢筋体积相等的原则换算成纵向钢筋面积,即间接钢筋面积 A_{so},便有:

$$\pi d_{cor} A_{so1} = A_{so} S; A_{so} = \frac{\pi d_{cor} A_{so1}}{S} \qquad (8-17)$$

联之解式(8-16)、式(8-17),使得:

$$\sigma_2 = \frac{f_{sd} A_{so}}{2A_{cor}} \qquad (8-18)$$

再根据圆柱体三向受压试验结果,约束混凝土的轴心抗压强度 f_{cc} 的经验公式为:

$$f_{cc} = f_{cd} + 4\sigma_2 = f_{cd} + \frac{2f_{sd} A_{so}}{A_{cor}} \qquad (8-19)$$

从该式明显看出间接钢筋起到了提高混凝土强度的效果。

39. 什么叫局部承压? 有何受力特点?

答:局部承压是指在构件的表面上仅有部分面积承受压力的受力状态(图8-23)。

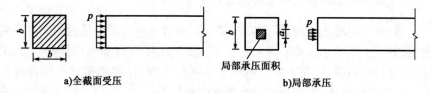

图 8-23　全截面受压和局部受压

如图 8-24 所示,设构件截面面积为 A,正方形截面的宽度为 b,在构件端面 AB 中心部分的较小面积 A_1(宽度为 a)上作用有压力 N,其平均压应力为 p_1,此应力从构件端面向构件内逐步扩散到一个较大的截面面积上。分析表明,在离端面距离 H 约等于 b 处的横截面 CD 上,压应力基本上已均匀分布,其压应力集度为 $p < p_1$,也就是说,构件的 CD 面以下截面已属于全截面受压。一般把图 8-24b)中所示的 $ABCD$ 区域称为局部承压区。

与全面积受压相比,混凝土构件局部承压有如下特点:

(1)构件表面受压面积小于构件截面积。

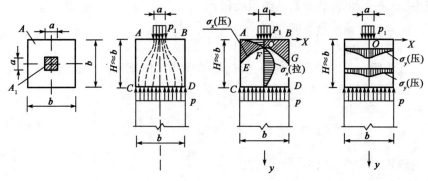

a) 局部承压区　　b) 横向正应力分布示意　c) 截面纵向正应力分布示意

图 8-24　构件端部的局部承受压区

（2）局部承压面积部分的混凝土抗压强度比全面积受压时混凝土抗压强度高。

（3）在局部承压区的中部有横向拉应力 σ_x（图 8-24），这种横向拉应力可使混凝土产生裂缝。

局部承压是混凝土和钢筋混凝土结构中常见的受力形式之一。例如：直接承载由支座垫板传来的局部集中荷载的桥梁墩（台）帽；拱或刚架的铰接支承点；后张法预应力混凝土构件端部锚固区等，都是局部承压的典型部位。在工程实践中，因局部承压区混凝土开裂或局部承压能力不足而引起的事故屡有发生，在工程设计中必须予以关注。

40. 局部承压有哪三种破坏形态？

答：对于混凝土局部承压的破坏形态，国内外进行了大量的研究。研究表明，混凝土局部承压的破坏形态主要与 A_l/A（A_l 为局部承压面积，A 为试件截面面积）以及 A_l 在表面上的位置有关。对于 A_l 对称布置于构件端面上的轴心局部承压，其破坏形态主要有三种：

（1）先开裂后破坏

当试件截面积与局部承压面积比较接近时（一般 $A/A_l < 9$），外加荷载达到 50%～90% 破坏荷载时，试件某一侧面首先出现纵向裂缝，随着荷载增加，裂缝逐渐延伸，其他侧面也相继出现类似裂缝，最后承压面下的混凝土被冲切出一个楔形体[图 8-25a]，试件被劈成数块而发生劈裂破坏。

（2）一开裂即破坏

当试件截面积与局部承压面积相比较大时（一般 $9 < A/A_l < 36$），试件一开裂就破坏，破坏很突然，裂缝从顶面向下发展，裂缝宽度上大下小，局部承压面积外围混凝土被劈成数块，而局部承压面下的混凝土被冲剪成一个

楔形体[图8-25b)]。

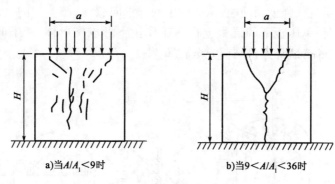

图8-25 局部承压破坏形态

(3)局部混凝土下陷

当试件截面积与局部承压面积相比较大时(一般 $A/A_l > 36$),在试件整体破坏前,局部承压面下的混凝土先局部下陷,沿局部承压面四周的混凝土出现剪切破坏,但此时外围混凝土尚未劈裂,荷载还可以继续增加,直至外围混凝土被劈成数块而最终破坏。

在实际工程中,前两种破坏形态较多。在局部承压试验中,试验荷载是通过局部承压钢垫板作用在试件上,这是与实际工程中局部承压作用形式是一致的。局部承压板与混凝土接触面间有摩擦阻力,在破坏时,承压垫板下将出现楔形体。当 $A/A_l > 36$ 时,试件是由于这个楔形体下陷而破坏,但这时试件并未劈裂;当 $9 < A/A_l < 36$ 时,试件因楔形体的滑移使试件劈裂破坏;当 $A/A_l < 9$ 时,横向拉应力应先使试件表面形成裂缝,然后形成楔形体,最后由楔形体劈裂而破坏。

41. 目前关于混凝土局部承压的工作机理主要有哪两种理论?

答: 关于混凝土局部承压的工作机理,主要有以下两种理论:

(1)套箍理论

套箍理论认为,局部承压区的混凝土可以看作是承受侧压力作用的混凝土芯块。当局部荷载作用增大时,周围混凝土起着套箍作用而阻止芯块横向膨胀,从而提高了芯块混凝土的抗压强度。当周围混凝土环向拉应力达到其极限强度时,试件即告破坏,其受力模型如图8-26所示。

(2)剪切理论

剪切理论认为,在局部荷载作用下,局部承压的受力特性,犹如一个带多根拉杆的拱结构,如图8-27所示。紧靠承压板下面的混凝土处于三向受压状态,故抗压强度有明显的提高。距承压板较远处的混凝土,亦即位于拉杆部位的混凝土,将承受横向拉力。当局部荷载增加,其中部分拉杆拉应力大于混凝土抗拉强度而断裂,从而产生局部纵向裂缝[图8-27b)]。当达到破坏荷载时,承压板下的混凝土在剪压作用下形成楔形体,产生剪切滑移面,楔形块的劈裂导致拱结构完全破坏[图8-27c)]。

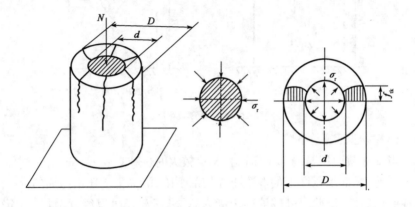

图8-26 套箍理论的局部承压受力模型

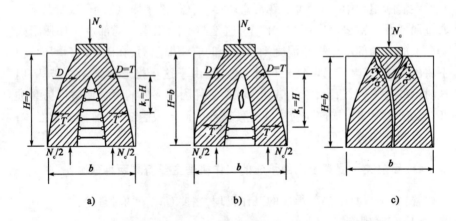

图8-27 剪切理论的局部承压受力模型

一般认为,剪切理论能较合理地反映局部承压的破坏机理及其受力过程。

42. 局部承压所使用的间接钢筋有哪两种形式?

答:基于承压构件的破坏机理,为了防止结构因局部承压而开裂,在工程设计中常在局部承压区内配置两种形式的间接钢筋,即方格钢筋网和螺旋式钢筋,如图8-28所示。

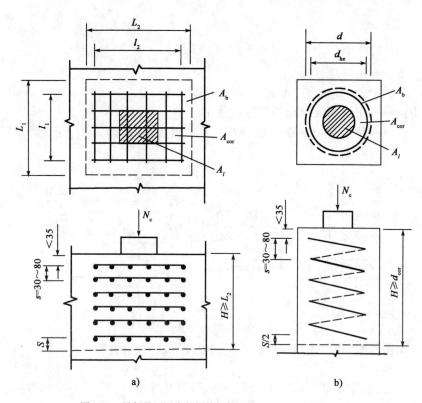

图 8-28 局部承压区内的间接钢筋配筋形式(尺寸单位：mm)

43. 什么叫换算截面和换算惯性矩?

答：在本章第 19 问中，如图 8-6 所示的计算图式与材料力学中匀质梁计算图式非常接近，其主要区别在于钢筋混凝土梁的受拉区混凝土不参加工作。因此，如果能将钢筋和受压区混凝土两种材料组成的实际截面，换算成由同一种拉压性能相同的假想材料组成的匀质截面(称换算截面)，就可直接应用材料力学的公式进行截面计算。

现以钢筋混凝土单筋矩形截面为例(图 8-29)分别说明开裂构件钢筋换算面积 A_{sc} 和换算惯性矩 I_{cr} 的计算原理。

首先，我们设想，假如在受拉钢筋处用与受压区混凝土完全相同的材料（E_c 不变）来代替，且发生与钢筋相同的应变（$\varepsilon_c' = \varepsilon_s$）时而不开裂的话，那么，该处所需要的混凝土面积便是该截面的钢筋换算面积 A_{sc}，它可通过受拉钢筋的总拉力 $A_s\sigma_s$ 推演而得到，即

$$A_s\sigma_s = A_s E_s \varepsilon_s = A_s \frac{E_s}{E_c} E_c \varepsilon_s \tag{8-20}$$

373

若令:
$$n = \frac{E_s}{E_c}; \sigma'_c = E_c \varepsilon'_c$$

上式便可写成:
$$A_s \sigma_s = (nA_s)\sigma'_c = A_{sc}\sigma'_c \tag{8-21}$$

式中:n——钢筋与混凝土的弹性模量比;

σ'_c——位于受拉钢筋处的混凝土当发生的应变为 ε'_c($= \varepsilon_s$)时的拉应力。

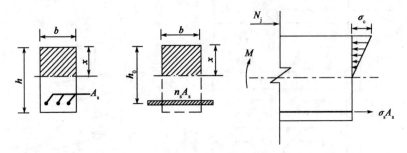

图 8-29 截面内力平衡图式

由此,我们可以很简单地确定出钢筋换算面积的值,即
$$A_{sc} = nA_s \tag{8-22}$$

于是,根据中和轴位置不变的原则,很容易计算出换算截面的抗弯惯性矩 I_{cr}:
$$I_{cr} = \frac{1}{3}bx^3 + nA_{sc}(h_0 - x)^2 \tag{8-23}$$

由于 A_{sc} 和 I_{cr} 均按匀质材料的截面求得的,故完全可以应用材料力学的公式确立截面各个纤维层的正应力。

对于未开裂截面,混凝土全部面积参与提供刚度,钢筋仍按式(8-22)换算成面积 A_{sc},依此计算出全截面的换算截面惯性矩 I_0:
$$I_0 = \frac{bh^3}{12} + (n-1)A_{sc}\left(\frac{h}{2} - a\right)^2 \tag{8-24}$$

44. 在什么前提下,才可以应用材料力学或结构力学中的公式来计算受弯构件的变形?

答:在使用阶段,钢筋混凝土受弯构件是带裂缝工作的。因此,在计算变形时,除了前面提到的三个基本假定(平截面假定、弹性体假定和不考虑受拉区混凝土参与工作的假定)外,还要考虑另一个特性,即受弯构件截面的抗弯刚度将随弯矩 M 的增大而不断减小。由于这个原因,故在变形计算中,应对截面刚度进行修正。钢筋混凝土开裂构件等效截面的抗弯刚度按下式计算：

$$B = \frac{B_0}{\left(\frac{M_{cr}}{M_s}\right)^2 + \left(1 - \frac{M_{cr}}{M_s}\right)^2 \frac{B_0}{B_{cr}}} \quad (8\text{-}25)$$

$$M_{cr} = \gamma f_{tk} W_0 \quad (8\text{-}26)$$

式中：B——开裂构件等效截面的抗弯刚度；

B_0——全截面的抗弯刚度，$B_0 = 0.95 E_c I_0$，I_0 按式（8-24）计算；

B_{cr}——开裂截面的抗弯刚度，$B_{cr} = E_c I_{cr}$，I_{cr} 按式（8-23）计算；

M_{cr}——开裂弯矩；

M_s——作用效应短期组合弯矩值；

γ——构件受拉区混凝土塑性影响系数；

$$\gamma = \frac{2 S_0}{W_0}$$

S_0——全截面的换算截面重心轴以上（或以下）部分面积对重心轴的面积矩；

W_0——换算截面抗裂边缘的弹性抵抗矩。

45. 为什么在计算汽车荷载引起梁的变形时不考虑冲击力的影响？

答：不计冲击力的汽车荷载称为静活载。《公路钢筋混凝土及预应力混凝土桥涵设计规范》（JTG D62—2004）规定，在变形计算中采用静活载，其原因是，当汽车荷载作用在桥上时，由于冲击力的作用，将使钢筋混凝土构件的挠度曲线有一个波动的振幅，即产生一个最大挠度和一个最小挠度，而取静活载计算产生的挠度，就等于是取考虑冲击力后活载挠度的平均值。

46. 关于钢筋混凝土裂缝宽度的计算目前有哪三种理论？我国的《公路钢筋混凝土及预应力混凝土桥涵设计规范》（JTG D62—2004）是基于哪一种？

答：关于钢筋混凝土裂缝宽度的三种计算理论是：

（1）黏结滑移理论

黏结滑移理论又称"经典的裂缝理论"，是 20 世纪 40～60 年代由 D. Waststem 等人提出的。这个理论认为裂缝控制主要取决于钢筋和混凝土之间的黏结性能，当裂缝出现后，钢筋和混凝土之间的黏结发生局部破坏，这时，在裂缝处钢筋与混凝土之间的变形不再协调，而出现相对滑移，如图 8-30a）所示。该理论的基本要点是，最大裂缝宽度 w_{fmax} 与钢筋直径 d、配筋率 ρ 和受拉钢筋的应力 σ_s 等因素有关。其一般表达式为：

$$w_{fmax} = \psi \frac{\sigma_s}{E_s}\left(k_1 + k_2 \frac{d}{\rho}\right) \quad (8\text{-}27)$$

式中:ψ、k_1、k_2——从试验得出的各种相关系数;

E_s——钢筋弹性模量。

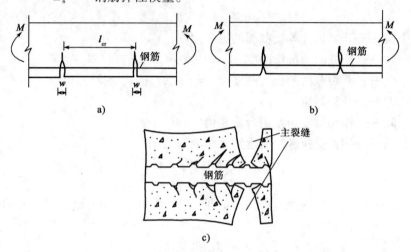

图 8-30 三种裂缝理论的示意图

(2)无滑移理论

无滑移理论是 1966 年由英国水泥凝土学会 G. D. Bake、J. B. Read 等人提出的。他们认为,在通常允许的裂缝宽度内,钢筋与混凝土之间的黏结力并不破坏,相对滑移很小,可以忽略不计,钢筋表面处裂缝宽度要比构件表面裂缝宽度小得多,如图 8-30b)所示。该理论认为,钢筋净保护层厚度 a 是影响裂缝宽度的主要因素,其一般表达式为:

$$w_{fmax} = ka\frac{\sigma_s}{E_s} \quad (8\text{-}28)$$

式中:k——最大裂缝宽度与平均宽裂缝缝宽度的比值。

(3)综合理论

综合理论是上述两种理论的综合。1971 年日本的学者 Y. Goto 通过试验证明,裂缝宽度在构件外表处最大,在钢筋表面处最小[图 8-30c)]。综合理论既考虑了保护层厚度时对裂缝宽度 δ_f 的影响,也考虑了钢筋和混凝土之间可能出现的滑移,这无疑比上两种理论更为合理。

我国《混凝土结构设计规范》(GB 50010—2010)是采用综合理论制定的裂缝宽度计算公式,它的一般表达式为:

$$w_{max} = \alpha_{cr}\psi\frac{\sigma_s}{E_s}\left(1.9a + 0.08\frac{d}{\rho}\right) \quad (8\text{-}29)$$

式中：α_{cr}、ψ——各种由试验及统计得出的相关系数。

该式综合了上述两种理论所分析的主要影响因素。

我国的《公路钢筋混凝土及预应力混凝土桥涵设计规范》(JTG D62—2004)所采用的裂缝宽度 w_{fk} 计算公式为：

$$w_{fk} = c_1 \cdot c_2 \cdot c_3 \left(\frac{30 + d}{0.28 + 10\rho}\right)\frac{\sigma_s}{E_s} \tag{8-30}$$

式中：c_1、c_2、c_3——各种相关系数。

与上述三式相比，式(8-30)比较接近综合理论的公式。该式没有计入净保护层厚度 a 影响的理由是，规范中规定的容许裂缝宽度是保证在使用年限内钢筋不至锈蚀的开展宽度，它也与保护层厚度密切相关，即保护层愈厚，裂缝处钢筋与混凝土脱离的区段越短，因而钢筋被锈蚀的程度越轻。加大保护层厚度可提高容许裂缝宽度值，对防止锈蚀是有利的一面，这恰与一般认为"保护层越厚，则裂缝宽度越大"的不利影响大致可以抵消，故在式(8-30)中没有计入它的影响。

47. 什么叫预应力混凝土？

答：预应力混凝土就是人为地事先在混凝土或钢筋混凝土中引入内部应力，且其数值和分布恰好能将使用荷载产生的应力抵消到一个合适程度的混凝土，目的是使混凝土结构在使用荷载作用下不致开裂或推迟开裂，或者使裂缝宽度减小。

48. 预应力混凝土结构有什么优缺点？

答：预应力混凝土结构具有下列主要优点：

(1) 提高了构件的抗裂度和刚度。对构件施加预应力后，使构件在使用荷载作用下可不出现裂缝，或可使裂缝大大推迟出现，有效地改善了构件的使用性能，提高了构件的刚度，增加了结构的耐久性。

(2) 可以节省材料，减少自重。预应力混凝土由于采用高强材料，因而可减少构件截面尺寸，节省钢材与混凝土用量，降低结构物的自重。这对自重比例很大的大跨径桥梁来说，更有着显著的优越性。大跨径和重荷载结构，采用预应力混凝土结构一般是经济合理的。

(3) 可以减小混凝土梁的竖向剪力和主拉应力。预应力混凝土梁的曲线钢筋(束)，可使梁中支座附近的竖向剪力减小；又由于混凝土截面上预压应力的存在，使荷载作用下的主拉应力也相应减小。这有利于减小梁的腹板厚度，使预应力混凝土梁的自重可以进一步减小。

(4) 结构质量安全可靠。施加预应力时，钢筋(束)与混凝土都同时经受了一次强度检验。如果在张拉钢筋时构件质量表现良好，那么，在使用时也可以认为是安全可靠的。因此，有人称预应力混凝土结构是经过预先检验的结构。

(5)预应力可作为结构构件连接的手段,促进了桥梁结构新体系与施工方法的发展。

此外,预应力还可以提高结构的耐疲劳性能。因为具有强大预应力的钢筋,在使用阶段由加荷或卸荷所引起的应力变化幅度相对较小,所以引起疲劳破坏的可能性也小。这对承受动荷载的桥梁结构来说是很有利的。

预应力混凝土结构也存在着一些缺点：

(1)工艺较复杂,对施工质量要求高,因而需要配备一支技术较熟练的专业队伍。

(2)需要有专门设备,如张拉机具、灌浆设备等。先张法需要有张拉台座；后张法还要耗用数量较多、质量可靠的锚具等。

(3)预应力上拱度不易控制。它随混凝土徐变的增加而加大,如存梁时间过久再进行安装,就可能使上拱度很大,造成桥面不平顺。

49. 什么叫预应力度？按照预应力度划分钢筋混凝土结构可分为哪三大类？

答:预应力度 λ 是由预加应力大小确定的消压弯矩 M_0 与外荷载产生的弯矩 M_s [《公路钢筋混凝土及预应力混凝土桥涵设计规范》(JTG D62—2004)定义为作用短期效应组合下的弯矩值]的比值,即

$$\lambda = \frac{M_0}{M_s} \tag{8-31}$$

所谓消压弯矩 M_0,就是使构件控制截面受拉区边缘混凝土的应力抵消到恰好为零时的弯矩。

若按预应力度来划分,混凝土结构可分为三大类：

(1) $\lambda \geqslant 1$:全预应力混凝土结构,沿预应力筋方向的正截面均不出现拉应力。

(2) $0 < \lambda < 1$:部分预应力混凝土结构,沿预应力筋正截面出现规范中所限制的拉应力,或者出现不超过规定宽度的裂缝。

(3) $\lambda = 0$:普通钢筋混凝土结构。

50. 对混凝土施加预应力的方法有几种？

答:对混凝土施加预应力的方法有先张法(参见第3章第10问)和后张法(参见第3章第11问)两种。

51. 何为体外预应力？它有什么优缺点？

答:体外预应力是指预应力筋布置在结构构件截面之外,是后张法预应

力体系的一个重要分支。体外预应力体系一般由体外预应力筋、防腐管道、转向块、锚固系统和受力构件等组成,可分为有黏结体外预应力体系和无黏结体外预应力体系。

体外预应力有以下优点:预应力筋布置在构件截面之外,减小了构件截面面积,减轻了自重;预应力筋只在转向块及锚固区与结构相接触,摩阻应力损失小;防腐检查容易,防腐效果易控制;截面内钢筋少,施工工序简单,灌注混凝土方便;换索方便。

体外预应力有以下缺点:易受火灾影响;预应力筋自由长度较长时,日常振动较大;转向块与锚固区受力较大,构造复杂;防腐要求高;对于无黏结体外预应力体系,由于结构在开裂后预应力筋的应力增量很小,因而体外预应力对提高桥梁的承载能力几乎没有帮助。

52. 钢筋预应力损失包括哪些内容?

答: 当计算预应力混凝土构件截面应力和确定钢筋的控制应力时,应计入下列一些引起的预应力损失值的因素,包括:

(1) 预应力钢筋与管道壁之间的摩擦 σ_{l1}。

(2) 锚具变形、钢筋回缩和拼装构件的接缝压缩 σ_{l2}。

(3) 混凝土加热养护时,预应力钢筋与台座之间的温度差 σ_{l3}。

(4) 混凝土的弹性压缩 σ_{l4}。

(5) 预应力钢筋的应力松弛 σ_{l5}。

(6) 混凝土的徐变收缩 σ_{l6}。

(7) 预应力钢筋与锚圈口之间的摩擦 σ_{l7}。

(8) 先张法台座的弹性变形 σ_{l8} 等。

53. 先张法构件与后张法构件在计算弹性压缩所引起的损失方面有什么不同?

答: 先张法构件的钢筋张拉并对混凝土进行传力预压,是作为两个独立的工序分开进行的。因此,在放松钢筋时,混凝土产生的全部压缩都要引起钢筋的预应力损失,其值为:

$$\sigma_{l4} = \varepsilon_{p4} E_p = \varepsilon_{c4} E_p = \frac{\sigma_{pc}}{E_c} E_p = \alpha_{Ep} \sigma_{pc} \tag{8-32}$$

式中: α_{Ep} ——预应力钢筋与混凝土的弹性模量之比;

σ_{pc} ——在计算截面的钢筋重心处,由预加应力产生的混凝土应力,可根据具体受力情况计算。

对于后张法构件,用作张拉钢筋的千斤顶是直接支承在梁体混凝土上的。如果所有钢筋在同一时刻一次进行张拉，则不会引起弹性压缩的应力损失。实际上，钢筋数量往往较多，必须分批张拉与锚固，这样，第二批预应力钢筋张拉时产生的混凝土弹性压缩，会使第一批已张拉的钢筋产生应力损失。同理，在张拉第三批时，又会对第一、二批已张拉的钢筋产生预应力损失，如此类推。显然，第一批张拉的钢筋的预应力损失最大，最后的一批则无此项损失。因此，对于各批张拉的钢筋都应分开计算，尤其在后张法的预应力混凝土构件中，一般都布置有曲线形力筋，其计算就更复杂了。精确的计算方法，可参考有关结构设计原理的图书。简化计算可采用下式：

$$\sigma_{l4} = \alpha_{Ep} \frac{m-1}{2} \Delta\sigma_{pc} \tag{8-33}$$

式中：m——预应力钢筋的束数；

$\Delta\sigma_{pc}$——在计算截面的钢筋重心处，由张拉一束预应力钢筋产生的混凝土应力，可取各束的平均值计算。

54. 什么叫钢筋的有效预应力？

答： 钢筋的有效预应力 σ_{pe}，是钢筋张拉后，从锚下的控制应力 σ_{con} 中扣除相应的应力损失 σ_l 后，在钢筋中实际存在的预应力。不同受力阶段的有效预应力值是不同的，必须先将预应力损失值，按受力阶段进行组合，如表 8-9 所示，然后按下列各式算出不同阶段的有效预应力。

预加应力阶段为：

$$\sigma_{peI} = \sigma_{con} - \sigma_{sI} \tag{8-34}$$

使用阶段：

$$\sigma_{yII} = \sigma_{con} - (\sigma_{sI} + \sigma_{sII}) \tag{8-35}$$

预应力损失值组合 表 8-9

受力阶段	预加应力方法	
	先 张 法	后 张 法
预加应力阶段（Ⅰ）	$\sigma_{lI} = \sigma_{l2} + \sigma_{l3} + \sigma_{l4} + \frac{1}{2}\sigma_{l5}$	$\sigma_{lI} = \sigma_{l1} + \sigma_{l2} + \sigma_{l4}$
使用阶段（Ⅱ）	$\sigma_{lII} = \frac{1}{2}\sigma_{l5} + \sigma_{l6}$	$\sigma_{lII} = \sigma_{l5} + \sigma_{l6}$

注：1. σ_{lI} 系指钢筋张拉完毕，并进行传力锚固时为止所出现的应力损失值之和。
 2. σ_{lII} 系指传力锚固结束后出现的损失值之和。
 3. 表中的 $\sigma_{li}(i=1,2,\cdots,6)$ 定义见本章第 52 问。

55. 什么叫预应力钢束布置的束界？

答： 现以如图 8-31 所示的预应力简支梁作为例子阐明束界的物理和几

何意义。

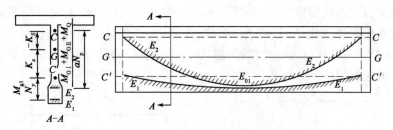

图 8-31　预应力钢束的束界示意图

为了保证预应力简支梁具有良好的工作性能,设计时应在内力弯矩最大的跨中截面处,尽可能地将预应力钢筋的重心降低,即尽量增大预应力偏心距 e_p 值,使之产生较大的预应力负弯矩 M_p 来平衡外荷载引起的正弯矩。但对于外荷载弯矩较小的其他截面,近似认为 N_p 不变,需相应地减小偏心距 e_p,以免因预应力弯矩过大造成构件上缘混凝土出现拉应力。

根据不使梁的上、下缘混凝土出现拉应力的原则,可以按照最小外荷载工况(一期恒载)和最不利荷载工况(一、二期恒载+可变作用),分别确定 N_p 在各个截面上偏心距的极限值,即如图 8-31 所示的两条 e_p 限值曲线 E_1 和 E_2。只要 N_p 作用点(重心)位置落在 E_1 和 E_2 所围成的区域内,就能保证构件在最小外荷载和最大外荷载作用下,其上、下缘混凝土均不会出现拉应力。因此,便把 E_1 和 E_2 两条曲线定义为布置预应力束的束界,又称为索界。

56. 预应力钢束弯起的曲线形状有哪几种？

答:预应力钢束弯起的曲线形状可采用圆弧线、抛物线及悬链线三种形式。对于弯起矢跨比较小的情况,三者竖向坐标相差甚小;但对施工来说,以采用悬链线比较方便,因为它是当预应力钢束的两端固定时,在本身重力作用下自然形成的一条曲线形状。

57. 什么叫先张法构件预应力钢筋的传递长度？

答:先张法构件预应力钢筋的两端,一般不设置永久性锚具,而是通过与混凝土之间的黏结力作用来达到锚固的要求。当预应力钢筋放张时,构件端部外露处的钢筋应力由原有的预拉力变为零,钢筋在该处的拉应变也相应变为零,钢筋将向构件内部产生内缩、滑移,但钢筋与混凝土间的黏结力将阻止钢筋内缩。经过自端部起至某一截面的一段长度后,钢筋内缩将被完全阻止,说明在长度范围内的黏结力之和,应正好等于钢筋中的有效预

拉力 $\sigma_{pe}A_p$，且钢筋在以后的各截面将保持有效预应力 σ_{pe}。这一段长度称为预应力钢筋的传递长度 l_{tr}，见图 8-32。在 l_{tr} 范围内预应力钢筋的实际应力值按照线性变化。《公路钢筋混凝土及预应力混凝土桥涵设计规范》（JTG D62—2004）对预应力的传递长度按照混凝土强度等级和预应力钢筋种类的情况均作了具体规定。

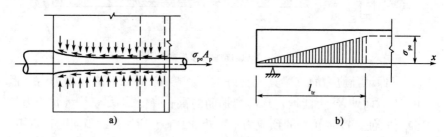

图 8-32 预应力钢筋传递长度

58. 预应力混凝土受弯构件在作用短期效应下的总挠度包括哪些内容？

答：预应力混凝土受弯构件在短期荷载作用下的总挠度 f_s 由两大部分组成：

（1）永存预加力 N_{pe} 所产生的上挠度（$-f_p$），即反拱值。

（2）由一期恒载弯矩 M_{GI}、二期恒载弯矩 M_{GII} 与可变作用（汽车荷载不计冲击影响）的弯矩 M_{Qs} 之短期组合值所引起的挠度值（f_M）。于是，在作用短期效应下总挠度可用下式表示：

$$f_s = f_M - f_p \tag{8-36}$$

59. 预应力混凝土受弯构件在施工阶段的挠度怎样计算？

答：大跨悬臂浇筑的预应力混凝土梁桥，在施工阶段的变形对成桥线形有很大的影响，必须加以考虑，同时还应计入混凝土徐变的影响。施工阶段总的挠度可按下式计算：

$$f_t = (f_{GI} - f_p)[1 + \phi(t, t_0)] \tag{8-37}$$

式中：f_{GI}、f_p——一期恒载和预加力引起的初始弹性挠度；

$\phi(t, t_0)$——混凝土徐变系数。

60. 什么是荷载长期效应？预应力混凝土受弯构件在长期荷载作用下的挠度如何计算？

答：混凝土受弯构件的挠度将随时间的增长而增长，这便是荷载长期的效应的影响。产生的原因有：受压区混凝土发生徐变；受拉区裂缝间混凝土与钢筋之间的黏结逐渐退出工作，钢筋平均应变增大；受压区与受拉区混凝土收缩不一致,构件曲率增大;混凝土弹性模量降低等。《公路钢筋混凝土及预应力混凝土桥涵设计规范》(JTG D62—2004)规定,对于长期荷载作用下构件的挠度值 f_l 可按下式计算:

$$f_l = f_M \eta_\theta - f_p \eta_{\theta p} \tag{8-38}$$

式中:f_M——作用效应短期组合下的挠度值;

η_θ——挠度长期增长系数,C40 以下混凝土取 1.60,C40 混凝土取 1.45,C80 混凝土取 1.35,中间强度等级直线内插;

$\eta_{\theta p}$——预应力反拱值的长期增长系数,取为 2.0。

61. 钢筋混凝土及预应力混凝土受弯构件的预拱度应怎样设置?

答:受弯构件由作用短期效应组合并考虑长期影响产生的长期挠度,不超过计算跨径 l 的 1/1 600 时,可不设预拱度;否则,就应设置预拱度。梁构件的预拱度是通过施工来实现的。

钢筋混凝土构件预拱度值 Δ 等于永久作用标准值和 1/2 可变作用频遇值(即短期效应组合时的代表值)计算的长期挠度之和,即

$$\Delta = f_{lG} + \frac{1}{2} f_{lQ} \tag{8-39}$$

式中:f_{lG}——永久作用产生的长期挠度;

f_{lQ}——可变作用产生的长期挠度。

预应力混凝土梁的预拱度应按上式计算的结果与预应力反拱值之差,即

$$\Delta = \left(f_{lG} + \frac{1}{2} f_{lQ}\right) - f_{lp} \tag{8-40}$$

式中:f_{lp}——预加力所产生的长期反拱值,即 $f_p \eta_{\theta p}$。

若按式(8-40)计算得到负值时,则可不设预拱度。对于跨径较小的预应力混凝土简支梁,当 f_{lp} 很大时,有时甚至设置向下的反向预拱度,避免桥面隆起太大。

62. 部分预应力混凝土结构具有什么样的受力特性?

答:为了阐明预应力混凝土结构的特点,现将三类具有相同承载能力(M_u)梁的弯矩-挠度曲线图一并示于图 8-33,以资对比,其中,ⓐ为全预应力混凝土梁,ⓑ为部分预应力混凝土梁,ⓒ为普通钢筋混凝土梁。

从图中可以看出,部分预应力混凝土梁的受力特性,介于其他两类结构之间。

当荷载较小时,部分预应力混凝土梁(ⓑ曲线)受力特性与全预应力混凝土梁(ⓐ曲线)相似;在自重与有效预加力 N_{pe} 作用下,它具有反拱度 f_{pB},

但其值较全预应力者的反拱度 f_{pA} 小；当荷载增加，弯矩 M 直到 B 点时，外荷载作用下产生的梁下挠度与预应力的反拱度相等，两者正好相互抵消，这时梁的挠度为零，但此时受拉区边缘的混凝土应力并不为零。

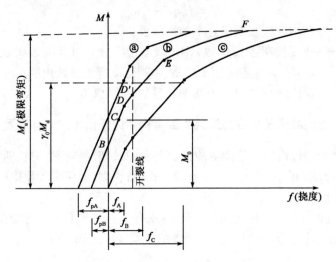

图 8-33　三类梁的弯矩—挠度曲线对比

当荷载继续增加，曲线ⓑ达到 C 点时，外荷载对梁底产生的拉应力正好与梁底混凝土的有效预压应力 σ_{pc} 互相抵消，使梁底受拉边缘的混凝土应力为零，此时相应的外荷载弯矩称为消压弯矩 M_0。

截面下缘消压后梁的受力特性便与普通钢筋混凝土梁基本一致。如继续加载至 D 点，混凝土的边缘拉应力达到极限抗拉强度。随着外荷载增加，受拉区混凝土就进入塑性阶段，构件的刚度下降，达到 D' 点时表示构件即将出现裂缝，此时，相应的弯矩称为部分预应力混凝土构件的抗裂弯矩 $M_{cr,p}$，显然，$(M_{cr,p}-M_0)$ 就相当于钢筋混凝土截面的抗裂弯矩 M_{cr}。

从 D' 点开始，外荷载加大，裂缝开展，刚度继续下降，挠度增加的速度加快。当到达 E 点时，受拉钢筋屈服，直至 F 点，构件便达到极限承载能力状态而破坏。

63. 按预应力度法进行截面配筋设计的要点有哪些？

答：预应力度法是印度学者 G. S. Ramaswamy 首先提出来的。应用该法进行预应力钢筋和非预应力钢筋的用量设计时，需按下述步骤进行（以矩形截面受弯构件为例）：

(1) 计算混凝土毛截面的几何特征 A_h、I_h、W_h、Y_x。

(2) 假定预应力钢筋的重心位置 a_y，求得偏心距 e_y；预应力和非预应力钢筋合力作用点位置 a,计算有效高度 h_0。

(3)选择预应力度。

(4)按有关公式分别求算所需预应力筋和非预应力筋的面积。

(5)按正截面强度要求,检查是否符合 $x \leqslant \xi_b h_0$,以防止超筋破坏(ξ_b 为受压区高度界限系数)。

对于 B 类预应力受弯构件,采用预应力度法设计时,不易看到预应力度 λ 大小与裂缝宽度之间的关系,为克服这一困难,可用应力方法表达预应力度 λ:

$$\lambda = \frac{\sigma_{pc}}{\sigma_{st}} \left(\xrightarrow{受弯构件} \frac{M_0}{M_s} \right) \quad (8\text{-}41)$$

式中:σ_{pc}——预应力在构件抗裂边缘产生的有效预压应力(扣除全部损失后);

σ_{st}——作用效应短期组合下构件抗裂边缘的法向拉应力。

对于部分预应力混凝土 B 类受弯构件,$(\sigma_{st} - \sigma_{pc})$ 即为名义拉应力,按照构件不同的高度、强度等级及非预应力筋含量,可从规范中查得不同的名义拉应力所对应的裂缝宽度,从而为选择预应力度提供依据。

64. 按名义拉应力法进行截面配筋设计的要点有哪些?

答:名义应力法是根据部分预应力混凝土构件在使用阶段的裂缝宽度要求,选择控制截面上预应力钢筋和非预应力钢筋所需的面积。其原理是:

在使用荷载阶段的部分预应力混凝土梁,按匀质未开裂的混凝土截面,用材料力学公式计算,将仅由使用荷载作用所引起的截面边缘最大拉应力 σ_{st} 与相应位置混凝土边缘所受的有效预应力 σ_{pc} 叠加,便得到相应截面混凝土边缘所受的拉应力,也就是名义拉应力。它应满足下述条件式:

$$\sigma_{st} - \sigma_{pc} \leqslant [\sigma_t] \quad (8\text{-}42)$$

式中:$[\sigma_t]$——混凝土的容许名义拉压力。

65. 无黏结预应力混凝土受弯构件具有什么样的受力性能?

答:无黏结预应力混凝土构件通常采用后张法制作工艺。所谓无黏结预应力钢筋,是指沿预应力筋全长涂刷有防锈蚀和润滑材料,并用塑料套管或油布包裹,使之与周围混凝土不发生黏结。无黏结预应力的特点是张拉时摩阻很小,且省去了张拉后管道压浆的工序。按照在构件内是否另外布置有非预应力的普通钢筋,它又可分为以下两种无黏结预应力混凝土梁:

(1)纯无黏结预压力混凝土梁

这类梁当荷载超过开裂荷载后,在梁的最大弯矩截面附近,出现一条或几条裂缝。与有黏结预应力梁不同,无黏结预应力筋在截面开裂后应力增长很小,因而随着荷载的增加,裂缝宽度和延伸高度都迅速发展,并且常在顶部开叉,如图 8-34b)所示。随后,受压区混凝土被压碎而引起梁的破坏,具有明显的脆性破坏特征。试验分析表明,这类梁一旦开裂,其结构性能接近于一个带拉杆的坦拱。

(2) 配有普通钢筋的无黏结预应力混凝土梁

如图 8-34c)所示,这类梁的受拉区配置有一定数量的非预应力钢筋。加载后的裂缝条数和裂缝间距与配有同样钢筋的普通钢筋混凝土梁非常接近[图 8-34a)]。其次,这类梁的无黏结预应力钢筋,仍具有沿全长应力相等(忽略摩擦影响)和梁在破坏时极限应力不会超过条件屈服 $\sigma_{0.2}$ 的无黏结筋特点。

总之,由于无黏结预应力筋与混凝土之间没有黏结,只能将其作为施加预应力的一种工具,对结构受力起卸载作用,而不能将其作为结构的一部分,在承载能力极限状态验算中不应考虑它的影响,因而需配置足够的非预应力筋满足承载能力的要求。另外,对于活载比重大的铁路桥梁,无黏结预应力筋的锚具疲劳问题应慎重对待。

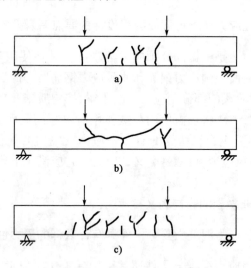

图 8-34 有黏结与无黏结预应力混凝土梁的裂缝形态

66. 双预应力混凝土梁是一种什么样的受力构件?

答:双预应力混凝土梁是在梁内同时采用受拉预应力钢筋和预压预应力钢筋的梁,如图 8-35 所示。它与普通预应力混凝土梁的不同点就在于梁中专门设置了预压预应力粗钢筋。就受弯构件而言,通过拉压双作用预应力技术,合理调整了受拉、预压预应力钢筋数量、预应力值以及偏心距后,可获得最佳的预加偏心弯矩,最大限度地发挥截面承载能力。从理论上讲,它能达到抵消荷载或全部恒载产生的弯曲正应力。因此,它与普通的预应力混凝土梁相比,具有以下优点:

(1)梁的建筑高度可以减小,日本设计的工字形截面简支梁桥,其高跨比用到 $1/34 \sim 1/27$,而普通预应力 T 形梁为 $1/25 \sim 1/15$。

(2)梁的自重减轻,提高跨越能力和减轻下部结构重量。

(3)造型轻盈美观,特别适合于城市高架桥。

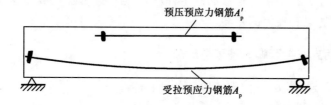

图 8-35　双预应力混凝土简支梁的预应力钢筋布置示意图

如图 8-36 所示是日本常采用的在跨内锚固的双预应力混凝土简支梁上预加应力的施工顺序示意图。对于受拉预应力钢筋,可采用先张法和后张法。在张拉并锚固受拉预应力钢筋后,再用顶压法预压预应力钢筋。

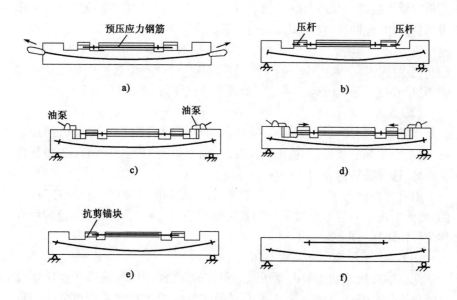

图 8-36　双预应力混凝土简支梁的施工顺序

67. 钢筋混凝土深梁是如何定义的？

答：钢筋混凝土深梁一般指梁的计算跨径 L 与梁高 h 之比 $L/h \leqslant 2$ 的简支梁和 $L/h \leqslant 2.5$ 的连续梁。对于连续梁的计算跨径 L 则按下列两种方法计算，取其中较小者：

（1）取净跨径的1.15倍。

（2）取两支座中心线的距离。

钢筋混凝土深梁因其高度与计算跨径接近，且在荷载作用下，梁的正截面上的应变分布不符合平截面假定，故钢筋混凝土深梁的受力特征、破坏形态等与普通梁有较大的差异。

68. 简支深梁有哪三种破坏形态？

答：简支深梁的三种破坏形态分别叙述如下：

（1）弯曲破坏

弯曲破坏又分为两种情况：

①正截面弯曲破坏。当纵向钢筋的配筋率较低时，随着荷载的增加，首先跨中梁底开裂，逐渐发展成临界裂缝，接着受拉钢筋达到屈服强度，最后梁顶混凝土被压碎，这种破坏称为正截面弯曲破坏。

②斜截面弯曲破坏。当纵向钢筋配筋率稍高时，随着荷载增加，梁跨中先出现垂直裂缝，但发展缓慢；接着在剪跨区段内，因斜向主拉应力过大出现斜裂缝；与此同时，在梁顶荷载与支反力之间为主压应力形成"斜压杆"；主拉应力进一步增大，梁内发生应力重分布，使混凝土的"斜压杆"与受拉钢筋组成拉杆拱体系[图8-37c]。若荷载进一步增大，受拉钢筋先达到屈服，紧接着是梁顶被压碎而形成斜截面弯曲破坏[图8-37b]。

（2）剪切破坏

当纵向钢筋配筋率较高时，梁体内也会形成同图8-37c)类似的拉杆拱，但由于配筋率较高，钢筋不会先屈服，而是梁腹中的"斜压杆"先被压碎而破坏，这种破坏称为斜压破坏。

但有时也会出现另一种情况，即在临近破坏时，在两个"斜压杆"的外侧，突然出现一条与它大致平行的通常劈裂裂缝，随之深梁破坏，这种破坏称为劈裂破坏[图8-38d)]。

（3）局部承压破坏和锚固破坏

深梁的支座是处于竖向受压纵向受拉的复合应力区，局部应力很大，有可能在整个梁破坏之前发生支承面局部被压碎或者在纵筋端部发生锚固破坏。

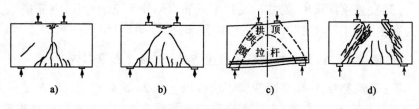

图 8-37 深梁的破坏

69.对深梁纵向受拉钢筋的锚固有哪些要求?

答:对深梁下部纵向受拉钢筋的锚固要求如下:

(1)纵向受拉钢筋应全部伸入支座,不得在跨间内弯起或截断。

(2)纵向受拉钢筋应在锚固区内设水平弯钩,弯钩末段直线水平长度不得小于 $10d$(d 为纵向受拉钢筋直径),如图 8-37b)所示;也可将同层的两根纵筋焊成环形钢筋,如图 8-37c)所示。

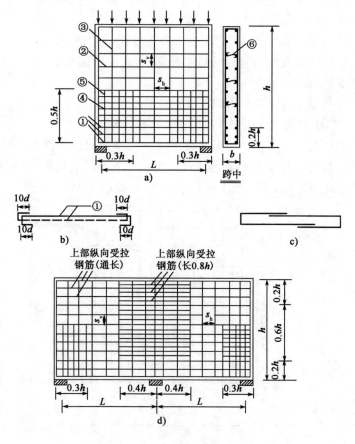

图 8-38 深梁的钢筋布置图

(3)在连续深梁中,跨中的受拉主钢筋应延伸至整个跨长,钢筋接头可布置在中间支座上。在端支座的锚固同简支梁[图 8-38d)]。

70. 深梁下部纵向受拉钢筋宜布置在梁高的哪个范围以内?

答:试验表明,在破坏时深梁下边缘以上 $0.2h$ 高度范围内纵向受拉钢筋均能充分发挥作用,故《公路钢筋混凝土及预应力混凝土桥涵设计规范》(JTG D62—2004)规定,纵向受拉钢筋宜均匀布置在深梁下边缘以上 $0.2h$ 的高度范围内。

71. 简支深梁的主要钢筋包括哪些内容?

答:钢筋混凝土简支深梁内的主要钢筋按荷载的作用位置而有所不同,下面分别介绍。

(1)垂直荷载作用于深梁的顶部[图 8-38a)]

其中的主要钢筋有:

①纵向受拉钢筋 1。

②水平分布钢筋 2 与竖向分布钢筋 3 组成的钢筋网。

③设置在支座附近的局部加强钢筋,它由附加水平钢筋 4 和附加竖向钢筋 5 组成的钢筋网。

④垂直于深梁立面方向的水平拉筋 6 等。

(2)垂直荷载作用于深梁的底部(图 8-39)

其中的 1、2、3 及 6 与上述的相同,4、5 钢筋可以不设置,但应增设垂直向的附加箍筋 7,且这些箍筋应连续地绕过下部的主钢筋,其延伸高度在中间区段内,取 h 或 L 二值中的较小者,在两侧取 $0.3h$。

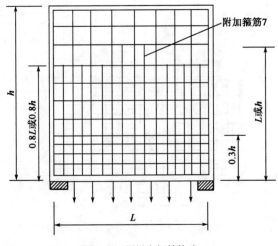

图 8-39 深梁主钢筋构造

第9章 钢结构与组合结构桥梁

1. 与混凝土桥相比,钢桥有什么优缺点?

答:与混凝土桥相比,钢桥主要有以下优点:

(1)钢材是一种匀质高强的材料,在拉、压、弯、剪荷载作用下均具有良好的受力性能;与混凝土材料相比,钢材密度和强度的比值较小,故承受同样荷载时钢结构要比混凝土结构轻;同时,钢材具有良好的冷热加工性能和焊接性能。因此,当桥梁跨径大、荷载重或者桥型复杂、对景观有较高要求时,均可采用钢桥。

(2)钢材延性和韧性好,因而钢桥的抗震性能良好,尤其适用于对抗震要求高的桥梁结构。

(3)钢材易于工业化生产,施工期短,效率高,质量好。因而钢桥的施工速度快,施工期短,也便于无支架施工。

(4)在合理的表面防腐后,钢桥的耐久性明显优于混凝土桥,其使用寿命超过100年。

(5)钢材为绿色环保材料,旧桥拆除回收后可循环再利用。

与此同时,钢桥也有以下缺点:

(1)钢材表面易腐蚀,所以钢桥需要经常检查和按期涂装。

(2)动载作用下,钢桥特别是桥面的疲劳问题突出。

(3)铁路钢桥行车时,噪声与振动均比较大。

(4)钢桥初期造价相对较高,且桥面上的沥青铺装价格高、寿命短。

(5)钢材不耐火,因此钢桥的防火安全性低于混凝土桥梁。

2. 桥梁用钢材应具备哪些基本性能?

答:将钢材制造成钢桥,需要经过多道机械加工工艺和焊接工艺,同时,钢桥建成后要承受较大的静、动力荷载。因此,所选用的钢材既要能适应制造工艺要求,又要满足使用要求。具体而言,桥梁用钢对钢材在强度、塑性、冲击韧性、可焊性等方面的性能均有严格要求。

(1) 强度

强度是反映材料力学性能的基本指标。钢材的强度主要包含三个指标，一是弹性极限，二是屈服强度，三是极限强度。在钢结构设计中，一般以屈服强度对钢材进行分类。

我国《公路钢结构桥梁设计规范》(JTG D64—2015)规定，钢桥所用钢材宜选用碳素结构钢中的 Q235 钢和低合金结构钢中的 Q345 钢、Q390 钢和 Q420 等牌号，其质量应分别符合现行《碳素结构钢》(GB/T 700)和《低合金高强度钢》(GB/T 1591)的规定。由于钢桥构件厚度薄、应力水平高，设计中应选用适宜的钢材强度等级，以确保钢材的强度能够满足使用要求。

(2) 塑性

衡量钢材塑性变形的指标主要包括伸长率、断面收缩率、冷弯性能。当钢材受拉断裂时，其伸长量与试件原长度之比称为伸长率；而断面收缩率是指钢材被拉断时，断裂面颈缩后减小的面积与原截面面积之比。与混凝土材料不同，钢材在破坏前具有良好的塑性变形，在设计中应充分利用这一特性，以确保钢桥在破坏前能充分发生塑性变形，这样就能为逃生、抢修赢得宝贵时间，降低生命财产损失。

但是，在钢桥制造和使用过程中，内在和外在因素（构造缺陷、焊接加工和低温环境等）都可能影响钢材在一定条件下出现脆性破坏。其中，钢桥焊接时会在构件中产生焊接残余应力和应力集中，使得接缝处的应力可能达到或者超过屈服强度，而塑性性能好的钢材可以通过塑性变形使应力重新分布，避免结构因局部脆性破坏而导致失效。

冷弯性能是指钢材在冷加工时抵抗裂纹的能力，它不仅是判断钢材承受弯曲变形的指标，也是检验钢材冶金质量的指标，用来考察钢板中有无夹渣或分层等内部缺陷。冷弯性能好的钢材有利于加工制造。

(3) 冲击韧性

钢桥承受桥面行车的冲击荷载，因而在选用钢桥用材时还要特别重视它的冲击韧性。冲击韧性是指钢材在冲击荷载下抵抗脆性破坏的能力，是衡量钢材抗脆断性能的重要指标。抗冲击韧性不好的钢材，在低温或快速加载等不利的条件下，容易使钢材发生脆性断裂。因此，常用低温冲击韧性来判断钢材的抗脆性断裂性能。

同时，冲击韧性会影响钢桥的疲劳性能。众所周知，疲劳破坏的危害性极大，当钢桥承受疲劳荷载作用时，构件会在远低于结构承载强度的应力下产生疲劳裂纹，随着裂纹扩展，甚至可能演化为构件断裂。对于冲击韧性好的钢材，其疲劳裂纹扩展速度慢，这对于提高钢桥的抗疲劳寿命有益。

我国《公路钢结构桥梁设计规范》(JTG D64—2015)对桥梁用钢的冲击韧性做出了具体规定：

①对需要验算疲劳的焊接构件，当桥梁的工作温度 t 处于 $-20℃ < t \leq 0℃$ 范围内时，Q235 和 Q345 的冲击韧性应满足表 9-1 中质量等级 C 的要求，而 Q390 和 Q420 的冲击韧性应满足质量等级 D 的要求；当桥梁工作温度 $t \leq -20℃$ 时，Q235 和 Q345 的冲击韧性应满足表 9-1 中质量等级 D 的要求，而 Q390 和 Q420 的冲击韧性应满足质量等级 E 的要求。

②对需要验算疲劳的非焊接构件，当桥梁工作温度 $t \leq -20℃$ 时，Q235 和 Q345 的冲击韧性应满足表 9-1 中质量等级 C 的要求，而 Q390 和 Q420 的冲击韧性应满足质量等级 D 的要求。

钢材冲击韧性　　　　　　　表 9-1

钢材牌号	Q235		Q345		Q390		Q420	
质量等级	C	D	C	D	D	E	D	E
试验温度(℃)	0	-20	0	-20	-20	-40	-20	-40
冲击韧性(J)	27	27	34	34	34	27	34	27

(4) 可焊性

焊接在钢桥构件的加工、节段的制作与安装等环节中广泛应用。随着焊接技术的发展，钢桥越来越多地采用焊接。为满足焊接工艺要求，所选用的钢材必须具备良好的可焊性。可焊性是材料通过一定的工艺条件进行焊接而能形成优质连接接头的性能，而优质接头的评定标准是焊后接头的各项力学性能指标不低于母材。

钢材的焊接性能受含碳量和合金元素含量的影响。当含碳量在 0.12%~0.2% 范围内时，碳素钢的焊接性能最好；含碳量超过上述范围时，焊缝及热影响区容易变脆。在高强度低合金钢中，合金元素大多对可焊性有不利影响。我国建筑行业中推荐使用碳当量 C_E 来衡量低合金钢的可焊性，其计算公式如下：

$$C_E = C + \frac{M_n}{6} + \frac{C_r + M_o + V}{5} + \frac{N_i + C_u}{15} \qquad (9-1)$$

式中，C、M_n、C_r、M_o、V、N_i、C_u 分别为碳、锰、铬、钼、钒、镍和铜的百分含量。当 C_E 不超过 0.38% 时，钢材的可焊性很好，可以不用采取措施直接施焊；当 C_E 在 0.38%~0.45% 范围内时，钢材呈现淬硬倾向，施焊时需要控制焊接工艺、采用预测措施并使热影响区缓慢冷却，以免发生淬硬开裂；当 C_E 大于 0.45%，钢材的淬硬倾向更加明显，需严格控制焊接工艺和预热温度才能获得合格的焊缝。

此外，钢材焊接性能的优劣除了与钢材的碳当量有直接关系之外，还与母材厚度、焊接方法、焊接工艺参数以及结构形式等条件有关。所以，钢桥的钢材焊接应首先设计出合理的连接构件，并在焊接中选择合适的焊材，包括焊丝、焊条、焊条涂料和焊剂等，同时应确定合适的施焊工艺参数（如电流、电压、焊接速度等）。

我国《公路钢结构桥梁设计规范》（JTG D64—2015）中规定，焊接材料应与主体钢材相匹配，并应满足下列要求：

（1）手工焊接采用的焊条应符合现行《碳钢焊条》（GB/T 5117）或《低合金钢焊条》（GB/T 5118）的规定。对需要验算疲劳的构件宜采用低氢型碱性焊条。

（2）自动焊和半自动焊采用的焊丝和焊剂应符合现行《熔化焊用钢丝》（GB/T 14957）、《气体保护电弧焊用碳钢、低合金钢焊丝》（GB/T 8110）、《碳钢药芯焊丝》（GB/T 10045）、《低合金钢药芯焊丝》（GB/T 17493）、《埋弧焊用碳钢焊丝和焊剂》（GB/T 5293）或《埋弧焊用低合金钢焊丝和焊剂》（GB/T 12470）的规定。

3. 钢结构中所用的钢材按材质区分主要有哪些品种？按成品的钢材区分又有哪几类？

答：钢结构中所用的钢材按材质区分，主要分为：

（1）普通碳素钢：普通碳素结构钢的简称，含碳量小于0.38%，以小于0.25%最为常用。属于低碳钢，每个牌号表示该钢种在厚度小于16mm时的最低屈服点。

（2）低合金高强度钢：在含碳量≤0.20%的普通碳素结构钢基础上，掺入少量的合金元素，其韧性高于普通碳素结构钢，同时具有良好的焊接性能、冷热加工性能和耐腐蚀性，部分钢种还具有较低的脆性转变温度。此类钢中除含有一定量硅或锰等基本元素外，还含有其他适合我国资源情况的元素，如钒（V）、铌（Nb）、钛（Ti）、铝（Al）、钼（Mo）、氮（N）及稀土（RE）等微量元素。

按成品划分，钢材也包含两大类，即钢板、型钢。

其中钢板按规格不同，可分为：①薄板（包括带钢），厚度为0.2~4mm；②中板，厚度为4~20mm；③厚板，厚度为20~60mm；④特厚板，厚度为60~160mm。按照生产方法，钢板又分为：①热轧钢板；②冷轧钢板（一般用于轧制极薄板）。

型钢常用的有：①角钢（等边和不等边的）；②槽钢；③工字钢；④L型钢；⑤H型钢；⑥球扁钢等，如图9-1所示。按照生产方法可分为：①热轧型钢；②冷轧薄壁型钢。

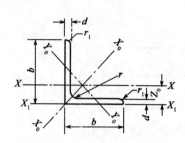

a) 等边角钢
b-边宽度；d-边厚度；r-内圆弧半径；
r_1-边端圆弧半径；Z_0-重心距离

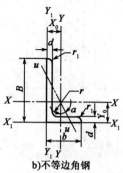

b) 不等边角钢
B-长边宽度；b-短边宽度；d-边厚度；r-内圆弧半径；
r_1-边端圆弧半径；X_0-重心距离；Y_0-重心距离

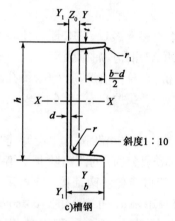

c) 槽钢
h-高度；b-腿宽度；d-腰厚度；t-平均腿厚度；r-内圆弧半径；r_1-腿端圆弧半径；Z_0-YY轴与Y_1Y_1轴间距

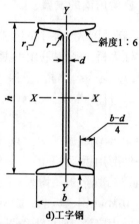

d) 工字钢
h-高度；b-腿宽度；d-腰厚度；t-平均腿厚度；
r-内圆弧半径；r_1-腿端圆弧半径

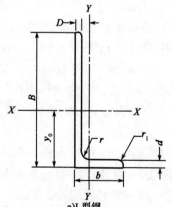

e) L型钢
B-长边宽度；b-短边宽度；D-长边厚度；d-短边厚度；
r-内圆弧半径；r_1-边端圆弧半径；Y_0-重心距离

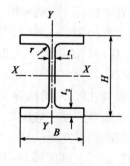

f) H型钢
H-高度；B-宽度；t_1-腹板厚度；t_2-翼缘厚度；
r-圆角半径

图 9-1

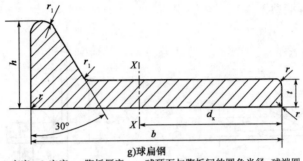

g)球扁钢

h-高度；b-宽度；t-腹板厚度；r_1-球顶面与腹板间的圆角半径、球端圆角半径；r-腹板端部圆角半径；d_x-重心距离

图9-1 型钢的截面形式

4．桥梁用钢的发展？

答：新中国成立后，在长江上修建了第一座复线铁路、公路两用桥——武汉长江大桥。该桥采用的是苏联生产的 A3 钢，其屈服强度要求不小于 240MPa，上层为公路桥，下层为双线铁路桥，桥身共有 8 墩 9 孔，每孔跨径为 128m。自从苏联援建武汉长江大桥以来，我国已建造了许多大跨径桥梁。

1969 年建成通车的南京长江大桥则是由完全由我国自主设计建造的大型公铁两用桥梁，主桥共有 9 墩 10 孔，墩与墩之间的距离除北岸第一孔是 128m 外，其余 9 孔均为 160m，桥下可行万吨巨轮。南京长江大桥采用的钢材是 16Mnq 钢，其屈服强度要求不小于 320MPa。虽然当时 16Mnq 钢在行业中应用广泛，但实践表明，这种钢板的冲击韧性指标偏低，同时，钢材的性能受板厚度影响显著，当时仅能用到 32mm 厚钢板，当超过这一厚度时，冶金质量难以保障。

随着大跨径桥梁的发展，迫切需要提高桥梁用钢的强度级别。1995 年建成的主跨为 216m 的九江长江大桥，采用的便是 15MnVNq 钢。与 16Mnq 钢相比，这种钢的强度显著提高，当板厚≤16mm 时，其屈服强度要求不小于 412MPa。但这一钢种是通过添加金属钒来提高其强度，使得钢板的低温韧性和焊接性较差，给桥梁制造带来很多困难。九江长江大桥建成后，该钢种一直未能得到推广应用。

为解决钢板在低温韧性和焊接性等方面的问题，中铁大桥局和武钢联合共同开发了大跨度桥梁用钢 14MnNbq。这一钢种经新型冶金工艺炼制出，屈服强度不小于 370MPa，同时具有优异的 -40℃ 低温冲击韧性。与此同时，它的焊接性能也大大提高，解决了板厚效应问题，可大批量供应 32 ~ 50mm 厚钢板。这一钢种于 2000 年用于芜湖长江大桥，该桥主跨为 312m。

用于该桥的 46 000t 14MnNbq 钢材供货统计数据表明:所供 10~50mm 钢板冲击韧性平均达到 $-40℃ A_{kv}$(冲击功)为 223J 的优异水平(芜湖桥要求 $-40℃ A_{kv} \geqslant 120J$)。芜湖长江大桥建设后的 10 年时间里,14MnNbq 钢材全面满足了铁路桥梁建设的需要,得到了极为广泛的应用。2000 年,14MnNbq 钢纳入桥梁钢国家标准,成为 Q370qE 钢。

随着桥梁建设技术的进步,大型钢结构桥梁向着全焊接结构和高性能等方向发展,这对桥梁用钢提出了更高要求,钢材不仅应该具有高强度以满足结构轻量化要求,还应具有优良的低温韧性、焊接性,特别是耐腐蚀性,以减少后期定期涂装的经济成本。

传统的高强度桥梁钢虽然强度高,但冲击韧性、焊接性、疲劳性较差,且不能耐大气和海水腐蚀。因此,国内外材料工作者提出了高性能钢(High Performance Steel,HPS)的概念。高性能钢材主要是指材料的某项或某几项性能较传统钢材得到改善的钢材,除了具备较高强度外,钢材的焊接性能、低温韧性,尤其是耐腐蚀性能有较大幅度提高。近年来,应用在桥梁上的高性能钢已成为国际钢铁材料研究的热点,如美国材料与试验协会研发的 ASTM709 系列 HPS-70W 钢和 HPS-100W 钢,日本的 SMA570W 系列钢等。耐候桥梁用钢作为高性能桥梁钢的一个发展方向,在国外得到了较为广泛的发展。

国外对于钢材耐候性的研究始于 1916 年,当时美国材料协会以及英国钢铁协会组织实施了大规模的钢材耐候性露天试验。研究表明,Cu、Cr、P 等元素对于提高钢材耐候性最有效,Ni、Mo、Al、Ti 等元素也有一定的效果。随后的研究表明,Ni 使锈致密化而抑制了水、氧及 Cl^- 的穿透能力;Mo 从钢中游离而变成为 MoO_4^{2-} 吸附于锈上,因其也带负电,同种电荷之间的排斥作用阻止了 Cl^- 的穿透,从而抑制了随时间而产生的腐蚀。

美国于 1933 年开始生产耐候钢,1964 年首次将耐候钢应用到新泽西高速公路的桥梁上,1968 年制定了结构用低合金高强度钢标准(A588),并在 1977 年建成世界上最大跨径的上承式耐候钢拱桥:New River Gorge Bridge[图 9-2a)],1983 年建成耐候钢斜拉桥:Mississippi River Bridge[图 9-2b)]。

我国对于高性能钢的研究起步较晚。1989 年年底,在原铁道部郑州铁路局的支持下,由原铁道部科学研究院研究开发,武汉钢铁厂试制,铁道部专业设计院主持设计,宝鸡桥梁厂制造了 3 跨耐候钢箱梁,钢号 NHq35,与现在常用的 16Mn 桥钢系同一强度等级,作为试验,将其中的一跨钢梁采用裸露使用,其余两跨涂面漆,1991 年已投入使用并追踪其效果。5 年挂片的试验结果表明,耐大气腐蚀性能比普通碳素钢提高 1.5~2 倍,各项实际性能与国外的 Cor-tenB 和 SMA50 钢水平相当。

a)New River Gorge Bridge

b)Mississippi River Bridge

图 9-2 美国两座耐候钢桥梁

2011 年通车的京沪高速铁路南京大胜关长江大桥(图 9-3),是京沪高速铁路和沪汉蓉铁路于南京跨越长江的越江通道,为六线铁路桥梁,设计时速 300km/h,该桥具有大跨、重载、高速三大特点。主桁构件最大轴力高达 9 000 余 t,中主墩最大支座反力约 15 000t。如果继续使用传统的 14MnNbq 钢,则最大板厚必须使用到 120mm,这将会给设计施工带来极大的困难。为此,武钢和中铁大桥局联合开发了 WNQ570 钢。

图 9-3 大胜关长江大桥

该钢以超低碳贝氏体(ULCB)为设计主线,并充分利用阻止细化、组织均匀等关键技术,使该钢种屈服强度大于 570MPa,同时,其冲击韧性在 −40℃时可达到:$A_{kv} \geqslant 120J$,焊接性能亦表现良好。此外,这种钢材具有超低的含碳量(小于 0.02%),经高纯净化处理,并通过适宜的浇注与轧制热处理等工艺,得到了组织均匀性较好的针状铁素体组织,使得各微区之间电极电位差异较小。因此,该钢种还有很好的耐腐蚀性能。

总体而言,虽然我国对高性能钢(包括耐候钢)的研究起步较晚,但相信随着高性能钢技术的发展和市场的成熟,今后它将会在我国的钢桥建设中扮演更重要的角色。

5. 钢结构桥梁的计算应遵循哪几项基本原则？

答：根据《公路钢结构桥梁设计规范》（JTG D64—2015），钢桥应采用以概率理论为基础的极限状态设计方法进行强度、抗倾覆性、疲劳、稳定与变形计算，下面分别对这几项基本计算原则进行介绍。

(1) 强度计算

钢结构桥强度验算应按下式进行：

$$\gamma_0 S_d \leqslant R_d \tag{9-2}$$

式中：γ_0——结构重要性系数，应符合《公路桥涵设计通用规范》（JTG D60—2015）的相关规定；

S_d——作用组合的效应（如轴力、弯矩或表示几个轴力、弯矩的向量）设计值，按《公路桥涵设计通用规范》（JTG D60—2015）规定计算；

R_d——结构或结构构件的抗力设计值。

(2) 倾覆性计算

上部结构采用整体式截面的梁桥在持久状况下结构体系不应发生改变，并应按下列规定验算横桥向抗倾覆性能：

① 在作用基本组合下，单向受压支座始终保持受压状态。

② 当整联只采用单向受压支座支承时，应符合下式要求：

$$\frac{\sum S_{bk,i}}{\sum S_{sk,i}} \geqslant k_{qf} \tag{9-3}$$

式中：k_{qf}——横向抗倾覆稳定系数，取 $k_{qf}=2.5$；

$\sum S_{bk,i}$——使上部结构稳定的作用基本组合（分项系数均为1.0）的效应设计值；

$\sum S_{sk,i}$——使上部结构失稳的作用基本组合（分项系数均为1.0）的效应设计值。

(3) 疲劳计算

钢材在连续的反复荷载作用下，在其应力还低于其抗拉强度，甚至低于屈服点时，往往会发生突然破坏，这种现象称作钢材的疲劳破坏。导致疲劳破坏时的应力叫作疲劳强度。因此，规范规定对于经常直接受动力荷载的结构，必须进行疲劳验算，对只承受压力的构件和临时性结构物的构件，可不验算疲劳强度。对于以受压为主兼承受拉力的构件，在验算疲劳强度的同时，还应验算构件的整体稳定性。钢桥疲劳验算见本书第10章。

(4) 稳定性计算

对钢桥构件应严格限制其长细比 λ。长细比的要求不但在压杆稳定验算中要考虑,对于受拉杆件也应考虑。这是因为过分细长的杆件在制造、运输和安装过程中有可能因自重和偶然的碰撞而发生弯曲变形,同时,在活载作用下可能会发生强烈的振动。对于受压杆件,这些因素会增大荷载偏心距,容易导致构件的早期失稳;对于受拉杆件,也会因受动力荷载的影响而使杆件的强度降低。

《公路钢结构桥梁设计规范》(JTG D64—2015)对不同构件的容许最大长细比给出了如下规定,如表9-2所示。

构件容许最大长细比　　　　　　　　　表9-2

类别	杆件	长细比
主桁架	受压弦杆 受压或受压—拉腹杆	100
	仅受拉力的弦杆	130
	仅受拉力的腹杆	180
联结系构件	纵向联结系、支点处横向联结系和制动联结系的受压或受压—拉构件	130
	中间横向联结系的受压或受压—拉构件	150
	各种联结系的受拉构件	200

(5)变形计算

计算钢桥的竖向挠度时,应按结构力学的方法并应采用不计冲击力的汽车车道荷载频遇值,频遇系数为1.0。计算得到的挠度值不应超过表9-3规定的限制。

竖向挠度的限制　　　　　　　　　表9-3

桥梁结构形式	简支或连续桁架	简支或连续板梁	梁的悬臂端部	斜拉桥主梁	悬索桥加劲梁
限值	$\dfrac{l}{500}$	$\dfrac{l}{500}$	$\dfrac{l_1}{300}$	$\dfrac{l}{400}$	$\dfrac{l}{250}$

注:1. l 为计算跨径,l_1 为悬臂长度。
　　2. 当荷载作用于一个跨径内有可能引起该跨径正负挠度时,计算挠度应为正负挠度绝对值之和。
　　3. 挠度按毛截面计算。

6. 钢结构的连接有哪几种方法?

答:钢结构中常用的连接方法有以下四种:

(1)焊缝连接

焊缝连接大多采用电弧焊,方法有埋弧自动焊、手工焊和半自动焊等。

其原理是将焊条和焊件分别作为电源的两极形成电弧,利用电弧产生的高温(约1 600 ℃)使焊条与焊件熔化成液态,焊条金属的熔滴融入焊件金属的"焊接熔池"。随着焊条的移动,焊接溶池在不断地形成和不断地冷却,连续地形成焊缝焊件即被焊整体。焊缝主要有对接焊缝和角焊缝。对接焊缝按所受力的方向分为正对接焊缝和斜对接焊缝。角焊缝可分为正面角焊缝、侧面角焊缝和斜焊缝,如图9-4所示。

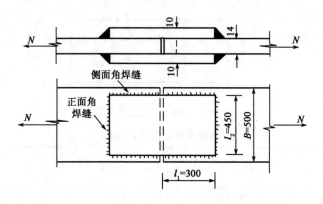

图9-4 角焊缝连接构造(尺寸单位:mm)

(2)铆钉连接

铆钉的半成品是在工厂经过轧制而成的,钉杆为圆柱形,并在一端预先做成半球形钉头。施铆时,先将铆钉烧红至1 000 ℃左右后,立即将它扦入到比它大1 mm左右的被连接构件的钉孔中,然后用风动铆钉枪或油压铆钉枪趁热镦粗杆身,填满钉孔,再将杆端锻打成半球形封闭钉头。这样,它能保证各板之间紧密地接触,且产生很大的摩阻力,有利于被连接构件的整体弹性工作。其连续构造示于图9-5b)。

(3)普通螺栓连接

普通螺栓又有粗制螺栓(C级)和精制螺栓(A、B级)之分。粗制螺栓用圆钢辊压而成,表面不经特别加工,螺栓孔是一次冲(钻)成,孔径比螺栓的直径大1~2 mm。由于空隙较大,故一般用在不重要的受剪构件或作为安装临时固定之用。精制螺栓一般经过车制精加工,表面光滑,尺寸准确,螺栓孔与螺栓相差0.3 mm左右,一般用在重要构件上。其缺点是安装较困难,造价也较昂贵。

螺栓连接的一般构造如图9-5a)、c)所示。同时,《钢结构设计规范》(GB 50017—2014)对螺栓的最大、最小容许距离给出了如下规定,如表9-4所示。

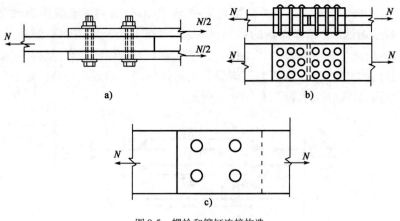

图 9-5 螺栓和铆钉连接构造

螺栓或铆钉的容许距离 表 9-4

尺寸名称	方向		构件应力种类	容许间距	
				最大	最小
栓、钉中心间距	沿对角线方向			—	$3.5d_0$
	靠边行列		拉力或压力	$7d_0$ 和 $16t$ 的较小者	$3d_0$
	中间行列	垂直内力方向	拉力或压力	$24t$	
		顺内力方向	拉力	$24t$	
			压力	$16t$	

注:1. d_0 为螺栓或铆钉的孔径,t 为栓(或铆)合部分外层较薄钢板或型钢厚度。
 2. 表中所列"靠边行列"系指沿板边一行的螺栓或铆钉线;对于角钢,距角钢最近一行的螺栓或铆钉线也作为"靠边行列"。
 3. 有角钢镶边的翼肢上交叉排列的螺栓或铆钉,其靠边行列最大中心间距可取 $14d_0$ 或 $32t$ 中的较小者。
 4. 由两个角钢或两个槽钢中间夹以垫板或垫圈并用螺栓或铆钉连接组成的构件、顺内力方向的螺栓或铆钉之间的最大中心间距,对受压或受压—拉构件规定为 $40r$,不应大于 160mm;对受拉构件规定为 $80r$,不应大于 240mm。其中,r 为一个角钢或槽钢平行于垫板或垫圈所在平面轴线的回转半径。

(4) 高强螺栓连接

高强螺栓连接的构造与普通螺栓一样,主要是高强螺栓的杆身、螺帽和垫圈都需用抗拉强度很高的材料来制造。根据传力方式不同,高强螺栓连接有两种类型:

①摩擦型高强螺栓:能保证在使用期间外剪力不超过被连接件之间的摩阻力,这样螺栓杆的剪切变形小,连接杆件的抗疲劳能力强,适用于受动力荷载的结构及需保证连接变形小的结构。

②承压型高强螺栓:工作性能与摩擦型的相同,但是一旦发生偶然超载,外剪力大于内摩擦力时,连接件之间便发生相对滑移,连接便靠摩擦力和杆身承压抗剪共同传力,故它适用于仅承受静力荷载,并允许出现一定滑移的构件连接。

7. 钢结构焊接连接形式及焊缝形式有哪些?

答:在钢桥的连接中,焊缝连接因具有用料经济、加工方便、连接密闭性好等优点而广泛应用。根据《钢结构焊接规范》(GB 50661—2011),按照施焊位置、接头形式、坡口形式等划分,钢结构焊接连接具有以下分类。

按施焊位置分为平焊、横焊、立焊及仰焊。平焊又称俯焊,施焊方便;立焊和横焊要求焊工的操作水平比平较高;仰焊的操作条件最差,焊缝质量不易保证,因此应尽量避免采用仰焊。焊接位置代号如表9-5所示。

焊 接 位 置 代 号 表9-5

代 号	焊接位置	示 意 图
F	平焊	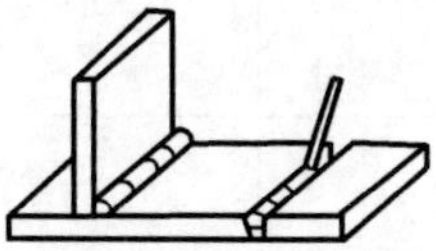
H	横焊	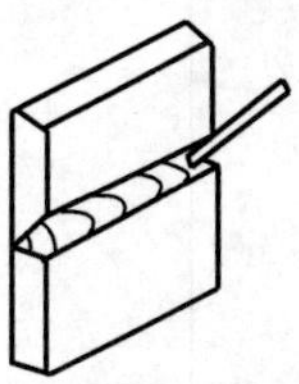
V	立焊	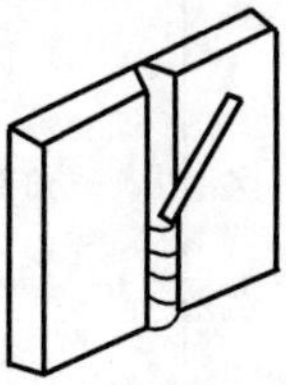
O	仰焊	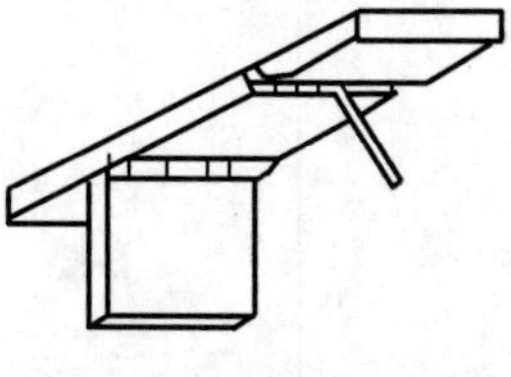

按接头形式可分为:对接、T形连接、十字连接、角部连接及搭接五种,如表9-6所示。这些连接所采用的焊缝主要有对接焊缝和角焊缝,其中对

接焊缝按受力的方向分为正对接焊缝和斜对接焊缝；角焊缝可分为正面角焊缝、侧面角焊缝和斜焊缝。

接 头 形 式　　　　　　　　　　　表 9-6

代号	接头形式	示 意 图
B	对接	
T	T形连接	
X	十字连接	
C	角部连接	
F	搭接	

第9章 钢结构与组合结构桥梁

为了保证电弧能深入接头根部,使接头根部焊透,以及便于清渣从而获得较好的焊缝成形,需要将对接焊缝开设坡口。对接焊缝所采用的坡口同样包含不同类型,其形式如表9-7所示。

坡口形式(尺寸单位:mm)　　　　　　　　　　　表9-7

代 号	坡口形式	示 意 图
I	I形坡口	$t \leq 6$；$b=1\sim2$
V	V形坡口	$t=6\sim26$；$a=60°\sim70°$；$p=1\sim3$；$b=1\sim3$
X	X形坡口	$t=12\sim60$；$a=60°$
L	单边V形坡口	$t=6\sim26$；$50°$
K	K形坡口	$t=12\sim40$；$50°$
U	U形坡口	$t=20\sim60$；$r=5\sim6$；$10°$

续上表

代号	坡口形式	示意图
J	单边 U 形坡口	

8. 焊缝要做哪些验算？

答：不同形式的焊缝其计算公式如下：

（1）对接焊缝或对接与角接组合焊缝的强度计算应符合下列规定：

①在对接接头和 T 形接头中，垂直于轴心拉力或轴心压力的对接焊缝或对接与角接组合焊缝，其强度应按下式计算：

$$\gamma_0 \sigma = \frac{\gamma_0 N_d}{l_w t} \leqslant f_{td}^w \text{ 或 } f_{cd}^w \tag{9-4}$$

式中：γ_0——结构重要性系数，应符合《公路桥涵设计通用规范》（JTG D60—2015）的相关规定；

N_d——轴心拉力和轴心压力；

l_w——焊缝计算长度；

t——在对接接头中为连接件的较小厚度，在 T 形接头中为腹板的厚度；

f_{td}^w、f_{cd}^w——对接焊缝的抗拉、抗压强度设计值。

②在对接连接和 T 形接头中，承受弯矩和剪力共同作用的对接焊缝或对接与角接组合焊缝，应分别计算其法向应力 σ 和剪应力 τ。在同时受较大法向应力和剪应力处，尚应按下式计算换算应力：

$$\gamma_0 \sqrt{\sigma^2 + 3\tau^2} \leqslant 1.1 f_{td}^w \tag{9-5}$$

（2）直角角焊缝的强度计算应满足下列要求：

①在通过焊缝形心的拉力、压力或剪力作用下：

正面角焊缝（作用力垂直于焊缝长度方向）：

$$\gamma_0 \sigma_f = \frac{\gamma_0 N_d}{h_e l_w} \leqslant f_{fd}^w \tag{9-6}$$

侧面角焊缝（作用力平行于焊缝长度方向）：

$$\gamma_0 \tau_f = \frac{\gamma_0 N_d}{h_e l_w} \leqslant f_{fd}^w \tag{9-7}$$

② 在各种力综合作用下：

$$\gamma_0 \sqrt{\sigma^2 + 3(\tau_1 + \tau_2)^2} \leqslant f_{fd}^w \tag{9-8}$$

式中：σ——垂直于焊缝有效厚度截面（$h_e l_w$）的正应力，如图 9-6 所示；

τ_1——垂直于焊缝长度方向并作用在焊缝有效厚度截面内的剪应力；

τ_2——平行于焊缝长度方向并作用在焊缝有效厚度截面内的剪应力；

f_{fd}^w——角焊缝的抗拉、抗剪和抗压强度设计值。

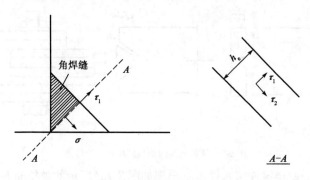

图 9-6　角焊缝应力状况

（3）斜角焊缝和部分焊透的对接焊缝，应采用直角焊缝的计算方法。

9. 钢结构桥梁中的螺栓连接有哪几种形式？普通螺栓连接要做哪些验算？

答：钢结构桥梁中的螺栓连接有普通螺栓连接和高强度螺栓连接。普通螺栓分为 A、B、C 三级，A 级与 B 级为精制螺栓，C 级为粗制螺栓；高强螺栓主要通过螺杆上的预拉力来使连接部件间形成摩擦力来传力，分为高强度螺栓摩擦型连接与高强度螺栓承压型连接，前者不允许接触面有滑移，能承受动力荷载，后者可允许接触面滑移，承载力高于前者，但不得用于承受动力荷载的结构中。

对于普通螺栓，不同受力状态下其验算内容和公式是不同的，下面分别介绍。

（1）单个剪力螺栓连接（图 9-7）的验算

剪力螺栓连接的受力特点是依靠螺杆的承压和抗剪来传递垂直于螺杆的外力。因此，对于普通螺栓的承载力设计值，应对受剪和受压承载力分别进行计算，并取二者中的较小值。

① 受剪承载力设计值的计算：

$$N_{vd}^b = n_v \frac{\pi d^2}{4} f_{vd}^b \tag{9-9}$$

②承压承载力设计值的计算:

$$N_{cd}^b = d \sum t \cdot f_{cd}^b \tag{9-10}$$

式中:n_v——受剪面数目;

d——螺栓杆直径;

$\sum t$——在不同受力方向中各个受力方向承压构件总厚度的较小值;

f_{vd}^b、f_{cd}^b——螺栓的抗剪、承压强度设计值。

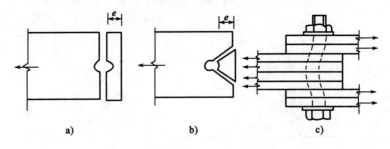

图9-7 螺栓连接的钢板破坏和螺栓弯曲

此外,为避免被连接构件本身出现如图9-7a)所示的被拉断和如图9-7b)所示的被剪断,现行钢桥规范中还规定:螺栓中心顺内力方向或沿螺栓对角线方向至边缘的最大距离应不大于$8t$或120mm中的较小者,t是螺栓各部分外侧钢板或型钢厚度;顺内力方向或沿螺栓对角线方向至边缘的最小距离应不小于$1.5d_0$,垂直内力方向应不小于$1.3d_0$,d_0为螺栓孔的直径。此外,螺栓杆长不大于$5d_0$。

(2)单个拉力螺栓连接(图9-8)的验算

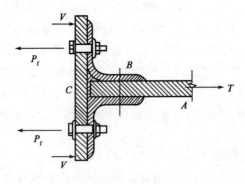

图9-8 普通螺栓中的受拉螺栓

拉力螺栓是依靠螺杆受拉来传递平行于螺杆的外力。一只受拉螺栓的承载力设计值按下式计算:

$$N_{td}^b = n_v \frac{\pi d_e^2}{4} f_{td}^b \tag{9-11}$$

408

式中：d_e——螺栓在螺纹处的有效直径；

f_{td}^b——普通螺栓的抗拉强度设计值。

(3) 同时承受剪力和拉力的单个普通螺栓的验算

同时承受剪力和杆轴方向的拉力时，普通螺栓应满足以下两式的要求：

$$\left.\begin{array}{l}\gamma_0\sqrt{\left(\dfrac{N_v}{N_{vd}^b}\right)^2+\left(\dfrac{N_t}{N_{td}^b}\right)^2}\leqslant 1\\ \gamma_0 N_v\leqslant N_{cd}^b\end{array}\right\}\quad(9\text{-}12)$$

式中： γ_0——结构重要性系数，应符合《公路桥涵设计通用规范》(JTG D60—2015)的相关规定；

N_v、N_t——某个普通螺栓承受的剪力、拉力设计值；

N_{vd}^b、N_{td}^b、N_{cd}^b——一个普通螺栓的受剪、受拉力的承压承载力设计值。

当螺栓群承受拉力、剪力和弯矩或者扭矩作用时，求出单个螺栓的受力，按受力最大的螺栓进行设计和验算。当螺栓群或铆钉群沿轴向受力方向的连接长度 l_1 大于 $16d_0$ 时(图9-9)，应将螺栓或者铆钉的承载力设计值乘以折减系数 $\left(1.1-\dfrac{l_1}{150d_0}\right)$。当 l_1 大于 $60d_0$ 时，折减系数为 0.7。其中 d_0 为螺栓孔径。

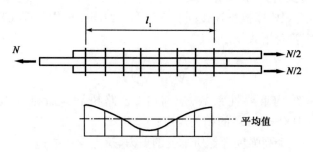

图 9-9　轴向受力方向螺栓群的内力分布

10. 铆钉连接的计算与普通螺栓连接计算有哪些差别？

答：铆钉连接的计算方法和普通螺栓基本相同，二者的差别主要有以下两项：

(1) 铆钉在施铆时，被烧至近 1 000 ℃，经过击打后的铆钉已被镦粗，铆孔填充得很密实。所以在计算铆钉的抗拉强度设计值时，仍按铆钉孔直径计算，而不采用铆钉杆的直径。

(2) 铆钉不像螺栓那样有螺纹的削弱，所以在计算铆钉的抗拉承载力时，仍采用铆钉孔直径，而不是像螺栓那样采用有效直径。

11. 高强度螺栓摩擦型连接的承载能力计算有何特点？

答：(1) 抗剪连接

摩擦型高强螺栓在抗剪连接中，完全是靠被连接构件接触面的摩擦力来传递内力，它与普通螺栓受剪力时的计算原则差别在于设计荷载引起的剪力不得超过摩擦力，而不考虑螺栓杆的受剪和承压。单个摩擦型高强度螺栓的承载力设计值应按下式计算：

$$N_{vd}^b = 0.9 n_f \mu P_d \tag{9-13}$$

式中：n_f——传力摩擦面数目；

P_d——一个高强度螺栓的预拉力；

μ——摩擦面的抗滑移系数。

上述的 P_d、μ，均可从《公路钢结构桥梁设计规范》(JTG D64—2015)中查到相应的取值。

(2) 受拉连接

在螺栓杆轴方向受拉的连接中，单个高强度螺栓的承载力设计值应根据下式取值：

$$N_{td}^b = 0.8 P_d \tag{9-14}$$

(3) 同时受剪力、拉力作用时

当高强度螺栓摩擦型连接同时承受摩擦面间的剪力和螺栓杆轴方向的外拉力时，应符合下式规定：

$$\gamma_0 \left(\frac{N_v}{N_{vd}^b} + \frac{N_t}{N_{td}^b} \right) \leq 1 \tag{9-15}$$

式中：γ_0——结构重要性系数，应符合《公路桥涵设计通用规范》(JTG D60—2015)的相关规定；

N_v、N_t——一个高强度螺栓所承受的剪力、拉力设计值；

N_{vd}^b、N_{td}^b——一个高强度螺栓的受剪、受拉承载力设计值。

12. 什么叫钢板梁，按照连接方式可分为哪两大类？

答：钢板梁是由钢板、角钢等通过两种连接方式（焊接或铆接）而组成的工字形截面梁，适用于跨径较大或弯矩较大的场合，是一种应用很广的受弯构件。

(1) 焊接钢板梁（图9-10）

焊接钢板梁截面面积的改变是通过在翼缘板上增焊一层或二层宽度逐次减窄的翼缘板来实现，为的是便于施焊，如图9-10c)所示。通常在梁的支点处须设置支承加劲肋，以承受支点反力。为了防止腹板在弯曲应力、剪应力和梁顶竖压力作用下丧失稳定,沿梁的长度上每隔一定距离还须设一对中间竖向加劲肋。对较高的板梁,还须在腹板承受较大法向压力处设置水平加劲肋。

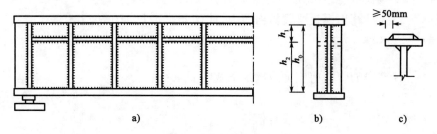

图 9-10　焊接钢板梁

（2）铆接钢板梁（图 9-11）

铆接钢板梁的截面由腹板、四个位于上、下翼缘处的角钢及上、下翼缘板组成。它的截面面积的改变可通过在翼板上增焊一层或二层等宽度翼缘板或通过铆接方式来实现。

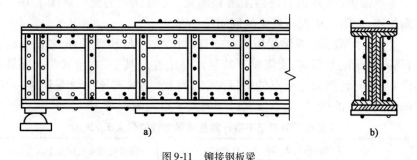

图 9-11　铆接钢板梁

13. 钢板梁的总体验算内容有哪些?

答:钢板梁的受力以纵向受弯为主,因此,应按照《公路钢结构桥梁设计规范》(JTG D64—2015)中的"受弯构件"对钢板梁进行总体设计与验算,具体包含强度验算、整体稳定性验算、刚度验算等内容。

（1）强度验算

对钢板梁的强度验算应对翼缘板的弯曲正应力和腹板的剪应力分别进行。

① 翼缘板弯曲正应力验算:

$$\gamma_0 \sigma_x = \gamma_0 \frac{M_y}{M_{y,\text{eff}}} \leqslant f_d \tag{9-16}$$

式中:M_y——计算截面的弯矩设计值;

$M_{y,\text{eff}}$——有效截面相对于 y 轴和 z 轴的截面模量,其中受拉翼缘应考虑剪力滞影响,受压翼缘应同时考虑剪力滞和局部稳定影响;

f_d——钢材的抗拉、抗压和抗弯强度设计值。

②腹板剪应力验算:

首先计算出钢板梁腹板剪应力,计算公式如下:

$$\tau = \frac{VS}{It_w} \tag{9-17}$$

计算出的腹板剪应力应满足下式的要求:

$$\gamma_0 \tau \leqslant f_{vd} \tag{9-18}$$

上述两式中:V——剪力设计值;

S、I——有效截面面积矩和惯性矩;

t_w——腹板厚度;

f_{vd}——钢材的抗剪强度设计值。

(2)整体稳定性验算

符合下列情况时,无需验算钢板梁的整体稳定性:

①有铺板(各种钢筋混凝土板和钢板)密铺在梁的受压翼缘上并与其牢固相连、能阻止梁受压翼缘的侧向位移时;

②工字形截面钢板梁受压翼缘的自由长度 L_1 与其宽度 B_1 之比不超过如表9-8所示的数值时,无需验算其整体稳定性。其中,对于梁的支座处设置横梁,跨间无侧向支承点的梁,L_1 为其跨径;梁的支座处设置横梁,跨间有侧向支承点的梁,L_1 为受压翼缘侧向支承点间的距离。

工字形截面简支梁不需计算整体稳定性的最大 L_1/B_1 值   表9-8

钢 号	跨间无侧向支承点和梁		跨间受压翼缘有侧向支承点的梁,不论荷载作用于何处
	荷载作用在上翼缘	荷载作用在下翼缘	
Q235	13.0	20.0	16.0
Q345	10.5	16.5	13.0
Q390	10.0	15.5	12.5
Q420	9.5	15.0	12.0

③不满足上述要求时,应按下列规定验算整体稳定:

$$\gamma_0 \left(\beta_{m,y} \frac{M_y}{\chi_{LT,y} M_{Rd,y}} + \frac{M_z}{M_{Rd,z}} \right) \leqslant 1 \tag{9-19}$$

$$\gamma_0 \left(\frac{M_y}{M_{Rd,y}} + \beta_{m,z} \frac{M_z}{\chi_{LT,z} M_{Rd,z}} \right) \leqslant 1 \tag{9-20}$$

$$M_{Rd,y} = W_{y,\text{eff}} f_d \tag{9-21}$$

$$M_{Rd,z} = W_{z,\text{eff}} f_d \tag{9-22}$$

$$\overline{\lambda}_{LT,y} = \sqrt{\frac{W_{y,\text{eff}} f_y}{M_{\text{cr},y}}}; \overline{\lambda}_{LT,z} = \sqrt{\frac{W_{z,\text{eff}} f_y}{M_{\text{cr},z}}} \qquad (9\text{-}23)$$

式中：M_y、M_x——构件最大弯矩；

$\beta_{m,y}$、$\beta_{m,z}$——等效弯矩系数；

$\chi_{LT,y}$、$\chi_{LT,z}$——M_y 和 M_z 作用平面内的弯矩单独作用下，构件弯扭失稳模态的整体稳定折减系数；

$\overline{\lambda}_{LT,y}$、$\overline{\lambda}_{LT,z}$——弯扭相对长细比；

$W_{y,\text{eff}}$、$W_{z,\text{eff}}$——有效截面相对于 y 轴和 z 轴的截面模量，其中受拉翼缘仅考虑剪力滞影响，受压翼缘同时考虑剪力滞和局部稳定影响；

$M_{\text{cr},y}$、$M_{\text{cr},z}$——M_y 和 M_z 作用平面内的弯矩单独作用下，考虑约束影响的构件弯扭失稳模态的整体弯扭弹性屈曲弯矩，可采用有限元方法计算。

（注：以上所述的 $\beta_{m,y}$、$\beta_{m,z}$、$\chi_{LT,y}$、$\chi_{LT,z}$、$\overline{\lambda}_{LT,y}$、$\overline{\lambda}_{LT,z}$ 均可在《公路钢结构桥梁设计规范》(JTG D60—2015) 中查到相关值。）

(3) 刚度验算

刚度验算的指标为钢板梁的竖向挠度。计算竖向挠度时，应按结构力学的方法并应采用不计冲击力的汽车车道荷载频遇值，频遇值系数为 1.0。计算挠度值不应超过表 9-9 规定的限值。

竖向挠度限制 表 9-9

桥梁结构形式	简支或连续桁架	简支或连续板梁	梁的悬臂端部	斜拉桥主梁	悬索桥加劲梁
限值	$\dfrac{l}{500}$	$\dfrac{l}{500}$	$\dfrac{l_1}{300}$	$\dfrac{l}{400}$	$\dfrac{l}{250}$

注：1. l 为计算跨径，l_1 为悬臂长度。

2. 当荷载作用于一个跨径内有可能引起该跨径正负挠度时，计算挠度应为正负挠度绝对值之和。

3. 挠度按毛截面计算。

14. 焊接钢板梁的局部稳定性验算包括哪些内容？

答：焊接工字形钢板梁的局部稳定性包含如下几个方面：

(1) 翼缘板的验算

①焊接板梁受压翼缘的伸出肢宽不宜大于 40cm，也不应大于其厚度的 $12\sqrt{345/f_y}$ 倍，受拉翼缘的伸出肢宽不应大于其厚度的 $16\sqrt{345/f_y}$ 倍。

②翼缘板的面外惯性矩宜满足下式要求：

$$0.1 \leqslant \frac{I_{yc}}{I_{yt}} \leqslant 10 \qquad (9\text{-}24)$$

式中：I_{yc}、I_{yt}——受压翼缘和受拉翼缘对竖轴的惯性矩。

（2）腹板及腹板加劲肋的验算

腹板加劲肋示意如图9-12所示。

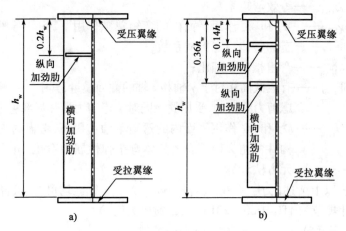

图9-12　腹板加劲肋示意图

①腹板最小厚度要求，应满足表9-10要求。

腹板最小厚度　　　　　　　表9-10

构造形式	钢材品种		备注
	Q235	Q345	
不设横向加劲肋及纵向加劲肋时	$\dfrac{\eta h_w}{70}$	$\dfrac{\eta h_w}{60}$	—
仅设横线加劲肋，但不设纵向加劲肋时	$\dfrac{\eta h_w}{160}$	$\dfrac{\eta h_w}{140}$	—
设横向加劲肋和一道纵向加劲肋时	$\dfrac{\eta h_w}{280}$	$\dfrac{\eta h_w}{240}$	纵向加劲肋位于距受压翼缘 $0.2h_w$ 附近，如图9-12所示
设横向加劲肋和两道纵向加劲肋时	$\dfrac{\eta h_w}{310}$	$\dfrac{\eta h_w}{310}$	纵向加劲肋位于距受压翼缘 $0.14h_w$ 附近，如图9-12所示

注：1. h_w 为腹板计算高度，对焊接梁为腹板的全高，对铆接梁为上、下翼缘角钢内排铆钉线的间距。

2. η 为折减系数，$\eta = \sqrt{\tau/f_{vd}}$，但不得小于0.85。$\tau$ 为基本组合下的腹板剪应力。

②腹板横向加劲肋的间距 a 不得大于腹板高度 h_w 的1.5倍，并应满足下列要求：

a. 不设纵向加劲肋时，横向加劲肋的间距 a 应满足下式要求：

$$\left(\frac{h_w}{100t_w}\right)^4 \left\{\left(\frac{\sigma}{345}\right)^2 + \left[\frac{\tau}{77+58(h_w/a)^2}\right]^2\right\} \leq 1 \quad \left(\frac{a}{h_w} > 1\right) \quad (9-25)$$

$$\left(\frac{h_{w}}{100t_{w}}\right)^{4}\left\{\left(\frac{\sigma}{345}\right)^{2}+\left[\frac{\tau}{58+77(h_{w}/a)^{2}}\right]^{2}\right\}\leq 1 \quad \left(\frac{a}{h_{w}}\leq 1\right) \quad (9\text{-}26)$$

b. 设置一道纵向加劲肋时,横向加劲肋的间距 a 应满足下式要求:

$$\left(\frac{h_{w}}{100t_{w}}\right)^{4}\left\{\left(\frac{\sigma}{900}\right)^{2}+\left[\frac{\tau}{120+58(h_{w}/a)^{2}}\right]^{2}\right\}\leq 1 \quad \left(\frac{a}{h_{w}}>0.8\right) \quad (9\text{-}27)$$

$$\left(\frac{h_{w}}{100t_{w}}\right)^{4}\left\{\left(\frac{\sigma}{900}\right)^{2}+\left[\frac{\tau}{90+77(h_{w}/a)^{2}}\right]^{2}\right\}\leq 1 \quad \left(\frac{a}{h_{w}}\leq 0.8\right) \quad (9\text{-}28)$$

c. 设置两道纵向加劲肋时,横向加劲肋的间距 a 应满足下式要求:

$$\left(\frac{h_{w}}{100t_{w}}\right)^{4}\left\{\left(\frac{\sigma}{3\,000}\right)^{2}+\left[\frac{\tau}{187+58(h_{w}/a)^{2}}\right]^{2}\right\}\leq 1 \quad \left(\frac{a}{h_{w}}>0.64\right)$$
$$(9\text{-}29)$$

$$\left(\frac{h_{w}}{100t_{w}}\right)^{4}\left\{\left(\frac{\sigma}{3\,000}\right)^{2}+\left[\frac{\tau}{140+77(h_{w}/a)^{2}}\right]^{2}\right\}\leq 1 \quad \left(\frac{a}{h_{w}}\leq 0.64\right)$$
$$(9\text{-}30)$$

式中:t_w——腹板厚度;

σ——作用基本组合下的受压翼缘处腹板正应力(MPa);

τ——作用基本组合下的腹板剪应力(MPa)。

③腹板横向加劲肋惯性矩应满足下式要求:

$$I_t \geq 3h_w t_w^3 \quad (9\text{-}31)$$

式中:I_t——单侧设置横向加劲肋时,加劲肋对与腹板连接线的惯性矩;双侧对称设置横向加劲肋时,加劲肋对腹板中心线的惯性矩。

④腹板纵向加劲肋惯性矩应满足下式要求:

$$I_l = \xi_l h_w t_w^3 \quad (9\text{-}32)$$

$$\xi_l = \left(\frac{a}{h_w}\right)^2 \left[2.5 - 0.45\left(\frac{a}{h_w}\right)\right] \leq 1.5 \quad (9\text{-}33)$$

式中:I_l——单侧设置纵向加劲肋时,加劲肋对与腹板连接线的惯性矩;双侧对称设置纵向加劲肋时,加劲肋对腹板中心线的惯性矩,参照图 9-13;

a——腹板横向加劲肋的间距。

(3)支承加劲肋的验算

加劲肋在支承处及外力集中处应设置成对的竖向加劲肋。加劲肋宜延伸到翼缘板的外边缘,在支承处磨光并与下翼缘焊接。在外力集中处,加劲肋应与上翼缘焊连,且对焊接梁不得与受拉翼缘直接焊连。它的设计应满足以下条件:

$$\gamma_0 \frac{R_V}{A_s + B_{eb}t_w} \leq f_{cd} \quad (9\text{-}34)$$

$$\gamma_0 \frac{2R_V}{A_s + B_{ev}t_w} \leqslant f_d \qquad (9\text{-}35)$$

式中：R_V——支座反力设计值；

A_s——支承加劲肋面积之和；

t_w——腹板厚度；

B_{eb}——腹板局部承压有效计算宽度，$B_{eb} = B + 2(t_f + t_b)$；

B——上支座宽度；

t_f——下翼板厚度；

t_b——支座垫板厚度；

B_{ev}——如图9-14所示，按式(9-36)计算的腹板有效宽度。

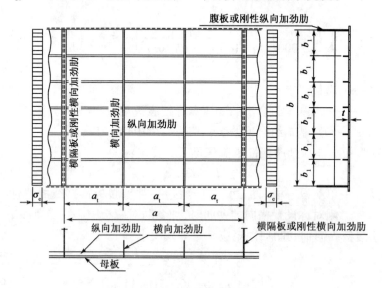

图9-13 加劲板示意图

当设置一对支承加劲肋并且加劲肋距梁端距离不小于12倍腹板厚时，有效计算宽度按24倍腹板厚计算；设置多对支承加劲肋时，按每对支承加劲肋求得的有效计算宽度之和计算，但相邻支承加劲肋之间的腹板有效计算宽度不得大于加劲肋间距。

$$\begin{cases} B_{ev} = (n_s - 1)b_s + 24t_w & (b_s < 24t_w) \\ B_{ev} = 24n_s t_w & (b_s \geqslant 24t_w) \end{cases} \qquad (9\text{-}36)$$

式中：n_s——支承加劲肋对数；

b_s——支承加劲肋间距。

15. 受压加劲板局部稳定性计算需要考虑哪些问题？

答：在钢结构桥梁中，为防止受压钢板局部失稳，需要对钢板进行加劲，由于钢板得到了加劲肋的加强,因而称为受压加劲板。受压加劲板的设计与计算需要兼顾钢板和加劲肋的局部稳定性,在设计中,需要重点解决以下问题:

(1)加劲肋应采用何种形式,需要多大的刚度?

(2)加劲肋自身的局部稳定性如何计算?

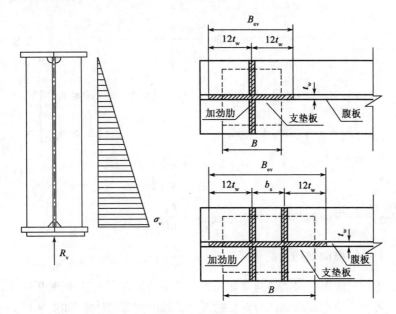

图 9-14　支承加劲肋的腹板有效计算宽度

我国《公路钢结构桥梁设计规范》(JTG D64—2015)已对上述问题有明确的计算规定。下面结合此规范,给出具体算法,并附上算例,供工程人员参考。

(1)加劲肋的主要形式及其刚度的确定

钢结构桥梁中常用的钢板加劲肋有五种形式,如图 9-15 所示。

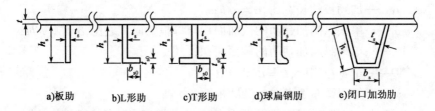

图 9-15　加劲肋的主要形式

受压加劲板的设计应满足下列要求:

①受压加劲板宜采用刚性加劲肋,构造布置困难或受力较小时可用柔

性加劲肋。

②受压加劲板的刚性加劲肋，其纵、横向加劲肋的相对刚度应满足下列要求：

$$\gamma_l \geqslant \gamma_l^* \tag{9-37}$$

$$A_{s,l} \geqslant \frac{bt}{10n} \tag{9-38}$$

$$\gamma_t \geqslant \frac{1 + n\gamma_l^*}{4\left(\dfrac{a_t}{b}\right)^3} \tag{9-39}$$

$$\left.\begin{array}{ll} \gamma_l^* = \dfrac{1}{n}[4n^2(1+n\delta_l)\alpha^2 - (\alpha^2+1)^2] & (\alpha \leqslant \alpha_0) \\ \gamma_l^* = \dfrac{1}{n}\{[2n^2(1+n\delta_l)-1]^2 - 1\} & (\alpha > \alpha_0) \end{array}\right\} \tag{9-40}$$

$$\left.\begin{array}{l}\alpha_0 = \sqrt[4]{1+n\gamma_l} \\ n = n_l + 1\end{array}\right\} \tag{9-41}$$

式中：γ_l——纵向加劲肋的相对刚度，$\gamma_l = \dfrac{EI_l}{bD}$；

γ_t——横向加劲肋的相对刚度，$\gamma_t = \dfrac{EI_t}{aD}$；

I_l——单根纵向加劲肋对加劲板 Y-Y 轴的抗弯惯性矩，如图 9-16 所示；

I_t——单根横向加劲肋对加劲板 Y-Y 轴的抗弯惯性矩，如图 9-16 所示；

t——母板的厚度；

a——加劲板的计算长度（横膈板或刚性横向加劲肋的间距），如图 9-17 所示；

b——加劲板的计算宽度（腹板或刚性纵向加劲肋的间距），如图 9-17 所示；

a_t——横向加劲肋的间距，如图 9-17 所示；

α——加劲板的长宽比，$\alpha = a/b$；

δ_l——单根纵向加劲肋的截面面积与母板的面积之比，$\delta_l = A_{s,l}/bt$；

$A_{s,l}$——单根纵向加劲肋的截面面积；

D——单宽板刚度，$D = Et^3/[12(1-\nu^2)]$；

n_l——等间距布置纵向加劲肋根数。

除满足上述刚度要求外，母板和加劲肋的厚度及布置间距还应满足构造要求，《公路钢结构桥梁设计规范》(JTG D64—2015)中有具体规定。对于母板，行车道部分的钢桥面顶板板厚不应小于 14mm，人行道部分板厚不应小于 10mm，而受压加劲肋的最小板厚不应小于 8mm。对于横向加劲肋的间距,当采用闭口纵向加劲肋时,横向加劲肋或横隔板的间距不宜大于4m;而当采用开口纵向加劲肋时,横向加劲肋或横隔板的间距不宜大于3m。

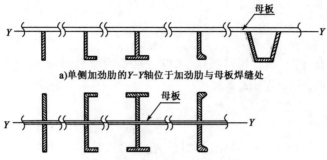

图 9-16　计算加劲肋抗弯惯性矩的中性轴位置 Y-Y

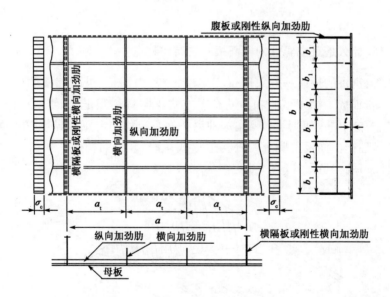

图 9-17　受压加劲板示意

(2)加劲肋自身稳定性的规定

规范中对不同种类加劲肋的尺寸做出了规定,从而保证其自身稳定性。

①如图 9-15a)所示,板肋的宽厚比应满足下式要求:

$$\frac{h_s}{t_s} \leq 12\sqrt{\frac{345}{f_y}} \qquad (9-42)$$

②如图9-15b)、c)所示,L形、T形刚性加劲肋的尺寸比例应满足下式要求：

$$\frac{b_{s0}}{t_{s0}} \leq 12\sqrt{\frac{345}{f_y}} \qquad (9\text{-}43)$$

$$\frac{h_s}{t_s} \leq 30\sqrt{\frac{345}{f_y}} \qquad (9\text{-}44)$$

③符合现行《热轧球扁钢》(GB/T 9945)的球扁钢加劲肋[图9-15d)]的尺寸比例,应满足下式要求：

$$\frac{h_s}{t_s} \leq 18\sqrt{\frac{345}{f_y}} \qquad (9\text{-}45)$$

④闭口加劲肋[图9-15e)]的尺寸比例应满足下式要求：

$$\frac{b_s}{t_s} \leq 30\sqrt{\frac{345}{f_y}} \qquad (9\text{-}46)$$

$$\frac{h_s}{t_s} \leq 40\sqrt{\frac{345}{f_y}} \qquad (9\text{-}47)$$

16. 什么是正交异性钢桥面板？它有何特点？

答：钢桥的桥面一般采用正交异性钢板,由面板、纵肋和横肋(或横隔板)焊接而成。由于纵肋和横肋布置方式不同且相互正交,使得桥面板在纵、横桥向上的刚度不同,因此这种钢桥面系也称之为正交异性钢桥面板。正交异性钢桥面板主要有两种构造形式,一是开口肋构造形式(图9-18),二是闭口肋构造形式(图9-19)。

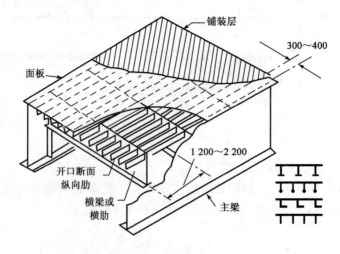

图9-18 正交异性钢桥面板开口肋形式(尺寸单位:mm)

开口肋形式构造简单,且施工及检修都很方便。但是,开口纵肋也存在以下不足:①轮荷载在横向分布的有效宽度比较有限,这使纵肋中心距限制在300~400mm,使纵肋数量较多,同样横肋间距不宜超过2m,导致横肋数量较多,增加了用钢量;②纵肋、横肋都必须和面板焊接,且都必须采用双面角焊缝,随着纵横肋数量的增多,其焊缝数量和焊接工作量也明显地增大。

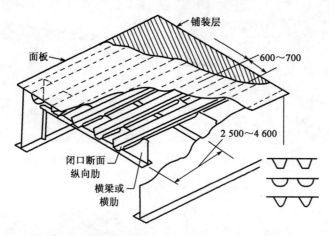

图9-19 正交异性钢桥面板闭口肋形式(尺寸单位:mm)

与开口肋桥面相比,闭口截面纵肋抗弯抗扭惯性矩较大,自重轻、焊接工作量少,且要求涂装的暴露面积少,应用更广泛。闭口截面纵肋有圆端形、圆底梯形、倒梯形、Y形、V形及U形纵肋。其中倒梯形和U形纵肋受力较好,而二者中,倒梯形纵肋加工性能更好,工地连接也方便,目前工程实践中应用最多。

17. 正交异性钢桥面系有哪些典型的病害问题?如何解决?

答:因具有自重轻、承载力高、施工快捷方便等优点,正交异性钢桥面板广泛应用于钢桥,尤其是大跨径钢桥。钢桥面一般采用浇注式沥青、SMA、环氧沥青等沥青混凝土铺装材料,铺装层总厚为35~80mm。

由于正交异性钢桥面板自身焊缝数量多且柔度大,加之夏季高温、重型车辆荷载、雨水侵蚀等因素的作用,正交异性钢桥面系容易产生以下病害:

(1)正交异性钢桥面板疲劳开裂。

(2)钢桥面沥青铺装层极易破损,需频繁维修。

两种病害照片分别如图9-20和图9-21所示。这些病害严重时会影响桥梁正常的运营,产生不良的经济与社会影响。

针对正交异性钢桥面板疲劳开裂病害,目前的常规做法是:加大钢面板厚度;优化疲劳细节的构造形式;提高焊接质量;限制重载车通行等。针对钢桥面铺装病害频现的问题,目前的常规做法是:改进铺装材料的力学性能、优化铺装层厚度、提高黏结层的抗剪强度、改进钢桥面铺装层设计方法等。例如,我国从南京长江二桥开始在大跨径钢桥中采用热固性的环氧沥青混凝土,并采用复合结构设计与试验方法,取得了一定的成效。

a)面板裂纹

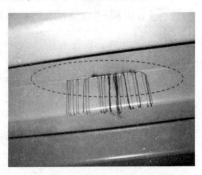

b)面板—纵肋焊缝疲劳裂缝

图 9-20　疲劳开裂

a)铺装层开裂

b)铺装层推移

c)铺装层坑槽

d)铺装层车辙

图 9-21　铺装层破损

为更好地从根本上综合解决上述病害问题,作者所在的研究团队研发了正交异性桥面钢-UHPC 层轻型组合桥面结构,如图 9-22 所示。这种结构是在正交异性钢桥面板上增设高模量的薄层 UHPC,两者通过剪力连接件组合,UHPC 层顶面铺设沥青铺装层。理论和试验研究、实桥应用均表明,钢-UHPC 轻型组合桥面结构的静力和疲劳性能良好,有望解决传统正交异性钢桥面疲劳开裂和沥青铺装层易损等问题。

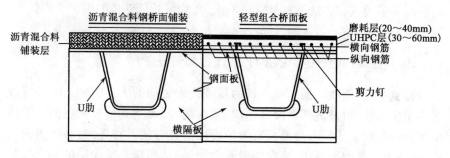

图 9-22 常规正交异性钢桥系与钢-UHPC 轻型组合桥面结构示意图

18. 钢结构的防护有哪几种方法?各有什么特点?

答:(1)隔离层防护

隔离层防护主要有涂料保护和喷金属保护。这种方法是针对钢材腐蚀的机理,通过在钢材表面喷涂涂料或者耐腐蚀金属,在钢材和大气之间设置一道屏障,从而使得钢材表面不再形成腐蚀的环境,阻止腐蚀的发生。这类方法较为成熟,应用广泛;但就目前的技术,在桥梁使用寿命期限内,需要多次喷涂隔离层,而且喷涂操作工作环境恶劣,这些是其缺点。

(2)除湿法防护

封闭钢箱梁的内部防护可以采用除湿法。试验表明,钢的表面暴露在相对湿度小于 60% 的空气中时腐蚀不会发展。除湿法防护是通过采用在钢箱梁内部安装除湿设备,用循环的除湿空气降低箱内湿度,减弱钢材腐蚀过程中水的因素,来阻止锈蚀的防护方法。一般安装除湿系统的钢箱内部空气相对湿度均保持在 50% 以下。此法不但可以做到自动检测和控制运转而无需后期操作,而且减少了维护费用,避免了常规涂层防护的弊病,因而,对于箱梁内部防护是一种更为经济有效的防护方法。

除湿机第一次是应用在 1971 年建成的丹麦小带桥的悬吊箱梁里,当时,为了考察防护效果,在箱梁上悬挂了几块表面磨新的钢板作为检测板,长期进行观测。结果表明,这些检测板经历多年,表面仍然光亮如新,毫无锈蚀现象,可见除湿系统的效果是可靠的。1997 年建成的广东虎门大桥是我国最早应用这种方法的钢桥。

（3）耐候钢

防腐蚀的另一对策是选择耐大气腐蚀的低合金钢材料。比如耐海洋大气腐蚀钢就是向钢中加入了 Ni 和 Mo 金属，Ni 使锈致密化而抑制了水、氧及 Cl^- 的穿透能力；Mo 从钢中游离出来变成 MoO_4^{2-} 吸附于锈上，因其带负电，同种电荷之间的排斥作用阻止了 Cl^- 的穿透，从而抑制了随时间而产生的腐蚀。采用这种方法钢材外表可不涂漆，故可减少钢桥的维护工作量，节省维修费用，可谓一劳永逸，其应用前景广阔。

19. 钢材表面喷砂的目的是什么，喷砂如何分级？

答：钢材表面喷砂最主要的目的是进行涂装前的表面清理。喷砂清理是利用棱角砂，对被清理表面高速撞击、磨削，从而达到清理的目的。喷砂清理是目前延长涂层寿命最为有效的表面清理方法。首先，喷砂使表面粗糙化，增大了微观表面积，使涂层附着力增强，从而延长了涂层的寿命。其次，喷砂能非常彻底地清除金属表面的氧化皮、锈和杂物，从而使再锈蚀期延长。再次，喷砂能使金属表面形成致密层，从而消除了表面裂纹等缺陷，这也能使再锈蚀期延长。最后，喷砂能使金属表面形成一定的压缩应力，从而抵消有害的拉应力疲劳腐蚀。

近年来，发展起来一种以钢丸代替石英砂进行表面清理的技术，称为抛丸。

喷砂清理质量等级分为 Sa1、Sa2、Sa2.5、Sa3 四级，其等级定义在《涂覆涂料前钢材表面处理》（GB/T 8923.1—2011）中有明确定义。

根据《钢结构防护涂装通用技术条件》（GB/T 28699—2012）规定，钢结构表面喷(抛)射处理后的除锈等级要求如下：

（1）热喷涂锌、铝及其合金涂层时，钢结构基材表面除锈应达到 Sa3 级。

（2）涂装无机富锌防腐底层漆涂层时，钢结构基材表面除锈应达到或超过 Sa2.5 级。

（3）涂装其他类防腐涂料涂层时，钢结构基材表面除锈应达到或超过 Sa2 级。

20. 钢桥结构隔离层的作用是什么？有哪几种类型？

答：钢桥结构隔离层主要有以下几方面的作用：

（1）物理性的屏蔽作用

隔离层作为屏障将金属与外界隔离，减少和阻滞腐蚀介质与金属表面的接触。

(2)电化学的保护作用

如喷铝层、喷锌层、富锌底漆中的锌粉,在电解质的作用下通过牺牲自体对主体钢铁起着一定的阴极保护作用。

(3)化学缓蚀作用

借助涂料中的某些成分与金属的化学反应,使金属表面钝化或形成保护膜,阻止环境介质渗入而引起腐蚀。

隔离层的类型有涂料和耐腐金属两种。

(1)油漆涂料

以红丹防锈漆+灰云铁醇酸面漆的铅系涂装系统,防锈性能好,对基底表面处理要求相对较低,涂装施工方便。所以,长期以来,该系统一直是桥梁钢结构防腐的主导体系。我国1956年建成的武汉长江大桥和1968年建成的南京长江大桥均采用红丹防锈漆作为底漆。但是,对于维护比较困难的桥梁,上述涂装系统的耐久性和维护涂装的经济性则显得不尽人意。另外,鉴于铅系防腐涂料不符合环境保护的要求,施工中劳动强度大,同时红丹底漆在构件制造焊接过程中会产生有毒气体,因此,该涂装方案已不适合采用。

以富锌涂料为防锈底漆,使用氯化橡胶、聚氨酯等合成树脂涂料的涂装系统,具有耐久性好的优点,具有长达20~30年的耐候有效期,可以大大延长维修周期,目前在国内采用的大致有如下两个方案:环氧富锌底漆+环氧云铁中间层+丙烯酸聚氨酯面漆(或氯化橡胶面漆),或无机富锌底漆+环氧云铁中间层+丙烯酸聚氨酯面漆。理论和试验研究结果以及实际应用均表明,无机富锌的防腐蚀性能比环氧富锌要好,这一点在国内外均已达成共识。无机富锌漆可直接与钢铁表面反应生成硅酸铁,是化学附着,故附着力很强;环氧富锌漆是物理附着,故不及无机富锌漆。

《海港工程钢结构防腐蚀技术规定》(JTS 153-3—2007)中推荐的海洋大气环境下的防腐蚀涂层系统见表9-11。我国大多数钢桥采用油漆涂料防腐。虎门大桥钢箱梁外表面(不包括桥面)的涂装方案为:无机富锌底漆($75\mu m$)+环氧铁红封闭漆($25\mu m$)+环氧云铁中间层($80\mu m$)+丙烯聚氨酯漆面层($80\mu m$)。

海洋大气环境下的防腐蚀涂层系统　　　　　　表9-11

设计使用年限(年)	配套涂料名称			平均涂层厚度(μm)
10~20	组合配套	底层	富锌漆	75
		中间层	环氧云铁防锈漆	100
		面层	聚氨酯漆、丙烯酸树脂漆、氟碳涂料	100~150
	同品种配套		聚氨酯漆、丙烯酸树脂漆、氟碳涂料	300~350

续上表

设计使用年限（年）	配套涂料名称		平均涂层厚度（μm）
5~10	组合配套	底层 富锌漆	50
		中间层 环氧云铁防锈漆	80
		面层 氯化橡胶漆、聚氨酯漆、丙烯酸树脂漆	80~120
	同品种配套	氯化橡胶漆、聚氨酯漆、丙烯酸树脂漆	220~250

(2) 耐腐金属

喷金属保护是利用燃烧或电能，把加热至熔化或接近熔化状态的金属微粒，喷附在制品表面上形成覆盖层，防止金属腐蚀的一种方法。

喷金属保护层同基体金属的结合强度要比有机涂料同基体结合的强度大得多，有"抛锚效应"的机械结合、分子间相互扩散的物理结合和与基体接触处产生局部熔化而形成的冶金结合等。喷金属层不会像涂料那样易老化，同时喷金属时可以消除焊缝部分内应力，提高构件的疲劳强度。所以喷金属同涂料相比具有防腐蚀能力强、使用寿命长的特点。

喷涂材料主要有锌、铝或锌铝合金。喷锌、喷铝均能适用于大多腐蚀环境，一般来说喷锌层适合在弱碱性条件下使用，喷铝层适合在中性或弱酸性条件下使用，在海洋大气和城市工业大气（含有 SO_2）条件下，喷铝更为合适。相比之下，喷铝层同喷锌层更有优势。铝的氧化膜 Al_2O_3 膜致密稳定，即使遭受破损也极易恢复；铝的电化学容量较锌更大，提供牺牲阳极保护作用更强；铝的比重较锌小，若喷涂相同厚度的涂层，铝的耗用量比锌少。锌铝合金含锌 70%~95%，能发挥锌、铝各自的优点，大大高于喷涂纯锌的使用寿命。

在喷涂工艺上可分为火焰喷涂和电弧喷涂。电弧喷涂对于喷铝来说更为有效，火焰喷涂时铝同基体的结合强度在 4~16MPa 之间，而采用电弧喷涂法可提高到 13~37MPa，采用电弧喷涂方法大大提高喷涂层和基体之间的结合力。同时采用电弧喷涂还有孔隙率低、密实度高，喷涂层脆性较低等优点。

《海港工程钢结构防腐蚀技术规定》(JTS 153-3—2007) 中大气区喷涂金属系统推荐如表 9-12 所示，在喷涂金属表面还要用环氧云铁等涂料进行封闭处理，其上再喷涂面层。我国 1991 年建成的上海杨浦大桥、1997 年建成的香港青马大桥和 2001 年建成的武汉军山大桥采用了喷金属复合涂层防腐方案。军山大桥钢箱梁外表面（不包括桥面）的涂装方案为：电弧喷铝（180μm）+ 环氧云铁封孔底漆 1 道（50μm）+ 环氧云铁封闭漆 1 道（50μm）+ 丙烯酸聚氨酯漆 2 道（2×40μm）。

大气区喷涂金属系统　　　　　　表9-12

设计使用年限(年)	喷涂系统	最小局部厚度(μm)
≥20	喷锌+封闭	250+60
	喷铝+封闭	200+60
	喷Ac铝+封闭	150+60
	喷锌+封闭+涂装	250+30+100
	喷铝+封闭+涂装	200+30+100
	喷Ac铝+封闭+涂装	150+30+100
10~20	喷锌+封闭	160+60
	喷铝+封闭	120+60
	喷Ac铝+封闭	100+60
	喷锌+封闭+涂装	160+30+100
	喷铝+封闭+涂装	120+30+100
	喷Ac铝+封闭+涂装	100+30+100

21. 钢材面漆有哪几种类型,各有何特点?

答: 用于面漆层的涂料按其价位可划分为三种等级:
(1)普通级为环氧树脂漆、氯化橡胶漆、氯磺化聚乙烯漆等。
(2)中等级为聚氨酯漆。
(3)高等级为有机硅改性聚氨酯漆、有机硅改性丙烯酸面漆、氟涂料等。

环氧树脂漆经化学固化后,化学性质稳定,涂层致密,有很强的黏接力和很高的机械性能;它耐酸、碱、盐,能抵抗多种化学介质的侵蚀。

氯化橡胶漆以氯化橡胶为成膜物,氯化橡胶是用天然橡胶与氯气反应制成,它属惰性树脂,成膜后密封性能非常好,水汽、氧气对漆膜的渗透率极低,而且耐酸、耐碱、耐水、耐氧化剂、耐各种腐蚀性气体的腐蚀,在用醇酸树脂改性后,耐候性好,在使用过程,漆膜理化性能变化很小,可以说是一种经济耐用的防腐材料。

聚氨酯漆是由含环氧树脂的羟基组分,耐酸盐填料,多种助剂、溶剂以及多异氰酸酯组分等配制而成的耐热防腐涂料。漆膜丰满光亮,具有优良的耐酸、碱、盐和化工大气腐蚀的性能;并具有耐油、耐水、耐溶剂性,涂层坚韧、附着力强、耐热性突出。

氯磺化聚乙烯漆是采用氯磺化聚乙烯橡胶做成膜物质的橡胶涂料,氯磺化聚乙烯橡胶涂料的致密性好,有优良的耐大气老化和耐水性能,同时具有良好的机械性能,突出的对化学品介质的稳定性。

22. 什么叫作钢-混凝土组合梁?

答:混凝土材料具有较高的刚度和抗压强度,但抗拉强度低。对于普通的钢筋混凝土梁,在正常使用状态下,其受拉部位的混凝土容易开裂。此时,受拉区的混凝土不仅不能发挥抵抗外力的作用,其自重还作为恒载的一部分增加结构的负担。而钢材则具有强度高、韧性好、结构重量轻的优点。但是,为减轻自重并节省材料,钢结构通常设计为薄壁构件。当薄壁构件受压时其稳定性较差,在缺少侧向约束的条件下易发生失稳破坏而非所希望的强度破坏,导致材料利用率降低。

20世纪发展起来的钢-混凝土组合梁,则通过较为简单的处理方式综合了混凝土梁和钢梁的优势。钢-混凝土组合梁是将钢筋混凝土板放置于钢梁的上部,通过连接件连接,使混凝土板作为梁的翼缘与钢梁组合形成具有统一中和轴的组合梁而共同工作。其构造如图9-23所示。

剪力连接件的存在,可以抵抗受弯时混凝土板和钢梁间的相对滑移和掀起,使二者协调受力。在受拉区,主要是钢梁受力,解决了混凝土易受拉开裂的问题;在受压区,主要是混凝土板受力,解决了钢材易失稳的问题,避免了受压区大量布置加劲肋。与纯钢梁或纯混凝土梁相比,钢-混凝土组合梁的中和轴高度和内力臂增大,使得受弯承载力大大加强。同时,更大的截面高度也使得其刚度得到提高。

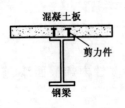

图9-23 钢-混组合梁构造图

23. 常见的钢-混凝土组合桥梁有哪些,它们各有哪些特点?

答:常见的钢-混凝土组合桥梁有组合梁桥、组合桁梁桥、组合刚构桥、混合梁结构以及波形钢腹板组合梁桥。它们的特点如下:

(1)组合梁桥

组合梁桥由钢主梁、混凝土桥面板、抗剪连接件、横向联结系、桥面构造等部分组成。钢梁通过抗剪连接件与混凝土桥面板形成组合梁,是桥梁的主要承重结构。横向联结系保证各根主梁连接成整体,以提高施工阶段的稳定性和成桥后的整体性。混凝土桥面板一方面与钢主梁形成组合截面共同承担外部荷载,同时也为钢梁提供了有效的侧向支撑,能够大幅提高结构的稳定性。

钢主梁主要有工字形钢板梁和钢箱梁两种形式。对于跨度不太大的情

第9章 钢结构与组合结构桥梁

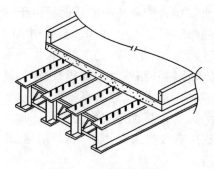

图 9-24 工字形截面钢梁

况,采用如图 9-24 所示工字形钢板梁时,制作、安装都较为方便。钢板梁一般由三块钢板焊接而成,为充分发挥钢材的抗拉作用,可采用下翼缘加宽加厚的非对称工字形截面的钢板梁。为提高施工阶段钢梁的稳定性,并更高效地在横桥向分布荷载,各片钢梁之间也常设置横向联结系。对于大跨径组合梁桥,可采用钢箱梁,又称为箱形截面组合梁桥,如图 9-25 所示。为节省钢材,一般采用上端开口钢箱梁截面形式。为提高开口钢箱梁在施工阶段的稳定性,并增强结构的抗扭刚度,钢箱梁内通常需要设置横隔板。由于箱形截面组合梁的抗扭刚度较大,因此非常适用于匝道桥等曲线梁桥。

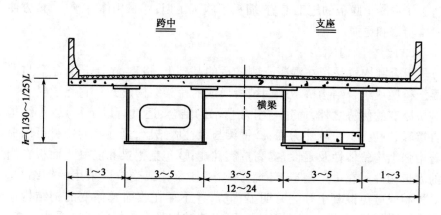

图 9-25 箱形截面钢梁(尺寸单位:m)

(2)组合桁梁桥

钢-混凝土组合桁梁桥按照钢桁架与混凝土的组合方式分类,有钢桁架上弦杆或上层纵横梁与混凝土板组合的上承式组合桁架桥,也有钢桁架下弦杆或下层纵横梁与混凝土板组合的下承式组合桁梁桥,还有钢桁架腹杆与混凝土板直接组合的桁腹式组合桁架桥。

对于上承式组合桁梁桥,它的优点有:①合理地使用了材料,充分发挥了材料性能;②发挥了桥面板、主桁平纵联等多种作用的顶部混凝土板,使得结构的整体稳定性得到加强;③桥面板与钢桁架的组合作用,提高了结构的横向刚度,使得动力性能更加优越;④混凝土板和钢桁架形成的稳定的空间结构,使得桥梁的抗扭刚度更大。

与上承式组合桁梁桥不同的是,下承式组合桁梁桥中的桥面板由于和下弦杆或下层纵横梁组合,在竖向荷载的作用下,混凝土桥面板会受到纵向拉力的作用,这对抗拉性能较差的混凝土板来说,是不利的。然而,当下承式组合桁梁桥用于新建高速铁路桥梁以及既有铁路线路的提速改造时,仍具有一定的优势。主要体现在:①结构横向刚度大;②建筑高度低;③便于使用有砟桥面,降低噪声,改善行车舒适度,分散桥面系集中力作用。④加纵向预应力后的桥面板能与钢桁架形成更有效的组合作用,降低用钢量。⑤桥面系纵向刚度大,可简化桥面系构造。

桁腹式组合桁梁桥是钢桁架腹杆直接和混凝土上下翼缘组合的一种组合桁梁桥。相对于上承式及下承式组合桁梁桥来说,省去了钢桁架的上下弦杆;相对于传统的混凝土箱梁桥来说,采用了钢桁架腹杆代替了混凝土腹板。桁腹式组合桁梁桥具有如下优点:①节省了上下弦杆,降低了用钢量;②用钢桁架腹杆代替混凝土腹板,减轻了上部结构自重和下部结构荷载;③省去了混凝土腹板的施工工艺,缩短了施工工期;④采用体外预应力,方便日常检修和更换。

(3) 组合刚构桥

组合刚构桥是指在混凝土刚构桥的基础上,将钢-混凝土组合梁与混凝土桥墩或组合结构桥墩相固结所形成的桥梁结构形式。它除了具备刚构桥原有的优势之外,通过与组合技术的结合,还具有以下特点:①结构自重轻、刚度大、跨越能力强;②钢梁与墩柱固结后,延性好的钢材可以显著增强结构整体性及延性,提高抗震性能;③包括钢梁和混凝土面板在内的大量构件可在工厂制造,环境影响小;④梁体或受拉区采用的钢结构,对控制或避免混凝土开裂有明显优势;⑤不存在收缩及徐变的钢结构应用在高次超静定的组合刚构桥中,可以使结构具有较好的长期受力性能;⑥主梁部分的钢结构可采用悬臂法或整体吊装法施工,使得施工更加方便快捷。

(4) 混合梁结构

为了解决预应力混凝土斜拉桥主梁重量太大对跨越能力限制的问题,并充分发挥混凝土梁的压重作用和钢梁跨越能力大的特点,20世纪70年代发展出了主跨为钢梁、边跨为混凝土梁的混合梁结构。采用这种结构的桥型,有以下特点:①边跨采用自重较大的混凝土梁,可起到对自重较轻的钢结构中跨的锚固和压重作用;②边跨采用预应力混凝土主梁,不仅可以平衡主跨的恒载及活载,确保边跨各支座不出现负反力,而且由于后锚拉索分布较密,从总体上提高了整座桥的刚度;③由于边跨设有较多的刚性支承点,可降低边跨活载对主跨的影响,使主跨弯矩变幅和斜拉索索力变幅明显降低,从而减小了主梁和斜拉索的疲劳效应;④主塔和边跨预应力混凝土主梁可以同时施工;⑤主跨和边跨分别采用钢结构和预应力混凝土结构,可以在结构重量与用钢量两个重要指标上寻求平衡,降低造价。

(5)波形钢腹板组合梁桥

为解决由于钢腹板的约束作用而造成的截面预应力损失,法国一家公司于1975年提出了用波形钢腹板(沿桥轴方向呈波形)来代替平面钢腹板的设想。如图9-26所示,这种波形钢腹板因其在轴向为折叠状板,当受到轴向压力时能自由收缩,因此对顶板、底板因预应力以及混凝土徐变、收缩而产生的变形不起约束作用,从而避免了由于钢腹板的约束作用而造成的箱梁截面的预应力损失。与传统的预应力混凝土腹板箱梁桥相比,波形钢腹板组合箱梁桥具有以下优点:①减轻自重,有效改善结构受力性能、施工性能以及经济性能;②充分发挥材料潜能,提高材料效率;③波形钢腹板代替混凝土腹板,改善了结构的施工性能、正常使用性能和长期性能;④相比体内预应力,体外预应力筋可以方便更换,有利于桥梁的维修与加固。

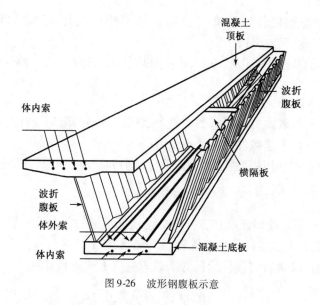

图9-26 波形钢腹板示意

24. 钢-混组合梁的剪力连接件应如何选用,如何验算?

答:钢-混组合梁剪力连接件是保证组合梁中两种不同材料共同工作的最为关键的受力部件,其主要功能包括两个方面:首先要抵抗钢梁和混凝土板结合面间的水平剪力及两者之间的相对滑移;其次还要抵抗混凝土板与钢梁之间的掀起作用。在选用连接件时,应符合下列规定:

(1)连接件的选用应保证钢和混凝土有效组合并共同承担作用。

(2)连接件宜具备一定的剪切变形能力。钢梁与混凝土板结合面上的连接件所受剪力并不均匀,当每个连接件具有一定的剪切变形能力时,作用剪力就随着连接件的剪切变形重新分配,不会使个别连接件承受的剪力过大。因而具有一定剪切变形能力的连接件有利于其受力均匀,不易使混凝土应力局部集中。

(3)不同形式的连接件不宜在同一截面混合使用。连接件在钢-混凝土组合结构中的应用范围拓宽后,应用形式也呈多样化。按照形式分类主要有圆柱头焊钉连接件、开孔板连接件、型钢连接件等。设计时宜根据桥梁结构实际情况,在保证其安全可靠的前提下,可选用开孔板连接件、型钢连接件等形式。不同类型连接件受力性能差异较大,抗剪刚度各有不同。当不同类型连接件混合使用时,需考虑因连接件抗剪刚度差异引起的局部应力集中和剪力分布不均现象。实际工程中,在同一截面处抗剪刚度差别较大的连接件不宜混合使用,尤其是刚性连接件和柔性连接件在同一截面处不宜混合布置。

关于剪力连接件的验算,《公路钢结构桥梁设计规范》(JTG D64—2015)给出了以下要求:

(1)在承载能力极限状态下,连接件应按下式进行抗剪验算:

$$\gamma_0 V_{ld} \leqslant V_{su} \tag{9-48}$$

式中:V_{ld}——承载能力极限状态下单个连接件承担的剪力设计值(N);

V_{su}——单个连接件的抗剪承载力(N)。

(2)在正常使用极限状态下,连接件抗剪验算应满足下式要求:

$$V_r \leqslant 0.75 V_{su} \tag{9-49}$$

式中:V_r——正常使用极限状态下单个连接件承担的剪力设计值(N)。

而单个剪力连接件的抗剪承载力,应按照如下公式计算:

(1)圆柱头焊钉连接件的抗剪承载力应按下式进行计算:

$$V_{su} = \min\{0.43 A_{su}\sqrt{E_c f_{cd}}, 0.7 A_{su} f_{su}\} \tag{9-50}$$

式中:V_{su}——单个圆柱头焊钉连接件的抗剪承载力(N);

A_{su}——焊钉杆径的截面面积(mm);

f_{cd}——混凝土轴心抗压强度设计值(MPa);

f_{su}——焊钉材料的抗拉强度最小值(MPa)。

(2)开孔板连接件的单孔抗剪承载力应按下式进行计算:

$$V_{su} = 1.4(d_p^2 - d_s^2)f_{cd} + 1.2d_s^2 f_{sd} \tag{9-51}$$

式中：d_p——开孔板的圆孔直径(mm)；

d_s——贯通钢筋直径(mm)；

f_{cd}——混凝土轴心抗压强度设计值(MPa)；

f_{sd}——贯通钢筋抗拉强度设计值(MPa)。

25. 混合梁中的钢-混凝土接头应如何设计？

答：混合梁中的钢梁与混凝土梁的连接方式可分为承压式和承压传剪式两类。根据承压板位置的不同，承压传剪式又可分为有格室构造与无格室构造两类，其中有格室构造有前承压板、后承压板及前后承压板三种方式，如图9-27所示，图中的剪力钉也可用穿钢筋的开孔板代替（称为PBL连接键）。

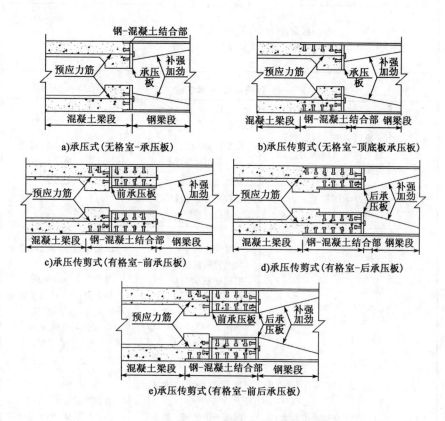

图9-27 混合梁中的钢梁与混凝土梁的连接方式

各种连接方式的性能综合比较如表9-13、表9-14所示。

无格室结合部性能 表9-13

项目	承压板	顶底板承压板
轴力及弯矩传递	承压板承担	后承压板及顶底板上的剪力连接件承担
剪力及扭矩的传递	承压板与混凝土的摩擦以及U形筋承担	承压板上的剪力连接件承担
优点	通过调整加劲肋布置可减小承压板附近的应力集中； 混凝土梁配筋、浇筑容易； 结合部混凝土浇筑质量容易保证； 钢梁容易制作	通过调整加劲肋的布置可减小承压板附近的应力集中； 混凝土梁配筋、浇筑容易； 结合部混凝土浇筑质量容易保证； 钢梁容易制作 承压板附近的应力集中程度较小
缺点	承压板附近的应力集中较大； 承压板附近刚度变化较大	承压板附近的应力集中较大，但较承压板方案小； 承压板附近刚度变化较大

有格室结合部性能 表9-14

项目	前承压板	后承压板	前后承压板
轴力弯矩	通过承压板和顶板、底板及腹板上的剪力连接件传递	格室顶底板上的剪力连接件及后承压板承担	格室顶底板上的剪力连接件及前后承压板承担
剪力扭矩	通过承压板的剪力连接件传递	通过格室腹板以及腹板上的连接件传递	通过前承压板上的剪力连接件传递
优点	刚度变化较小； 混凝土横梁处应力得到缓和； 格室中的应力均匀； 承压板附近应力集中较小	刚度变化较小； 传力较顺畅； 混凝土横梁处应力得到缓和； 格室中的应力均匀； 承压板附近的应力集中较小	混凝土梁部配筋、浇筑容易； 混凝土质量易保证； 轴力由前后板以及格室中的剪力连接件承担； 承压板附近的应力集中最小；钢梁最容易制作
缺点	钢梁焊接施工性难度较大； 混凝土浇筑难度较大； 结合部配筋、混凝土浇筑困难	钢梁焊接施工性难度较大； 混凝土需要竖立浇筑； 结合部配筋、混凝土浇筑困难	格室中需要填充砂浆； 后承压板附近刚度变化较大

26. 预防钢-混凝土组合梁负弯矩开裂主要有哪些措施？

答： 由于混凝土的抗拉强度低，钢-混组合梁负弯矩区域（如连续梁桥中间支座顶面）的混凝土桥面板在拉应力作用下容易开裂。开裂后，组合梁的刚度有所降低；当裂缝较大时，有害介质会通过裂缝渗入到混凝土中，严重腐蚀混凝土，锈蚀钢筋，甚至可能影响到钢梁的耐久性，增加了维护养护工作的难度。

为了抵抗负弯矩产生的拉应力，目前采用的技术措施有以下几种：

(1) 调整混凝土桥面板的施工顺序

通过调整混凝土桥面板的施工顺序来控制裂缝的发展。合理调整混凝土的浇筑顺序，如在连续组合梁中先浇正弯矩混凝土，后浇支座负弯矩区混凝土，能够减少负弯矩区混凝土的受力，同时也可以降低收缩徐变的等不利因素对混凝土开裂的影响。

(2) 支点强迫位移法

通过升降所有的中间支点，使钢梁上翼缘产生拉应力，然后浇筑混凝土桥面板，当混凝土凝结硬化后，将中间支点复位，从而使受拉区的混凝土桥面板受压，从而达到抗裂的目的。

(3) 张拉预应力钢束

通过在连续组合梁桥负弯矩区段张拉纵向预应力筋的方法，对受拉区混凝土桥面板施加压应力，保证受拉区混凝土桥面板的抗裂性。

(4) 采用抗拔不抗剪的剪力钉

清华大学聂建国院士研究了抗拔不抗剪的特殊剪力钉，系在钉杆外包裹一柔性套管。在负弯矩区设置这种抗拔不抗剪的剪力钉后，原先随负弯矩尖峰出现的混凝土板内拉应力峰值，被整个抗拔不抗剪栓钉布置区域的拉应力平均化而削平，从而降低了混凝土板开裂的风险。

随着新材料在土木工程的研究与应用，近年来逐渐出现了一些新方法，其中应用钢-UHPC 轻型组合梁便是一例。UHPC（Ultra-High Performance Concrete）是近年来正在不断推广应用的新型混凝土材料，其具有高强度、高模量、高耐久性等优点。以 UHPC 作为组合梁的桥面板，可减小桥面板厚度、降低结构自重，并有效降低桥面板在负弯矩区的开裂风险，提高其耐久性。关于 UHPC 的相关内容，将在第 10 章中介绍。

第10章 超高性能混凝土及轻型组合桥梁结构

1. 何为"超高性能混凝土 UHPC"？有什么特点？

答：超高性能混凝土(Ultra-High Performance Concrete)，简称 UHPC，国际上系指抗压强度在 150MPa 以上，具有超高韧性、超长耐久性的水泥基复合材料的统称。其中，最具代表性的超高性能混凝土材料为活性粉末混凝土 RPC(Reactive Powder Concrete)，最早由法国学者于 1993 年提出，主要由硅灰、水泥、细集料及钢纤维等材料组成，依照最大密实度原理构建，从而可使材料内部的缺陷(孔隙与微裂缝)减至最少。

UHPC 材料组分内不包含粗集料，颗粒粒径一般小于 1mm，因良好的致密性而具有超高强度及优异的耐久性；研究表明，UHPC 抗压强度可达 200MPa 以上，同时材料耐久性可达 200 年以上。此外，UHPC 中分散的钢纤维可大大减缓材料内部微裂缝的扩展，从而使材料表现出超高的韧性和延性性能。可以说，UHPC 是 20 世纪最具创新性的水泥基工程材料之一，由于其优异的力学性能，在桥梁工程领域将具有广阔的应用前景。

2. 国际上有哪些国家颁布了有关 UHPC 的技术规程？

答：UHPC 作为一种新型的高性能材料，自 20 世纪 90 年代首次被提出后，便引发了广泛的重视和研究。为便于 UHPC 的结构设计及推广应用，过去十多年中，澳大利亚、法国、日本、美国、瑞士、中国等相继已制定并颁布了 UHPC 材料及结构设计的技术规程及指南。

(1)澳大利亚设计指南

2000 年，针对当时国际市场上应用较为广泛的商用超高性能混凝土——Ductal^R，澳大利亚制定了首部 UHPC 结构设计指南 *Design Guidelines for Ductal Prestressed Concrete Beams*。技术指南中极限状态设计方法参照了 *Australian Standard for Concrete Structures AS3600—1994*，共由三部分组成：承载能力极限状态设计、正常使用极限状态设计和耐久性极限状态设计。但是,该指南主要只是针对预应力 UHPC 梁,且关于 UHPC 材料性能取值方法、UHPC 梁抗剪设计方法、耐久性设计等多方面阐述均相对简单,系统性和完善程度方面仍存在诸多不足之处。

(2)法国设计规范

2002 年,法国土木工程协会(AFGC)与土木结构设计管理局(SETRA)率先颁布了 UHPC 暂行设计指南(*Ultra-High Performance Fibre Reinforced Concrete-Interim Recommendations*),成为最早相对完善的 UHPC 结构设计依据。而后,2013 年颁布了指南的修订版。该指南主要包括三部分:

第一部分涉及 UHPC 力学特性、浇筑程序、建造与完工的检测验收方法,包括抗压强度、抗拉强度、弹性模量、泊松比、热膨胀系数、徐变收缩特性和抗冲击特性,还给出了配合比设计、搅拌程序、浇筑方法及材性试验方法。

第二部分阐述 UHPC 结构设计与分析方法,基于欧洲规范、法国预应力及普通混凝土设计规范,对构件正常使用极限状态、承载能力极限状态下抗弯、抗剪及抗扭设计等进行了规定。

第三部分针对 UHPC 结构的耐久性设计,涉及孔隙率、氧气渗透、氯离子扩散、氢氧化钙含量、掺和料的稳定性、水化延迟、钢纤维腐蚀和聚合纤维的耐久性。

(3)日本 UHPC 技术规程

2004 年,日本土木工程学会(JSCE)颁布了《超高強度繊維補強コンクリートの設計施工指針(案)》(《超高强纤维增强混凝土(UFC)结构设计施工指南(草案)》)。该规范给出了 UHPC 结构设计及建造的基本原则;材料设计参数包括了抗压强度、初裂强度、抗拉强度、应力应变关系、弹性模量、泊松比、徐变、收缩、疲劳等相关参数。规范还包含了强度设计、正常使用设计、抗疲劳设计、构造细节、预应力混凝土、耐久性、施工方法等。该规范虽然在 UHPC 构件抗剪等内容方面参考借鉴了法国规范,但在许多方面都有不同程度的创新。

(4)美国 UHPC 华夫型桥面板设计指南

美国联邦公路管理局(FHWA)于 2013 年颁布了预制 UHPC 华夫型桥面板设计指南——*Design Guide for Precast UHPC Waffle Deck Panel System*, *including Connections*,介绍了 UHPC 材料及华夫型桥面板的构成和特点、设计方法、板间连接构造、施工技术等。

(5)瑞士 UHPFRC 规范

2016 年,瑞士工程及建筑师学会(SIA)制定并颁布了关于超高性能纤维混凝土(UHPFRC)的 SIA 2052 技术规范——*Recommendation:Ultra-High Performance Fibre Reinforced Cement-based composites* (*UHPFRC*) *Construction material, dimensioning und application*(《超高性能纤维混凝土指南—材料、设计及应用》)。该规范主要针对受拉应变硬化的 UHPC 材料，主要包括对 UHPFRC 以下几方面内容的具体规定：基本设计原则、材料组成及性能、结构设计和分析、细部构造、施工方法以及材料性能标准试验方法。规范既可为 UHPFRC 新结构设计提供依据，也可为采用 UHPFRC 进行结构加固提供设计及计算方法的参考。

(6) 中国国家标准

中国于 2015 年颁布了《活性粉末混凝土》(GB/T 31387—2015)，规定了活性粉末混凝土的术语和定义、分类、性能等级及标记，原材料，配合比设计，制备与运输，养护，试验方法，检验规则。

此外，多个国家相关机构推出的关于 UHPC 大型研究计划及技术报告，也可为 UHPC 结构的设计和计算提供参考。

(1) 德国钢筋混凝土协会(DAFSTB) UHPC 进展报告 *Sachstandsbericht-Ultrahochfester Beton*, 2003/2008

报告详细总结了 UHPC 材料性能、设计与施工方法，作为过渡性 UHPC 设计施工指南。FIB(国际结构混凝土协会)的 TG8.6 工作组(TaskGroup)正在编制 UHPFRC 设计指南。

(2) 韩国 Super Bridge 200 研究项目成果

2007 年，韩国开展了大量的 UHPC 结构性能试验，包括无钢筋、有钢筋和预应力梁的抗弯、抗剪、抗扭、板的抗冲剪等性能；在此基础上，2008 年起草了 UHPC 结构设计和施工指南。同时，设计、试验和优化了斜拉桥肋板结构的 UHPC 桥面板，以及预应力边梁结构的斜拉桥 UHPC 梁板结构体系。

3. 为何高温蒸汽养护能提高 UHPC 的性能？

答：UHPC 的养护制度对其力学性能有显著的影响。常用的高温蒸汽养护制度为：90℃高温蒸汽 48h 养护。法国 UHPC 规范指出，与常温养护相比，采用蒸汽养护对 UHPC 的影响主要体现在以下几方面：①蒸养后即达到最终强度，无需等待 28d；②蒸养后的抗压强度和抗拉强度较 28d 常规湿养护强度提高约 10%；③蒸养后 UHPC 收缩为零；④蒸养后徐变系数由常规养护的 0.8 降低至 0.2；⑤由于孔隙率减小，耐久性增加。

高温蒸汽养护提高 UHPC 基本材料性能的主要原因是其改变了 UHPC 材料的微观结构，其内在机理主要体现在两个方面：第一，高温蒸汽养护可大幅增加 UHPC 火山灰反应(Pozzolanic Reaction)活性，同时有效提高 UHPC 中水泥水化反应及生成物硅酸钙化合物中结合水比例，从而在 UHPC 快速获得强度的基础上，抗压和抗拉强度、弹性模量等基本力学性能均获得一定程度的提高;此外,由于 UHPC 绝大部分的水化反应在高温蒸汽养护期间已基本完成,因此,材料后期的收缩基本为零,徐变变形亦大幅减小。第二,高温蒸汽养护可有效降低 UHPC 材料内微观孔隙率及孔径大小,从而使 UHPC 材料更加致密;UHPC 在完成高温蒸汽养护恢复至正常温度后,材料内部会产生"剩余膨胀"现象,该现象与高温蒸汽养护恢复至室温后水泥水化反应生成的低密度水化物有关,其可有效填充 UHPC 材料内部孔隙,形成致密的微观结构,从而有效提高 UHPC 材料的耐磨损性、抗渗透性等耐久性能。

4. UHPC 的抗压性能如何?

答:与普通混凝土和高性能混凝土相比,UHPC 的水胶比很低、水泥石基体内部致密并剔除了粒径较大的粗集料,因而表现出超高的抗压强度。UHPC 抗压强度一般可达 150~250MPa,远高于普通混凝土,接近于钢材的强度。与普通混凝土类似,UHPC 材料的抗压强度通常采用标准测试方法获得,抗压强度特征值一般采用 28d 龄期的圆柱体或立方体标准试验得到。目前,国内外相关文献及规范常用的标准尺寸试件为 100mm 立方体试件和直径 110mm、高 220mm 的圆柱体试件。

除了超高的抗压强度,UHPC 在压应力达到峰值前相当大的应变范围内表现为良好的线弹性性能。UHPC 实测的材料应力-应变关系(图 10-1)表明,其在峰值应力的 80%~90% 前均呈现线弹性。而当压应力超过峰值应力后受压试件内的应变不再均匀,可观测到的名义应力下降如图 10-1 所示。此外,需要注意的是,若纤维含量小于非脆性破坏推荐的最低值(一般为 2%),则应力下降表现为非常突然且很离散。

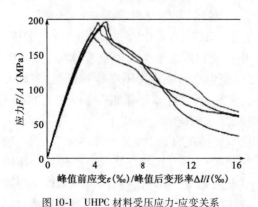

图 10-1 UHPC 材料受压应力-应变关系

5. UHPC 的抗拉性能?

答:传统的混凝土桥梁设计中,混凝土材料抗拉强度通常假设为零。但是,高弹性模量钢纤维的掺入使得 UHPC 材料的抗拉强度远高于普通混凝土,且具有稳定的裂后抗拉强度。因此,在承载能力极限状态下 UHPC 的结构设计应将抗拉强度作为可靠的材料性能予以考虑。

如图 10-2 所示为 UHPC 材料理想的抗拉应力-应变曲线,UHPC 材料抗拉受力主要分为四个阶段:①弹性阶段,UHPC 基体处于弹性受力范围内,钢纤维作用较小;②多元开裂阶段,应力超过基体初裂强度后,基体出现多条细密微裂纹,裂缝处钢纤维起桥接作用,承担大部分应力;③裂缝开展阶段,当裂缝间基体无法产生新的裂缝时,各条裂缝开始各自发展;④裂缝局部扩展阶段,在众多裂缝中有一条裂缝迅速扩展,达到变形极限,桥接于裂缝的纤维从基体中拔出。

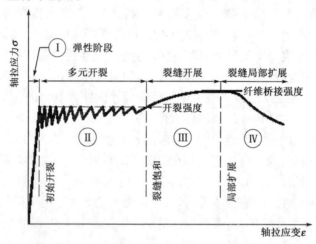

图 10-2 理想的 UHPC 抗拉应力-应变曲线

在抗拉性能方面,UHPC 有两个重要的指标,即初裂强度和极限抗拉强度(图 10-2)。其中初裂强度主要由 UHPC 基体决定,一般在 7~11MPa 之间;而极限抗拉强度则主要取决于 UHPC 中钢纤维掺量、方向、黏结性能以及 UHPC 的养护条件等,目前文献已报道的最大抗拉强度已达 15~20MPa(钢纤维体积掺量较高,一般在 3.5%以上)。

在 UHPC 受拉本构关系方面,按照基体初裂后的受拉应力-应变曲线,一般可分为三类:应变硬化[图 10-3a)]、低应变硬化[图 10-3b)]和应变软化[图 10-3c)]。①应变硬化 UHPC 材料:这类 UHPC 材料基体开裂后纤维抗力显著高于基体的抗力。因而,在拉应力达到基体强度开裂后,将出现大量细而密的微裂缝,由于微裂缝细小且非常密集,量测标距足够时,可以近似将大量微裂缝产生的变形视为应变。②低应变硬化 UHPC 材料:这类 UHPC 材料纤维抗力与基体抗力大致相等,虽然平均应力-应变曲线具有应变硬化特性,但应变硬化段较短,硬化特性不显著。目前工程中应用的 UHPC 材料大多属于此类。③应变软化 UHPC 材料:这类 UHPC 材料纤维抗力低于基体抗力,拉应力一旦达基体强度开裂后,就在裂缝的局部迅速发展;纤维掺量较低或纤维的增强效率不高的 UHPC 材料属这一类。

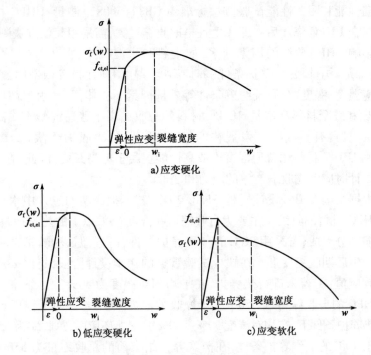

图 10-3　UHPC 材料抗拉本构关系

6. UHPC 的弹性模量和泊松比?

答:在一定的应变范围内,UHPC 在受压和受拉时均表现为良好的线弹性性能,其弹性模量大小受养护条件、钢纤维含量、组分配比等因素影响,一般在 40~60GPa 之间;在初步设计阶段缺少试验数据的情况下,可近似取弹性模量为 50GPa;但在详细设计阶段,UHPC 弹性模量的取值建议通过试验测定。此外,UHPC 抗拉及抗压弹性模量相近,在进行 UHPC 结构设计计算时,两者可取相同值。

UHPC 泊松比与普通混凝土相近,一般在 0.18~0.21 之间,设计计算时可取为 0.2。

7. UHPC 的收缩性能?

答:UHPC 的收缩是指 UHPC 材料在凝结初期或硬化过程中出现的体

积缩小的现象。与普通混凝土收缩相同，UHPC 的收缩主要由两部分组成，即干燥收缩和自收缩。干燥收缩主要是因 UHPC 表面水分损失造成的，而自收缩则是由胶凝材料水化反应引起的体积减小所致。目前，在美国 UHPC 的干燥收缩根据 ASTM C157 试验标准测量，而我国则按现行《普通混凝土长期性能和耐久性能试验方法标准》(GB/T 50082)测量；UHPC 材料的自收缩在 UHPC 浇注后立即产生且早期收缩量大，需采用其他方法测量。

影响 UHPC 收缩的因素众多，如集料和水泥种类、水灰（胶）比、配合比、外加剂、构件尺寸、养护条件（养护温度、湿度和时间）等内部因素，还包括环境温度、湿度、介质及约束条件等外部因素。总体而言，由于超低水灰（胶）比和胶凝材料高用量，UHPC 材料的总收缩高于普通混凝土或高性能混凝土，且具有早期收缩发展快的特点；因此，如果收缩受限（如配筋约束），则 UHPC 材料比普通混凝土或高性能混凝土更易开裂，因此，在 UHPC 结构设计时应考虑收缩产生的应力和变形。

根据法国 UHPC 设计规程 AFGC-2013，若养护成型的过程中水分有保证，UHPC 材料的收缩将主要为自收缩。在温度 65℃ 以下的热养护条件下，自收缩部分完成；若采用 90℃ 的蒸汽养护条件，可近似认为养护结束后将不会产生后期收缩变形。在缺少试验数据的初步设计阶段，建议采用如下长期效应值：①若未进行热养护，在平均相对湿度为 50%~70% 室外环境中，UHPC 的自收缩可取 550 $\mu\varepsilon$，干燥收缩取为 150 $\mu\varepsilon$；②对于温度 65℃ 以下的热养护条件下，在相对湿度 50%~70% 的室外环境中，总收缩为 550 $\mu\varepsilon$；③对于 90℃ 的蒸汽养护条件，在蒸汽养护结束前的总收缩量为 550 $\mu\varepsilon$，养护完成后收缩为零。

尽管 UHPC 材料的收缩应变高于普通混凝土，但其收缩主要发生在早期的养护阶段。事实上，蒸汽养护后 UHPC 材料几乎不产生收缩应变，但若不用热养护，UHPC 的收缩在后期不易控制。在较高的收缩量下，UHPC 材料很容易受拉开裂，因此，有必要减少 UHPC 构件浇注时的收缩约束；当然，也可采用在 UHPC 材料组分中掺加膨胀剂或减缩剂的方法来减小 UHPC 的收缩应变。

8. UHPC 的徐变性能？

答：UHPC 的徐变是指 UHPC 材料在荷载长期作用下产生不可恢复的塑性变形增长的现象。UHPC 材料的徐变主要受养护条件、加载龄期、持荷时间及加载应力水平等的影响。目前，徐变的测试方法多采用 ASTM C512，即实测圆柱体试件在恒定单向应力 σ 作用下，随时间延长的变形增加量。与普通混凝土相同，UHPC 的徐变特性可用徐变系数表征；徐变系数

ϕ_c 可表示为：

$$\phi_c = \frac{\varepsilon_c}{\varepsilon_e} \quad (10\text{-}1)$$

式中：ε_c——徐变应变；

ε_e——瞬时弹性应变，$\varepsilon_e = \sigma/E$。

一般而言，普通混凝土结构在长期荷载作用下的徐变效应非常明显，普通混凝土徐变系数一般在 1.7 以上，而高强混凝土则一般为 1.3 左右；但 UHPC 材料因基体致密以及纤维含量较高，在进行热养护之后，其徐变系数远小于普通混凝土和高强混凝土。

根据法国 UHPC 设计规程 AFGC-2013，UHPC 材料若未经热养护，则其徐变系数略低于高性能混凝土；但是，如果采用蒸汽养护，则其徐变系数将显著降低。在工程设计初步阶段，若缺少试验数据，法国规程建议长期徐变系数 ϕ 采用如下值：①未采用热养护，$\phi = 0.8$；②采用温度低于 65℃ 的热养护，$\phi = 0.4$；③采用温度高于 90℃ 的热养护处理，$\phi = 0.2$。

9. UHPC 的热膨胀系数？

答：UHPC 材料内热膨胀系数大的水泥基材料含量高，热膨胀系数小的粗集料含量低或不含，故其热膨胀系数略高于普通混凝土。在缺少试验数据的情况下，建议 UHPC 材料的热膨胀系数可取 11 $\mu\varepsilon$/℃。

10. UHPC 的疲劳性能？

答：UHPC 材料的基体致密，初始缺陷较少，相对于普通混凝土而言，在相同应力幅的反复荷载作用下，初始缺陷的疲劳损伤积累和发展较慢，具有较好的耐疲劳性能和疲劳寿命。

与普通混凝土的疲劳性能类似，UHPC 的疲劳性能主要包括抗拉疲劳、抗压疲劳以及拉-压复合疲劳性能等，其中，最为重要的疲劳性能为抗拉疲劳（包括轴拉和弯拉）。相较于普通混凝土，UHPC 延性性能因钢纤维的掺入而获得大幅增强，且钢纤维的桥接作用可限制裂缝发展，因此，UHPC 中钢纤维可显著提高材料的抗拉疲劳性能；而在受压疲劳特性方面，钢纤维掺入的影响较小，UHPC 与普通混凝土较为相似。

影响 UHPC 抗拉疲劳寿命的主要因素包括：疲劳应力水平、疲劳应力幅、钢纤维体积含量、纤维长径比等。UHPC 单轴拉伸常幅疲劳试验研究表明：当应力水平处于弹性范围内时，UHPC 受拉极限疲劳应力（疲劳循环寿命 1 000 万次以上）为弹性极限强度的 0.7 倍。对于非金属材料而言，当疲劳循环寿命达到 1 000 万次以上时，一般可认为材料在相应疲劳应力幅作用下不存在疲劳问题。因此,参考普通混凝土抗拉极限疲劳应力(一般取0.5倍抗拉强度),建议在 UHPC 结构设计中,可取 UHPC 疲劳极限应力为 0.5~0.7 倍弹性极限强度。此外,UHPC 中配置钢筋可有效改善 UHPC 结构的疲劳性能。

11. UHPC 的抗冲击性能?

答:UHPC 材料的基体具有非常致密的结构,且由于钢纤维的存在,UHPC 在受力过程中具有较高的耗能过程和裂后拉应力传递能力,因而,UHPC 具有良好的抗冲击性能;另外,UHPC 的高抗拉强度可使得在一定的冲击荷载下裂缝能很好地得到控制。UHPC 材料的抗冲击性能与普通纤维混凝土(FRC)对比如图 10-4 所示;在准静力荷载作用下,UHPC 的弯曲强度为传统钢纤维混凝土(FRC)或合成纤维混凝土的 2~3 倍,而断裂能也在 3 倍以上;在冲击荷载作用下,UHPC 的抗弯强度为 FRC 的两倍,而断裂能则高达 3~4 倍。

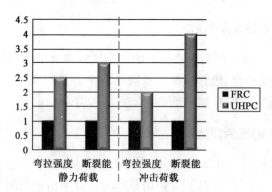

图 10-4 不同种类混凝土的冲击性能比较

此外,研究发现,UHPC 材料的动态初裂应力为静态初裂应力的 2~3 倍。UHPC 的这一特性与一般的水泥基复合材料类似,多孔材料(如混凝土)在高应变速率下,由于孔隙内的黏性液体对骨架上承担的变形可提供较大的支撑,因而动态拉压强度相较于静态强度均会有所提高。一般而言,混凝土动态抗拉强度随加荷速率对数的增长呈线性增加。对于 UHPC,其抗拉强度增长率为 $0.8MPa/u\log_{10}$,直至抗拉强度增长率达到 $1.5MPa/u\log_{10}$,强度的提高仍会呈线性增加。在裂后阶段,锚固纤维的基体可能已损坏,因此,裂后抗拉强度比整体强度只有小幅增加(约 $0.5MPa/u\log_{10}$)。

12. UHPC 材料的耐久性?

答:耐久性一般是指材料抵抗自身和自然环境双重因素长期破坏作用

的能力。UHPC组分的设计与配制基于最大密实度理论,避免采用粗集料,提高混合料组分的细度和活性,尽量减少材料内部缺陷,例如孔隙、微裂纹等,因而具有优异的材料自身稳定性及抗外部环境侵蚀破坏的能力;具体而言,UHPC优异的耐久性主要源于以下几方面:①采用超细粉末代替粗集料,大幅提高材料的匀质性;②降低水胶比并优选组分级配,提高材料的堆积密度;③采用蒸汽养护等手段,改善材料的微观结构;④调整基体中的纤维含量,增加材料的韧性和体积稳定性。

水泥基复合材料的耐久性通常通过抗渗性、抗冻性、抗侵蚀性、耐磨性等指标衡量。下面将结合UHPC、高性能混凝土(HPC)及普通混凝土(NC)的主要耐久性指标进行对比阐述。

(1)抗渗透性

由于UHPC材料组分中包含钢纤维,且一般需配置普通钢筋或预应力钢筋使用,因此材料抗渗透性将决定UHPC结构中钢筋及钢纤维的腐蚀风险大小。UHPC抗渗性能主要包括以下几方面:①抗透水性;②抗氧气渗透性;③抗氯离子渗透性。

抗透水性主要是指材料在环境中抵抗水渗透的性能,一般通过测定材料表观密度和吸水孔隙率来确定,即由干燥试件的质量、浸水饱和后的质量和静水称重得到的表观体积确定吸水孔隙率。UHPC及其他混凝土材料的吸水孔隙率如表10-1所示。

不同混凝土吸水孔隙率 表10-1

材料类型	普通混凝土(NC)	高性能混凝土(HPC)	UHPC
吸水孔隙率(%)	14~20	10~13	1.5~5

抗氧气渗透性主要是指材料抵抗氧气渗透的性能,法国UHPC设计规程推荐采用硬化混凝土透气性试验进行测定,即测量在恒定压力梯度下,气体稳定流过水硬性胶凝材料基体试件的质量流动速率,最后利用达西定律求得气体渗透性。UHPC及其他混凝土材料的氧气渗透性测试值如表10-2所示。

不同混凝土氧气渗透性 表10-2

材料类型	普通混凝土(NC)	高性能混凝土(HPC)	UHPC
氧气渗透性(m^2)	10^{-16}	10^{-17}	$<10^{-19}$

抗氯离子渗透性:侵蚀环境(大气,土壤等)中的氯离子会因浓度梯度向混凝土材料中扩散渗透,当氯离子扩散渗透至钢筋表面并达到一定浓度时,将会破坏钢筋表面的钝化膜,进而引起钢筋的锈蚀。UHPC及其他混凝土材料的氯离子扩散系数如表10-3所示。

不同混凝土氯离子扩散系数　　　　　　　　　　　表 10-3

材料类型	普通混凝土（NC）	高性能混凝土（HPC）	UHPC
氯离子扩散系数（m^2/s）	$>10^{-11}$	$10^{-12} \sim 10^{-11}$	10^{-13}

（2）抗冻性

材料的抗冻性能是指在水饱和状态下，经受多次冻融循环作用，材料保持强度和外观完整性的能力。与普通混凝土 NC 或 HPC 相比，UHPC 具有更强的抗冻融循环能力，主要是以下几种因素共同作用的结果：①因超低的水胶比，UHPC 基体内残余水很少；②非常低的渗透性，外部环境中的水很难渗入；③UHPC 力学性能优异。UHPC 及其他混凝土材料在冻融循环试验中的质量损失如表 10-4 所示。

冻融循环试验的质量损失　　　　　　　　　　　表 10-4

材料类型	C45	C105	UHPC1	UHPC2
质量损失（kg/m^2）	$3.12 \sim 3.32$	0.12	0.004	0.006

注：表中"UHPC1"和"UHPC2"代表两种不同配合比的 UHPC 材料。

（3）抗侵蚀性

UHPC 材料的抗侵蚀性主要是指其抵抗空气中二氧化碳作用下的碳化作用。混凝土类材料长时间暴露于大气环境中，大气中的二氧化碳会逐步渗入混凝土表层与混凝土内水化产物产生反应，从而造成混凝土材料的碳化现象。一般而言，可在混凝土表面滴酚酞酒精溶液，通过其颜色变化深度来测量混凝土的碳化深度。UHPC 及其他混凝土材料的碳化速率对比如表 10-5 所示。

不同混凝土碳化速率比较　　　　　　　　　　　表 10-5

材料类型	普通混凝土（NC）	高性能混凝土（HPC）	UHPC
碳化速率（$mm/年^{1/2}$）	2.37	1.35	0.50

（4）耐磨性

UHPC 材料较高的力学性能使其具有优于其他混凝土材料的耐磨性，UHPC 的材料特性类似于耐磨混凝土，可发挥结构和保护的双重作用。UHPC 及其他混凝土材料的耐磨性对比如表 10-6 所示。

不同混凝土材料耐磨性比较　　　　　　　　　　表 10-6

磨损试验	普通混凝土（NC）	高性能混凝土（HPC）	UHPC
磨损率（%）	4	2.8	$1.3 \sim 1.7$

（5）钢纤维腐蚀

钢纤维作为 UHPC 材料的重要组成部分，对 UHPC 抗拉及延性性能作用巨大,因此,钢纤维的耐腐蚀性能也是 UHPC 耐久性的重要衡量标准。总体而言,UHPC 致密基体对于钢纤维的保护非常有利,因此,钢纤维在基体未开裂的 UHPC 材料中具有良好的耐腐蚀性能。

UHPC 内的钢纤维腐蚀主要包含钢纤维的电化学腐蚀和化学腐蚀两方面。对于水泥基材料中钢筋或钢材的电化学腐蚀,其腐蚀速率一般与该水泥基材料的电阻率密切相关,即电阻率越高,腐蚀速率越小,反之,则越大;UHPC 的基体拥有非常高的电阻率,表 10-7 对比了 UHPC 及其他混凝土材料的电阻率及电化学腐蚀速率。由表可见 UHPC 的电阻率远高于普通混凝土和高性能混凝土,因此,UHPC 材料内钢纤维或钢筋的电化学腐蚀基本可以忽略不计。根据法国 UHPC 规范规定:当钢筋腐蚀速率小于 1 μm/年时可认为混凝土中的钢筋没有腐蚀的危险。另外,不同环境下 UHPC 材料的化学腐蚀情况见表 10-8,可见 UHPC 中的钢纤维同样拥有非常优异的耐化学腐蚀性能。

混凝土电阻率与钢筋的腐蚀速率 表 10-7

混凝土类型	C30/37	C80/95	UHPC
普通钢筋的腐蚀速率(μm/年)	1.2	0.25	<0.01
电阻率(kW·cm)	16	96	1 133

不同环境条件下 UHPC 耐化学腐蚀的情况 表 10-8

条件	质量损失	弯曲强度	相对电阻率	纤维腐蚀
蒸馏水	+0.6%	不变	不变	无
海水	+0.6%	不变	下降(30d 后稳定)	无
硫酸钙	+0.7%	不变	不变	无
硫酸钠	+0.2%	下降(幅度不确定)	下降(30d 后稳定)	无
醋酸(pH=3.5)	+0.1%	不变	轻微减小	无
硫化铵和硝酸	−0.9%	下降(幅度不确定)	大幅减小	无

UHPC 材料中的钢纤维耐腐蚀性不仅与环境及介质相关,还与基体状况关系密切。一般可以认为,当 UHPC 构件的裂缝宽度小于 0.05mm 时,可以认为基体没有损坏,不会发生钢纤维腐蚀现象;裂缝宽度不足 0.5mm 时,基体内的钢纤维仅产生轻微腐蚀;裂缝宽度大于 0.5mm 后,UHPC 内纤维才开始发生显著腐蚀现象。

通过以上主要的耐久性指标的对比可发现,UHPC 耐久性远优于普通混凝土及高性能混凝土,目前的研究结果表明:在复杂的自然环境状况下,UHPC 结构的设计使用寿命可达 200 年以上。

13. 配筋 UHPC 的保护层厚度？

答：对于配筋 UHPC 的最小保护层厚度主要考虑以下因素：①黏结力的可靠传递；②钢筋的抗腐蚀（耐久性）；③结构足够的耐火性。下面以法国 UHPC 规程的保护层厚度设计要求进行阐述。

结构所处环境和对应暴露等级的分类是确定 UHPC 结构保护层厚度的前提条件。依据法国 UHPC 规程，以结构可能的破坏机理划定暴露等级如表 10-9 所示。

环境条件和暴露等级分类　　　　　　　　表 10-9

等级划定	环境描述	可能发生的情况举例
1. 没有腐蚀或破坏危险		
X0	(1) 对于没有钢筋或金属埋置的混凝土：除了冻融、磨损或化学侵蚀以外的暴露情况； (2) 对于有钢筋或金属埋置的混凝土：非常干燥的情况	空气湿度很低的情况下，房屋内部的混凝土
2. 碳化引起腐蚀		
XC1	干燥或永久潮湿	(1) 空气湿度低的情况下，房屋内部的混凝土； (2) 永久浸没在水里的混凝土
XC2	潮湿，偶尔干燥	(1) 与水长期接触的混凝土表面； (2) 大部分基础
XC3	湿度适中	(1) 空气湿度适中或较高的情况下，房屋内部混凝土； (2) 外部不被雨淋的混凝土
XC4	干湿循环	除暴露等级 XC2 以外，与水接触的混凝土表面
3. 氯离子引起腐蚀		
XD1	湿度适中	暴露在含氯化物的空气中的混凝土表面
XD2	潮湿，偶尔干燥	(1) 游泳池； (2) 暴露在含氯化物的工业用水中的混凝土构件
XD3	干湿循环	(1) 暴露在氯化物喷射下的桥梁部分； (2) 路面； (3) 停车场地砖

续上表

等级划定	环 境 描 述	可能发生的情况举例
4.海水中氯化物引起腐蚀		
XS1	暴露在含盐的空气中,但没有与海水直接接触	在海滩或者靠近海滩的建筑
XS2	永久浸在水里	海洋结构的部分
XS3	潮汐、水溅和喷洒区域	海洋结构的部分
5.冻融破坏		
XF1	水分饱和度适中,没有除冰剂	暴露在雨水和冰冻环境下的垂直混凝土表面
XF2	水分饱和度适中,有除冰剂	暴露在冰冻环境中和空气中(含除冰剂)的路面结构的垂直混凝土表面
XF3	水分饱和度高,没有除冰剂	暴露在雨水和冰冻环境中的水平混凝土表面
XF4	水分饱和度高,有除冰剂	(1)暴露在除冰剂下的路面或桥面; (2)直接暴露在含除冰剂的冰冻环境中的混凝土表面; (3)暴露在冰冻环境中溅水区域的海洋结构
6.化学侵蚀		
XA1	根据 EN206-1 表 2,轻微化学侵蚀环境	自然土壤和地下水
XA2	根据 EN206-1 表 2,中等化学侵蚀环境	自然土壤和地下水
XA3	根据 EN206-1 表 2,严重化学侵蚀环境	自然土壤和地下水

注:1. 对于不接触雨水的建筑物部分,无论结构是否封闭都划为 XC1,而经常受冷凝作用的部分则划为 XC3。
2. 没有防雨措施而接触雨水的超大跨桥梁或建筑物外露部分,如外墙、山墙等,都划为 XC4。
3. 经常接触含氯化物和水的结构,或没有防水措施的混凝土结构,都划为 XD3。
4. 根据地形距离海滩 100~500m 内处于潮汐、水溅和喷水区域的结构被归为 XS3;XS3 等级所划区域之外,根据地形远离海滩 1km,有时甚至达 5km 的结构部分,当暴露在含盐空气中时,被归为 XS1。
5. 对于暴露等级 XF1、XF2、XF3 和 XF4,根据受冻区域的具体情况,进行保护层厚度设计。
6. 遭受可能浸析和水破坏(如冷凝)的结构,根据其严重程度,被考虑在暴露等级 XA1,XA2 和 XA3 环境中。

基于以上的环境条件和暴露等级分类，UHPC最小保护层厚度应同时满足黏结性和耐久性要求：

$$C_{\min} = \max\{C_{\min,b}; C_{\min,dur} + \Delta C_{dur,r} - \Delta C_{dur,st} - \Delta C_{dur,add}; C_{\min,\rho}; 100\text{mm}\} \tag{10-2}$$

式中：$C_{\min}$——最小保护层厚度；

$C_{\min,b}$——满足黏结性的最小保护层厚度，详见式(10-4)；

$C_{\min,dur}$——满足环境条件的最小保护层厚度；

$\Delta C_{dur,r}$——附加安全值；

$\Delta C_{dur,st}$——采用不锈钢时的折减；

$\Delta C_{dur,add}$——采用附加保护措施时的折减；

$C_{\min,\rho}$——满足混凝土浇筑施工的最小保护层厚度，详见式(10-3)。后张预应力筋锚固区的最小保护层厚度必须符合法国规范附录11中的黏结性能测试。

满足浇筑施工的最小保护层厚度 $C_{\min,\rho}$：

$$C_{\min,\rho} = \max\{1.5l_f; 1.5D_{\max}; \phi\} \tag{10-3}$$

式中：l_f——纤维长度；

$D_{\max}$——集料最大粒径；

ϕ——根据具体情况，为普通钢筋、预应力钢筋或预应力管道的直径。

在满足适用性测试（目测和取样测纤维含量）的前提下，上述 $C_{\min,\rho}$ 取值可适当减小，但不能小于纤维长度。

满足黏结性要求的最小保护层厚度 $C_{\min,b}$，对于普通钢筋可参考欧洲规范 EN1992-1-1，取值见表10-10；对于先张预应力筋，则取值如下：

$$C_{\min,b} = \max\{2D_s; D_{\max,s}\} \tag{10-4}$$

式中：D_s——预应力筋的直径；

$D_{\max,s}$——集料的最大粒径。

对于后张预应力管道，取值如下：圆管取管径（大于等于80mm）；扁管为最小管径和最大管径一半中的较大值。

满足黏结性的最小保护层厚度 $C_{\min,b}$　　　　表10-10

钢筋埋置方式	最小保护层厚度
钢筋单独埋置	钢筋直径
钢筋捆绑埋置	换算直径 $\phi_r(*)$

注：如果集料的最大公称直径大于32mm，则 $C_{\min,b}$ 增加5mm。换算直径 ϕ_n 应满足如下要求 $\phi_n = \phi\sqrt{n_b} \leq 55$mm，$n_b$ 为捆绑钢筋中钢筋的数量，当为受压的竖向钢筋或搭接接头的钢筋时 $n_b \leq 4$，其余所有情况，$n_b \leq 3$。

满足耐久性要求的最小保护层厚度 $C_{\min,dur}$ 视钢筋种类决定，普通钢筋

的最小保护层厚度 $C_{\min,\text{dur}}$ 的取值如表 10-11 所示,而预应力钢筋的最小保护层厚度 $C_{\min,\text{dur}}$ 的取值如表 10-12 所示。

普通钢筋最小保护层厚度 $C_{\min,\text{dur}}$　　　　表 10-11

结构等级	满足环境要求的 $C_{\min,\text{dur}}$(mm)						
	暴露等级						
	X0	XC1	XC2/XC3	XC4	XD1/XS1	XD2/XS2	XD3/XS3
S1	5	5	5	10	10	15	15
S2	5	5	10	10	15	15	20
S3	5	5	10	15	15	20	20
S4	5	10	15	15	20	20	20
S5	10	10	15	20	20	20	25
S6	10	15	20	20	20	25	25

预应力钢筋最小保护层厚度 $C_{\min,\text{dur}}$　　　　表 10-12

结构等级	满足环境要求的 $C_{\min,\text{dur}}$(mm)						
	暴露等级						
	X0	XC1	XC2/XC3	XC4	XD1/XS1	XD2/XS2	XD3/XS3
S1	5	10	15	15	15	20	20
S2	10	15	15	15	20	20	20
S3	10	15	20	20	20	20	25
S4	15	20	20	20	20	25	25
S5	15	20	20	20	25	25	30
S6	20	20	25	25	25	30	30

保护层厚度附加安全值 $\Delta C_{\text{dur},\gamma}$ 根据不同规范和实际情况取值,推荐值为 0mm。保护层厚度折减 $\Delta C_{\text{dur,st}}$ 和 $\Delta C_{\text{dur,add}}$ 考虑如下:①当采用不锈钢材料或其他特殊方法时,最小保护层厚度可减去 $\Delta C_{\text{dur,st}}$;②当采用额外的混凝土保护措施时(如采用涂层),最小保护层厚度可减去 $\Delta C_{\text{dur,add}}$。以上折减值根据不同国家的规范进行取值,推荐值为 0mm。

另外欧洲规范考虑磨损的保护层厚度,即对应不同的磨损等级,最小保护层厚度应分别乘以磨损系数。依据法国规范,当所用的 UHPC 与磨损情况相适应时,磨损系数可适当减小,故磨损系数可先假定为零。

14. 配筋 UHPC 的裂缝宽度限值?

答:配筋 UHPC 的最大裂缝宽度取值的基本原则:满足开裂后结构的裂缝宽度不能影响结构的正常使用和耐久性。在以上基本原则的基础上,综合考虑结构性质(配筋与否)、荷载作用组合、暴露等级等因素,取最大裂缝宽度 W_{max} 推荐值如表10-13所示。

最大裂缝宽度 W_{max} 推荐值　　　　表10-13

暴露等级	钢筋 UHPC 和无黏结预应力 UHPC	黏结预应力 UHPC	素 UHPC
作用组合①	准永久作用组合	可变作用组合	特征作用组合
X0,XC1	0.3	0.2	特征作用组合 0.3 可变作用组合 0.3
XC2,XC3,XC4	0.2②③	0.1②	特征作用组合 0.2② 可变作用组合 0.05
XD1,XD2,XS1, XS2,XS3	0.1②	拉应力限制为 $2/3\min\{f_{ctm,el};f_{ctm}/K\}$	特征作用组合 0.1② 可变作用组合 0.05

注:$f_{ctm,el}$ 为弹性范围内极限拉应力的平均值;f_{ctm} 为最大开裂应力的平均值。

①各作用组合参考欧洲规范 EN1990 中附录表 2.6
基本作用组合:

$$E_d = E\{G_{k,j};P_jQ_{k,1};\psi_0Q_{k,i}\} \quad (j\geqslant 1;i\geqslant 1) \quad (10\text{-}5)$$

其中大括号内可表达为:

$$\sum_{j\geqslant 1}G_{k,j} + P + Q_{k,1} + \sum_{i\geqslant 1}\psi_0Q_{k,i} \quad (10\text{-}6)$$

频率值作用组合:

$$E_d = E\{G_{k,j};P;\psi_{1,1}Q_{k,1};\psi_{2,i}Q_{k,i}\} \quad (j\geqslant 1;i\geqslant 1) \quad (10\text{-}7)$$

其中大括号内可表达为:

$$\sum_{j\geqslant 1}G_{k,j} + P + \psi_{1,1}Q_{k,1} + \sum_{i\geqslant 1}\psi_{2,i}Q_{k,i} \quad (10\text{-}8)$$

准永久作用组合:

$$E_d = E\{G_{k,j};P;\psi_{2,i}Q_{k,i}\} \quad (j\geqslant 1;i\geqslant 1) \quad (10\text{-}9)$$

其中大括号内可表达为:

$$\sum_{j\geqslant 1}G_{k,j} + P + \sum_{i\geqslant 1}\psi_{2,i}Q_{k,i} \quad (10\text{-}10)$$

上述式中:$G_{k,j}$——第 j 种永久作用特征值;
　　　　P——预应力作用特征值;
　　　　$Q_{k,1}$——主要可变作用特征值;
　　　　$Q_{k,i}$——第 i 种可变作用特征值;
　　　　ψ_0——基本荷载组合系数;
　　　　$\psi_{1,1}$——主要可变作用频率值组合系数;
　　　　$\psi_{2,i}$——第 i 种可变作用准永久组合系数。

②这个值基于 UHPC 保护纤维的裂缝愈合能力。只有当荷载频遇值组合导致的裂缝宽度与荷载准永久值组合导致的裂缝宽度大致相等时才适用。换句话说,如果该结构受高度可变荷载作用(导致 0.05mm 以上裂缝宽度变化的可变荷载),那么在暴露等级 XC2、XC3、XC4、XD1、XD2、XS1、XS2 和 XS3 时不允许出现裂缝,拉应力必须保持低于 $f_{ct,el}$ (弹性阶段极限拉应力特征值)。

③当不考虑潜在裂缝区域内纤维所能提供的抗力时,高度可变荷载作用下的结构允许出现裂缝。

裂缝宽度计算时,不考虑无黏结预应力筋作用。对于考虑纤维取向系数 K 后特征本构关系为应变硬化的 UHPC(只含有纤维,或者同时含有预应力钢筋或普通钢筋),不必验算裂缝宽度。

15. 钢筋在 UHPC 中的锚固长度？

答：在 UHPC 结构设计中，钢筋在 UHPC 中的锚固长度主要取决于两者间的黏结性能，其在很大程度上决定了两者间剪切黏结应力传递过程和传递长度。一般而言，钢筋与混凝土间黏结性能主要受钢筋表面形状、混凝土强度、混凝土保护层厚度、钢筋净距等因素影响。UHPC 抗拉、抗压强度高，且材料基体致密，钢筋与 UHPC 黏结性能将明显优于普通混凝土；以 C40 混凝土为例，其与带肋变形钢筋间的黏结强度为 10~15MPa，而 UHPC 的黏结强度一般可达 40~60MPa。因此，若使用目前混凝土设计规范中的钢筋与混凝土间的黏结性能及应力传递长度（钢筋最小锚固长度）对 UHPC 将显得过于保守。

美国联邦公路管理局（FHWA）的研究报告通过一系列受拉推出试验对美国公路桥梁规范（AASHTO）中的 4 号、5 号和 6 号钢筋与 UHPC 材料的黏结性能及应力传递长度进行研究发现：当三种钢筋的埋置长度分别超过 5.8 倍、6.24 倍和 6.53 倍钢筋直径时，推出试验破坏模式为钢筋受拉断裂破坏，而非脱黏失效破坏；而若仅需埋置在 UHPC 内的普通钢筋受拉屈服而不脱黏失效，则钢筋最小锚固为前述埋置长度的 2/3。

因此，在进行 UHPC 结构设计时，在缺少试验数据的基础上，钢筋在 UHPC 中最小锚固长度建议：钢筋达到受拉屈服而不出现脱黏失效破坏的最小锚固长度为 6 倍钢筋直径，钢筋达到极限受拉强度前不出现脱黏失效破坏的最小锚固长度为 9 倍钢筋直径。

16. UHPC 材料的耐火性？

答：UHPC 材料的耐火性主要是指在一定时间内的特定高温环境中的抗剥落和抗爆裂等性能。一般而言，可通过 UHPC 材料的力学特性随温度变化规律来确定具体的指标；而获得材料力学特性的温变规律则应首先确定 UHPC 材料的温变特性，如热传导系数、特定热量、膨胀系数、抗压强度、抗拉强度和弹性模量等。

总体而言，UHPC 的耐火性能略优于高性能混凝土（HPC）和普通混凝土（NC）。依据法国 UHPC 规程，HPC、NC 以及 UHPC 的爆裂温度分别为 600℃、690℃和 790℃；此外，在相同时间及相同温度的高温作用下，UHPC 质量损失明显小于 HPC 和 NC。具体说来，在抗压强度方面，当温度为 200~400℃时，UHPC 强度由于水泥的进一步水化反应会有小幅增长；但温度超过 400℃后，UHPC 的抗压强度开始逐步下降，在 600℃时下降 10%~50%，而 800℃及以上时下降 80% 以上，以至于基本丧失承载能力。在抗拉强度方面,150℃时下降40%,250℃时下降55%,诸多裂后的试验表明450℃时裂后抗拉强度几乎消失。在弹性模量方面,600℃时的降幅可达50%~80%。此外,UHPC的热膨胀系数因其组分及配合比不同而存在较大差别,部分UHPC的热膨胀系数在超过某一范围后随温度上升而逐渐抵消,甚至在200℃变为负数。

提高UHPC耐火性的有效方法是在材料中掺入一定含量的聚丙烯纤维(Polypropylene Fibres,简称PP纤维),该方法可增强UHPC在高温中的抗剥落能力。此外,UHPC的耐高温剥落特性还取决于实际结构的情况,定量的结果需通过实际结构上有代表性部位的高温试验来确定。

17. 目前UHPC材料在桥梁工程中的应用情况如何?

答:由于优异的力学性能和耐久性,UHPC在高层建筑、大跨桥梁、海洋工程、水利工程、核电工程和特种结构等领域获得应用。在桥梁结构中,UHPC已被广泛应用于主梁结构、拱桥主拱、华夫板桥面结构、桥梁接缝及旧桥加固等多方面。目前,世界各国已有超过200座采用UHPC作为主要或部分建筑材料的桥梁,表10-14列出了部分具有代表性的UHPC桥梁。

部分UHPC桥梁应用实例　　　　　　　表10-14

序号	桥名	国家	年份(年)	跨径(m)	桥型结构	UHPC应用
1	Sherbrooke Pedestrian Bridge	加拿大	1997	60	空间桁架梁人行桥	3cm桥面板主桁钢管混凝土
2	Bourg-Les-Valence Bridges	法国	2001	22.5	两跨预制预应力连续梁公路桥	π形主梁纵向接缝
3	Sunyudo (Peace) Footbridge	韩国	2002	120	中承式拱桥人行桥	π形主梁
4	Sakata-Mirai Footbridge	日本	2002	50.2	单跨体外预应力简支梁人行桥	箱形主梁
5	Caland Bridge	荷兰	2003	—	正交异性钢桥面公路桥	桥面板铺装层更换
6	PS 34 Overpass Bridge	法国	2005	47.4	单跨后张预应力简支梁公路桥	箱形主梁
7	Papatoetoe Footbridge	新西兰	2005	20	预制预应力简支梁人行桥	π形主梁
8	Horikoshi Ramp Bridge	日本	2005	16	组合梁公路桥	I形梁

续上表

序号	桥名	国家	年份（年）	跨径（m）	桥型结构	UHPC应用
9	Shepherd's Creek bridge	澳大利亚	2005	15	预制预应力混凝土简支斜梁公路桥	π形主梁/桥面板
10	Torisaka River Bridge	日本北海道	2006	45	波纹钢腹板梁公路桥	移动导梁
11	Mars Hill bridge	美国	2006	33.5	预制预应力简支梁公路桥	工字形主梁
12	Penrose Footbridge	新西兰	2006	20	预制后张预应力简支梁人行桥	π形主梁
13	滦柏干渠大桥	中国	2006	20	低高度后张预应力梁铁路桥	T形梁
14	Gaertnerplatz Bridge	德国	2007	36	变截面空间桁架人行桥	桁架上弦杆桥面板
15	Cat Point Creek bridge	美国	2008	24.8	预应力简支梁公路桥	工字形主梁
16	Wild bridge	奥地利	2010	70	上承式拱桥	5cm厚箱形拱肋
17	Kampung Linsum Bridge	马来西亚	2010	50	钢-UHPC组合梁桥	组合梁桥面板
18	马房大桥	中国	2011	64	简支钢混组合梁	桥面板
19	Titi Bridge	马来西亚	2013	51	钢-UHPC组合梁桥	组合梁桥面板
20	Rantau-Siliau Bridge	马来西亚	2013	52	预应力简支梁桥	U形主梁
21	Batu 6 Bridge	马来西亚	2014	100	预应力箱梁桥	箱形主梁
22	Celakovice Footbridge	捷克	2015	156	人行斜拉桥	梁板式主梁
23	长沙北辰虹桥	中国	2016	36.8	预应力连续箱梁桥	箱形主梁

1997 年在加拿大魁北克省舍布鲁克市建成了世界上第一座 UHPC 人行桥——Sherbrooke 人行桥,该桥为预应力 UHPC 空间桁架结构,跨径 60m,如图 10-5 所示。桥面板采用 3cm 厚 UHPC 板,桁架腹杆采用直径 15cm 的钢管 UHPC,下弦采用 10m 预制 UHPC 梁节段,节段内未配置普通钢筋,仅采用后张预应力拼装而成。由于 UHPC 的使用,结构自重大大减轻,并有效抵抗了当地严冬 -30℃ 条件反复冻融侵蚀,该桥在 1999 年获得 Nova 奖提名。

图 10-5 加拿大 Sherbrooke 人行桥

法国于 2001 年建成了世界上最早的 UHPC 公路桥——Bourg-lès-Valence OA4 和 OA6 跨线桥。OA4 桥主梁为跨径 22.5m 的 π 形 UHPC 梁,高 0.9m,宽 2.4m,UHPC 桥面板厚仅 11cm,梁重 37t。2005 年,法国建造了跨径为 47.4m 的 UHPC 箱形梁公路桥——PS34 跨线桥,UHPC 箱形主梁顶板宽 4.4m,高度 1.63m。UHPC 桥面板上不铺设防水层和沥青混凝土铺装层,厚度 14cm 的箱梁顶板既是桥面板也是行车道路面板。

2002 年,日本第一座 UHPC 人行桥 Sakata-Mirai 桥建造完成,如图 10-6 所示,该桥主跨跨径 49.2m,主梁截面形式为箱梁,采用预制拼装法施工,预制梁段间采用预应力张拉拼接完成。此后,日本相继建造了多座 UHPC 人行桥,如 Yamagata 桥和 Tahara 桥等均采用了箱梁截面作为主梁的截面形式。日本第一座公路 UHPC 桥梁为修建于 2005 年的 Horikoshi Highway C-ramp Fukuoka 桥,跨径为 16m。

2002 年建成的韩国和平人行桥(Sunyudo Footbridge)是一座主跨为 120m 的 UHPC 拱桥,如图 10-7 所示。该桥由 6 个预制后张预应力 π 形节段组成,截面高 1.3m。该桥是世界上目前已建成的跨径最大的 UHPC 桥梁。值得关注的是,韩国已针对实际工程设计了两个 UHPC 梁板结构斜拉桥,其中 Jobal 桥为跨径 200m 的斜拉桥。设计方案目前正等待业主批准,有可能成为世界上首座 UHPC 斜拉桥。

图 10-6　日本 Sakata-Mirai 人行桥

图 10-7　韩国 Sunyudo(Peace) 人行桥

2004 年澳大利亚建造的 Shepherds Gully Creek 公路桥,如图 10-8 所示,采用 I 形 UHPC 梁,I 形主梁间搭设 25mm 厚的 UHPC 板作为永久模板,上面浇筑普通钢筋混凝土桥面板,UHPC 板具有永久模板和保护上部结构两个功能。

2006 年在爱荷华州建成了美国第一座 UHPC 公路桥——Mars Hill 桥,2008 年又在弗吉尼亚州和爱荷华州各建成一座 UHPC 公路桥,如图 10-9～图 10-11 所示,三座桥的主梁分别为 I 形、T 形和 π 形,并且 UHPC 主梁均未设抗剪钢筋,只利用 UHPC 自身的高抗拉性能,大大简化了钢筋构造。2009 年,纽约州两座公路桥的预制传统混凝土桥面板采用现浇 UHPC 连接,这种桥面板连接方法后来在越来越多桥梁上应用。2011 年首次在爱荷华州的

Little Cedar Creek 桥上使用了华夫型双向带肋 UHPC 桥面板。

图 10-8　澳大利亚 Shepherds Creek 公路桥

图 10-9　美国 Mars Hill 桥

图 10-10　美国 Cat Point Creek 桥

 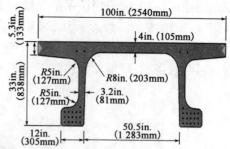

图 10-11　美国 Jakway Park 桥

2007 年德国 Kassel 修建了第一座多跨 UHPC 桥梁——Gärtnerplatz 桥。该桥为人行和自行车两用桥梁，共有 6 跨，总跨径 132m，跨越 Fulda 河，如图 10-12 所示。该桥中的 UHPC 使用在了两个位置：①UHPC-钢桁架组合结构，②桥面板；其中 UHPC 桥面板与桁架的上弦杆连接。Gärtnerplatz 桥为世界上首座 UHPC-钢组合桥梁。

图 10-12　德国 Gärtnerplatz 桥

马来西亚于 2010 年修建了第一座 UHPC 公路组合桥梁，该桥位于 KampungLinsum 峡谷，跨越 Sungai Linggi 河，如图 10-13 所示。大桥单跨跨径 50m，其钢主梁为 U 形梁，断面尺寸为 1.75m 高和 2.5m 宽。UHPC 桥面板为 4m 宽，厚 200mm，现浇施工。该桥的 UHPC 桥面板中未配置任何抗剪钢筋，设计使用寿命为 120 年。UHPC 在马来西亚桥梁工程领域推广应用十分迅速，截至目前，马来西亚已修建完成 50 多座 UHPC 公路或人行桥，还有 40 多座仍处于建设当中。其中跨径最大的公路桥梁为 2014 年建设的 Batu 6 桥，如图 10-14 所示，该桥主跨 100m，主梁截面为箱形截面，箱梁顶板和底板宽度分别为 5m 和 2m，高度为 4m，底板厚度设计为 25cm，其余板厚均为 15cm；结构采用预制节段拼装法施工，即先预制 UHPC 箱梁节段，运至施工现场拼装后，采用后张预应力连接预制节段成桥。

2010 年奥地利建成世界上第一座 UHPC 公路拱桥——Wild 桥（图 10-15）。该桥总长 154m，主拱跨径 70m，矢高 18m。主拱由 2 根单箱单室拱肋组成,拱肋间采用横系梁连接。单根拱肋由6个节段和8个节点构件组成,拱轴线呈多边形折线,采用竖向下放式转体法施工,节段长度约16m,高、宽均为120cm,壁厚仅6cm。该桥 UHPC 桁架拱结构细巧、造型优美,与风景区峡谷环境非常协调。

图 10-13　马来西亚 Kampung Linsum 桥

图 10-14　马来西亚 Batu 6 桥

图 10-15　奥地利 Wild 桥

2011年中国肇庆马房大桥首次将 UHPC 与钢箱梁组合形成轻型组合梁,如图 10-16 所示。马房大桥为 14 跨单跨 64m 的简支钢箱梁,全长919.6m,桥面宽 12.1m,桥面系采用正交异性钢面板。1984 年建成通车后该桥历经多次维修仍存在铺装层破损严重和钢结构疲劳裂纹,2011 年年底全桥进行了彻底的维修,时至今日采用 50mm 厚 UHPC 层加固维修后的第 11 跨仍运行良好。

图 10-16　广东肇庆马房大桥

2015 年,捷克建成了跨径 156m 的人行斜拉桥,如图 10-17 所示,该桥位于 Celakovice 市的 Labe 河上,采用 UHPC 梁板式主梁,主梁截面尺寸设计如图 10-18 所示,主梁宽度约为 3.6m,梁高度为 60cm 而中间板厚度仅为 6cm。桥梁结构采用预制拼装悬臂法施工,预制节段长度为 12m,每个主塔在主跨侧仅需悬臂吊装施工 7 个预制梁段,施工快速且便捷。

图 10-17　捷克 Celakovice 人行斜拉桥

长沙北辰虹桥是国内首座超高性能混凝土桥梁,如图 10-19 所示。设计荷载为城—B 汽车荷载及 $4kN/m^2$ 人群荷载。全长 70.8m,孔跨布置为 27.6m+36.8m+6.4m(悬臂)。主梁为 150MPa 的节段预制拼装超高性能混凝土连续箱梁,顶宽 6.5m,底宽 3m,中心高 1.35m,采用短线预制、长线拼装工艺架设;主梁预应力孔道采用 100MPa 的高致密超细颗粒砂浆灌注;2 个 5.4m 高桥墩均采用 100MPa 的超高性能混凝土整体预制。由湖南大学主持结构研发与设计、湖南明湘科技发展有限公司承担节段制造和全桥架设,于 2016 年 1 月 8 日建成交付使用,2016 年 9 月 5 日通过验收。工程特点:高强轻盈、环保节能、美观耐久及全预制拼装工艺快速建造。

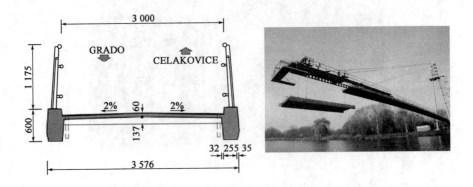

图 10-18 捷克 Celakovice 人行斜拉桥主梁截面及施工(尺寸单位:mm)

图 10-19 长沙北辰虹桥

18. 何为钢-UHPC 轻型组合桥梁结构?

答:图 10-20 出自于美国联邦公路管理局(FHWA)2013 年颁布的 UHPC 华夫型桥面板设计指南,桥面板为双向带肋的 UHPC 华夫板,而以下的主梁可以是常规混凝土梁或者钢梁,这种由不同材料组成的结构都可称之为组合结构。

钢-UHPC 轻型组合桥梁结构是指由钢梁和 UHPC 板通过剪力连接件组合而成、用于桥梁主梁的新结构,因 UHPC 板相比常规组合梁的混凝土板厚度显著减小,故自重较轻,因而称之为"轻型组合结构"。本书探讨了两种类型:①钢-UHPC 轻型组合桥面结构;②钢-UHPC 轻型组合梁。

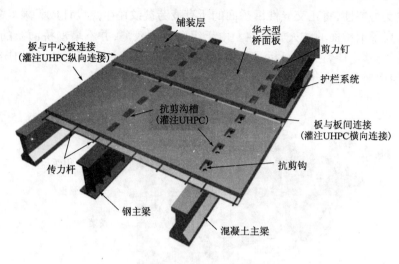

图 10-20　华夫型桥面板结构

19. 与国内外现有技术比较,钢-UHPC 轻型组合桥面结构有什么技术特点？

答：正交异性钢桥面具有自重轻、强度高的优势,但其疲劳开裂和铺装层破损难题一直未能有效解决,病害现象十分普遍和严重,个别桥梁甚至遭遇 10 年 24 修。导致上述病害的主要原因：一是钢桥面板的局部刚度不足,出现应力集中现象；二是钢桥面夏季表面温度可达 70℃,高温、超载和雨水的三重作用导致沥青铺装破损和钢桥面板出现早期病害。

为整体解决钢桥面疲劳开裂和铺装易损坏的难题,2010 年,作者团队提出了具备独立知识产权的正交异性钢板-薄层 UHPC 轻型组合桥面结构。为了克服 UHPC 初裂强度无法满足桥面高应力要求、UHPC 的收缩受到钢板约束易导致开裂的难题,通过对 UHPC 改性、掺入混杂纤维和密配筋,显著提高了其开裂强度并减小了收缩。我们将此新材料称为超高韧性混凝土 STC(Super Toughness Concrete),STC 既属于 UHPC,但在抗裂、收缩等方面又优于市场上的 UHPC。钢-UHPC 轻型组合桥面结构的构造形式如图 10-21 所示,其中 UHPC 层厚度为 35～60mm,其内密配纵、横向钢筋网；通过短栓钉等剪力连接件将 UHPC 层与正交异性钢桥面板紧密连接。UHPC 层顶面铺筑 10～40mm 厚的铺装层。

STC 的开裂强度可高达 50MPa,经测算,轻型组合桥面可提高钢桥面局部刚度达 40 倍以上,由此获得以下效果：①钢桥面铺装的难题将不复存在；②正交异性钢桥面板在轮载下的应力幅可降低 20%～80%,从而大大提高钢桥面的抗疲劳寿命；③对于新建桥梁,可根据钢-UHPC 轻型组合桥面结构的受力特性,将正交异性钢桥面的所有疲劳裂纹萌生点设计成无限寿命;④提高了钢桥面的防火安全性。由于组合桥面较薄,并不增加桥面系的总厚度,能够适应特大跨径桥梁轻型化的要求。STC 层按不开裂的结构层设计,使用年限 100 年。

图 10-21　钢-UHPC 轻型组合桥面结构构造示意

现将钢-UHPC 轻型组合桥面结构分别同环氧沥青混凝土铺装和水泥铺装进行对比,具体如下。

(1) 与环氧沥青铺装对比

我国大跨径钢桥的主流铺装材料是环氧沥青混凝土,以广东虎门大桥为例作对比,关于所涉及材料的单价、使用寿命等信息已在前文中阐述,不予赘述。造价对比如图 10-22 所示,车载作用下钢桥面关键细节的疲劳应力幅对比如图 10-23 所示。

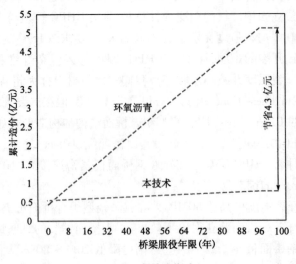

图 10-22　累计造价对比

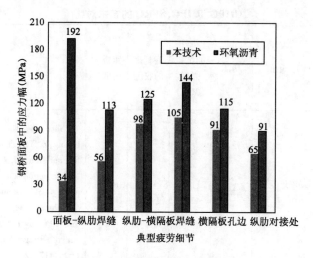

图 10-23 钢桥面板中的应力幅对比

从图 10-22 可看出,虎门大桥是旧桥,钢-UHPC 轻型组合桥面结构的初始造价略高于环氧沥青铺装方案,但由于 UHPC 层为永久性结构,在运营中仅需对沥青铺装层进行翻修,使得其全寿命累计造价明显低于环氧沥青,成本节约达 4.35 亿元。若本技术应用于新建桥,可节省桥梁的用钢量(钢面板减薄),其初始造价将与环氧沥青技术持平,经济优势更加明显。

众所周知,钢结构的疲劳寿命一般与应力幅的 3 次方成反比。从图 10-23 可看出,环氧沥青铺装下的钢桥面应力幅普遍较高,具有高疲劳开裂风险,而本技术中应力大幅度下降,疲劳寿命显著延长。以纵肋-横隔板焊缝为例,应力幅由 144MPa 降低到 105MPa,降低了 27%,表明该细节的疲劳寿命为环氧沥青铺装下的 2.5 倍。事实上,面板-纵肋焊缝、纵肋对接焊缝的应力幅已降到低于常幅疲劳极限,因而这些细节基本无疲劳开裂风险。

(2) 与水泥混凝土铺装比较

为解决钢桥面系的难题,荷兰学者和日本学者分别研究了以配筋高性能混凝土(Rreinforced High Performance Concrete,RHPC)和钢纤维混凝土(Steel Fiber Reinforced Concrete,SFRC)作为钢桥面铺装材料的主要技术指标,对比如表 10-15 所示。

从表 10-15 可看出,UHPC 的力学性能远优于国外所研究的钢桥面水泥混凝土铺装材料,其根本原因是:①通过材料组分优化和密配钢筋等措施,显著提高了 UHPC 的抗拉强度与开裂应变;②高温蒸汽养护减小了 UHPC 的后期收缩,使收缩次应力大幅下降;③较密的栓钉布置使钢桥面同 UHPC 层形成牢固的组合作用,进而同时降低了钢桥面和 UHPC 层中的应力。

UHPC、RHPC、SFRC 的技术对比　　　　　　　　表 10-15

技术方案	桥名/年份	功能	混凝土的抗拉强度（MPa）	混凝土的收缩	实桥应用效果	资 料 来 源
UHPC	马房大桥/2011 年	结构层	21.7~42.7	8 个月后仅 63με	UHPC 层未开裂	Shao, X. D., Yi, D. T., Huang, Z. Y., Zhao, H., Chen, B., and Liu, M. L. (2013). "Basic performance of the composite deck system composed of orthotropic steel deck and ultra-thin RPC layer." *ASCE's Journal of Bridge Engineering*, 18 (5), 417-428.
RHPC	Caland Bridge/2003 年 Moerdijk Bridg/2005 年 Hagestein Bridge/2005 年	铺装层	9.6~11.9	<300με	RHPC 层开裂	Buitelaar, P. (2006). "High performance concrete overlay for rehabilitation and strengthening of orthotropic steel bridge decks." *Proceeding of the 7th International Conference on Short and Medium Span Bridges*, Montreal, Canada.
SFRC	Yokohama Bay Bridge/2004 年	铺装层	2.3~3.9	未提及	SFRC 层开裂	Murakoshi, J., Yanadori, N., and Ishii, H. (2007). "Research on steel fiber reinforced concrete pavement for orthotropic steel deck as a countermeasure for fatigue." *Proceeding of the 23th U. S. -Japan Bridge Engineering Workshop*, Tsukuba, Japan.

因此，综合而言，钢-UHPC 轻型组合桥面结构具有高强、薄层、轻质、耐久等特点，有望综合解决正交异性钢桥面系中的典型难题，尤其在大跨径钢桥中具有显著优势。

20. 钢-UHPC 轻型组合桥面结构的主要设计参数如何选取？

答：经过多年理论和试验研究，结合实桥工程实践，形成了广东省交通运输行业地方标准——《超高性能轻型组合桥面结构技术规程》(GDJTG/T A01—2015),以及湖南省地方标准——《钢-超高韧性混凝土轻型组合结构桥面技术规范》(DB43/T 1173—2016),规程和规范中详细描述了钢-UHPC 轻型组合桥面结构设计的基本理念和方法。这里仅简要介绍部分关键设计参数的选取。

(1)UHPC 层厚度

UHPC 层作为结构层进行设计,与正交异性钢桥面板形成组合结构共同受力,在桥梁的设计使用年限内,UHPC 层不得开裂。选择较薄的 UHPC 层厚度时,其优点是自重较轻,对于特大跨径桥梁经济性较好,缺点是 UHPC 层内拉应力较大,对正交异性钢桥面的疲劳应力降幅相对较小;选择较厚的 UHPC 层厚度时,则正好相反。UHPC 层厚度可取 35～60mm。

(2)剪力连接件的形式与布置间距

由于 UHPC 层较薄,所采用的剪力连接件主要有以下两种形式:短栓钉和焊接钢筋网。短栓钉的构造与常规钢-混凝土组合梁中的栓钉相似,但尺寸较小,其直径仅为 13mm,高度一般为 35～40mm,高径比为 2.7～3.1。焊接钢筋网是项目组提出的一种新型的矮剪力键,其构造形式为:首先将纵筋通过间断焊缝连接于钢面板顶面,然后将横筋通过局部点焊焊接于纵筋顶面,钢筋网包埋于 UHPC 薄层内,由此形成牢固的焊接钢筋网,以抵抗钢-UHPC 层间的剪力和拉拔力。一般情况下推荐采用短栓钉抗剪连接件,但当 UHPC 层的厚度薄至 35～40mm 时,宜采用焊接钢筋网剪力连接件。剪力连接件的布置间距通常为 150～250mm。

(3)其他参数

需满足构造要求的部分参数如下:

①钢面板厚度不宜小于 12mm;

②UHPC 层的厚度不宜小于 35mm;

③最小 UHPC 保护层厚度不应小于 10mm,一般情况下宜采用 15mm。

21. 钢-UHPC 轻型组合桥面结构有哪些应力控制区域?

答:由于 UHPC 的抗压强度很高,一般情况下,受压不控制钢-UHPC 轻型组合桥面结构的设计。因此,设计中应重点关注 UHPC 中的受拉区。钢-UHPC 轻型组合桥面结构以局部受力为主,因而在局部车轮荷载作用下的负弯矩的区域是设计计算中的应力控制区域,如表 10-16 所示。

钢-UHPC 轻型组合桥面结构中 UHPC 层的应力控制区域   表 10-16

序号	关 注 位 置	图 式	说 明
1	主梁腹板或纵隔板顶面位置		正应力,沿横桥向
2	横隔板顶面位置		正应力,沿纵桥向
3	纵肋腹板顶面位置-相邻横隔板间的跨中处		正应力,沿横桥向
4	纵肋腹板顶面位置-横隔板断面处		正应力,沿横桥向

22. 如何进行钢-UHPC 轻型组合桥面结构的抗裂验算?

答:先初拟一个 UHPC 层厚度值(一般为 35~60mm),然后对钢-UHPC 轻型组合桥面结构建立有限元模型进行计算分析,得到 UHPC 层在设计荷载下的最大拉应力,并与 UHPC 的弯拉应力容许值(表 10-17)进行比较,以选择合适的钢筋网的尺寸与布置间距,符合要求则表明所选厚度满足静力抗裂验算要求,否则需要调整 UHPC 层厚度。

各强度等级下配筋 UHPC 的名义弯拉应力容许值　　表 10-17

强 度 等 级	钢筋间距(mm)	名义弯拉应力容许值 f_{ct}^r(MPa)
STC22	67	16.8
	50	19.0
	40	22.7
	33	26.7
STC25	67	19.5
	50	21.7
	40	25.4
	33	29.4
STC28	67	22.2
	50	24.4
	40	28.1
	33	31.5

注:钢筋直径为 10mm,HRB400,横桥向配筋位于上层,净保护层厚 15mm、纵桥向配筋位于下层。

23. 如何做钢-UHPC 轻型组合桥面结构的疲劳验算?

答:桥面板的疲劳主要是车轮荷载作用下的局部受力问题,疲劳车模型如图 10-24 所示。

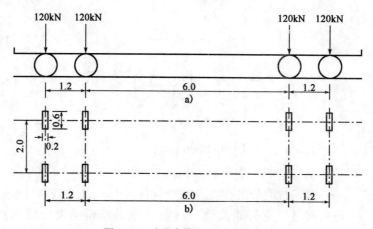

图 10-24　疲劳车模型(尺寸单位:m)

验算伸缩缝附近构件时,疲劳荷载应乘以额外的放大系数 $\Delta\Phi$,按下式取值。

$$\Delta\Phi = \begin{cases} 0.3\left(1 - \dfrac{D}{6}\right) & (D \leq 6\text{m}) \\ 0 & (D > 6\text{m}) \end{cases} \quad (10\text{-}11)$$

式中:D——验算截面到伸缩缝的距离(m)。

STC 层的疲劳强度以容许等效最大应力水平定义,其中容许等效最大应力水平是指 STC 层的等效最大名义应力与其静力名义弯拉应力容许值之比。500 万次疲劳寿命时 STC 的容许等效最大应力水平为 0.48,200 万次疲劳寿命时 STC 的容许等效最大应力水平为 0.51。疲劳验算时,STC 的设计等效最大应力水平应按照下式计算。

$$S_{\max}^{e} = S_{\max} - \frac{5.17}{16.76} S_{\min} \quad (10\text{-}12)$$

式中:$S_{\max}^{e}$——STC 的设计等效最大应力水平;

$S_{\max}$——STC 中的最大应力水平 $\sigma_{\max}/f_t^r$;

$S_{\min}$——STC 中的最小应力水平 $\sigma_{\min}/f_t^r$;

f_t^r——配筋 STC 的静力名义弯拉应力容许值。

以容许等效最大应力水平 0.48 或 0.51 乘以表 10-17 中各强度等级下配筋 STC 的静力名义弯拉应力容许值,可得 STC 层的疲劳强度。

疲劳强度大于或等于 $S_{\max}^{e}$,则表明 STC 结构层满足疲劳要求。

根据《公路钢结构桥梁设计规范》(JTG D64—2015)第 5.5.6 条,须按下列公式对钢结构作疲劳验算:

$$\gamma_{Ff}\Delta\sigma_{E2} \leq \frac{k_s\Delta\sigma_C}{\gamma_{Mf}} \quad (10\text{-}13)$$

$$\gamma_{Ff}\Delta\tau_{E2} \leq \frac{\Delta\tau_C}{\gamma_{Mf}} \quad (10\text{-}14)$$

$$\left(\frac{\gamma_{Ff}\Delta\sigma_{E2}}{k_s\Delta\sigma_C/\gamma_{Mf}}\right)^2 + \left(\frac{\gamma_{Ff}\Delta\tau_{E2}}{\Delta\tau_C/\gamma_{Mf}}\right)^2 \leq 1.0 \quad (10\text{-}15)$$

$$\left.\begin{array}{l} \Delta\sigma_{E2} = (1 + \Delta\phi)\gamma(\sigma_{p\max} - \sigma_{p\min}) \\ \Delta\tau_{E2} = (1 + \Delta\phi)\gamma(\tau_{p\max} - \tau_{p\min}) \end{array}\right\} \quad (10\text{-}16)$$

式中: γ_{Ff}——疲劳荷载分项系数,取 1.0;

γ_{Mf}——疲劳抗力分项系数,对重要构件取 1.35,对次要构件取 1.15;

k_s——尺寸效应折减系数,按《公路钢结构桥梁设计规范》(JTG D64—2015)附录 C 表 C.0.1 ~ 表 C.0.9 中给出的公式计

算;未说明时,取 $k_s = 1.0$;

$\Delta\sigma_C$、$\Delta\tau_C$——疲劳细节类别(MPa),为对应于 2.0×10^6 次常幅疲劳循环的疲劳应力强度;根据《公路钢结构桥梁设计规范》(JTG D64—2015)附录 C 和图 5.5.8-1、图 5.5.8-2 取用;

$\Delta\sigma_{E2}$、$\Delta\tau_{E2}$——按 2.0×10^6 次常幅疲劳循环换算得到的等效常值应力幅(MPa);

γ——损伤等效系数,$\gamma = \gamma_1 \cdot \gamma_2 \cdot \gamma_3 \cdot \gamma_4$,且 $\gamma \leq \gamma_{max}$,其中 γ_1、γ_2、γ_3、γ_4、γ_{max},按《公路钢结构桥梁设计规范》(JTG D64—2015)附录 D 计算;

σ_{pmax}、σ_{pmin}——将疲劳荷载模型按最不利情况加载于影响线得出的最大和最小正应力(MPa);

τ_{pmax}、τ_{pmin}——将疲劳荷载模型按最不利情况加载于影响线得出的最大和最小剪应力(MPa)。

正交异性钢桥面板中的典型疲劳细节如表 10-18 和表 10-19 所示,建议取 $\gamma_{Mf} = 1.15$。与剪力连接件相关的典型细节如表 10-20 所示。《公路钢结构桥梁设计规范》(JTG D64—2015)中规定的设计疲劳寿命为不低于 200 万次,根据 S-N 曲线,表中同时给出了寿命为 500 万次的疲劳强度,可供参考。

钢梁主要疲劳细节分类:闭口加劲肋 表 10-18

疲劳强度(MPa)		细节位置及示意图		说明	要求
500万次	200万次				
58	80	$t \leq 12mm$		①纵肋通过横梁,纵肋下方挖孔	①$\Delta\sigma$ 按上焊缝最下端位置计算
51	70	$t > 12mm$			
58	80	$t \leq 12mm$		②纵肋通过横梁,纵肋下方不挖孔	②$\Delta\sigma$ 按纵肋底端位置计算
51	70	$t > 12mm$			
25	35			③在横梁处中断的纵肋	③$\Delta\sigma$ 按纵肋底端位置计算

续上表

疲劳强度(MPa) 500万次	疲劳强度(MPa) 200万次	细节位置及示意图		说明	要求
51	70			④纵肋接头，带有垫板的全熔透对接焊缝	④$\Delta\sigma$按纵肋底端位置计算
81	110	打磨去余高		⑤纵肋全熔透对接焊缝，双面焊缝，无垫板	⑤$\Delta\sigma$按纵肋底端位置计算；在对接焊缝内部定位焊
66	90	余高小于0.1倍缝宽			
58	80	余高小于0.1倍缝宽			
51	70			⑥横梁腹板开孔间最不利截面	⑥$\Delta\sigma$应考虑开孔的影响
51	70	部分熔透坡口焊 $a \geq t$ ≤2mm ≤2mm ⑦		盖板与梯形或V形加劲肋的连接焊缝：⑦部分熔透焊缝，$a \geq t$	⑦根据板内弯曲引起的正应力幅$\Delta\sigma$验算
36	50	角焊缝 ≤0.5mm ⑧		⑧角焊缝或除细节⑦以外的其他类型部分熔透焊缝	⑧根据板内弯曲引起的正应力幅$\Delta\sigma$验算

钢梁主要疲劳细节分类:开口加劲肋 表10-19

疲劳强度(MPa) 500万次	疲劳强度(MPa) 200万次	细节位置及示意图		说明	要求
58	80	$t \leq 12\mathrm{mm}$	①	①连续纵肋与横梁的连接	①根据纵肋中的正应力幅 $\Delta\sigma$ 评定
51	70	$t > 12\mathrm{mm}$			
40	55	②	$\Delta\sigma = \dfrac{\Delta M_s}{W_{net,s}}$ $\Delta\tau = \dfrac{\Delta V_s}{A_{w,net,s}}$	②连续纵肋与横梁的连接	②根据等效应力 $\Delta\sigma_{eq}$ 评定 $\Delta\sigma_{eq} = \dfrac{1}{2}(\Delta\sigma + \sqrt{\Delta\sigma^2 + 4\Delta\tau^2})$

钢梁主要疲劳细节分类:剪力连接件 表10-20

疲劳强度(MPa) 500万次	疲劳强度(MPa) 200万次	细节位置及示意图	说明	要求
80* ($m=8$)	90* ($m=8$)	①	①钢面板顶面的焊接栓钉剪力键	① $\Delta\tau$ 按栓钉的名义截面计算
67* ($m=5$)	80* ($m=5$)	②	②钢面板顶面的焊接钢筋网剪力键	② $\Delta\tau$ 按焊缝①的名义截面计算
58	80	③	③带焊接栓钉的钢面板	③ $\Delta\sigma$ 按钢面板中的应力计算

续上表

疲劳强度（MPa） 500万次	疲劳强度（MPa） 200万次	细节位置及示意图	说明	要求
58	80	④带焊接钢筋网的钢面板	④带焊接钢筋网的钢面板	④$\Delta\sigma$按钢面板中的应力计算

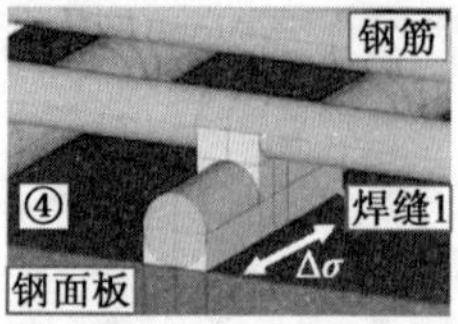

与 UHPC 层相关的疲劳细节包含两类：UHPC 连续浇筑区域以及 UHPC 现浇接缝区域，两者的抗疲劳强度不同，如表 10-21 所示。表中，f_t^r 是指 UHPC 连续浇筑区域的名义弯拉应力容许值，$f_{t,\text{joint}}^r$ 是指 UHPC 接缝区域的名义弯拉应力容许值，关于前者的取值可参考表 10-17，而后者的取值将在后文介绍。

UHPC 层的疲劳细节及分类　　　　　表 10-21

疲劳强度（MPa） 500万次	疲劳强度（MPa） 200万次	细节位置及示意图	说明与要求
$0.48 f_t^r$	$0.51 f_t^r$	UHPC层连续区域 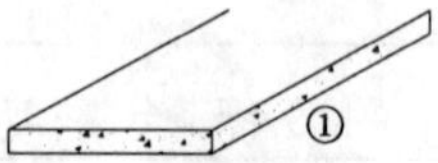 ①	①UHPC层连续浇筑
$0.48 f_{t,\text{joint}}^r$	$0.51 f_{t,\text{joint}}^r$	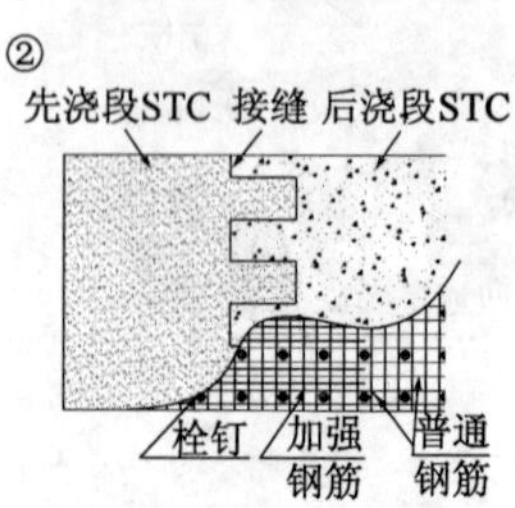 ② 先浇段STC 接缝 后浇段STC	②先浇-后浇交界区域，设置UHPC接缝

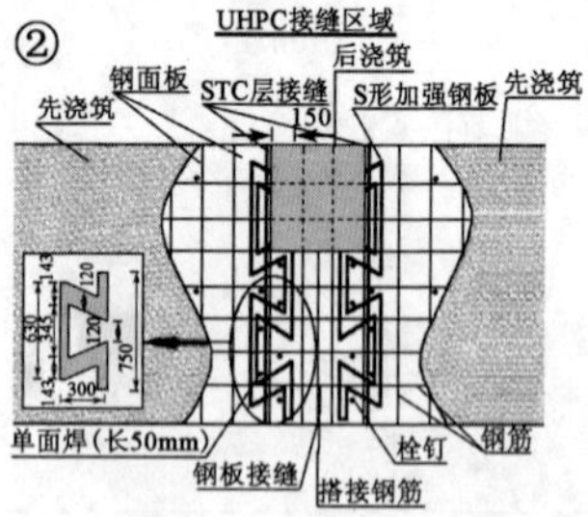

474

24. 如何用有限元法准确计算桥面结构的疲劳应力？

答：钢-UHPC 轻型组合桥面结构受力状态复杂，且局部受力突出，因而难以通过解析方法获得正交异性钢桥面及 UHPC 层的应力，必须进行有限元计算分析。有限元计算以局部梁段模型为主，其中钢结构宜采用板壳单元，UHPC 层宜采用实体单元，UHPC 层中的配筋可偏安全地不予考虑，钢-UHPC 界面间的剪力连接件宜采用弹簧单元。模型的边界条件应消除梁段的整体变形。

为保证局部应力计算的准确性，在局部应力关注点的周边区域，网格尺寸应不大于 $0.5t$（t 为板厚），必要时需做计算结果收敛性分析，即采用不同尺寸网格时，如计算结果基本一致，此时可认为计算结果是准确可信的。

作为算例，按照《公路钢结构桥梁设计规范》(JTG D64—2015) 规定的如图 10-24 所示的疲劳车，对目前常用的正交异性钢桥面板，面板厚分别采用 16mm 及 18mm 方案[图 10-25a)]，以及 STC 轻型组合桥面方案[图 10-25b)] 进行了疲劳应力验算。

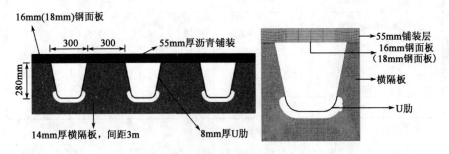

a) 正交异性钢桥面+沥青铺装

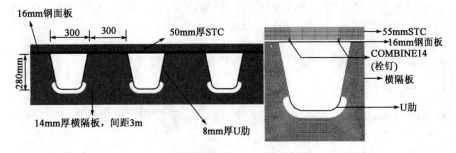

b) 正交异性钢桥面+STC 结构层

图 10-25 两种桥面结构局部计算模型

易开裂的疲劳裂纹萌生点(6个)如图10-26所示,计算及对比结果如表10-22所示。

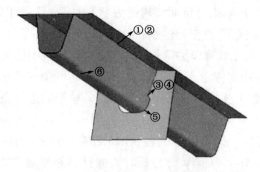

图10-26 疲劳裂纹萌生点

①顶板与U肋焊缝处的顶板细节;②顶板与U肋焊缝处的U肋细节;③U肋与横梁焊缝处的U肋细节;④U肋与横梁焊缝处的横梁细节;⑤弧形切口细节;⑥U肋底部对接焊缝细节

裂纹萌生点疲劳应力计算结果对比(MPa)　　　　表10-22

裂纹萌生点		①	②	③	④	⑤	⑥
计算结果	16mm 面板 + 沥青铺装	77.1↑	51.8	81.1↑	69.6↑	120.8↑	58.8
	18mm 面板 + 沥青铺装	46.5	48.9	77.9↑	67.0↑	115.9↑	53.9
	16mm 面板 + STC 结构层	22.5	38.6	58.5	48.6	84.6↑	42.6
疲劳强度		70	70	70	55	70	110

注:"计算结果"应力值已乘1.15的疲劳抗力分项系数。

由表10-22结果可知,面板厚度无论是16mm还是18mm,按《公路钢结构桥梁设计规范》(JTG D64—2015)验算,常规正交异性钢桥面的多个疲劳裂纹萌生点上的疲劳应力幅都无法满足要求,存在开裂风险。而钢-STC轻型组合桥面结构方案能显著降低开裂风险。

25. 如何考虑钢-UHPC 轻型组合桥面结构的温度梯度效应?

答: 计算钢-UHPC 轻型组合桥面结构由于梯度温度引起的效应时,应采用如图10-27所示的竖向温度梯度分布形式。温度梯度取值按照式(10-17)和式(10-18)进行。

温升时,T_2按照式(10-17)计算,温降时,T_2按照式(10-18)计算。

$$T_2 = 25 - \frac{25-6.7}{100}h_c \tag{10-17}$$

$$T_2 = -12.5 - \frac{-12.5 + 3.3}{100} h_c \quad (10\text{-}18)$$

式中:h_c——UHPC 层的厚度(mm)。

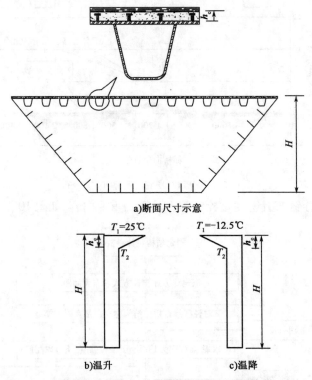

a)断面尺寸示意

b)温升　　　　c)温降

图 10-27　温度梯度计算图式(h_c-UHPC 层的厚度;H-组合截面全高)

26. 钢-UHPC 轻型组合桥面结构中短栓钉设计有何要点?

答:界面连接的强弱显著影响 UHPC 层与钢桥面的组合效果,进而影响 UHPC 层的受力大小。法国学者研究了超高性能纤维增强混凝土(UHPFRC)对正交异性钢桥面板的加固方案,并进行了模型试验和理论计算研究。结果表明,当 UHPFRC 层同钢桥面板间完全滑移或部分滑移时,组合效应弱,荷载作用下 UHPFRC 层底部的拉应力较大;而当层间为完全黏结时,组合效应强,UHPFRC 层底部的拉应力显著降低,如图 10-28 所示。

对于钢-UHPC 轻型组合桥面结构,UHPC 板与钢面板间必须牢固组合,才能同时降低钢板、UHPC 板、剪力连接件的应力。根据研究,判断钢-UHPC 层间连接是否牢固的标准是:当钢-UHPC 轻型组合桥面结构承受车轮荷载时,正弯矩区域内 UHPC 层底面的最大拉应力不应超过素 UHPC(即不配钢筋)的轴拉强度,一般为 7~9MPa,当不能满足该要求时,应对栓钉进行加密,重新计算,直至满足要求。

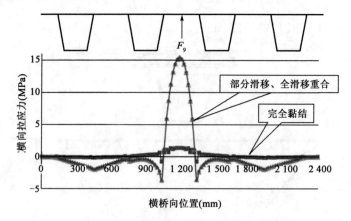

图 10-28　UHPFRC 层底面横桥向应力分布

因此,栓钉布置密度是栓钉静力验算的重要内容,如图 10-29 所示。

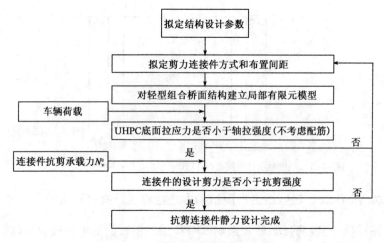

图 10-29　抗剪连接件静力设计流程

静力验算满足要求后,还需对栓钉进行疲劳验算,计算过程如图 10-30 所示。

27. 钢-UHPC 轻型组合桥面结构中焊接钢筋网抗剪连接件设计有何要点?

答:大跨径钢桥对自重极其敏感。我国大跨径钢桥一般采用总厚约为 55mm 的沥青铺装层,自重较轻。当钢-UHPC 轻型组合桥面结构应用于已建大跨径钢桥时,UHPC 层 + 沥青铺装层总厚度也应不大于 55mm,若厚度过大则可能影响到桥梁的整体安全性。为满足这一要求,UHPC 层应较薄

（如35mm），此时常规剪力连接件难以适用，因而需要研发合适的矮剪力键形式。

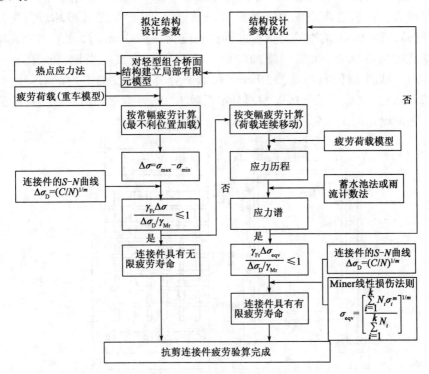

图10-30 抗剪连接件疲劳设计流程

得益于UHPC是粉末混凝土，材料基体致密，它与钢筋的黏结强度达普通混凝土的3倍以上，因而研发了新型的焊接钢筋网矮剪力键，具体构造是：首先将纵筋间断焊接在钢面板顶面，然后将横筋点焊于纵筋顶面，焊接钢筋网包埋于UHPC层内（图10-31）。由于焊接钢筋网的构造高度仅为两层水平放置的钢筋网（一般总高度仅约为20mm），UHPC层可减薄至35mm，加上上铺的薄层沥青铺装层（7~25mm），总厚度仅为42~60mm，可与大跨径钢桥面中普遍采用的55mm厚沥青铺装层自重持平，因此，这种新型剪力键尤其适用于大跨径钢桥。

焊接钢筋网剪力连接件设计的基本设计原则与短栓钉无异，即首先需要确定合适的剪力连接件布置密度，以确保UHPC层和钢面板形成牢固的组合作用，然后需通过计算确保焊接钢筋网自身能够满足静力和疲劳设计要求。因此，焊接钢筋网剪力连接件的设计流程可参考图10-29和图10-30。下面对一些关键问题进行补充说明。

（1）关于抗剪强度。通过对焊接钢筋网进行多组推出试验，结果表明，焊接钢筋网存在两种破坏模式,一是纵筋-UHPC 层脱黏失效,即纵筋被拔出;二是纵筋-钢板间的焊缝被剪断而失效,UHPC 层连同焊接钢筋网与钢板脱离。长焊缝将出现第一种破坏,短焊缝则出现第二种破坏。当直径 10mm、长 400mm 的钢筋与钢板的焊接长度为 2×50mm 时,处于两种破坏模式的临界状态,而继续增加焊缝长度将没有意义。当钢筋网直径为 10mm、纵筋-钢板间焊缝长 50mm 时,单个剪力连接件的平均抗剪强度为 125.6kN。取折减系数 0.9、材料分项系数 1.25,可得单个剪力连接件的抗剪强度设计值为 $0.9 \times 125.6/1.25 = 90.4(kN)$。

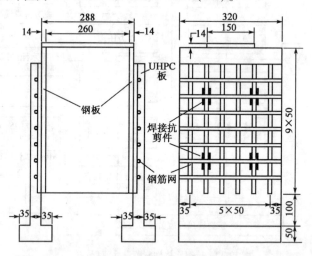

a)布置示意(尺寸单位:mm)

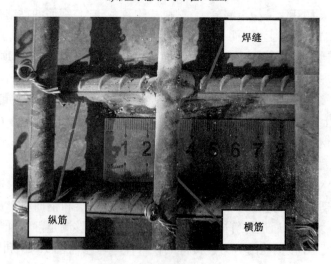

b)实物照片

图 10-31 焊接钢筋网剪力连接件

(2)关于抗剪刚度。根据试验结果,50mm 长焊缝的单个剪力连接件的平均抗剪刚度为 $k = 1\,975\text{kN/mm}$。假设该抗剪刚度沿焊缝长度范围内平均分布,可得单位长度焊缝的 $k_{\text{unit}} = k/50 = 39.5\text{kN/mm}$(双面焊)/mm。

(3)关于布置间距。初拟焊接钢筋网布置密度时,可按与短栓钉等面积原则确定,即在桥面范围内,纵筋-钢板间的焊缝总面积大致与短栓钉钉杆的总面积相等。焊接钢筋网的直径一般为 10mm,纵筋-钢板间的焊缝长度可取 30mm。具体焊接钢筋网布置间距是否可行,需要根据有限元计算的结果确定。

28. 钢-UHPC 轻型组合桥面结构中应如何设计分次浇筑 UHPC 板的接缝?

答:UHPC 中富含钢纤维,钢纤维的桥接作用对于提高 UHPC 的抗拉强度和韧性具有重要的影响。但是当实桥施工中的浇筑面较大时,需要对 UHPC 进行分幅或分段浇筑。此时,本应连续乱向分布的钢纤维在接缝断面处被人为"截断",使得接缝上无有效贯穿断面的钢纤维。这将大大降低接缝处 UHPC 的抗拉强度,因此接缝成了 UHPC 层中的薄弱断面。若不对薄弱的 UHPC 接缝进行强化,接缝断面的开裂前抗拉强度较低,难以适应在钢桥面上的应用需求,其后果是,UHPC 层在接缝处提前开裂,进而影响到钢-UHPC 轻型组合桥面结构的受力性能和耐久性。因此,必须对 UHPC 板的接缝进行强化。

基于试验结果,为实桥应用推荐了 2 种接缝方案:异形钢板强化接缝(图 10-32)和矩形强化接缝(图 10-33)。前者原理是异形钢板起到了"刚性锁定"的作用,极大提高了 UHPC 与钢板之间的抗滑移剪切刚度,使得受弯时钢板共同参与受力,湿接缝处的应力显著减小,从而增强了接缝的抗拉能力。后者的原理是分散接缝,同一截面上接缝长度减少了一半。

设计时应对 UHPC 接缝进行静力和疲劳验算。根据研究,UHPC 强化接缝的静力强度 $f'_{\text{t,joint}}$ 可取 UHPC 连续区域静力强度的 0.65 倍,因而可根据 UHPC 连续浇筑处的名义弯拉应力容许值换算得到,如表 10-23 所示;而接缝的疲劳强度取值如表 10-21 所示。

各强度等级下 UHPC 接缝的名义弯拉应力容许值　　表 10-23

强 度 等 级	钢筋间距(mm)	名义弯拉应力容许值 $f'_{\text{t,joint}}$(MPa)
STC22	67	10.9
	50	12.4
	40	14.8
	33	17.4

续上表

强度等级	钢筋间距(mm)	名义弯拉应力容许值 $f_{t,joint}^r$(MPa)
STC25	67	12.7
	50	14.1
	40	16.5
	33	19.1
STC28	67	14.4
	50	15.9
	40	18.3
	33	20.5

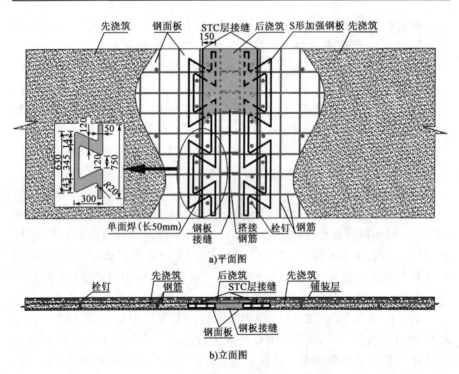

图10-32 UHPC接缝方案一：异形加强钢板(尺寸单位：mm)

设计中应注意合理设置 UHPC 接缝的位置。研究表明，UHPC 接缝承受的拉应力大小与其设置位置密切相关，当接缝设置在负弯矩较大的区域时(如横隔板顶面位置)，因 UHPC 接缝处拉应力较大，其抗裂安全性较低；而当接缝设置在负弯矩较小的区域时(如相邻横隔板间的跨中区域)，UHPC 接缝处的拉应力显著降低。因此，在设计中应优先考虑将 UHPC 层的横向接缝设置在两道横隔板间的跨中区域，纵向接缝设置在两道 U 肋的中间

位置,将接缝置于上述低拉应力区域可确保接缝有足够的抗裂安全性。具体如下:

(1)横缝应设置在相邻两道横隔板间的跨中断面前后 $S_d/4$ 范围内,其中 S_d 为横隔板的纵向间距;

(2)当钢主梁在行车道区域存在主梁腹板(或纵隔板)时,纵缝应设置在相邻两道主梁腹板(或纵隔板)间的中间截面左右 $S_{wb}/4$ 范围内,其中 S_{wb} 为主梁腹板(或纵隔板)的横向间距;当钢主梁在行车道区域未设置主梁腹板(或纵隔板)时,纵缝应设置在相邻两道纵向加劲肋的中间断面左右 $S_{rb}/4$,其中 S_{rb} 为加劲肋的横向间距。

此外,在施工中,应对先浇段的 UHPC 接缝断面进行凿毛处理,使得界面上的钢纤维外露,以进一步增强界面的连接效果。

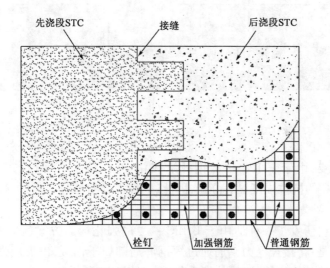

图 10-33 UHPC 接缝方案二:矩形接缝

29. 一旦钢-UHPC 轻型组合桥面结构出现破损,如何修复?

答:钢-UHPC 轻型组合桥面结构中的 UHPC 层在 100 年使用年限内按不开裂设计。因此,在正常运营过程中 UHPC 层不应开裂。但对于一些特殊情况,如遇施工差错、火灾、地震等,可能出现 UHPC 局部破损的情况,此时需解决 UHPC 破损区域的局部拆除与修复问题。

UHPC 层局部破损区域破除工艺如下(图 10-34)。

第一步:利用切割机完成待修补区域 UHPC 的切断。切割中应注意控制切割深度,以防止砂轮伤及钢面板。

第二步:利用风镐破碎切割区域边界的 UHPC 层使其露出钢筋头。

第三步,拉拔钢筋,随着钢筋被拔出,周边的 UHPC 层破碎。

第四步,清除钢桥面修补区域的 UHPC 碎块,完成破损区域 UHPC 的拆除工作,准备修补。

图 10-34 UHPC 强化接缝方案的模型试验

待局部破除工作完成后,便可对该区域进行局部修复。修补时接缝的强化很重要,由于 UHPC 中的钢纤维在新-老混凝土界面上被人为地"断开",UHPC 的抗拉强度显著降低,因此,同样需要对修补区域的接缝进行强化处理。

项目组研发了一种适用于 UHPC 修复的强化接缝方案(图 10-35),其构造特点是:将接长受力钢筋通过短钢筋局部焊于钢板,以形成强化接缝。将受力钢筋与钢板焊接后,接缝受拉时,钢板与钢筋共同参与受力,从而延缓裂缝的发生和发展。足尺模型试验结果表明,这种强化接缝的名义开裂应力可达 25.1MPa,能够满足实桥应用需求。

UHPC 破损区域的局部修复工序如下所示(图 10-36)。

第一步,完成钢桥面的清理工作,通过锤击方法对所有修补区域的栓钉进行检查,并及时更换受损的栓钉。

第二步,在修补区域周边凿除 10 倍钢筋直径宽的 UHPC,以露出钢纤维[图 10-36a)]。

第三步,接长钢筋与露出钢筋焊接,并通过短钢筋将其与钢板焊接[图 10-36b)]。

第四步,完成破损区域 UHPC 层的修补施工[图 10-36c)]。

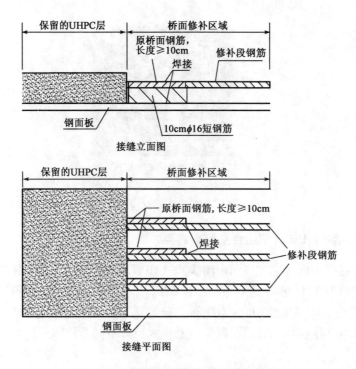

图 10-35 UHPC 层破损修补边界的接缝方案

a) 凿除边界上的UHPC，露出纤维

b) 钢筋焊接形式

图 10-36

c)浇筑修补区域的UHPC

图 10-36 UHPC 层破损修补的主要工序

30. 钢-UHPC 轻型组合梁有何特点?

答:钢-UHPC 轻型组合梁由钢梁与 UHPC 桥面板通过剪力连接件组合而成,其中 UHPC 板可以是平板[图 10-37a)],也可以是华夫板[图 10-37b)、c)],平均厚度一般为 100~180mm。轻型组合梁结构应用范围广泛,不受桥型限制,可应用于斜拉桥、悬索桥及梁式桥等不同结构体系。

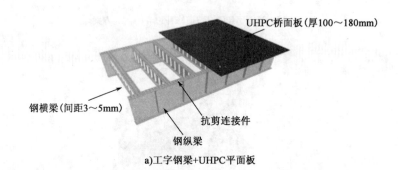

a)工字钢梁+UHPC平面板

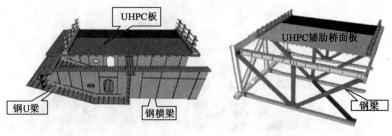

b)U形边钢梁+UHPC华夫面板   c)桁架钢梁+UHPC华夫板

图 10-37 钢-UHPC 轻型组合梁

钢-UHPC轻型组合梁具有以下特点：

(1)结构恒载自重：传统钢-混凝土组合梁中混凝土板平均厚度一般为30cm左右，混凝土重量往往占到主梁总重量的70%以上；而钢-UHPC轻型组合梁平均厚度为15cm左右，可降低组合梁恒载自重30%~40%。

(2)桥面板开裂风险：由于UHPC抗弯拉性能显著高于普通混凝土，钢-UHPC轻型组合梁中UHPC桥面板的抗开裂能力明显优于传统钢-混凝土组合梁，将基本消除UHPC桥面板在负弯矩区域的开裂风险。

(3)跨径适用范围：由于自重轻，钢-UHPC轻型组合梁可适用于更大跨径桥梁结构。一般认为，斜拉桥结构在跨径为400~600m时，采用钢-混凝土组合梁具有良好的力学和经济性能优势；而钢-UHPC轻型组合梁则可将组合梁斜拉桥经济适用跨径扩展至1000m左右。

(4)施工性能：传统钢-混凝土组合梁的混凝土桥面板，为尽可能消除收缩徐变引起的次内力，桥面板浇筑后需存放4个月以上，才能与钢梁组合，施工工期较长；预制拼装法施工的传统钢-混凝土组合桥梁，对现场吊装能力要求较高。而钢-UHPC轻型组合梁的UHPC板经3d蒸汽养生后，收缩为零，因而存板时间短，施工快捷。由于自重轻，可采用全梁段预制，现场吊装能力要求较低，仅浇筑梁段间接缝，施工快捷。

31. UHPC华夫桥面板的设计要点？

答： 在大跨径钢-UHPC轻型组合梁中，钢横隔板的间距以3~4m为宜。华夫板既是主梁的上翼缘板，也是桥面板，因而设计中应综合考虑整体和局部荷载效应。UHPC华夫桥面板应按不开裂进行设计。

华夫板的尺寸拟定可参考美国联邦公路管理局(FHWA)2013年颁布的UHPC华夫型桥面板设计指南，华夫板的面板厚度应满足局部轮载作用下的抗冲剪强度要求，可取2.5in(63.5mm)，纵横肋的宽度取3in(76.2mm)(下)、4in(10.2mm)(上)；肋间距取18in(457.2mm)~36in(914.4mm)；华夫板的肋高及配筋量与其跨径有关，可根据荷载组合效应，参照法国UHPC设计规范(AFGC, Ultra High Performance Fibre-Reinforced Concrete-Recommendations, Revised edition, June 2013)进行设计。

32. 何为单向预应力UHPC连续箱梁桥？有何特点？

答： 大跨径常规预应力混凝土梁桥在运营过程中普遍存在主跨过度下挠和梁体开裂的病害，且由于主梁自重过大而跨越能力难以突破300m。为综合解决以上难题，作者研究团队提出了一种与超高性能混凝土材料力学性能相适应的单向预应力UHPC连续箱梁桥新方案，即一种结构构造介于传统混凝土箱梁和钢箱梁之间的新型结构——密集隔板薄壁箱梁结构(图10-38),在大幅减轻结构自重的基础上,可将三向预应力变为纵向单向预应力,形成单向预应力超高性能混凝土连续箱梁桥结构。

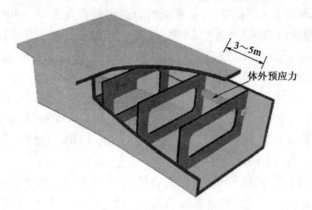

图10-38 密集隔板薄壁箱梁结构

UHPC箱梁桥具有以下特点:

(1)采用UHPC作为结构材料,箱梁板件厚度大幅度减小,与传统PC箱梁桥相比,UHPC箱梁桥可减轻结构自重40%~60%;

(2)设置密集横隔板以:①防止箱梁畸变;②对顶板加劲,取消横向预应力;③对腹板加劲,取消竖向预应力;④对底板加劲,防止承压失稳;⑤方便体外预应力的布置、转向与锚固,仅设置纵向预应力,且部分体外预应力体系。

(3)UHPC经高温蒸养,后期收缩基本为零,后期徐变大幅度减小。因此,为有效解决主跨过度下挠问题,UHPC箱梁桥采用预制节段法施工,以方便UHPC箱梁的养护,保证施工质量和加快施工速度。

33. 单向预应力UHPC连续箱梁桥的适用跨径?

答: 大量的技术经济性研究表明,单向预应力UHPC箱梁桥的经济适用跨径为100~500m。

其中在100~300m范围内,与常规预应力混凝土梁式桥方案相比,UHPC箱梁桥自重可减轻一半,避免大跨PC梁桥开裂下挠的风险,采用预制悬拼快速化施工。因而,可形成强有力的竞争方案。

在200~500m范围内,与常规拱桥、斜拉桥、悬索桥等桥型方案均可作为比选方案。对于拱桥,由于需平衡水平推力,一般在基础地质条件良好的条件下修建拱桥,才具有良好的经济性;对于斜拉桥,通常由于斜拉索耐久性较差而需要频繁的维护甚至更换斜拉索,增大了全寿命周期成本;对于悬索桥,在200~500m跨径范围往往为自锚式悬索方案,造价较高;而UHPC

箱梁桥方案具有良好的耐久性，运营期基本免维护，全寿命成本低，可作为该跨径范围内超大跨径梁桥的一种极具竞争力的备选方案。

图 10-39 给出了 300~500m 范围内典型的梁式桥、拱桥、斜拉桥、悬索桥实桥与 UHPC 箱梁桥方案的经济成本对比图。可以看出，普通预应力混凝土箱梁桥由于超过其经济适用跨径而不再具备经济性优势，UHPC 箱梁方案的经济性均优于预应力混凝土梁桥、斜拉桥及悬索桥方案，但仍不如拱桥方案。

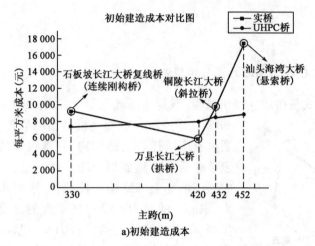

a) 初始建造成本

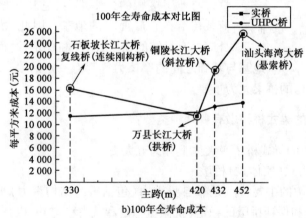

b) 100年全寿命成本

图 10-39　实桥与 UHPC 箱梁桥方案成本对比图

第11章 桥梁下部结构

1. 梁式桥桥墩由哪几部分组成?

答:梁式桥桥墩主要由墩帽、墩身和基础三部分组成,其中重力式桥墩如图11-1所示。墩帽是桥墩顶端的传力部分,它通过支座承托着上部结构,并将相邻两孔桥上的恒载和活载传递到墩身上。墩身是桥墩的主体,它除了承受上部结构的荷载外,还要承受流水压力、水面上的风力以及可能出现的冰荷载、船只、排筏、车辆或漂浮物的撞击力等。基础是结构物直接与地层接触的最下部分,它将由墩身传来的荷载传给在它底面下的地基。因此,桥墩不仅本身应具有足够的强度、刚度和稳定性,而且对地基的承载力、沉降量、地基与基础之间的摩擦力等都有一定的要求,这一点对于超静定结构的桥梁尤为重要。

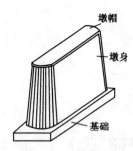

图11-1 梁桥重力式桥墩

2. 常用的梁式桥桥墩有哪几种类型?

答:常用的梁式桥桥墩大体上分为五大类:

(1)重力式(实体式)桥墩

这类桥墩的主要特点是靠自身重力(包括桥跨结构重力)来平衡外力(偏心力矩)和保证桥墩的稳定(抗倾覆稳定和抗滑稳定)。因此,圬工体积较大,阻水面积大并对地基承载力的要求高。墩身多做成实体式的,可以不用钢筋,而用天然石材或片石混凝土砌筑。图11-2是它们的一般形式。

(2)空心桥墩

若将图11-2中的墩身挖空(挖空率可达50%左右),使截面变为图11-3所示的形状,便成为空心桥墩。这时,墩身应采用钢筋混凝土结构,它可应用滑模施工工艺以加快施工进度。

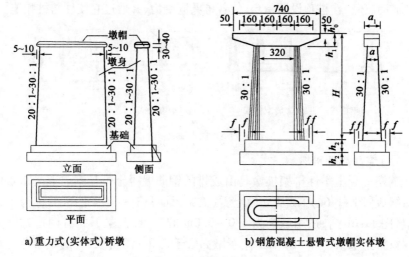

图 11-2 实体桥墩(尺寸单位:cm)

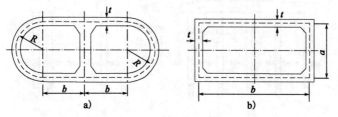

图 11-3 空心式桥墩的截面形式

(3) 钢筋混凝土薄壁墩

薄壁墩又可分为单肢薄壁墩[图 11-4a)]和双肢薄壁墩[图 11-4b)]两种形式。前者墩身重量较轻,可节约圬工材料,适用于地质条件较差时的简支梁桥;后者适用于墩梁固结的连续刚构桥。

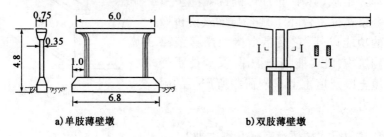

图 11-4 钢筋混凝土薄壁墩(尺寸单位:m)

(4) 柱式桥墩

常用的柱式桥墩有单柱式、双柱式、哑铃式和混合双柱式四种形式,如图 11-5 所示。它是用能承受弯矩的盖梁来代替实体式桥墩上的墩帽,当采用桩基础时,还须在桩顶设置承台,使各桩共同受力,并通过它使柱与桩相连。

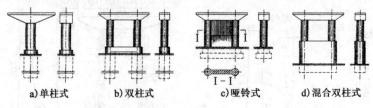

图 11-5　柱式桥墩

(5) 柔性排架桩墩

钢筋混凝土柔性排架桩墩是由成排的钢筋混凝土桩与钢筋混凝土盖梁联结组成[图 11-6a)]。从立面上看,盖梁下面只有一排柔性桩的称为单排架墩[图 11-6b)],适用墩高为 4.0~5.0m 的桥梁;盖梁下面有两排柔性桩的称双排架墩[图 11-6c)],适用于墩高大于 5.0m 的桥梁,为的是避免行车时可能发生的纵向晃动。

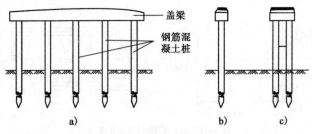

图 11-6　柔性排架桩墩

3. 梁式桥桥台由哪几部分组成？

答:梁式桥桥台主要由台帽、台身和基础三部分组成,其中重力式桥台如图 11-7 所示。梁式桥桥台除了具有与梁式桥桥墩相同的功能以外,它又是衔接两岸接线路堤的构筑物,既要能挡土护岸,又要能承受台背填土以及填土上车辆荷载所产生的附加侧压力。

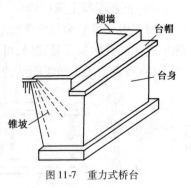

图 11-7　重力式桥台

4. 常用梁式桥桥台有哪几种类型？

答:梁式桥桥台主要分为重力式桥台和轻型桥台两大类,下面分别介绍其中最常用的形式。

(1) 重力式桥台

实体重力式桥台是就地建筑的整体式重型结构,主要靠自重来平衡台背后的土侧压力。桥台台身材料多数为石砌圬工或混凝土。最常用的形式为 U 形桥台,因为它的台身从平面上看是由前墙和两个侧墙构成 U 字形,故用 U 形桥台命名,其透视图如图 11-7 所示。这种桥台适用于填土高度为 4~10m 的单孔桥及多孔桥。它的最大优点是结构简单,基础底面的承压面积大,应力相对较小;但圬工体积较大,两侧墙间的填土容易积水。

(2)轻型桥台

轻型桥台是相对于重力式桥台而言的,它不是依靠自身重力,而是借助其他构造措施来平衡台背后的土压力。这类桥台一般是用钢筋混凝土做成轻型结构。按其平衡台背土侧压力的方式,主要有以下三种形式:

①底部设有支撑梁的轻型桥台

这种桥台的特点是,台身体积较小,一般做成直立的薄壁墙,两侧有翼墙(用于挡土),可以将侧墙做成斜坡。在两桥台下部设置钢筋混凝土支撑梁,上部结构与桥台通过锚栓连接,于是便构成四铰框架结构系统,并借助两端台后的土压力来保持稳定。这种桥台适用于小跨径桥梁,桥跨孔数与轻型桥墩配合使用时不宜超过三孔,且全长不宜大于 20m,单孔桥跨径不大于 13m。按照翼墙(侧墙)的形式和布置方式,这种桥台又可分为一字形轻型桥台、八字形轻型桥台[图 11-8a)]、耳墙式轻型桥台[图 11-8b)]。

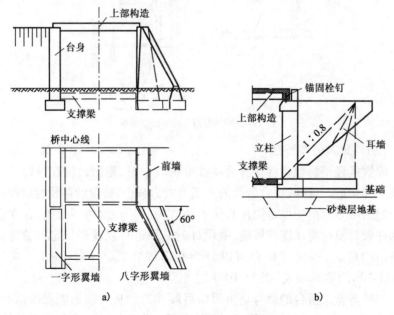

图 11-8　设有地下支撑梁的轻型桥台

②钢筋混凝土薄壁桥台

薄壁轻型桥台常用的形式有悬臂式、扶壁式、撑墙式及箱式等[图11-9a)]。这种桥台是由带扶壁的前墙和侧墙以及水平底板构成,如图11-9b)所示。挡土墙由前墙和间距为2.5~3.5m的扶壁组成。台顶由竖直小墙和支于扶壁上的水平板构成,用以支承桥跨结构。两侧薄壁可以与前墙垂直,有时也做成与前墙斜交。侧墙与前墙正交者称U形薄壁桥台,侧墙呈八字形者称八字形薄壁桥台[图11-9c)]。它相对于重力式桥台而言,可减少40%~50%的圬工体积,同时因自重减轻而减小了对地基的压力,适用于软土地基的条件,但其构造和施工均较复杂,且用钢量较多,故较少采用。

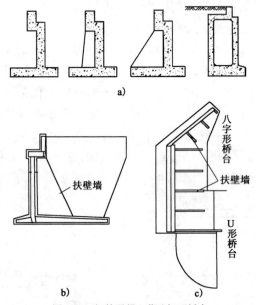

图11-9 钢筋混凝土薄壁轻型桥台

(3)埋置式轻型桥台

埋置式轻型桥台是将台身埋在锥形护坡中,只露出台帽在外以安置支座及上部构造。这样,桥台所受的土压力大为减小,桥台的体积也就相应减少。但是由于台前护坡是用片石作表面防护的一种永久性设施,存在着被洪水冲毁而使台身裸露的可能,故设计时必须进行强度和稳定的验算。按台身结构形式,埋置式桥台可以分为肋形埋置式[图11-10a)]、双柱式[图11-10b)]和框架式[图11-10c)]。

肋形埋置式桥台的台身是由两块后倾式的肋板与顶面帽梁联结而成。台高在10m及10m以上者须设系梁。帽梁、系梁和耳墙均需配置钢筋,并采用C20混凝土。台身与帽梁、台身与基础之间只需布置少量接头钢筋,台身及基础可用C15混凝土。如图11-10a)所示为配合后张法预应力混凝土简支梁使用的肋形埋置式桥台标准图示例。荷载等级为汽-20级,适用于净-7m+2×0.25m和净-7m+2×0.75m两种桥面净空。

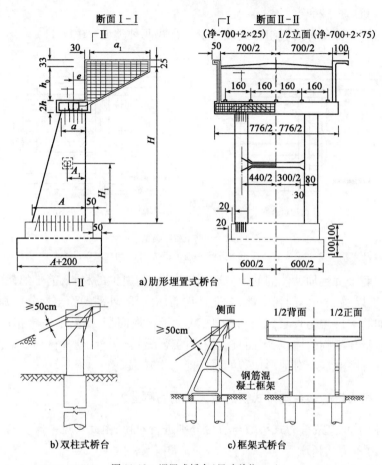

图 11-10 埋置式桥台(尺寸单位:cm)

桩柱式埋置式桥台对于各种土壤地基都适宜。根据桥宽和地基承载能力可以采用双柱、三柱或多柱的形式。柱与钻孔桩相连的称桩柱式;柱子嵌固在普通扩大基础之上的称为立柱式;完全由一排钢筋混凝土桩和桩顶盖(或帽)梁联结而成的称为柔性柱台。

框架式桥台既比桩柱式桥台有更好的刚度,又比肋形埋置式桥台挖空率更高,更节约圬工体积。框架式埋置式桥台[图11-10c)]结构本身存在着斜杆,能够产生水平分力以平衡土压力,加之基底较宽,又通过系梁联成一个框架体,所以稳定性较好,可用于填土高度在5m以上的桥台,并与跨径为16m和20m的梁式上部结构配合应用,其不足之处是必须用双排桩基,钢筋水泥用量均较桩柱式的要多。

埋置式桥台的共同缺点是,由于护坡伸入到桥孔,压缩了河道,或者为了不压缩河道,就要适当增加桥长。

(4) 加筋土桥台

加筋土桥台有内置组合式及外置组合式两种类型(图11-11)。

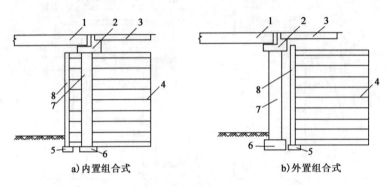

图11-11 加筋土桥台类型图
1-上部结构;2-垫梁或盖梁;3-桥头搭板;4-筋带;5-基础;6-台柱基础;7-台柱;8-面板

加筋土桥台加劲体的筋带应选用抗老化、耐腐蚀的材料,筋带的截面面积、长度以及加筋体的稳定性,应通过加筋体内部、外部的稳定性分析确定。

加筋土桥台与埋置式桥台相比,减少了占地面积,与其他桥台相比,减少了台身和基础的体积,因而具有较好的经济性。另外,这种桥台属柔性结构,抗震性能较好,对地形地貌的适应能力也较强。

5. 拱式桥的墩台与梁式桥的最大差别有哪些?

答: 下面仅按重力式桥墩与桥台分别进行对比,由此可见一斑。

(1) 重力式桥墩

就墩身和基础的形式而言,拱桥桥墩与梁桥的并无大的差别,最大的差别出现在墩帽上,大致体现在以下两点:

① 拱座

梁桥的墩帽顶面需设置传力的支座,而无铰拱桥需在墩顶的边缘设置呈倾斜面的拱座,直接承受由拱圈传来的压力。当采用无支架吊装时,还须在拱座处为每条拱肋预留孔槽,待拱肋安装完毕和合龙后再行封固,如图11-12所示。

② 墩顶以上构造

拱桥由于拱脚与拱顶存在一定的高度差值,必须在墩顶上采用一些构造措施填补这段高度差,达到桥面上行车的平顺。为此,常在墩顶采用实腹式填料[图 11-13a)]、跨墩腹拱[图 11-13b)]、墩顶立柱[图 11-13c)]和墩顶横墙[图 11-13d)、e)]等。而梁式桥却没有这个必要。

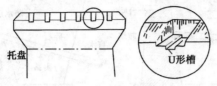

图 11-12　拱座构造

此外,拱桥桥墩按抵御恒载水平力的能力可以分为普通墩[图 11-13a)、b)、c)]和单向推力墩[图 11-13d)、e)],但就其外观上仅有尺寸的差别,而无其他特征供人鉴别。

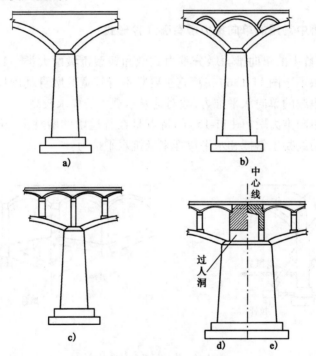

图 11-13　拱桥普通墩与单向推力墩

(2)重力式桥台

同重力式桥墩一样,拱桥与梁桥重力式桥台之间的差异也反映在台帽上,拱桥因承受巨大的拱圈水平推力,故其前墙厚度较梁桥的大,其次拱桥除在主拱圈处设置拱座外,还需在拱上建筑的边腹拱处设置拱座(若为梁式腹孔,则设置支座),如图 11-14 所示。

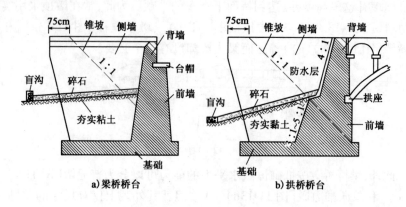

图 11-14 重力式桥台

6. 拱桥中常用的单向推力墩有哪几种形式？

答：拱桥中的单向推力墩分重力式墩和轻型桥墩两大类。其中重力式单向推力墩示于图 11-13d)、e)，它主要靠本身较宽的墩身基础尺寸及其自重来抵抗恒载的单向水平推力，故对地基承载力的要求较高。

轻型单向推力墩（图 11-15）的特点是在普通墩的墩柱上，从两侧对称地增设钢筋混凝土斜撑和水平拉杆来抵抗水平推力。

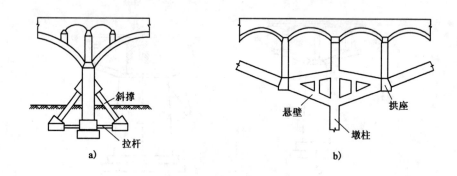

图 11-15 拱桥轻型单向推力墩

7. 梁桥墩帽尺寸的拟定应满足哪些要求？

答：墩帽长度和宽度视上部结构的形式和尺寸、支座尺寸和布置、上部构造中主梁的施工吊装要求等条件而定。墩帽尺寸拟定如下：

（1）顺桥向墩帽最小宽度 b

① 双排支座

如图 11-16 所示，b 为：

$$b \geqslant f + \frac{a}{2} + \frac{a'}{2} + 2c_1 + 2c_2 \quad (11\text{-}1)$$

式中：f——相邻两跨支座间的中心距；

$$f = e_0 + e_1 + e_1' \geqslant \frac{a}{2} + \frac{a'}{2} \quad (11\text{-}2)$$

e_0——伸缩缝宽，中小桥为 2～5cm；大跨径桥梁可按温度变化及施工放样、安装构件可能出现的误差等决定；温度变化引起的变位 e_{0t} 为：

$$e_{0t} = l \cdot \Delta t \cdot \alpha \quad (11\text{-}3)$$

l——桥跨的计算长度（因桥梁的分孔、联长、固定支座与活动支座布置不同而不同）；

Δt——温度变化幅度值，可采用当地最高和最低月平均气温及桥跨浇筑完成时的温度计算决定；

α——材料的线膨胀系数，钢筋混凝土构造物为 1×10^{-5}；

e_1、e_1'——桥跨结构过支座中心线的长度；

a、a'——桥跨结构支座顺桥向宽度；

c_1——顺桥向支座边缘至墩身边缘的最小距离，见表 11-1 及图 11-17；

c_2——檐口宽度，取 5～10cm。

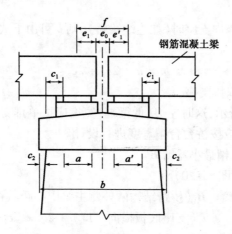

图 11-16　墩帽顺桥向尺寸

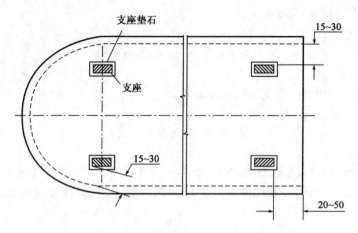

图 11-17 c 值的确定(尺寸单位:cm)

支座边缘到台身、墩身边缘的最小距离(cm)　　　表 11-1

路径 l(m)	顺桥向	横桥向	
		圆弧形端头（自支座边角量起）	矩形端头
$l \geqslant 150$	30	30	50
$50 \leqslant l < 150$	25	25	40
$20 \leqslant l < 50$	20	20	30
$5 \leqslant l < 20$	15	15	20

注：当采用钢筋混凝土或预应力混凝土悬臂墩帽时,可不受本表限制,应以便于施工、养护和更换支座而定。

②单排支座

当墩上仅有一排支座时(如连续梁桥),则 b 可由下式计算(图 11-17 和图 11-18)

$$b = a + 2c_1 + 2c_2 \tag{11-4}$$

③不等高梁双排支座

如图 11-19 所示,这时左边(低梁端)宽度应按单排支座墩宽进行设计,而右边(高梁端)应按桥台台帽宽度进行设计。

(2)横桥向墩帽最小宽度 B

①多片主梁(图 11-20)

$$B = B_1(桥跨结构两外侧主梁中心距) + a_1(支座底板横向宽度) + 2c_2 + 2c_1 \tag{11-5}$$

②箱形梁(图 11-21)

$$B = B_1(两边支座中心距) + a_1 + 2c_2 + 2c_1 \tag{11-6}$$

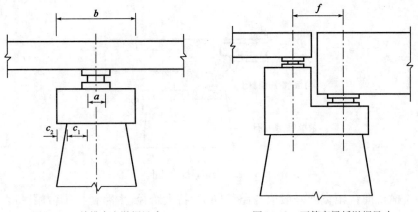

图 11-18　单排支座墩帽尺寸　　　　图 11-19　不等高梁桥墩帽尺寸

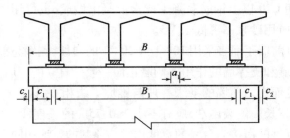

图 11-20　多片主梁墩帽横桥向尺寸

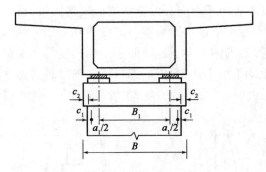

图 11-21　箱形梁墩帽横桥向尺寸

8. 梁桥桥台尺寸的拟定应满足哪些要求？

答：以 U 形桥台为例，梁桥桥台台帽尺寸的拟定与桥墩墩帽的基本相同，但其设支座处的宽度只有桥墩的一半，而另一侧要砌筑挡住路堤填土的矮雉墙，又称背墙。如图 11-22 所示，顺桥向台帽最小宽度为：

$$b = \frac{a}{2} + e_1 + \frac{e_0}{2} + c_1 + c_2 \tag{11-7}$$

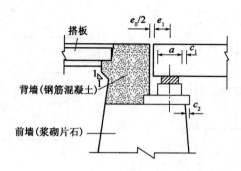

图 11-22 台帽顺桥向尺寸

横桥向台帽宽度一般应与路基同宽,特大跨径、大跨径桥梁台帽厚度一般不小于50cm,中小跨径桥梁也不应小于40cm,并应有 $c_2 = 5 \sim 10 cm$ 的檐口。台帽可用C20以上钢筋混凝土或素混凝土做成,也可用MU30以上石料圬工砌筑,所用砂浆不可低于M5。

U形桥台前墙正面多采用10∶1或20∶1的斜坡,侧墙与前墙结合成一体,兼有挡土墙和支撑墙的作用。侧墙正面一般是直立的,其长度视桥台高度和锥坡坡度而定。前墙的下缘一般与锥坡下缘相齐,因此,桥台越高,锥坡越坦,侧墙越长。侧墙尾端,应有不小于0.75m的长度伸入路堤内,以保证与路堤有良好的衔接。台身的宽度通常与路基的宽度相同。

《公路圬工桥涵设计规范》(JTG D61—2005)规定,U形桥台的前墙及侧墙的顶面宽度不宜小于50cm,无论是梁桥还是拱桥,桥台前墙的任一水平截面的宽度,不宜小于该截面至墙顶高度的0.4倍。侧墙的任一水平截面的宽度,对于片石砌体不小于该截面至墙顶高度的0.4倍;对于块石、料石砌体或混凝土则不小于0.35倍。如果桥台内填料为透水性良好的砂性土或砂砾,则上述两项可分别减为0.35倍和0.3倍(图11-23)。

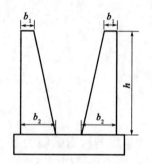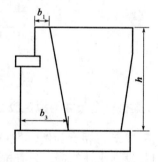

图 11-23 U形桥台尺寸

$b_1 \geqslant 50cm; b_2 \geqslant (0.3 \sim 0.4)h; b_3 \geqslant 0.4h$

9. 什么叫破冰棱?

答:在水流甚急或有大量漂浮物的河道上(例如冰厚大于0.5m,流冰速度大于1m/s),为了避免桥墩受到漂浮物的撞击而破坏,通常在桥墩的迎水端用坚硬料石砌筑呈刀刃形状的砌体,即所称的破冰棱,如图11-24所示。

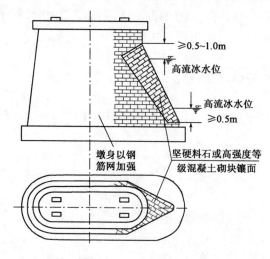

图 11-24　破冰棱布置图

10. 梁桥重力式桥墩要验算哪些内容?

答:梁桥重力式桥墩按圬工结构进行的验算,具体内容如下:
(1)墩身验算
①验算截面　一般需验算墩帽与墩身的结合面、墩身与基础的结合面,其余中间截面则根据墩身高度再分为3~5段逐一验算。
②验算采用的作用效应组合　按三种最不利情况进行作用效应组合:
　a.第一种组合　按桥墩各截面可能产生的最大竖向力的情况进行组合;
　b.第二种组合　按桥墩各截面在顺桥方向可能产生的最大偏心和最大弯矩的情况进行组合;
　c.第三种组合　按桥墩各截面在横桥方向可能产生的最大偏心和最大弯矩的情况进行组合。
③验算内容　包括以下两项:
　a.受压偏心距验算。

$$e < [e] \tag{11-8}$$

式中:e——受压计算偏心距,双向偏心受压时 $e = \sqrt{e_x^2 + e_y^2}$,e_x、e_y 为轴向力在 x、y 方向的偏心距;

$[e]$——受压容许偏心距,作用效应基本组合时$[e] = 0.6s$,偶然组合时$[e] = 0.7s$,s 为截面重心至偏心方向截面边缘的距离。

b. 受压承载力验算。

当受压偏心距在式(11-8)的偏心距限值范围内时,对于砌体(包括砌体与混凝土组合)桥墩,按下列公式计算:

$$\gamma_0 N_d \leqslant \varphi f_{cd} A \tag{11-9a}$$

对于混凝土桥墩,按下列公式计算:

$$\gamma_0 N_d \leqslant \varphi f_{cd} A_c \tag{11-9b}$$

当受压偏心距超过式(11-8)的偏心距限值时,桥墩的受压承载力按下式计算:

$$\gamma_0 N_d \leqslant \varphi \frac{f_{tmd} A}{\dfrac{A e_x}{W_y} + \dfrac{A e_y}{W_x} - 1} \tag{11-9c}$$

式中:γ_0——结构重要性系数,对应一级、二级、三级设计安全等级分别取为 1.1、1.0、0.9;

N_d——轴向力设计值;

φ——受压构件承载力影响系数;

A——墩身截面面积,对于组合截面按照强度比换算;

A_c——墩身混凝土受压区面积;

f_{cd}——砌体或混凝土抗压强度设计值;

f_{tmd}——砌体或混凝土弯曲抗拉强度设计值;

W_x、W_y——截面受拉边缘的弹性抵抗矩。

(2)基底应力验算

①偏心距验算 验算公式同式(11-8),但对$[e_0]$值规范另有规定。

②基底应力验算

$$\sigma_{max} < [\sigma] \tag{11-10}$$

式中:σ_{max}、$[\sigma]$——基底的最大计算应力和容许应力值。

(3)稳定性验算

①抗倾覆验算

$$K_0 = \frac{y}{e_0} > [K_0] \tag{11-11}$$

②抗滑动验算

$$K_c = \frac{\mu \sum N_i}{\sum T_i} > [K_c] \tag{11-12}$$

式中：K_0、$[K_0]$、K_c、$[K_c]$——倾覆和滑动稳定系数及其相应的规定最小值；

y——基底截面重心轴至截面最大受压边缘的距离；

$\sum N_i$——竖向力总和；

$\sum T_i$——水平力总和；

μ——基础底面与地基土之间的摩擦系数。

11. 梁桥桩柱式桥墩的柱身计算有什么特点？

答：梁桥的柱式桥墩采用扩大基础时，其计算方法与重力式桥墩相仿，不过当墩柱采用钢筋混凝土时，应当按照钢筋混凝土构件计算其承载能力。当柱式桥墩采用桩基础时，即形成所称的桩柱式桥墩，一般按柔性桥墩计算，并且为了简化分析做了如下几点假定：

（1）柔性墩视为下端弹性固结、上端铰支的超静定结构，土对桩基的抗力可按"m"法计算，并按此计算图式计算各墩墩顶的抗推刚度；

（2）对作用于墩顶的竖向力 N，不平衡弯矩 M_0 以及温度变形、制动力等产生水平力 H 所引起的墩顶位移等均先分别进行力学分析，然后进行内力叠加，不计它们的相互影响；

（3）计算制动力时，各墩台的受力按墩顶抗推刚度分配；

（4）计算温度变形时，桩柱式墩对梁产生的弹性拉伸或压缩均忽略不计，只计桩柱式墩顶部水平力对柱身所引起的弯矩影响。

12. 梁桥重力式桥台要考虑哪几种荷载组合？

答：为了求得重力式桥台在最不利荷载组合的受力情况，首先必须对车辆荷载作几种最不利的布置。图11-25 仅示出了车辆荷载沿顺桥向的三种布置方案。表11-2 列出了这三种荷载布置方案可能出现的几种荷载组合。具体是哪一种荷载组合控制设计，要结合验算的具体内容经过分析比较后才能确定。

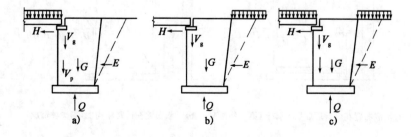

图11-25　作用在梁桥桥台上的荷载

梁桥重力式桥台的荷载基本组合　　　　表 11-2

荷载布置	荷载组合序号	上部结构重力	计算截面以上的桥台部分重力	水的浮力	台背土侧压力		桥上活载	汽车制动力	支座摩阻力
					破坏棱体上无任何活载	破坏棱体上有汽+人	汽+人		
方案 I [图 11-25a)]	组合①	√	√	√	√				
	组合②	√	√	√	√		√		
	组合③	√	√	√	√		√	√	
	组合④	√	√	√	√		√		√
方案 II [图 11-25b)]	组合⑤	√	√	√		√	√		
	组合⑥	√	√	√		√	√	√	
方案 III [图 11-25c)]	组合⑦	√	√	√		√	√		√
	组合⑧	√	√	√		√	√		√

13. 拱桥重力式桥台要考虑哪几种荷载组合？

答：同梁桥重力式桥台一样，先做出最不利荷载位置的布置方案，再拟定各种荷载组合。对于单跨无铰拱的顺桥向活载布置一般取图 11-26 两种方案，即活载布置在台背后破坏棱体上和活载布置在桥跨结构上。表 11-3 列出了这两种方案的几种荷载组合。

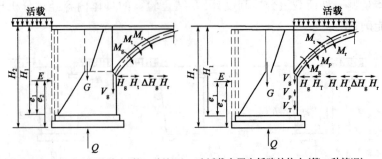

a) 活载布置在台背后破坏棱体上(第一种情况)　　b) 活载布置在桥跨结构上(第二种情况)

图 11-26　单跨无铰拱顺木

无铰拱重力式桥台的荷载基本组合　　　　　　　表11-3

荷载布置	荷载组合序号	上部结构重力	计算截面以上的桥台部分重力	水的浮力	台背土侧压力 破坏棱体上无任何活载	台背土侧压力 破坏棱体上有汽+人活载	桥上活载 汽+人	汽车制动力	混凝土收缩影响力	温度升（降）影响力
方案I [图11-26a]	组合①	✓	✓	✓	✓	✓				
	组合②	✓	✓	✓	✓				✓	
	组合③	✓	✓	✓	✓					✓ (温降)
方案II [图11-26b]	组合⑤	✓	✓	✓		✓	✓			
	组合⑥	✓	✓	✓	✓			✓ (向路堤)		✓ (温升)

14. 拱桥轻型桥台的计算中一般做了哪些基本假定？

答：拱桥轻型桥台的计算中有以下三个基本假定：

（1）在水平推力作用下，轻型桥台将绕基底重心产生转动而无滑动，这是与拱桥重力式桥台的根本差别，后者是不考虑这个变位的；

（2）台后的计算土压力由静止土压力和桥台变位所引起的土的弹性抗力组成；

（3）桥台的刚度较大，它本身的变形相对于整个桥台的位移甚微，因此可以忽略不计。

轻型桥台的计算利用了台后土抗力的有利影响，使得桥台尺寸轻型化，但桥台位移将导致主拱内力增加，这一点必须予以足够重视。

15. 有底支撑梁的梁桥轻型桥台可按什么样的结构体系计算？其计算包括哪些内容？

答：图11-8已经示出了这类桥台的基本构造，它是利用桥跨结构和底部支撑梁作为桥台与桥台之间（或者桥台与桥墩之间）的支撑，以防止桥台受路堤的土侧压力而向河中方向移动，从而使结构受力体系变为四铰框架，其计算包括下列三项内容：

（1）将桥台视作为上、下端铰支，承受竖向荷载和横向荷载作用的竖梁，如图11-27所示，按此计算图式验算墙身圬工的偏心受压强度和抗剪强度。

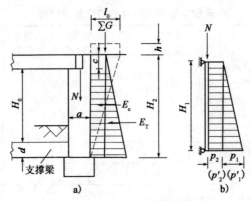

图 11-27 土压力及计算图式

(2)将台身和翼墙(包括基础)视作为弹性地基上的短梁,为了简化计算,近似假定桥台的刚度在整个基础长度内是常值,如图 11-28 所示,并按此计算图式验算桥台在本身平面内的弯曲强度。

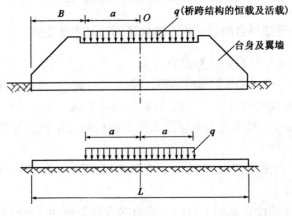

图 11-28 桥台在本身平面内弯曲的计算图式

(3)验算地基土的容许应力,其计算图式同图 11-28。

16. 天然地基上浅基础有哪几种主要类型?

答: 在桥梁结构中,天然地基上的浅基础主要有以下两种类型:

(1)刚性扩大基础(图 11-29)

刚性扩大基础是在重力式桥墩上最常用的基础形式,其平面形状常为矩形,其横断面一般做成台阶形。为了保证刚性基础在荷载作用下台阶不致发生断裂现象,要求台阶线对竖直线的夹角(扩散角)θ 不得大于规范的容许值$[\theta]$。对于片石、块石砌体用 5 号以上砂浆砌筑时,$[\theta] \leqslant 35°$;对于混凝土基础,$[\theta] \leqslant 45°$。

(2)条形基础(图 11-30)

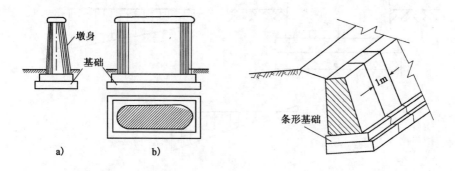

图 11-29　刚性扩大基础　　　　图 11-30　挡土墙下的条形基础

条形基础多用在桥两端引道路堤的挡土墙基础上。其横断面可以是矩形,也可以将其一侧筑成台阶形。如果挡土墙较长,则根据地质和地形予以分段,设置沉降缝,以避免因地基产生不均匀沉陷而导致挡土墙开裂。

17. 刚性扩大基础验算的内容是哪些?

答:刚性扩大基础验算的内容有:

(1)基底应力验算

基底应力的验算公式根据偏心距 e_0 的大小而定,当 $e_0 < \rho (= \frac{W}{A})$ 时,则为:

$$\sigma_{\min}^{\max} = \frac{N}{A}\left(1 \pm \frac{e_0}{\rho}\right) \quad (11\text{-}13)$$

其基底应力分布如图 11-31b)所示。

当 $e_0 > \rho$ 时,由于 $\sigma_{\min} < 0$,需考虑基底应力重分布。若基底为矩形,长边为 a、短边为 b 时,便为:

$$\sigma_{\max} = \frac{2N}{3a\left(\frac{b}{2} - e_0\right)} \quad (11\text{-}14)$$

其基底应力分布如图 11-31c)所示。

(2)基底合力偏心距 e_0 的验算

规范对墩台基础合力偏心距的限制列于表 11-4。

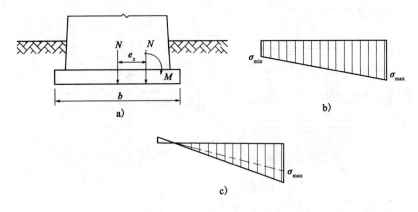

图 11-31 基底应力分布图

墩台基础合力偏心距的限制　　　　　　　　　　　表 11-4

荷载情况	地基条件	合力偏心距	备　注
墩台仅有恒载作用	非岩石地基	桥墩 $e_0 \leq 0.1\rho$	对于拱桥墩台,其合力作用点应尽量保持在基底中心线
		桥台 $e_0 \leq 0.75\rho$	
墩台受荷载组合Ⅱ、Ⅲ、Ⅳ作用(见荷载规范)	非岩石地基	$e_0 \leq \rho$	$\rho = \dfrac{W(截面抵抗距)}{A(截面面积)}$
	石质较差的岩石地基	$e_0 \leq 1.2\rho$	
	坚密岩石地基	$e_0 \leq 1.5\rho$	

(3) 基础沉降验算

规范要求墩台的沉降量(cm),不得超过下列规定:

①墩台均匀总沉降值(不包括施工中的沉降)为 $2.0\sqrt{L}$;

②相邻墩台均匀总沉降差值(不包括施工中的沉降)为 $1.0\sqrt{L}$。

其中 L 为相邻墩台间最小跨径长度,以 m 计。跨径小于 25m 时仍以 25m 计算。

(4) 基础稳定性验算

①抗倾覆验算[见式(11-11)];

②抗滑动验算[见式(11-12)]。

18. 桩基础由哪两部分组成?

答:桩基础是一种常用的深基础,它由若干根桩和承台两个部分组成,如图 11-32 所示。它的传力过程是:将承台以上的结构物传来的外力通过承台传给桩,再由桩传到较深的地基持力层中去。承台除了传力外,还要把各个桩顶固结着,使之共同受力。各桩所受的荷载则通过桩周边土的摩阻力及桩端土的抵抗力传递到土中。

19. 按受力条件划分,桩基分哪几类?

答:按照受力条件,桩基可以分为以下几类:

(1)柱桩

在极限荷载作用下,桩顶荷载全部或主要由桩端阻力承受,桩侧摩阻力相对于桩端阻力甚小,可以忽略不计,这种桩称为柱桩。它又分为两种形式:

①支承桩 这类桩是穿过较松软土层后,柱底便直接支承在岩层或硬土层(如密实的大块卵石层)等实际非压缩性土层上,主要依靠桩底土层来支承垂直荷载。

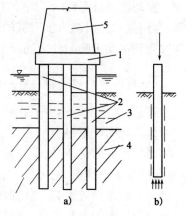

图 11-32 桩基础
1-承台;2-基桩;3-松软土层;4-持力层;
5-墩身

②嵌岩桩 这类桩虽然支承在岩层上,但由于覆盖层较薄,或者当水平荷载较大时,便将桩的下端嵌入基岩中到一定的深度,以增强桩基的稳定性和承载能力。

(2)摩擦桩

当基岩埋置很深,覆盖层较厚,且桩端无较坚实的持力层时,桩主要依靠桩侧土的摩阻力支承垂直荷载。我们称这种桩为摩擦桩。

20. 按施工方法分,桩基分哪几类?

答:按施工方法分,桩基分为以下几类:

(1)钻孔灌注桩

用钻孔机械在土中钻成桩孔,然后在孔内放入钢筋骨架,灌注桩身混凝土,最后在桩顶浇筑承台,这样的桩称为钻孔灌注桩。它的特点是施工设备简单,操作方便,故目前在桥梁工作中被广泛采用。

(2)挖孔桩

依靠人工(用部分机械配合)挖掘成孔,逐段边开挖边支护,待达到预计深度后,再放入钢筋骨架和灌注混凝土,这种桩称为挖孔桩。它的特点是:孔底易清除干净,施工简单。一般适用于无水或渗水量小的地层。

(3)打入桩

打入桩是通过锤击将预制好的钢筋混凝土桩打入地基内至设计的深度。这种施工方法适用于桩径较小,且地基土质为砂性土、塑性土、粉土、细砂以及松散大卵石的情况。

(4) 振动下沉桩

振动法沉桩是将大功率的振动打桩机安装在预制钢筋混凝土桩的顶部，利用振动力以减少土对桩的阻力，使桩沉入土中。它的缺点是土的抗剪强度受到振动影响有较大的降低。

21. 什么叫高桩承台？什么叫低桩承台？

答：高桩承台的承台底面位于地面（或冲刷线）以上，低桩承台的承台底面位于地面（或冲刷线）以下，如图 11-33 所示。

高桩承台的优点是：①部分桩身露在地面以上，可以节约桥墩的圬工数量；②减少水下作业，施工较为方便。然而，在水平力作用下，桩的外露段由于没有土的弹性抗力与它共同作用，故桩身内力和位移都将大于在同样水平外力作用下的低桩承台，在稳定性方面也没有低桩承台的好。

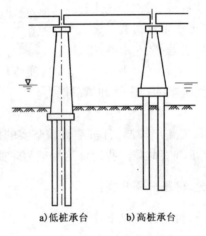

a) 低桩承台　　b) 高桩承台

图 11-33　高桩承台和低桩承台

22. 承台设计应注意什么？

答：承台设计时首先应根据桥位建设条件，特别是结合施工水位，常水位以及枯水位和洪水位，确定合理的高程，既要考虑结构受力，施工方便，同时还应照顾景观效果，一般情况下以施工水位以下 2m 作为承台底面高程较为适合。

大型承台结构设计应根据不同工况的结果进行合理的钢筋布置，一般应按深梁的理念在顶面、底面一定范围内布设多层钢筋网，常规情况下往往是承台自身水化热引起的自应力控制设计。

大型承台结构应特别注意混凝土水化热的问题，一般设计时应从以下几个方面考虑控制水化热,以避免引起混凝土开裂。

(1)应完善构造设计,合理布设受力钢筋和分布钢筋;

(2)优化配合比设计,掺加外加剂,降低水泥用量;

(3)合理选择原材料,优先选择中、低热水泥品种或特种水泥,合理选择集料;

(4)改善结构约束条件,合理地分层、分块浇筑;

(5)优化施工工艺,控制混凝土的浇筑温度,设置水冷却,加强施工管理,采取相应的保温措施。

23.计算桩基础的"m"法,"C"法和"K"法是些什么方法?

答: 桩顶当有水平推力 Q 和弯矩 M 作用时,将发生水平位移和转角并挤压桩侧的土体,而土体又对桩身产生一横向弹性土抗力 σ_{ZX},如图 11-34 所示。该弹性土抗力随深度 Z 变化,其值的大小取决于土体的性质、桩身刚度、桩的截面形状、入土深度及外荷载的大小等因素。为了便于分析,近似认为此弹性土抗力 σ_{ZX} 与土的横向变形 x_Z 成正比,即

$$\sigma_{ZX} = Cx_Z \tag{11-15}$$

式中,C 称为地基系数,它表示单位面积土在弹性限度内产生单位变形时所需施加的力,单位为 kN/m^3,它的大小与地基土的类别、物理力学性质有关。C 值可通过各种试验方法取得,但目前对地基系数 C 值随深度的分布规律持三种不同的意见:

(1)认为地基系数 C 随深度成正比例增加[图 11-34a)],即

$$C = mZ \tag{11-16}$$

式中,m 为比例系数,按此图式来计算桩内力的方法,通常简称为"m"法。

(2)认为地基系数 C 从地面至弹性挠曲线上第一个弹性零点 B 点(深度为 t 处)按曲线规律增加,在此之后便为常数值 K[图 11-34b)],即

$$C = K \tag{11-17}$$

按此计算图式计算桩内力的方法,通常简称为"K"法。

(3)认为地基系数 C 值深度成抛物曲线变化[图 11-34c)],即

$$C = cZ^{0.5} \tag{11-18}$$

式中,c 为比例系数,按此计算图式计算桩内力的方法,正常简称为"C 值"法。

目前我国《公路桥涵地基与基础设计规范》(JTG D63—2007)推荐采用"m"法。

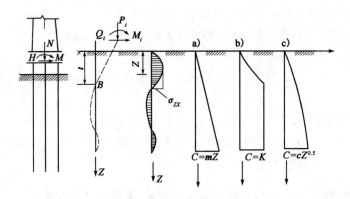

图 11-34 地基系数变化规律

24. 什么叫刚性桩和弹性桩,它们在计算上的差别在哪里?

答: 当应用"m"法或其他方法计算桩内力时,为了简便起见,按照桩与土的相对刚度,将桩分为刚性桩和弹性桩两类,《公路桥涵地基与基础设计规范》(JTG D63—2007)规定当桩的入土深度 $h > 2.5/\alpha$ 时,表明相对刚度小,就必须按桩身的实际刚度(弹性桩)来计算。入土深度 h 是指桩底面至地面或最大冲刷线之间的距离,α 称为桩-土的变形系数 $\alpha = \sqrt[5]{mb_1/EI}$。一般情况下桥梁桩基础多属弹性桩,但当桩的入土深度 $h \leq 2.5/\alpha$ 时,表明桩的相对刚度大,计算时便按桩身刚度 $EI \approx \infty$ 的刚性桩考虑。

两者在计算上的差别在于:弹性桩在横向外力作用下要考虑桩本身的弯曲变形,而刚性桩如同沉井一样,它在横向外力作用下只能发生转动而无挠曲变形。

25. 采用"m"法计算时,桩的计算宽度如何确定?

答: 根据《公路桥涵地基与基础设计规范》(JTG D63—2007),桩的计算宽度可按下式计算:

当 $d \geq 1.0$m 时

$$b_1 = kk_f(d+1) \tag{11-19a}$$

当 $d < 1.0$m 时

$$b_1 = kk_f(1.5d + 0.5) \tag{11-19b}$$

对单排桩或 $L_1 \geq 0.6h_1$ 的多排桩

$$k = 1.0 \tag{11-20a}$$

对 $L_1 < 0.6h_1$ 的多排桩

$$k = b_2 + \frac{1-b_2}{0.6}\frac{L_1}{h_1} \qquad (11\text{-}20b)$$

式中：b_1——桩的计算宽度(m)，$b_1 \leq 2d$；

d——桩径或垂直于水平外力作用方向桩的宽度(m)；

k_f——桩形状换算系数，视水平作用面(垂直于水平力作用方向)而定，圆形或圆端截面 $k_f = 0.9$；矩形截面 $k_f = 1.0$；对圆端形与矩形组合截面 $k_f = (1-0.1a/d)$（图 11-35）；

k——平行于水平力作用方向的桩间相互影响系数；

L_1——平行于水平力作用方向的桩间净距（图 11-36）；梅花形布桩时，若相邻两排桩中心距 c 小于 $(d+1)$ 时，可按水平力作用面各桩间的投影距离计算（图 11-37）；

h_1——地面或局部冲刷线以下桩的计算埋入深度，可取 $h_1 = 3(d+1)$，但不得大于地面或局部冲刷线以下桩入土深度 h（图 11-36）；

b_2——与平行于水平力作用方向的一排桩的桩数 n 有关的系数，当 $n=1$ 时，$b_2 = 1.0$；$n=2$ 时，$b_2 = 0.6$；$n=3$ 时，$b_2 = 0.5$；$n \geq 4$ 时，$b_2 = 0.45$。

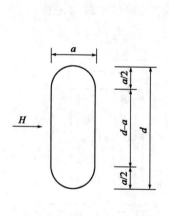

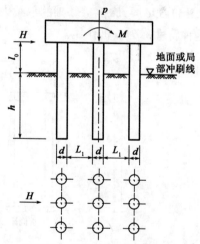

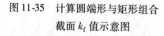

图 11-35　计算圆端形与矩形组合截面 k_f 值示意图

图 11-36　计算 k 值时桩基示意图

在桩平面布置中，若平行于水平力作用方向的各排桩数量不等，且相邻(任何方向)桩间中心距等于或大于 $(d+1)$，则所验算各桩可取一个桩间影响系数 k，其值按桩数量最多的一排选取。此外，若垂直于水平力作用方向上有 n 根桩时，计算宽度取 nb_1，但须满足 $nb_1 \leq B+1$（B 为 n 根桩垂直于水平力作用方向的外边缘距离，以 m 计，见图 11-38）。

515

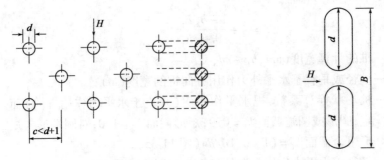

图 11-37　梅花形示意图　　　　图 11-38　单桩宽度计算示意图

26. 由多根桩构成的桩基础在什么条件下才考虑群桩作用?

答:由多根桩构成的桩基础若为支承桩时,则其承载力可以认为等于所有单桩承载力之和。但对于摩擦桩就不能这样简单的求和了,因为桩上的外力主要是借助桩侧土的摩擦力而传递到桩底下土层中去的,它的压力分布范围要比桩身截面面积大得多,如图 11-39 所示。当桩基础内各桩间距较大,且桩底压力分布不发生重叠时[图 11-39b)],其承载力仍可认为是各桩承载力之和。若桩间间距较小时,则在桩底面处发生应力重叠现象[图 11-39c)],摩擦桩基础的承载力就要小于各单桩承载力之和,桩基础的这种特性称为群桩作用。

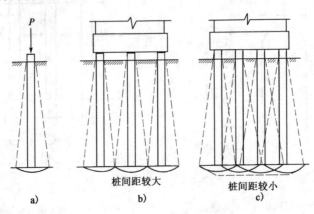

图 11-39　桩基础的群桩作用

根据理论研究,目前一般认为当桩间中心距离大于等于 6 倍桩径时,可不考虑群桩作用;若小于 6 倍桩径时,则需考虑群桩的作用,计算的结果是:①承载力小于各单桩承载力之和;②沉降量大于单桩沉降量,这是由于应力分布发生互相重叠所致。

27. 沉井基础由哪几个主要部分组成？

答：沉井基础由井壁、刃脚、浮墙、井孔、凹槽、射水管、封底及盖板等组成，如图 11-40 所示。各组成部分的作用是：

①井壁　它是沉井的主体部分，在下沉过程中起挡土、挡水及利用本身重量克服土与井壁之间的摩阻力作用。

②刃脚　在沉井自重作用下易于切土下沉。

③隔墙　沉井内设置隔墙，为的是加强沉井的整体刚度。

④井孔　它是挖土、排土的工作场所和通道。

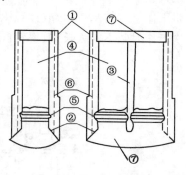

图 11-40　沉井结构示意图

⑤凹槽　它设在靠近刃脚处，其作用是使封底混凝土与井壁有较好的结合，使封底混凝土底面的反力更好地传给井壁。

⑥射水管　它预埋在井壁中，在沉井下沉过程遇到摩阻力较大时，通过控制水质和水量来调整下沉方向。

⑦封底和盖板　沉井沉至设计高程后，便进行清基和浇筑封底混凝土，待达到设计强度后，便可从井孔中抽干水并填以混凝土或其他圬土填料。若为了减轻自重，而不需填心时，则应在沉井顶面浇筑钢筋混凝土盖板。

28. 按下沉方式，沉井有哪几类？

答：沉井按下沉方式可分为：

（1）就地制造下沉的沉井

这种沉井直接放在基础的设计位置处制造，然后从井孔内挖土和靠自重下沉。如基础的位置落在水中，则需先在水中筑岛，在岛上制造好沉井后再进行挖土下沉，故又称为筑岛沉井。

（2）浮运沉井

由于基础的设计位置在江河中的深水处，筑岛有困难或不经济，或有碍通航，或考虑到河流流速太大等原因，这时便可放在岸边制造沉井，然后拖运到桥位处下沉，因而称浮运沉井。

29. 气压沉箱与普通沉井的主要差别是什么？

答：气压沉箱是一种有盖无底的箱形结构物，如图 11-41 所示。当采用普通沉井施工会遇到较大障碍物（如基岩表面高差较大或需凿去风化层）时，可采用气压沉箱，属于另一种深水基础施工方法。气态沉箱的主要构造有工作室、刃脚、顶盖、供升降的竖井及各种管路等。它与普通沉井施工的最大差别是工人处在有一定气压条件下的工作室内挖土，目的是通过气压将工作室内的水排出，故称气压沉箱。由于气压对工人身体健康不利，且每次工作时间不能太长，效率较低，故目前在我国较少采用。

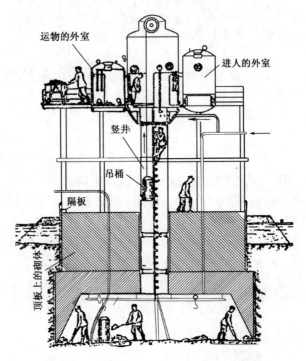

图 11-41　气压沉箱主要设备的布置及工作情况

30. 嵌岩沉井与非嵌岩沉井在计算上的差别在哪里？

答：嵌岩沉井与非嵌岩沉井在计算上的主要差别反映在承受水平外力 H 的计算图式上。对于基底已嵌入到基岩内的嵌岩沉井，可以近似地认为基底不产生水平位移，而整个刚体只发生绕基底中心的转动，其基底土压应力反对称于基底中心 A，沉井侧壁的土压应力呈抛物线分布，如图 11-42a) 所示。

对于非嵌岩沉井则不然，它的转动中心落在距地面以下 Z_0 处的 A 点上，此 Z_0 需要建立力学平衡式才能求得，而且它在基底土压应力的分布呈梯形，并与沉井两个侧壁上的土压应力共同来平衡外力矩的作用，如图 11-42b) 所示。

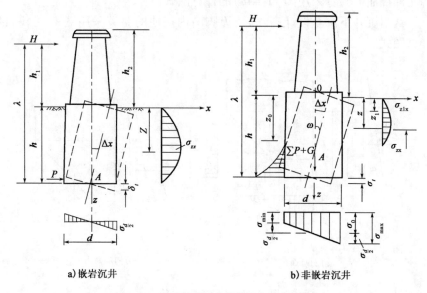

a) 嵌岩沉井　　　　　　　　b) 非嵌岩沉井

图 11-42　嵌岩沉井与非嵌岩沉井的受力状态

31. 沉井在施工下沉过程中要做哪些部分的结构强度验算？

答: 沉井的施工下沉过程中,其本身结构要作如下的验算：

(1) 沉井自重下沉验算

为了保证沉井在自重 G 作用下能顺利下沉,一般要求满足下列条件：

$$G > 1.25T \quad (T\text{-摩阻力}) \tag{11-21}$$

(2) 底节沉井的竖向挠曲验算

①对于排水挖土下沉的情况,按图 11-43a)、b) 两种支承条件对井壁进行强度验算；

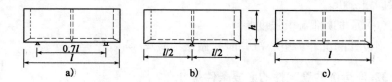

图 11-43　第一节沉井支承点布置示意

②对于不排水挖土下沉的情况,则按图 11-43c) 的计算图式进行验算。如不满足强度要求,则需增加配置钢筋或适当调整底节沉井高度 h。

(3) 沉井刃脚受力验算

①当沉井下沉约 1.0m 深度时(一般在这个深度时,刃脚受力最大),刃

脚向外挠曲的验算采用图11-44a)的计算图式；

②当沉井下沉至设计高程时，刃脚向内挠曲的验算采用图11-44b)的计算图式。

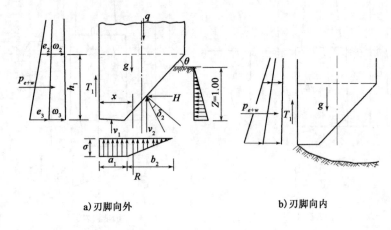

a)刃脚向外　　　　　　　　b)刃脚向内

图11-44　刃脚挠曲受力情况

(4)井壁受力验算

①井壁竖向拉应力验算。

当下部土层比上部土层软弱，沉井处于悬挂状状态时，才做这项验算。

②井壁(包括刃脚)受横向土侧压力的受力计算，一般是在沉井下沉到位时为最不利。验算时取沉井水平断面(一般为单箱多室的闭合框架)作为计算图式。验算的截面应根据井壁厚度的变化沿井壁的高度选取若干个截面，其中还包括刃脚。

(5)封底混凝土板的强度验算

在填心之前，沉井底表面的土基和水压都对封底板产生竖向反力，此时按双向板分析。

(6)沉井顶部盖板强度验算

当设计的沉井为空心沉井时才做这项验算。

32. 浮运沉井稳定性的必要条件是什么？

答：浮运沉井稳定性的必要条件是定倾中心 O 至正浮浮心 O_1 连线的距离 ρ(定倾半径)，必须大于沉井重心 G 至正浮浮心 O_1 连线的距离 y，如图11-45所示，即

$$\rho > y \tag{11-22}$$

现用图11-45a)和c)两个沉井的对比情况来说明其原理。图a)沉井

较图 c)沉井矮,而且井内注入一定的水来维持平衡。显然图 a)沉井的重心 G 点离井底表面的距离要比图 c)沉井的小;图 a)沉井的浮心(水浮力的合力作用点)离开井底表面的距离要比图 c)沉井的大。现在再来考察这两个沉井因某个原因(例如水平风力)发生微量侧倾的情况,如图 11-45b)和 d)所示。原来正浮浮心 O_1 将偏离至新浮心 O_1' 点,且 O_1' 点的垂线与沉井的斜倾线(沉井中心轴 Z-Z)交于 O 点,工程上定义它为定倾中心,从图中明显看出,图 a)沉井稍有倾斜时,由沉井重心 G 与新浮心 O_1' 处水的浮力所构成的力偶矩为 $M = W \cdot e$,它与沉井倾斜方向相反,也就是说可以帮助沉井恢复到竖直位置,故属于稳定型,这是因为 $\rho > y$。反之,图 b)沉井稍有倾斜时,由于 $\rho < y$,由重心与浮力构成的力偶矩 $M = W \cdot e_1$,却与倾斜方向相同,从而加速倾覆,使浮运沉井失稳,因而属于不稳定型。

关于重心 G,正浮浮心 O_1 和定倾半径 ρ 的计算公式详见《基础工程》有关参考书。

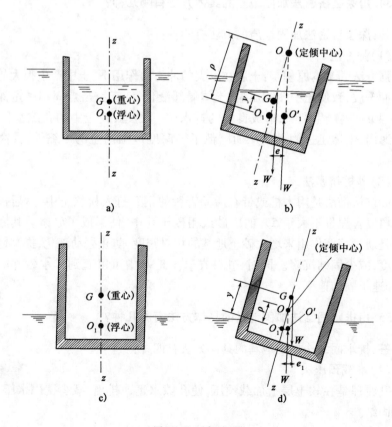

图 11-45 浮运沉井

33. 什么叫地基加固处理的换土法?

答:换土法加固地基是将基底下某一深度范围内的软土挖去,再换填并分层夯实强度较高、稳定性较好的中砂、粗砂和砂砾材料作为该结构物的地基。这样,基础底面以下的地基便由换填后的砂砾垫层及原来的软弱下卧层组成,如图11-46所示。从图中的应力分布规律可以看到,应力较大的区段由强度高的换垫土层承受,而应力较小的区段,便由下卧层承担。这就是换土法能达到加固地基的基本原理。

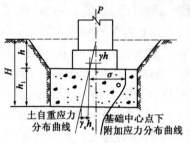

图11-46 砂垫层的应力分布图

34. 用深层挤密法加固地基的具体方法有哪几种?

答:深层挤密法加固地质的方法有两种:

(1)强夯法

强夯法的基本原理是:土层在巨大的冲击力作用下,土中产生很大的应力和冲击波,致使土中孔隙压缩,土体局部液化,使在夯击点周围一定深度(10~40m)内产生裂隙,形成良好的排水(气)通道,使土中的孔隙水(气)顺利逸出,土体迅速固结。从而降低了该深度范围内土的压缩性,提高承载力。

(2)砂桩挤密法

砂桩挤密法是用木桩或带有活动管靴的钢管打入松软土中,然后拔出再灌填以含泥量不大于5%的中砂或粗砂于孔中,便形成了砂浆。其原理主要是通过挤密作用来增大砂土地基的相对密度,防止振动液化,提高地基的强度,减少固结沉降。同时,砂桩在软土地基中可以起到排水砂井的作用,加速了固结速率。

35. 用排水固结法加固地基的具体方法有哪几种?

答:排水固结法加固地基的具体方法有四种:

(1)堆载预压法

其原理是在软土层上加载预压,使孔隙水迅速排出,减少孔隙水压力,加速固结。

(2)砂井排水法

在软土地基中设置系列砂井,人为地增加固结排水通道,缩短排水距离,加速固结,常与堆载预压法一起使用。

(3)塑料板排水法

这是将带状塑料排水板用插板机将其插入软土地基中,然后在地基面上的加载预压,土中水沿塑料板的通道逸出,从而使地基加固。

(4)电渗排水法

该法是在土中插入金属电极,并通以直流电,借助于电场作用,使土中水从阳极流向阴极排走,从而降低土中的含水率或地下水位,加速固结。

36. 用浆液灌注法加固地基的具体方法有哪几种?

答: 用浆液灌注法加固地基的具体方法主要有两种:

(1)压力灌注法

这种方法是用压力将加固土用的化学浆液通过注浆管注入土层中,浆液便将土孔隙中的水分或气体赶走后而占据其位置,再经过短时间后,浆液便将松散土粒凝固成为一个整体,起到增加地基强度、减小沉降以及防渗的作用。

(2)高压旋喷法

这种方法是20世纪70年代由日本提出的一种软土地层加固工艺,又称C.C.P工法。它是利用高压射流将浆液射入需要加固的软弱地层土层中,浆液便与周围土切割搅拌、凝固,从而达到加固的目的,目前常用的浆液以水泥浆液为主,个别工程采用水玻璃等。一般认为此法效果较好。

37. 软土地基桥台设计应注意哪些问题?

答: 软土的特性是高含水率、高孔隙比、低强度,工程性质较差。

在软土地基上修建桥台,当台背填土超过一定高度且地基和基础构造处理不当时,作用于台背的土压力引起软土产生塑流变形,并随时间发展,带动桥台产生前移。严重的情况可能导致地基失稳。另外,随着时间的推移,台后超孔隙水压力的逐渐消散,土体黏度逐渐增大,土体的塑流变形引起的桩侧土压力逐渐增大,使台身产生倾斜、滑移和扭转。桥台的位移导致伸缩装置被挤紧和破坏、梁端与背墙顶紧,严重时将引起桩身断裂、梁端破损、桥台开裂。

为确保软土地区桥台的安全,设计应注意以下几点:

(1)对于建筑在软土地区的桥台,应该强调在施工前充分采取有效的地基加固措施以尽量减小地基的变形影响,这些措施有换土法、预压法、复合地基法等。

(2)桥台及基础应具有足够的水平抗推能力。

(3)采取减小台后土压力的措施,如桥梁加跨法、台后改用轻质填料等。

(4)在桥台的设计计算中,对于有深厚软土地基的情形,应充分考虑塑流变形等地基徐变的影响,根据有关资料,建议桥台的总内力和变形按瞬时土压力引起的内力和变形值的 2~3 倍计算。同时在配筋设计中应考虑到梁端与桥台可能顶紧而引起桥台受力状态改变的情况。

38. 如何将群桩基础进行简化的模拟?

答: 在我国广东洛溪大桥的设计中,首次对群桩基础提出了简化的计算模型,即将群桩基础简化为底端固结、横梁刚度为无穷大的刚架,如图11-47所示。其主要参数按下列公式确定:

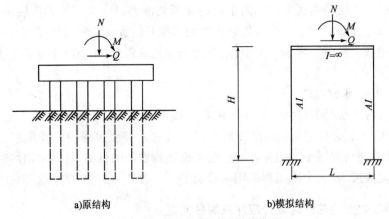

a)原结构　　　　　　　　b)模拟结构

图 11-47　群桩基础的简化计算模型

$$
\begin{rcases}
\text{刚架高度:} \quad H = \dfrac{2\delta_M}{\varphi_M} \\[6pt]
\text{单柱截面面积:} \quad A = \dfrac{H}{2E\nu_N} \\[6pt]
\text{单柱抗弯惯性矩:} \quad I = \dfrac{H^3}{12(2\delta_Q - H\varphi_Q)} \\[6pt]
\text{立柱中距:} \quad L = \sqrt{\dfrac{H^2/(E\varphi_Q) - 4I}{A}}
\end{rcases} \quad (11\text{-}23)
$$

式中:δ_Q、φ_Q——单位水平力($Q=1$)作用于原结构上时的水平位移和转角;

δ_M、φ_M——单位弯矩($M=1$)作用于原结构上时的水平位移和转角;

v_N——单位竖向力($N=1$)作用于原结构上时的竖向位移;

E——弹性模量。

现举一个算例简述其计算步骤:

(1)已知条件

图 11-48a)是一座由刚性承台与 24 根直径 $D=1.5\text{m}$ 构成的群桩基础,混凝土弹性模量 $E=2.85\times10^7\text{kN/m}^2$,桩尖嵌入岩层,桩间间距及覆盖层厚度均示于图中,设砂覆盖层的比例系数 $m_{砂}=15\ 000\text{kN/m}^4$,卵石层的 $m_{卵}=40\ 000\text{kN/m}^4$。

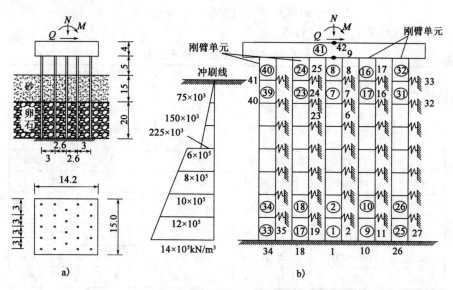

图 11-48 群桩基础的基本尺寸及其离散图(尺寸单位:m)

(2)离散图

①单元及节点划分。如图 11-48b)所示,整个结构从立面上看共有五排桩,每排桩各等分为 8 个单元,单元长 5,承台为刚性单元,它在 9 号节点处与每排桩的桩顶用刚臂连接,这样,整个基础共有 41 个单元和 42 个节点,其中含 4 个刚臂单元。

②单元的换算高度 h_e 和换算高度 b_e 计算:

$$\left.\begin{array}{l} h_e = \sqrt{\dfrac{3}{4}D} \\ b_e = \dfrac{n\pi D^2}{4h_e} \end{array}\right\} \tag{11-24}$$

式中:D——桩径;

n——每排桩柱数。

525

③集中弹簧支承刚度 K_i 分为以下两个步骤计算：

a. 按文献[4]中的规定，计算覆盖土层对桩的计算宽度 b_1；

b. 按照"m"法和下式计算各单元节点处土对桩基的水平弹簧支承刚度 K_i：

$$K_i = b_1 \cdot m \cdot h_i \cdot \frac{\Delta S_{i下} + \Delta S_{i上}}{2} \tag{11-25}$$

式中： h_i——以覆盖层顶面为原点向下到达的深度；

$\Delta S_{i下}$、$\Delta S_{i上}$——分别为 i 号节点处上、下相邻两个单元的长度，对于没有被土覆盖的单元，则不计其长度 ΔS。

计算结果汇总于表 11-5。

水平集中弹簧支承刚度 K_i 汇总表 表 11-5

埋深 h_i(m)	地基系数 $C = mh_i$ (kN/m³)	计算宽度 b_1 = 7.1m		计算宽度 b_1 = 5.7m	
		节点编号 i	K_i(kN/m)	节点编号 i	K_i(中排桩)(kN/m)
0	0	17,25,33,41	332 813	8	267 188
5	75 000	16,24,32,40	2 662 500	7	2 137 500
10	150 000	15,23,31,39	5 325 000	6	4 275 000
15	225 000 600 000	14,22,30,38	15753125	5	12 646 875
20	800 000	13,21,29,37	28 400 000	4	22 800 000
25	1 000 000	12,20,28,36	35 500 000	3	28 500 000
30	1 200 000	11,19,27,35	42 600 000	2	34 200 000

(3) 计算结果

① 位移值。

$$\delta_M = 1.795 \times 10^{-8} \text{m}; \varphi_M = 2.007 \times 10^{-9} \text{rad}$$

$$\delta_Q = 7.629 \times 10^{-7} \text{m}; \varphi_Q = 1.795 \times 10^{-8} \text{rad}$$

$$v_N = 3.308 \times 10^{-8} \text{m}(向下)$$

② 等代刚架参数。

$$H = \frac{2\delta_M}{\varphi_M} = \frac{2 \times 1.795 \times 10^{-8}}{2.007 \times 10^{-9}} = 17.887(\text{m})$$

$$A = \frac{H}{2E v_N} = \frac{17.887}{2 \times 2.85 \times 10^7 \times 3.308 \times 10^{-8}} = 9.49(\text{m}^2)$$

$$I = \frac{H^3}{12E(2\delta_Q - H\varphi_Q)} = \frac{17.887^3}{12 \times 2.85 \times 10^7 \times (2 \times 7.629 \times 10^{-7} - 17.887 \times 1.795 \times 10^{-8})}$$

$$= 13.89(\text{m}^4)$$

$$L = \sqrt{\frac{H^2/(E\varphi_Q) - 4I}{A}} = \sqrt{\frac{17.884^2/(2.85 \times 10^7 \times 1.795 \times 10^{-8}) - 4 \times 13.89}{9.49}}$$
$$= 7.75(\text{m})$$

39. 怎样将群桩基础模拟为单桩结构的计算图式？

答： 文献[69]详述了将群桩基础简化为单桩结构图式的原理，这里仅按图 11-49 简述其主要计算。

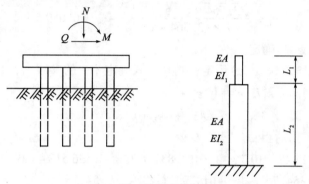

图 11-49　单桩模拟结构图式

(1) 按照本章第 38 问中有限元法计算模型，先分别计算出在单位力 $\overline{N}$，$\overline{M}$，$\overline{Q}(=1)$ 作用下的变位 ν_N、φ_M、δ_Q、$\delta_M = \varphi_Q$ 等值。

(2) 确定三个无量纲参数值。

①无量纲参数表达式。

位移比：

$$K = \frac{3\delta_Q \cdot \varphi_M}{4\delta_M \cdot \varphi_Q} \geqslant 1 \tag{11-26}$$

高度比：

$$\varepsilon_L = \frac{L_1}{L_2} \tag{11-27}$$

抗弯惯性矩比：

$$\varepsilon_I = \frac{I_2}{I_1} \tag{11-28}$$

②参数 K 的计算。

现仍以上一问中的群桩结构为例，它在单位力作用下的变位为：

$$\nu_N = 3.308 \times 10^{-8} \text{m}; \varphi_M = 2.007 \times 10^{-9} \text{rad}$$
$$\delta_Q = 7.629 \times 10^{-7} \text{m}; \delta_M = \varphi_Q = 1.795 \times 10^{-8} \text{rad}$$

代入式(11-26)得：

$$K = \frac{3 \times 7.629 \times 10^{-7} \times 2.007 \times 10^{-9}}{4 \times 1.795 \times 10^{-8} \times 1.795 \times 10^{-8}} = 3.564 > 1$$

③参数 ε_L 的确定范围。

合理的 ε_L 值必须满足下式的条件,即

$$0 < \varepsilon_L \leq \frac{\sqrt{K(K-1)}}{2(K-1)} - \frac{1}{2} \qquad (11\text{-}29)$$

将已知的 $K = 3.564$ 代入上式,便有:

$$\varepsilon_L \leq \frac{\sqrt{3.564 \times (3.564-1)}}{2 \times (3.564-1)} - \frac{1}{2} = 0.0895$$

④参数 ε_I 的确定。

假定 $\varepsilon_L = 0.08$(任意假定),再按下式确定相应的参数 ε_I,即

$$(\varepsilon_L^4 - \varepsilon_L^4 K)\varepsilon_I^2 + [4\varepsilon_L^3 + 3\varepsilon_L^2 + \varepsilon_L - (4\varepsilon_L^3 + 2\varepsilon_L^2)K]\varepsilon_I +$$
$$[3\varepsilon_L^2 + 3\varepsilon_L + 1 - (4\varepsilon_L^2 + 4\varepsilon_L + 1)K] = 0 \qquad (11\text{-}30)$$

代入 ε_L 和 K 值后得:

$$-1.052144 \times 10^{-4}\varepsilon_I^2 + 0.058831872\varepsilon_I - 3.5365184 = 0$$

解之得:$\varepsilon_{I1} \approx 54.76, \varepsilon_{I2} \approx -614.95$,最终取 $\varepsilon_I = 54.76$。

(3)计算单桩上、下段的高度 L_1 和 L_2。

①下段高度 L_2。

$$L_2 = \frac{2\delta_M}{\varphi_M} \cdot \frac{1 + \varepsilon_I \cdot \varepsilon_L}{\varepsilon_I \cdot \varepsilon_L^2 + 2\varepsilon_L + 1} \qquad (11\text{-}31)$$

代入已知值得:

$$L_2 = \frac{2 \times 1.795 \times 10^{-8}}{2.007 \times 10^{-9}} \times \frac{1 + 54.76 \times 0.08}{54.76 \times 0.08^2 + 2 \times 0.08 + 1} = 63.72(\text{m})$$

②上段高度 L_1。

由式(11-27)得:

$$L_1 = \varepsilon_L \cdot L_2 = 0.08 \times 63.72 \approx 5.1(\text{m})$$

(4)计算单桩上、下段抗弯刚度 EI_1 和 EI_2。

①下段抗弯刚度 EI_2。

$$EI_2 = \frac{L_2}{\varphi_M} \cdot (1 + \varepsilon_L \cdot \varepsilon_I) \qquad (11\text{-}32)$$

代入已知值得:

$$EI_2 = \frac{63.72}{2.007 \times 10^{-9}} \times (1 + 0.08 \times 54.76) = 1.7083 \times 10^{11}(\text{kN} \cdot \text{m}^2)$$

②上段抗弯刚度 EI_1。

由式(11-28)得:

$$EI_1 = \frac{EI_2}{\varepsilon_1} = \frac{1.7083 \times 10^{11}}{54.76} = 3.1196 \times 10^{10} (\text{kN} \cdot \text{m}^2)$$

(5)计算单桩整体轴心抗压刚度 EA。

$$EA = \frac{L_2}{v_N}(\varepsilon_L + 1) \tag{11-33}$$

于是得:$EA = \dfrac{63.72}{3.308 \times 10^{-8}} \times (0.08 + 1) = 2.0803 \times 10^9 (\text{kN})$

(6)计算等代单桩上、下段的截面尺寸。

设弹性模量 $E = 2.85 \times 10^7 \text{kN/m}^2$,则可得到本例的截面面积 $A \approx 73\text{m}^2$(上、下段相等);抗弯惯性矩 $I_1 = 1094.6\text{m}^4, I_2 = 5994\text{m}^4$。

再按公式 $h = \sqrt{12I/A}$ 可得上、下段的截面高度 h_i 分别为:

$$h_1 = 13.41\text{m}; h_2 = 31.39\text{m}$$

相应的截面宽度为:

$$b_1 = 5.44\text{m}; b_2 = 2.33\text{m}$$

40. 怎样计算等截面悬臂高墩的几何非线性效应?

答:设如图 11-50 所示高墩的墩顶处有垂直力 N,水平力 H 和初始集中力矩 M_0 的共同作用。当由 H 和 M_0 的作用使墩身发生水平向变位后,高墩的自重 $q_自$ 和垂直力 N 将继续加大墩顶的水平位移,根据能量法原理的分析结果,其计入几何非线性效应后的最终最大水平位移 a 可按下式计算:

$$a = \frac{H + M_0\left(\dfrac{\pi}{2l}\right)}{\dfrac{l}{8}\left[\dfrac{EI}{4}\left(\dfrac{\pi}{l}\right)^4 - \left(N + \dfrac{q_自 l}{3}\right)\left(\dfrac{\pi}{l}\right)^2\right]} \tag{11-34}$$

其余各截面的变形量近似为:

$$y = a\left[1 - \sin\left(\frac{\pi x}{2l}\right)\right] \tag{11-35}$$

悬臂墩柱上各截面的内力可按以下几个简单公式求算:

弯矩: $M(x) = M_0 + H \cdot x \cdot \left(\dfrac{a - a_m}{a_0}\right)$

剪力: $N(x) = N + q_自 \cdot x$ \quad (11-36)

轴力: $Q(x) = H$

其中 $a_0 = \dfrac{Hl^3}{3EI}; a_m = \dfrac{M_0 l^2}{2EI}$ \quad (11-37)

式中:E、I——悬臂墩的弹性模量和抗弯惯性矩;
  l——悬臂墩的高度;
其余符号参见图11-50。

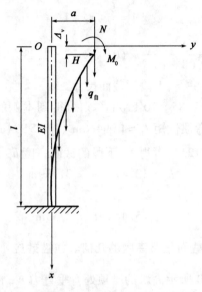

图11-50 悬臂高墩的几何非线性效应分析图式

例:若设图11-50中的墩高 $l=36\text{m}$,直径 $D=1.2\text{m}$,$EI=2\,901\,300\text{kN}\cdot\text{m}^2$,水平推力 $H=2.4\text{kN}$,垂直力 $N=3\,095\text{kN}$,初始不平衡力矩 $M_0=300\text{kN}\cdot\text{m}$,$q_{自}=28.27\text{kN/m}$,则按式(11-34)得墩顶最大水平位移 a 为:

$$a = \frac{2.4 + 300 \times \left(\frac{\pi}{2\times 36}\right)}{\frac{36}{8}\times\left[\frac{2\,901\,300}{4}\times\left(\frac{\pi}{36}\right)^4 - \left(3\,095 + \frac{28.27\times 36}{3}\right)\times\left(\frac{\pi}{36}\right)^2\right]} = 0.216\,33(\text{m})$$

$$a_0 = \frac{2.4\times 36^3}{3\times 2\,901\,300} = 0.012\,86(\text{m})$$

$$a_m = \frac{300\times 36^2}{2\times 2\,901\,300} = 0.067\,0(\text{m})$$

由式(11-36)中第一式可得墩底截面的弯矩为:

$$M_{(l=36\text{m})} = 300 + 2.4\times 36\times\frac{0.216\,33 - 0.067\,0}{0.012\,86} = 1\,303.27(\text{kN}\cdot\text{m})$$

当不计入几何非线性效应的墩底截面弯矩为

$$M'_{(l=36\text{m})} = 300 + 2.4\times 36 = 386.4(\text{kN}\cdot\text{m})$$

它约为计入几何非线性效应后弯矩值的30%。

41. 怎样应用迭代法计算桩柱式高墩在计入几何非线性效应后所产生的墩顶位移?

答:现用如图 11-51 所示的例子来阐明其计算步骤和方法。

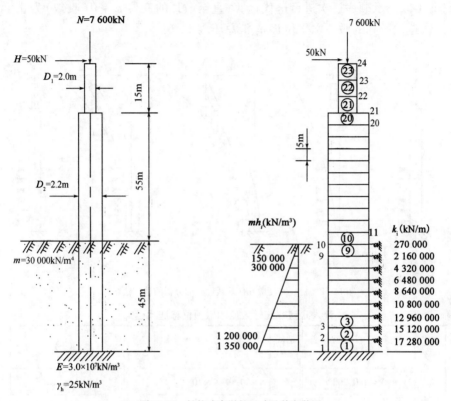

图 11-51 桩柱式高墩的尺寸及其离散图

(1)建立计算模型。

将整个结构自下向上按 5m 一段等分为 23 个单元和 24 个节点,将土覆盖层的弹性抗力简化为 9 个水平集中弹簧支承[图 11-51b)]。

(2)自重节点力 G_i 计算。

桩基的自重可忽略不计,墩身自重的节点力则按单元体积与重度的乘积进行计算后,再平均分配到它的上、下节点上,化为节点力 G_i。

(3)集中弹簧支承刚度 k_i 计算。

按文献[4]确定单根桩的计算宽度 b_1 为:

$$b_1 = 0.9(D+1) \tag{11-38}$$

然后按照地基土的比例系数 m、各单元的入土深度 h_i 以及各单元的长度(竖直向)和计算宽度 b_1 进行计算,具体结果示于图中。

531

(4)应用平面杆系有限元程序分别计算墩顶的弹性水平位移 a_0（仅有 H 作用）。

(5)将以 a_0 为峰值的变形曲线（由计算机完成）作为曲线悬臂桩柱墩的轴线，移去外力 H 后，再在其上施加外力 N 和自重节点力 G_i，并按图11-52所示顺序逐次进行迭代运算，直至墩顶的变位 $a_i \approx 0$（收敛）为止。逐次迭代运算的墩顶水平位移 a_i 汇总于表11-6。

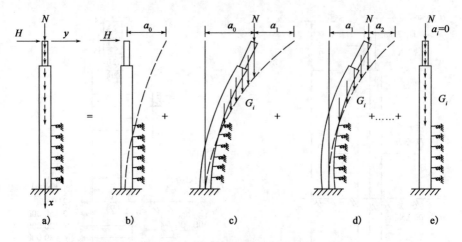

图11-52 桩柱式高墩几何非线性效应分析的迭代法图式

计入几何非线性效应的墩顶位移迭代运算　　表11-6

迭代序号 i	a_i(m)	迭代序号 i	a_i(m)	迭代序号 i	a_i(m)
0	$(N=0)0.2025$	5	0.1939×10^{-1}	10	0.1946×10^{-2}
1	$(H=0)0.1268$	6	0.1189×10^{-1}	11	0.1301×10^{-2}
2	0.7969×10^{-1}	7	0.7527×10^{-2}	12	0.6844×10^{-3}
3	0.5017×10^{-1}	8	0.5075×10^{-2}	13	0.6783×10^{-3}
4	0.3139×10^{-1}	9	0.319×10^{-2}	$\sum_{i=0}^{13} a_i$	0.5422

注：$N=0$ 一行为初始位移 a_0；$H=0$ 一行以后均只有 N、G_i 作用的迭代运算；$\sum a_i$ 一行值已包括 a_0 在内。

(6)墩身各截面的弯矩为相应迭代循环中的弯矩值之和，可由程序输出得到，墩身各截面的剪力可从 $i=0$ 的循环中得到，即 $Q(x) = H$（常数）；墩身的轴力 $N(x)$ 只能从 $i=1$ 的循环中得到，不可再与以后的输出结果进行叠加。

42. 当高墩墩顶与主梁支点之间设置有板式橡胶支座时,如何考虑其几何非线性效应的影响?

答: 当墩梁之间设置有板式橡胶支座时,它的工作机理可用图 11-53 所示变位状况来阐明。

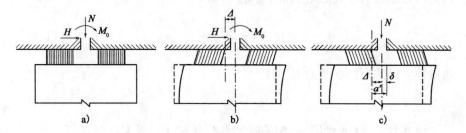

图 11-53 板式橡胶支座工作机理

梁体上的水平力 H(温度影响力和汽车制动力等)和不平衡力矩 M_0 是通过板式橡胶支座与墩梁接触面的摩阻力传递至桥墩上,它既使墩顶产生水平位移,又使板式支座产生剪切变形[图 11-53b)]。当梁体完成了这个水平力的传递以后,梁体便处于暂时的稳定状态。这时,由于存在有轴力 N 和墩身自重 $q_自$ 的影响,将使墩顶产生附加变形 δ。于是,板式橡胶支座由原来传递水平力的功能转变为抵抗墩顶继续变形的功能,当墩身很柔时,有可能使支座原来的水平变形先恢复到零,逐渐过渡到反向状态[图 11-53c)]。根据这个工作机理,便可将一座高墩的受力状态分解为两种工作状态的组合,如图 11-54 所示。

(1)不计几何非线性效应的普通墩[图 11-54b)],它可按墩顶上的各个外力先分别计算,然后进行内力或变形的叠加。

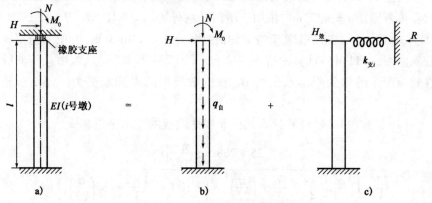

图 11-54 考虑几何非线性效应的计算模型

(2)将支座模拟为具有刚度 $k_\text{支}$ 的弹簧支承,将引起几何非线性效应影响的轴力换算为由桥墩与支座共同来承担的等效附加水平力 $H_\text{效}$,如图11-54c)所示。该等效附加水平力 $H_\text{效}$ 可表为:

$$H_\text{效} = k_\text{墩}(a - a_m) - H \tag{11-39}$$

由此可以得到墩顶处的附加水平位移 δ,即

$$\delta = \frac{H_\text{墩}}{k_\text{墩} + k_\text{支}} \tag{11-40}$$

由墩顶分担的附加水平力 $H'_\text{效}$ 为:

$$H'_\text{效} = k_\text{墩} \cdot \delta \tag{11-41}$$

由弹簧支承(或梁体)分担的附加水平力 $H''_\text{效}$(水平支反力 R)为:

$$H''_\text{效} = R = k_\text{支} \delta \tag{11-42}$$

其中

$$k_\text{墩} = \frac{3EI}{l^3} \tag{11-43}$$

$$k_\text{支} = \frac{G \sum A_\text{支}}{\sum t} \tag{11-44}$$

以上各式中:a、a_m——按式(11-34)和式(11-37)计算;

E、I——桥墩的弹性模量和抗弯惯性矩;

G——橡胶材料的剪切模量;

$\sum A_\text{支}$——支座承压面积的总和;

$\sum t$——橡胶片的总厚度。

设图11-54a)中的高墩墩高 $l = 22$m,混凝土弹性模量 $E = 3 \times 10^7 \text{kN/m}^2$,墩身抗弯惯矩 $I = \pi/32 \text{m}^4$,作用于墩顶处的外力 $N = 3\,100$kN,$H = 5.25$kN,$M_0 = 208$kN·m,双柱墩墩身的平均荷载集度 $q_\text{自} = 40$kN/m,墩顶上全部橡胶支座按式(11-43)计算的抗推刚度 $k_\text{支} = 20\,734.5$kN/m,试求由几何非线性效应产生的等效附加水平力 $H_\text{效}$ 和桥墩分担的附加水平力。计算步骤如下:

(1)按式(11-34)计算计入几何非线性效应的总水平位移 a。

$$a = \frac{5.25 + 208 \times \dfrac{\pi}{2 \times 32}}{\dfrac{22}{8} \times \left[\dfrac{3 \times 10^7 \times \pi/32}{4} \times \left(\dfrac{\pi}{22}\right)^4 - \left(3\,100 + \dfrac{40 \times 22}{3}\right) \times \left(\dfrac{\pi}{22}\right)^2\right]}$$

$$= 30.84 \times 10^{-3} \text{(m)}$$

(2) 按式(11-37)计算由初始弯矩 M_0 产生的墩顶位移 a_m。

$$a_m = \frac{208 \times 22^2}{2 \times 3 \times 10^7 \times \pi/32} = 17.09 \times 10^{-3} (\text{m})$$

(3) 按式(11-43)计算桥墩抗推刚度 $k_{墩}$。

$$k_{墩} = \frac{3 \times 3 \times 10^7 \times \frac{\pi}{32}}{22^3} = 829.8(\text{kN/m})$$

(4) 按式(11-39)计算等效附加水平力。

$$H_{墩} = 829.8 \times (30.84 - 17.09) \times 10^{-3} - 5.25 = 6.16(\text{kN})$$

(5) 按式(11-40)计算附加水平位移 δ。

$$\delta = \frac{6.16}{829.8 + 20734.5} = 2.8566 \times 10^{-4}(\text{m})$$

(6) 按式(11-41)计算由墩身分担的附加水平力。

$$H'_{效} = 829.8 \times 2.8566 \times 10^{-4} = 0.237(\text{kN})$$

计算结果表明,由于高墩的抗推刚度相对较小,所分担的附加水平推力也较小,而大部分的附加水平推力通过橡胶支座由主梁来承担,即对主梁产生拉力(或压力)。

43. 对于支承在柔性排架墩和板式橡胶支座上的桥面连续的桥梁,应如何将汽车制动力分配到每座桥墩上?

答: 当不计入柔性墩本身的几何非线性效应影响时,作用于全桥桥面上总的制动力 $\sum H_{制}$,将按照各墩之间的组合抗推刚度 $k_{组}$ 比分配到每座桥墩的墩顶上。于是,i 号桥墩所承受的制动力 $H_{制}$ 表示为:

$$H_{i制} = \frac{k_{组i}}{\sum k_{组i}} \sum H_{制} \tag{11-45}$$

而

$$k_{组i} = \frac{1}{\frac{1}{k_{墩i}} + \frac{1}{k_{支i}}} \tag{11-46}$$

上式中的 $k_{墩i}$ 和 $k_{支i}$ 则按式(11-43)和式(11-44)计算。

现用如图 11-55 所示的 $7 \times 20\text{m}$ 的先简支后桥面连续的桥梁为例来介绍其计算过程。据计算,全桥总汽车制动力 $\sum H_{制} = 163\text{kN}$,桥墩为双柱式加盖梁的柔性桥墩,各墩的高度均示于图中,每个墩柱直径 $D = 1.2\text{m}$,混凝土弹性模量 $E_h = 2.85 \times 10^7 \text{kN/m}^2$。每座桥墩上设置双排支座,共计 28 个,桥台上为单排支座,共计 14 个,每个支座承压面积的直径 $D_{支} = 0.2\text{m}$,橡胶层总厚 $\sum t = 4\text{cm}$,剪切模量 $G = 1.1 \times 10^3 \text{kN/m}^2$。

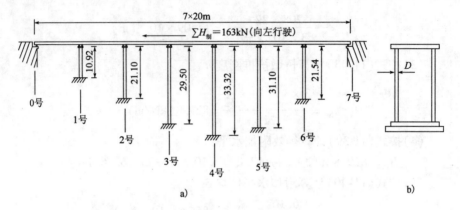

图 11-55 桥面简支连续桥梁的基本尺寸(尺寸单位:m)

(1) 计算每座桥墩的抗推刚度 $k_{墩i}$。

每座桥墩的截面抗弯惯矩(双柱式) I 为:

$$I = 2 \times \frac{\pi D^4}{64} = 2 \times \frac{\pi \times 1.2^4}{64} = 0.2036 \, (\text{m}^4)$$

按式(11-43)得:

$$k_{墩i} = \frac{3EI}{l_i^3} = \frac{3 \times 2.85 \times 10^7 \times 0.2036}{l_i^3} (\text{kN/m})$$

按上式所得的结果列出于表 11-7。

(2) 计算板式橡胶支座的抗推刚度 $k_{支}$。

每座桥墩上的支座总面积为:

$$A_{支墩} = 28 \times \frac{\pi D_{支}^2}{4} = 28 \times \frac{\pi \times 0.20^2}{4} = 0.8796 \, (\text{m}^2)$$

每座桥台上的支座总面积为:

$$A_{支台} = A_{支墩}/2 = 0.4398 \, (\text{m}^2)$$

代入式(11-44),便有:

$$k_{支i} = \frac{G \sum A_{支墩}}{\sum t} = \frac{1.1 \times 10^3 \times 0.8796}{0.04} = 24189.0 \, (\text{kN/m})$$

$$k_{台i} = k_{支i}/2 = 12094.5 \, (\text{kN/m})$$

(3) 列表计算各墩(台)组合抗推刚度 $k_{组i}$ 及制动力 $H_{制i}$[表(11-7)]。

墩(台)组合抗推刚度及制动力汇总表　　　　表11-7

墩(台)号	墩高 l_i (m)	$k_{墩i}$ (kN/m)	$k_支$ (kN/m)	$k_{组i} = \dfrac{1}{\dfrac{1}{k_墩}+\dfrac{1}{k_支}}$	$\dfrac{k_{组i}}{\sum k_{组i}}$	$H_{制i} = \dfrac{k_{组i}}{\sum k_{组i}}\sum H_制$
0(台)	—	—	12 094.5	12 094.5	0.319 7	-52.11←
1	10.92	13 368.29		8 609.9	0.227 6	-37.10←
2	21.10	1 853.09		1 721.2	0.045 5	-7.42←
3	29.50	678.08	24 189.0	659.6	0.017 4	-2.84←
4	33.32	470.58		461.6	0.012 2	-1.99←
5	31.10	578.71		565.2	0.014 9	-2.43←
6	21.54	1 741.84		1 624.8	0.043 0	-7.01←
7(台)	—	—	12 094.5	12 094.5	0.319 7	-52.11←
Σ				37 831.3		

注:表最后一栏中的负号代表制动力的方向向左。

44. 对于与图 11-55 中同样的结构,如何计算温度下降(或上升)对桥墩产生的影响力?

答: 现用图 11-56 中桥墩在温度影响力作用下产生的变形来说明。设温度相对于成桥时的温度下降 25℃($\Delta t = -25℃$),暂不考虑高墩的几何非线性效应影响。计算步骤如下:

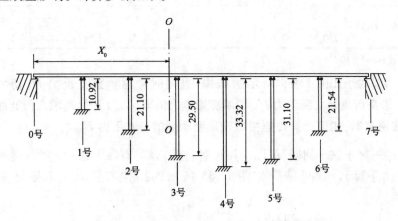

图 11-56　温度偏移为零的截面示意图(尺寸单位:m)

(1)确定受温度影响时温度偏移值为零的截面位置 x_0。

$$x_0 = \dfrac{\sum\limits_{i=1}^{n} i k_{组i}}{\sum\limits_{i=0}^{n} k_{组i}} L \quad (i=0,1,2\cdots n,即墩台序号) \quad (11\text{-}47)$$

由于本例的结构尺寸与图 11-55 中的相同,故 $k_{组i}$[式(11-46)]可直接从表 11-7 中的摘取,于是得:

$$x_0 = (1 \times 8\,609.9 + 2 \times 1\,721.3 + 3 \times 659.6 + 4 \times 461.6 + 5 \times 565.2 +$$
$$6 \times 1\,624.8 + 7 \times 12\,094.5) \times 20/37\,831.3$$
$$= 59.8(\text{m}) \quad (\text{自 0 号台起算})$$

(2)各墩的温度长度 x_i 计算。

各墩温度长度 x_i 是以温度偏移值为零的截面[图中 0-0 截面]作为坐标原点至 i 号墩轴线之间的水平距离,0-0 截面以左者取负号,以右者取正号。具体计算结果见表 11-8。

(3)温度影响力计算 $H_温$(表 11-8)。

$$H_温 = k_{组} \cdot \alpha \cdot \Delta t \cdot x_i \tag{11-48}$$

式中:α——混凝土温度线膨胀系数,取 1×10^{-5}。

温降位移及温度影响力汇总表   表 11-8

墩(台)号	0(台)	1	2	3	4	5	6	7(台)
$k_{组i}$(表 11-7)	12 094.5	8 609.9	1 721.2	659.6	461.6	565.2	1 624.8	12 094.5
温度长度 x_i(m)	-59.8	-39.8	-19.8	0.2	20.2	40.2	60.2	80.2
温降(-25℃)位移(m)	0.014 95	9.95 × 10^{-3}	4.95 × 10^{-3}	5.0 × 10^{-5}	5.05 × 10^{-3}	0.010 05	0.015 05	0.020 05
$H_{温i}$(kN)	→ 180.81	→ 85.67	→ 8.52	← -0.036	← -2.33	← -5.68	← -24.45	← -242.49

注:$\alpha = 1 \times 10^{-5}$。

45. 对于如图 11-55 所示的结构,当同时考虑垂直支反力 N、初力矩 M_0、墩身自重 $q_自$、制动力 $H_制$和温度影响力的 $H_温$以及计处高墩几何非线性效应影响时,如何计算每座桥墩墩顶所承受的总水平力 $H_总$?

答:对于这个问题,可以应用两种方法求解:有限元法(电算);逐次渐近法(手算)。这里结合如图 11-55 所示的结构着重介绍有限元法的求解。

(1)基本资料(表 11-9)。

(2)分别计算每个桥墩墩顶处的等效附加水平力 $H_效$(初值)。

此计算过程与本章第 43 问中的完全相同,它也可用自编简短的程序进行计算。这里仅以 4 号墩为例再重复一次,其余墩与此相同(表 11-9 倒数第 3 栏)。

①按式(11-34)计算总水平位移 a。

$$a = \frac{-4.32 - 280.2 \times \left(\frac{\pi}{2 \times 33.32}\right)}{\frac{33.32}{8} \times \left[\frac{2.85 \times 10^7 \times 0.2036}{4} \times \left(\frac{\pi}{33.32}\right)^4 - \left(4650 + \frac{56.55 \times 33.32}{3}\right) \times \left(\frac{\pi}{33.32}\right)^2\right]}$$

$$= -0.062167(\text{m})(\text{方向向左})$$

②按式(11-37)计算 a_m。

$$a_m = \frac{-280.3 \times 33.32^2}{2 \times 2.85 \times 10^7 \times 0.2036} = -0.026815(\text{m})(\text{方向向左})$$

③按式(11-39)计算 $H_{效,4}$(初值)。

$$H_{效,4} = -470.6 \times [-0.062167 - (-0.026815)] - (-4.32)$$
$$= -12.316(\text{kN})(\text{方向向左})$$

基本资料及主要计算结果　　　　　　表 11-9

墩(台)号	初始外力			墩高 L(m)	桥墩抗推刚度 (kN/m)	墩顶等效附加水平力		$H_总 = H_初 + H'_效(终值)$ (kN)
	$H_初 = H_制 + H_温$ (kN)	$N = N_梁 + N_汽$ (kN)	M_0 (kN·m)			$H_效$(初值) (kN)	$H'_效$(终值) (kN)	
0(台)	128.7	2 104	—				-6.525	122.175
1	48.57	4 028	86.80	10.92	13 368.3	1.880 7	-3.976	44.594 0
2	1.10	4 028	116	21.10	1 853.1	1.779 8	-0.802 0	0.298 0
3	-2.88	3 448	-40.2	29.5	678.1	-1.615 7	-0.399 9	3.279 9
4	-4.32	4 650	-280.3	33.32	470.6	-12.316 0	-0.484 1	-4.804 1
5	-8.11	4 013	-56.71	31.10	578.7	-4.845 9	-0.418 2	-8.528 2
6	-31.46	4 033	-34.0	21.54	1 741.8	-5.242 0	-1.229 0	-32.689 0
7(台)	-190.38	2 018	—	—	—		-6.525	-196.905
附注	见表11-7和表11-8				见表11-7	按式(11-39)计算		

注:1. 本例 $q_自^墩 = 56.55\text{kN/m}$。

2. 水平力 H 方向：→为正，←为负；弯矩 M_0 方向：⌒为正，⌒为负。

3. 墩身整体刚度 $EI = 2.85 \times 10^7 \times 0.2036 = 5\,802\,600(\text{kN} \cdot \text{m}^2)$。

(3)应用平面杆系有限元程序进行全桥几何非线性整体分析。

①离散图(图 11-57)。

②几点说明：

a. 本例结构共划分为 48 个单元(梁 14 个单元，墩 28 个单元，模拟板式支座的链杆计 16 个单元)，55 个节点(其中代表铰接点的主从关系计 6 组)。

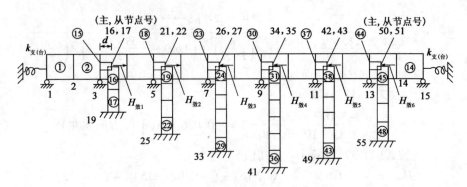

图 11-57 几何非线性效应的整体分析离散图

b. 不考虑梁体的弹性压缩,无论是桥台还是桥墩,其上均布置一个辊轴支承。

c. 位于两端桥台处各布置一个水平弹簧支承,其刚度 $k_{支(台)} = 12\,094.5\text{kN/m}$(表11-7)。

d. 为了便于应用有限元法程序,将桥墩上的板式橡胶支座按抗推刚度 $k_{支墩} = 24\,189\text{kN/m}$ 等代换算为链杆,其换算公式为:

$$k_{支墩} = \frac{EA}{d}$$

若设链杆长度 $d = 1.0\text{m}$,链杆截面宽×高 $= 1\text{m} \times 0.1\text{m}$,则换算弹性模量 $E_e = 241\,890\text{kN/m}^2$。这样,所有链杆有一端与主梁单元共用一个节点编号。

e. 桥墩的实际高度不变,但其顶端节点坐标可置于梁体的轴线上,它不影响计算结果,并且它们与链杆的另一端建立主、从关系。

f. 表11-9 中的 $H_{效}$(初值)均作用于离散图中相应的墩顶节点位置处(可以是主、从节点号中的任一个)。

③计算结果

通过有限元法程序运算后,便可得到各墩墩顶单元在顶端节点的剪力 Q,它们即为 $H_{效}$(初值)在通过整体分配分析后所得到的最终结果 $H'_{效}$(终值),再将它们与 $H_{初}$ 相加后,便可得到每个桥墩在计入了几何非线性效应影响后实际所承受的水平推力,即表11-9中的最后一栏。

(4)板支橡胶支座工作状态的校核。

①抗滑稳定校核。

从表11-9 中得知,承受水平推力的是 7 号桥台,$H_{总} = -196.905\text{kN}$,其垂直压力 $N = 2\,018\text{kN}$,按照规范规定,支座与混凝土接触时的摩阻系数 $\mu = 0.3$,由此得:

$$\mu N = 0.3 \times 2\,018 = 605.4(\text{kN}) > 1.4 H_{总} = 1.4 \times 196.905 = 275.67(\text{kN})$$

满足要求。

②支座容许剪切角[tanγ]的校核。

规范规定橡胶支座的容许剪切角$[\tan\gamma] = 0.7$(计入制动力),板式支座最大水平位移为：

$$\Delta = \frac{H_{总}}{k_{支(台)}} = \frac{196.905}{12\,094.5} = 0.016\,28(\text{m})$$

$$\tan\gamma = \frac{\Delta}{\sum t} = \frac{0.016\,28}{0.04} = 0.407 < [0.7](\text{亦满足使用要求})$$

46. 什么是延性抗震桥梁体系?

答: 对于延性抗震桥梁体系,主要通过选定合理的弹塑性变形、耗能部位(塑性铰区域),延长结构周期、耗散地震能量,进而减少结构地震响应。在桥梁结构中,通常将弹塑性耗能部位(塑性铰区域)设置在桥墩上,既能有效地形成减震耗能机制,减小地震作用,又能方便地对损伤部位进行检查和修复,如图11-58所示。其余部分,如上部结构、支座以及桥梁基础等,则要求不受损伤,保持在弹性范围内。在延性抗震设计中,钢筋混凝土墩柱作为延性构件设计,桥梁基础、盖梁、梁体和节点作为能力保护构件,墩柱的抗剪强度亦需按能力保护原则设计。

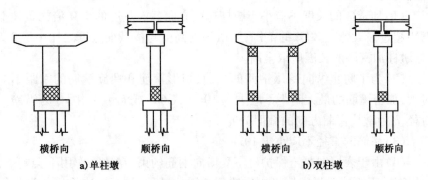

图11-58 墩柱塑性铰区域

注:图中 ▨ 代表塑性铰区域。

与减隔震体系相似,延性抗震体系也是通过延长结构周期以及提供附加阻尼耗能机制来实现减震,但具体的减震机制两者是不同的。延性抗震体系是依靠墩柱上形成的塑性铰耗能,支座连接装置需保持弹性。减隔震体系是依靠上下部连接处的减隔震装置耗能,墩身则需保持弹性。因此,两者的适用范围有所不同。一般情况下,对于墩高较大、墩柱长细比较大的桥梁,墩身截面地震响应相比支座更为不利,且墩柱易形成塑性铰,一般宜采用延性抗震体系。而对于墩高较矮、墩柱长细比较小的桥梁,支座处的地震响应一般相比于墩身更为不利,且墩柱难以形成塑性铰,一般宜采用减隔震体系。

当桥墩为实体墩或刚性墩、墩高相差较大,而桥址区的预期地震动主要能量集中在高频段时,优先考虑减隔震体系。相反,当地基土层不稳定,或原有结构的固有周期比较长,或结构位于软弱场地、延长结构周期可能引起共振,以及支座出现负反力时,则宜采用延性抗震体系。在抗震设计中,也可以在不同的地震作用方向下采用不同的抗震结构体系。例如,在我国的一些大跨度桥梁中,纵桥向采用减隔震体系,横桥向采用延性抗震体系。

47. 延性抗震桥梁体系中墩柱箍筋作用是什么,其配置要求有哪些?

答:《公路桥梁抗震设计细则》(JTG/T B02-01—2008)要求:对于钢筋混凝土墩柱桥梁,进行延性抗震设计时,墩柱宜出现弹塑性变形,形成塑性铰,耗散地震能量。为了使墩柱具有足够的延性,塑性铰区域的箍筋配置至关重要,要求其起到的主要作用有:①约束塑性铰区域内混凝土,提高混凝土的抗压强度和延性;②提供抗剪能力;③防止纵向钢筋压屈。

为了保证箍筋能够起到上述作用,需对塑性铰区域箍筋进行加密配置,并应满足下列要求:

(1)加密区的长度不应小于墩柱弯曲方向截面宽度的1.0倍或墩柱上弯矩超过最大弯矩80%的范围;当墩柱的高度与横截面宽度之比小于2.5时,墩柱加密区的长度应取全高。

(2)为了防止纵向受压钢筋的屈曲,矩形箍筋和螺旋箍筋的间距不应过大,加密箍筋的最大间距不应大于10cm或$6d_s$或$b/4$,其中d_s为纵筋的直径,b为墩柱弯曲方向的截面宽度。

(3)箍筋的直径不应小于10mm。

(4)由于表层混凝土保护层不受横向钢筋约束,在地震作用下会剥落,这层混凝土不能为横向钢筋提供锚固。因此,所有箍筋都应采用等强度焊接来闭合,或者在端部弯曲纵向钢筋到混凝土核心内,弯勾角度至少为135°,并伸入核心混凝土之内$6d_s$以上。

(5)加密区箍筋肢距不宜大于25cm。

(6)加密区外箍筋量应逐渐减少。

(7)塑性铰加密区域配置的箍筋应延续到盖梁和承台内,延伸到盖梁和承台的距离不应小于墩柱长边尺寸的1/2,并不小于50cm。

此外,为了保证延性构件的延性,各国抗震设计规范对塑性铰区域箍筋的最小配筋率,都做了规定。我国《公路桥梁抗震设计细则》(JTG/T B02-01—2008)要求:对于抗震设防烈度 7 度、8 度地区,圆形、矩形墩柱潜在塑性铰区域内加密箍筋的最小体积含箍率 $\rho_{s,min}$ 应按式(11-49)或式(11-50)计算。对于抗震设防烈度 9 度及 9 度以上地区,圆形、矩形墩柱潜在塑性铰区域内加密箍筋的最小体积含箍率 $\rho_{s,min}$ 应比抗震设防烈度 7 度、8 度地区适当增加,以提高其延性能力。

圆形截面:

$$\rho_{s,min} = \left[0.14\eta_k + 5.84(\eta_k - 0.1)(\rho_t - 0.01) + 0.028\right]\frac{f'_c}{f_{yh}} \geq 0.004$$

(11-49)

矩形截面:

$$\rho_{s,min} = \left[0.10\eta_k + 4.17(\eta_k - 0.1)(\rho_t - 0.01) + 0.02\right]\frac{f'_c}{f_{yh}} \geq 0.004$$

(11-50)

式中:η_k——轴压比;

ρ_t——纵向配筋率;

$\rho_{s,min}$——圆形截面螺旋箍筋或圆形箍筋的体积配箍率,$\rho_{s,min} = 4A_b/(sD_s)$;

A_b——螺旋箍筋或圆形箍筋的面积;

s——箍筋竖向间距;

D_s——圆形截面的直径。

48. 延性抗震桥梁体系中墩柱纵向钢筋作用是什么,配置要求有哪些?

答:试验研究表明:沿截面布置若干适当分布的纵筋,纵筋和箍筋形成一整体骨架(图 11-59),当混凝土纵向受压、横向膨胀时,纵向钢筋也会受到混凝土的压力,这时箍筋给予纵向钢筋约束作用。因此,为了确保对核心混凝土的约束作用,墩柱的纵向配筋宜对称配筋,纵向钢筋之间的距离不应超过 20cm,至少每隔一根宜用箍筋或拉筋固定。

由于纵向钢筋对约束混凝土起到一定的作用,因此延性墩柱中纵向钢筋含量不应太低。但是,纵向钢筋的含量太高,将不利于施工。此外,纵向钢筋含量过高也将会影响墩柱的延性,所以纵向钢筋的含量应有一上限。各国抗震设计规范都对墩柱纵向最小、最大配筋率进行了规定。其中,美国 AASHTO 规范建议的纵向配筋率范围为 0.01~0.08;我国《公路桥梁抗震设计细则》(JTG/TB02-01—2008)建议墩柱纵向钢筋的配筋率范围为 0.006~0.04。

为了保证地震作用下,纵向钢筋不发生黏结破坏,墩柱的纵向钢筋应尽可能地延伸至盖梁和承台的另一侧面。纵向钢筋的锚固和搭接长度应在现行《公路钢筋混凝土及预应力混凝土桥涵设计规范》(JTG D62—2004)要求的基础上增加 $10d_s$,d_s 为纵向钢筋的直径,不应在塑性铰区域进行纵向钢筋的连接。

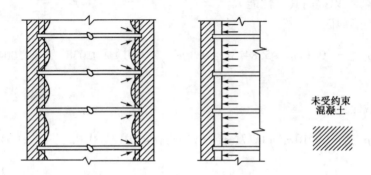

图 11-59　墩柱中横向钢筋和纵向钢筋的约束作用

49. 震区桥梁墩台支撑宽度应满足哪些要求?

答:落梁是历次地震中最常见的震害之一,如 2008 年发生的"5·12"汶川地震中,就有多座桥梁(如庙子坪大桥、百花大桥等)发生了严重的落梁破坏。由于地震作用的随机性,通常无法依靠定量计算来防止结构落梁。历次地震经验表明,在计算的基础上结合桥梁落梁的一般特征,合理地设置防落梁构造措施往往更有效。目前,各国桥梁抗震规范所采用的防落梁构造措施包括:①增加墩梁搭接长度;②防落梁装置。

各国抗震规范为了防止地震作用下落梁破坏,均对墩梁间的搭接长度(支撑宽度)进行了具体规定。我国《公路桥梁抗震设计细则》(JTG/T B02-01—2008)要求如下:

(1)简支梁梁端至墩、台帽或盖梁边缘应有一定的距离(图 11-60),其最小值 a(cm)按下式计算:

$$a \geqslant 70 + 0.5L \tag{11-51}$$

式中:L——梁的计算跨径(m)。

(2)当满足式(11-52)条件时,斜桥梁(板)端至墩、台帽或盖梁边缘的最小距离 a(cm)(图 11-61)应按式(11-51)和式(11-53)计算,取最大值。

$$\frac{\sin 2\theta}{2} > \frac{b}{L_\theta} \tag{11-52}$$

$$a \geqslant 50L_\theta [\sin\theta - \sin(\theta - \alpha_E)] \quad (11\text{-}53)$$

式中：L_θ——上部结构总长度(m)，对简支梁桥取其跨径；

b——上部结构总宽度(m)；

θ——斜交角(°)；

α_E——极限脱落转角(°)，一般取5°。

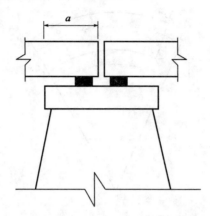

图 11-60 梁端至墩、台帽或盖梁边缘的最小距离 a

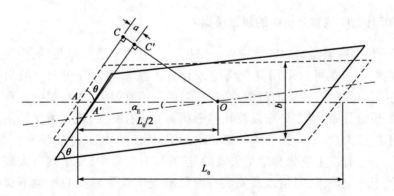

图 11-61 斜桥梁(板)端至墩、台帽或盖梁边缘的最小距离 a

(3)当满足式(11-54)条件时，曲线桥梁端至墩、台帽或盖梁边缘的最小距离 a(cm)(图 11-62)应按式(11-55)和式(11-51)计算，取最大值。

$$\frac{115}{\varphi} \cdot \frac{1-\cos\varphi}{1+\cos\varphi} > \frac{b}{L} \quad (11\text{-}54)$$

$$a \geqslant \delta_E \frac{\sin\varphi}{\cos\frac{\varphi}{2}} + 30 \quad (11\text{-}55)$$

$$\delta_E = 0.5\varphi + 70 \tag{11-56}$$

式中：δ_E——上部结构端部向外侧的移动量（cm）；

L——上部结构总弧线长度（m）；

φ——曲线梁的中心角（°）。

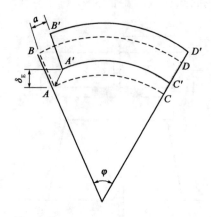

图 11-62　曲线桥梁端至墩、台帽或盖梁边缘的最小距离 a

50. 什么叫抗震分析中的规则桥梁？

答：规则桥梁是指地震响应以一阶振型为主的桥梁。因此，规则桥梁的地震响应通常可以采用简化模型或计算方法来进行分析。一般情况下，规则桥梁要求：桥梁的跨数不应过多，跨径不宜过大，在桥梁纵向和横向上的质量分布、刚度分布以及几何形状都不应有突变，相邻桥墩的刚度差异不应过大，桥墩长细比应处于一定范围，桥址的地形、地质没有突变，且场地不会有发生液化和地基失效的危险等；对于弯桥，要求其最大圆心角应处于一定范围；斜桥以及安装有减隔震支座或阻尼器的桥梁不属于规则桥梁。

为了便于实际中的抗震分析与计算，我国《公路桥梁抗震设计细则》（JTG/T B02-01—2008）以及《城市桥梁抗震设计规范》（CJJ 166—2011）在借鉴国外规范的基础上，给出了判断一座桥梁是否属于规则桥梁的具体参数要求。其中，《城市桥梁抗震设计规范》（CJJ 166—2011）考虑到滑板支座在城市桥梁中广泛应用，且滑板支座在水平方向上的荷载—位移关系也符合立项弹塑性本构关系，因此将该类型桥梁也划归至规则桥梁的范围。表 11-10 所示即为我国《城市桥梁抗震设计规范》（CJJ 166—2011）中对规则桥梁给出的参数要求。

规则桥梁的定义 表11-10

参　　数	参　数　值				
单跨最大跨径	≤90m				
墩高	≤30m				
单墩长细比	大于2.5且小于10				
跨数	2	3	4	5	6
曲线桥梁圆心角 φ 及半径 R	单跨 $\varphi<30°$ 且一联累计 $\varphi<90°$,同时曲梁半径 $R \geq 20B_0$(B_0 为桥宽)				
跨与跨间最大跨长比	3	2	2	1.5	1.5
轴压比	<0.3				
任意两桥墩间最大刚度比	—	4	4	3	2
下部结构类型	桥墩为单柱墩、双柱框架墩、多柱排架墩				
地基条件	不易液化、侧向滑移或不易冲刷的场地,远离断层				

51. 重力式桥台的水平地震力如何计算?

答:对于重力式桥台,由于其刚度较大,在地震作用下可采用静力分析方法,即假定结构的加速度响应与地面加速度响应相同,结构的地震惯性力大小等于结构质量乘以地面加速度峰值,作用在结构质心。重力式桥台台身的水平地震力可按下式计算:

$$E_{hau} = C_i C_s C_d A G_{au}/g \tag{11-57}$$

式中:C_i、C_s——重要性系数、场地系数,可分别按表2-27和表2-28计算;

C_d——为阻尼调整系数,可参见第2章48问;

A——水平向设计基本地震动加速度峰值,可按表2-32取值;

E_{hau}——作用于台身重心处的水平地震作用力(kN);

G_{au}——基础顶面以上台身的重力(kN)。

对于修建在基岩上的桥台,其水平地震力可按式(11-57)计算值的80%采用。验算设有固定支座的梁桥桥台时,还应计入由上部结构产生的水平地震力,其值按式计算,但 G_{au} 取一孔梁的重力。

52. 规则梁桥柱式墩水平地震力如何计算?

答:规则桥梁的柱式墩,采用反应谱法计算时,其顺桥向水平地震力可采用下列简化公式计算。其计算简图如图11-63所示。

$$E_{htp} = S_{h1} G_t/g \tag{11-58}$$

式中:E_{htp}——作用于支座顶面处的水平地震力(kN);

G_t——支座顶面处的换算质点重力(kN);

$$G_t = G_{sp} + G_{cp} + \eta G_p \qquad (11\text{-}59)$$

G_{sp}——桥梁上部结构的重力(kN),对于简支梁,为相应于墩顶固定支座的一孔梁的重力;

G_{cp}——盖梁的重力(kN);

G_p——墩身重力(kN),对于扩大基础,为基础顶面以上墩身的重力;对于桩基础,为一般冲刷线以上墩身的重力;

η——墩身重力换算系数;

$$\eta = 0.16(X_f^2 \times 2X_{f\frac{1}{2}}^2 + X_f X_{f\frac{1}{2}} + X_{f\frac{1}{2}} + 1) \qquad (11\text{-}60)$$

$X_{f\frac{1}{2}}$——考虑地基变形时,顺桥向作用于支座顶面上的单位水平力在墩身计算高度 $H/2$ 处引起的水平位移与支座顶面处的水平位移之比值。

X_f——考虑地基变形时,顺桥向作用于支座顶面或横桥向作用于上部结构质量重心上的单位水平力在一般冲刷线或基础顶面引起的水平位移与支座顶面或上部结构质量重心处的水平位移之比值。

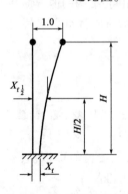

图 11-63 柱式墩计算简图

例:某一级公路上的一座 4×30m 连续梁桥,见图 11-64。上部结构为预应力混凝土连续箱梁,宽 18m,高 1.5m。箱梁的混凝土用量为 0.6m³/(m² 桥面),桥面铺装厚 13cm,三道防撞栏杆质量共 2.6t/m。采用双柱式桥墩,墩柱采用 1.5m×1.35m 的实心钢筋混凝土截面,横向间距为 4.15m(图 11-65 和图 11-66),采用 C30 混凝土。中墩每一立柱顶设置一个固定盆式支座,其他立柱顶设置单向活动盆式支座。桥梁处于中硬场地,采用刚性扩大基础。桥址所在地区抗震设防烈度为 8 度,场地特征周期 T_g 为 0.35s。

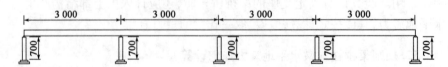

图 11-64 某连续梁桥立面图(尺寸单位:cm)

(1)确定设计加速反应谱最大值。

根据表 11-10 定义,该四跨连续梁桥属于规则梁桥,在 E1 地震作用下可按式(11-58)来确定桥墩水平地震力。根据《公路桥梁抗震设计细则》(JTG/T B02-01—2008)中抗震设防类别的定义(表2-30),该连续梁桥为B类桥梁。B类桥梁 E1 地震作用时其结构重要性系数 $C_i = 0.43$(查表2-27);Ⅱ类场地条件,其场地系数 C_s 取值为 1.0(查表2-28),由表2-32确定的桥址场地设计基本地震加速度峰值取值为 $A = 0.20g$。假定阻尼比为 5%,则阻尼调整系数 $C_d = 1.0$。因此,根据式确定的 E1 地震作用下设计加速度反应谱最大值为:

$$S_{\max} = 2.25 C_i C_s C_d A = 2.25 \times 0.43 \times 1.0 \times 1.0 \times 0.20g = 0.194g$$
(11-61)

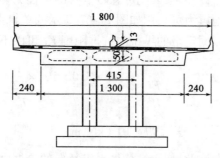

图 11-65 某连续梁桥横截面图(尺寸单位:cm)

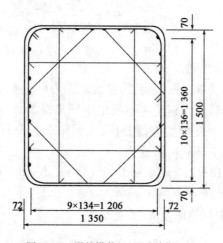

图 11-66 墩柱横截面(尺寸单位:mm)

(2)确定桥梁结构体系的自振周期 T。

①纵桥向自振周期的计算。

桥梁上部结构的质量为:

$$m_s = (0.6 \times 18 \times 2.5 \times 10^3 + 0.13 \times 18 \times 2.5 \times 10^3 + 2.6 \times 10^3) \times 120$$
$$= 4254 \times 10^3 (\text{kg})$$
(11-62)

由于桥址为中硬场地,且其基础采用刚性扩大基础形式,因此可忽略地基的侧向变形,即式(11-60)中的 $X_\mathrm{f} = 0$。由图乘法,可计算得到 $X_{\mathrm{f}\frac{1}{2}} = 0.313$。因此,墩身重力换算系数为:

$$\eta = 0.16(X_\mathrm{f}^2 \times 2X_{\mathrm{f}\frac{1}{2}}^2 + X_\mathrm{f} X_{\mathrm{f}\frac{1}{2}} + X_{\mathrm{f}\frac{1}{2}} + 1) = 0.16 \times (0.313 + 1) = 0.21 \tag{11-63}$$

因此,桥墩的换算集中质量为:

$$\eta m_\mathrm{d} = 0.21 \times [1.5 \times 1.35 \times 2.5 \times 10^3 \times (10 \times 7)]$$
$$= 74.42 \times 10^3 (\mathrm{kg}) \tag{11-64}$$

ηm_d 仅为 m_s 的 1.75%,因此可忽略墩身的惯性力影响,即固定墩的设计地震力可采用如图 11-67 所示的单自由度计算。

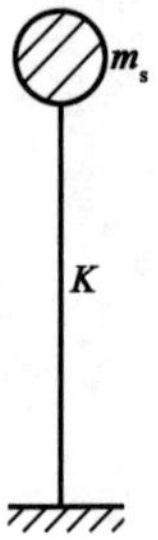

固定墩的纵桥向抗推刚度 K_1 可由下式计算确定:

$$K_1 = 2\frac{EI}{H^3} = 2 \times \frac{3 \times 3.0 \times 10^7 \times \frac{1}{12} \times 1.35 \times 1.5^3}{7^3}$$
$$= 1.99 \times 10^5 (\mathrm{kN/m}) \tag{11-65}$$

图 11-67 等效单自由度模型

因此,桥梁结构体系纵桥向的自振周期为:

$$T_1 = 2\pi\sqrt{\frac{m_\mathrm{s}}{K_1}} = 2\pi\sqrt{\frac{4\,254}{1.99 \times 10^5}} = 0.92(\mathrm{s}) > T_\mathrm{g}$$
$$= 0.35\mathrm{s} \tag{11-66}$$

②横桥向自振周期的计算。

该桥横桥向设置横向限位装置,且可以作为单向支座处理。因此,假定在地震作用下各个桥墩在横桥向不发生不同步振动。与纵桥向类似,横桥向亦可简化为单自由度模型进行分析,取固定墩为分析对象,集中质量 m 为固定墩所承担的上部结构质量,即

$$m = m_\mathrm{s}' = (0.6 \times 18 \times 2.5 \times 10^3 + 0.13 \times 18 \times 2.5 \times 10^3 + 2.6 \times 10^3) \times 30$$
$$= 1\,063.5 \times 10^3(\mathrm{kg}) \tag{11-67}$$

类似地,横桥向抗推刚度 K_2 为:

$$K_2 = 2\frac{EI}{H^3} = 2 \times \frac{3 \times 3.0 \times 10^7 \times \frac{1}{12} \times 1.5 \times 1.35^3}{7^3}$$
$$= 1.61 \times 10^5(\mathrm{kN/m}) \tag{11-68}$$

因此,桥梁结构体系横桥向的自振周期为:

$$T_2 = 2\pi\sqrt{\frac{m_\mathrm{s}'}{K_2}} = 2\pi\sqrt{\frac{1\,063.50}{1.61 \times 10^5}}$$

$$= 0.51(\text{s}) > T_g = 0.35(\text{s}) \tag{11-69}$$

(3) 计算固定墩的设计地震力。

当结构自振周期 $T > T_g$ 时，可计算得到纵桥向加速度反应谱值：

$$S_{h1} = S_{max}\frac{T_g}{T} = 0.194g \times \frac{0.35}{0.92}$$

$$= 0.738(\text{m/s}^2) \tag{11-70}$$

横桥向加速度反应谱值为：

$$S_{h2} = S_{max}\frac{T_g}{T} = 0.194g \times \frac{0.35}{0.51}$$

$$= 1.331(\text{m/s}^2) \tag{11-71}$$

根据式(11-58)，可计算得到该墩柱横桥向水平地震力：

$$E_{htp2} = \frac{S_{h2}G_t}{g} = 1.331 \times 1063.5 = 1415.52(\text{kN}) \tag{11-72}$$

对于纵桥向，水平地震力可忽略滑动支座的摩擦阻尼影响，但通常滑动支座的摩阻力影响较为显著，因此考虑其对固定墩水平地震力的影响。因此，纵桥向水平地震可表达为：

$$E_{htp1} = S_{h1}\frac{G_t}{g} - C_i\sum\mu_i N_i = 0.738 \times 4254 - 0.43 \times 0.02 \times 4254 \times 10 \times$$

$$\left(\frac{30 \times 2 + 15 \times 2}{120}\right) = 2865.07(\text{kN}) \tag{11-73}$$

式中：μ_i——滑动支座的摩阻系数，取 0.02；

N_i——各个滑动支座所承担的恒载压力。

53. 规则梁桥重力式桥墩水平地震力如何计算？

答：对于采用重力式桥墩的规则梁桥，根据《公路桥梁抗震设计细则》(JTG/T B02-01—2008)可采用反应谱方法计算作用在桥墩质心处的地震惯性力，其结构计算简图如图 11-68 所示。具体计算公式如下：

$$E_{ihp} = \frac{S_{h1}\gamma_1 X_{1i}G_i}{g} \tag{11-74}$$

式中：E_{ihp}——作用于桥墩质点 i 的水平地震力(kN)；

S_{h1}——相应水平方向的加速度反应谱值，可根据桥梁结构基本周期按《公路桥梁抗震设计细则》(JTG/T B02-01—2008)第 5.2.1 条、第 5.2.2 条以及附录 A 确定；

γ_1——桥墩顺桥向或横桥向的基本振型参与系数：

$$\gamma_1 = \frac{\sum_{i=0}^{n} X_{1i} G_i}{\sum_{i=0}^{n} X_{1i}^2 G_i} \qquad (11\text{-}75)$$

X_{1i}——桥墩基本振型在第 i 分段重心处的相对水平位移，对于实体桥墩，当 $H/B > 5$ 时，$X_{1i} = X_f + (1 - X_f) \cdot H_i/H$（一般适用于纵桥向）；当 $H/B > 5$ 时，$X_{1i} = X_f + (H_i/H)^{\frac{1}{3}}(1 - X_f)$（一般适用于横桥向）；

X_f——考虑地基变形时，顺桥向作用于支座顶面或横桥向作用于上部结构质量重心上的单位水平力在一般冲刷线或基础顶面引起的水平位移与支座顶面（或上部结构质量重心处）的水平位移之比值；

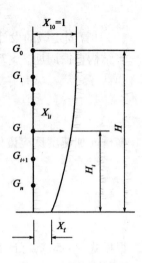

图 11-68 结构计算简图

H_i——一般冲刷线（或基础顶面）至墩身各分段重心处的垂直距离（m）；

H——桥墩计算高度，即一般冲刷线（或基础顶面）至支座顶面（或上部结构质量重心）的垂直距离（m）；

B——顺桥向或横桥向的墩身最大宽度（m），如图 11-69 所示；

$G_{i=0}$——桥梁上部结构重力（kN），对于简支梁，计算顺桥向地震力时为相应于墩顶固定支座的一孔梁的重力；计算横桥向地震力时为相邻两孔梁重力的一半；

$G_{i=1,2,3\cdots}$——桥墩墩身各分段的重力（kN）。

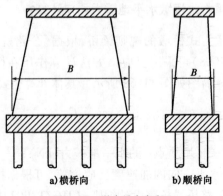

a) 横桥向　　　b) 顺桥向

图 11-69 墩身最大宽度 B

54. E1 和 E2 地震作用下桥墩（台）抗震验算内容分别有哪些？

答：根据抗震设防原则和能力设计原则，在 E1 地震作用下，要求结构保持弹性，需要验算结构的强度；在 E2 地震作用下需要验算延性构件（通常为墩柱）的延性，以保证充分发挥其延性能力，而脆性构件和不希望发生塑性变形的构件采用能力设计方法设计。通过这种抗震设计方法，可以最大限度地避免桥梁结构发生脆性破坏（如墩柱的剪切破坏、桥墩盖梁的破坏），而充分发挥延性构件的延性能力，耗散地震能量。

(1) E1 地震作用验算

对于 D 类桥梁、圬工拱桥、重力式桥墩和桥台，要求顺桥向和横桥向 E1 地震作用效应和永久作用效应组合后，应按现行公路桥涵设计规范相关规定验算桥墩、桥台及基础的强度、偏心、稳定性。而对于 B、C 类桥梁，在 E1 地震作用下只要求按现行的公路桥涵设计规范相关规定验算桥墩的强度。

(2) E2 地震作用验算

在 E2 地震作用下，延性构件（墩柱）可发生损伤，进入塑性工作范围，但要求墩柱具有足够的延性，利用墩柱延性抗震，需要验算墩柱的变形能力。

一般情况下，应验算墩柱潜在塑性铰区域沿顺桥向和横桥向的塑性转动能力，即要求验算：

$$\theta_p \leqslant \theta_u \tag{11-76}$$

式中：θ_p——在 E2 地震作用下，潜在塑性铰区域的塑性转角；

θ_u——塑性铰区域的最大容许转角，可根据墩柱塑性铰区域屈服曲率和极限破坏状态的曲率能力计算：

$$\theta_u = \frac{L_p(\phi_u - \phi_y)}{K} \tag{11-77}$$

ϕ_u、ϕ_y——截面的等效屈服曲率、极限破坏状态的曲率；一般情况下，可通过截面的 M-ϕ 分析可以确定；对于矩形和圆形截面桥墩，可按《公路桥涵抗震设计细则》(JTG/T B02-01—2008) 附录 B 计算；

K——延性安全系数，取 2.0；

L_p——等效塑性铰长度（cm），可取下两式计算结果的较小值：

$$L_p = 0.08H + 0.022 f_y d_s \geqslant 0.044 f_y d_s \tag{11-78}$$

$$L_p = \frac{2}{3}b \tag{11-79}$$

H——悬臂墩的高度或塑性铰截面到反弯点的距离（cm）；

b——矩形截面的短边尺寸或圆形截面直径(cm);

f_y——纵向钢筋抗拉强度标准值(MPa);

d_s——纵向钢筋的直径(cm)。

对于规则桥梁,可采用验算墩顶位移来替代验算塑性铰区的转动能力;而对于计算长度与矩形截面计算方向的尺寸之比小于2.5(或墩柱的计算长度与圆形截面直径之比小于2.5)的矮墩,可不验算桥墩的变形,但需按现行的公路桥涵设计规范相关规定验算桥墩的强度。

55. 桥墩防船撞设计时有哪几种基本防护策略?

答:船撞桥事故不但威胁船舶通行的安全,也严重影响着桥梁的安全运营,一旦发生船撞事故,桥梁结构可能承受巨大的侧向冲击荷载。因此,在设计通航水域内的桥梁时,必须对船撞问题予以充分考虑。目前,桥墩防船撞设计大体可以有以下几种基本策略:

(1) 避让策略

对于特别重要的桥梁或有条件增大跨径的桥梁(增大跨径的成本通常小于设置防撞设施),或者通航船舶吨位非常大的情况下,可采用避让(隔离桥墩与船舶)的策略。可采用一跨过江的形式,从根本上规避船撞桥墩的风险。

瑞典新旧特荣桥(TjörnBridge)的改变,是采用避让策略进行桥墩防船撞设计的典型案例。旧特荣桥为主跨278m的钢管肋拱桥,1981年1月,一艘数千吨的荷兰籍货轮偏航后碰撞了大桥的钢管拱,致使主要受力结构钢管拱破坏,上部结构坍塌在肇事船舶上,死亡10余人。新桥采用斜拉桥体系,主跨增大至366m,使桥墩位于岸坡上,从而从根本上避免了船舶撞击桥墩的风险。新旧特荣桥结构布置如图11-70所示。

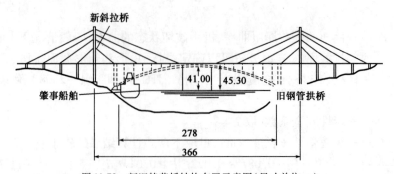

图11-70 新旧特荣桥结构布置示意图(尺寸单位:m)

黄浦江是上海主要的通海、通江、内河航运干线,船舶吨位大,通航量大。在建设黄浦江上的南浦和杨浦大桥时,考虑到下部结构的船撞风险,也都采用了避让策略(一跨过江)来规避桥墩船撞风险。

(2)约束通航条件(速度)策略

通过降低通航船舶的过桥速度,可以有效地降低船舶偏航的概率,减小偏航船舶的碰撞能量,进而减小船撞下桥墩破坏的概率。国际桥协组织多国委员会研究指出,自由(不减速)航行的安全通航宽度为3.2倍船长,而约束(减速)航行可减半为1.6倍船长。因此,通过约束通航条件,一方面能减小偏航船舶撞击桥墩的冲击力,降低桥梁船撞倒塌概率;另一方面也降低了对桥梁通航孔跨度的要求。例如,2004年建成的希腊里翁—安提里翁大桥(Rion-Antirion Bridge)采用了约束通航速度的策略,要求自由航行约30节的18万吨海轮以16节航速通过大桥,既降低了船撞下桥墩倒塌的概率,又降低了对桥梁通航净空的要求。

(3)设置防撞设施的策略

通常情况下,防撞措施可分为导航性质的主动设施和物理防护的被动措施两大类。主动的导航设施,大多由航运部门来进行设计与安装,属于水上交通管制。目前,实际工程中通常采用被动防撞设施,通过防撞设施的变形来耗散偏航船舶的动能,从而减小桥墩所受船撞力,或免受船舶的撞击。

根据物理的防撞措施与桥梁结构在空间上的布置关系,防撞结构可以分为两大类,一类是与被保护的桥梁结构分离的独立式防撞结构,如重力式防撞墩、桩承式防撞结构和浮式防撞系统等;另一类是与桥梁结构相连的附着式防撞结构,如橡胶、木结构、混凝土结构或钢结构组成的防护系统以及人工岛等。

(4)桥墩自身抗撞策略

对于桥墩具有较大抗撞能力或通航船舶吨位较小的情况下,可采用桥墩自身抗撞策略。在桥位水文地质条件较好的情况下,也可以通过增加桩基数目或采用斜桩等来提高桥梁下部结构的整体防撞能力。例如,挪威的海尔格兰斜拉桥(Helgeland Bridge)和瑞典主跨414m的乌德瓦拉斜拉桥(Uddevalla Bridge)都采用提高自身基础能力的方案来进行防撞。

56. 抗撞型桥墩的设计要点有哪些?

答:相比采用其他防撞策略而言,采用自身抗撞策略时需要更为重视桥墩的防撞设计,确保桥墩在船撞下的安全性。通常,在设计抗撞桥墩时需考虑如下要点:

(1)不仅是航道两侧的桥墩需进行防撞设计,而且位于通航水域内的其他桥墩也需要进行必要的防撞设计,可采用船撞风险分析方法进行设计。例如,美国旧阳光大道桥、阿肯色 I-40 桥和广东九江大桥都在临近通航孔的第一个边墩发生船撞事故,如图 11-71 所示,被撞后非通航孔桥墩均发生了严重的破坏,表明了非通航孔桥墩进行合理船撞设计的必要性。

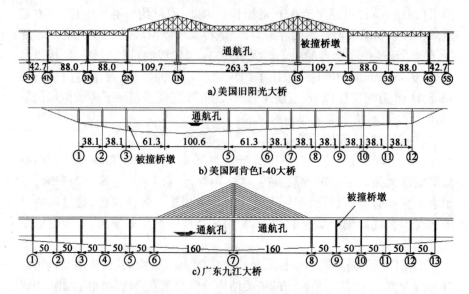

图 11-71　船撞桥墩位置比较(尺寸单位:m)

(2) 选择合理的桥墩或下部结构形式,使其具有较大的抗冲击能力。总体上来讲,相比轻型桥墩,重力式桥墩具有更大的横桥向抗推刚度,更适合用于抗撞桥墩。但采用重力式桥墩时,需要较大的抗撞能力富余,否则这类桥墩在船撞下容易发生脆性的冲切破坏。

(3) 合理选择承台的位置。采用高桩承台基础时,需结合桥区水位及船舶空、满载时的吃水情况,确定船-桥碰撞接触的形式,避免船舶(尤其是船首)直接撞击薄弱的桩基。有条件情况下,也需尽量避免撞击桥墩部分,使偏航船舶尽量碰撞承台部分,船撞作用时下部结构整体参与受力。

(4) 为了保证桥墩船撞下的安全性,需从整体稳定性和局部承载力两个方面进行计算。一方面,设计船撞力需以集中力形式作用于下部结构,用于验算下部结构的整体稳定性和承载力,如图 11-72a)所示。另一方面,设计船撞力以沿船首高度分布的荷载形式作用于被撞结构上,用于验算下部结构的局部承载能力,如图 11-72b)所示;对驳船碰撞情况下,局部荷载按船头的高度(H_L)分布,如图 11-72c)所示。

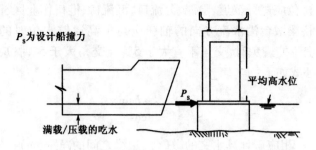

a) 船撞集中力作用在桥墩上(验算下部结构稳定性)

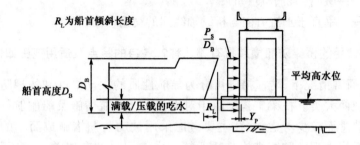

b) 局部分布荷载(验算局部承载力)

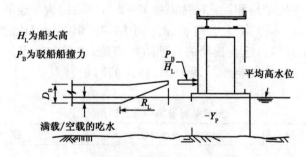

c) 驳船局部分布荷载(验算局部承载力)

图 11-72　设计船撞力作用在结构上的形式

57.考虑到通航船舶及桥梁的安全性,选择桥墩位置及桥轴线需满足哪些基本要求?

答:考虑到通航船舶及桥梁的安全,选择桥轴线及桥墩位置时需满足以下基本要求:

(1)考虑桥位上、下游航道和港口规划与发展,选择桥轴线及桥墩位置时应预留远期规划及发展的空间;

(2)桥位应在航道顺直,水文地质条件稳定的航段上;

(3) 桥位应避开汊道、险滩、分流口、汇流口、港口作业区、锚地等；

(4) 桥梁墩台沿水流方向的轴线应与最高通航水位时的主流方向一致；当斜交不能避免时，交角不宜大于5°；当交角大于5°时，应增大通航跨径，计算公式如下：

$$l_a = \frac{l + b\sin\alpha}{\cos\alpha} \tag{11-80}$$

式中：l_a——相应于计算水文的墩（台）边缘之间的净距（m）；

　　　l——通航要求的有效跨径；

　　　b——墩（台）的长度（m）；

　　　α——垂直于水流方向与桥纵轴线间的交角（°）。

58. 常用的桥梁防船撞装置有哪几种？各自的特点及适用范围如何？

答：通常情况下，防撞措施可分为导航性质的主动措施和物理防护的被动措施两大类。桥梁工程师由于对大多主动导航措施及船舶航行运动特点不熟悉而较少考虑，往往主要考虑采用被动防撞措施或简单的警示标识。根据物理的防撞措施与桥梁结构在空间上的布置关系，又可以分为两大类：①与被保护的桥梁结构分离的独立式防撞结构，如重力式防撞墩、桩承式防撞结构和浮式防撞系统等；②与桥梁结构相连的附着式防撞结构，如橡胶、木结构、复合材料、混凝土结构或钢结构组成的护舷防护系统以及人工岛等。这些被动的物理防护措施，由于与被保护桥梁的空间布置关系、材料及结构形式等原因，各自的防护特点及适用范围有所不同，具体可见表11-11。

桥墩防撞设施特点及适用范围　　　　　表11-11

类型[a]	与桥墩关系	防护特点及适用范围	工程实例
木护舷	附着式	特点：通过木结构护舷的弹塑性变形及破坏来耗散船撞动能； 优点：经济、取材方便； 缺点：耗能能力有限； 适用性：适合于较低能量碰撞	美 Commodore John Barry 桥、Richmond-san Rafael 桥。总体上，运用较少
橡胶护舷	附着式	特点：通过橡胶的压、弯和剪等弹性变形来耗散碰撞动能； 优点：经济、可选用的形式多； 缺点：耗能能力有限； 适用性：适合较低能量碰撞	美 Passyunk Avenue 桥、日本濑户大桥。总体上，运用较少

续上表

类型[a]	与桥墩关系	防护特点及适用范围	工程实例
混凝土结构护舷	附着式	特点:一般由中空薄壁的混凝土箱形结构组成,通过混凝土板的屈曲、压溃等破坏来耗散船舶碰撞动能; 优点:较经济、耐久好性; 缺点:当发生较大塑性变形时,较难计算明确结构耗能的特征; 适用性:适合中低能量碰撞	美国 Francis Scott Key 桥、中国平潭海峡大桥方案。总体上,运用较少
钢结构护舷	附着式	特点:一般由薄壁钢板和形钢组成的箱形的钢套箱结构组成,通过钢构件的压弯、屈曲和断裂来耗散碰撞动能; 优点:较经济; 缺点:易腐蚀、维护陈本高、需避免易燃船舶碰撞时直接钢-钢接触造成火灾或爆炸; 适用性:适合中低能量碰撞	日本南北备赞濑户桥(图11-73)、中国湛江海湾大桥、中国广东官洲河大桥、中国武汉天兴洲大桥、中国黄石长江大桥、中国珠江特大桥、中国上海长江大桥、中国江苏苏通长江大桥、中国嘉绍大桥、中国舟山金塘大桥
桩承防撞结构	独立、也可附着式	特点:一般由群桩基础及连接的承台组成,通过桩基础的延性弯曲变形来耗散碰撞动能; 优点:耗能能力大、易设计成可控延性耗能形式; 缺点:在桥位地质不良时,经济性不好; 适用性:适合中高能量碰撞	挪威 Tromsø 桥、澳大利亚 Tasman 桥、阿根廷 Rosario-Victoria 桥、Venezuela Orinoco 桥、德国 Rhine 桥、阿根廷 Chaco-Corrientes 大桥、中国荆州长江公路大桥
薄壳筑砂围堰	独立	特点:一般由按格子形打入的钢板桩、碎石填料、混凝土板及墩帽组成;当结构较刚时,主要由船首发生变形耗散碰撞动能;结构较柔时,通过结构的平动和扭转变形来耗散能量; 优点:较为经济,维护成本低; 缺点:船舶可能发生较为明显的损伤; 适用性:适合中高能量碰撞的情况	美阳光大道桥(图11-75)、美 Outerbridge Crossing、美 Betsy Ross 大桥、美 Dame Point 大桥、巴西 Rio-Niteroi 大桥、阿根廷 Zarate-Brazo Largo 桥

续上表

类型[a]	与桥墩关系	防护特点及适用范围	工程实例
人工岛（也称防撞岛）	附着	特点：一般由砂和石料组成，表面采用较好的岩石来防护波浪、水流等冲刷作用；通过将桥梁结构与肇事船舶隔离，使有限的船撞力作用传递给基础； 优点：对高能碰撞提供有效的防护，船舶损伤小，深受船主、船员及环境保护者所青睐； 缺点：对桥位航道及水文环境影响和依赖性较大； 适用性：适合水深不大情况下的高能碰撞情况	美阳光大道桥（图 11-75）、美 Baytown 大桥、美 James River 大桥、加拿大 Laviolette 大桥、加拿大 Annacis Island 大桥、丹麦 Great Belt 大桥、英国 Orwell 大桥、中国香港汲水门大桥、
浮式防撞系统	独立	特点：一般由柔性的系锚索、浮筒等构成，具体形式较多；通过浮筒和系锚索的移动及破坏来耗散碰撞动能； 优点：可随水位变化，船舶损伤小； 缺点：可靠性不高，对斜型船首容易失效，在冬季被漂流冰破坏或长期作用下耐久性不高； 适用性：适合用于对船舶保护要求较高、中低能量碰撞情况	日本临时性的 Drilling Rig、日本 Honshu-Shikoku 大桥、澳大利亚 Tasman 大桥、意大利 Taranto 大桥、阿根廷 Zarate-Brazo Largo 桥、中国台州椒江二桥方案、中国杭州湾大桥

由表 11-11 可知，目前运用较为广泛的防护设施为：钢结构护舷（又称，钢套箱）、桩承防撞结构、重力式防撞墩以及人工岛等。我国近年来主要采用护舷形式（如钢套箱）的防撞措施。日本南北备赞濑户大桥较早采用这种钢结构防撞装置，如图 11-73 所示，用于防护 500 吨级船舶 8 节速度（约 4.1m/s）的碰撞，最大允许撞击能量约为 10.17MJ。研究表明：该类防撞装置存在船撞下钢面板易过早发生破坏、耗能效率较低且钢面板易腐蚀等不足。为此，有学者提出了如图 11-74 所示的波纹管-UHPC 组合新型防撞装置，将具有优异抗冲击性能的 UHPC 板作为传力构件，将具有稳定破坏模式及高耗能能力的波纹管作为耗能构件，协同工作提高该类防撞装置的防撞性能。

第 11 章 桥梁下部结构

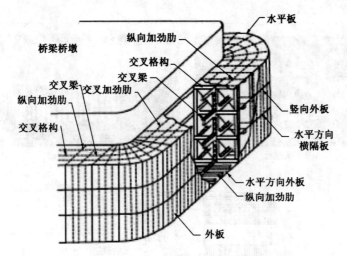

图 11-73 日本南北备赞濑户桥钢结构防撞设施

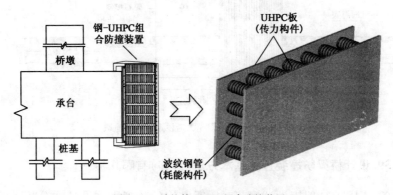

图 11-74 波纹管-UHPC 组合防撞装置

国外主要选用耗能可靠性较高、偏于保守的独立防撞结构(如桩承防撞结构、重力式防撞墩和人工岛等)。例如,在 1980 年旧阳光大道桥船撞事故的影响下,新阳光大道桥主墩采用了人工岛与薄壳筑砂围堰相结合的防护方案,主墩两侧各 5 个边墩(由风险分析确定的最容易遭受船舶撞击的桥墩)采用三种不同直径的薄壳筑砂围堰防护,如图 11-75 所示。该薄壳筑砂围堰由钢板桩、碎石填料、混凝土墩帽、木护舷结构以及导航灯组成,通过拔出锚固在河底的钢板桩,内部的填充料外溢,船体与高摩阻的填充料充分摩擦,达到大量吸收碰撞能量的目的。直径 60ft(约 18.3m)的薄壳筑砂围堰一般能承受 23 000DWT 的满载货船或 83 700DWT 空载货船的撞击;直径 54ft(约 16.5m)的薄壳筑砂围堰一般能承受 25 000DWT 的满载驳船或 70 000DWT 空载轮船的撞击;直径 47ft(约 14.3m)的薄壳筑砂围堰能承受 15 000DWT 的满载驳船或 35 000DWT 空载货船的撞击。设计船舶撞击速

561

度为10节(约5.14m/s)。

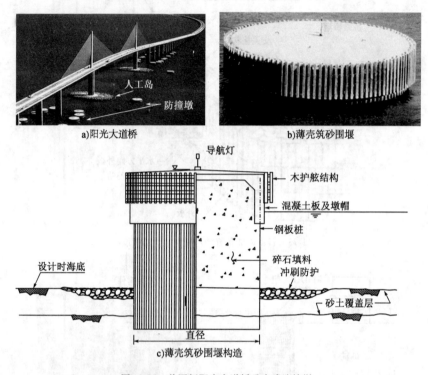

图11-75 美国新阳光大道桥重力式防撞墩

59. 设计桥梁防撞装置的基本方法(思路)有哪几种?

答:AASHTO船撞设计规范对桥梁结构的防撞措施设计或分析方法做了相关规定或说明,其规定:对于防撞结构而言,需要根据可接受的工程实践经验,采用能量的、等效静力的或动力的方法来进行设计分析。当进行基于能量的分析时,则可以采用下式来计算:

$$KE = \int F(x) \mathrm{d}x \tag{11-81}$$

式中:KE——设计代表船舶的碰撞动能,其中设计代表船舶为AASHTO规范基于风险方法确定的设防标准船舶;

$F(x)$——防撞结构的抗力,为结构位移x的函数。

根据防撞结构抗力F与船撞力P_s的关系,对防撞结构设计有三种不同的情况(图11-76):

(1)当防撞结构的抗力小于或远小于等效船撞力时,则假定碰撞动能完全由防撞结构吸收,采用式(11-18)进行分析和设计,使得结构满足耗能需求。例如,表 11-11 中的浮式防撞系统,通常情况下属于这种类型。

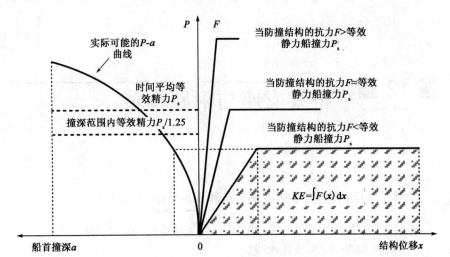

图 11-76　防撞结构不同抗力函数情况的设计分析示意

(2)当防撞结构的抗力大于或远大于等效船撞力时,则假定碰撞动能完全由船舶变形耗散,采用确定的船撞力进行分析和设计,使结构满足强度要求。例如,表 11-11 中的刚度较大的重力式防撞墩往往属于此类型。

(3)当防撞结构的抗力与确定的等效船撞力相当时,则由两者共同的变形来耗散船舶的初始碰撞动能。此时,AASHTO 规范指出:这种情况下,涉及较为复杂的船舶-防撞结构的动力相互作用,需采用动力方法进行分析。通常,桩承式防撞结构及部分护舷式防撞装置属于这种情况。

第12章 桥梁支座与附属构造

1. 除了桥梁支座外,桥梁附属构造和设施包括哪些内容?

答:除了桥梁支座外,桥梁的附属构造及设施包括以下内容:
(1)桥面铺装、防水及排水设施;
(2)桥面伸缩缝装置;
(3)人行道与安全带;
(4)护栏与隔离设施;
(5)桥梁照明;
(6)桥梁结构与路堤的衔接构造;
(7)桥梁防撞保护设施;
(8)桥梁防震抗震设施;
(9)桥梁标志、标线、视线导引与防眩设施;
(10)桥梁防噪与防雪走廊;
(11)桥头引道与调治构筑物;
(12)桥头建筑等。

2. 支座的作用是什么?

答:梁式桥在桥跨结构和墩台之间须设置支座,其作用为(图12-1):

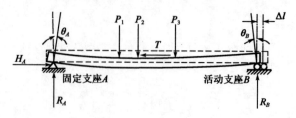

图12-1 支座的作用

(1) 传递上部结构的支承反力,包括恒载和活载引起的竖向力和水平力;

(2) 保证结构在活载、温度变化、混凝土收缩和徐变等因素作用下按设计要求自由变形,以使上、下部结构的实际受力情况符合结构的静力图式。

3. 梁式桥支座有哪些基本类型？各自的适用范围如何？

答:梁式桥的支座一般分为固定支座和活动支座两种。固定支座固定在墩帽或台帽上,它既能将上部结构的竖向力和水平力传递给桥墩或桥台上,同时又能保证主梁发生挠曲时自由地转动。活动支座只传递竖向压力,但又要保证主梁在支承处能自由转动和水平移动。

梁式桥的支座,通常用钢、橡胶或混凝土等材料制作,而钢筋混凝土和预应力混凝土公路桥梁常用的支座类型有下列几种。

(1) 垫层支座

跨径小于 10m 的简支板(梁)桥,为简便起见,常不设专门的支座,而是直接使板或梁的端部支承在几层油毛毡或石棉做成的简易垫层上面,如需在梁的一端设固定支座时,则在墩台中预埋锚钉,然后将它穿到预埋于板或梁端中的套管内。

(2) 弧形钢板支座

这种支座目前已较少采用,但在一些老桥上还能见到,它适用于标准跨径在 10~20m,支座反力不超过 600kN 的简支梁桥。弧形钢板支座的上垫板是一块平直的矩形钢板,下垫板是一块顶面呈圆弧形的钢板,并且分别预埋在主梁端部和墩(台)帽中,如图 12-2 所示。若为固定支座,则需将上垫板的前、后两端开槽,下垫板在对应的两端各焊接一块齿板,使之嵌入槽内,以阻止上垫板发生纵向滑移,但容许能自由转动。为此,下垫板的长度要比上垫板稍短,如图 12-2b)所示。若为活动支座,则上垫板不用开槽,但下垫板仍需焊接齿板,以限制主梁侧向移动,其长度与上垫板相同。

(3) 钢筋混凝土摆柱式支座

钢筋混凝土摆柱式支座适用于标准跨径等于或大于 20m 简支梁桥的活动支座,就纵向移动方面而言,它比弧形钢板活动支座更灵活。其构造也较简单,只要将钢筋混凝土短柱的上、下端做成弧形钢板固定支座的形式,便成了摆柱式支座,如图 12-3 所示。为了与弧形钢板固定支座配套使用,常采用两种构造措施来调整二者的高度差:①在弧形钢板固定支座的下面设置支承垫石[图 12-3c)];②将摆柱式支座搁置在墩顶的预留槽内[图 12-3d)],其优点是可以降低桥面高度,缺点是槽内容易进入污物,且维护检修较困难。

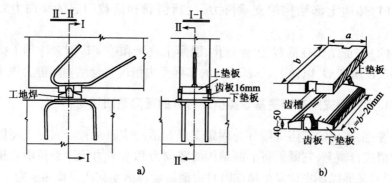

图 12-2 弧形钢板支座(尺寸单位:mm)

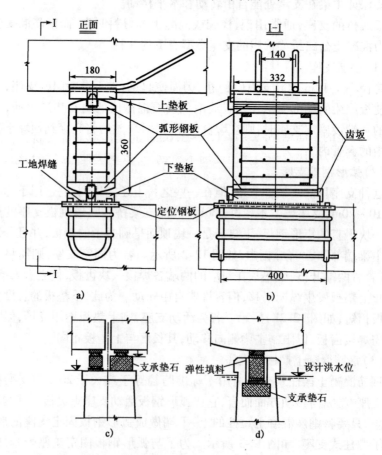

图 12-3 钢筋混凝土摆柱式支座(尺寸单位:mm)

(4)板式橡胶支座

板式橡胶支座由多层橡胶片与薄钢板镶嵌、黏合、压制而成,如图 12-4 所示,板式橡胶支座的承载能力可达 10 000kN,容许压应力一般为 10MPa

左右。适用于标准跨径在50m以内的简支板(梁)桥。板式橡胶支座一般无固定支座与活动支座之别,所有纵向水平力和位移由各个支座均匀分配。必要时也可用高度不同的橡胶板支座来调节各支座传递的水平力和水平位移。

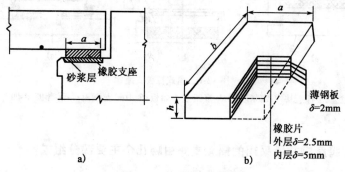

图12-4 板式橡胶支座

（5）滑板式橡胶支座

聚四氟乙烯滑板式橡胶支座是板式橡胶支座的一种特殊形式,它是在板式橡胶支座的一面粘贴一块厚 $1.5 \sim 3.0$ mm 的聚四氟乙烯板材,另在主梁支点底面设置一块有一定光洁度的不锈钢板,以利聚四氟乙烯板贴在它上面自由地滑动,如图12-5所示。四氟板与不锈钢板之间的摩阻力系数设计可取 $0.05 \sim 0.10$。除了能水平向自由伸缩外,滑板式橡胶支座与非滑板式橡胶支座其他性能相同。

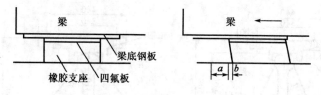

图12-5 四氟滑板式橡胶支座

（6）盆式橡胶支座

盆式橡胶支座的橡胶板置于扁平的钢盆内,盆顶用钢盖盖住。在高压力下,其作用犹如液压千斤顶中的黏性液体,盆盖相当于千斤顶的活塞。由于在边缘与盆壁很好的密合,橡胶在盆内不能横向伸长,竖向压缩也将小得多。因此,支座能承受相当大的压力,容许压应力约为12.5MPa左右。在均匀承压应力的情况下,可作微量的转动,这就是盆式橡胶支座的工作性能。按使用性能划分,盆式橡胶支座有:①固定支座[图12-6a)];②双向活动支座[图12-6b)];③单向活动支座[图12-6c)]。适用于支座承载力为1 000kN以上的公路桥梁,也是目前应用较广泛的一种支座类型。

由于盆式支座的橡胶块相对密封,没有暴露在大气中,因而盆式橡胶支座的耐久性优于板式橡胶支座。

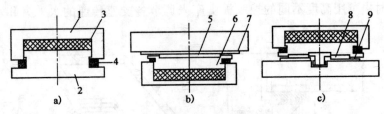

图 12-6 盆式橡胶支座

1-盆环;2-盆塞;3-橡胶块;4-密封胶圈;5-聚四氟乙烯板;6-中间支座板;7-钢滑板;8-四氟乙烯板;9-不锈钢板装置

4. 大跨度钢桥所采用的摇轴支座由哪几个主要部分组成?

答:大跨度钢桥上所用的摇轴支座主要由上摆、摇轴及座板三部分组成,如图 12-7a)所示。上摆用螺栓与钢桁梁节点的座板相连,而支座的座板则用带钩的锚栓锚固于墩(台)中。摇轴的上下弧形面是共圆心且半径相等的两个弧线段,这样摇轴相当于一个圆滚轴的作用。有了摇轴,上摆与支座座板就可作相对的水平移动。摇轴支座上摆的转动是借助于摇轴的弧形面,为了防止摇轴对座板的纵向错位,在座板上还设有牙(齿)板。与之匹配的固定支座仅由上摆与下摆两部分组成,上摆的转动是靠骑在下摆上端的弧面上来实现[图 12-7b)]。

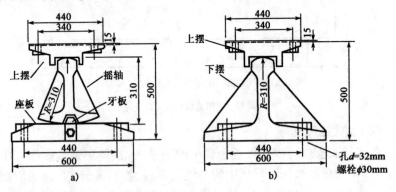

图 12-7 摇轴支座(尺寸单位:mm)

5. 大跨度钢桥所采用的辊轴支座由哪几个主要部分组成?

答:辊轴支座主要由上摆、下摆、辊轴和座板四个部分组成,如图 12-8a)所示。这种支座的上摆与座板作纵向水平的相对移动是靠辊轴的作用。辊轴数目越多,其支承的能力也越大。因此,大跨径钢桁架梁的活动支座,常用辊轴支座。此外,与它配套使用的固定支座主要由上摆与下摆两部分组成。上摆的转动是靠骑在下摆上端的弧面上来实现[图12-8b)]。

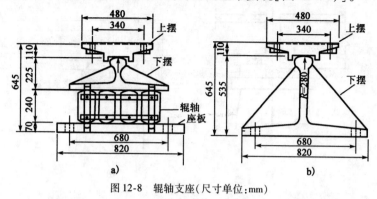

图12-8 辊轴支座(尺寸单位:mm)

6. 什么叫拉力支座?

答:拉力支座是既能承受压力又能承受拉力的支座。支座出现拉力现象常发生在边跨较短的连续梁、连续刚构、斜拉桥中,另外在弯桥、斜桥上也时常发生。对于固定支座,可以在盆式橡胶支座中心穿一根预应力钢筋,钢筋则套在喇叭状的套管内,并可作微小的位移;也可在靠近盆式支座的两侧(与跨长方垂直)布置预应力钢筋,使支座能承受拉力,如图12-9所示。对于活动支座则可考虑选用在盆式橡胶支座的两侧设置具有一定水平活动量的预应力钢筋。

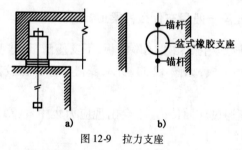

图12-9 拉力支座

7. 支座垫石的作用是什么?

答:支座垫石是设置在墩(台)帽上支座位置处的钢筋混凝土短柱,它主要用来调整支座底面的高程和平整度。一般在以下三种情况下必须设置:①当相邻两孔采用不等高的桥跨结构时[图12-10a)];②当简支梁桥采用摆柱式活动支座时[图12-10b)];③当连续梁采用多点顶推施工工艺时,为了在墩顶上面留出一定高度的空间供喂顶推滑块和放置千斤顶用,而专门设置支座垫石[图12-10c)]。另外,为了便于今后更换支座,可通过设置垫石的方法给顶举千斤顶留出位置。

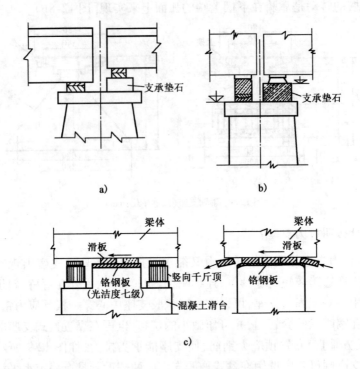

图 12-10 支座垫石的设置

8. 盆式球型支座一般用在什么桥梁上？

答：盆式球型支座主要由上支座滑板、下支座滑板、球型板、聚四氟乙烯滑板以及橡胶挡圈组成，如图 12-11 所示。它与盆式橡胶支座相比具有以下特点：

(1) 球型支座通过球面传力，不会出现应力集中现象，使作用在混凝土上的反力分布比较均匀；

(2) 球型支座通过球面四氟板的滑动来实现转动，这个过程中转动力矩小，而且转动力矩只与支座球面半径及四氟板摩擦系数有关，与支座转角大小无关。因此特别适用于大转角要求的桥梁，设计转角可达 0.05rad 以上；

(3) 支座不用橡胶承压，不存在橡胶老化对支座转动性能影响，耐久性好，并且特别适用于低温地区；

(4) 支座各向转动性能一致，故适用于宽桥、曲线桥、坡道桥、斜桥以及大跨径桥梁上。

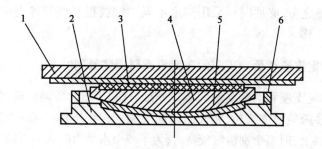

图 12-11　盆式球型支座
1-上支座滑板;2-下座滑板;3-平面四氟板;4-球型板;5-球面四氟板;6-橡胶挡圈

9. 为什么在大跨径的斜拉桥或悬索桥上,在桥塔处需设置水平限位支座?

答:当斜拉桥或者悬索桥的跨度很大时,为了减轻结构自重,其主梁常设计成相当纤细的结构,尤其当采用悬浮体系时,其主梁便具有自振周期长、隔震性能好的力学特性。为了保持这种良好的动力性能,对于承受横向荷载(风力,地震力)的主梁,不仅要求设置能限制主梁横向位移的约束,而且还要求这种约束具有一定的弹性。图 12-12 是这种横向限位支座装置的一例,它由固定在塔身上的限位块、和芯部具有高阻尼黏弹性的橡胶块以及靠在主梁侧壁的钢板构成。这种限位支座装置不仅能限制主梁的横向移动,同时对悬浮的主梁也能起到在纵方向上"迟滞"的阻力作用。

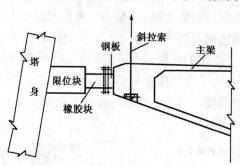

图 12-12　横向限位支座装置示意图

10. 板式橡胶支座的活动机理是什么?

答:板式橡胶支座的活动机理是:利用橡胶的不均匀弹性压缩来实现转角 θ,利用其剪切变形来实现水平位移 Δ,如图 12-13 所示。因此板式橡胶支座一般无固定支座

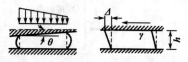

图 12-13　板式橡胶支座的活动机理

与活动支座之分，必要时可采用高度不同的橡胶板来调节各支座传递的水平力及其位移。

11. 固定支座和活动支座的布置应遵循哪些原则？

答：固定支座和活动支座的布置，应以有利于墩台传递纵向水平力为原则。对于多跨的简支梁桥，相邻两跨简支梁的固定支座一般不宜集中布置在一个桥墩上；但当个别桥墩较高时，为了减小水平力的作用，可在其上布置相邻两跨的活动支座。对于坡桥，宜将固定支座布置在高程低的墩台上。对于连续梁桥，为使全梁的纵向变形分散在梁的两端，宜将固定支座设置在靠近温度中心的中间桥墩支点处；但若中间支点的桥墩较高或因地基受力等原因，对承受水平力十分不利时，可根据具体情况将固定支座布置在靠边的其他墩台上。此外，对于多跨连续体系梁桥，设置固定支座和活动支座的个数应综合温度及地震影响共同考虑。若固定支座设置得较少，则温度引起的上、下部结构次内力就相应较小，但是地震引起的水平惯性力及车辆制动力就只能由设置固定支座的个别墩柱承担，可能造成该墩受力过大，反之亦然。

12. 在连续梁桥设置固定支座的桥墩（台）上，是否全部采用固定支座？在设置活动支座的桥墩（台）上是否全部采用双向活动支座或单向活动支座？

答：在连续梁桥设置固定支座的桥墩（台）上，一般采用一个固定支座，其余为横桥向的单向活动的支座，这是为了避免因温度发生变化时，在主梁以及墩帽中产生横桥向的约束次内力。在设置活动支座的所有桥墩（台）上，一般沿设置固定支座的一侧，均布置顺桥向的单向活动支座，其余均为双向活动支座，这是为了既要使主梁不发生横向位移和扭曲位移，又不能使主梁产生横桥向的温度次内力。现取三个相邻桥墩采用双支座时的布置示于图 12-14。

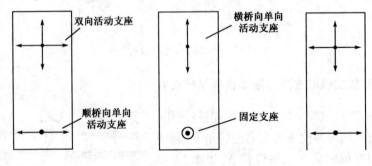

图 12-14　支座布置示意图

13. 对于具有坡度的桥梁，设支座处的梁底面应作何处理？

答：对于具有坡度的桥梁（$i>1\%$），为了避免整个桥跨结构下滑，破坏伸缩缝装置，影响车辆的行驶，通常在设置支座的梁底面，增设局部的楔形构造，如图 12-15 所示。这样，结构的恒载完全由支座的垂直反力平衡，没有下滑力。

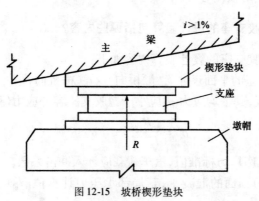

图 12-15　坡桥楔形垫块

14. 为什么在连续曲梁桥的中间独柱墩上，有时将活动支座沿径向按一定的预偏心布置？

答：曲梁桥中间独柱墩上的支座采用预偏心布置的原因有以下几点：

（1）体积的重心偏离桥轴线，从曲梁桥的平面上看，外弧长度大于内弧长度，从主梁横断面看，由于弯道路面的超高要求，外弧侧的腹板高度应大于内弧侧的腹板高度。因此，沿桥中心轴线取单位弧长与曲率中心构成扇形平面的体积，其重心并不落在中心轴上，而是偏于外弧一侧，距离为 e 的位置，如图 12-16b）所示。

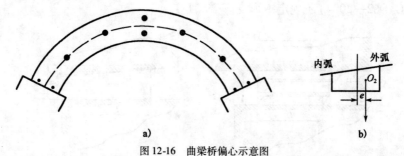

图 12-16　曲梁桥偏心示意图

（2）汽车离心力也是指向外弧，使主梁产生向外弧方向翻转的扭矩。

（3）从全桥的受力性能分析得知，上部结构所承受的恒载及活载扭矩均不能通过独柱上的单点铰支座来承担，而是通过两端桥台上设置的抗扭支承来抵抗扭矩的,而中支点的作用只起到减少弯曲长度的作用。

(4)如果所设置的抗扭支承具有约束曲梁桥水平位移功能的话,那么,此曲梁桥就相当于一个平置的两铰拱,当温度上升时,整个曲梁将被迫偏离中轴线,而向外弧侧平移。

基于上述原因,为了使配筋设计更合理,故可将各中间独柱墩的支座朝外弧侧给予一定的预偏心。

15. 板式橡胶支座的设计验算包括哪些内容?

答:板式橡胶支座的设计验算内容如下:

(1)确定支座的平面尺寸 l_a(顺桥向)$\times l_b$(横桥向)。

对于橡胶板,其平均应力 σ 应小于橡胶支座容许应力值 $[\sigma_c]$,即

$$\sigma = \frac{R_{ck}}{l_a \cdot l_b} \leq [\sigma_c] \tag{12-1}$$

式中:R_{ck}——支座压力标准值,汽车荷载应计入冲击系数。

对于墩(台)顶面的混凝土,其局部承压力计算值 N_{cj} 应小于混凝土局部承压强度 $[N_{cj}]$。

$$N_{cj} < [N_{cj}] \tag{12-2}$$

(2)确定支座厚度 t_e。

由温度作用、制动力等因素对总厚度为 t_e(不包括钢板)的橡胶片产生的水平位移 Δ 应满足以下关系式:

$$\tan\gamma = \frac{\Delta}{t_e} \leq [\tan\gamma] \tag{12-3}$$

式中的 $[\tan\gamma]$ 为橡胶片容许剪切角正切值,γ、Δ、t_e 参见图 12-17;并且为了支座工作的稳定性,《公路钢筋混凝土及预应力混凝土桥涵设计规范》(JTG D62—2004)还规定矩形支座需满足:

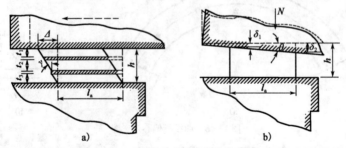

图 12-17 板式橡胶支座的设计验算

$$0.1 l_a \leq t_e \leq 0.2 l_a \tag{12-4}$$

(3)验算支座随梁偏转时不能发生脱空和局部承压现象,即

$$\delta_l \geqslant 0 \qquad (12\text{-}5)$$

式中:δ_l——支座一侧的压缩变形,参见图12-17b)。

(4)验算支座的抗滑稳定性。

不计入汽车制动力时

$$\mu R_{Gk} \geqslant 1.4 G_e A_g \frac{\Delta_l}{t_e} \qquad (12\text{-}6)$$

计入汽车制动力时

$$\mu R_{ck} \geqslant 1.4 G_e A_g \frac{\Delta_l}{t_e} + F_{bk} \qquad (12\text{-}7)$$

式中:R_{Gk}——由结构自重引起的支座反力标准值;

R_{ck}——由结构自重标准值和0.5倍汽车荷载标准值(记入冲击系数)引起的支座反力;

μ——橡胶与混凝土间的摩擦系数采用$\mu=0.3$,与钢板间的摩擦系数采用$\mu=0.2$;

Δ_l——由上部结构温度变化、混凝土收缩徐变等作用标准值引起的剪切变形和纵向力标准值产生的支座剪切变形,但不包括汽车制动力引起的剪切变形;

F_{bk}——由汽车荷载引起的制动力标准值;

A_g——支座平面毛面积。

16. 盆式橡胶支座的设计验算包括哪些内容?

答:盆式橡胶支座的设计验算主要内容有(图12-18):

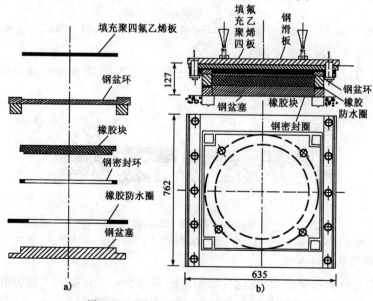

图12-18 滑板钢盆橡胶支座(尺寸单位:mm)

(1)确定四氟板及橡胶块的尺寸(直径、厚度);
(2)确定钢盆环的直径;
(3)盆塞的计算(底面积尺寸、盆塞厚度、盆塞的抗滑验算等);
(4)钢密封环的设计;
(5)橡胶密封圈的设计;
(6)盆环顶偏转的控制;
(7)钢盆环与顶板之间的焊缝应力验算等。

17. 对于不同的桥面结构,应选择什么样的桥面铺装?

答:目前桥梁结构中的桥面板多为钢筋混凝土板和钢板两种类型,而且以第一种居多。以下针对不同材料的桥面板分别介绍其所选用的桥面铺装。

(1)适用于钢筋混凝土桥面板的桥面铺装

①水泥混凝土桥面铺装。

典型的构造如图12-19所示,它由水泥混凝土层、钢筋网、防水层及填平层构成。为了防滑和减弱光线反射,宜将混凝土做成粗糙表面。

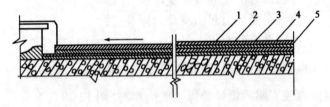

图12-19 水泥混凝土桥面铺装
1-水泥混凝土厚6~8cm;2-钢筋网;3-防水层总厚1~2cm;4-三角形垫层;5-钢筋混凝土桥面板

②沥青混凝土桥面铺装。

沥青混凝土铺筑在防水层和混凝土保护层之上,或直接铺设在桥面板上,其构造示于图12-20。

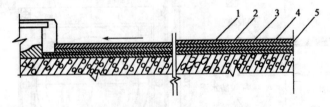

图12-20 沥青混凝土桥面铺装
1-沥青混凝土厚5~8cm;2-带钢筋网的混凝土保护层厚3~5cm;3-防水层厚1~2cm;4-三角形垫层;5-钢筋混凝土桥面板

它又分为单层式和双层式:单层式铺装厚5~7cm;双层式铺装的总厚度为6~10cm,其下层多为中或粗粒式的,上层为细粒式的。

此外,为了防止对水泥混凝土桥面的磨耗,常在水泥混凝土铺装层的上面铺筑厚度 2~3cm 的沥青桥面铺装,通常称它为沥青表面处置。

(2)适用于钢桥面板的桥面铺装

钢桥面铺装一般由防锈层、黏结层、沥青混合料铺装层构成,直接铺筑于钢箱梁顶板之上,总厚度在 35~80mm 之间。其主要功能是在设计基准期内为车辆提供稳定、平整的行驶路面,要求具有较高的强度及耐久性,较好的耐磨性及抗滑性,优良的高温稳定性、低温抗裂性以及防水防渗透能力。这些性能要求在高等级公路上沥青混合料面层一般容易实现;对钢桥面铺装而言,其使用条件、施工工艺、质量控制与要求有特殊性,特别是正交异性钢桥面板在荷载作用下其整体变形和局部变形复杂,难以达到预期使用效果。因此国内外钢桥面铺装在使用年限内发生破坏的情况屡见不鲜,其主要灾害为严重的疲劳开裂、高温车辙、黏结层失效或脱层、横向推移和拥包等。因此,钢桥面铺装技术的研究受到国内外学术界和工程界的高度重视,在材料使用性能、试验方法和理论研究等方面逐步形成钢桥面铺装设计理论与方法。

目前钢桥面铺装基本上已形成"四种铺装材料、三类铺装结构"的格局[70],即按照沥青混合料类型分为四类:①热拌沥青混凝土或改性密级配沥青混凝土;②高温拌和浇注式沥青混凝土(Guss Asphalt),沥青玛蹄脂混凝土(Mastic Asphalt);③改性沥青 SMA(Stone Mastic Asphalt);④环氧树脂沥青混凝土(Epoxy Asphalt)。按照沥青混合料铺装结构可分为三类,即同质单层、同质双层与异质双层结构,具体的结构组合形式:①单层浇注式沥青混凝土;②上层密级配沥青混凝土 + 下层浇注式沥青混凝土;③上层密级配沥青混凝土 + 下层改性沥青 SMA;④上层改性沥青 SMA + 下层浇注式沥青混凝土;⑤上下层分别采用不同粒径规格的改性沥青 SMA;⑥上层环氧沥青混凝土 + 下层浇注式沥青混凝土;⑦双层环氧沥青混凝土。

18. 如何进行桥面排水设计?

答: 当在总体布置中确定好全桥的纵坡和横坡之后,再按下述规定布置桥面排水设施——泄水管。

当桥面纵坡大于 2% 而桥长小于 50m 时,桥上可以不设泄水管,而在桥头引道两侧设置流水槽,以免雨水冲刷引道路基。

当桥面纵坡大于 2% 而桥长大于 50m 时,则需在行车道的两侧沿桥长方向每间隔 10~15m 各设置一个泄水管。

当桥面纵坡小于 2% 时,宜每隔 6~8m 设置一个泄水管。

泄水管的过水面积通常按每平方米桥面上不少于 2~3cm^2。泄水管可左右对称排列,也可交错排列。泄水管离路缘石的距离为 10~15cm,如图

12-21所示。

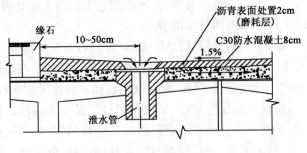

图12-21 泄水管的布置

19. 桥梁伸缩缝有哪些形式？各有什么特点？

答：公路桥梁常用的伸缩缝装置有以下几种：
（1）U形锌铁皮式伸缩缝（图12-22）
它是一种简易的伸缩装置，跨缝材料采用双层U形锌铁皮，其上再设置石棉纤维过滤器，然后用沥青胶填塞。这种装置仅适用于变形量在2~4cm以内的中小跨径桥梁。

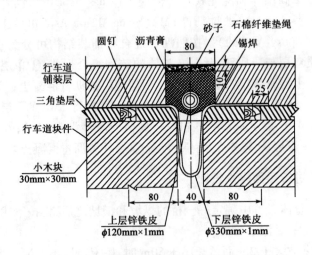

图12-22 U形锌铁皮伸缩缝（尺寸单位：cm）

（2）钢板伸缩缝（图12-23）
钢板伸缩缝是在缝间的加劲角钢上加设一块钢板，其一端与角钢焊接固定，另一端搭置在另一块角钢上。这种装置的优点是构造简单，能根据伸缩量的大小来调整钢盖板的厚度；缺点是不适用于坡桥，对于行车来说，容易受到冲击振动和造成伸缩缝装置的破坏。

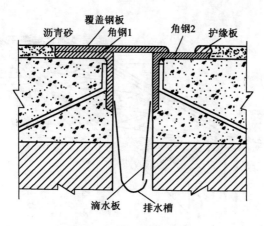

图 12-23　搭板式钢板伸缩缝

(3) 橡胶伸缩缝(图 12-24)

橡胶伸缩缝通过橡胶块上的凹槽来适应桥梁的伸缩变形。橡胶板底面与缝合处用黏结材料结合,以防止雨水渗入。这种伸缩缝的行车性能好,在直桥、弯桥和斜桥都可应用,耐久性能好,施工安装及更换均较方便,因此,近年来,在国内外获得广泛应用。但应注意,在安装时,如果环境温度大大高于平均温度时,应预先压缩其伸长量,以避免在运营期间发生最大温降收缩量时,橡胶板上产生超过设计容许的拉力。

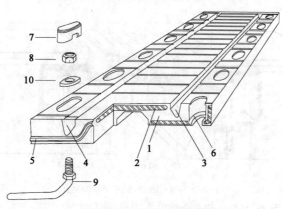

图 12-24　橡胶板伸缩装置

1-合成橡胶;2-加强钢板;3-伸缩用槽;4-止水块;5-嵌合部;6-螺帽垫板;7-盖帽;8-螺帽;9-螺栓;10-垫圈

(4) 梳齿型伸缩缝(图 12-25)

梳齿型伸缩缝装置是由两块设置有三角齿或梳齿构造的金属面层板构成。常用在伸缩量大(可达 40cm 以上)的桥梁上,因其行驶性能好,故现在仍广泛被采用,包括直桥和斜桥。缺点是造价高,制造难,且缝间易被杂物填塞。

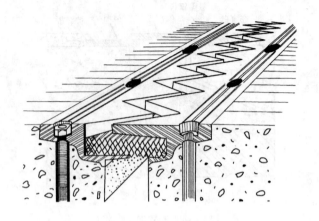

图12-25 梳齿型伸缩装置

(5) 组合伸缩缝

组合伸缩缝装置是由橡胶与钢板(或与型钢)组合而成,它保留了橡胶和钢制两种伸缩缝装置的优点。其防水性能和隔音性能良好,平整度高,行车平衡,最大伸缩量可达1 040mm,变形的适应性强,因此是大伸缩量较理想的伸缩缝装置形式。组合伸缩装置的种类繁多,构造各异,这里仅列出国内应用较广的MAURER型组合伸缩缝装置示意图(图12-26)。

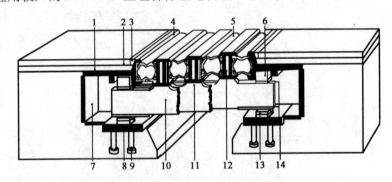

图12-26 MAURER型组合伸缩装置

1-防水层;2-面层;3-封缝材料;4-边梁;5-橡胶伸缩体;6-泡沫聚氨酯弹簧;7-支承钢筋;8-基底钢板;9-螺栓;10-横梁;11-刚性连接;12-中间纵梁;13-滑动支座;14-不锈钢滑面

(6) SG板式橡胶伸缩缝(图12-27)

这种装置是在梳齿型钢板伸缩缝上再加一块能伸缩的橡胶接缝板后构成的,既遮盖了钢板梳齿间的空隙,防止了桥面石子、雨水等漏入缝内,又可使桥面在接缝处形成良好的延续,故行车平稳。它适用于100m以上的大、中型桥梁,缺点是构造较复杂,造价稍贵。

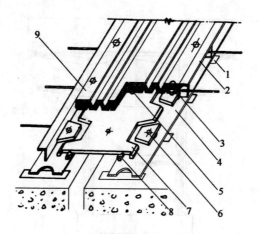

图 12-27 SG 板式橡胶伸缩缝

1-预埋钢板;2-边角钢;3-内六角螺栓;4-底钢板;5-螺栓;6-固定齿板;7-托板;8-限位块;9-橡胶接缝板

20. 桥梁上的人行道主要有哪些类型?

答:桥梁上人行道是专供人们行走的部分桥面,它常用路缘石或护栏及其他类似设施加以分隔。人行道一般设置在行车道的两侧。若一座桥分为两座并列的独立桥梁时,则每座桥可在其一侧布置人行道。

按照人行道所处的空间位置,可以分为:①单层桥面的人行道,这是最普遍的形式,它与行车道同处在同一层桥面上,普通的梁桥、拱桥、斜拉桥多为这种形式;②双层桥面的人行道,即将行车道和人行道分别布置在上、下两层桥面上,其最大优点是排除行人和非机动车的干扰,提高了桥梁的车辆通行能力,图 12-28a)是我国南昌市赣江第二大桥——预应力混凝土连续梁桥横断面布置图,其人行道布置在行车道下面一层两侧的悬臂板上;图 12-28b)是长沙市浏阳河洪山大桥——跨长 206m 无背索单索面斜塔斜拉桥的横断面布置图,其人行道布置在中间钢箱梁的顶面且夹在两排斜拉索的中间,人行道宽 4.0m,两岸行人共用同一个人行道而分两侧行走。

若按照施工方法划分人行道又可分为:①就地浇筑式人行道[图 12-29a)],它仅适用于较小跨径的桥梁;②预制人行道板块[图 12-29b)],其下可布设管线,安装速度快,但进行管线检修较为困难;③预制拼装人行道构件[图 12-29c)],它是采用化整为零、集零为整的方式将人行道分解为人行道板、人行道梁、支撑梁及缘石等,每个部件较轻,适于人工操作,且易于管道的检修。

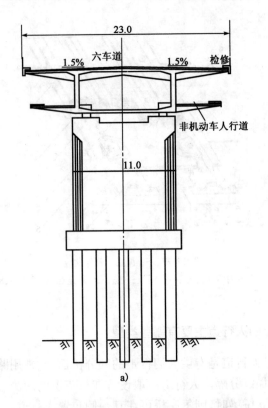

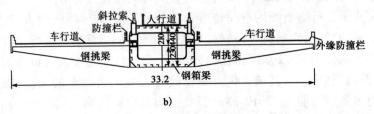

图 12-28 人行道的分类（按空间位置）（尺寸单位：m）

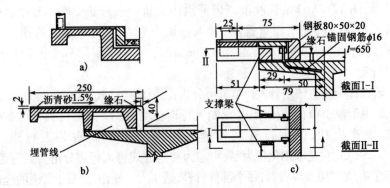

图 12-29 人行道的分类（按施工方法）（尺寸单位：cm）

21. 桥梁安全带有哪些形式？

答：我国公路工程技术标准规定，对于不设人行道的桥梁，为了保障交通安全，在行车道边缘应设置高出行车道的带状构造物。对于一般的公路桥，安全带的宽度不小于 0.25m，高度为 0.25~0.4m。按照施工方法可分为就地浇筑式[图12-30a)]和预制拼装式[图12-30b)]两种。

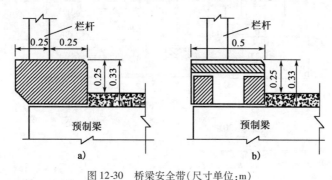

图 12-30　桥梁安全带(尺寸单位:m)

22. 桥梁护栏主要有哪些类型？

答：桥梁护栏与普通的桥梁栏杆不同。后者主要用于设人行道的桥梁上，栏杆具有足够的高度，防止行人掉到桥下；而桥梁护栏主要用在无人行道的封闭式桥梁上，车行速度较快，它应具有吸收碰撞能量，迫使失控车辆改变方向并恢复到原有行驶方向的趋势，防止其越出护栏而跌落到桥下。

桥梁护栏按其设置的位置可分为：桥梁护栏、桥梁中央分隔带护栏和人行与车道分界处的护栏三类。若按构造特征又可分为以下三类：

(1) 梁柱式护栏

这种护栏主要由立柱和横梁两种受力构件构成，它们可用金属材料或钢筋混凝土材料做成。图12-31a)为金属梁柱式护栏之一例，立柱可用钢或铝合金制作而成；图12-31b)是钢筋混凝土梁柱式护栏示意图。

(2) 钢筋混凝土墙式护栏

图12-32是目前公路上应用较多的墙式护栏形式，但由于当车速较高时多次出现过车辆越过护栏的事故，故只宜用于低速公路的桥梁上。

(3) 组合式桥梁护栏

鉴于墙式护栏存在的缺点，在桥梁上多采用由钢筋混凝土墙式护栏和金属制梁柱式护栏二者组合的形式，如图12-33所示。它具有保证行车安全和外形美观的优点，故在国内外的大桥和特大桥梁上获得广泛采用。

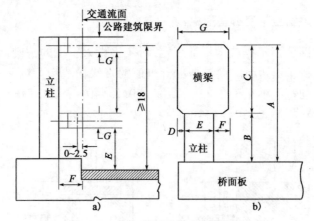

图 12-31　梁柱式护栏(尺寸单位:cm)

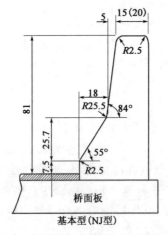

图 12-32　钢筋混凝土墙式护栏(尺寸单位:cm)

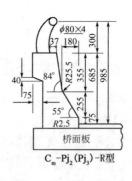

图 12-33　组合式桥梁护栏(尺寸单位:mm)

23. 桥梁上照明设计应满足哪些基本要求?

答:桥梁照明设计应满足下列要求:

(1)照明设施应做到维修方便,照明度适当,灯具美观大方,使行车安全舒适,赏心悦目。

(2)特大型桥梁的照明要进行专门的设计,既要满足功能的需要,又要照顾艺术效果,做到与整个桥型风格相协调。

(3)大、中型桥梁的照明应与其连接的道路一致,若桥面宽度小于与其连接的路面宽度,则桥的栏杆、人行道缘石要有足够的亮度,在桥的入口处应设灯光照明或反光标志,以保证行车的安全。

(4)桥梁照明要限制眩光,一是避免给正在桥头引道上或与桥位相邻近道路上的行车者造成眩光;二是当桥下有船只通航时避免给船上领航员造成眩光。为此,必要时应采用严格的控光灯具,例如在灯具内装上专门的挡光板或格栅等。

24. 桥梁照明有哪几种布置方式?

答:桥梁照明的布置方式有以下三种:

(1)灯杆分散照明方式

照明器安装在 8~12m 高的灯杆顶端,灯杆沿顺桥向布置,目前广泛应用的布置方式有:①单侧布置;②双侧对称布置;③中心对称布置;④双侧交错布置等,如图 12-34 所示。

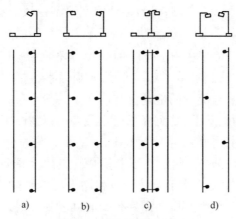

图 12-34 灯杆分散照明方式

(2)高杆集中照明方式

在一个较高的灯杆上,安装有由多个高功率的光源组装在一起制成的照明器,在广阔范围内进行大面积照明,这种设施称为高杆照明,灯杆高度为 15~40m。这种布置方式适用于互通主体交叉。图 12-35 是这种布置方式的一例。

图 12-35 高杆集中照明方式

(3)栏杆照明方式

在人行道两侧的栏杆上，距离人行道顶面 0.8~1.0m 的高度处，依一定的间距设置特制照明器的方法，称为栏杆照明。图 12-36 就是这种布置方式的示意图，它在灯背部的栏杆上留有空隙，晚间可在栏杆的外侧透出适当的光线，以呈现出桥梁的外形。

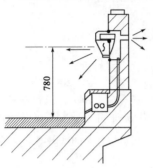

图 12-36 栏杆照明示意图
（尺寸单位：mm）

25. 桥头跳车产生的原因有哪些？

答：桥头跳车的产生是由于桥跨结构与路堤衔接处因刚柔不一致而出现高低不一致的台阶（或者称"桥头错台"）所致。为什么产生这种错台现象，除了主观原因（例如设计不当，施工质量不保证，运营中严重超载等）外，还有其难以克服的客观因素，这就是地基土的固有特性，即台后填土及路堤下的地基沉降问题。一般来说，桥台支承在基岩上或者深层坚实的地基上，其沉降量极小或者可以忽略不计，而路堤下的地基因土质的不同，其沉降量和沉降速度就不一样。例如，对于饱和砂土，由于它的透水性强，在外力作用下，孔隙中的水易于向外排出，压缩在较短的时间内就能完成。然而，对于饱和黏土，由于它的透水性弱，孔隙中的水不能迅速排出，因而压缩需要很长时间才能完成，通常人们把饱和土体在某一压力作用下，由于孔隙水向外逐渐排出，其压缩（变形）量随时间增长的过程称为土的固结。

基于上述原因，桥台下地基与路堤下地基不仅沉降量不等，且沉降速度也不一致，故出现错台现象，导致桥头跳车。

26. 防止桥头跳车可以采取哪些措施？

答：为了防止桥头跳车，应根据路堤下地基的不同条件采取不同的措施。

对于透水性强的砂土，减少回填路堤沉陷的措施，主要从筑路材料、机具和施工方法等方面予以考虑。特别是压实机械、严密的施工工艺和具体的施工操作，将是减少回填路堤沉陷的关键。

对于松软黏土地基的处理方法分为三类：①改善地基变形与稳定条件的方法，例如，垫层法、镇压层法（又称设反压辅道）和挤淤法等；②使土的孔隙减小，例如预压加固法、强夯法、振动水冲法和真空预压法等；③使土颗粒胶结在一起的方法,例如硅化法和灌浆法等。

对于松砂地基的处理的主要方法有:爆炸加固法、振动加固法、挤实砂桩法和强力夯实法等。

对于湿陷性黄土的地基处理分三种情况:①对于湿陷性较小且地下水不会上浸的黄土地基,主要采取地面防渗与表面排水措施;②对于深度不大但有可能浸水的黄土层,可将基础下的湿陷土层全部或部分挖出,再用黏性土或灰土料分层回填夯实;③对于较厚的湿陷性黄土层,可在工程区域周围筑小埝,围成浅塘,塘中注入一定深度的水,充分浸透土壤,使土层产生湿陷,即所谓预浸法;若土层很厚,可先在土层中钻孔,填以砂砾等透水材料,然后向填料的孔中注水,直到湿陷变形稳定为止。

此外,采用设置桥头搭板的结构措施,将台堤衔接处突变的错台高差分散到搭板的两端,从而改善桥头行车的条件。其次,可采用设置变厚式埋板或铺设过渡性路面等方法在桥头设置过渡段。常用的过渡性路面有预制水泥混凝土块、条石铺砌、半刚性过渡层及沥青过渡层等。

同时设置完善的排水设施也很重要。

27. 减隔震技术的工作原理是什么?

答:减隔震技术是一种简便、经济的工程抗震手段。减震是利用特制减震构件或装置,使之在强震作用下率先进入塑性,产生大阻尼,大量消耗进入结构体系的能量;而隔震则是利用隔震体系,设法阻止地震能量进入主体结构。在实践中,常常把这两种体系合二为一。通过选择适当的减隔震装置与设置位置,可达到控制结构内力与大小的目的。

减隔震技术通过引入柔性装置来延长结构的基本周期,以避开地震能量集中的周期范围,从而降低结构的地震力,如图 12-37 所示。但是,通过延长结构周期来减小地震力,必然伴随着结构位移的增大(图 12-38)。为了控制过大变形,可通过在结构中引入阻尼装置,以增加结构的阻尼来耗散输入的地震能量,从而减小结构的位移,并可以减小结构的动力加速度。此外,采用减隔震技术后结构较柔,在正常使用荷载(如风荷载、车辆制动力等)作用下,结构可能会发生过大变形,因此采用减隔震技术的桥梁须保证正常使用荷载所需要的刚度。

28. 什么是桥梁减隔震装置?

答:采用减隔震技术设计的桥梁是通过在桥梁中安装必要的装置而达到减隔震的目的。减隔震装置系统由减隔震支座、减隔震用伸缩缝装置、撞

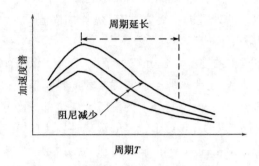

图 12-37　加速度反应谱

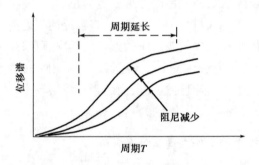

图 12-38　位移反应谱

落结构和连梁装置三大部分构成的。这三类装置的功能相互关联,不可缺失。常用的减隔震装置分为整体型和分离型两类。目前,常用的整体型减隔震装置有:①铅芯橡胶支座(图 12-39);②高阻尼橡胶支座(图 12-40);③摩擦摆式减隔震支座(图 12-41)。目前,常用的分离型减隔震装置有:①橡胶支座与金属阻尼器组合;②橡胶支座与摩擦阻尼器组合;③橡胶支座与黏性材料阻尼器组合。

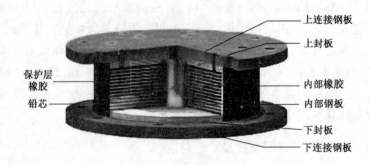

图 12-39　铅芯橡胶支座

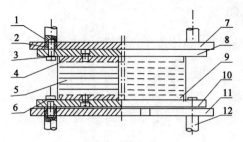

图 12-40　高阻尼橡胶支座 I 型结构

1-上套筒;2-连接螺栓;3-锚固螺栓;4-上封层钢板;5-支座本体;6-锚固螺栓;7-上预埋钢板;8-上支座钢板;9-下封层钢板;10-下支座钢板;11-下预埋钢板;12-下套筒

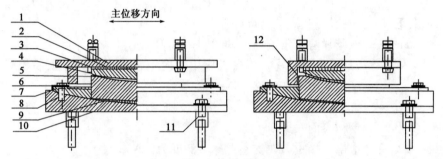

图 12-41　单向活动摩擦摆式减隔震支座

1-上座板;2-平面滑板;3-球冠衬板;4-防尘圈;5-球面滑板;6-减震球摆;7-隔震挡块;8-剪力销;9-减震滑板;10-减震底座;11-螺栓套筒;12-SF-1 板

29. 什么情况下适合采用减隔震技术来提高桥梁结构的抗震能力?

答:研究和震害经验表明:采用减隔震技术可以有效地提高桥梁结构的抗震能力。但是,减隔震技术不是在任何情况下都是有效的,有一定的适用条件和设计原则。适宜进行减、隔震设计的情况主要有以下三种:

(1)桥梁上部结构为连续形式,下部结构刚度比较大,整个桥的基本周期比较短;

(2)桥梁下部结构高度变化不规则,刚度不均匀,引入减隔震装置可调节各桥墩刚度,因而可以避免刚度较大桥墩承担很大惯性力的情况;

(3)场地条件较好,预期地面运用具有较高的卓越频率,长周期范围所含能量较少等。

对于以下四种情况,则不宜采用减隔震设计:

(1)基础土层不稳定,易发生液化的场地;

(2)结构的固有周期比较长;

(3)位于软弱场地,延长周期可能引起共振;

(4)支座中出现负反力。

30. B 类、C 类抗震桥梁的支座验算要求有哪些？

答：对于 B 类、C 类抗震桥梁，《公路桥梁抗震设计细则》(JTG/T B02-01—2008)规定：在 E2 作用下，应对支座进行必要的验算。

对于板式橡胶支座，应采用式(12-8)验算支座厚度和式(12-9)验算抗滑稳定性。

$$\sum t \geqslant \frac{X_0}{\tan\gamma} = X_0 \tag{12-8}$$

$$\mu_d R_b \geqslant E_{hzb} \tag{12-9}$$

式中：$\sum t$——橡胶层的总厚度(m)；

$\tan\gamma$——橡胶片剪切角正切角，取 $\tan\gamma = 1.0$；

X_0——E2 地震作用效应和永久作用效应组合后橡胶支座顶面相对于底面的水平位移(m)；

μ_d——支座的动摩阻系数，对于橡胶支座与混凝土表面采用 0.15，与钢板表面采用 0.1；

R_b——上部结构重力在支座上产生的反力(kN)；

E_{hzb}——E2 地震作用效应和永久作用效应组合橡胶支座的水平地震力(kN)。

对活动和固定的盆式支座，应分别采用式(12-10)和式(12-11)来进行验算。

$$X_0 \leqslant X_{max} \tag{12-10}$$

$$E_{hzb} \leqslant E_{max} \tag{12-11}$$

式中：X_0——E2 地震作用效应和永久作用效应组合后活动盆式支座滑动水平位移(m)；

X_{max}——活动盆式支座容许滑动水平位移(m)；

E_{hzb}——E2 地震作用效应和永久作用效应组合得到的固定盆式支座水平设计值(kN)；

E_{max}——固定盆式支座容许承受的最大水平力(kN)。

31. 桥梁标志的作用是什么？

答：桥梁标志的主要作用大致有以下几个方面：①控制和疏导交通；②维护交通秩序；③提供交通信息(例如限载、限速等)；④指引行进方向；⑤执行法规的依据等。交通标志是用图案、符号或文字、数字对交通进行指示、导向、警告、控制和限定的一种交通管理措施，因此，它必须具有：①高度的显示性;②清晰易见和良好的易读性;③广泛的公认性等。

32. 交通标志有哪些类型?

答:桥梁标志可依据桥梁本身及其周围的道路与交通情况等具体选用。它有主标志和辅助标志之分。

(1)主标志

主要标志按照含义的不同可以分为四类:

①警告标志,它是警告行人和车辆驾驶人员注意前方危险的标志;

②禁令标志,它是禁止或限制车辆和行人某种交通行为的标志;

③指示标志,它是指示车辆、行人前进方向、停止、鸣喇叭以及转向的标志;

④指路标志,它是传递道路方向、地点、距离等信息的标志。

(2)辅助标志,辅助标志不能单独设置与使用,只能用作主标志的附设标志。按其用途的不同,又可分为表示时间、车辆种类、区域与距离、警告与禁令、组合辅助理由五种。

第13章 混凝土桥梁加固改造

1. 旧桥承载能力不足主要可归结为哪些因素？

答：任何事物都有生命周期，桥梁也不能例外。桥梁的生命周期可归结为以下四个阶段：建造、使用、劣化和报废。虽然这个过程是不可逆的，但对桥梁正常维修和养护的好坏却直接影响桥梁使用寿命的长短，然而有的桥梁却提前劣化，致使承载能力不足，这与很多因素有关，主要包括以下几个方面：

(1) 设计不当——设计经验不足，计算模型有误，构造处理不当，基础埋深不够等；

(2) 施工不当——材料使用未达到要求，结构尺寸有误，为赶工期基底处理不到位，混凝土低龄期加载等；

(3) 桥面超载——原设计标准低，实际通行了大吨位荷载，或加铺路面增加了恒载等；

(4) 养护不当——没有对伸缩缝、支座、排水设施等作及时维护和清理，没有对钢材或钢筋局部锈蚀作修补；

(5) 自然环境的恶化——气态、液态、固态有害物质的侵蚀，下部基础受冲刷淘空等；

(6) 材料的腐蚀与老化——钢材腐蚀膨胀，混凝土碳化并对钢筋失去保护作用，石料风化等；

(7) 设计技术标准的改变——例如有些公路干线因技术改造而将荷载标准提高了一级，导致该干线上原有桥梁承载力的不足。

2. 目前国内混凝土桥梁典型病害集中在哪些方面？

答：在桥梁结构材料层次，其耐久性病害主要包括：混凝土碳化导致表层混凝土中性化，钢筋脱钝锈蚀，混凝土顺筋胀裂剥落；沿海地区结构混凝土易遭受氯离子侵蚀,出现严重的钢筋锈蚀破坏;东北寒冷地区桥梁结构易发生冻融损伤;再就是号称混凝土"癌症"的碱集料反应导致混凝土产生网状裂缝,严重时会使工程崩溃;桥梁火损可导致混凝土强度、普通钢筋及预应力筋强度下降。其他如后张预应力结构灌浆不饱满导致钢绞线锈蚀、预应力精轧螺纹钢端锚头进水锈蚀、斜拉索、拱桥吊杆及系杆防护系统老化导致钢丝锈蚀等也是目前暴露出的一些桥梁典型病害,该类结构一般缺乏养护及更换施工预案等。

由于设计及施工经验缺乏,桥梁结构上存在一些先天不足,如中小跨预制拼装梁板铰缝薄弱导致结构单板受力,主梁出现横纵向裂缝、腹板斜向裂缝及横隔板裂缝;带挂孔T构挠度变形大、牛腿开裂甚至剪断、箱梁腹板及顶板开裂、跳车严重;由于对结构收缩徐变、预应力布置、纵向预应力有效性及现场施工等的把握有欠缺,近年来暴露出的大跨径预应力混凝土箱梁桥开裂及下挠问题较为突出,具体包括箱梁底板开裂下崩、底板纵向裂缝、顶板纵横向裂缝、腹板斜向裂缝、波浪形桥面影响行车等病害;双曲拱桥存在的拱波纵向开裂、横向联系薄弱开裂、腹拱开裂、结构渗漏水现象;刚架拱及桁架拱节点开裂、横向联系薄弱开裂甚至破断;钢管混凝土拱桥拱肋普遍存在管内混凝土空洞离析、短吊杆及系杆腐蚀疲劳损伤、纵梁缺失导致桥面纵向刚度偏弱、行车舒适性差等问题。

其他桥梁下部结构及附属结构病害包括:中小跨径桥梁出现的台后沉降、伸缩缝损坏、跳车、支座损坏;洪水冲刷及不合理挖沙导致的基础冲刷;桥跨同侧及纵向桥墩不均匀沉降导致桥墩及盖梁开裂、墩身倾斜;独柱式匝道桥侧倾垮塌等。

3. 桥梁加固流程及基本原则有哪些?

答: 桥梁加固包括桥梁检测与评定、加固工程可行性研究、加固方案初步设计、加固施工图设计、加固工程现场实施、竣工检测及验收等流程。一般应首先根据桥梁的现有技术状况、存在的病害、目前交通量情况以及将来交通发展的趋势,参考原桥梁设计图、竣工图,通过桥梁外观检查、技术状况评定、材料、几何参数及荷载的详细检测、结构检算、桥梁静动载试验(如有必要)、桥梁承载能力评定等工作对加固的必要性和可行性(含估算)做出分析判断,然后对各种加固方案的技术经济效果进行比较,选择合理的加固方案(初步设计,含概算);设计方完成加固施工图设计(含预算)后,施工方依据施工图设计形成施工组织方案设计,完成加固工程备料及各项准备,在对加固材料进行各项材料性能检验后,进行现场加固施工;通过工程分项质量检验,完成最终的加固工程竣工验收。

桥梁加固工程原则上应选择技术可靠,具有长期加固效应,能满足结构耐久性要求的加固工艺,使桥梁整体恢复到原有的设计承载能力,保证桥梁的设计使用寿命,并尽可能减少对原结构的损伤,对一些通过加固维修不能恢复原有设计承载能力但又必须继续使用的桥梁,要确定好加固后桥梁的实际荷载等级和桥梁的剩余使用寿命;加固施工设备应尽量简单,施工操作方便,材料用量少,费用经济合理,后期的养护工作量少;再就是加固施工时应尽量不中断或者少中断交通。

4. 混凝土桥梁维修加固工程有哪些常用加固方法?

答:混凝土桥梁上部结构维修加固工程技术上一般分为主动加固及被动加固两大类。主动加固包括体外预应力加固法、改变结构体系的加固法(如简支梁改为连续梁;连续梁桥改为矮塔斜拉桥;T形刚构改为连续刚构;中、下承式拱改变为拱-斜拉组合结构体系等);被动加固法则包括灌浆法裂缝修补、增大截面加固法、粘贴钢板加固法、粘贴纤维复合材料加固法、预应力高强钢丝网加固法、增强桥梁整体性加固法等。针对斜拉桥拉索、拱桥吊杆及系杆易损坏的现实情况,发展了斜拉桥及拱桥的索结构快速更换技术。

混凝土桥梁下部结构加固技术包括扩大基础加固法、增补桩基加固法、旋喷法加固墩台基础、顶推法调整拱脚水平位移及拱肋受力等。

其他基于整体同步顶升技术的桥梁支座更换及梁体纠偏技术、混凝土材料快速修补伸缩缝技术也是加固工程常用加固方法。

桥梁加固维修的目的一般是使桥梁恢复到原设计承载能力,通常需主动和被动加固法配合进行。

5. 桥梁加固工程中裂缝如何处理?

答:桥梁混凝土裂缝一般分为由外荷载引起的结构性裂缝和由变形引起的非结构性裂缝,两种裂缝对结构耐久性都有影响,均需进行处理。构件裂缝处理前应分析裂缝成因,并通过计算确定结构加固方案。一般根据裂缝宽度不同,可采用表面封闭法或灌浆法进行混凝土结构裂缝的修补,其中,表面封闭法适用于宽度小于 0.15mm 的裂缝处理;自动低压渗注法适用于数量较多、宽度在 0.1~1.5mm 间的裂缝处理;而压力灌注法则适用于较深、宽度大于 0.15mm 的裂缝处理。压力灌浆法施工流程一般包括:基底清扫→标注注胶底座的位置→配置灌缝用环氧树脂→封闭裂缝→粘贴注胶底座→注入灌缝材料→养护→结构表面处理。

6. 外包混凝土加固适用于哪些场合?

答:外包混凝土加固法又称增大截面加固法,它是通过增大构件的截面和配筋,以提高构件的强度、刚度、稳定性并减小裂缝宽度。对于梁桥、拱桥、刚架桥、墩、台、基础等,在条件许可的情况下均可采用该方法加固。根据被加固构件的受力特点,综合考虑施工方便,可以设计为对构件单侧、双侧或三侧加固,以及四周外包加固。外包混凝土将使原结构增加一部分恒载重量,因而在拟定外包混凝土尺寸时,应同时考虑外包构件以下的结构承载能力是否足够,这是外包混凝土方案是否成立的前提。外包混凝土加固法的缺点是现场湿作业工作量大,养护期较长,并对结构外观和净空有一定的影响。

7. 外包混凝土加固应注意哪些设计要点?

答:外包混凝土加固可分为三种类型:一是以加大混凝土受力面积为主要目的的加固;二是以加配受力钢筋为主要目的的加固;三是两者同时兼有的加固。第一种类型的加固位置应放在构件的受压区以提高受压区高度,或加固在墩台周边以提高墩台的稳定性。第二种类型的加固位置应放在构件的受拉区、受剪区,也可加固在受压区。由于原结构的徐变已基本完成,因而新包混凝土的徐变问题在设计中应予足够的重视(特别是第一种类型的外包),首先在设计中对混凝土材料和加载龄期应予控制,新包混凝土的强度等级应高于原构件的混凝土强度等级。另外,在外包混凝土中应增大受力钢筋量,使之能够有效地减小混凝土徐变。原有桥梁在外包混凝土加固后,呈现叠合梁(或组合梁)的受力特征。在相同弯矩作用下,二次受力叠合梁的受拉钢筋应力、混凝土应力、挠度、裂缝宽度等均与相同截面和配筋的一次受力整浇梁有很大的不同。例如,二次受力叠合梁在第一次受力时是由叠合前的原混凝土和钢筋受力,而在第二次受力时,却是由叠合后的全截面共同受力。因而外包部分的钢筋和混凝土的受力相对较小。外包混凝土结构除了呈现普通叠合梁的受力性外,由于新老混凝土间的龄期差巨大,必须在计算中按规范如实考虑收缩徐变的影响。

8. 外包混凝土应满足哪些构造规定?

答:采用外包混凝土加固桥梁时,应满足以下的规定:
(1)新浇混凝土的最小厚度不应小于40mm,用喷射混凝土施工时不应小于50mm,采用混凝土补强的受压区新浇混凝土厚度不应小于150mm,且原混凝土表面应凿成凹凸深度不小于6mm的粗糙面。

(2)配制混凝土用的石子宜用坚硬耐久的卵石或碎石,其最大粒径不宜大于20mm。

(3)结合面的联结钢筋面积不应小于结合面面积的0.2%,否则应植筋加强。

(4)当采用钢筋补强时,纵向受力钢筋的直径不宜小于16mm;封闭式箍筋直径不宜小于10mm,U形箍筋直径宜与原有箍筋直径相同。

(5)当采用型钢和钢板补强时,应将其和原结构的钢筋进行联结,或采用锚栓与原结构联系,切实保证力的有效传递和能够参与原结构共同受力。

(6)加固的受力钢筋与原构件的受力钢筋间的净距不应大于20mm,并应采用短筋焊接连接;箍筋应采用封闭的或U形的箍筋,并按以下构造要求进行设置:①当加固的受力钢筋与构件的受力钢筋采用短筋焊接时,短筋的直径不应小于20mm,长度不小于$5d$(d为新增纵筋和原有纵筋直径的较小值),各短筋的中距不大于500mm;②当用混凝土围套进行加固时,应设置封闭箍筋;③当用单侧或双侧加固时,应设置U形箍筋。U形箍筋应焊在原有箍筋上,单面焊缝长度为$10d$,双面焊缝为$5d$(d为U形箍筋直径)。U形箍筋还可焊在增设的锚钉上,或直接伸入锚孔内锚固,锚钉直径d不应小于10mm,锚钉距构件边沿不小$3d$,且不小于40mm,锚钉锚固深度不小于$10d$,并采用环氧砂浆或高强度等级水泥砂浆将锚钉锚固于原构件内,钻孔直径应大于锚钉直径4mm。

9. 喷锚混凝土有哪些基本性能?

答:喷锚混凝土是外包混凝土加固的方法之一,首先是用植筋法将锚筋植入待补强部位的结构内,挂设补强钢筋网,然后再喷射一定厚度的混凝土,形成与原结构共同受力的组合结构。喷锚混凝土是借助喷射机械,利用压缩空气将新混凝土混合料,通过喷嘴高速喷射到已锚固好钢筋的受喷面上,凝结硬化后形成的一种钢筋混凝土。混凝土在高速喷射时,水泥浆与集料的反复连续撞击使混凝土密实,因而不需振捣,喷锚混凝土与旧混凝土的黏结强度为0.7~2.8MPa。喷射混凝土中一般掺有速凝剂(2~4min初凝,10min终凝),加上水泥用量大,含水率大,因而它比普通混凝土收缩量大(收缩率增大80%左右),喷射混凝土的徐变性能与普通混凝土基本一致。

10. 喷锚混凝土可用于哪些场合?

答:喷锚混凝土与普通现浇混凝土相比,有很多优点,例如,不用或只用单面模板,喷射混凝土施工工艺简单,凝结快,早期强度高,能射入2mm以上宽的裂缝,与原结构结合更紧密,喷射加固时不中断交通等特点。喷锚混凝土适合于采用第二类增大截面加固法(增配受力钢筋)的结构,特别对于高空、深坑或狭小工作面的情形,喷锚混凝土更显优势。喷锚混凝土的最大缺点是收缩量大,在设计中应予以充分考虑,特别是应用于第一、三类增大截面加固法中时需慎重对待。

11. 喷锚混凝土加固旧桥应遵循哪些设计原则?

答:采用喷锚混凝土加固旧桥应遵循的原则是:①恒载内力(包括新喷射的混凝土)应按原构件的截面进行计算,即将新喷混凝土的恒载作用于原构件上;②活载内力则按加大后的组合截面计算内力,即新旧混凝土作为一个整体计算,对于新喷的不同强度等级混凝土和新增的补强钢筋均应先按等效性模量进行截面换算;③正常使用极限状态仍按弹性理论进行内力或应力叠加计算;④强度验算按照喷射截面占原截面的比率,考虑是否按组合截面进行有关验算;⑤进行加固设计前,应弄清旧桥的原始情况以及病害原因,对旧桥的基本承载能力作出评估;⑥采用的喷射混凝土与钢筋的强度等级,不应低于原结构的强度等级。对于结合界面处两种不同强度等级混凝土共同作用时,应以较低强度等级作为计算标准来进行换算。

12. 锚固植筋胶有哪些种类和特点?

答:将钢筋、螺栓或其他金属件牢固地埋置于混凝土、石材、砖墙或其他基材的施工技术称为植筋技术或锚铨技术,在近几十年来,已被广泛应用于各类建筑施工、建筑加固、建筑改造及补强与维修中。早期植筋或锚栓所用的锚固黏接材料大多是(膨胀)水泥混凝土或砂浆,因为它们具有来源易得、价格低廉、施工简便、无需专用设备等优点,至今在高温及潮湿环境仍显现其优越性。但水泥基锚固材料有强度较低、干固(养生)时间较长等不足之处。随着对植筋(锚栓)工艺与质量的要求越来越高以及新型化学建材的不断发展,许多新型有机(或有机-无机复合)锚固材料相继用于实际工程,显示其独特的优越性和广阔的应用前景。这一类新型有机(或有机-无机复合)锚固材料统称为锚固植筋胶。与传统的水泥基锚固黏接材料相比,锚固植筋胶有以下主要特点:

(1)承载快、锚固力大。高分子合成材料制成的锚固胶黏剂大多具有承载快、锚固力大的特点。它们固化时间短(少则几十秒钟),强度产生快(固化即可有高强度,一般半小时后即可就有 65% ~90% 的强度)。并且强度高(拔拉力可高达将锚固钢筋拉断)。因此锚固植筋胶可很快承受荷载,锚固力很大。

(2)滑移量小。由于锚固植筋胶黏结强度及自身强度都很高,锚固得很牢,因此受力时移动量主要是由锚杆本身弹塑性变形产生的。

(3)施工方便、效率高。传统的水泥基锚固材料凝固时间长,没有初锚力。机械式金属锚杆安装要求严,操作要求细,尤其遇到松软基材根本无法保证锚固力。采用锚固植筋胶,省时、省力、强度高、效率高。

(4)适应性强、使用广泛。锚固植筋胶可以锚固各种木材、金属、玻璃钢、竹材等几乎所有建材。根据使用与操作的要求,可以控制与调节锚固植筋胶的固化时间。尤其锚固植筋胶具有抗冲击、抗振动及耐疲劳等特点,故在动载加固、强力爆破的地区或对受振动荷载设备的基础进行锚固时,均能发挥其优良性能及特点。锚固植筋胶按其黏料的不同可分为(改性)环氧树脂类、不饱和聚酯树脂类、(改性)丙烯酸酯类、聚氨酯类等,其中(改性)环氧树脂类和不饱和聚酯树脂类最为常用。(改性)环氧树脂类锚固植筋胶黏结强度高、耐老化性能好、适应面广,但固化速度较不饱和聚酯树脂类慢。高强度的锚固植筋胶大多为双组分,需在施工前称量、调配;为保证工程质量及方便现场施工,现大多将双组分锚固植筋胶从包装形式上变成单组分,如双筒注入式(使用专用压胶枪和混胶嘴)、药包式和玻璃管式等,免去了施工现场称量、配胶的麻烦,应用更为清洁、方便。

13. 植筋锚固的工艺流程是怎样的?

答:不同厂家锚固(植筋)胶的施工工艺大致相近,以"固特邦"JN-Z植筋锚固胶(湖南大学研制的双管注入式锚固胶)为例,其施工工艺如图13-1所示。根据工程设计要求,在基材(如混凝土)中相应位置钻孔,孔径、孔深及钢筋(螺栓)直径应由专业设计人员或现场试验确定。用硬毛刷刷孔壁再用干净无油的压缩空气吹出灰尘,如此反复进行不少于3次。必要时可用干净棉布沾少量丙酮或酒精擦净孔壁。将钢筋(螺栓)表面用丙酮或酒精擦拭干净,对于钢筋表面则尚须进行除锈处理并标记埋深。打开植筋胶封盖,换上并拧紧混胶嘴,装入施胶枪;扣动胶枪扳手,将最初流出的胶液舍弃,直至流出的胶液色泽完全均匀一致。向孔内注胶,每孔注胶量应大于其理论需胶量。注意必须从孔底逐步向孔口填胶,以保证孔内空气排出、注胶饱满。当孔深大于20cm时,应在混胶嘴上加配适当长度的延长管。将钢筋(螺栓)缓缓插入孔内至埋植深度,必须保证孔口溢胶并将溢胶刮净。胶层是否饱满,将直接影响锚固力的大小。凝胶后至完全固化前避免扰动。外观检查是否有流胶现象、注胶是否饱满、固化是否正常。重要部位的植筋(锚栓)需进行现场抗拔试验,检验其锚固力是否满足设计要求;合格后方可进行下一道工序的施工。植筋后当需焊结时,焊缝距植筋表面不应小于500mm,并可用湿布覆盖钢筋根部,可采用不同的钢筋长度来避免焊缝在同一受力截面。

第13章 混凝土桥梁加固改造

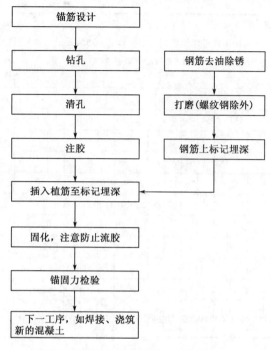

图 13-1 锚固(植筋)胶的施工工艺流程

14. 植筋锚固力与锚固深度有何关系？

答： 锚固力大小与植筋胶性能、孔洞及钢筋表面状况、孔径大小、钢筋直径、锚固长度、混凝土强度、施工工艺等因素密切相关，为保证工程质量，应由现场植筋抗拔试验以确定其实际锚固力。以固特邦 JN-Z 植筋胶为例，植筋标准抗拔力与建议锚固深度的关系如表 13-1 所示。

植筋锚固力与锚固深度的关系　　　　　　　　　表 13-1

钢筋直径 φ	钻孔最小直径 D	HRB5（Ⅱ级钢筋）：屈服强度 $f_y = 35\text{N/mm}^2$ 混凝土强度等级：C30 标准抗拔力 P_k (kN)						钢筋屈服理论埋深	建议施工锚深	建议最小植筋间距	建议最小植筋边距
mm	mm							mm	mm	mm	mm
8	12	17	→					85	100	30	40
10	14	24	26	→				100	120	35	45
12	16	33	35	38	→	钢筋充分利用		130	150	45	55

续上表

钢筋直径φ	钻孔最小直径D	HRB5（Ⅱ级钢筋）：屈服强度 $f_y=35N/mm^2$ 混凝土强度等级：C30 标准抗拔力 P_k(kN)																钢筋屈服理论埋深	建议施工钢筋埋深	建议最小植筋间距	建议最小植筋边距
mm	mm																	mm	mm	mm	mm
14	20			42	48	54	→											160	180	50	60
16	22				50	57	62	67	→									200	220	55	65
18	25					58	64	71	77	84	85	→						240	270	65	75
20	28						70	77	84	91	98	104	106	→				280	320	75	85
22	30							82	89	97	104	112	127					320	380	85	95
25	32								102	110	118	137	157	164	→			395	490	100	110
28	35									114	122	142	163	203	206	→		470	600	130	140
32	40										155	178	222	264	269			580	700	190	200
40	48											199	248	298	348			820	900	240	250
钢筋埋深(mm)		100	120	140	160	180	200	220	240	260	280	300	350	400	500	600	700				

15. 粘贴钢板法适用于哪些场合？

答：粘贴钢板法加固旧桥就是用环氧树脂或其他类型的结构胶将抗拉强度高的钢板粘贴在混凝土构件的表面，使之与结构形成整体共同受力。外贴钢板相当于提高了混凝土结构的含钢量，因而能起到减少裂缝扩展，改善原结构受力，提高结构的抗弯、抗剪、抗偏心受拉、偏心受压的能力。粘贴钢板加固法具有施工简便，贴钢所占空间小，不减小桥梁净空，加固施工周期短，消耗材料少，粘钢部位和范围可视设计及构造需要灵活设置，并可在不影响或少影响交通的情况下进行施工的特点。由于环氧树脂类胶体在紫外线的照射下容易老化，因而贴钢部位不宜长期暴露在阳光之下。

16. 粘贴钢板加固应如何设计？

答：(1) 为了提高桥梁结构抗弯能力，一般在构件的受拉表面粘贴钢板，使钢板与原结构形成整体来受力，此时以钢板与混凝土黏结处的混凝土局部抗剪切强度控制设计。合理与安全的设计应控制在钢板发生屈服变形前，黏结处混凝土不出现剪切破坏。

(2) 当桥梁结构的主拉应力区箍筋或斜筋不足，为了加固和增加结构的抗剪切强度时，可将钢板粘贴在结构的侧面，并垂直于剪切裂缝的方向斜向粘贴(斜度一般为45°~60°),以承受主拉应力。

(3)补强设计时,钢板可作为钢筋的断面来考虑,将钢板算成钢筋,按不同受力阶段分别计算原结构和加贴钢板所承担的荷载。

(4)在构造设计时,加固用的钢板可按实际需要采用不同的形状,但钢板的厚度必须比计算出的厚度大些。用于抗弯能力补强的钢板尺寸应尽可能薄而宽,厚度一般为4~6mm,较薄的钢板可有足够的弹性来适应构件表面形状。用于抗剪能力提高的钢板厚度宜厚点,可依设计而定,一般采用10~15mm。

(5)设计钢板长度时,应将钢板的两端延伸到低应力区一定的长度,以减少钢板锚固端的黏结应力集中,防止黏结部位构件出现裂缝或粘贴钢板被拉脱现象的发生。

(6)如何确保钢板和被加固构件形成整体受力是加固成功与否的关键,所以,在补强设计时,除应考虑钢板具有足够的锚固长度、黏结剂具有足够的黏结强度和耐久性外,为避免钢板在自由端脱胶拉开,端部可用夹紧螺栓固定,或设置U形箍板、水平锚固板等,并在钢板上按一定的距离用螺栓固定,确保钢板与混凝土之间的黏结力满足抗拉或抗剪强度的需要。

17. 粘贴钢板加固对结构胶的性能有何要求?

答:混凝土结构粘贴钢板加固用胶,必须强度高,黏结力强,耐老化,弹性模量高,线膨胀系数小,具有一定弹性。除高强混凝土外,结构胶本身强度及其黏结强度总是大于混凝土的强度,然而,胶的弹性模量仅为混凝土的几分之一到几十分之一,胶的线膨胀系数却为混凝土的6~7倍,因此,结构加固用胶,应选用那些弹性模量较高、温度变形较小的刚性胶品种。由于环氧树脂结构中含有羟基、醚键、环氧基等极性基团,对金属、混凝土的表面有很好的黏结性,胶接接头的耐久性相当好,硬化过程收缩小,弹性模量相对较高,并可以同多种固化剂、改性剂、填料配合,配制成适合各种要求的黏合剂,因此,目前国内外大多均采用环氧树脂作为主剂,并在配方及工艺方面进一步采取改性措施,以满足混凝土结构加固用胶的需要。酚醛树脂、不饱和聚酯、丙烯酸树脂、聚氨酯等类型的黏合剂也有研制和应用,但应用还较少。同一般结构胶相比,建筑粘贴钢板用胶应具备以下特点:

(1)使用方便,固化条件不太严格,能在生产和施工现场允许的条件下使用;在室温(一般5~35℃)适当加压的条件下,能较快地固化。

(2)无须对被粘物进行严格的表面处理,某些特殊情况下要求,能对湿面进行粘贴。

(3)用量较大,要求原料充足,价格低廉。

(4)无毒、无刺激性。工地没有良好通风条件,要求对操作者无害,且不污染环境。

（5）必须与施工工艺相适应，目前混凝土粘贴钢板加固可采用涂刮粘贴法（小面积钢板）和灌注粘贴法（大面积钢板），应分别使用不同胶种。

（6）固化后不仅要求有足够高的黏接强度，还要求较好的耐久性。通用环氧树脂，如双酚A环氧树脂及其改性树脂使用普通固化剂固化后，存在吸湿大，尺寸稳定性差，脆性大等缺点，不能完全满足粘贴钢板加固的需要。由于我国目前尚无加固用胶技术规范，因此，选定的粘贴钢板加固胶应通过相应的技术鉴定。

18. 什么是纤维增强塑料？

答：纤维增强塑料的英文全称是 Fiber Reinforced Polymer，即 FRP。它是由多股连续纤维通过基底材料进行胶合后，再经过特制的模具挤压和拔拉成型的。其中纤维起加劲作用，基材起黏结作用，基材可以是聚酯树脂、环氧树脂、聚酰胺树脂、热塑性树脂等。

19. 纤维增强塑料（FRP）有哪些类型和特点？

答：从材料上划分，目前 FRP 主要有三种类型：碳纤维增强塑料（Carbon Fiber Reinforced Polymer，简称 CFRP）、玻璃纤维增强塑料（Glass Fiber Reinforced Polymer，简称 GFRP）和芳纶纤维增强塑料（Aramid Fiber Reinforced Polymer，简称 AFRP）。在工程用 FRP 材料中，纤维体积含量一般为 60%~65%。通过不同的加工方法可把 FRP 材料加工成不同的开头用作混凝土结构受力筋主要有绞线、棒筋、棒筋束、带筋、筋或板筋、网络筋等形式。碳纤维（Carbon Fiber）是纤维状的炭材料，具有高强度和高弹性模量的特点。根据其原料及生产方式的不同，主要分为聚丙烯腈基碳纤维及沥青基碳纤维。前者是把聚丙烯腈纤维在惰性气体中高温加热所获得的纤维，是高强度型碳纤维。后者是把煤焦油或石油沥青抽丝后经高温烧结而成的纤维，是一种高弹性模量型的碳纤维。碳纤维塑料（CFRP）是以碳纤维为组分，以树脂为基体，通过一定的成型方法形成的单向排列的碳纤维的复合片材。它具有高强轻质、抗腐蚀、耐老化、物理性能稳定等极其优越的品质。高强度碳纤维塑料的抗拉强度可达到 3 400MPa，比钢材高 7~10 倍，弹性模量有 2.3×10^5 MPa 至 3.9×10^5 MPa 等几种，而常用的碳纤维塑料片材每平米只有几百克的重量。同时，根据自然和加速暴露试验表明，碳纤维塑料的抗拉强度以及与混凝土的粘接强度在相当于 50 年的时间内不发生改变，具有足够的耐候性，而且碳纤维塑料的疲劳性能优于钢和混凝土材料。玻璃纤维塑料（GFRP）强度为 590~1 130MPa，自重 15~20g/cm³，耐腐蚀性好,用它加固补强,可全面提高被加固构件的各项力学性能指标并改善构件的受力性能。同时,玻璃纤维塑料与混凝土的线膨胀系数接近,与混凝土结构的协同工作性能良好,且施工简便快捷,是一种极具优势的补强加固材料。玻璃纤维主要有 E 玻璃纤维(电绝缘性)、C 玻璃纤维(耐化学腐蚀性)、S 或 S 玻璃纤维(高强度)、M 玻璃纤维(高弹性模量)和 AR 玻璃纤维(耐碱玻璃)等。其中 E 玻璃纤维及其制品在混凝土结构补强加固中使用最多。配套树脂主要有不饱和聚酯树脂(UP)、环氧树脂、酚醛树脂、热固性树脂(呋喃类树脂、三聚氰胺甲醛树脂、聚丁二烯树脂、有机硅脂等)、聚氨酯树脂以及其他热塑性树脂(聚乙烯、聚丙烯、苯乙烯、ABS 树脂、聚酰胺、聚碳酸酯、聚甲醛、聚酰亚胺、聚砜、聚砜醚、聚芳醚酮、聚苯硫醚等等)。其中,环氧树脂在混凝土结构补强加固中最为常用。芳纶(Aramid Fiber)是芳香聚酰胺纤维的简称,芳纶纤维增强复合材料(AFRP)是 70 年代发展起来的高性能结构材料。芳纶纤维除具有高强度、高弹性模量性能外,还有较高的耐热性能,因为芳纶纤维是刚性大分子链,活动性能较差,即使在高温下也能保持较高的强度。常用的芳纶纤维为芳纶 1414,其原丝的抗拉强度为 $2.67\sim2.9\text{GPa}$,弹性模量为 $38.9\sim50\text{GPa}$。如生产高弹性模量的芳纶纤维,必须进行热拉伸,此时纤维的强度会略有下降,但弹性模量可增加到 88.9GPa,甚至高达 133GPa 以上。

20. 碳纤维补强加固有哪些优点?

答:碳纤维补强是一种钢筋混凝土结构补强的新技术,把碳纤维片用环氧树脂粘贴在混凝土结构物表面,与原结构形成一体共同承受荷载,使结构得到有效的加强。碳纤维补强技术具有如下的优越性:

(1)优异的力学性能,可有效应用于多种形式的结构补强,包括抗弯、抗剪、抗压、抗疲劳、抗震、抗风、控制裂缝和挠度的扩展、增加结构的延性。

(2)优异的化学稳定性,使经过补强和维修的结构具有极强的抗酸、碱、盐、紫外线侵蚀和防水能力;具有足够的适应气温变化的能力。外加防火涂层后可有效地防火。可以大大增强结构对恶劣外部环境的适应能力,延长结构寿命,这是包钢方法不可比拟的。

(3)材料轻质高强,可以不增加结构体积,所增加的结构自重几乎可以忽略。这是传统方法做不到的。

(4)施工工序简单,可用小型电动工具操作,不像传统补强方法需要众多工种、大量劳动力、大型施工设备及吊装机械。因而可以在传统技术无法施工的有限作业空间内实施。而且进度快、工期短,更能在持续交通有振动的情况下操作。从而大大缩短工程停工、停止运营或断路施工的时间,极大地降低经济损失和社会影响。

(5)由于材料柔软,易于随结构外形粘贴,补强后不改变结构外形,同时便于用所需色彩涂装,而不显露补强痕迹。日本于20世纪90年代初期开始应用碳纤维修复补强技术,是最早开展碳纤维研究和应用的国家,特别是在1995年阪神大地震后,大量应用于许多遭受破坏的桥梁、建筑、公用设施的修复加固工作中。我国于20世纪90年代中后期开始将碳纤维补强技术运用于工程之中。

21. 碳纤维加固可用于哪些场合?

答:构件受弯破坏的典型破坏形式是产生横贯受拉区至受压区的集中裂缝;而构件受拉区表面粘贴了碳纤维片后,当构件受荷载作用时,裂缝难以进一步扩展。因此,跨中的集中裂缝被"分散"成短小而细碎的裂缝并均匀地分散于构件的受拉区,使构件截面受压区高度增大,在碳纤维的增强作用下,受弯构件的承载能力增加。墩柱结构的脆断破坏主要是纵筋的细节设计不当或横向箍筋的约束不足,致使墩柱的强度与韧性指标偏低造成的。采用在主筋或箍筋不足的断面粘贴碳纤维片和沿柱的周边环包碳纤维片,由于碳纤维片的高强度、高弹性模量性能,可以有效地约束柱的侧向变形,提高墩柱的强度和韧性,从而提高其抗震性能。碳纤维片的应用范围很广,主要在以下几个方面:

(1)梁、板结构补强。①抗弯补强碳纤维片贴在受拉一侧,即跨中的下部和连续板、连续梁、悬臂梁、梁支座的上部,沿受力筋方向粘贴。由于碳纤维片弹性模量比钢筋稍大,受力时延伸率小于钢筋,故在结构受力时先行受力,随荷载逐渐增加达到两者变形协调时,两者共同受力并按一定比例分配。往往在补强前或者因原有钢筋锈蚀造成截面积不足,或者因超载使原有钢筋应力过大,补强后碳纤维分担了拉力,使钢筋应力大大降低,结构承载力得以提高。抗弯补强时,可以根据受力需要贴一层或多层。还可应用高弹性模量片材,补强效果更显著。②抗剪补强通常是在梁靠近端部主拉应力较大的区域和有次梁或较大集中荷载作用的部位。补强时在梁的两侧面竖向粘贴,或与梁底形成U形环包。相当于增加抗剪箍筋以分担原箍筋的剪力。③抗疲劳补强工业厂房吊车梁、桥梁及桥面板,都可以粘贴碳纤维片以提高结构的疲劳抗力。桥面板上下同时粘贴效果更好。

(2)柱、墩补强。①中心受压柱的抗压补强,用碳纤维在柱中部横向环包,在受压区产生环向束缚作用,能提高抗压能力,降低柱的压屈系数;②偏心受压柱,在柱受拉弯的侧面沿柱轴纵向粘贴,可有效补强;③抗震性能补强,在地震或台风的横向力作用下,柱端弯矩和剪力都很大,可以纵向粘贴与环包同时进行。既提高柱、墩横向抗力,又改善能量吸收性能,提高结构的延性,使结构抗侧向力能力显著提高。对于建筑框架结构和与帽梁刚结的桥梁墩柱、高架柱,可以在柱的上下端同时补强,个别上端横向约束较弱者,则可只考虑下端的补强。

(3)封闭和防护用碳纤维片粘贴可以将结构裂缝密闭,较宽较深的裂缝还可在贴片前用环氧树脂灌缝进行密闭,从而控制裂缝的进一步扩展,阻止水分渗入引起钢筋锈蚀,同时还具有增强抗腐蚀性能的作用。这就是在结构补强的同时,也带来了封闭和防护的副效应。相反,有些虽出现破损但承载力尚未降低的结构,也可以封闭和防护维修为主效应,同时也有结构补强的副效应。此外,碳纤维加固补强还应用于特种结构、高耸结构、池罐、涵洞、隧道等钢筋混凝土结构。目前碳纤维加固以应用于桥梁和一般建筑物的梁板结构补强占大部分,桥梁墩柱的抗震补强次之,其他结构补强只占很少部分。

22. 如何进行碳纤维粘贴加固?

答:碳纤维加固工艺中需使用三个胶种,以"固特邦"JN-C 碳纤维加固胶(湖南大学研制)为例,由 JN-CS 碳纤维粘贴底胶(底胶)、JN-CE 碳纤维粘贴找平胶(找平胶)、JN-C3P 碳纤维浸渍粘贴胶(粘贴胶)三个胶种组成,分别在加固施工不同工序中使用。其加固工艺如下如图 13-2 所示。

(1)加固设计。应由专业人员进行结构检测及加固设计,并由专业施工队进行加固施工。

(2)混凝土表面处理。将被补强的混凝土面层的粉刷层和松动部分彻底清除后打磨;若有钢筋外露,应先对钢筋进行除锈处理,然后用找平胶 JN-CE 修补;表面凸出部分用切割机或砂轮机将其修平;转角处凸角 $R \geqslant 20mm$ 以上,凹用 JN-CE 填补;若被补强的混凝土存在裂缝,应先用 JN-L 结构灌缝胶灌注,然后,再进行补强。混凝土表面要求洁净、干燥、无油污。若被补强部分有渗水,应先做疏水、止水和干燥处理,将需要补强的混凝土表面用丙酮或酒精擦拭干净。

(3)底胶施工。当气温低于 5℃、大雨天或相对湿度大于 95% 时,不可进行施工。施工时,JN-CS 底胶 A、B 两组分按规定的配胶比例称量,倒入洁净容器中并搅拌均匀,用毛刷或滚筒刷在混凝土表面均匀涂刷,胶表干以后,可视具体情况进行多次涂刷,但涂层厚度不超过 0.4mm,并不得漏刷或有流淌、气泡,等胶固化后(固化时间视现场气温而定,以手指触感干燥为宜,一般不少于 2h)再进行下一道工序。每次配制的胶液应在胶的适用期内一次用完。

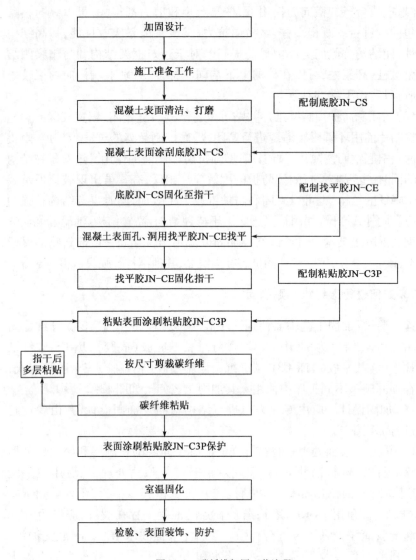

图 13-2 碳纤维加固工艺流程

(4) 找平施工。当混凝土表面存在凹陷部位时,将配制好的 JN-CE 找平胶用刮刀嵌刮进行修补填平,模板接头等出现高度差的部位应用找平胶填补,尽量减少高差。应用找平胶将转角修补为光滑的圆弧,半径不小于 20mm。找平胶须固化后(固化时间视现场气温而定,以手指触感干燥为宜,一般不少于 2h)方可再进行下一道工序。

(5) 粘贴碳纤维布。按设计要求的尺寸裁剪碳纤维布,除非特殊要求,碳纤维布长度应在 3m 以内。配制、搅拌 JN-C3P 粘贴胶料,然后用滚筒刷均匀涂刷于所粘贴部位,在搭接、拐角部位适当多涂抹一些。碳纤维布沿受力方向的搭接长度不应小于100mm,各层搭接位置应相互错开。用光滑滚子在碳纤维布表面沿同一方向反复滚压至胶料渗出碳纤维布外表面,以去除气泡,使碳纤维布充分浸润胶料。多层粘贴应重复以上步骤,待纤维表面指触感干燥为宜,方可进行下一层碳纤维布的粘贴。在最外一层碳纤维布的外表面均匀涂抹一层粘贴胶料。

(6)碳纤维补强后的养护施工完成后24h内防止雨淋或受潮,并注意保护,防止硬物碰伤施工表面。JN-C的固化温度不得低于5℃。平均气温为20~25℃时,固化时间不得少于3~7d;平均气温为10℃时,固化时间不得少于7~10d。

(7)检验及防护可参考《碳纤维片材加固修复混凝土结构技术规程》(CECS 146:2003)或其他有关技术规范。

23. 体外预应力加固常用于哪些场合,有哪些类型和特点?

答:体外预应力加固法主要用于梁式桥(包括简支梁、悬臂梁、连续体系梁桥等)正常使用极限状态超限的情形,通过对旧桥施加体外预应力,能够起到减小或消除裂缝、减小梁体下挠、改善结构各截面应力状态的目的。由于体外预应力筋与原结构混凝土之间没有可靠黏结,结构在开裂后预应力筋的应力增量很小,因而体外预应力对提高桥梁的承载能力几乎没有帮助。另外,当拱桥拱顶下沉或墩台抗推能力不足时,也有将体外预应力作系杆加固拱桥的实例。

体外预应力系统由体外预应力索、锚固系统、转向装置、防腐系统组成,体外预应力索有钢绞线、高强钢丝、精轧螺纹钢筋、碳纤维板或碳纤维棒材等类型,其中钢绞线又可选用普通钢绞线、镀锌钢绞线、环氧涂层钢绞线(单丝涂覆、整体填充)和外包PE的单根无黏结钢绞线等。

24. 体系转换加固法的原理是什么?

答:旧桥承载能力是否足够可表征为结构的承载力与结构中的内力(或应力)间的相互关系,若前者大于后者则结构是安全可靠的,反之,后者大于前者则需加固。前面所述所有方法都是以提高结构中控制截面承载能力为目的加固的,但是,另一种方法,即体系转换法,则以减小控制截面的内力为目的进行加固。这便是体系转换加固法的基本原理。我们知道,简支梁的跨中弯矩较相同跨径连续梁大得多,若在旧桥加固中,将每两跨简支梁间用结构连续方法相连续,则二期恒载及活载作用下跨中弯矩可减小20%~30%,这在活载所占比例大的中小桥中,此种加固法效果显著。对于拱桥加固，可通过体系转换法将单纯拱的受力状态改变为拱梁组合体系受力状态，即将拱上建筑变为梁式结构，拱梁组合体系受力状态较单纯拱更为均匀。对于拱式拱上建筑的旧桥，改拱式为梁式拱上建筑，所带来的恒载重量减少量是非常显著的。

25. 中小跨径桥梁加固改造时如何进行无缝化设计？

答：中小跨径桥梁伸缩缝直接承受着交通荷载，伸缩装置极易破损，随之引起桥面和梁板结构的破坏。同时，伸缩缝的失效又会增大车辆冲击力，恶化行车状况和桥梁受力，形成恶性循环。桥梁伸缩装置破坏和桥上、桥头跳车等现象可以通过桥梁无缝化设计得以解决。桥梁无缝化设计一般采用修建整体式或半整体式桥台结构，来取代全部桥面设置的伸缩缝，将梁体的整体变形由路桥之间的接缝来吸纳。整体式桥台指柔性桥台与梁采取固结的方式，即取消了支座和伸缩装置的桥台结构，使用最多的结构形式是将台帽与单排柔性桩相结合，为保证梁－台－桩三者的刚度协调统一，也可将之设计为柔性桥台与柔性桩基相结合的整体式桥台形式。半整体式桥台是刚性桥台与梁体采用铰接方式连接，它也是整体式桥台的应用延伸，但只能微量地把转动位移传递到刚性桥台或粗短柱式桥台下的桩基础上。可在梁端与桥台背墙之间预留适量的间隙，将搭板与端梁紧密联系以保证桥面连续，并跨过桥台背墙，通过搭板在桥台台背上自由滑动将梁体结构的温度变形直接传递到接线路面，桥台本身不发生水平向变形，台后填土几乎不受梁体变形的影响。

在常规的整体式（半整体式）无缝桥的基础上，进行如图 13-3 所示改进，该结构采用主梁－搭板和加筋接线路面相结合的方式，梁体的温缩变形通过搭板拉伸接线路面，通过加筋使得接线路面在出现多条容许范围的微裂缝后，仍能保持路面的完整和承载能力，从而消除路桥结合处的路面接缝，真正实现"零维护"。无缝桥梁体系结构特别适用于既有桥梁的无缝化改造，仅对桥台背墙、台后搭板及接线路面进行适当改造即可。

26. 一般空心板铰缝、T 梁湿接缝及铺装如何进行翻新加固？

答：空心板梁式桥梁由于铰缝形式设计不合理、未考虑铰缝混凝土收缩作用及新旧混凝土间黏结力的弱化作用、钢筋布置过少、横隔板开裂、车辆超载以及支座脱空等导致铰缝开裂，空心板结构变为单板受力。T 梁湿接缝位置由于混凝土收缩裂缝及常年渗水导致钢筋锈蚀，湿接段板由固端板变成简支板，跨中弯矩增大，现浇湿接段翼板易产生断裂、塌陷、坑洞，其他由于桥面板偏薄，超载导致面板局部承压不够、面板疲劳等也是造成面板损坏的原因。

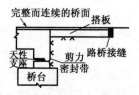

a) 常规半整体式无缝桥

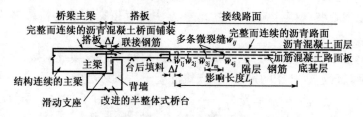

b) 带搭板及加筋接线路面的半整体式无缝桥梁

图 13-3　无缝桥梁体系构造

对于空心板铰缝及 T 梁湿接缝及面板病害，一般采用提高铺装混凝土强度等级、加大桥面铺装钢筋直径或是 T 梁翼缘板破碎后重新浇筑的方法进行修补，可以认为是一种桥面补强层加固方法，该方法全部在桥面施工，要求中断至少半幅交通，而且结构自重产生的弯矩有可能增加，结构的承载力提高不显著。施工流程为：交通管制→破碎拆除原桥面铺装层→结合面处理→种植钢筋→铺设桥面铺装钢筋网→浇筑桥面砼→浇筑桥面其他铺装层并恢复桥面系其他构造物→完成加固施工恢复交通。另外，预应力高强钢丝网—聚合物砂浆复合面层加固技术也是一种可行方法，该加固补强方法需要将被加固构件进行界面处理，然后将钢丝网敷设于被加固构件的受拉区域，再在其表面涂抹聚合物砂浆。该加固技术能同时显著提高结构刚度和承载力，施工简单成本低，而且施工时不需要中断交通。

27. 桥梁拓宽工程中新旧桥梁连接类型及主要优缺点是什么？

答： 桥梁拓宽工程中新旧桥梁拼接一般有三种方式：

（1）上下部构造均不连接，仅在新旧桥之间留工作缝，桥面沥青混凝土连续摊铺；该方法多用于新建部分桥梁可为单独一幅或一个车道且新旧桥梁间用分隔带分开的桥梁。另外，对于大跨径的连续梁桥，由于其收缩徐变差、不均匀沉降差及预应力反拱的影响较大，很难对连接面进行加固处理，通常也采用这种方法。但在汽车活载作用下两桥的主梁挠度变形及后期沉降不一，易造成连接部位沥青铺装层破坏形成纵向裂缝和横桥向错台，影响行车舒适性和桥面外观,增加后期的养护维修工作,很多情况下采用此种连接方式并不合适。

(2)新旧桥梁上下部之间通过横向植筋、浇筑湿接缝等方式连接形成整体;这种加宽模式的优点是将新旧桥连为一体,共同受力。缺点是新桥基础沉降一般大于老桥,旧桥基础承担的附加竖向力较大,而且下部结构盖梁、系梁、桥台连接处有产生裂缝的可能;上部构造连接处也可能出现裂缝,影响使用功能,维修困难,外观不雅。此外,上下部构造采用植筋技术,工程设计、施工难度,成本也高。采用这种方法进行拓宽拼接的桥梁多为T梁桥和箱梁桥。

(3)新旧桥梁基础分离,上部结构通过植筋进行铰接或刚接,浇筑湿接缝,桥面增设连续加密的钢筋网,浇筑混凝土后,形成连续桥面。这种加宽模式的优点是新旧桥下部受力互不影响,上部连接对下部构造受力影响很小。这种连接方式存在一些不足之处,对上部构造,由于连接后新、旧桥的不均匀沉降和新旧桥收缩徐变差异将使得上部结构连接处的内力增大。为减少不均匀沉降,加宽的桥梁应采取措施减少基础沉降,特别是采用扩大基础的结构更应重视,必要时还须对原有基础进行加固,另外加宽桥梁可采用桩基础并适当增加桩长、控制上部拼接时间等措施减小基础沉降。上部结构连接处受力则可通过改善该部位构造、增大配筋来解决。

桥梁拓宽工程中新旧桥梁连接原则上尽可能利用原有结构,拼宽桥的上下部结构形式尽量和原桥保持一致,以保证新、旧桥之间受力和温度变形协调。受力分析时主要考虑新旧桥混凝土收缩徐变差异以及不均匀沉降对结构受力的影响,其他如旧桥加宽后支座反力变化、拼宽后的梁体横向移动、通车情形下的上部结构连接施工关键技术等也是关注重点。

28. 中小跨径桥梁如何进行支座更换?

答:支座是桥梁上、下部结构的连接点,其作用是将上部结构的荷载顺适、安全地传递到桥梁墩台上,同时保证上部结构在荷载、温度变化和混凝土收缩徐变等因素作用下自由变形(水平位移及转动),使结构的实际受力情况符合设计意图,并保护梁端、墩台帽梁不受损伤。橡胶支座一般表现出鼓凸、开裂、大的剪切变形、老化等病害。支座更换前,需要通过结构分析明确新老支座的承载能力差异,一般采用的同尺寸替换是否合适?支反力计算时需考虑温度荷载的影响。对于桥梁拼宽的情况,由于车道位置、车道数量变化,旧桥支座反力会有较大变化。

目前一般采用整体同步顶升法进行支座的更换,该法是将桥梁的一联(可包含多跨)进行同步平行顶升或绕一点向上平转,其特点是不改变梁体的内力,对梁体不会造成二次伤害。该法主要施工工艺流程包括:采用钢管柱支撑平台或墩柱外包钢构件支撑平台形成顶升用千斤顶安装平台→安装千斤顶、油泵油路、电路、监控仪器设备等→试顶,检查设备运行情况→起梁、更换支座→卸载落梁、完成支座更换施工。

整体顶升法进行支座更换,其梁体位移方向是单一的竖向,如果梁体位移可在竖向、纵向和横向三个方向实现,则顶升法可用于对梁体进行纠偏施工,施工工序较支座更换复杂一些。

29. 如何对桥梁伸缩缝进行快速维修?

答:伸缩缝是桥梁路面中最薄弱的环节,也是最容易损坏的组成部分,在一些交通繁忙的道路(如机场高速公路)上,一般不能中断交通,即使占道施工也具有一定的时间限制,通常的伸缩缝更换施工,由于混凝土的凝固时间较长,施工占道时间较长,不能满足繁忙交通的要求,因此,伸缩缝的快速修补显得尤为重要。快速修补的关键在于修补材料的选取,表13-2 示出几类常见的可用于伸缩缝修补的水泥混凝土路面修补材料及其主要性能特点。图13-4 示出伸缩缝快速修补流程。

伸缩缝修补材料及其主要性能特点　　　　表13-2

材料类型 性能特点	水泥基修补材料	有机修补材料	无机非金属修补材料
典型材料	水泥加早强剂、特种早强水泥、复配水泥、钢纤维等	环氧树脂等	修复王等
投入使用时间	一般要求8到24个小时	1到2个小时	10分钟到3个小时
黏结性(黏结强度、黏结方式)	差	较好	好
匹配性(热胀系数、强度、颜色等)	好	差	好
干缩裂缝	差	较好	好
耐久性(抗老化性、耐腐蚀性)	好	差	好
价格	便宜	贵	较贵

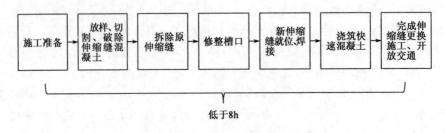

图 13-4　伸缩缝快速修补流程

30. 混凝土拱桥一般采用什么方法进行加固？

答：混凝土拱桥包括混凝土桁架（刚架）拱、钢筋混凝土箱板（肋）拱等结构形式。混凝土桁架（刚架）拱暴露出的横向整体性偏弱、杆件节点开裂等病害可通过增强横向整体性（如拱片横向增设钢桁架、横向施加体外预应力）、桁架（刚架）拱片粘贴钢板、纤维复合材料或施加体外预应力、增大构件截面等方式进行加固，节点开裂位置一般在进行局部碎裂混凝土清理、锈蚀钢筋处理及裂缝封闭处理后，采用外包钢或高强材料进行局部加固。

混凝土箱板（肋）拱病害多样，对于主拱抗压强度、刚度、稳定不足的情形，采用增大截面法进行加固，如增大箱拱顶底板厚度、改空心箱肋为实心箱肋拱、改箱肋拱为箱板拱等；对于结构设计不合理、拱脚变位及拱轴线偏离等引起的主拱受力不均而导致部分截面强度不足，可通过改变拱上结构形式及恒载分布，或拱脚顶推等内力分布调整法进行加固；对于肋拱，当各拱肋受力严重不均，或横向稳定不足时，可通过增强横向联系或增设横系梁等方法来调整拱肋荷载风险分布系数达到加固目的；其他箱板（肋）拱出现受力裂缝时，可采用粘贴钢板、纤维板材进行加固。采用增大截面法进行加固要特别注意恒载的增加显然会增大拱脚水平推力及竖向力，这样对基础的水平抗推能力及竖向承载力是有更高要求的。

31. 双曲拱桥加固有哪些方法？

答：双曲拱桥常见病害为拱肋强度不足引起的承载力降低、拱脚上缘及拱顶下缘拱肋横向开裂、横向联系不足引起的拱波纵向开裂及可能的横向失稳。一般通过增加横向拉杆或横向联系（如：钢筋混凝土横系梁）来增强结构横向整体性。对于承载力的提高，一般分析计算表明只是拱顶或拱脚区域验算通不过，可仅对拱顶、拱脚区域进行加强，如对拱脚处拱背加厚，或是拱波内填混凝土形成局部板拱形式；采用增大主拱截面法进行加固也有多种形式,如对双曲拱拱肋进行截面加厚、用混凝土对拱波进行填充以加大拱肋截面、拱肋下部横向增设底板形成箱型断面形式。双曲拱腹拱一般采用拱式结构,如果腹拱病害较多,可考虑将腹拱全部替换为简支腹孔的形式,可以减轻结构自重。腹拱可采用拱圈下增设板式拱圈或"工"字型钢提升腹拱承载能力。双曲拱桥采用增大截面法进行加固会明显增大结构恒载,拱脚水平推力及竖向力将增大,因而加固前必须对桥台及桥墩的水平抗推能力、竖向承载能力有充分认识。

32. 悬吊式拱桥如何加强纵向刚度?

答: 在早期悬吊体系拱桥中,吊杆直接设置在横梁两端,桥面板搁置在横梁上,由于结构未设置纵梁,桥梁结构纵向刚度小,温度及汽车荷载水平制动力作用下,短吊杆横向水平变位易出现较大折角,吊杆防护体系易损坏。吊杆及系杆的疲劳损伤和端锚头及钢丝锈蚀相互影响,在桥梁荷载和风雨激振下,钢丝容易发生疲劳破坏,如宜宾小南门桥、武夷山公馆大桥、新疆孔雀河大桥等都是短吊杆出现问题而发生局部垮塌。为加强悬吊式拱桥纵向刚度,一般是在原预应力混凝土横梁间增设多道钢纵梁,利用原横梁植筋后钢纵梁锚固于横梁上。单根钢纵梁在桥梁单跨内通长,在吊杆横梁处通过耳板和横梁底面托板抱箍吊杆横梁,钢纵梁内设置纵横加劲肋。钢纵梁一般为箱形、工字形结构,也可采用圆钢管结构。多道钢纵梁显然增加了结构体系重量,一般应进行桥面板的重设计,通过采用高强材料进行桥面系轻量化设计,置换增加的钢纵梁重量。

33. 如何对拱桥吊杆、系杆及斜拉桥拉索进行更换?

答: 拱桥吊杆、系杆及斜拉桥拉索是索结构桥梁关键受力构件,一般根据所选用的吊杆及斜拉索系统设计要求及详细检测结果,对索结构是否进行更换进行决策。在拱桥中,一对吊杆或系杆对应一根横梁,缺任何一根杆件均不能保持桥梁原有状态,因此,吊杆(系杆)更换必须考虑原吊杆(系杆)受力的转移,即用另外的替代杆件作临时吊杆(系杆),使原吊杆(系杆)的受力完全卸除,再予以成对同时更换。吊杆更换前一般应对主拱拱轴线型、吊杆长度、吊杆张力等进行测试,现场实施则首先是在主拱圈上设置支撑架,吊杆横梁下设托架,采用至少四根临时辅助索承担相应荷载,分级张拉临时索,并采用切割机分级切断原吊杆钢丝束,直至旧索钢丝全部切断,索力全部转移至临时索,拆除旧索后,将新吊杆安装就位,张拉新吊杆张拉至设计索力,逐步放松临时索至张拉力为零。吊杆更换过程中应对桥面标高和吊杆索力进行施工监控,确保标高变化在桥面板应力允许范围以内,对于悬吊体系拱桥,吊杆更换后一般不进行吊杆张力调整。对于带纵梁拱桥,则应进行吊杆张力调整,确保纵梁受力安全。拱桥吊杆更换时一般工期要求非常紧,再就是新吊杆直径一般大于旧吊杆,因而应特别注意吊杆长度测试精度、锚头扩孔、短吊杆竖直度调整、横梁纠偏等工作对工期的影响,应提前做好预案。

斜拉索更换,其难点是旧索的拆除,由于早期斜拉桥设计及施工原因,旧斜拉索拆除困难甚至无法拆除。另一方面,为实现斜拉索快速更换,一般要求在不中断交通的情况下,用最快最安全的方法拆除旧斜拉索,进行常规的新索安装,实现快速换索,从而尽量减少交通枢纽的拥堵时间。斜拉索快速更换关键技术是设计专用工具,在斜拉索在还存在应力的情况下,将要拆除的斜拉索的切割部位拉索应力转换为零,强行割断,强行拔出,从而实现快速更换。图 13-5 示出拉索快速更换施工工艺流程。

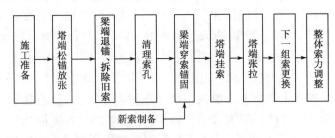

图 13-5　拉索快速更换施工工艺流程

34. 桥梁下部结构有哪些常规病害及加固方式?

答: (1) 基础结构上常出现的病害:①基础不均匀沉陷;②基础的滑移和倾斜,以及基底局部冲空;③基础结构物的异常应力和开裂。

(2) 墩、台结构上常出现的病害:①裂缝:水平、竖向和网状裂缝;②剥落、空洞、老化;③钢筋外露、锈蚀;④结构变形、移位等。

下部构造加固改造前应注意的问题:

(1) 应注意墩、台与基础的任何开裂、移动或转动。如发现,应仔细分析其产生原因及其影响;

(2) 对于跨河旧桥,应检查基础的冲刷或淘空、或河床被加深的现状,并分析其对桥梁稳定性的可能影响,同时要考虑基础的埋置深度是否满足要求;

(3) 对于旧桥,应考虑久经压实的桥梁地基土允许承载力的提高,以及桩底和周边土支承力及摩擦力的提高系数;

(4) 应分别对墩、台及基础各部位进行验算,验算中应考虑当前的病害；

（5）对于墩、台及基础结构，如果技术状况特别差，难以加固改造，或加固改造的施工工艺复杂、把握性不大，且工程经费较大时，则不应考虑加固利用。

桥梁基础常规加固方法包括：

（1）基础加固技术：①水泥灌浆加固法；②扩大基础加固法；③钢筋混凝土套箍加固法；④增补桩基加固法。

（2）桥墩加固技术：①钢筋混凝土套箍加固法；②水泥灌浆加固法；③化学灌浆加固法；④加桩（柱）加固法。

（3）桥台加固技术：①台后加孔减载加固法；②台后增设拉杆；③撑墙或挡土墙加固法；④钢筋混凝土围带或钢箍加固法。

35. 桥梁过渡墩易产生哪些病害，如何加固？

答：桥梁主引桥过渡墩位置一般处于纵坡段，而且设置有伸缩缝，该处梁端很容易被垃圾堵塞，在温变及自重作用下，梁体往往朝过渡墩侧单方向平移，在梁体与过渡墩间由于垃圾堆积几无空隙的情况下，过渡墩墩顶L型背墙受纵向力混凝土极易出现裂缝，甚至混凝土剥落，钢筋外露的现象，而且引桥梁体向下平移，也易出现落梁的情况。过渡墩开裂及梁体单向滑移的病害处理较为棘手，首先应从结构温变效应、桥面纵坡、主引桥结构形式、支座设置、过渡墩结构形式、伸缩缝类型及工作状况等方面对结构进行详细受力分析，明确病害发生机理，特别应从明确结构分析边界条件、侧重结构温度工况受力分析这一层次来确定加固方法，而不是简单的垃圾清理、裂缝封闭处理。一般要同时处理梁体单向滑移及过渡墩开裂两方面病害，单向滑移联引桥一般应采用同步整体顶升的方法进行水平纠偏，过渡墩则视病害情况进行常规耐久性维修或增桩加强墩身及L型背墙的方式进行加固。

36. 独柱墩结构安全风险及加固方式有哪些？

答：独柱墩在立交匝道桥、曲线箱梁桥上应用较多，其抗侧倾能力较弱，即在重载车辆偏载、地震等作用下，容易发生由支座脱空失效、桥墩破坏、主梁倾覆等引起的桥梁垮塌事故（国内已经发生多起）。为吸取这些事故的严重教训，杜绝这类独柱墩桥发生意外事故，提高结构抗倾覆能力，应对桥梁实施抗倾覆加固防护处治。主要处理方法包括：①独柱墩墩顶加设钢盖梁，以扩大墩柱截面，便于在钢结构盖梁上设置双支座；当柱身抗弯能力不足时，需要从承台起加宽柱身，如果基础也不足还要加大基础，墩顶设置双支座；受桥下空间限制等影响，也可采用独柱加悬挑式预应力盖梁，从而采用较大间距的双支座满足抗倾覆要求，必要时还需设置拉力支座；②采用加大每联桥跨箱梁两端支座的横向间距，中间独柱墩可采用墩梁固结的形式，箱梁内部部分区域填充混凝土配重等方式提高整体抗倾覆能力；③减少箱梁桥每联独柱墩数量，在独柱墩两侧加设桥墩，采用多柱多支座来增加桥梁横向稳定性，提高其倾覆抗力。

参 考 文 献

[1] 中华人民共和国行业标准.JTG D60—2015 公路桥涵设计通用规范[S].北京:人民交通出版社股份有限公司,2015.

[2] 中华人民共和国行业标准.JTG D60—2004 公路钢筋混凝土及预应力混凝土桥涵设计规范[S].北京:人民交通出版社,2004.

[3] 中华人民共和国行业标准.JTG D64—2015 公路钢结构桥梁设计规范[S].北京:人民交通出版社股份有限公司,2015.

[4] 中华人民共和国行业标准.JTG D63—2007 公路桥涵地基与基础设计规范[S].北京:人民交通出版社,2007.

[5] 中华人民共和国行业标准.JTG D81—2006 公路交通安全设施设计规范[S].北京:人民交通出版社,2006.

[6] 中华人民共和国行业标准.JTG F71—2006 公路交通安全设施施工技术规范[S].北京:人民交通出版社,2006.

[7] 中华人民共和国行业标准.JTG/T D33—2012 公路排水设计规范[S].北京:人民交通出版社,2013.

[8] 中华人民共和国行业标准.JTG/T F50—2011 公路桥涵施工技术规范[S].北京:人民交通出版社,2011.

[9] 中华人民共和国行业标准.JTG B01—2014 公路工程技术标准[S].北京:人民交通出版社股份有限公司,2015.

[10] 中华人民共和国行业标准.JTJ 002—87 公路工程名词术语[S].北京:人民交通出版社,1987.

[11] 中华人民共和国行业标准.GBJ 124—88 道路工程术语标准[S].北京:中国计划出版社,1989.

[12] 中华人民共和国行业标准.JTG B06—2007 公路基本建设工程概算预算编制办法[S].北京:人民交通出版社,2008.

[13] 中华人民共和国行业标准.公路工程基本建设项目设计文件编制办法【交公路发(2007)358号】.北京:人民交通出版社,2007.

[14] 中华人民共和国行业标准.JTG B02—2013 公路工程抗震规范[S].北京:人民交通出版社,2014.

[15] 中华人民共和国行业标准.JTG/T D60-01—2004 公路桥涵抗风设计规范[S].北京:人民交通出版社,2004.

[16] 中华人民共和国行业标准.CJJ 11——2011 城市桥梁设计规范

[S]. 北京:中国建筑工业出版社,2011.
[17] 中华人民共和国行业标准.CJJ 166—2011 城市桥梁抗震设计规范[S]. 北京:中国建筑工业出版社,2011.
[18] 中华人民共和国国家标准.GB 50010—2010 混凝土结构设计规范[S]. 北京:中国建筑工业出版社,2011.
[19] 中华人民共和国行业标准.JTG C30—2015 公路工程水文勘测设计规范[S]. 北京:人民交通出版社股份有限公司,2015.
[20] 中华人民共和国行业标准.JTG/T B02-01—2008 公路桥梁抗震设计细则[S]. 北京:人民交通出版社,2008.
[21] 中华人民共和国行业标准.JTG/T D65-01—2007 公路斜拉桥设计细则[S]. 北京:人民交通出版社,2007.
[22] 中华人民共和国行业标准.JTG/T D65-05—2015 公路悬索桥设计规范[S]. 北京:人民交通出版社股份有限公司,2016.
[23] 中华人民共和国行业标准.JTG/T D65-06—2015 公路钢管混凝土拱桥设计规范[S]. 北京:人民交通出版社股份有限公司,2015.
[24] 中华人民共和国行业标准.JTG/T D64-01—2015 公路钢混组合桥梁设计与施工规范[S]. 北京:人民交通出版社股份有限公司,2016.
[25] 中华人民共和国国家标准.GB 50923—2013 钢管混凝土拱桥技术规范[S]. 北京:中国计划出版社,2014.
[26] 中华人民共和国国家标准.GB 50917—2013 钢—混凝土组合桥梁设计规范[S]. 北京:中国计划出版社,2014.
[27] 中华人民共和国行业标准.JTG/T J21—2011 公路桥梁承载能力检测评定规程[S]. 北京:人民交通出版社,2011.
[28] 中华人民共和国行业标准.JTG/T J21-01—2015 公路桥梁荷载试验规程[S]. 北京:人民交通出版社股份有限公司,2016.
[29] 中华人民共和国行业标准.JTG/T J22—2008 公路桥梁加固设计规范[S]. 北京:人民交通出版社,2008.
[30] 中华人民共和国行业标准.JTG/T J23—2008 公路桥梁加固施工技术规范[S]. 北京:人民交通出版社,2008.
[31] 聂建国.钢—混凝土组合结构桥梁[M]. 北京:人民交通出版社,2011.
[32] 周绪红,刘界鹏.钢管约束混凝土柱的性能与设计[M]. 北京:科学出版社,2010.
[33] 郑皆连.我国大跨径混凝土拱桥的发展新趋势[J]. 重庆交通大学学报(自然科学版),35(增刊1),2016.

[34] 范立础. 桥梁工程(上册)[M]. 2版. 北京:人民交通出版社,2012.

[35] 邵旭东. 桥梁工程[M]. 4版. 北京:人民交通出版社股份有限公司,2015.

[36] 顾安邦,向中富. 桥梁工程(下册)[M]. 2版. 北京:人民交通出版社,2011.

[37] 程翔云. 梁桥理论与计算[M]. 北京:人民交通出版社,1990.

[38] 缪昌文. 高性能混凝土外加剂[M]. 北京:化学工业出版社,2010.

[39] 邵旭东,胡建华. 钢—超高性能混凝土轻型组合桥梁结构[M]. 北京:人民交通出版社股份有限公司,2015.

[40] 邵旭东. 半整体式无缝桥梁新体系[M]. 北京:人民交通出版社,2014.

[41] 邵旭东,程翔云,李立峰. 桥梁设计与计算[M]. 2版. 北京:人民交通出版社,2012.

[42] 邵容光,夏淦. 混凝土弯梁桥[M]. 北京:人民交通出版社,1994.

[43] 陈宝春. 钢管混凝土拱桥设计与施工[M]. 2版. 北京:人民交通出版社,2007.

[44] 金成棣. 预应力混凝土梁拱组合桥梁——设计研究与实践[M]. 北京:人民交通出版社,2001.

[45] 严国敏. 现代斜拉桥[M]. 成都:西南交通大学出版社,1996.

[46] 林元培. 斜拉桥[M]. 北京:人民交通出版社,1994.

[47] 徐君兰,孙淑红. 钢桥[M]. 北京:人民交通出版社,2011.

[48] 小西一郎. 钢桥[M]. 北京:中国铁道出版社,1983.

[49] 钱冬生,陈仁福. 大跨悬索桥的设计与施工[M]. 成都:西南交通大学出版社,1999.

[50] 陈仁福. 大跨度悬索桥理论[M]. 成都:西南交通大学出版社,1994.

[51] 刘建新,胡兆同. 大跨度吊桥[M]. 北京:人民交通出版社,1996.

[52] 尼尔斯·J·吉姆辛(丹麦). 缆索支承桥梁[M]. 北京:人民交通出版社,2002.

[53] 项海帆,陈艾荣.《公路桥梁抗风设计规范》概要及大跨桥梁的抗风对策[C]//中国土木工程学会及结构工程学会第十四届会论文集. 上海:同济大学出版社,2000,南京.

[54] 范立础. 桥梁抗震[M]. 上海:同济大学出版社,1997.

[55] 叶见曙. 结构设计原理[M]. 3版. 北京:人民交通出版社股份有限公司,2014.

[56] 李国豪. 桥梁与结构理论研究[M]. 上海:上海科学技术出版

社, 1983.
- [57] 梁启智,王仕统,林道勋. 钢结构[M]. 广州:华南理工大学出版社, 1988.
- [58] 项海帆. 高等桥梁结构理论[M]. 2版. 人民交通出版社, 2013.
- [59] 凌治平. 基础工程[M]. 北京:人民交通出版社, 1990.
- [60] 赵明华. 土力学与基础工程[M]. 4版. 武汉:武汉理工大学出版社, 2014.
- [61] 和丕壮. 桥梁美学[M]. 北京:人民交通出版社, 1999.
- [62] M. J. RYALL, etal. The Manual of Bridge Engineering. Published by Thomas Telford Publishing, 2000.
- [63] 谌润水,胡钊芳,帅长斌. 公路旧桥加固技术与实例[M]. 北京:人民交通出版社, 2002.
- [64] 李扬海等. 公路桥梁伸缩装置[M]. 北京:人民交通出版社, 1999.
- [65] 杨福源,冯国明,叶见曙. 结构设计原理计算示例[M]. 北京:人民交通出版社, 1994.
- [66] 雷俊卿,郑明珠,徐恭义. 悬索桥设计[M]. 北京:人民交通出版社, 2002.
- [67] 伊藤学,川田忠树. 超长大桥梁建设的序幕-技术者的新挑战[M]. 刘建新,和丕壮,译. 北京:人民交通出版社, 2002.
- [68] 严国敏,周世忠. 现代悬索桥[M]. 北京:人民交通出版社, 2002.
- [69] 袁洪. 桩基结构模拟方法[J]. 公路, 2004, 4.
- [70] 黄卫,刘振清. 大跨径钢桥面铺装设计理论与方法研究[J]. 土木工程学报, 2005, 1.
- [71] 程翔云. 简支斜梁桥荷载横向分布的计算模型[J]. 公路, 2004, 9.
- [72] 程翔云. 刚接曲线梁桥荷载横向分布的计算模型[J]. 公路, 2004, 12.
- [73] 邵旭东,曹君辉,易笃韬,陈斌,黄政宇. 正交异性钢板—薄层RPC组合桥面基本性能研究[J]. 中国公路学报. 2012, 25(2):40-45.
- [74] 邵旭东,詹豪,雷薇,张哲. 超大跨径单向预应力UHPC连续箱梁桥概念设计与初步实验[J]. 土木工程学报, 2013, 46(8), 2013:83-89.
- [75] 邵旭东,占雪芳,金晓勤,陈志新. 带地梁的新型无缝桥梁温度效应研究[J]. 中国公路学报, 2010, 23(1):43-48.
- [76] Xudong Shao, Hua Zhao, Lifeng Li, Design and Experimental Study of a Harp Shaped Single Span Cable-Stayed Bridge. ASCE's Journal of Bridge Engineering. 2005, 10(3):pp658-665.

[77] Xudong Shao, Jianxin Peng, Lifeng Li, Banfu Yan, Jianhua Hu. Time-dependent Behavior of Concrete-Filled Steel Tubular Arch Bridge. ASCE's Journal of Bridge Engineering. 2010, 15(1), pp98-107.

[78] Xudong Shao, Haolei Wang, Hua Zhao, Ying Chang. Experimental Study on Multi cantilever Prestressed Composite Beams with Corrugated Steel Webs. ASCE's Journal of Structural Engineering. 2010, 136(9), pp1098-1110.

[79] Xudong Shao, Dutao Yi, Zhengyu Huang, Hua Zhao, BinChen, MenglinLiu. Basic Performance of the Composite Deck System Composed of Orthotropic Steel Deck and Ultrathin RPC Layer. ASCE's Journal of Bridge Engineering. 2013, 18(5), pp417-428.

[80] Xudong Shao, Jia Hu, Lu Deng, Junhui Cao. Conceptual Design of Super-Span Partial Ground-Anchored Cable-Stayed Bridge with Crossing Stay Cables. ASCE's Journal of Bridge Engineering. 2014, 19,(3), pp 06013001.

[81] XudongShao; Rensheng Pan; Hua Zhao; Zixuan Shao. The Prestress Loss of a New Vertical Prestressing Anchorage System on Concrete Box-girder Webs. ASCE's Journal of Bridge Engineering. 2014, 19(2), pp210-219.

[82] JALIREZA RAFIEE. Computer modeling and investigation on the steel corrosion in cracked Ultra High Performance Concrete:[dissertation]. Kassel:Kassel University, 2012,pp182-184.

[83] 广东省交通运输厅. GDJTG/T A01—2015 超高性能轻型组合桥面结构技术规程[S]. 北京：人民交通出版社股份有限公司, 2015.

[84] 邵旭东, 方恒, 李文光. 钢—超薄UHPC组合桥面板界面抗剪性能研究[J]. 湖南大学学报, 2016, 43(5):44-51.

[85] 中国公路学会桥梁与结构分会. 面向创新的中国现代桥梁[M]. 北京:人民交通出版社, 2009.

[86] 中华人民共和国国家标准. GB 50139—2014 内河通航标准. 北京：中国标准出版社, 2014.

[87] 中华人民共和国行业标准. JTJ 311—1997 通航海轮桥梁通航标准. 北京:人民交通出版社, 1997.

[88] 冯沛, 邵旭东, 刘志才. 沥青混凝土高温摊铺对混凝土箱梁桥的影响研究[J]. 城市道桥与防洪. 2010, (9):294-298.

[89] 徐岳, 邹存俊, 张丽芳, 郑小燕. 连续梁桥[M]. 北京:人民交通出版

社,2012.

[90] 刘效尧,徐岳.梁桥(公路桥涵设计手册)[M].2版.北京:人民交通出版社,2011.

[91] 上海市政工程设计研究总院.桥梁设计工程师手册[M].北京:人民交通出版社,2007.

[92] 彭卫兵,潘若丹,马俊,焦斌.独柱墩梁桥倾覆破坏模式与计算方法研究[J].桥梁建设.2016,46(2):25-30.

[93] 彭卫兵,徐文涛,陈光军,陆飞勇.独柱墩梁桥抗倾覆承载力计算方法[J].中国公路学报.2015,28(3):66-72.

[94] 林春姣,郑皆连,秦荣.钢管混凝土拱肋混凝土脱空研究综述[J].中外公路.2004,24(6):54-58.

[95] 童林,夏桂云,吴美君,上官兴.钢管混凝土脱空的探讨.公路.2003,(5):16-20.

[96] 苏永亮,焦楚杰,张亚芳,王宏伟.钢管混凝土脱空问题的研究进展[J].钢结构.2013,28(3):20-23.

[97] 孟凡超.悬索桥(公路桥涵设计手册)[M].北京:人民交通出版社,2011.

[98] 刘士林,王似舜.斜拉桥设计[M].北京:人民交通出版社,2006.

[99] 张喜刚,王仁贵,林道锦,吴伟胜.嘉杭大桥多塔斜拉桥创新结构体系设计[J].公路.2013,(7):285-289.

[100] 张劲泉,曲兆乐,宋建永,杨昀.多塔连跨悬索桥综述[J].公路交通科技.2011,28(9):30-52.

[101] 杨光武,徐宏光,张强.马鞍山长江大桥三塔悬索桥关键技术研究[J].桥梁建设.2010,(5):7-11.

[102] 杨进,徐恭义,韩大章,万田保,陆勤丰,罗喜恒.泰州长江公路大桥三塔两跨悬索桥总体设计与结构选型[J].桥梁建设.2008,(1):37-40.

[103] Emil Simiu, Robert H. Scanlan. Wind effects on structures: fundamentals and applications to design. 3rd ed., New York: John Wiley, 1996.

[104] 项海帆.现代桥梁抗风理论与实践[M].北京:人民交通出版社,2005.

[105] 陈政清.桥梁风工程[M].北京:人民交通出版社,2005.

[106] 陈政清.工程结构的风致振动、稳定与控制[M].北京:科学出版社,2013.

[107] 叶爱君,管仲国.桥梁抗震[M].2版.北京:人民交通出版

社,2011.

[108] 廖朝华. 墩台与基础(公路桥涵设计手册)[M]. 北京:人民交通出版社,2013.

[109] 樊伟. 船撞下桥梁结构动力需求及桩承结构防撞能力分析方法[D]. 上海:同济大学,2012.

[110] AASHTO. Guide Specifications and Commentary for Vessel Collision Design of Highway Bridges. 2nd edition ed. . Washington,D. C, 2009.

[111] European Committee for Standardization (CEN), Eurocode 1: Actions on Structures. Part 1-7: General Actions-Accidental Actions. , in EN 1991-1-7:2006. Brussels,Belgium, 2006.

[112] Consolazio, G. R. , et al. , Barge Impact Testing of the St. George Island Causeway Bridge. Gainesville,FL. : Department of Civil and Coastal Engineering,University of Florida, 2006.

[113] Fan, W. , et al. , Dynamic Ship – Impact Load on Bridge Structures Emphasizing Shock Spectrum Approximation. Journal of Bridge Engineering,2016: pp 04016057.

[114] Fan, W. , W. C. Yuan, and B. S. Chen, Steel Fender Limitations and Improvements for Bridge Protection in Ship Collisions. Journal of Bridge Engineering, 2015. 20(12): pp 06015004.

[115] 张劲泉,李万恒,任红伟,程寿山. 公路旧桥承载力评定方法及工程实例[M]. 北京:人民交通出版社,2007.

[116] 张劲泉,徐岳,叶见曙,张建仁,任红伟. 公路旧桥检算分析指南及工程实例[M]. 北京:人民交通出版社,2007.

[117] 张劲泉,宿健,程寿山,何玉珊. 混凝土旧桥材质状况与耐久性检测评定指南及工程实例[M]. 北京:人民交通出版社,2007.

[118] AFGC, Ultra High Performance Fibre-Reinforced Concrete-Recommendations,Revised edition,June 2013.

[119] Gowripalan, N. and Gilbert, R. I. Design Guidelines for Ductal Prestressed Concrete Beams. The University of New South Wales,Sydney, Australia, 2000.

[120] SETRA-AFGC, Ultra-High Performance Fibre Reinforced Concretes-Interim Recommendations and Annex, 2002.

[121] Japan Society of Civil Engineers (JSCE), Recommendations for Design and Construction of Ultra High Strength Fiber Reinforced Concrete Structures (Draft), JSCE Guidelines for Concrete No. 9, 2006.

[122] Swiss Society of Engineers and Architects (SIA). Ultra-high performance fiber reinforced concrete (UHPFRC)-materials, design and execution. Final Draft, Zurich, Switzerland, 2016.

[123] Material Property Characterization of Ultra-High Performance Concrete, No. , FHWA-HRT-06-103, 2006.

[124] Structural Behavior of Ultra-High Performance Concrete Prestressed I-Girders, No. FHWA-HRT-06-115, 2006.

[125] Russell, H. G. , & Graybeal, B. A. Ultra – high performance concrete: A state-of-the-art report for the bridge community, No. FHWA-HRT-13-060, 2013.

[126] DAFSTB, Sachstandsbericht Ultrahochfester Beton, Progress Report Ultra-High Performance Concrete, No. 561, BeuthVerlag GmbH, Berlin, in German, 2008.

[127] ASTM C157. Standard test method for length change of hardened hydraulic – cement mortar and concrete. West Conshohocken: American Society for Testing and MaterialsStandard Practice C157, ASTM International, 2008.

[128] 中华人民共和国行业标准. GB/T 50082 普通混凝土长期性能和耐久性能试验方法标准[S]. 北京:中国建筑工业出版社, 2009.

[129] 中华人民共和国行业标准. GB/T 50082 普通混凝土长期性能和耐久性能试验方法标准[S]. 北京:中国建筑工业出版社, 2009.

[130] Kim S, et al. Shrinkage behavior of ultra high performance concrete at the manufacturing stage , Proceedings of Hipermat 2012 3rd International Symposium on UHPC and Nanotechnology for High Performance Construction Materials. Kassel: Kassel University Press, 2012, pp317-324.

[131] 刘永强. 掺膨胀剂 HCSA 的超高性能混凝土性能的研究[D]. 长沙:湖南大学, 2014.

[132] Yaghoub Mohammadi and S. K. Kaushik, M. ASCE; Flexural Fatigue-Life Distributions of Plain and Fibrous Concrete at Various Stress Levels; Journal of Materials in Civil Engineering 17(6) . December 2005.

[133] Tohru Makita , Eugen Brüwiler; Tensile fatigue behaviour of ultra-high performance fibre reinforced concrete (UHPFRC), 2011.

[134] Tohru Makita, Eugen Brühwiler . Tensile fatigue behaviour of Ultra-High Performance Fibre Reinforced Concrete combined with steel rebars (R-UHPFRC) , 2013.

[135] Bindiganvile V, Bantha N, Aarup B. Impact response of ultra-high-strength fiber-reinforced cement composite [J]. ACI materials Journal, 2002, 99(6), pp 543-548.

[136] Cadoni E, Caverzan A, di Prisco M. Dynamic Behaviour of HPFR Cementitious Composites [C]// Fehling E, Schmidt M, et al. Proceeding of the second international symposium on ultra high performance concrete. Kassel: Kassel University Press, 2008, pp743-750.

[137] 贾方方. 钢筋与活性粉末混凝土粘结性能的试验研究[D]. 北京: 北京交通大学, 2013.

[138] Marchand P, Baby F, Khadour A, et al. Bond behaviour of reinforcing bars in UHPFRC[J]. Materials and Structures, 2016, 49(5), pp1979-1995.

[139] Graybeal B. Behavior of field-cast ultra-highperformance concrete bridge deck connections under cyclic and static structural loading. FHWA-HRT-11-023. Mclean: Federal Highway Administration, 2011.

[140] Sriram A, Bradley P, et al. Design guide for precast UHPC waffle deck panel system including connections. FHWA-HIF-13-032. Washington DC: Federal Highway Administration, 2013.

[141] Braam CR. Freeze-thaw resistance. INNOCONCRETE report, Eureka project, 2006.

[142] CEN. Eurocode 2: Design of concrete structures - Part 1-1: General rules and rules for buildings (EN1992-1-1). European Committee for Standardization, 1992.

[143] ESR. Steel for the reinforcement of concrete, weldable, ribbed reinforcing steel. European Standards for Reinforcement, 2006.

[144] ASTM C512. Standard test method for creep of concrete in compression. West Conshohocken: American Society for Testing and Materials Standard Practice C512, ASTM International, 2010.

[145] 田中淳子. 吊桥上部结构的设计. 桥梁と基础. 1984.

索引

A

安全带	十二(21)
鞍座	七(1)(20)~(22)

B

板桥	三(9)(10)(15)~(17)(49)
板式橡胶支座	十一(42)(43)
保护层	八(11)(13)十(13)
比拟正交异性板法	三(48)
边跨	四(12)六(4)(18)七(4)
边缘应力	四(3)
边中跨比	七(3)(4)
变异系数	八(1)(3)
高程	一(22)(23)五(14)(15)
标准跨径	一(15)
波形钢腹板组合梁	九(23)
不完全铰	五(11)

C

"C"法	十一(23)
材料(物理)非线性	七(40)
侧墙	五(8)
侧倾临界均布荷载法	五(49)
侧向限位支座	六(3)
颤振	二(31)七(49)~(51)
颤振稳定性	七(50)
长细比	九(5)
超高韧性混凝土(STC)	十(19)(20)
超高性能混凝土(UHPC)	十
超高性能轻型组合桥面结构	十(20)(21)

● 本书索引标注说明示例:"安全带 十二(21)"表示"安全带"一词出现在第12章21问中。

超筋梁	八(23)
车道荷载	二(9)(10)(13)
车辆荷载	二(9)(10)(13)
沉井基础	十一(27)
成桥状态	六(28)
承台	十一(18)(21)(22)
承载力	五(41)
承载力设计值	九(9)(11)
承载能力极限状态	二(66)(68)(69)八(14)
城市桥梁	一(10)二(13)(21)
驰振	二(32)(36)
持久状况	二(67)(68)三(37)
传递长度	八(57)
传力装置	一(2)
垂跨比	七(2)(3)(5)(31)
次内力	三(59)(61)~(65)四(13)
脆性破坏	八(23)(24)

D

搭接焊	八(8)
搭接长度	八(32)
打入桩	十一(20)
大偏心受压	八(33)
代换梁法	七(38)
单索面	六(6)(9)(12)(14)
单箱多室截面	五(19)
单箱三室截面	五(33)
单向活动支座	十二(3)(12)
单柱式墩	四(9)
导流器	六(19)七(18)
低筋梁	八(15)
低水位	一(14)
低应变硬化	十(5)
底板	三(30)(32)
地锚式	七(12)
地震烈度	二(46)
地震震级	二(46)
电弧焊	八(8)九(6)

电渗排水法	十一(35)
垫石	十二(7)
吊杆	五(29)(50)(51)(60)七(1)(8)(24)(44)
吊桥	七(1)(23)
动力放大系数	二(52)
动能折减系数	二(60)
抖振	二(24)(34)
独柱墩	三(77)(78)
端锚索	六(4)(10)(25)(27)
断裂能	十(3)(11)
堆积密度	十(12)
堆载预压法	十一(35)
墩帽	十一(1)(7)
多室箱形截面	五(19)
预偏量	七(21)
预偏移	七(21)

E

二次内力	三(59)(61)~(65)四(13)
二次应力	三(75)
二期恒载	五(54)六(28)

F

反拱度	八(62)
反应谱分析法	二(48)
防护栏	一(10)二(21)
防撞岛	十一(58)
防撞栏杆	一(10)五(30)
非保向力效应	五(28)(49)
非定常气动力	二(44)
分流板	六(19)七(18)
风洞试验	二(44)(45)
风攻角	二(37)
风偏角	二(38)
风速脉动修正系数	七(49)
风迎角	二(37)
风雨振	二(35)

风嘴	六(19)七(18)
弗劳德数	七(42)(45)
浮桥	一(3)
浮运沉井	十一(28)(32)
辐射式	六(7)
辅助墩	六(2)(4)(18)
附加索力	七(36)
附属设施	一(2)二(2)(49)
腹板	三(29)(32)九(13)(14)(23)
腹杆	五(23)(25)(26)
腹拱圈	五(7)(13)
腹孔	五(5)(6)(7)
腹孔墩	五(5)(9)(12)(13)

G

干燥收缩	十(7)
刚拱柔梁	五(34)
刚构桥	三(1)(40)四
刚构体系	六(3)
刚架拱桥	五(24)(27)(54)
刚梁刚拱	五(34)(36)
刚性吊杆	七(24)
刚性横梁法	三(43)(44)
刚性桥墩	四(10)
刚性系杆刚性拱肋	五(73)
刚性系杆柔性拱肋	五(72)
刚性支承连续梁法	六(28)
钢-UHPC 轻型组合梁	十(30)
钢-UHPC 轻型组合桥梁结构	十(18)
钢-UHPC 轻型组合桥面结构	十(18)~(29)
钢板梁	七(34)九(12)~(14)(23)
钢拱桥	五(68)~(70)
钢管混凝土	五(4)(31)(55)~(65)
	八(44)~(46)(49)(61)(62)(67)(71)
钢桁梁	六(14)七(16)(17)
钢-混凝土组合梁	九(22)~(26)
钢-混凝土组合桥	一(3)三(4)九(23)
钢铰	五(11)

钢筋腐蚀	八(10)(11)
钢筋骨架	八(17)
钢筋混凝土	五(4)(59)七(29)八(14)~(16)(18)~(21)(25)(35)(36)
钢筋混凝土T梁	二(12)
钢筋混凝土桥	一(3)三(4)(24)
钢筋混凝土桥塔	七(29)
钢锚箱	六(22)
钢桥	一(3)三(4)九(1)(5)(9)(16)(17)(20)
钢塔	六(23)七(29)(30)
钢纤维腐蚀	十(12)
钢纤维混凝土(SFRC)	八(6)
钢箱梁	六(14)(19)七(16)(17)九(23)
杠杆法	五(55)
杠杆原理法	三(47)
高架桥	一(3)
高跨比	六(10)(11)七(7)
高强混凝土	八(5)
高强螺栓	七(30)九(6)(9)(11)
高桥墩	四(7)(8)
高水位	一(14)
高温蒸汽养护	十(3)
高性能混凝土(HPC)	八(5)十(12)
高压旋喷法	十一(36)
隔离层	九(18)
工字形肋	五(19)
公路桥	一(3)(10)
攻角效应系数	七(51)
拱板	五(3)(18)
拱波	五(3)(18)
拱顶实腹段	五(23)
拱墩	五(5)(48)
拱肋	五(3)(31)(49)(56)(59)(60)(63)(68)(71)~(73)
拱上建筑	五(5)~(9)(45)
拱式桥	一(3)(16)五
拱腿支座	五(27)
拱箱	五(19)(20)

拱轴系数	五(39)(43)(57)
拱轴线	五(16)(39)(69)
固定桥	一(3)
固定支座	十二(3)(11)(12)
固定装置	七(12)
挂梁	四(4)(5)(6)
管线桥	一(3)
浆液灌注法	十一(36)

H

涵洞	一(3)(16)
焊缝连接	九(6)(7)
焊缝形式	九(7)
合理拱轴线	五(16)
合龙	三(53)五(21)(64)
荷载冲击系数	二(12)
荷载横向分布系数	二(14)三(43)~(45)(47)~(52)(58)五(46)
荷载内力增大系数	二(15)
荷载有效分布宽度	三(42)
荷载增大系数	三(57)
荷载长期效应	八(60)
荷载组合	二(59)十一(12)(13)
恒载	二(1)(2)(59)五(36)(39)(54)七(1)
桁架	三(71)(73)~(75)
桁架拱桥	五(23)(25)(53)
桁架桥	三(70)(76)
桁梁	三(72)九(23)
横梁	五(52)
横墙式	五(9)
横向风撑	五(28)(49)
横向联系	五(3)(23)
横向折减系数	二(11)
洪水频率	一(29)
后张法	三(11)(35)
弧形铰	五(11)
华夫板	十(18)(30)(31)
化整为零	五(3)(18)

环氧沥青	十(19)
换算刚度法	五(48)
换算惯性矩	八(43)
换算截面	八(43)
换土法	十一(33)
混凝土徐变次内力	三(61)
活动桥	一(3)
活动支座	十二(3)(11)(12)(14)
活性粉末混凝土(RPC)	十(1)(2)
活载	三(31)(38)五(54)六(4)七(1)八(45)十一(13)

J

机耕道桥	一(3)
基本体系	一(3)
基频	二(12)七(47)
基准风速	二(26)(27)
极限状态设计法	二(66)八(14)
集零为整	五(3)(18)
几何非线性	七(41)(42)十一(40)~(42)(45)
计算跨径	一(15)
加固改造	十三
加劲肋	九(14)(15)
加劲梁	七(1)~(3)(6)(7)(9)(11)(15)~(18)(24)(25)(34)
加劲土桥台	十一(4)
加腋板	五(24)
夹片锚	六(16)
假载法	五(42)(43)
间接钢筋	八(38)(42)
检验风速	七(46)(49)
减隔震支座	十二(28)
减振	六(20)
剪跨比	八(27)(29)
剪力铰	四(4)(6)(14)
剪力滞效应	三(68)(69)
剪切理论	八(41)
剪压破坏	八(28)

简支梁法	六(28)
简支梁桥	三(1)(6)(50)
建筑高度	一(19)
交通标志	十二(32)
角隅	五(38)
铰接板(梁)法	三(45)(46)
接缝	十(23)(28)(29)
界限系数	八(20)
劲性骨架	五(32)(33)(75)
净空	一(17)~(19)(22)(25)
净跨径	一(15)
静力扭转发散	七(45)
静阵风荷载	二(28)(30)
静阵风系数	二(28)
局部承压	八(39)~(42)(68)
局部稳定性	九(14)(15)
矩形强化接缝	十(28)
卷线盘	七(19)
均布扭矩	三(20)(22)

K

"K"法	十一(23)
抗风稳定性	七(18)(50)
抗滑稳定	七(10)十一(2)(45)
抗剪承载力	九(24)
抗剪刚度	九(24)十(27)
抗氯离子渗透	十(12)
抗扭刚度	三(51)
抗渗性	十(12)
抗推刚度比	五(48)
柯西数	二(45)
可变作用	二(1)(3)
可焊性	九(2)
空腹式	五(5)~(9)
空气静力系数	二(29)
空心桥墩	十一(2)
空中编缆法(AS法)	七(19)
扣索	五(33)(70)(74)

跨海桥	一(3)
跨河桥	一(3)(21)
跨线桥	一(3)四(2)
跨中	三(15)(29)~(32)四(14)七(25)
宽跨比	七(6)
扩大基础	十一(16)(17)

L

拉力支座	十二(6)
拉索	六(1)(5)~(7)(10)(11)(16)(17)(20)~(22)(28)
雷诺数	二(41)(45)
肋梁桥	三(7)(12)
棱柱体强度	八(2)
冷铸锚	六(16)
立方体强度	八(2)
立交桥	一(3)
立柱	四(3)五(5)(13)(38)(59)
连拱作用	五(47)
连续梁拱组合体系	五(34)(37)(38)
连续梁桥	三(1)(6)(26)(28)~(30)(33)(36)(38)~(41)四(10)(11)(14)
梁格系	五(37)
梁式桥	一(3)(16)三
两铰拱	五(1)(13)(75)
裂缝宽度	八(14)(46)十(14)
临界风速	二(32)七(51)
临时铰	五(61)
临时铰法	五(42)
流冰水位	一(14)
螺栓连接	九(6)(9)(10)
氯离子	十(12)(13)
木桥	一(3)

M

"m"法	十一(23)
脉动风	二(24)
猫道	七(19)(26)
锚垫板	六(22)
锚碇	七(1)(2)(12)(13)(32)
锚碇基础	七(12)
锚碇架	七(12)
锚固	六(21)(22)八(69)
锚固长度	八(32)十(15)
锚块	七(12)
铆钉连接	九(6)(10)
面漆	九(21)
名义拉应力	八(63)(64)
名义弯拉应力容许值	十(22)(28)
名义应力	十(4)(23)
摩擦桩	十一(19)(26)
摩阻套箍	七(13)

N

牛腿	三(25)六(21)(22)
挠曲	三(48)(63)(67)七(38)十一(31)
挠度	三(54)六(10)七(35)(37)八(58)~(62)九(5)(13)
扭转弹簧支承刚度	三(49)(50)
粘结滑移理论	八(46)
耐久性	八(12)(13)十(12)
耐火性	十(16)
粘贴钢板法	十三(15)

O

耦联作用	五(52)
偶然作用	二(1)(4)

P

排架式	五(9)

排水固结法	十一(35)
配合比	八(5)(13)
配筋率	八(21)(23)(24)(29)(68)
喷锚混凝土	十三(9)~(11)
疲劳	六(16)(17)(18)九(2)(5)(17)十(24)
疲劳车	十(23)
疲劳荷载	二(3)(19)十(23)
疲劳强度	六(16)九(5)十(23)
疲劳寿命	十(10)(19)(23)
疲劳性能	八(48)九(2)十(10)
疲劳验算	十(23)(26)
疲劳应力	十(10)(24)
疲劳应力幅	十(10)(19)(20)
偏航角	二(38)
偏心距	三(60)八(33)~(35)
漂浮体系	五(29)六(3)
频遇值	二(6)(69)(70)
平行钢铰线索	六(16)
平行钢丝索	六(16)
平铰	五(11)
平截面假定	八(18)(19)
平均风	二(24)
平面杆系有限元法	五(71)~(73)
破冰棱	十一(9)
破断强度	六(17)
破坏形态	八(28)(40)(68)

Q

启桥	一(3)
起拱线	五(14)
气动控制法	六(20)
气动特性	二(35)七(3)
气压沉箱	十一(29)
砌筑式	五(8)
千斤顶调整内力法	五(42)
铅垫铰	五(11)
浅基础	十一(16)
嵌岩沉井	十一(30)

强度设计值	八(4)
强夯法	十一(34)
桥道梁	五(6)
桥墩	十一(1)(2)(5)(6)(10)(11)(43)~(45)(53)~(58)
桥跨结构	一(2)(3)四(15)五(1)(23)(24)
桥梁标志	十二(1)(31)(32)
桥梁附属构造	十二(1)
桥梁高度	一(19)
桥梁护栏	十二(22)
桥面板	三(9)(30)五(58)九(16)(17)(26)十(18)(23)(31)
桥面标高	一(22)
桥面净空	一(17)
桥面铺装	十二(1)(17)
桥面系	一(2)
桥面纵坡	一(6)(24)
桥塔	七(1)(3)(9)(10)(20)(29)(33)
桥台	十一(3)~(5)(8)(12)~(15)(37)(51)(54)
桥台搭板	一(2)
桥头跳车	十二(25)(26)
桥头引道	一(26)
桥下净空	一(18)(22)
桥下净空高度	一(19)
轻型桥台	十一(4)(14)(15)
球扁钢	九(3)(5)
全寿命	十(19)(33)
裙板	六(19)七(18)
群桩基础	十一(38)(39)
群桩作用	十一(26)

R

人行桥	一(3)
雷诺数	二(41)(45)
热传导	十(16)
热养护	十(7)(8)
人群荷载	二(3)(20)(21)

韧性	九(2)
容许应力法	八(16)
柔拱刚梁	五(36)
柔性吊杆	五(28)(51)(52)
柔性吊索	七(24)
柔性墩	四(8)(9)
柔性排架桩墩	十一(2)
柔性系杆刚性拱肋	五(71)
软土地基	十一(37)

S

热膨胀系数	十(9)(16)
三铰拱	五(1)(13)(17)(75)
三跨变截面连续梁	五(37)
三向预应力	三(34)
散索鞍座	七(13)(22)
散索套	七(13)
砂井排水法	十一(35)
闪光接触对焊	八(8)
扇形式	六(7)
上部结构	一(2)(3)四(15)五(1)(23)(24)
上承式桥	一(3)五(2)(5)(10)(37)(38)
上弦杆	三(70)五(23)(53)
设计风荷载	二(24)
设计洪水频率	一(20)(29)
设计洪水位	一(22)
设计基准风速	二(26)(27)
设计水位	一(14)
设计通航水位	一(1)(22)
设计最高流冰水位	一(22)
伸缩缝	一(2)五(10)十二(1)(19)
深层挤密法	十一(34)
深梁	八(67)~(71)
升降桥	一(3)
施工荷载	二(5)
施工水位	一(14)
时程分析法	二(48)(52)
实腹式	五(5)(8)(10)

矢跨比	五(7)(15)(57)(69)
适筋梁	八(22)
收缩	二(2)三(66)五(22)十(7)
收缩效应	五(22)
束界	八(55)
竖琴式	六(7)(29)
竖向弹簧支承刚度	三(49)(50)
栓钉	六(13)十(19)(20)(23)(26)
双铰加劲梁	七(9)(34)
双面密索体系	六(11)
双曲拱	五(3)(18)(44)
双索面	六(6)(9)(12)(13)
双向活动支座	十二(3)(12)
双预应力混凝土梁	八(66)
双肢薄壁	四(7)~(11)
水胶比	十(4)(12)
水平地震系数	二(47)
水平限位支座	十二(9)
水运桥	一(3)
斯脱罗哈数	二(43)
送丝轮	七(19)(22)
塑料板排水法	十一(35)
塑性	八(14)(15)(22)九(2)十一(46)(47)(54)
塑性铰	十一(46)(47)(54)
塑性破坏	八(22)
隧道基础	七(12)
索鞍	七(15)(22)
索夹	七(23)(24)
索距	六(5)
索塔	六(1)(2)(8)~(10)(23)(24)

T

T.L列式法	七(42)(43)
弹簧刚度	三(49)(52)五(75)
弹性应变	二(8)
弹性桩	十一(24)
碳纤维粘贴加固	十三(22)

套箍理论	八(41)
套箍作用	五(31)
梯度温差	二(22)(23)
体外预应力	三(41)八(51)十三(51)
体系转换	三(39)十三(24)
填充式	五(8)
铁路桥	一(3)
通航水位	一(14)
土侧压力	二(2)(3)(7)(17)
推出试验	十(15)(27)

U

U.L 列式法	七(42)(43)
U 形肋	五(19)

V

W

外包混凝土加固	十三(6)(7)(8)
弯梁桥	三(5)(18)~(22)(66)
弯桥	一(3)
尾流驰振	二(36)
温度基数	二(23)
温度梯度	二(22)(23)三(63)十(25)
温度中心	五(29)
温降效应	五(21)
紊流积分尺度	二(40)
紊流强度	二(39)
涡激共振	二(33)
圬工桥	一(3)
无滑移理论	八(46)
无黏结预应力	八(65)
五点重合法	五(40)(43)(69)

X

系杆拱	五(34)
下部结构	一(2)十一
下承式桥	一(3)五(2)(28)~(30)(37)(38)(49)(51)(52)
先张法	三(10)八(53)(54)(57)
纤维增强塑料(FRP)	十三(18)(19)
弦杆支座	五(27)
线刚度	七(4)
相对湿度	十(7)
箱梁	二(23)三(28)~(32)(58)(65)(77)(78)四(13)六(14)六(19)七(16)~(18)(24)八(26)九(23)十(32)(33)
箱形截面	三(2)(8)(27)(30)(68)(69)五(19)(20)九(23)
消压弯矩	八(62)
销连接式	七(23)(24)
小偏心受压	八(34)
斜板桥	三(15)~(17)
斜撑	六(26)
斜撑	五(54)
斜撑支座	五(27)
斜腹杆	五(25)(26)
斜钢筋	八(17)(30)
斜交桥	一(3)(13)三(5)
斜拉破坏	八(28)
斜拉桥	一(3)六
斜缆	六(26)
斜梁桥	三(5)(14)(51)
斜裂缝	三(32)
斜托	四(1)
斜弯梁桥	三(18)
斜压破坏	八(28)(68)
斜柱	四(2)
形状系数	七(51)
修正偏心压力法	三(44)
徐变	二(8)三(31)(33)(61)(62)(66)十(8)

641

徐变系数	二(8)十(8)
徐变应变	二(8)三(31)十(8)
宣泄设计洪水量	一(12)
悬臂法	三(54)四(5)(7)六(5)
悬臂梁桥	三(1)(23)~(25)
悬链线	五(16)(39)(40)
悬索桥	一(3)七
悬索—斜拉协作体系	七(28)
旋转桥	一(3)
靴跟	七(19)(22)

Y

Y形柱式墩	四(9)
压力线	五(40)
压弯结构	四(1)
氧气渗透性	十(12)
异形钢板强化接缝	十(28)
翼板	三(68)六(19)七(18)八(26)
引桥	一(10)(25)五(2)(35)(74)十三(35)
引桥坡度	一(10)
应变软化	十(5)
应变硬化	十(5)
应力梯度	三(31)(33)
永久作用	二(1)(2)(59)五(36)(39)(54)七(1)
有效宽度	三(68)八(26)
预拱度	三(54)五(33)八(61)
预偏心	十二(14)
预应力I形组合梁	二(12)
预应力度	八(49)(63)
预应力度法	八(63)
预应力混凝土	三(10)~(12)(31)(32)(35)(59)(60)四(11)(13) 八(19)(47)~(49)(58)~(66)
预应力混凝土T梁	二(12)
预应力混凝土桥	一(3)二(12)
预应力空心板	二(12)
预应力束	三(27)(29)(30)(41)五(37)
预应力损失	八(52)~(54)

预应力索	五(38)
预制吊装	五(24)
预制平行丝股法(PPWS 法)	七(19)

Z

载强比	四(12)
折减系数	二(11)(13)
振动下沉桩	十一(20)
蒸汽养护	十(3)
整体刚度	七(5)(8)(10)(31)
正常使用极限状态	二(2)(66)(67)(70)八(14)九(24)
正常使用状态	五(31)
正交桥	一(3)
正交异性板	九(16)(17)十(19)(23)(24)
正交异性法	三(48)
植筋锚固	十三(13)(14)
中承式	五(2)(28)(29)(30)(34)(37)(38)
中承式桥	一(4)(23)
中跨	一(26)三(53)(58)四(12)(18)五(70)七(4)(47)
中塔	六(26)七(10)
重力刚度	七(39)
重力式桥台	十一(4)(5)(12)(13)(51)
重力式实体桥墩	十一(2)
主跨	四(12)六(2)(4)七(2)
主缆	七(1)(3)(5)(13)(15)(19)(25)(27)(31)(44)
柱式桥墩	十一(2)
柱桩	十一(19)
转体施工法	五(24)(74)
桩基	四(16)十一(18)~(20)(23)(26)(38)(39)
桩柱式高墩	十一(41)
撞击力标准值	二(62)
撞击作用	二(60)~(61)
锥形护坡	一(2)
自锚式	七(12)(14)(15)
自收缩	十(7)

总跨径	一(15)(20)
纵梁	五(34)(37)(52)十三(32)
纵向折减系数	二(11)
阻锈剂	八(13)
组分级配	十(12)
组合梁桥	四(4)(14)
钻孔灌注桩	十一(20)
最大密实度理论	十(12)
最小弯曲应变能法	六(28)